INTERNATIONAL POLITICS

이창권 국제정치학 기본서

실전에 강해진다

서문

국제정치학 기본서는 외무영사직 객관식 문제를 대비하기 위한 책입니다. 아무리 중요한 내용의 이론이라도 실제 시험에서는 1번부터 4번까지의 네 개의 객관식 지문으로 출제됩니다. 따라서 핵심을 정확히 이해하도록 하기 위해서 내용을 단순화하고 불필요한 설명은 과감히 삭제했습니다.

국제정치학 객관식 문제는 방대한 양을 내용으로 하면서도 범위가 분명히 정해져 있지 않아서 공부하기에 까다로울 수 있는 과목입니다. 다만 2007년부터 출제문제가 공개되어 있기 때문에 대략적인 범위와 영역을 구분할 수 있습니다. 이 책은 기출문제를 바탕으로 국제정치학을 크게 세 영역으로 나누고 그 영역에 따라 공부해야 하는 내용을 정리했습니다.

먼저 이론 파트입니다. 국제정치학에서 이론은 현실에서 발생한 사실을 바탕으로 언어적 논리를 구성하여 분석하는 부분입니다. 이론은 있었던 사실을 분석하여 하나의 논리체계를 구성한 부분이기 때문에 배경 사실을 확인하고, 이론을 구성한 학자가 현실을 어떻게 이해하고 있는지를 파악하는 것이 중요합니다. 결국 말하고자 하는 핵심을 철저히 확인하고 암기한다면 그리 어렵지 않게 해결할 수 있는 부분입니다. 다만 변화하는 현실과 더불어 새로운 이론이 계속 나오고 있기 때문에 주의할 필요가 있습니다.

두 번째로는 현실 파트가 있습니다. 세계에서 발생했던 수 많은 사건들을 몇 개의 범주로 구분하여 정리했습니다. 현실 파트 문제는 이론 파트와는 다른 특성을 가지고 출제됩니다. 현실 파트는 각 영역별로 실제로 일어났던 것을 묻는 부분이기 때문에 다양한 영역을 더 많이, 더 정확하게 아는 것이 중요합니다. 왜 그런 일이 발생했는지에 대한 배경이나 원인보다는 있었던 사실을 얇고, 넓게, 많이 아는 것이 중요합니다. 따라

서 현실 파트는 영역을 정한 뒤 기출문제를 참고하여 공부해야 할 부분을 정하고 확장해가는 방식의 공부 방법이 필요합니다. 그래서 기존에 출제된 부분에 기출 표시를 했습니다.

세 번째로 외교사 부분은 있었던 일을 시간적으로 배열하는 것과 관련된 영역입니다. 주로 유럽에서 있었던 일을 다루며 시간적으로는 1648년부터 2차 세계대전 이후까지의 일을 다룹니다. 많게는 5문제, 적게는 2~3문제 정도가 출제됩니다. 다루는 양에 비해서는 출제 문항 수가 적어 공부하는 데 있어 부담을 줄 수 있습니다. 다만 외교사 부분은 정해져 있는 영역을 다루기 때문에 공부해야 할 부분이 분명해지는 긍정적인 측면이 있습니다. 본서에서는 주로 출제되었던 부분을 중심으로 핵심내용을 정리했습니다. 낯선 이름과 사건, 지명 등이 사건을 이해하거나 암기하기에 어려움으로 다가올 수 있지만 반복 학습이 익숙함과 자신감을 주리라 믿습니다.

어떤 과목이든 공부하는 방법은 단순하고 똑같습니다. 이해하고 암기하기, 그리고 또 이해하고 암기하기, 이 단순한 과정을 합격할 때까지 반복하면 됩니다. 이 책이 여러분의 그 과정에 도움이 되길 바랍니다.

포기하지 않으면 합격합니다. 잘 견디길 바랍니다.

이 창 권

차례

1 국제정치 이론

제1장 이상주의   8

제2장 현실주의   11

제3장 자유주의   74

제4장 구조주의   117

제5장 대안 이론   133

제6장 주요 문제에 대한 각 패러다임의 관점   156

2 국제정치 현실 : 쟁점과 전망

제1장 국제정치와 안보	168
제2장 국제정치와 군축	222
제3장 지역통합과 국제기구	252
제4장 국제정치경제	331
제5장 외교와 외교정책	369
제6장 남북관계와 통일	464
제7장 최신 쟁점	505

3 국제정치 역사(외교사)

제1장 유럽협조체제	532
제2장 비스마르크 동맹체제	557
제3장 베르사유체제	589
제4장 동양 외교사	625
제5장 조선 외교사	646

국제정치이론

제1장 이상주의
제2장 현실주의
제3장 자유주의
제4장 구조주의
제5장 대안 이론
제6장 주요 문제에 대한 각 패러다임의 관점

제1장
이상주의

1 이상주의 일반

① **사상적 배경** : 18~19세기의 낙관적 계몽주의, 19세기의 자유주의, 20세기의 국제주의(윌슨주의)에서 비롯됨

② **이상주의**
　㉠ 당위적인 목표를 중시하고 이상과 비전 제시
　㉡ 이상적인 규범의 형성, 해석, 적용에 관심 : 법적, 규범적 접근법

③ **기본입장**
　㉠ 성선설 : 인간은 근본적으로 선하고 상호협력이 가능한 존재임
　㉡ 국가 간 관계 : 국가 간의 이해관계 조화가 가능하며 평화가 가능함 2020년 출제
　㉢ 행위자 : 국가, 개인(인류), 국제기구 등 – 개인(인류), 국제기구를 강조함

④ **전쟁** 2015년 출제
　㉠ 원인 : 전쟁은 인간의 본성에서 나오는 것이 아니라 인간을 이기적으로 만들고 다른 사람에게 피해를 주게 하는 제도나 구조적 장치들 때문에 발생함
　㉡ 전쟁은 한 국가의 문제가 아닌 국가들의 집단적 협력이 필요한 국제적 문제로서 국제사회를 통한 억제가 가능함
　㉢ 전쟁은 불가피한 게 아니라 그것을 일으키는 잘못된 제도들을 제거하여 막을 수 있음

⑤ **국제 평화의 달성** : 법률적·도덕적 수단을 통해 평화를 추구함

윌슨(Wilson) 대통령

① 윌슨 대통령의 세력균형에 대한 입장 : 세력균형은 전쟁을 방지하기보다는 전쟁을 초래하는 위험한 제도이며, 세력균형의 기초가 되는 동맹은 국가들이 자신들의 의사와는 달리 전쟁에 끌려 들어가게 하는 제도임
② 윌슨의 영구평화 4원칙 : 공평의 원칙, 세력균형부인의 원칙, 소수민족보호의 원칙, 영토귀속에 있어서의 주민의사 존중 원칙

---

2 이상주의의 평화 유지 방법 - 집단안전보장제도

1. 등장 배경 : 1차대전의 발발

① 1차대전의 발발은 세력균형의 파괴를 의미했으며, 이에 따라 세력균형의 기초가 되었던 동맹(alliances)에 대한 재평가가 요구됨

② 동맹에 의한 안전보장은 동맹의 일방이 전쟁에 돌입하면 동맹의 타방은 자국에 대한 직접적인 위협이 없어도 전쟁에 휘말려 들어가는 위험성을 내포하고 있어서, 동맹은 분쟁을 억제하기보다는 분쟁을 조성한다고 인식됨

2. 집단안전보장체제[1] 2008년, 2013년 출제

① 집단안전보장의 개념

㉠ 집단안보체제에 속하는 국가들이 일국의 안보가 모든 국가의 관심사임을 수용하고 사전에 정해져 있지 않은 불특정 적국의 침략에 대응한 집단적인 제재에 공동 참여할 것을 동의한 약정(arrangement)에 의한 안전의 보장을 의미함

㉡ 조약을 위반하는 국가라면 어떠한 국가든 나머지 국가들이 단결하여 이에 대항한다는 것을 기본원칙으로 하는 집단적인 제재를 하는 제도를 말함

② 특징

㉠ 한 나라의 안전을 특정 국가나 국가군을 목표로 하는 동맹조약에 의해 보장하려는 것이 아니라 조약 가맹국 모두가 어떠한 국가가 될지 모르나 일치단결하여 침략전쟁을 야기한 국가에 대해 무력제재를 가하고 침략의 대상이 되는 나라에 의무적으로 원조하도록 하는 일반조약을 체결함으로써 안전을 보장하고자 함

㉡ 전체는 하나를 위해 하나는 전체를 위해(One for all and all for one)

대논쟁(Great Debates)

① **1차 논쟁**: 이상주의 - 현실주의 간 논쟁
② **2차 논쟁**: 전통적 현실주의 - 행태주의적 현실주의 간 논쟁
③ **3차 논쟁**: 현실주의 - 자유주의의 상호의존론 간 논쟁

---

[1] 박재영, 국제정치 패러다임(2015, 제4판), 법문사, 7면

제 2 장
현실주의

제 1 절 현실주의(Realism) 일반

① **사상적 배경과 지적 기원**
   ㉠ 사상적 배경 : 16~17세기의 국가주권론, 19~20세기의 지정학, 클라우제비츠(Clausewitz)의 전쟁론 등의 영향을 받음
   ㉡ 지적 기원 : 고대의 투키디데스(Thukydides), 16세기의 마키아벨리(N.Machiavelli), 17세기의 홉스(T. Hobbes), 18세기의 루소(J.J Rousseau) 등

② **기본입장** 2015년 출제
   ㉠ 성악설 : 인간은 근본적으로 이기적이고 상호협력이 불가능한 존재임
   ㉡ 국가 간 관계 : 국가 간의 이해관계 조화는 불가능하며 끊임없이 권력을 두고 투쟁하는 관계임
   ㉢ 행위자 : 국가를 강조함

③ **모겐소(Morgenthau)** : 국제정치는 "국가 이익의 관점에서 정의된 권력을 위한 투쟁" 과정 2020년 출제

④ **국제체제**
   ㉠ 국제체제는 무정부 상태로서 국가들의 행동을 규제할 수 있는 권위체가 존재하지 않음
   ㉡ 무정부 상태에서 각 국가는 자국의 힘을 극대화하기 위해 행동하는 모든 국가로 하여금 자신들의 생존이 보장될 것인가에 대해 두려움을 갖게 함
   ㉢ 국제체제에서 국가 간의 갈등은 불가피하며 모든 국가는 무정부 상태 하에서 자신의 생존을 위해 스스로 확보해야 함

⑤ **국제평화의 달성** 2015년, 2020년 출제
   ㉠ 국제평화의 달성은 국가의 힘을 극대화하려는 시도를 억제할 수 있는 보다 강력한 힘에 이루어짐
   ㉡ 세력균형
   - 세력균형은 힘을 통해 힘을 견제하는 평화를 보장하는 중요한 방법임
   - 세력균형은 어떤 한 국가나 국가들의 집합이 지배적인 힘을 갖게 되면 다른 나라들에 폭력의 위협이나 혹은 실질적 폭력으로 그들의 의지를 강요하게 될 위험이 있기 때문에 대응세력을 통해 이를 억지하는 체제임

⑥ **협력** : 불가능 2015년 출제
   ㉠ 상대적 이익의 문제 : 국가들은 국가 간의 협력이 자기에게 이익이 되는 것을 알지만 (절대적 의미에서) 상대방의 이익이 자기의 이익보다 더 크지 않을까를 염려함
   ㉡ 배신의 문제 : 국가 간의 관계에서 한 국가가 배신할 경우 이를 제재할 권위체가 존재하지 않기 때문에 배신을 하는 것이 더 이익이 될 수 있다고 생각하면 배신이 이루어지며, 이러한 배신의 위험성 때문에 국가들은 협력을 회피하게 됨

제 2 절 전통적 현실주의(Traditional Realism): 1940~1960년대 [2]

1 현실주의의 기본입장과 가정 2021년 출제

① **국가 중심성 가정(state-centric assumption)**
  ㉠ 국가를 국제관계에 있어서 단일(單一)의 가장 중요한 행위자(state as the single most important actor)로 본다는 가정, 국가중심적 견해
  ㉡ 국제기구나 다국적기업, 그리고 개인과 같은 비국가적 행위자의 독립적인 지위를 부정함

② **동질성 가정(homogeneity assumption)**
  ㉠ 국가를 통합된 행위자(State as an unitary actor)로 간주한다는 가정, 국가를 단일적이고 통합된 행위자로 가정함
  ㉡ 주권국가를 다양한 이해관계를 갖고 있는 조직과 개인 혹은 집단의 합이라고 보지 않고 국가이익을 일률적으로 추진하며 늘 한 목소리를 내는 구성체로 봄

③ **합리성 가정(rationality assumption)**
  ㉠ 국가를 합리적 행위자(state as a rational actor)로 바라본다는 가정
  ㉡ 국가는 냉철한 손익계산에 의해 이익의 극대화를 시도하는 최선의 합리적인 정책을 추구하는 행위자

④ **무정부성 가정(anarchy assumption)**
  ㉠ 무정부성이란 국가 상위의 정당한 권위(legitimate authority)체가 부재한 상태를 의미함
  ㉡ 무정부 상태에서 국가들은 힘과 안보를 추구하고 갈등과 경쟁을 하며 공동의 이익이 있어도 협력을 하지 못함

2 전통적 현실주의의 등장 배경

① 1929년~1932년의 세계공황의 도래로 인해 윌슨의 이상주의에 기초한 평화유지 노력이 파괴되기 시작했는데 일본에 의한 만주사변의 발발, 이탈리아의 에티오피아 침공, 독일의 재무장과 이들 3국의 국제연맹 탈퇴가 대표적인 사례임

② 일련의 도전에 의해 집단안보체제가 붕괴되고 국제연맹은 이에 효과적으로 대응하지 못했으며, 2차대전의 발발은 법에 의한 지배와 국제기구에 대한 신뢰 등을 무너뜨리고 이상주의의 가정과

---

[2] 박재영, 국제정시 패러다임((2015, 제4판), 법문사, 24~54면

결론에 새로운 평가를 요구함

③ **홉스와 루소의 비관주의 부활** : 전쟁은 국가체제에 있어 반복적으로 되풀이되는 특징이라는 사고가 부활됨

④ 2차대전의 종결과 동서 양쪽 진영 간에 치열한 냉전과 핵병기의 출현

⑤ **이상주의에 대한 도전** : 미국의 대소정책을 형성하고 국제정치학 이론을 구축하는 데 있어 무시해온 권력에 대한 적절한 배려와 권력의 관점에서 정의된 국익의 추구를 촉구하는 주장이 대두됨

---

3 주요 이론가

1. **투키디데스(Thukydídes)**

   ① 펠로폰네소스 전쟁 분석

   ② 전쟁 원인

   ㉠ 전쟁은 생존에 대한 두려움에서 비롯됨 – 무정부적 구조의 필연적 결과

   ㉡ 세력균형의 변화가 가져다주는 두려움을 전쟁의 내재적이고 동태적인 요인으로 간주

   > **펠로폰네소스 전쟁** 2019년 출제
   >
   > **1. BC 431~BC 404년 아테네와 스파르타가 각각 자기 편 동맹시(同盟市)들을 거느리고 싸운 전쟁**
   > 스파르타의 승리로 끝났으나, 고대 그리스 쇠망의 원인(遠因)이 되었다. 아테네는 민주정치를, 스파르타는 과두정치(寡頭政治)를 각각 대표한 폴리스였다. 따라서 이 전쟁은 두 정치체제의 싸움이기도 하였고, 각 폴리스 내부에서도 두 정치체제의 싸움이 계속되었다.
   >
   > **2. 원인**
   > 델로스 동맹을 지배하는 아테네가 횡포를 부려 제시(諸市)의 자치를 범하고 위협하였으며, 또한 스파르타가 아테네의 번영을 시기하고 두려워하였기 때문이다.
   >
   > **3. 경과**
   > 전쟁은 3기(期)로 나눌 수 있다.
   > ① 제1기(BC 431~BC 421) : 10년 전쟁 또는 아르키다모스 전쟁이라고도 한다.
   > ② 제2기(BC 421~BC 413) : 휴전기간
   > ③ 제3기(BC 413~BC 404) : 데켈레아 전쟁이라고도 한다.
   >
   > **4. 결과**
   > 아테네는 함대를 스파르타에 인도하고 장성(長城)을 헐었으며, 델로스 동맹을 해산하고 과두정부를 만들었다. 패권을 잃은 아테네는 기울고 그 후로는 그리스의 정치적·경제적 중심이 아니라 문화적 중심이 되었다. 한편 스파르타는 패권을 장악하였으나 그것이 쇠망의 원인(遠因)이 되었다.

> ### 투키디데스의 함정 2020년 출제
>
> **1. 의미**
>
> 새로 부상하는 도전세력이 지배세력의 자리를 빼앗으려고 위협해올 때 도전세력과 지배세력간의 극심한 구조적 긴장이 발생하는 현상을 말함
>
> **2. 내용**
>
> ① 앨리슨(Graham Allison)은 그리스의 역사가 투키디데스가 기술한 펠로폰네소스 전쟁(기원전 431~404)이 급격히 부상하던 아테네와 이를 견제하려는 스파르타가 빚어낸 구조적 긴장관계의 결과였다고 설명하고, 이를 '투키디데스의 함정'(Thucydides Trap)이라고 함
>
> ② 앨리슨은 500년간 지구에서 발생한 투키디데스 함정은 16차례였고, 이 중 12차례가 전면전으로 이어졌으며 4차례는 평화적으로 해결되었음을 주장함
> - 전쟁을 하지 않고 평화적으로 분쟁이 끝난 경우 4가지는 영국 – 미국 (20세기), 소련 – 일본 (1970~80년대), 미국 – 소련 (1940~80년대), 영국·프랑스 – 독일 (1990년대~현재)임
>
> ③ 앨리슨은 그의 저서 '불가피한 전쟁'(Destined for War, 2017)에서 세계 도처에서 주도권 다툼을 벌이고 있는 미국과 중국이 '투키디데스 함정'에 빠져, 서로 원치 않는 전쟁으로 치닫고 있다고 분석함
>
> ④ 앨리슨은 트럼프와 시진핑의 공통점을 다음과 같이 제시함
> - 자국을 다시 위대하게 만들겠다는 공통의 야심에 따라 행동한다.
> - 상대국을 자신의 꿈을 실현하는데 주된 방해물로 여긴다.
> - 자신의 독특한 리더십에 자부심을 갖고 있다.
> - 스스로를 조국을 부흥시키는데 핵심 역할을 하는 사람으로 여긴다.
> - 급격한 변화를 요구하는 국내 과제를 천명했다.
> - 민족주의적 포퓰리스트들을 자극해서, 나라 안의 부패를 척결하고, 자국의 역사적인 임무를 방해하려는 상대국의 시도에 정면으로 맞서는 일에 지지를 이끌어 냈다.

2. 마키아벨리(N. Machiavelli)

① **지도자** : 국가안보를 위해서는 타국과의 약속은 무시할 수 있어야 함

② 국가안보를 위한 제국주의적 팽창의 필요성 강조

③ **이중적인 도덕 기준**

㉠ 보편적 도덕은 존재하지 않으며 국가를 유지하기 위한 도덕 필요

㉡ 개인의 도덕과 국가의 도덕은 다름

3. 슈만(F. Schuman)

① **기본입장** : 국제체제는 통일정부가 없기 때문에 국가들은 자신의 힘에 의존해야 하고, 또 인접국가의 힘을 예의 주시함으로써 자신의 안전을 추구해야 함

② **합리적인 정책 목표** : 위협에 대항하여 국력을 보유하고 유지하며, 좋은 기회를 맞이했을 때 국력을 확장하고 팽창시키는 것

③ **세력균형 강조** : 세력균형은 세계권력을 장악하려는 야심자들을 억제하고 자신을 방어하기 위한 중요한 규제장치임

④ **국가의 행동 원리** : 국가의 행동 원리는 힘의 증가를 통한 자력구제의 원칙이며 국가의 궁극적인 목표는 평화가 아닌 자신의 보전임

⑤ **국제정치** : 본질적으로 권력 투쟁이며 이는 구체적으로 민족주의와 제국주의의 형태로 나타남

4. **카(E. H. Carr) : 절충주의** `2014년 출제`

① **'위기의 20년 1919~1939'**(The Twenty Years Crisis, 1919~1939) : 이 책은 이상주의의 종언과 현실주의의 시작에 공헌함

② **이상주의에 대한 비판** : 주권국가 간에 이익의 자연스러운 조화라는 가정에 비판의 초점을 맞춤

㉠ 이상주의자들은 자신들이 원하는 특정의 이익을 다른 사람들에게도 도움이 되는 것, 즉 공공재로 위장하여 자신의 지배적인 특권적 지위를 정당화시키고 유지하려 함

㉡ 이익의 자연스러운 조화라는 가정 하에 평화가 모든 국가의 공동의 이익이라고 생각하는 것은 현상유지를 통해 특권적인 지위를 유지하고자 하는 강대국의 이익을 반영하고 있는 것에 불과함

③ **현실주의에 대한 비판** : 현실주의자들은 역사를 너무 비관적으로 보며, 고정된 인과율을 과장하여 결정주의 속으로 빠져들어 가며 그 결과 역사 과정을 변혁하는 힘을 갖지 못하며, 냉소주의에 빠질 위험이 있어 합목적적이고 유의미한 행위를 취하기가 어려움

④ **올바른 국제정치 이론** : 이상주의의 요소인 도덕적 가치와 현실주의 요소인 권력의 종합이 필요함

5. **니버(R. Neibuhr)**

① **인간관**

㉠ 인간은 원죄로 말미암아 더럽혀져 있고 이로 인해 결국 악을 저지르게 되어 있음

㉡ 인간은 자신이 갖고 있는 자유와 유한성이라는 모순으로 인해 필연적으로 불안감을 느끼게 되며 이러한 유한성으로부터 벗어나기 위한 생존의지(will-to-live)를 갖게 됨

㉢ 생존의지는 단순한 물리적 생존의 범위를 벗어나 역사와 자연의 공포로부터의 안전을 추구하기 위해 힘을 증가하려는 권력에의 의지(will-to-power)로 발전함

㉣ 개인이 국가의 구성원으로 행동할 경우 개인 자격으로 행동할 경우에 비해 아무런 도덕적 제약을 받지 않기 때문에 권력 추구 성향이 증폭됨

② **국제정치**

㉠ 이상주의자들을 비판하고 국제정치를 권력투쟁의 과정으로 인식함

㉡ 정치가가 도덕에 무관심하다는 것을 부인하고 현실주의가 도덕에 의해 순화되어야 함을 주장함

㉢ 현실주의가 국가이익을 지나치게 역설하는 것을 비판하고 권력이 정의의 도구로서 그리고 자신의 이익보다 광범위한 이익을 위해 사용되어야 함을 주장함

6. 모겐소(Hans J. Morgenthau) 2014년 출제

(1) 전통적 현실주의의 체계화
① 1948년 '국제정치'(Politics Among Nations)라는 책을 통해 전통적 현실주의 이론을 체계화함
② 모겐소는 이상주의의 법적·제도적 접근법의 위험성 강조하고 집단안보, 사법적 해결과 같은 국제 제도의 기능의 실효성과 평화적 변화의 가능성에 회의적임

(2) 현실주의의 여섯 원칙
① 정치는 인간성에 내재해 있는 불변의 객관적인 법칙에 의해 지배됨
② **정치적 현실주의의 중심 개념** : '권력(power)으로 정의된 국가이익', 국가는 이러한 '권력으로 정의된 국가이익'을 추구함
③ '권력으로 정의된 국가이익'의 구체적인 내용과 권력의 내용 자체는 고정된 불변의 것이 아니고 가변적(可變的)이며 역사적인 시점과 상황, 정치적 및 문화적 맥락에 따라 달라질 수 있음
④ 정치적 행위의 도덕적 중요성을 인정하며 도덕적 요구와 성공적인 정치적 행위의 요구 사이에 불가피한 긴장이 존재함을 인정함
⑤ 특정 국가의 도덕적 열망과 세계를 지배하는 보편적인 도덕법칙을 동일시해서는 안 되며, 모든 국가들은 자신의 행위를 정당화시키기 위해 그들 자신의 특별한 욕망과 행동에 보편적인 세계의 도덕이라는 목적의 옷을 입히고자 하나 이는 권력으로 정의된 국가이익의 추구에 불과함
⑥ **정치적 영역(political sphere)의 자율성** : 현실주의자는 권력으로 정의된 이익의 관점에서 모든 것을 바라보며, 국가의 정책이 국가의 권력에 어떻게 영향을 미칠 것인가를 물음으로써 정치 이외의 기준들을 정치적인 기준에 종속시킴

(3) 인간성과 힘 그리고 국가이익
① **인간성**
  ㉠ 인간은 공통적으로 타인에 대한 배려 없이 자신의 이해관계를 위해 행동하는 이기적, 즉 자기중심적이고, 타인에 대해 자신의 지위를 유지·확대·과시하려는 욕구를 가지고 있음
  ㉡ 인간은 최후의 한 사람까지도 모두 지배하게 될 때까지 만족하지 못하는 무제한적인 권력의 욕구(desire for power)를 가짐
  • 권력투쟁은 인간성으로부터 파생되는 불가피한 결과
② **국제정치의 본질** : 권력투쟁
  • 모든 국가가 '권력의 관점에서 정의된 국가이익'(national interest defined in terms of power or national interest as power)을 추구하는 것이 국제정치의 철칙(鐵則)임
③ **권력의 대체성** : 국가 간의 갈등이나 협상의 결과는 목적을 추구하는 데 있어서 국가가 동원할 수 있는 권력과 능력에 의해서 결정됨

(4) 현실주의 외교정책

① **권력의 유지** : 특정 순간에 존재하는 권력의 분포 상태를 유지하려는 행위로서 '현상유지정책'(policy of status quo)으로 나타남

② **권력의 증가** : 현상을 전복시키고 둘 혹은 그 이상의 국가들 간의 현존하는 세력관계를 전도(顚倒)시키려는 행위로서 '제국주의정책'(policy of imperialism)으로 나타남

③ **권력의 시위** : 실제로 보유하고 있거나 혹은 가지고 싶어 하는 권력을 타국에 과시함으로써 심리적인 압박을 가하는 행위로서 '위신정책'(policy of prestige)으로 나타남

(5) 세력균형의 문제점

① **세력균형의 불확실성** : 국력의 불가측성과 국력의 상호의존성 때문에 국력의 정확한 비교와 평가가 곤란함

② **세력균형의 비현실성** : 세력균형을 위한 노력의 결과는 점차적인 자국의 국력의 우월함을 가져오고, 그 결과 세력균형이 아닌 세력불균형을 초래하게 됨

③ **세력균형의 부적합성** : 2차대전 후의 국제체제는 지적인 동질성과 도덕적 합의가 부재함

(6) 국제평화의 조건

① 각 국가는 국가의 생존에 비본질적인 국가이익을 추구하는 것은 국가 간 대립의 원인이 되기 때문에 제한된 국가이익을 추구해야 함

② 세력균형에 대한 국가간 합의가 국제평화를 유지하는 가장 효과적인 방법임

③ 조정에 의한 평화의 수단인 외교(diplomacy)를 활용해야 함

제 3 절 행태주의적 현실주의 : 1950~1960년대

1 행태주의 이론의 특징

1. 행태주의의 특징

① **전통적 현실주의 이론에 대한 비판**

㉠ 전통적 현실주의는 실험을 통해 검증될 수 없는 역사적인 사례, 일반적인 인상, 판단에 기초하고 있음

ⓛ 전통적 현실주의처럼 역사에 기초한 이론은 역사에 한정되는 역사성을 갖게 됨

ⓒ 전통적 현실주의의 힘, 국가이익, 세력균형이라는 개념은 경험적이고 객관적으로 정의될 수 없음

② **이론적 가정** : 행태적 현실주의는 전통적 현실주의와 가정을 공유함

㉠ 국가 중심성 가정(state-centric assumption)

ⓛ 동질성 가정(homogeneity assumption)

ⓒ 합리성 가정(rationality assumption)

㉣ 무정부성 가정(anarchy assumption)

③ **행태주의의 특징**

㉠ 행태주의는 자연현상과 사회현상에는 본질적 차이가 없다고 보며, 자연과학과 사회과학에 동일한 방법론과 인식론을 적용함

ⓛ 사실과 가치의 엄격한 구분을 통하여 객관적인 지식 수립을 추구함

ⓒ 자연세계와 사회세계 모두에 규칙성이 존재함을 가정하며 규칙 확인을 통한 법칙을 발견하고자 함

㉣ 믿을 수 있는 지식은 경험적인 입증에 기초해야 함을 주장함

2. 분석 수준의 문제(level of analysis problem) [3]

① 행태주의적 현실주의 내부에서 국가행위를 설명하기 위해 어느 수준에서 그 원인을 찾아 일반화를 추구할 것인가의 문제가 중요한 논쟁으로 등장함

② **왈츠의 분석 수준 구분** 2014년 출제

㉠ 개개인의 특징을 가지고 설명하는 경우 : 고정된 인간성이라는 요인을 가지고 국제정치 현상을 설명하게 됨

ⓛ 국가의 특성을 가지고 설명하는 경우 : 국제체제에 특정 유형의 국가들의 유무에 따라 전쟁의 유무나 빈도가 결정됨

ⓒ 국제체제의 구조, 국제체제의 무정부적 구조에 초점을 맞추는 경우 : 무정부성으로 인해 국가들 간의 경쟁과 갈등, 전쟁이 야기됨

㉣ 결론 : 개인과 국가 수준의 설명은 특정 전쟁의 원인에 대한 설명을 제공하나 전쟁 일반에 대한 설명은 제공하지 못하기 때문에 체제 수준의 변수를 고려해야 함

③ **싱어(J. David Singer)의 분석 수준** 2014년 출제

㉠ 묘사(description), 설명(explanation), 예측(prediction)이라는 세 가지 측면에서 분석 수준의 장점과 단점 열거함

ⓛ 단위 수준의 분석(국가 수준의 분석)은 국가들 간의 차이를 지나치게 강조하고 체제가 국가의 행동에 미치는 영향을 과소평가함

ⓒ 체제 수준의 분석은 국가들 간의 실제 이상의 동질성을 가정하고 있으며 단위의 행동에 대한 체

---

[3] 박재영, 국제정치 패러다임((2015, 제4판), 법문사, 60~62년

제의 영향을 지나치게 강조

② 두 분석 수준은 국제관계의 총체적이고 일률적인 설명을 위해 결합되어 질 수 없음

⑩ 분석 수준의 선택은 연구의 필요에 의해 달려 있음

제2이미지 역전 이론 [4] 2022년 출제

① **제2이미지 역전**: 고레비치(Peter Gourevitch)가 처음 사용한 용어로서, 국제적 요인이 어떻게 국내정치 구조와 과정에 영향을 주는가를 밝힌 일련의 기존 연구를 지칭하는데 사용된 개념

② **왈츠에 대한 비판**

　㉠ 왈츠는 국제체제 요인에 배타적으로 의존하여 국제정치 현상을 설명하고 있는데, 고레비치에 의하면 국제체제는 국가들에 가능한 여러 결과 가운데 선택할 수 있는 어느 정도의 여지를 항상 남기며 이러한 선택은 국내정치에 기초하여 이루어짐

　㉡ 왈츠의 제3이미지는 국가를 통합되고, 합리적이며, 사회세력으로부터 자율성을 갖는 행위자라고 가정하여 모든 국가의 동질성을 전제함으로써 국가가 변수로서 작용할 여지를 없애버림

③ **제2이미지 역전 이론의 내용**

　㉠ 국제체제 요인은 국내정치에 영향을 미치고 이렇게 영향을 받은 국내정치가 국가의 외교정책 선택에 영향을 미침
　　• 국가들은 외부환경에 대응함에 있어서 항상 일정한 정도의 선택 여지를 가짐

　㉡ 국제체제가 직접적으로 영향을 미치는 대상은 국내구조이지 국가의 대외행동이 아님
　　• 국제체제의 영향은 간접적이며 국내정치가 국가행동의 매개변수임

　㉢ "국제체제는 국내구조의 표현일 뿐 아니라 국내구조의 원인이기도 하다."
　　• 국내구조는 외교정책의 원인변수이며 국제체제에 의해 영향을 받는 종속변수이기에 국가와 국제체제가 상호작용함을 주장함

　㉣ 제2이미지 역전은 '밖'으로부터의 영향이 어떻게 국가 '안'에서의 변화를 가져오는가에 관심을 가지는 이론임

　㉤ 고레비치의 주장은 신고전적 현실주의 이론에 의해 구체화됨

---

2 국가 수준의 행태주의적 현실주의 이론

1. 합리적 외교정책 결정 이론[5] 2008년, 2010년 출제

① **합리적 외교정책 결정 이론의 가정**: 정책결정자는 합리적이며 적절한 정보에 기초한 냉철하고 명백한 수단과 목적에 대한 계산을 통해 국가이익을 추구함을 가정함

② **합리적 결정의 절차**

4　현대외교정책론(2016, 제3판), 명인문화사, 77~78면
5　박재영, 국제정치 패러다임((2015, 제4판), 법문사, 64~75면

㉠ 하나의 목표 혹은 복수의 목표를 설정함

㉡ 모든 정책 대안을 나열함

㉢ 대안이 가져올 모든 결과를 예측함

㉣ 각각의 정책 결과가 일어날 확률(probability)을 계산함

㉤ 정책 결과가 미리 선정된 정책 목표에 어느 정도의 효용(utility)을 갖는가를 득실 면에서, 즉 비용(cost)과 이득(benefit)에 기초하여 계산함

㉥ 확률에 효용을 곱한 기대효용(expected utility)이 제일 큰 것을 선택함

③ **합리적 결정을 하기 위한 조건**

㉠ 그룹 간의 협상에 있어 가치가 좀 더 일반적으로 수용되면 될수록 합리성에 근접할 가능성이 높음

㉡ 한 지도자에 의해 결정이 이루어지는 전제적이고 권위주의적인 정부의 결정은 합리성에 근접할 가능성이 높음

㉢ 합의적으로 의사결정을 하는 전통을 가지고 있는 영국 내각의 경우 합리성에 근접할 가능성이 높음

㉣ 위기에 처했을 때는 합리적 결정이 일어나기 쉬움

2. 합리적 국제관계 이론

(1) 게임 이론

1) 게임 이론의 정의와 종류

① **게임 이론** : 상대방의 합리성을 전제로 상대방의 행동을 예측하고 이에 대응하여 가장 유리한 합리적인 선택을 찾아내는 이론 2013년 출제

② **게임의 종류**

㉠ 참가자의 수 : 2인 게임과 N인 게임으로 구별함

㉡ 이득(payoff)의 형태 : 한쪽이 이익을 얻는 것이 정확히 상대방의 손실이 되는 '제로섬 게임'(zero-sum game)과 그렇지 않은 '비제로섬 게임'(non-zero-sum game)이 있음

③ **대표학자** : 쉘링(Thomas C. Schelling), 래파포트(Anatol Rapoport), 슈빅(Martin Shubik), 보울딩(Kenneth Boulding), 카플란(Morton A. Kaplan), 도이취(Karl Deutsch) 등

2) 죄수 딜레마 게임(prisoner's dilemma game) : A. W. Tucker 2017년 출제

① **상황** : 살인 혐의가 있는 두 용의자를 일단 증거가 있는 절도죄로 체포하여 수사

㉠ 용의자 A와 B를 각기 다른 감방에 수감함

㉡ 경찰은 용의자들이 범인이라는 심증은 가나 증거는 없음

㉢ 용의자 A와 B가 할 수 있는 선택은 자백 또는 부인

② **경우의 수**

㉠ 둘 다 범행 부인 – 징역 2년 형

ⓒ 둘 다 자백 – 징역 7년 형

　　ⓒ A는 자백하고 B는 부인 – A는 5개월 형, B는 10년 형

　　ⓔ A는 부인하고 B는 자백 – A는 10년 형, B는 5개월 형

③ **A가 선택할 수 있는 대안** : 자백 또는 부인

　　㉠ A가 부인하는 경우 : 최악의 결과는 B가 자백하여 A가 10년 형을 사는 것

　　㉡ A가 자백하는 경우 : 최악의 결과는 B도 자백하여 A와 B가 7년 형을 사는 것

　　㉢ 최선의 선택으로서 A와 B는 자백하여 7년 형을 받게 됨

		행위자 2	
		C(부인)	D(자백)
행위자 1	C(부인)	(2년, 2년)	(10년, 5개월)
	D(자백)	(5개월, 10년)	(7년, 7년)

④ **결론** : A와 B가 합리적인 행위자라면 이러한 상황에서 자신에게 최대한의 이익을 가져다주는 선택을 하지 않고 확보할 수 있는 최소의 이득을 극대화하거나, 감수할 필요가 있는 최대의 손실을 극소화하는 미니맥스 전략을 지배적인 선택규범으로 선택함

⑤ **죄수의 딜레마 게임과 국제정치**

　　㉠ 합리적인 행위자는 양쪽 모두에게 최상의 결과를 가져다줄 수 있는 선택이 있음에도 불구하고 이를 택하지 못하고 양쪽 모두에게 손실이 되는 선택을 하지 않을 수 없다는 것을 보여줌

　　㉡ 서로가 군비제한을 할 경우 서로에게 이득이 됨에도 불구하고 왜 냉전시대에 미국과 소련 간에 군비경쟁이 지속적으로 일어나는가를 설명해줌

3) **비겁자 게임(chicken game)** 2019년 출제

① **방법** : 두 사람 A와 B가 서로 마주 보고 차를 질주하여 피하지 않고 계속하여 직진하는 쪽이 이기는 게임

② **경우의 수**

　　㉠ A와 B가 모두 차를 피해갈 경우 : 모두가 비겁자가 되지만 어느 일방이 체면을 잃는 경우는 없음

　　㉡ A가 피하고 B가 직진하는 경우 : A는 비겁자가 되고 B는 위신 상승

　　㉢ A가 직진하고 B가 피하는 경우 : A는 위신이 상승하고 B는 비겁자가 됨

　　㉣ A와 B가 모두 직진하는 경우 : A와 B는 모두 죽음

③ **A가 취할 수 있는 선택** : 충돌을 피하거나 직진

　　㉠ A가 충돌을 피할 경우 : 최대의 손실은 B가 직진하여 받게 되는 체면 손상

　　㉡ A가 직진할 경우 : 최대의 손실은 B도 직진하여 맞게 되는 죽음

		행위자 2 (B)	
		C(회피)	D(돌진)
행위자 1 (A)	C(회피)	(비겁자, 비겁자)	(비겁자, 위신상승)
	D(돌진)	(위신상승, 비겁자)	(사망, 사망)

④ **결론** : 합리적 행위자인 A와 B는 미니맥스 전략에 따라 체면의 손상이 오더라도 충돌을 피하는 선택을 하게 됨

⑤ **비겁자 게임과 국제정치** : 국제정치 학자들은 비겁자 게임의 논리를 가지고 핵전쟁이 일어나지 않고 핵에 의해 평화가 지속되는 이유를 설명함

⑥ **벼랑 끝 전술(brinkmanship tactics)**
  ㉠ 비겁자 게임의 일방이 게임에서 차를 피하지 않고 돌진하여 죽을 것을 각오한다는 단호함을 보임으로써 합리적인 상대방이 피하도록 하는 것을 말함
  ㉡ 1962년 쿠바의 미사일 사건에서 미국은 핵전쟁도 불사한다는 의사를 소련에 보임으로써 위기를 해소함

4) 사슴사냥 게임(CC>DC>DD>CD)

① **상황**
  ㉠ 사냥꾼 둘이서 하루 동안 사냥을 하려고 한다. 사냥 대상은 사슴 아니면 산토끼다.
  ㉡ 사슴은 혼자서 잡을 수 없어 반드시 둘이 협력해야만 잡을 수 있으며, 사슴에 대한 보상은 크다.
  ㉢ 산토끼는 혼자서도 잡을 수 있으며, 둘 다 토끼를 잡으려 해도 워낙 토끼가 많아서 혼자서 잡을 때와 똑같이 잡을 수 있다. 대신 산토끼에 대한 보상은 작다.
  ㉣ 협력하지 않았을 때는 반드시 토끼를 잡는다는 보험이 있기 때문에 '보험게임'이라고도 하며 협력하는 모험을 걸었을 때 보상이 크기 때문에 '신뢰의 딜레마'라고도 함

		행위자 2	
		C(사슴)	D(토끼)
행위자 1	C(사슴)	(4, 4)	(0, 2)
	D(토끼)	(2, 0)	(2, 2)

② **결과**
  ㉠ 이 게임의 내시균형은 같이 사슴을 잡던가, 각자 산토끼를 잡던가 둘 중 하나임
  ㉡ 사슴사냥 게임에서 (협동, 협동) 균형이 (배반, 배반) 균형보다 더 이득이라고 생각할 수 있지만, 사슴을 기다릴 경우 4 또는 0이라는 불확실한 이득을 얻는 반면, 토끼를 쫓아갈 경우 확실한 이득 2를 얻음
  • 따라서 위험 감수 성향이 강한 사람들인 경우 (4, 4) 균형을, 위험 회피 성향이 강한 사람들은 (2, 2)

균형을 택하게 됨
- (4, 4)를 보수우월균형, (2, 2)를 위험우월균형이라 부르기도 함

③ **시사점**

㉠ 죄수의 딜레마 게임에서는 상대방이 협동하든 배신하든 상관없이 무조건 배반하는 것이 이득이지만, 사슴사냥 게임에서는 상대방이 배신하는 경우에만 나도 배신하는 것이 이득임

㉡ 일반적으로 남을 배신하는 경우는 남이 나를 배신할까 두려워서인 경우가 많으므로, 죄수의 딜레마 게임보다는 사슴사냥 게임이 더 현실적임

※ 내시균형(Nash Equilibrium) : 상대방의 전략에 대해 자신이 최선의 결과를 얻을 수 있는 상태
※ 우월전략균형(Dominant Strategy Equilibrium) : 상대방이 선택한 전략과 관계없이 항상 자신이 최선의 결과를 얻을 수 있는 상태

5) 공유지의 비극 (DC>CC>DD>CD) `2019년 출제`

① **상황**

㉠ 누구나 양에게 풀을 먹일 수 있는 마을의 공유지가 있다. 자신의 이익만을 생각한다면 최대한 많은 양을 오랫동안 먹이는 것이 이득이다.

㉡ 모든 사람이 자신의 이득을 위해 행동한다면 공유지의 풀은 금방 없어지고 양들은 굶어 죽을 것이다. 즉, 공동체 구성원 모두가 공동으로 사용하는 공유 자원은 소유권이 없어서 과잉 소비되어 고갈된다.

㉢ 미국의 생물학자 가렛 하딘(Garret Hardin)이 1968년 〈사이언스〉지에 발표한 논문에서 제기

② **공유지의 비극 사례 : 어획량 규제**

㉠ 경기자 : 행위자 1(A)과 행위자 2(B)라는 두 어부
㉡ 선택 : 협동(어획량 규제 준수) 또는 배반(물고기 남획)
㉢ 경우의 수
- 둘 다 어획량 규제 준수(A: 10, B: 10)
- A는 남획하고 B는 규제 준수(A: 15, B: 3)
- B는 남획하고 A는 규제 준수(A: 3, B: 15)
- 둘 다 남획(A: 5, B: 5)

③ **결과** : 죄수의 딜레마와 동일한 상황이므로 모두가 물고기를 남획하는 선택이 균형됨

		행위자 2 (B)	
		C(규제 준수)	D(남획)
행위자 1 (A)	C (규제 준수)	(10, 10)	(3, 15)
	D(남획)	(15, 3)	(5, 5)

6) 교착 상태(deadlock) (DC>DD>CC>CD)

① **의미** : 교착 상태(deadlock)란 두 개 이상의 작업이 상대방의 작업이 끝나기만을 기다리고 있기

때문에 결과적으로 아무것도 완료되지 못하는 상태를 가리킴

② 사례
- ㉠ 하나의 사다리가 있고, 두 명의 사람이 각각 사다리의 위쪽과 아래쪽에 있는 상황
- ㉡ 아래에 있는 사람은 위로 올라가려고 하고, 위에 있는 사람은 아래로 내려오려고 한다면, 두 사람은 상대방이 사다리에서 비켜줄 때까지 하염없이 기다리고 있을 것이고 결과적으로 아무도 사다리를 내려오거나 올라가지 못하게 됨

③ 상황
- ㉠ 양자 간 전면적인 갈등상황을 반영하며 공통이익이 존재하지 않는 상황
- ㉡ 최선의 결과나 차선의 결과를 얻기 위해서는 무조건 배반을 해야 하는 상황
- ㉢ 교착게임이 죄수의 딜레마 게임보다 협력의 가능성이 작음

		행위자 2	
		C	D
행위자 1	C	(2, 2)	(1, 4)
	D	(4, 1)	(3, 3)

④ 국제정치에의 시사점
- ㉠ 일국의 무기체제가 타국보다 우월할 경우 : 배반하더라도 협력보다 더 큰 손해를 볼 것이 없다고 판단함
- ㉡ 일국의 무기체제가 타국보다 열등한 경우 : 배반하여 군비경쟁을 하더라도 손실이 크지 않기 때문에 협력보다 유리하다고 판단함

7) 게임 이론의 평가

① 장점
- ㉠ 게임 이론은 개개의 행위자들이 결과에 대해 부분적인 통제력만을 가지고 있는 상황에서 합리적인 선택을 하도록 도와주며 자기계발적 가치(heuristic value)를 보유하고 아이디어의 산실(産室) 역할을 함
- ㉡ 국가 간의 분쟁 원인을 상황의 구조적 성격에 주목시킴으로써 분쟁의 원인을 보다 깊이 이해하도록 도와줌

② 단점
- ㉠ 정부는 게임 이론이 가정하고 있듯이 통합된 단일한 행위자가 아님
- ㉡ 2인 게임이 아닌 다수인의 게임이 대다수의 실제의 경우이기 때문에 N인 게임 이론이 필요
- ㉢ 국가의 행동은 외부적인 요인뿐 아니라 국내적인 요인에 의해서도 영향을 받는다는 점을 고려하고 있지 않음

피그만공습 사건 6 2013년 출제

1961년 4월 쿠바에서 카스트로 혁명 정권이 사회주의국가 선언을 하자 미국의 케네디 정부는 미국에 망명한 쿠바인 3,000여 명을 쿠바의 피그만(The Bay of Pigs)에 상륙시켜 카스트로 정부를 전복시키려 했다. 그러나 상륙한 3,000명 대부분은 현장에서 사살되거나 체포되었다. 당시 각료 회의에 참석했던 안보 보좌관에 따르면, 상륙 지점과 집결지 간에 펼쳐져 있던 광활한 늪지가 고려되지 않는 등 문제가 많은 계획이었지만, 각료 회의에서 그 계획에 반대하는 사람은 없었다고 한다. 1962년 카스트로는 1,179명의 포로들을 미국으로부터 5,000만 달러 상당의 식품과 의약품을 받고 교환했다.

쿠바 미사일 위기 7

쿠바 미사일 위기(Cuban Missile Crisis)는 1962년 10월 핵탄도미사일을 쿠바에 배치하려는 소련의 시도를 둘러싸고 미국과 소련이 대치하여 핵전쟁 발발 직전까지 갔던 국제적 위기를 말한다. 쿠바는 1962년 9월 '소련 – 쿠바 무기원조협정'을 체결하여 소련의 미사일을 도입하였고, 미국은 10월 14알 중거리탄도미사일의 발사대가 쿠바에 건설 중임을 공중촬영으로 확인하였다. 10월 22일 케네디 대통령은 텔레비전 방송을 통해 "소련은 서반구에 대하여 핵공격을 가할 수 있는 기지를 쿠바에 건설 중"이라고 공포하고, 쿠바에 대하여 해상봉쇄조치를 취하였다. 소련은 26일 미국이 쿠바를 침공하지 않는다는 것을 약속한다면 미사일을 철거하겠다는 뜻을 미국에 전달하고, 27일 쿠바의 소련 미사일 기지와 터키의 미국 미사일 기지의 상호철수를 제안하였다. 이에 미국은 27일의 제안을 무시하고, 26일의 제안을 수락할 것을 결정하였다. 28일 흐루쇼프는 미사일의 철거를 명령하고 쿠바로 향하던 16척의 소련 선단의 방향을 되돌림으로써 11월 2일 위기는 사라졌다. 쿠바 미사일 위기는 '13일의 위기'로 불려서 "D – 13" 또는 "Thirteen Days"란 제목으로 영화의 단골 소재가 되기도 하였다.

(2) 억지 이론(抑止理論) 2008년, 2012년, 2013년, 2014년, 2017년 출제

1) 합리적 억지 이론의 내용

① **억지의 개념**: 개전(開戰)으로 얻을 수 있는 이익보다는 그에 대한 반격으로 입게 될 손해가 크다는 사실을 상대측에 이해시켜 그 적대행위를 좌절시키는 것을 의미함

② **가설**: 만약에 전쟁을 감행함으로써 기대되는 효용이 현존하는 정책을 지속함으로써 기대되는 효용보다 적다면 어떠한 국가도 전쟁에 돌입하지 않을 것을 가정함

③ **내용**

  ㉠ 합리적인 공격자 I(initiator)와 방어자 D(defender)가 있음

  ㉡ I는 공격할 것인지 아닌지를 결정하며, D는 I의 공격에 응해 공격할 것인지 항복할 것인지를 선택함

  ㉢ I에게 알려지지 않는 것은 D가 공격을 받을 경우 반격을 가할 능력과 단호한 의사가 있는가 하는 것임

---

6 현대외교정책론(2016, 제3판), 명인문화사, 42면
7 현대외교정책론(2016, 제3판), 명인문화사, 41면

㉢ 만약 D가 보복하겠다는 위협이 신뢰할 만한 경우 I는 공격을 안 할 것이고, D가 공격을 받았을 때 보복할 실질적 수단이나 의지가 부족하다고 I가 판단하면 I는 공격할 것임

④ **억지의 성공** : 억지의 성공은 방어자의 신뢰성(credibility)에 의존하는데, 방어자가 공격자에게 싸울 정치적·군사적 능력을 보유하고 있음을 확신시키고 또 전쟁의 비용보다도 대가(對價)가 더 나간다는 것을 확신시킬 때 공격자는 억지됨

2) 억지와 핵전략

① 핵 억지의 대표적 전략은 MAD이며, 이것은 미국과 소련 간의 핵 억지로 두 나라가 모두 2차 공격능력을 확보하고 상대방의 선제공격에 대한 대량보복을 공언함으로써 서로의 공격을 억지하는 것을 말함

② 억지 게임에서는 2차 공격능력이 중요하기 때문에 미·소는 ABM 조약을 통해 서로의 2차 공격능력을 유지하도록 함

③ 1954년 아이젠하워 대통령의 'NEW LOOK' 정책은 소련에 대한 재래식 전력의 열세를 핵 우위로 상쇄하려는 전략이었으며 이에 따라 대량보복전략(massive retaliation)이 발표됨

- 이것은 소련이 재래식 무기로 공격한다 하더라도 대량 핵공격으로 보복한다는 것으로, 억지의 효과를 강화하기 위한 조치였음

④ 핵 억지는 또 자국에 대한 공격을 억지하는 것 외에도 제3자에 대한 공격을 억지하는 확대 억지(extended deterrence)가 있음 2013년 출제

> **맞대응(tit-for-tat) 전략** 2008년, 2017년 출제 　　　　　　　　　　　　　　　　　　　　　　　참고
>
> **1. 맞대응(tit-for-tat) 전략의 3단계 전략**
>
> 팃포탯의 묘미는 '눈에는 눈, 이에는 이'라는 단순성에 있다. 우리말로는 '맞대응' 정도로 번역할 수 있는데, 팃포탯은 아주 단순한 3단계 전략으로 이루어진다.
> ① 1단계: 일단 협력한다.
> ② 2단계: 상대방이 배신하면 응징한다.
> ③ 3단계: 상대방이 다시 협력하면 용서하고 협력 전략으로 복귀한다.
>
> **2. 맞대응 전략의 특성**
> ① 맞대응 전략은 '신사적'이다. 맞대응 전략은 먼저 상대편을 속이지 않으며, 최초에 규정된 게임의 규칙을 우선 따른다. 상대방의 대응을 마주하기 직전의 맞대응 전략은 착하다.
> ② 맞대응 전략은 '냉정'하다. 만약 상대방이 호의를 무시하고 배신을 택할 경우, 맞대응 전략은 반드시 상대에게 보복한다. '가는 말이 고와야, 오는 말이 곱다'라는 전략적 대응수인 셈이다.
> ③ 맞대응 전략은 '관용적'이다. 만일 상대방이 실수를 인정하고 정상으로 돌아올 경우, 맞대응 전략은 상대방을 용서한다. 하지만 아주 쉽게 용서하지 않는다. 맞대응 전략은 용서에 뜸을 들인다. 용서를 하긴 하지만 성급하게 하지 않는다.
> ④ 맞대응 전략은 '단호'하다. 이 전략적 단순성은 상대방에게 쉽게 간파당할 수 있지만, 별문제가 되지 않는다. 오히려 상대방이 내가 맞대응 전략을 쓸 것이라는 점을 인지하게 하는 것이 맞대응 전략의 목표이기도 하다. '나에게 협력하라, 그렇지 않고 이기적인 선택을 할 경우 나는 가차 없이 보복할 것이다'라는 메시지는 상대방에게 협력의 선택을 강요하는 강력한 규제가 된다.
>
> - 김우재: The Science Times의 칼럼(2009년 8월 14일)

- 맞대응 전략은 로버트 액설로드(Robert Axelrod)가 시행한 반복적인 수인의 딜레마(iterated prisoner's dilemma) 게임 실험에서 가장 효율적인 전략으로 증명되었는데 이는 배반의 전략에 대해서는 타격을 입히고, 협력의 전략에 대해서는 보상을 하기 때문이다.
- 맞대응 전략은 배반이 계속되다가도 상대방이 협력으로 돌아서면 같이 협력하므로, 갈등이 지속되는 국제관계의 악순환구조 속에서도 협력의 선순환구조가 발전될 수 있음을 논리적으로 보여주고 있다.

제4절 체제 수준의 행태주의적 현실주의 이론[8]

1 체제 이론의 특징

1. 체제의 정의

8　박재영, 국제정치 패러다임(2015, 제4판), 법문사, 76~83면

① **체제(system)**
  ㉠ 체제란 전체의 목표를 위하여 상호작용하며 어떤 종류의 경계에 의하여 그 환경으로부터 구분되는 구성요소나 단위의 집합을 말함
  ㉡ 체제는 구성요소로서 부분이 있고, 이 부분들이 상호 기능적으로 연결되어 하나의 덩어리로서 전체를 이루며 주위의 환경과 구분되어 이러한 환경과 부단한 상호작용을 하는 것임
② **국제체제**: 국제체제란 독립된 정치 단위의 집합체로서 빈번히 규칙적인 패턴에 따라 상호작용하고 있는 체제

2. 체제 이론의 특징

① **체제 이론**: 체제 이론은 국제체제를 변수화하여 체제의 양태(configuration of a system)가 구성국가의 국제적 행태에 일정한 패턴을 창출한다는 것을 핵심으로 하는 국제체제와 하부체제인 주권국가 간의 관계를 이해하고자 하는 이론
② 체제 이론은 구성요소들이 상호작용하여 그들 간의 정형화된 관계를 발생시킨다는 사고에 입각해 있으며, 체제 이론에서 말하는 세력균형은 정형화된 관계의 결과적 표현물에 해당함
③ 체제론자들인 카플란(M. A. Kaplan), 호프만(Stanley Hoffman), 맥클리랜드(Charles A McClelland), 로즈크랜스(Richard N. Rosecrance) 등은 국가 간의 갈등과 협력에 대한 설명에 있어서 전통적 현실주의와는 달리 인간성에 의존하지 않고 국제정치의 경쟁적이고 무정부적인 성격에 중점을 두어 설명하고자 함
④ **체제 이론의 주된 관심**: 체제의 유형과 전쟁의 발발 혹은 빈도의 문제, 무정부 상태에서의 질서와 안정 그리고 지속성의 요인들을 연구함

2 카플란(M. A. Kaplan)의 체제 이론

1. 카플란의 체제 이론의 특징

① 카플란은 모겐소와는 달리 관찰할 수 없고 입증할 수 없는 고정된 상수(常數)로서의 인간성에 대한 개념을 배제하고, 국제체제라는 대안적(代案的) 개념을 제시하여 국제관계를 분석함
② 카플란은 개별사건의 역사적인 중요성과 특수성을 중시하는 방법에서 벗어나 좀 더 일반화되고 사회과학적인 방법을 적용하고자 국제체제의 연역적인 모델을 만들어서 이에 대한 예증으로서 역사를 검토함

2. 국제체제의 분류 및 중요 변수

① **국제체제의 분류**

㉠ 분류 기준 : 행위자 간의 통합 정도와 행위자의 수
㉡ 유형 : 세력균형체제, 느슨한 양극체제, 경직된 양극체제, 보편적 국제체제, 위계적 국제체제, 전단위 거부권 보유체제로 분류함
㉢ 세력균형체제와 느슨한 양극체제는 19세기 유럽과 2차대전 이후에 실재했던 체제이고, 나머지 4개는 카플란의 연역에 의해 만들어진 체제임

④ 다섯 개 변수 : 6개 모델의 특징과 국가행위를 설명하는 변수
㉠ 기본행위원칙(essential rules of a system) : 체제의 평형(equilibrium)을 유지하기 위한 특징적 행위를 나타내는 변수, 체제의 본질적 성격을 규정하는 체제 내의 각 행위자간에 존재하는 행위원칙이며 이 원칙이 지켜지는 한 체제는 변화하지 않음
㉡ 체제의 변형원칙(transformation rules of a system) : 체제 내의 평형 유지에 필요 없는 투입이 들어옴으로써 한 체제가 불안정한 방향이나 다른 체제로 움직여 변화를 야기하는 원칙
㉢ 행위자 분류변수(actor classification variables) : 행위자의 유형(민주주의 국가, 권위주의 국가)을 나타냄
㉣ 능력변수(capability variables) : 행위자들의 군비 수준, 과학기술, 그리고 행위자에게 가용한 힘의 다른 요인을 설명하는 변수임
㉤ 정보변수(information variables) : 행위자가 다른 행위자에 대해 갖고 있는 정보의 수준을 나타냄

3. 각 국제체제의 특징

① **세력균형체제**
㉠ 국가만이 행위자로 존재하는 체제
㉡ 최소 다섯 개의 강대국이라는 필수적 행위자가 존재하는 체제
㉢ 강제적이고 위계적인 의사결정과 집행체제가 존재하지 않는 체제

② **이완된 양극체제**
㉠ 국가와 초국가적 국제기구와 같은 보편적인 행위자가 존재하는 체제
㉡ 국가는 특정의 진영에 속하는 블록국가(bloc countries)와 그렇지 않은 비블록 국가로 구분
㉢ 경직된 양극체제와의 구분 : 이완된 양극체제는 국가 이외에 비블록 국가와 국제연합과 같은 초국가적 보편적 행위자가 존재하여 양 진영의 대결을 중재해 나가면서 체제 균형을 이루어 나가는 체제임

③ **경직된 양극체제**
㉠ 경직된 양극체제는 이완된 양극체제의 변형에 해당함
㉡ 중재역을 담당할 수 있는 비블록 국가와 초국가적 보편행위자가 없거나 미미한 역할만을 하는 체제
㉢ 양 진영 간에 심각한 대립양상을 보이는 불안정한 체제
㉣ 1950년대 미소 간의 냉전이 절정에 도달했을 때의 국제체제에 근접함

④ 보편적 국제체제
- ⊙ 보편적 국제체제는 이완된 양극체제에서 보편적 행위자의 역할이 극대화되었을 때 생길 수 있는 세계연방국가(confederation) 형태 체제로서 역사상 존재한 적이 없는 체제임
- ⓒ 보편적 국제체제는 구성요소 상호간의 관용과 보편적으로 적용되는 법질서에 기초함
- ⓒ 모든 국가는 초국가적 행위자의 통제 속에서 자율성을 보유함

⑤ 위계적 국제체제
- ⊙ 국가가 소멸하고 전 세계가 하나의 국가화하는 단일 세계국가체제임
- ⓒ 군사적 정부에 의하거나 영토적 국가 단위를 기능적으로 대체하는 협정에 의해 구성된 단일세계 국가를 말함
- ⓒ 국가보다 오히려 이익집단이 주요한 행위자가 되며, 과거 로마제국과 중국의 천하지배체제가 이와 유사했음

⑥ 전단위 거부권 보유체제
- ⊙ 홉스(Thomas Hobbes)적인 체제로서 각국이 저마다의 이익을 추구하며 이들 간의 상충하는 이익추구 행위를 규제할 장치가 부재한 체제
- ⓒ 각국이 모두 서로를 파괴할 수 있는 무기를 가지고 있을 때, 즉 오늘날 모든 국가가 핵무기를 보유하고 있다고 생각할 때 생길 수 있는 체제임
- ⓒ 어떤 나라도 다른 나라에 그 나라가 동의하지 않는 행위를 강제할 수 없으며 각국이 스스로 자제하는 한에 있어서 질서유지가 가능함

3 체제 이론의 평가

① 국제체제만을 국가 행위의 결정요소로 간주함으로써 국가체제나 그 밖의 정책결정 과정과 같은 국내적 요인을 무시하는 결점을 보유함

② 카플란의 모델은 연역적인 것으로서 아직 실제 세계에 있어서 검증되지 않은 가설적인 것에 불과함

③ 왈츠
- ⊙ 많은 국제정치학자들이 국제체제가 아닌 국가라는 잘못된 분석 수준을 택해 환원주의적(還元主義的)인 오류를 범하고 있으며 국제체제라는 제대로 된 분석 수준을 택했다고 해도 그 기회를 잘못 이용하고 있음
- ⓒ 카플란은 체제라고 하는 올바른 분석 수준을 택하고 있으나 체제의 구조를 구성요소의 특징 혹은 구성요소 상호 간의 관계로서 정의함으로써 의미 있는 체제 이론을 만들지 못했으며, 카플란 또한 여타의 학자들과 마찬가지로 환원주의자에 해당함

④ 카플란의 체제분석방법은 많은 학자에게 영향을 끼쳐 이후 개개 국가 밖의 변수를 통해 국제관계를 설명하려는 노력이 나타나는 계기를 마련함

㉠ 하스(Ernst Haas) : 1958년에 국가 간 통합이 국가들에 미치는 영향을 연구함
㉡ 허즈(John Herz) : 1959년 핵무기의 개발이 초강대국의 행동 자유에 어떠한 영향을 미치는가를 연구함
㉢ 로즈크랜스(Richard N. Rosecrance) : 1963년 상이한 시기의 세계역사를 설명하는 데 있어서 국제변수와 국내변수가 어떻게 결합되어지는가를 연구함

제 5 절 신현실주의(Neorealism) : 1980년대

1 신현실주의의 등장

1. 등장 배경 [9]

① **국제정치 상황의 변화**

㉠ 1960년대 말과 1970년대 초의 상황 : 미국과 소련의 데탕트, 미국 국력의 상대적 쇠퇴, 환경문제 등 비안보적 이슈의 중요성에 대한 인식 확대, NGO와 다국적 기업 등과 같은 비정부적 행위자의 활발한 활동 등으로 상호의존론과 구조주의 이론이 등장함

㉡ 1970년대 말과 1980년대 초의 상황 : 이란의 미국대사관 점거와 소련의 아프가니스탄 침공에 의한 동서 간의 긴장 증가, 미·소간 군비경쟁의 지속(신냉전) 등은 패권국의 역할과 국가중심적 국제정치의 성격, 군사력과 같은 힘의 중요성을 다시 주목하게 했으며, 현실주의의 적실성을 다시 부각시킴

② **이론적 배경**

㉠ 국제정치학에 행태주의적 방법론을 도입하여 과학적 엄밀성을 높이려는 시도가 전개됨
㉡ 상호의존론에서 강조하는 국제정치에 있어서 정치와 경제의 상호관계에 대한 높은 관심이 대두됨
㉢ 종속 이론과 같은 마르크스주의적 구조주의의 영향에 따른 국제체제(구조)의 역할을 비판적으로 수용함

2. 신현실주의의 가정 : 전통적 현실주의와 이론적 가정을 공유

---

9   박재영, 국제정치 패러다임(2015, 제4판), 법문사, 86면

① 국가 중심성 가정(state-centric assumption)

② 동질성 가정(homogeneity assumption)

③ 합리성 가정(rationality assumption)

④ 무정부성 가정(anarchy assumption)

3. 전통적 현실주의와 신현실주의의 비교

① 공통점

㉠ 전통적 현실주의와 신현실주의는 모두 국제체제의 성격을 무정부 상태로 인식함

㉡ 양자 모두 국제정치 구조의 변화원리와 세계평화의 유지 방법으로 세력균형을 강조함

② 차이점

	전통적 현실주의	신현실주의
국제정치의 주체	국가를 국제정치의 유일한 주체로 보고 권력지향적 인간성과 그것의 논리적 결과로써 무정부 상태를 설정함	국가 이외에 다국적 기업이나 초국가적 공동체 등을 국제정치의 주체로 설정하는 한편 인간행태의 다양함을 강조함
국가의 목적	권력추구 그 자체를 국가의 목적으로 보고 국가이익을 권력을 극대화하는 야심의 차원에서 접근함	국가의 궁극적 관심은 권력 그 자체가 아니라 안보이며, 권력은 타국이 가질 수 있는 야심을 견제하는데 유용한 수단이 될 수 있다고 하여 두려움의 차원에서 접근함 2017년 출제
전 국가간 갈등 원인	인간의 권력확대 본성	무정부적 국제체제
정치와 경제의 관계	정치요인과 경제요인의 구분, 정치가 경제를 결정함을 강조함	정치요인과 경제요인의 상호의존 관계 중시, 정치요인의 우월성을 강조함

2 왈츠(Waltz)의 신현실주의 [10]

1. 허즈(John Herz)의 주장 2010년, 2013년, 2022년 출제

① 1959년 '원자 시대의 국제정치'(International Politics in the Atomic Age)에서 상위권위(上位權威)의 부재 속에서 사람들 간의 혹은 그룹 간의 상호작용으로 안보딜레마(security dilemma)가 발생함을 지적함

② 인간성이 아닌 국제체제의 무정부성으로 인한 자력구제적 특징을 강조함

---

10 박재영, 국제정치 패러다임(2015, 제4판), 법문사, 90·112면

2. 왈츠의 신현실주의 2014년 출제

① 기존 체제 이론의 문제점 지적
㉠ 기존 체제 이론에서는 체제란 단순히 구성단위 간의 합에 불과하다는 입장임
㉡ 국제체제를 구성요소의 특징이나 구성요소 간의 상호작용으로 정의함
- 체제의 변화는 구성요소의 변화에 달려 있어 체제가 독자성을 갖고 구성요소를 지배하기보다는 반대로 구성요소에 의해 지배된다는 입장을 보임

㉢ 환원주의 : 국제 수준의 문제(전체)를 국가 혹은 하위 국가의 수준(부분)으로 환원하여 설명하려는 것을 의미하며 '안에서 밖으로의 설명'이라고 함

② 왈츠의 문제 제기
㉠ '국제관계 역사를 볼 때 왜 행위자의 의도(intention)와 결과는 좀처럼 일치하지 않았을까?'
㉡ '어떻게 단위들의 변화에도 불구하고 지속적으로 재현(再現)되는 결과의 유사성(類似性)이 존재할까?'

③ 왈츠(Waltz)의 신현실주의의 내용
㉠ 국제체제에 대한 강조
- '인간, 국가, 그리고 전쟁'(Man, the State and War, 1959)이라는 책에서 국제정치 현상은 국제체제의 수준에서 일반화가 이루어져야 함을 주장함
- '국제정치론'(Theory of International Politics, 1979)에서 국제정치 현상을 설명하기 위한 국제정치 고유의 이론은 인간성이나 국가의 속성으로 환원되지 않는 국제체제의 특성에 기초를 두어야 한다는 주장을 체계적으로 제시함

㉡ 국제체제의 형성
- 국제체제의 형성 : 국제체제는 유사한 구성단위들의 동시행위에 의해 이루어지며 이렇게 형성된 국제체제는 구성요소의 합 이상의 것으로서, 구성요소에 의해 일단 체제가 형성되면 거꾸로 체제가 구성요소를 제한하게 됨
- 체제의 구성 : 구조와 상호작용하는 구성요소로 이루어짐
- 구조 : 전체로서의 체제를 형성하기 위해 각각의 구성요소가 합해지는 배열원칙으로서 국가의 행동 또는 국제관계의 결과를 결정짓는 명시적인 요소를 의미함
- 과정 : 체제의 구조에 의해 부과된 제약을 반영하는 단순히 정형화된 구성단위 간의 관계를 의미함

㉢ 국제체제의 특성 : 무정부 상태 2011년 출제
- 자신의 안전을 자신이 확보해야 하는, 즉 자력구제(self-help)를 행동의 기본 원리로 해야만 하는 상황을 의미함
- 근본적인 문제는 국가 간에 두려움과 불신이 존재한다는 것이며, 이로 인해 국가 간의 협력 전망이 파괴되고 대결과 갈등으로 나아가도록 압력이 가중됨
- 협력을 통해 상호 이득이 있다 해도 무정부 상태라는 국제체제의 특징에 의해 실질적인 협력이 일어나기가 운명적으로 힘들다는 루소의 비관주의적 주장을 강조함

㉣ 안보 딜레마 : 국가들은 자신의 생존과 안보를 위해 자국의 힘의 증강을 의도하고 이는 타국의 힘

의 증강을 불러와 처음에 힘의 증강을 통해 의도했던 결과가 아닌 더욱 심화된 불안정을 느끼게 되는 상황이 초래됨

ⓜ 세력균형의 형성 : 무정부적 국제체제에서 국가들은 생존을 확보하기 위해 내부적으로는 경제력이나 군사적 능력을 향상시키고자 하고, 외부적으로는 자신의 동맹을 강화하거나 상대방의 동맹을 약화시키고자 시도하게 되는데 이러한 과정의 결과 세력균형이 형성됨

3. 구조의 3대 분석 요소

① **체제의 조직원리**(ordering principles)

㉠ 부분들이 배열되어 있는 방식 혹은 원칙을 의미함

㉡ 국제체제는 국내체제와는 달리 위계적이지 않고 무정부적이며 분권화되어 있음

- 무정부적인 체제 속에서는 구성단위가 최소한 자신의 생존을 위해 스스로 돌보아야 하는 자력구제의 원칙이 지배함

② **구성단위 간의 기능 분화**(division of functions) : 자력구제의 원리에 의해 움직이는 체제 내에서는 국가 간에 상대적인 능력의 차이만 존재하고 국가 간의 기능의 분화가 일어나지 않아 단위들의 기능이 유사해짐

③ **구성단위 간의 권력능력 배분**(distribution of power capability) 2017년 출제

㉠ 구성단위 간의 권력능력 배분 상태는 체제 구성요소 간의 권력능력의 분산이나 집중의 정도를 의미함

㉡ 권력능력의 배분은 체제마다 다르며 같은 체제라도 시간에 따라 상이한 권력능력의 배분 상태를 가질 수 있는데, 권력능력의 배분이 달라짐에 따라 국제체제의 구조가 달라짐

㉢ 권력능력의 배분을 나타내는 구체적인 지표로는 강대국의 숫자를 들 수 있음

㉣ 역할의 분화가 이루어지지 않는 국제체제에서 단위의 배열은 개별 국가의 상대적 권력능력에 따라 이루어진다고 보며 권력능력의 배분에 있어서의 변화는 극성(極性, polarity)에 있어서의 변화로 귀결됨

- 왈츠에게 있어 체제의 구조란 체제 내의 행위자 모두에 의해 규정되는 것이 아니라 체제 내의 주요한 행위자, 즉 몇몇 강력한 행위자들에 의해 규정됨

4. 국제체제의 변화

① **체제의 변화** : 국제체제가 무정부 상태에서 위계적 체제로 바뀌는 것은 국제체제의 근본적 체제변화이나 왈츠는 국제체제의 이러한 무정부적 성격은 좀처럼 바뀌지 않으며 그 결과 국가간 기능적 분화가 일어나지 않을 것으로 가정함

② **체제 내의 변화** : 구조의 요소 중 체제마다 혹은 같은 체제 내에서 시간에 따라 바뀔 수 있는 것은 강대국의 숫자, 즉 극성으로 결정되는 능력의 배분 요소임

③ 왈츠에게 있어 국제체제는 무정부적 구조와 극성의 구조를 통해서 단위들의 행동을 결정함

④ 왈츠는 무정부 상태로 일반적인 국가의 행동을 유추하고 극성으로 무정부 상태를 세분함으로써 좀 더 작은 범위의 자세한 결과를 예측할 수 있다고 봄

5. 왈츠 이론의 세 문제 영역에의 적용

(1) 안보질서(security order)

① 안보질서
  ㉠ 국제적 무정부 상태에서 궁극적 목적은 안보이고 권력은 목적이 아닌 안보유지를 위한 수단임
  ㉡ 국가의 일차적 관심은 권력의 극대화가 아니고 국제체제에서 자국의 생존을 확보하는 것임
  ㉢ 무정부 상태에서 자력구제라고 하는 것이 필연적으로 행위의 원칙이 되며 이것이 국제 안보질서의 근본적인 성격을 결정함

② 안보확보수단 : 세력균형
  ㉠ 내부적인 노력과 외부적인 노력의 결과 세력균형이 형성되며 국제안보 질서는 세력균형에 의해 지배됨
  ㉡ 세력균형은 국제체제가 무정부 상태이고 생존하길 원하는 국가가 존재한다는 두 개의 조건만 충족시키면 형성 유지됨
  ㉢ 강대국의 수가 적은 양극체제가 다극체제에 비해 국제사회에서 보다 많은 안정과 평화를 가져다 줌

(2) 경제질서(economic order)

① 무정부 상태라는 구조가 국제경제질서의 기본적인 성격을 결정함
② **제한된 상호의존** : 자력구제의 원칙이 지배하는 무정부 상태를 특징으로 하는 국제체제에서 상호의존은 취약성의 근원이 되기 때문에 국가들은 상호의존적이 아닌 독립을 가져다줄 수 있는 조치를 취하고 자급자족을 위한 노력을 하게 됨
③ **무정부 상태와 협력과의 관계** : 상대적 이득의 문제
  ㉠ 무정부 상태의 국제체제에서 구성국가들은 자신의 이익을 촉진하기 위한 목적이 아닌 그 자신을 보호하기 위한 수단을 확보하는 데에 치중하게 됨
  ㉡ 협력이 두 국가 모두에게 절대적인 이득을 제공해도 각자가 증가된 상대방의 능력이 어떻게 사용될 것인가를 우려하는 한, 즉 상대방을 파괴 혹은 해를 미칠지도 모른다고 생각하는 한 협력이 일어나지 않음
  • 국가는 절대적 이득이 아닌 상대적 이득에 따라 행동하게 됨
  ㉢ 무정부 상태를 특징으로 하는 국제체제에서 국가들은 다른 국가들과의 협력과 재화 및 서비스의 상호교환을 통해서 상대방 국가에 의존적으로 되지 않을까 우려하며 이로써 국가 간의 협력이 구조적으로 제한됨

(3) 전 지구적인 문제(global issues)

① 전 지구적인 문제

㉠ 공해(pollution), 빈곤(poverty), 인구(population), 그리고 확산(proliferation)의 4Ps가 대표적인 전 지구적인 문제임
㉡ 많은 문제들이 국제적 수준에서 발생하나 해결책은 지속적으로 국내 정책에 의존함

② **강대국의 역할**: 왈츠는 문제의 해결을 위해 강대국의 역할이 중요함을 강조하고 강대국의 수가 적을수록, 또 소수의 가장 힘 있는 국가와 여타 국가와의 불균형이 크면 클수록 소수의 강력한 국가들이 국가체제의 목적을 위해 행동을 취하며 관리력(managerial power)을 행사할 가능성이 높다고 봄

구조균형 이론(Structural Balance) 2010년 출제

1. 의의
① 집단구조 이론: 개개인의 인간성이나 특성과 관계없이 집단의 구조적 특성에 따라 정해지는 인간관계의 패턴에 관한 이론
② 구조균형 이론: 집단구조 이론을 적용하여 각 개별국가의 속성과 관계없이, 각국의 특성을 초월하는 국가집단 구조의 보편적 특성에서 국가간 행위패턴을 규명하고자 함
③ 대표학자: 하이더(Heider), 뉴컴(T.M.Newcomb), 해러리(Frank Haray)

2. 해러리(Frank Haray)
① 해러리는 균형을 이룬 구조가 균형을 이루지 못한 구조보다 더 높은 안정성을 갖는다고 주장함
② 어떤 구조가 균형을 이루지 못하게 되면, 그 구조 속의 행위자는 전체구조의 균형을 성취하기 위하여 자기와 다른 구성요소와의 연대를 수정하려는 경향을 보임
③ 구체적으로는 분파경향 가설(tendency toward clustering), 완전지향 가설(tendency toward completeness), 긍정적지향 가설(tendency toward positivity)을 제시함
  ㉠ 분파경향 가설: 구조의 안정을 위해 다수의 소집단으로 재구성됨
  ㉡ 완전지향 가설: 집단구조가 완전해지려는 경향이 있음
  ㉢ 긍정적지향 가설: 집단 내 상호관계가 본질적으로 긍정적일 경우, 그 집단 내의 개체는 긍정적 연대를 형성하려는 강한 선호를 보임

제 6 절 양면게임 이론[11]

1 개념 2020년 출제

① **양면게임** : 국내외 정치의 양면적 상황을 게임화하여 국제정치 협상당사자들의 행태를 분석하려는 접근 방법을 말함

② **퍼트남(Robert D. Putnam)** : 외교관은 노조 대표와 마찬가지로 타국 대표(사용자 측)와의 협상에서 국가이익의 극대화를 위해 노력하는 동시에 합의의 결과가 국내에서 수용될 수 있도록 국내의 집단들(노동조합원)과 끊임없이 대화와 협상을 해야 함을 주장함

2 양면게임 이론의 내용

① 게임의 제1면은 국제적 행위주체, 즉 국가대표자 사이의 게임이며, 제2면의 게임은 바로 그 국가대표자와 국내의 관련 이익집단들 간의 게임으로, 두 게임은 순차적이 아니라 동시에 진행됨

② **윈셋(win-set)** 2010년, 2018년 출제
  ㉠ 주어진 상황에서 국내적 비준을 얻을 수 있는 모든 합의의 집합으로 국가 간의 합의 가능한 조건과 국가가 국제협상에서 쓸 수 있는 전략 및 작전을 보여줌
  ㉡ 일차적으로 국가대표자에게 있어서 윈셋이 클수록, 즉 합의 가능 영역이 클수록 국제합의의 가능성을 높일 수 있음
  ㉢ 퍼트남은 정책결정자가 국내집단으로부터 자유로울수록, 즉 윈셋이 클수록 국제적 협상력이 낮아지는 반면, 그 자율성이 낮을 때 오히려 국세협상력이 높아지는 역설적 상황을 주목함
  ㉣ 윈셋 크기 결정 요소 : 주요 국내 행위자들의 권력과 선호, 국내제도, 협상가의 전략 2015년 출제

③ 협상력을 높이기 위한 전략
  ㉠ 자국의 윈셋을 축소시키는 방법

발목잡기(tying-hands) 전략	국내 강경파에게 공개적 약속을 함으로써 의도적으로 자국의 윈셋을 축소하는 전략
정치쟁점화 전략	사안을 정치쟁점화하여 잠재적인 국내집단을 활성화함으로써 윈셋을 축소하는 전략

---

11 박현모, 국제정치학(2003), 인간사랑, 379~381면

ⓒ 상대국가의 윈셋을 확대시키는 방법

표적사안연계 (targeting issue-linkage) 전략	• 사안을 연계시킴으로써 타국의 비활성 집단을 활성화하고, 이를 통해 세력 간 균형을 변경시킴으로써 타국의 윈셋을 확대하는 전략 • 단일 사안에서 양보를 얻어내는 것이 불가능할 경우, 다른 사안을 연계시킴으로써 이른바 상승적 연계(synergistic linkage) 효과를 가져오는 전략 • 둘 이상의 사안이 연계될 경우 국내적 집단 간의 이해관계가 변하고 그들 간의 영향력의 균형이 바뀜으로써 원래 가능하지 않았던 협상의 결과가 국내적으로 수락되고 비준될 수도 있음
정부수반 간 담합(chief of government collusion) 전략	협상 당사자 간 정치적 자산을 상호 교환하여 각자의 윈셋을 확대하는 전략
초국가적 로비	국내 이익집단을 이용해 초국가적 로비나 제휴를 통해 상대방으로부터 가급적 많은 양보를 얻어내는 것도 협상력을 높일 수 있는 중요한 전략의 하나로 지적되고 있음
메아리(reverberation) 전략	• 국내집단에 직접 호소하여 협상 사안에 대한 기대나 그 사안의 이미지를 바꿈으로써 상대의 윈셋을 확대시키는 방법 • 표적사안연계 전략과의 비교 – 반드시 표적집단을 찾을 필요가 없으며, 연계 전략의 경우 표적 집단의 효용함수에 대한 실질적 변화를 의도하는 반면, 메아리 전략은 사안의 상징적 이미지의 변화를 노림

3 의의

① 퍼트남의 양면게임 이론은 국내정치와 국제정치를 분리하는 기존 학계의 관행과 한계를 극복하고 국제협상에서 보이는 국내정치와 국제정치의 밀접한 연계성을 보여주고 있음

② 양면게임 이론은 협상담당자의 비자발적 배신(involuntary defection) 전략이나, 협상 결렬을 협박의 수단으로 삼기 위해 국내의 보다 강경한 매파집단에 돌이킬 수 없는 공개적 약속을 하거나 정치쟁점화하는 과정에서 협상담당자의 유연성이나 독자성을 제한함으로써 전혀 의도하지 않았던 결과가 초래되는 현상들을 이해하는 데 도움을 줌
※ 비자발적 배신 : 국내 비준의 실패에 따른 국가 간 협력의 실패

③ 북한이 국제적으로 약소국이면서도 미국과 같은 강대국과의 협상에서 유리한 고지를 차지하는 경우나 우루과이 협상에서 국내 쌀시장 개방문제와 관련하여 한국 정부가 보여주었던 전략을 설명하는 데도 유용함

제 7 절 패권안정론(Hegemonic Stability Theory)

1 패권안정론의 의미와 등장 배경 2021년 출제

1. 패권안정론

① **의미** : 패권안정론은 국제체제 구조의 성격인 패권의 존재와 쇠퇴 등을 독립변수로 하여 자유무역질서나 국제통화의 안정적인 질서와 같은 종속변수를 설명하고자 하는 이론임

② 각종 쟁역(issue areas)에 있어서 국제질서, 국제협력, 국제제도(국제레짐과 국제기구)가 패권국가에 의해 창출되고 유지되며 패권국가의 쇠퇴나 소멸과 더불어 운명을 같이 한다고 보는 시각임

2. 등장 배경

① 1970년대 초에 국제통화체제인 브레튼우즈(Bretton Woods)체제가 붕괴되었고, 국제무역 분야에서는 관세 및 무역에 관한 일반협정(GATT)이라는 국제레짐이 쇠퇴하기 시작함

② 독일과 일본의 경제적 발전은 미국의 상대적 위상의 약화를 가져왔고, 월남전 패배와 1차 석유 위기에서 미국의 무력감은 미국의 상대적 힘 또는 영향력이 약화되지 않았나 하는 의구심을 초래함

③ 국제통화질서 및 국제무역질서의 변화와 미국 국력과의 상대적인 변화 연관성에 관심이 촉발됨

2 왈츠의 신현실주의와의 비교

1. 공통점
2007년 출제

① 국제정치체제의 구조(패권구조, 즉 단극구조)를 가지고 국제정치질서의 안정성 여부를 설명함

② 무정부 상태를 특징으로 하는 국제정치체제에서 국가는 이기적이고 합리적인 행위자라는 가정을 함

2. 차이점

① **국제정치경제 영역으로의 확장** 2007년 출제

㉠ 신현실주의와 차이점은 분석의 시각을 국제정치경제의 영역으로까지 확장했다는 점임

㉡ 패권안정론은 국제제도가 패권의 존재에 영향을 받는다는 이론으로서 국제제도가 패권의 존재와 독립하여 국가의 행동이나 국제관계에 영향을 미치지는 않으나 패권이 존재할 때 국제제도가 안정적으로 창출되고 유지되며 국가 간 협력도 가능하다는 것을 주장함

ⓒ 패권안정론은 경제적인 이슈에 관해서 두드러진 관심을 보인 것은 사실이나 여전히 경제적인 문제를 부수적인 영역(subsidiary domain)으로 간주하고 있음

② **체제변동론**: 왈츠는 세력균형체제 가운데서도 양극적 세력균형체제가 안정을 가져다준다고 하는데 반해 패권안정론은 세력의 균형이 아닌 세력의 지배적인 우위가 존재하는 체제인 패권체제가 안정을 가져온다고 보는 입장임

3 패권안정론 [12]

1. 킨들버거(Kindleberger)의 패권안정론 2007년, 2015년, 2018년 출제

① **'공황 속의 세계, 1929-1939'**(The World Depression, 1929-1939): 1930년대 세계공황의 발생을 패권국의 부재라는 독립변수를 통해 설명함

  ㉠ 제1차 세계대전 전에는 영국이라는 패권국이 존재함
  ㉡ 제2차 세계대전 후에는 미국이라는 패권국이 존재함
  ㉢ 양차대전 사이: 공황 발생
  - 영국: 패권국가로서의 역할을 할 의사는 있었으나 능력이 부족함
  - 미국: 능력은 있었으나 의사가 없음
  ㉣ 패권국의 의사와 능력이 국제체제의 안정 및 협력을 결정함

② **패권국의 존재와 협력**

  ㉠ 패권국의 지배적인 경제력이 협력의 주된 요인으로 작용함
  ㉡ 패권국을 국제 공공재(international public goods)를 기꺼이 제공하고자 하는 선의의 전제자(benevolent despot)로 바라봄
  - 패권국가의 선의를 강조하는 견해(benign view of hegemony)

③ **공공재 공급**

  ㉠ 패권국은 안정된 국제체제로부터 이익을 얻기 때문에 국제 공공재를 기꺼이 제공함
  ㉡ 패권국가의 일방적인 공공재 공급으로 인해 나머지 국가들은 무임승차의 유인(誘引)을 받게 되며 실제적으로 무임승차를 함
  ㉢ 패권국이 약소국을 착취하는 것이 아니라 약소국이 강대국을 착취, 이용함

2. 코헤인(Keohane)의 패권안정론

---

12 박재영, 국제정치 패러다임(2015, 제4판), 법문사, 147~150면

① 패권은 보다 광범위하게 대부분의 국가에 이롭고, 대부분의 국가가 대부분의 경우에 있어서 이득을 취하게 함
② 국제레짐(international regimes)의 등장은 공공재를 공급하기 위함임
③ 코헤인은 '패권 이후(After Hegemony)'라는 책에서 패권국이 쇠퇴한 이후에도 패권국이 존재했을 때의 협력이 유지된다는 주장을 전개하여 신자유주의적 제도주의자로 분류됨

3. 길핀(Gilpin)의 패권안정론 2007년 출제

① **패권국가 자신의 이기적인 이익을 강조함**
  ㉠ 패권국가의 행위는 공공재의 공급과 필연적으로 연결되어 있는 것이 아님
  ㉡ 패권국은 자신의 이기적 이익을 증진시킬 수 있는 국제질서를 강제력을 통해 공급함

② **패권국의 악의를 강조하는 견해**
  ㉠ 패권국이 국제레짐의 규칙을 제재(制裁)를 통해 시행하며 국제레짐을 유지하기 위해 작은 국가들로부터 대가의 지불을 강제함
  ㉡ 패권체제 내에서 유지되는 국제레짐을 패권국가의 경제적 능력의 국제적 배분이 아닌 패권국가의 정치적·군사적 힘의 배분 결과로 봄

③ **패권국가의 능력** : 패권 전쟁에서의 승리와 타국에 자신의 의지를 강요할 수 있는 증명된 능력이 패권국가가 협력을 유도할 수 있는 결정적인 요인으로 봄

4. 크라즈너(Krasner)의 패권안정론

① **강제적 패권 이론**
  ㉠ 패권국가가 그 자신에게 유리한 무역체제를 수립하기 위해 그의 패권적 우월성을 이용함
  ㉡ 개방된 자유무역체제가 특수한 조건에 따라 타국들에 이익이 될 수도 안될 수도 있음

② **국제무역체제의 개방성과 폐쇄성** : 패권의 성장과 쇠퇴의 영향을 받는데 패권의 성장기에는 개방성이 증가하고 쇠퇴기에는 폐쇄성이 증가함

③ **시간적인 지연** : 구조적 변화가 있음에도 무역 질서가 변하지 않는 현상에 대한 설명
  • 1차대전 직전의 십여 년과 1960년 이후의 십여 년은 패권이 쇠퇴했음에도 개방성이 유지되는 예외가 존재하는데, 이러한 현상은 행위자들이 패권 상승기에 채택한 정책이나 국제레짐을 포함한 제도가 일정한 관성을 갖게 됨으로써 나타남

4 패권안정론에 대한 비판

① **패권의 존재와 자유무역 질서는 무관함**
  ㉠ 로즈크랜스(Richard Rosecrance) : 자유무역이란 패권국이 없이도 성공적으로 작동하며, 국가들 사이에서는 대화와 협상을 통해 자발적으로 이익을 수렴하는 것이 가능함
  ㉡ 레이크(David Lake) : 구조(structure)는 광범위한 범위의 국가 행동에 대한 제약과 유인(constraints and incentives)을 설정하는 데에 그치고 이러한 제약과 유인을 어떻게 받아들이느냐는 국가마다 해석에 의존함

② **러기(John Ruggie)의 내재화된 자유주의(embedded liberalism)** : 2차대전 후의 국제경제질서를 자유주의적 다자체제(liberal multilateral system)를 원하는 미국과 좀 더 개입주의적 선호(interventionist preferences)를 가지고 있던 유럽 동맹국들의 내재화된 자유주의 타협으로 봄

2015년, 2017년, 2021년 출제

다자주의(multilateralism)

① 의미 : 강대국들 사이의 정책 조정을 할 수 있는 다자조직 형태의 3가지 특징
② 내용
  ㉠ 일반화된 비차별 행위 : 무역협정의 최혜국대우처럼 참여국 모두가 동일하게 대우받는다는 원칙
  ㉡ 불가분성 : 다자간 협력체제 내의 일국에 대한 외부 행위자의 공격을 참여국 모두에 대한 공격으로 간주하는 원칙
  ㉢ 확산된 상호성 : 관련 국가들이 항상 모든 이슈에 있어 단기적이고 개별적인 이득을 기대하기보다는 장기적이고 공동의 이득을 추구한다는 원칙

---

③ **쟁역에 따른 패권의 제한적인 역할** : 보글러(John Vogler) – 우주, 대기권, 그리고 해양이라는 쟁역의 연구에서 미국이 레짐의 창설자로서 어떤 적극적인 역할을 했다는 증거는 거의 혹은 전혀 찾아볼 수 없음

④ **신자유주의론의 비판** : 패권안정론이 패권의 쇠퇴와 국제질서, 국제협력, 국제제도(국제레짐과 국제기구)의 쇠퇴를 결부 짓는 것을 비판하고 패권의 쇠퇴 속에서도 이러한 것들이 지속될 수 있다는 낙관적인 전망을 제시함

제 8 절　세력균형론

1　세력균형론

① **세력균형론의 개념** : 세력균형론은 국제체제에서 국가들의 행위에는 일정한 법칙 또는 패턴이 존재하는데 그것은 국제체제의 힘의 분포에 있어서 평형(equilibrium) 또는 균형(balance)을 추구한다는 것을 설명하는 이론임

② **클로드(Inis L. Claude)의 구분**

　㉠ 실제의 묘사로서의 세력균형(balance of power as a description) : 국가 간의 힘의 분포 상태를 기술하는 세력균형은 대등한 강대국 간에 힘이 균형 있게 분포되어 있는 상태를 의미하며, 이때의 균형은 대체로 타국에 자국 의지를 일방적으로 강요할 수 없는 상태로 보고 있음

　㉡ 정책으로서의 세력균형(balance of power as a policy) : 정책으로서의 세력균형은 균형의 창출 또는 유지를 위한 정책을 뜻하는데, 힘의 분포 상태의 단순한 기술이 아니라 힘이 균등하게 분포되어야만 한다는 원칙을 뜻하는 규범적 의미로 쓰이게 됨

　㉢ 통계적인 경향으로서의 세력균형(balance of power as a statistical tendency) : 이는 세력균형을 역사의 기본적인 법칙 또는 통계학적인 경향으로 인식하는 것으로서, 초월적인 권위체가 없는 국제사회에서 여러 나라가 각각 자국의 국가이익을 위해 행동해 나가는 경우 그 행위의 총합으로서 상호견제의 안정 질서가 형성되며, 이렇게 형성된 질서를 세력균형체제로 보는 입장임

③ **세력균형론의 기본 전제**

　㉠ 국가들은 통일적인 권력조직이 존재하지 않는 무정부 상태에 놓여 있으며, 이러한 상황에서 몇몇 국가들이 일정 지역의 패권 혹은 전 세계적인 패권을 추구할 가능성이 있으며 이러한 것은 자연스러운 경향임

　㉡ 무정부 상태에서 국가들은 자신의 독립에 대한 위험을 감소시키고자 행동하며, 그 결과 세력균형이 형성되고 세력균형은 국가들의 독립을 보존하고 질서와 평화를 촉진할 평형을 창출하기 때문에 바람직한 것임

④ **세력균형의 과정**

　㉠ 의도적인 산물로 보는 견해 : 키신저(Henry A. Kissinger), 스파이크만(Nicholas Spykman), 불(Hedley Bull), 라이트(Quince Wright), 하트만(Frederick H. Hartmann) 등

　• 키신저(Kissinger) : 메테르니히의 세력균형을 위한 노력을 조작(manipulation), 책략, 계산, 그리고 외교적인 기민성으로 설명함

　• 스파이크만(Spykman) : 세력균형이란 신(神)의 선물이 아니라 인간의 적극적인 관여에 의해 달성되는 것임

　㉡ 자동적인 생성물로 보는 견해 : 왈츠

　• 세력균형은 인간의 의지와는 상관없이 국제정치체제의 구조적인 특징에 의해 이루어짐

- 세력균형은 이기적인 개개 국가의 행동의 의도되지 않은 결과물에 해당함

2 세력균형의 유형

① 모겐소의 세력균형 유형

직접적 대립형(pattern of direct opposition)	두 국가 혹은 두 개의 국가군(國家群)이 직접 대립함으로써 형성되는 세력균형 상태
경쟁형 (pattern of competition)	세 국가 혹은 세 개의 국가군 사이에 형성되는 균형 관계로서, 경쟁형은 세 국가 혹은 세 개의 국가군 중에서 하나의 국가가 약소국일 때 약소국을 사이에 두고 발생하는 간접적 대립의 경우를 말함

② 하트만(Hartmann)의 세력균형 유형 [13]

균형자형	두 개의 대립하는 세력에 제3의 세력으로서의 균형자가 개입하여 그 어느 한쪽에 자국의 힘을 보탬으로써 균형을 유지시켜 나가는 유형
비스마르크형 또는 복합형	예상되는 침략국을 둘러싼 여러 나라를 상통하는 이해를 중심으로 몇 개의 복합적 동맹으로 묶어 그 예상 침략국을 고립시켜 견제하는 방법임
뮌헨 시대형	예상되는 체제파괴자보다 월등하게 강한 힘을 가진 예상 피해국들이 이해가 갈려 협력하지 못함으로써 미약한 침략국의 힘과 균형을 이루는 정도로 약해지는 세력균형임
빌헬름형	적대 당사자 간의 힘의 균형으로 이루어지는 세력균형으로서 제3의 균형자가 개입하지 않은 자국과 상대국 간의 힘의 균형임

3 세력균형의 방법 2008년, 2016년 출제

① **분할과 지배(divide and rule)** : 분할통치란 세력균형을 실천하는 국가들이 상호경쟁하는 국가의 영토를 분할하거나 분할한 상태에 둠으로써 경쟁국의 힘의 약화를 목적으로 하는 세력균형정책을 말함

② **보상(compensation)** : 보상이란 영토의 분할 또는 병합을 의미하는 것으로서, 대립하고 있는 국가 중의 한 국가가 새로이 영토나 권익을 취득하였을 때 관계국이 거의 같은 면적의 영토나 거의 같은 권익을 균등하게 분배함으로써 각국의 세력을 전과 같이 유지하는 방법임

③ **군비확충(armament)과 군비축소(disarmament)** : 세력균형을 유지하기 위해 사용할 수 있는 가장

---

13 국제정세의 이해(2017, 제5판), 한울아카데미, 177~178면

효과적인 수단 중 하나는 군사력이므로 대립하는 국가 간에 상대국의 국력과 동등한 군사력을 유지하기 위해 군비를 증강하거나 축소하는 것을 말함

④ **동맹과 반동맹**(alliance and counter-alliance) : 자국의 안전을 위한 가장 효과적인 방법 중의 하나가 동맹을 얻는 방법이며, 공통의 위협에 대처하기 위해서 임시로 제휴하는 것과 같은 목적을 위하여 단합하는 비교적 장기간의 결합인 동맹이 있음

⑤ **완충국가**(buffer states) : 완충국은 상호 우호 관계에 있지 않은 강대국 사이에 위치하여 완화제 역할을 함으로써 강대국 간의 분쟁을 감소 및 해소하는 역할을 함

4 세력균형론에 대한 평가 : 동맹 형성에 관한 대안적 설명

1. 동맹

① **동맹**

㉠ 스티븐 왈트(Stephen Walt) : 동맹이란 두 개 이상의 자국 국가들 간의 안보 협력을 위한 공식·비공식적 협정을 의미하며 상호방위조약, 상호군사협정 등이 있음

㉡ 글렌 스나이더(Glenn Snyder) : 동맹이란 명시적인 적이나 잠재적인 적에 대해 국가들이 무력을 통해 동맹국들의 안보나 군사력 강화를 꾀하는 정식의 집합체임

㉢ 동맹국 간의 구속력이 낮은 동맹의 형태 : 중립조약이나 불가침조약을 기초로 한 동맹으로 동맹국이 제3국과 전쟁을 할 경우 동맹국을 공격하지 않기로 약속하는 형태임

② **종류**[14]

㉠ 양자 동맹 – 다자 동맹

- 동맹참가국이 2개국인 경우 양자 동맹, 참가국이 3개국 이상인 경우 다자 동맹

㉡ 공식 동맹 – 비공식 동맹

- 동맹이 국가 간의 공식적인 조약에 토대를 두고 있느냐에 따라 공식 동맹과 비공식 동맹으로 구분함

㉢ 공개 동맹 – 비밀 동맹

- 동맹은 그 존재 자체가 명시적으로 선언된 공개 동맹과 그 존재 자체를 비밀에 부치는 비밀 동맹이 있음

㉣ 균등행위자 동맹 – 불균등행위자 동맹

- 균등행위자 동맹 : 동맹참가국들의 국력 정도가 서로 비슷한 경우의 동맹(예 19세기 유럽의 영국, 프랑스, 프로이센, 오스트리아, 러시아 간의 5국 동맹)
- 불균등행위자 동맹 : 동맹참가국들의 국력 정도가 현격한 차이가 있는 경우의 동맹(예 한미동맹)

---

[14] 안전보장의 국제정치학(2010), 사회평론, 233~235면

ⓜ 동종이익 동맹 – 이종이익 동맹
- 동맹참가국들의 이익이 동일한 동종이익 동맹과 동맹참가국들의 이익이 서로 다른 이종이익 동맹이 있음
- 한미동맹의 경우 대북 억지라는 동종이익과 미국의 동아시아 전략적 이익 추구라는 이종이익이 혼재함

③ 동맹의 행태
㉠ 균형 : 힘이 약한 쪽과 동맹을 맺어 균형을 유지하는 형태
㉡ 편승 : 힘이 강한 쪽과 동맹을 맺는 형태

④ 동맹의 비용
㉠ 물질적 비용 : 동맹 체결에 따른 군사기지의 유지 등에 소요되는 비용
㉡ 비물질적 비용
- 동맹관계로 인한 외교정책 자주성의 침해 문제
- 동맹은 버려지기와 끌려들어가기의 위험 부담이 있음

동맹안보 딜레마(alliance security dilemma) - 스나이더(Glenn Snyder) 2011년, 2020년, 2021년 출제　참고

일국이 동맹에 크게 의존하고 있을 때, 이러한 국가는 동맹국들의 지원이 가장 긴요할 때 그들로부터 방치될지도 모른다는 소위 방기(버려지기)에 대한 두려움과 동맹국들을 지원할 필요에 의해 원하지 않는 분쟁에 말려들어 갈지 모르는 소위 연루(끌려들어가기)라는 두 위험에 봉착하게 된다. 이렇게 한 위험을 줄이기 위한 노력은 다른 위험을 증가시키게 되는데 이를 동맹안보 딜레마라고 한다.

방기의 두려움 때문에 동맹국의 무모한 행위를 억제하지 못하고 동맹의 편에 서서 전쟁에 말려들어 가며, 전쟁에 말려들어 갈 것에 대한 두려움 때문에 관여를 극소화하면 실제의 위협이 발생할 경우 방기될 위험에 처하기 쉽다.

- 동맹공약이 확고할수록 연루의 위험이 커지나 방기의 위험은 적어질 것이다.
- 동맹국이 방기의 우려를 하는 경우에 동맹파트너가 적대국에 대해 타협적으로 나오는 것을 방지하기 위해 동맹공약을 보다 강화하려 할 것이다.
- 동맹공약이 불명확할수록 방기의 위험이 커지나 연루의 위험은 줄어들 것이다.
- 동맹국이 방기를 우려하는 경우에 동맹 파트너의 협력을 유도하기 위해 동맹에 대한 공약을 보다 강화하려 할 것이다.

⑤ 동맹의 위험성
㉠ 동맹은 호전적인 국가를 더욱 호전적이고 모험적으로 만드는 경향이 있음
㉡ 동맹은 상대방이 반동맹을 형성하게 함으로써 양쪽 모두의 안보를 위협함
㉢ 동맹의 형성은 애초에 그럴 의도가 없는 국가에게 두려움을 주어 상대편의 동맹에 가담케 함
㉣ 동맹에 가담하게 되면 동맹국의 행동에 자신의 운명이 영향받게 됨
㉤ 오늘의 동맹국이 내일의 적국이 될 가능성이 있음

2. 위협균형 이론 : 왈트(Stephen M. Walt) 2008년, 2010년, 2014년 출제

① **위협균형** : 국가는 세력이라는 기준에 근거하여 동맹관계를 수립하는 것이 아니라 위협(threat)이라는 기준에 근거하여, 즉 어느 쪽이 더 위협적이고 어느 쪽이 덜 위협적인가에 대한 판단에 기초하여 동맹행위를 함

② **동맹 시 고려 요인**
  ㉠ 왈트에 있어 균형은 힘만이 아닌 위협에 대한 반응이기 때문에 위협에 영향을 미치는 변수들을 고려하는 것이 중요함
  ㉡ 총체적인 힘이란 요인은 여전히 중요한 역할을 하나 이는 여러 변수 가운에 하나에 불과하고 이외에 지리적인 인접성(geographic proximity), 공격적인 군사능력(offensive military capabilities), 인지된 공격적인 의도(perceived aggressive intention) 등이 중요한 변수가 됨

③ **비판**
  ㉠ 왈트는 우선 위협을 구체적으로 계량화하지 못했으며 어떤 요인이 위협의 원천으로서 보다 중요한가를 사전에 알기가 힘들다는 점을 인정함
  ㉡ 소련이 붕괴하고 바르샤바조약기구(WTO)가 해체됨으로써 위협이 사라졌음에도 불구하고 북대서양조약기구(NATO)가 오히려 확대되고 있는 것을 위협균형론은 설명하지 못함

3. 편승 이론(theory of bandwagoning) 2016년, 2019년 출제

① **편승 이론** : 편승 이론은 세력균형 이론이나 위협균형 이론이 모두 국가들이 약한 쪽에 합류하여 세력이나 위협의 균형을 추구한다는 것과는 반대로, 보다 더 강한 쪽에 합류할 것을 예측함

② **쉬벨러(Randall Schweller)** : 쉬벨러는 세력균형을 만연된 현상으로 보는 것은 편승행위를 무시하는 지나친 주장이라고 지적하며, 국가들은 이득을 얻을 수 있을 것이라는 전망에 의해 강자 편에 합류하게 됨을 주장함

③ **왈트** : 편승 발생 조건
  ㉠ 일반적으로 국가가 약하면 약할수록 균형보다는 편승을 선호함
  ㉡ 강한 국가의 경우 그의 가담으로 인해 승패가 달라져 그의 기여에 대한 보상을 충분히 받을 수 있기 때문에 약한 쪽에 합류하는 것이 합리적임

4. 국내변수의 연구 필요

① **부에노 데 메스끼따(Bruce Bueno de Mesquita)와 랄만(David Lalman)** : 현실주의는 국제정치의 가장 중요한 결과인 전쟁을 하기로 하는 결정을 설명하지 못한다고 보고, 전쟁의 발발을 설명하기 위해 비합리적인 국내정치 세력(domestic political forces)에 주목함

② **스나이더** : 무정부성을 특징으로 하는 국제체제의 성격이 국가들로 하여금 힘을 증대시키도록 하나 체제의 요인만으로는 왜 지나친 확장이 일어나는가를 제대로 설명할 수 없기 때문에 이를 위해 국가 내에서의 동태적인 정책형성 과정을 잘 이해해야 함을 주장함

제9절 국제체제의 변화 이론

1 체제 변화 이론의 기본 입장

① 세력전이를 주장하는 이론들은 공통적으로 국제정치질서는 패권국의 힘에 의해 유지되며 패권국의 이익이 투사되는 질서로서 자신들의 이익이 반영되는 질서의 수립과 유지를 위해 패권을 장악하려 한다는 시각을 가지고 있음

② 세력전이론들은 전쟁과 평화의 문제에 대해 정태적 관점에서 체제 내의 힘의 배분 양식에 따라 결정되기보다는 국가 간 힘의 배분 상태가 어떻게 변화하고 있는가에 의해 결정된다는 동태적인 입장을 가지고 있음

③ 세력전이론들은 공통적으로 전쟁을 통해서만 체제의 변화가 가능하다고 주장하며, 이상주의의 평화적 가능성을 불가능한 것으로 보고 있음

2 오간스키(Organski)의 세력전이론 [15] 2011년, 2021년 출제

① **힘의 3대 요소**: 오간스키는 힘의 3대 요소로서 부와 산업능력, 인구, 정부조직의 효율성을 들고 이 중에서 산업능력을 가장 중요한 역할을 하는 요소로 보고 있음

② **국제체제에 대한 인식**
   ㉠ 오간스키는 국제체제를 힘에 기초한 위계구조 체제로 보고 국제체제는 가장 정상에 단일의 지배적 국가(패권국가), 바로 밑에 몇 개의 경쟁적인 강대국군(强大國群)이 존재하며, 그 밑에 중급국가군, 약소국군, 종속국가군이 순차적으로 피라미드 형태를 이룬다고 인식함
   ㉡ **왈츠와의 구별**: 국제체제를 위계구조로 바라보는 오간스키의 견해는 국제체제를 무정부적인 상태로 바라보는 왈츠의 견해와 구별됨

③ **국력에 따른 국가의 구분**
   ㉠ **지배국가**: 자신의 이익을 최대한 보장할 수 있는 국제정치질서의 창출자로서 현 질서에 만족하는 국가
   ㉡ **강대국**: 지배국가 정도는 아니지만 현 질서로부터 상당한 정도의 혜택을 받는 국가로서 현 질서에 만족함
   ㉢ **중급국가**: 대부분은 아니나 많은 수의 국가들이 현 질서에 만족함
   ㉣ **소국과 종속국가**: 대부분의 국가들이 현 질서에 불만을 가짐

---

15 박재영, 국제정치 패러다임(2015, 제4판), 법문사, 289~297면

④ **산업화와 힘의 배분**
  ㉠ 각 국가들은 산업화 이전 단계(잠재적 힘의 단계), 산업화 단계(힘의 과도기적 성장 단계), 산업화 완성 단계(힘의 성숙 단계)를 거치게 됨
  ㉡ 힘의 과도기적 성장 단계에 있는 국가는 성숙 단계에 있는 국가보다 성장의 속도가 빨라 성숙 단계의 국가와 성장 단계에 있는 국가와의 힘의 격차는 줄어들게 됨
  ㉢ 산업화로 인해 발생하는 경제성장률의 차이가 국제체제에 있어서 힘의 배분 변화(구체적으로 패권국과 강대국 사이의 힘의 격차 감소)를 유발함

⑤ **전쟁의 발발**
  ㉠ 국가 간 동태적인 힘의 배분에서의 변화가 강대국 간 전쟁의 주된 원인이 됨
  ㉡ 몇 개의 경쟁적인 강대국이 산업화 과정을 거치면서 힘이 성장하게 되면 기존의 국제체제와 체제 내에서의 그들의 역할에 불만을 갖게 되며, 그 결과 새롭게 획득한 힘에 상응하는 체제 내에서의 이익과 영향력의 몫을 원하게 됨
  ㉢ 결국 불균등 산업화의 영향으로 기존 국제 질서에 불만을 가지고 있는 국가가 새롭게 패권국에 도전함으로써 세계전쟁이 발발함
  ㉣ 새롭게 부상하는 강대국의 군사력이 기존의 지배적인 국가의 군사력에 접근하기 시작할 때 전쟁 가능성이 제일 높음
  ㉤ 새롭게 부상하는 도전자는 세력의 전이를 촉진하고 그 자신의 군사력에 상응하는 이익을 확보하기 위해 전쟁을 개시함
  • 1차대전은 부상하는 독일이 영국의 지배적 위치에 대해 도전함으로써 발생한 전쟁임

⑥ **평화적 패권이양** `2015년 출제`
  ㉠ 성장하는 도전국이 기존 국제질서에 대해 만족도가 높은 경우
  ㉡ 쇠퇴하는 지배국이 타 강대국과 전쟁 중이어서 성장하는 도전국의 지원이 필요할 경우
  ㉢ 쇠퇴하는 지배국이 기존 국제체제의 위계구조 변화에 대해 높은 수용태세를 보이는 경우
  ㉣ 도전국과 지배국이 우호관계이거나, 문화적으로 유사하거나, 공동의 적에 대항하여 함께 전쟁을 치렀을 경우
  ㉤ 성장하는 강대국이 영토 욕심을 갖지 않는 경우
  ㉥ 급성장하는 강대국이 체제 내 리더십을 추구하지 않을 경우

⑦ **약소국 간의 전쟁** : 약소 간에 있어서는 세력균형론의 가설대로 힘이 비슷할 때 평화가 유지되고 힘의 격차가 존재할 때 전쟁이 발발함

⑧ **세력균형론과의 비교**
  ㉠ 오간스키의 세력전이론은 세력균형론과는 대조적으로 동맹이라는 것이 국제체제 내의 힘의 배분이나 전쟁에 이르는 동태적 과정에 별 영향을 미치지 않는다고 봄
  ㉡ 세력균형론은 힘이 균등할 때 전쟁이 방지된다고 보는 데 반해 세력전이론은 힘이 균등해지려 할 때 오히려 전쟁이 발생한다고 봄
  ㉢ 세력균형론에서는 힘의 차이가 크게 벌어지게 될 때 힘이 강력한 국가가 상대방을 제압하기 위해

공격을 감행하는 것으로 보는 데 반해, 세력전이론은 힘의 차이가 비슷해질 때 힘이 상대적으로 약한 국가가 공격을 감행한다고 봄

3 길핀(Robert R. Gilpin)의 패권전쟁론

① **국제체제에 대한 인식**
- ㉠ 현실주의자인 길핀은 국가들 사이의 권력 배분을 국제체제의 특징으로 보고 이러한 권력의 배분에 따라 국제체제를 구분함
- ㉡ 길핀은 국제체제를 단일 국가가 모든 국가를 지배하는 단극체제(패권체제), 두 개의 지배적인 국가가 존재하는 양극체제, 셋 혹은 그 이상의 지배적 국가가 존재하는 세력균형체제로 나누고 있음
- ㉢ 길핀은 단극체제로서의 국제체제가 역사를 통해 지배적인 국제체제였으며, 1945년 이후로는 미국을 패권국가로 하는 패권체제가 형성되어 왔다고 주장함

② **국제체제의 변화**
- ㉠ 길핀에 의하면 합리적 행위자로서의 국가는 기대되는 이익이 비용보다 클 경우 국제체제의 변화를 시도함
- ㉡ 국제체제의 변화는 자신의 이익을 관철시키기 위해 국제체제를 바꾸려는 체제 내의 정치적 행위자들의 노력의 결과물이며, 역사상 변화의 주요한 메커니즘은 전쟁임

③ **패권 전쟁**
- ㉠ 국제체제의 변화를 가져오는 패권 전쟁의 근본 원인은 각 국가의 힘을 구성하고 있는 군사력과 경제력, 그리고 기술능력이 다른 속도로 성장하는 '불균등한 성장의 법칙'(law of uneven growth)에 있음
- ㉡ 힘의 차별적 성장이 체제 내의 힘의 배분에서 변화를 가져오면 힘이 차별적으로 성장한 국가는 체제가 제공하는 이득배분에 대한 불만을 갖게 되고 이러한 불만을 해결하여 자신의 이익이 최대한 존중되는 체제를 만들고자 전쟁을 일으키게 됨
- ㉢ 국가는 국제체제 변화에 들어가는 한계비용이 한계이익과 같거나 커질 때까지 영토적, 정치적, 경제적 팽창을 통해 국제체제의 변화를 시도하나, 변화와 팽창을 위한 비용과 이익이 균형에 도달하면 현상을 유지하기 위한 비용을 증가시킴

④ **패권 전쟁 과정**
- ㉠ 패권국이 존재할 때 비패권국은 패권국이 제공하는 이익이 손실보다 크다고 판단하면 패권국이 만든 제도와 규칙을 따르게 되어 국제체제의 안정이 유지됨
- ㉡ 불균등발전법칙에 의해 비패권국의 능력이 패권국을 초과하면서 체제의 변화가 시작되는데, 비패권국이 순응하던 제도의 변경을 패권국에 요구하게 되면서 체제의 위기가 발생하게 됨
- ㉢ 체제의 위기는 패권 전쟁을 통해 해결되며, 이를 통해 새로운 국제체제가 형성됨
- ㉣ 새로운 패권국은 패권 유지를 위해 많은 제도를 수립하여 운영하며, 일정한 시간이 지나면 도전국의 도전이 커지고 패권국은 더 많은 자원을 투입하게 되는데, 이런 과정이 지속되면서 패권국

은 패권 유지에 소요되는 자원부담을 감당할 수 없게 됨
ⓜ 패권국은 대외적 지위를 유지하기 위해 국내 경비를 희생하면서 자원을 더욱 투입하거나, 반대로 대외개입을 줄여나가는 방법이 있는데 두 선택 모두 필연적으로 패권국의 쇠퇴를 가져오게 됨

4 모델스키(George Modelski)의 장주기론

① 세계체제에 대한 인식
㉠ 세계체제는 패권국가의 등장과 쇠퇴를 통해 일정한 주기로 반복되면서 장기적 변동을 하고 있음
㉡ 모델스키에 의하면 세계는 지난 500년 동안 세계의 지도력(world leadership)과 세계 전쟁(global war)이 규칙적으로 순환해 왔으며 구체적으로 약 100년 정도를 주기로 하여 국제체제는 반복을 되풀이하고 있음

② 장주기의 단계
㉠ 세계 전쟁의 시기
- 강대국 간의 치열한 투쟁으로부터 시작하여 패권 전쟁이 일어나는 시기로서 세계 전쟁은 약 20~30년 동안 지속됨
- 세계 전쟁을 통해 새로운 패권국가가 등장하고 새로운 주기가 시작됨

㉡ 세계대국화(world power)의 시기
- 패권국가의 경제력과 군사력이 고도로 집중되는 시기임
- 패권국가가 국제체제에 있어 안보와 질서라는 공공재의 공급자로서, 그리고 국가 간 경제문제의 관리자로의 역할을 수행함

㉢ 비정통화(delegitimation)의 시기
- 패권국가의 능력이 저하되기 시작하는 반면 타국의 능력이 증가하여 패권국에 심각한 경쟁자로서 등장하며 이로 인해 국제체제의 구조가 다극성을 띠어가는 시기임
- 이 시기에는 갈등이 증가하고 질서가 쇠퇴하며, 패권국의 정책이 다른 국가들로부터의 공격의 대상이 됨

㉣ 분산화(deconcentration)의 시기
- 패권국이 지배력을 상실하고 체제 내의 능력 배분이 점차 분산되며 국제 체제가 붕괴하여 또 다른 세계적 전쟁, 즉 패권 전쟁으로 치닫는 시기임

③ 장주기론에 대한 비판
㉠ 영국으로부터 미국으로의 세계 지도력의 이전은 평화적으로 이루어졌으며, 1차대전의 발발은 영국에서 미국으로의 세계 지도력 이전이라는 것보다는 유럽대륙에서의 세력균형과 관계가 깊음
㉡ 다른 세력전이론과 마찬가지로 장주기 이론은 평화적인 힘의 전이 가능성을 거의 주목하지 않는데, 냉전의 종말과 독일통일은 평화적으로 이루어졌으나 장주기론은 이를 제대로 설명하지 못함

ⓒ 장주기론은 무엇이 주기를 야기하는가에 대해 설명하지 못하고 있음
- 주기를 야기하는 것이 세계경제에 있어서의 장기파동과 관련 있는 것으로 제시하고 있으나 많은 경제학자들은 이러한 경제적인 장기파동의 경험적 증거에 대해 회의적임

모델스키의 장주기론 [16]

주기 (지속기간)	1주기 (1494~1580)	2주기 (1581~1688)	3주기 (1689~1791)	4주기 (1792~1913)	5주기 (1914~)
세계 전쟁 (global war)	이탈리아 및 인도양 전쟁 (1494~1516)	스페인-네덜란드 전쟁 (1580~1609)	루이 14세의 전쟁 (1688~1713)	佛 혁명과 나폴레옹 전쟁 (1792~1815)	제1·2차대전 (1914~1945)
세계강대국 (world power)	포르투갈 주기 (1516~1539)	네덜란드 주기 (1609~1639)	영국 주기 1 (1714~1739)	영국 주기 2 (1815~1849)	미국 주기 (1945~1973)
비(非)정통화 (delegitimarion)	1540~1560	1640~1660	1740~1763	1850~1863	1973~2000
도전국	스페인 (1560~1580)	프랑스 (1660~1688)	프랑스 (1764~1792)	독일 (1874~1914)	일본 (2000~2030)

5 월러스타인(Immanuel Wallerstein)의 패권변동론

① 월러스타인은 자본주의 세계체제가 패권의 부상, 패권의 승리, 패권의 성숙, 패권의 쇠퇴라는 네 단계의 순환을 통해서 팽창과 수축을 계속한다는 주장을 전개함
② 패권국가의 흥망성쇠가 장기간에 걸쳐 주기적으로 순환하면서 국제체제에 변동을 가져온다고 보는 면에서 월러스타인의 견해는 모델스키, 톰슨의 견해와 일치함
③ 월러스타인은 근대 국제체제에서 패권이 존재한 시기가 세 번 있었다고 보는데 구체적으로 17세기의 네덜란드, 19세기의 영국, 20세기에는 미국이 패권을 점하고 있었다고 보고 있음

6 케네디(Paul Kennedy)의 강대국 흥망성쇠론

① 케네디는 근대 이후의 국제체제가 강대국의 흥망성쇠에 따라 장기적으로 변동해 왔음을 주장하고 있으나 오간스키와 마찬가지로 주기적인 관점은 택하고 있지 않음

---

[16] 박현모, 국제정치학(2003년), 인간사랑, 114면

② 케네디는 강대국의 쇠퇴를 가져오는 근본적인 원인으로 경제적 능력을 초월하는 과도한 군사적 개입에 따른 군사비의 과잉지출, 즉 제국주의적인 과도한 확장을 들고 있음

③ 케네디는 강대국으로서의 미국이 이미 쇠퇴기에 들어섰다고 보고, 전 세계적으로 뻗쳐있는 미국의 이해관계와 미국이 떠맡고 있는 의무는 이들 모두를 동시에 보호할 수 있는 미국의 능력을 훨씬 상회하고 있다고 보고 있음

---

7 세력전이론과 세력균형론의 비교

	세력균형론	세력전이론
국제체제의 특징	국제체제는 무정부성을 특징으로 하는 체제	국제체제는 패권국을 정점으로 하는 위계적인 체제
힘의 배분 상태와 안정성	국제체제는 국가 간의 세력배분이 균형상태에 있을 때 안정을 가져 온다고 봄	국제체제는 지배적인 힘의 우위가 있을 경우 국제체제가 안정된다고 봄
세력배분의 근본적 요인	국가 간의 동맹을 세력배분의 변화를 가져오는 근본 요인으로 봄	국가 간에 존재하는 성장률에 있어서의 격차를 근본 요인으로 봄
동맹 결성 이유	동맹은 견제와 균형을 위한 것임	약소국들의 경우 패권국에 자발적으로 편승하는 것으로 보고 패권국의 경우는 힘의 우위를 유지하거나 확대하기 위한 것임
동맹의 결속력과 지속력	동맹이란 보다 강한 세력이 있을 경우 이를 견제하기 위해 생겨나며 균형이 존재하는 동안 유지됨	동맹은 힘의 우위를 바탕으로 패권국은 세력을 더욱 강화하고 다른 국가들은 패권국이 제공하는 공공재를 획득하기 위한 것이기 때문에 결속력과 지속력이 강할 것으로 봄

제 10 절 지정학 이론 [17]

1 지정학의 기원

① **지정학(geopolitics)**: 지정학이란 지리적 조건이 국제정치에 미치는 영향을 분석하는 것으로서 스웨덴의 지리학자 켈렌(R. Kjellen, 1864~1922)에 의해서 그 용어가 최초로 사용됨

② **라첼(F. Ratzel, 1844~1904)**
  ㉠ 라첼은 지정학을 이론적으로 체계화했으며, 국가를 공간적 유기체로 봄
  ㉡ 라첼에 따르면 국가는 그것이 자리 잡고 있는 토지에 부속된 하나의 유기체적 실체로서 환경적 변화에 적응해 나가는 존재임

2 주요 지정학 이론

1. 매킨더의 심장부 이론 2018년 출제

① **매킨더(H. J. Mackinder, 1861~1947)**: 20세기 철도교통의 발달에 따른 대륙의 중요성에 주목하여 '역사의 지리적 추축(1904)', '민주주의 이상과 현실(1919)' 등에서 '심장부 이론'을 주장함

② **내용**
  ㉠ 세계인구의 7/8이 거주하는 유라시아를 세계의 섬(island of world)이라 한다면, 세계의 섬 중심부에는 해양세력(seapower)이 미치지 않는 세계의 심장부(heart land)가 있음
  ㉡ 동부유럽과 시베리아 평원 등 세계의 심장부는 대륙세력(land power)의 중심 근거지(pivot area)이며 이 심장부를 차지하는 나라가 세계를 지배하게 됨
  ㉢ "동유럽을 제압하는 자는 대륙의 심장부를 지배할 것이고, 대륙의 심장부를 지배하는 자는 세계의 섬을 제압할 것이며, 세계의 섬을 제압하는 나라는 전 세계를 지배할 것이다."
  ㉣ 20세기의 국제정치는 심장부를 둘러싼 독일과 소련의 투쟁의 장이 될 것임

2. 마한의 해양세력 이론

① **마한(H. J. Mahan, 1840~1914)**
  ㉠ 미국의 해군장교 출신으로 루스벨트 대통령의 절친한 친구이자 그의 해군문제 자문위원이었음

---

[17] 박현모, 국제정치학(2003), 인간사랑, 340·352

ⓒ 마한은 '역사에서 해양패권의 영향 : 1660~1783(1897)'에서 해양세력(SEA POWER) 이론을 주장함

　② **내용**

　　㉠ 마한은 영국이 전 세계적으로 영향력을 증대한 배경을 분석하고, 해양의 지배 특히 전략적으로 중요한 해협의 지배가 강대국에 있어서 결정적 요소임을 주장함

　　㉡ 마한에 따르면 국력은 지역적 이동성, 즉 해상 과학기술의 발전에 있으며, 따라서 해군력의 증강을 통한 해상세력의 확보가 무엇보다 중요함

　　㉢ 해양의 패권은 국가의 지리적 위치, 국토의 넓이, 인구 크기, 국민성, 정부의 성격 등에 의해 좌우됨

　　㉣ 마한의 이론은 루스벨트 행정부의 외교정책에 큰 영향을 주었는데, 특히 하와이제도의 해상기지로서의 중요성, 카리브해, 파나마운하, 수에즈운하의 중요성을 강조하였음

3. 스파이크만의 연안지대 이론

① **스파이크만(N. J. Spykman)** : 현실주의 이론가로서 세력균형을 강조했으며, '국제정치에서 미국의 전략 : 미국과 세력균형(1942)', '평화의 지리학(1944)' 등에서 연안지대 이론(rimland theory)을 주장함

② **내용**

　㉠ 스파이크만은 공업력과 교통의 새로운 중심지가 유라시아 대륙의 주변을 따라 형성되는 것을 주목하고, 연안지대(rimland)가 심장부보다 더 중요한 지역임을 강조함

　㉡ 스파이크만에 따르면 연안지대란 대륙세력(landpower)과 해양세력(seapower)이 만나는 지역으로, 연안지대를 제압하는 자는 유라시아를 지배하고 유라시아를 지배하는 자는 세계의 문명을 제압할 것이라고 주장함

　㉢ 연안지대 이론은 케난(G. Kennan)의 봉쇄정책(containment policy)에 이론적 기초를 제공하였고, 결과적으로 트루만 독트린과 마샬 플랜과 같은 미국의 국제주의 노선 형성에 영향을 줌

4. 하우스호퍼의 생활공간(Lebensraum) 이론

① **하우스호퍼(K. Haushofer, 1869~1946)** : 독일의 퇴역장군이자 히틀러의 정치자문위원이었음

② **내용**

　㉠ 하우스호퍼에 따르면 모든 국가는 유기체로서 생활공간(Lebensraum)의 확보와 자급자족(Autarkie)에 필요한 자원과 생산을 경제적으로 지배할 수 있는 총합지역(Pan-region)을 갖추어야 함

　㉡ 하우스호퍼는 총합지역으로서 판 아메리카지역(미국의 지배), 판 아시아지역(일본의 지배), 판 유라프리카지역(독일의 지배), 판 러시아지역(소련의 지배) 등을 지적함

　㉢ 하우스호퍼의 생활공간 이론은 미국의 먼로 독트린(1823), 일본의 대동아공영권(1938)으로부터 영향을 받았으며, EC(2차대전 이후), 아프리카 공동체 구상 등 지역주의(regionalism)의 구상과도 유사함

5. 존스의 생각-지역의 연쇄 이론

① **존스(S. B. Jones)** : '정치지리학의 통일장 이론(1954)'에서 생각-지역의 연쇄(idea-area chain) 이론을 주장함

② **내용** : 생각-지역의 연쇄 이론이란 콜럼버스의 생각(idea)이 이사벨라 여왕의 정치적 결정을 낳았으며, 이것이 다시 항해라고 하는 운동(movement)을 거쳐 신세계라고 하는 장(field)을 발견하게 하였고, 결과적으로 이것이 정치지역(area)으로의 신제국을 건설하게 하는 것과 같이 사고가 지리적 발견의 상호 연쇄 과정을 초래했다는 주장

제 11 절 권력개념의 변화

1. 국력

모겐소(H. Morgenthau)는 "국력(Power)이란 하나의 주권국가가 그의 국가이익을 성취하기 위하여 이용할 수 있는 잠재적이거나 현재적 힘(strength), capacity의 총체"라고 정의함

2. 국력의 특성과 요소

(1) 특성

① **실제성**
  ㉠ 강대국과 약소국의 구분은 실제 그들이 사용할 수 있는 군사력, 경제력, 정보력 등에 의해 이루어지며, 특정국가의 발언이나 조약은 실제적인 국력에 의해 뒷받침될 때만 의미를 가짐
  ㉡ 양극체제나 다극체제라는 국제체제는 실제적 국력관계를 반영하며, 국제관계에서 무엇이 옳은가를 결정하는 것은 궁극적으로 실제적인 힘이라는 요소임

② **복합성**
  ㉠ 일정한 상황에서 국력을 구성하는 여러 요소들은 유기적 관계를 맺으면서 작용함
  ㉡ 국력을 평가할 때는 각 요소들의 개별적 평가가 아니라 종합적인 평가를 해야 함
  ㉢ 국력의 복합성은 1990년 전반기 북한의 핵무기 협상에서 그 예를 찾아볼 수 있는데, 동북아라는 지정학적 위치와 영변 지역의 우라늄 자원, 그리그 핵 개발 기술 등을 결합시킨 북한의 외교력은 미국과의 협상에서 효과적인 힘을 발휘했음

③ **상대성** : 국력은 시대에 따라 변화하며, 같은 장소라 할지라도 상대국 국력의 증감에 의해 다르게 평가됨

④ **측정 곤란성(불가측성)**

　㉠ 국력의 요소로서 학자들이 논하고 있는 요소들이 워낙 다양해서 무엇이 국력인가를 규정하기가 어려울 뿐만 아니라 제시된 각 요소들의 실제적 영향력을 파악하기가 곤란함

　㉡ 국력의 중요한 요소일수록 비밀리에 관리되며, 국력의 질적 요소 측정은 사실상 불가능함

(2) 국력의 구성요소

① **물적 요소** : 지리와 자연자원으로서 국가의 상대적 위치, 크기, 지형, 기후 등 지정학에서 중시하는 지리적 요소와 국가 내의 지하자원 등

② **인적 요소** : 인구와 정치체계

　㉠ 인구 : 인구규모, 연령분포, 교육수준, 국민성(동질성, 가치관), 국민 사기(애국심)를 말함

　㉡ 정치체계 : 체제의 통합능력, 외교능력, 정부형태, 국내구조 등을 가리킴

③ **인적·물적 합성요소** : GNP, 1인당 에너지 소비량, 첨단기술 보유 등의 산업능력과 군사력, 즉 군대의 수와 질, 지휘능력, 무기의 종류와 수, 무기의 질 등을 말함

④ **모겐소와 카의 국력 개념 비교**

　㉠ 모겐소 : 국력의 요소로 지리, 자연자원, 공업력, 인구, 국민성, 국민의 사기, 외교의 질, 정치의 질을 들고 있으며, 특히 외교는 곧 국제정치의 혼(diplomacy is brains of international politics)이라고 하여 외교의 질을 강조함

　㉡ 카(E. H Carr) : 군사력과 경제력, 그리고 여론을 지배하는 힘(宣傳)을 국력의 요소로 들고 여론을 지배하는 힘을 가장 중요한 것으로 봄

3. 권력(국력) 개념의 재정의 필요성

① **배경** : 미국의 베트남전 패배와 상호의존의 증가는 많은 학자들로 하여금 통상적인 군사력으로서의 권력과 정치적 결과 사이에 괴리가 존재한다는 사실에 주목하도록 함

② **권력의 구분** : 나이(Joseph S. Nye) 2007년, 2021년 출제

　㉠ 강성권력(hard power)과 연성권력(soft power) : 권력과 결과 사이의 괴리를 설명하기 위한 방편의 일환으로 군사력과 경제력 같은 권력을 강성권력으로, 문화나 이념, 제도의 매력과 같은 권력을 연성권력으로 구분함

　㉡ 연성국가(weak states)와 경성국가(strong states) : 사회세력이 국가에 미치는 영향력의 정도에 따라 연성국가와 경성국가로 구분함

　・연성국가 : 강력한 강성권력을 가지고 있더라도 각종 이익단체와 같은 사회세력이 국가정책에 큰 영향력을 미치는 국가

　・경성국가 : 군사력이 약해도 강력한 중앙 통제력을 가지고 있는 국가

③ **군사력의 효용성 하락 이유(코헤인과 나이)**

- ㉠ 1960년대 초 쿠바 미사일 위기에서 보듯 핵무기와 같은 고도의 파괴력을 가진 무기는 강대국의 무기력성을 가져왔으며, 군사적인 수단으로서의 성격을 상실하게 함
- ㉡ 월남전에서 보듯이 후진국에 있어서 민족주의가 발흥하고 선진국에서 반전 여론이 숙성함으로써, 군사력이 효과적인 정책수단으로 사용되기 위해서는 큰 비용이 요구되고 있음
- ㉢ 국가 간의 상호의존 심화로 다른 쟁역에 있어서 이익이 되는 관계가 군사력의 사용으로 깨질 수 있다는 두려움이 존재함
- ㉣ 많은 국가들이 근대화된 이후 복지에 대한 국민들의 요구가 증대되면서 경제력의 중요성이 강조되고 있음
- ㉤ 환경파괴와 에이즈 등이 국가생존에 대한 위협을 넘어 인류 자체의 생존을 위협하면서 인간안보에 대한 관심이 증대되고 있으나 이러한 위협에 대해 군사력 수단은 무기력함을 보임

4. 새로운 권력 개념

(1) 개체론적 권력 개념 [18]

1) 스퇴징어(John Stössinger)

① 스퇴징어는 현저한 모순의 하나로서 강대국과 약소국 간의 권력의 격차는 커지고 있는데 강대국이 약소국에 강대국의 뜻을 강요하는 데는 무능함을 지적하고, 미국과 북베트남, 프랑스와 알제리아, 그리고 소련과 아프가니스탄을 예로 들고 있음

② 스퇴징어는 베트남에서 미국의 경험으로부터 알 수 있듯이 응징(punishment)을 기꺼이 감내하고자 하는 정신적인 요소가 국력을 구성하는 중요한 요소로 작용함을 지적함

2) 홀스티(Ole R. Holsti)

① 홀스티는 권력과 결과 사이의 괴리현상을 분석하면서 새로운 변수의 필요성을 제기하며, 능력으로서의 권력(power as capabilities)과 사용 가능한 선택(usable options)으로서의 권력과의 구별이 핵시대에 있어서 중요함을 강조함

② 아무리 능력으로서 큰 국력을 지니고 있어도 이것이 실제에 있어서 사용이 자유롭지 못하다면 실제의 권력으로 전환되지 않을 수도 있음을 주장함

3) 볼드윈(David A. Baldwin)

① **비현실적 권력의 역설** : 볼드윈은 현실세계에서 강대국으로 보이는 국가가 약소국으로 보이는 국가에 패하는 경우를 '비현실적 권력의 역설'이라 하고 왜 이런 역설이 발생하는가에 대해 두 가지 가능성을 제시함

② **역설의 발생 이유**
  ㉠ 권력자원을 효율적으로 사용할 수 있는 기술과 의지의 부족으로 인해 권력자원이 실질적인 권력으로 전환하는 과정에서 기능장애를 일으켜 이러한 역설이 발생할 수 있음

---

[18] 박재영, 국제정치 패러다임(2015, 제4판), 법문사, 207·210면

- ⓒ 처한 상황적 맥락에 따라 권력자원은 달라질 수 있는데 이를 무시하고 특정 권력자원이 모든 상황에 권력자원으로 전용될 수 있다고 생각함으로써 이러한 역설이 발생할 수 있음

③ **권력의 맥락적 분석(contextual analysis of power) 강조**

- ⓐ 볼드윈은 비현실적 권력의 역설이 권력자원의 비대칭성에 대한 그릇된 판단에서 빚어진다고 보고 군사력 이외의 다른 형태의 권력이 존재하며 '권력이란 대체성이 있기보다는 특정성을 가진다'는 논리를 전개함
- ⓑ 볼드윈은 현실주의 논의에 대한 대안으로서 권력의 맥락적 분석을 강조하는데, 이는 처해있는 상황적 맥락에 따라 특정의 권력자원은 자원이 아닌 부담이 될 수도 있으며 상황에 따라 효율적인 권력자원은 달라질 수 있음을 내용으로 하고 있음

4) **크라즈너(Stephen D. Krasner) : 메타권력(meta power)**

① **크라즈너의 문제의식**

- ⓐ 울퍼스(Wolfers)에 따르면 권력이란 '다른 사람을 움직여서 자신이 원하는 것을 하게 하고 원하지 않는 것을 하지 않게 하는 능력'이나, 이렇게 권력을 정의할 경우 명령과 복종을 둘러싼 갈등의 부재를 곧 권력의 부재로 판단하는 잘못을 범할 수 있음
- ⓑ 울퍼스의 권력 개념에 따를 경우 강자의 권력이 쟁점화 이전의 의제설정 과정에 이미 작동하여 강자의 이익에 반하는 의제가 사전에 배제되는 경우를 무시할 수 있게 됨

② **크라즈너의 메타권력**

- ⓐ 크라즈너는 현존하는 국제레짐에 의존하거나, 현존하는 국제레짐을 재해석하거나, 국제레짐을 사전에 변동시켜 자신의 이익에 반하는 쟁점을 의제에서 원초적으로 배제할 수 있는 힘을 메타권력(메타란 '숨겨진'이라는 의미)이라 정의함
- ⓑ 메타권력은 개개 국가 차원의 권력이 아니고 국제체제와 개개 국가의 관계에서 발생하며 국가에 의해 동원되는 권력을 의미함

5) **나이(Joseph S. Nye) : 권력 개념의 변화에 대한 논의**

① **구성요소의 중요성 변화**

- ⓐ 나이는 권력을 구성하고 있는 요소들의 중요성이 점차 유형의 자원에서 무형의 자원으로 변화해 가고 있음을 지적함
- ⓑ 과거에는 지리, 인구, 그리고 자연과 같은 요인이 중요했으나 현재는 기술, 교육, 경제성장과 같은 요인이 중요해짐

② **군사력과 경제력의 중요성**

- ⓐ 나이는 군사력과 경제력이 여전히 중요하다는 것을 강조하나, 강대국들이 군사력을 사용하는 데 지불해야 하는 비용이 증가하고 있음을 인정함
- ⓑ 나이는 중앙정부가 부재하고 자력구제의 원칙이 지배하는 무정부 상태에서 군사력을 사용하는 데 지불해야 하는 비용이 증가한다고 해서 군사력이 배제될 것이라고는 보지 않음

③ **권력행사 방법**

- ⓐ 지시적, 명령적 권력행사 방법 : 다른 국가로 하여금 결정이나 행동을 바꾸도록 하는 권력행사 방법

ⓒ 간접적 권력 혹은 포섭적 권력(co-optive power) : 간접적으로 권력을 행사하는 방법으로서, 다른 국가들이 특정 국가를 추종한다던가 혹은 그러한 결과를 가져오는 체제에 동의함으로써 특정 국가가 자신이 바라는 결과를 달성하는 방법

　④ **포섭적 권력(包攝的 權力)의 중요성**

　　㉠ 포섭적 권력은 자신이 원하는 바를 하도록 하는 명령적 혹은 지시적인 권력과는 다른 종류의 권력으로서, 자신이 지니고 있는 아이디어의 매력으로부터 유래되거나 타국이 선호하는 바를 구체화시켜 규정지어 주는 정치적 의제를 설정할 수 있는 능력에서 연유함

　　ⓒ 포섭적 권력은 문화, 이념, 제도와 같은 무형의 권력자원과 관련되어 있으며, 나이는 이를 군사력이나 경제력과 같은 강성권력과 비교하여 연성권력이라 부름

　　ⓒ 포섭적 권력은 일국의 문화가 세계적인 보편성을 띠고 또 일국이 국가 간의 행동을 지배하는 일련의 유리한 규칙과 제도를 수립할 능력을 지닐 때 이러한 것들이 대단히 중요한 권력의 원천으로 작용함을 보여줌

　　ⓔ 포섭적 권력은 메타권력과 유사하나 메타권력보다 한 걸음 더 나아가 상대방의 이익과 선호를 자국의 이익 및 선호와 일치하는 방향으로 나아가도록 영향력을 행사하여 본원적으로 결과를 통제하는 권력임

(2) 구조론적 권력 개념

　① 구조적인 권력이란 개개 국가들이 국제체제에서 차지하는 불평등한 구조적인 위치와 역할 때문에 의도성이 없이 결과에 영향을 미치는 현상을 의미함

　② **스트레인지(Susan Strange)**

　　㉠ 스트레인지는 행위자가 의도적으로 행사하는 권력만을 권력으로 보지 않고 의도성이 결여되어 있으면서 부지불식간에 국가의 행동을 제약하는 권력 개념에 주목함

　　ⓒ 스트레인지는 강대국이 국제체제에서 차지하는 구조적인 위치와 중요한 역할 때문에 권력을 행사하겠다는 의도성 없이 행동해도 약소국은 이에 적응해야만 하는 경우가 국제사회에서 발생하는 데 이를 구조적 권력이라 함

　③ **월러스타인(Immanuel Wallerstein)**

　　㉠ 월러스타인은 구성요소의 차원으로 환원할 수 없는 체제의 구조로서 세계자본주의라는 개념을 상정함

　　ⓒ 월러스타인에 따르면 국가들은 세계자본주의 체제 내에서 차지하는 구조적인 위치가 무엇인가에 따라 국가의 의도를 떠나 타국을 착취하거나 타국에 의해 착취를 당하는 관계에 서게 됨

(3) 탈구조론적 권력 개념

　① **애쉬리(Richard Ashley)의 신현실주의 비판**

　　㉠ 애쉬리는 신현실주의자가 시공을 초월하여 보편타당성을 갖는 국제정치의 원리라고 간주하는 것들은 역사의 특수성을 지닌 것에 불과하다고 주장함

　　ⓒ 애쉬리에 따르면 역사적 현실에서 태어난 원리가 국제체제의 행위자들에 의해 논란의 대상이 되지 않고 당연한 국제체제의 구성원칙으로 수용되어 국가행동에 영향을 미치게 됨

② **구성원칙의 기능**
  ⊙ 역사적 산물로서의 구성원칙은 구체적으로 사회질서 혹은 제도를 정의하는 종류의 것으로서 공동의 의미구조 뿐 아니라 누가 행위자인지, 나아가 그들의 능력까지도 정의함
  ⓒ 구성원칙은 때로는 구조를 변형시키고 구성원칙과 저촉되는 문제의 제기를 억제하는 등의 방법을 통해 일단 형성된 구조를 재생산하는 힘까지도 가지고 있음
  ⓒ 애쉬리에 의하면 신현실주의가 말하는 국제정치의 구성원칙은 근대라는 역사적인 시점에서 형성된 한시적인 구성원칙이나, 이것이 하나의 교리가 되어 탈근대화 시대에 이르기까지 그 영향력을 발휘하여 대안적인 구성원칙의 대두를 저지하고 있음

③ **애쉬리 주장의 핵심**: 애쉬리에게 있어 권력과 지위는 어떤 주어진 실체의 소유나 본질적으로 내재한 질적인 것에 달려있는 것이 아니고, 전체로서의 공동체 내 인식(recognition)에 의존함

제 12 절 무정부 상태와 국제체제의 안정성

1 무정부 상태와 안보 딜레마

1. 무정부 상태의 의미

① **무정부 상태**
  ⊙ 무정부 상태란 국내 정부와 같은 가치의 권위적 배분(authoritative allocation of values)을 담당할 중앙정부가 부재하고 힘의 위계질서만이 존재하는 상태를 지칭함
  ⓒ 모겐소와 같은 전통적 현실주의자에게 있어 무정부 상태란 일반적인 조건이나, 왈츠와 같은 신현실주의자에게 있어 무정부 상태는 독특하게 구별되는 국제체제의 구조(distinct structure)에 해당함

② **무정부 상태와 국가안보**
  ⊙ 무정부 상태라는 구조적인 특징으로 인해 국가들은 서로 간에 신뢰를 갖지 못하고 최우선적인 국가목표인 생존 또는 안보를 자기 스스로 돌봐야만 하는 자력구제(self-help)의 원칙이 지배하는 세계에 살도록 강요됨
  ⓒ 국가들은 무정부 상태라는 국제체제의 구조적 특징으로 인해 스스로의 생존을 위해 부단히 권력을 추구하지 않을 수 없게 됨
  ⓒ 모든 국가들이 생존 또는 안보라는 동일한 목적을 추구할 때 자신의 안보를 목적으로 시작된 권력의 추구가 상승작용을 일으켜 결국은 자신을 더욱 위태롭게 만드는 안보 딜레마(security

dilemma)를 초래하게 됨

2. 안보 딜레마 　2008년, 2020년 출제

① 안보 딜레마의 의미
- ㉠ 안보 딜레마란 무정부 상태 속에서 전체의 장래 이익에 눈을 돌릴 수 없고 자국의 안보와 단기간의 이익을 위해서 행동할 수밖에 없는 상황을 지칭함
- ㉡ 안보 딜레마 상황 속에서 일국의 안보는 타국에 있어서 불안정을 의미하며, 이러한 국가들의 행동은 국제체제의 무정부성을 영속화시키며 강대국이나 약소국이나 관계없이 모두에게 고질적인 불안정을 가져다줌

② 안보 딜레마의 발생
- ㉠ 안보 딜레마는 공격적인 자세(postures)와 수비적인 자세를 구분하는 것이 본질적으로 곤란하기 때문에, 즉 상대방 국가가 방어를 목적으로 무기를 배치한다고 해도 이것이 과연 방어를 목적으로 한 것인지 공격을 목적으로 한 것인지를 알기 힘들기 때문에 발생함
- ㉡ 무정부 상태 하에서 국가들은 자신의 안위를 위해 다른 나라의 공격을 성공적으로 저지할 수 있는 타국보다 우월한 군사력을 보유해야 하며, 일국의 이러한 우월한 군사력의 보유는 타국가로 하여금 같은 방식으로 도전하도록 하며 이로 인해 결과적으로 안보 딜레마가 발생하게 됨

3. 안보 딜레마의 결과 : 군비경쟁

① 각국은 무기기술과 성공적인 저지력을 가져올 수 있는 능력을 개발해야만 하는 부단한 압력 속에 놓이며, 이로 인해 항구적인 무기경쟁과 지속적인 불안정 속에 빠지게 됨

② 안보문제의 불안정 속에서 동맹이 형성되고 해체되며, 동맹국이 적이 되고 적이 동맹국이 되며, 전쟁을 끝내기 위해 전쟁이 행해지며, 승리는 경쟁의 또 다른 시작을 의미하게 됨

③ **결론** : 현실주의 이론은 왜 국가들이 부단히 전쟁에 대비하거나 실제로 전쟁에 개입하게 되는가를 설명하려 하는데, 이에 대한 현실주의의 대답은 서로가 적이 될 수밖에 없는 무정부 상태에서 자신의 생존을 지키기 위해서 전쟁을 대비하고 전쟁에 개입할 수밖에 없다는 것임

---

2 극성의 특징과 안정 [19]

1. 극성(polarity)의 정의

① **극성(polarity)** : 극의 구조(polar structure)를 일컬으며 일반적으로 강대국의 숫자로 구별됨

② **도이취(Karl Deutsch)와 싱어(David Singer)** : 도이취와 싱어는 안정을 체제가 본질적인 특성 모두

---

[19] 박재영, 국제정치 패러다임(2015, 제4판), 법문사, 249~261면

를 견지하고 어떠한 단일한 국가도 지배적인 국가가 되지 않으며 체제의 구성국 대부분이 계속하여 생존하고 대규모 전쟁이 발생하지 않을 확률로 봄

2. **극성과 안정에 관한 이론**

   ① **단극체제 안정론(패권안정론)**
   - ㉠ 단극체제 안정론은 하나의 지배적인 국가가 존재할 때 국제체제가 상대적으로 평화와 안정을 가질 수 있다고 보는 견해임
   - ㉡ 단극체제 안정론 혹은 패권안정론은 패권체제, 즉 힘의 불균형이 세력균형체제보다 더 안정적이라는 견해임
   - ㉢ 길핀, 오간스키, 모델스키 등이 있음

   ② **다극체제 안정론** : 케글리(Kegley)와 레이몬드(Raymond)의 논거

상호작용의 기회 (interaction opportunity)	다극체제에서 힘이 강한 국가의 수가 많으면 많을수록 개개국가는 다른 국가와 많은 이슈에 있어 상호작용을 할 기회를 얻게 되며 각국의 이해관계가 복잡하게 얽혀 있기 때문에 행동이 온건해질 수밖에 없음
주의 (attention)	전쟁을 시작할 정도로 적대적이라면 국가들이 서로에 상당한 정도로 주의를 쏟아야 하나 다극체제에서 국가들은 서로에 주의를 덜 쏟음
유연성 (flexibility)	다극체제에서는 누구도 협력자가 될 수 있으며 누구도 돌이킬 수 없는 적이 아니기 때문에 전쟁이 일어날 가능성이 낮음
모험의 회피 (risk aversion)	강대국의 숫자가 많아질수록 상대적인 능력을 평가하고 국가 간에 어떤 동맹관계가 형성될 것인가를 예측하기가 어려워지기 때문에 전쟁의 가능성이 줄어듦

   ③ **양극체제 안정론** : 왈츠(Kenneth N. Waltz)
   - ㉠ 왈츠는 양극체제라는 국제체제의 구조적 특징이 2차대전 이후 국가 간의 커다란 갈등의 부재 원인으로 보고 2차대전 후의 양극체제가 과거의 다극체제보다 안정적이라는 견해를 보임
   - ㉡ 양극체제 안정론의 논거

신중함(caution)	양극체제는 갈등의 정도는 심하지만 갈등의 수가 적으며, 갈등으로 인한 위기의 정도가 강해 양극의 행위자들이 신중함을 갖게 되어 전쟁 발생 가능성이 감소함
확실성(certainty)	양극체제는 행위자의 수가 적은 단순한 구조로 되어 있어 오인이나 오산의 가능성이 상대적으로 적음
확률(probability)	다극체제에서는 약소국과 강대국이 여러 조합을 구성해 전쟁을 일으킬 수 있으나 양극체제의 경우는 강대국이 단지 둘만 존재하여 전쟁이 일어날 가능성이 낮음
평등(equality)	두 개의 지배적인 국가로 구성되어 있는 국제체제에서는 이들 간에 극단적인 불균형이 생기기 힘듦
단순성(simplicity)	양극체제는 다극체제에 비해 상대적으로 행위자의 수가 적어 상호협력이 용이하며, 복잡하지 않은 단순함으로 인해 국가 간 협조 달성을 촉진할 게임 규칙을 만들기가 좀더 용이함

강대국의 리더십 (leadership)	두 강대국은 각각 자기 진영에서 전반적인 관리능력을 갖추고 체제 전체의 관심사와 문제들을 해결하기에 전쟁의 빈도수가 적음
동맹관계 (alliance relations)	양극체제에서는 동맹국에 의존할 필요성이 없이 강대국 자체의 힘의 증강을 통해 안정을 찾을 수 있으며, 동맹국의 이탈이 세력균형에 별 영향을 주지 못함

> **연쇄적인 패거리 짓기(과다동맹, chain ganging)와 책임전가(과소동맹, buck passing)** 2016년 출제 참고
>
> 왈츠는 왜 양극체제가 안정적인가에 대한 설명과 더불어 왜 다극체제가 불안정한가를 설명하고 있다. 왈츠는 다극체제에서 국가들은 구조적으로 다음과 같은 두 개의 상반되는 경향 가운데 하나를 행하게 되어 있어 균형체제를 불안하게 만든다고 본다.
>
> 하나의 경향은 자국의 생존을 확보해 줄 수 있는 세력균형의 유지를 위해 꼭 필요하다고 보이는 무모한 동맹국에 조건 없이 자신을 얽어매는 것으로서, 왈츠에 따르면 이러한 경향이 1차 세계대전을 야기했다.
>
> 다른 하나의 경향은 책임을 전가하여 제3자로 하여금 부상하는 패권국의 억제에 소요되는 비용을 부담하도록 하는 것이다. 이 경우 점증하는 위협에 직면하여 몇몇 국가들이 다른 국가들의 세력균형 노력에 무임승차를 하려 하기 때문에 적절한 시기에 세력균형을 위한 동맹이 형성되지 못한다. 왈츠는 2차 세계대전의 발발을 이러한 무임승차 경향의 실례로서 들고 있다.
>
> 크리스텐센(Thomas J. Christen)과 스나이더(Jack Snyder)는 왈츠가 언급한 이러한 두 경향 중에서 전자의 경향을 연쇄적인 패거리 짓기(chain ganging)라고 하고 후자의 경향을 책임전가(buck passing)라 칭한다.

④ **양다극체제 안정론** : 로즈크랜스(Richard N. Rosecrance)

　㉠ 양다극체제란 두 개의 초강대국과 다수의 강대국으로 구성된 체제를 의미함

　㉡ 양다극체제에서는 강대국 간의 분쟁을 초강대국이 중재하고 초강대국의 분쟁을 강대국이 협력 및 견제하여 전쟁이 발생하지 않음

⑤ **체제와 안정 무관론** : 호프만(Stanley Hoffmann)

　㉠ 무정부 상태에서는 어떤 구조도 평화나 전쟁에 이를 수 있음

　㉡ 어떤 체제든 상대적 안정을 가져오긴 하나 궁극적인 영구안정은 불가능하다고 하여 체제와 안정과의 무관함을 주장함

제 13 절 탈냉전기의 신현실주의 발전

1 그리코(Joseph M. Grieco) : 상대적 이득의 중요성

① 신자유주의적 제도주의의 국제협력에 관한 관점 비판

② 무정부성을 특징으로 하는 국제체제에서 국가들은 절대적인 이득보다 상대적 이득에 관심

---

2 미어샤이머(John J. Mearsheimer) : 공격적 현실주의 [20] 2015년, 2018년, 2022년 출제

1. 등장 배경

① **왈츠의 신현실주의 대한 비판** : 현실에 대한 설명력 결여

② 많은 강대국들이 과도확장을 추구하나 왈츠는 세력균형을 지향하는 현상유지적인 국가만을 상정함

2. 미어샤이머의 공격적 신현실주의의 이론 개관

① **'강대국 정치의 비극' 발간** 2013년 출제

　㉠ 무정부적 국제체제에서 강대국들이 왜, 그리고 어떻게 행동하는가에 대한 답을 추구함

　㉡ 무정부 상태는 생존을 위해 항상 권력의 극대화를 공격적으로 추구하고 지배적인 지위의 국가인 패권국이 되도록 국가를 유도함

② **강대국 정치의 비극** : 무정부적 국제체제 하에서 무자비한 권력투쟁에 임해야 할 운명

3. 공격적 현실주의 이론의 가정

① 국제체제는 무정부 상태이다.

② 강대국들은 항상 공격적인 군사능력을 소지하고 있다.

③ 국가들은 다른 국가들이 자신들을 향해 적대적인 의도를 갖고 있는가에 대해 결코 확신하지 못한다.

④ 생존은 강대국들의 가장 일차적인 목표이다.

⑤ 강대국들은 합리적인 행위자이다.

20　박재영, 국제정치 패러다임(2015, 제4판), 법문사, 160~174면

4. 가설

(1) 강대국의 패권 추구 가설

① 강대국은 무정부적 국제체제 하에서 생존을 위한 권력의 극대화를 추구함

- 방어적 현실주의의 입장 : 국가들은 현존하는 세력균형을 유지함으로써 각자의 지위 보존을 추구하는 현상유지적인 국가

② 미어샤이머의 주장

㉠ 무정부 상태 구조, 강대국들의 공격적인 군사능력의 소지, 국가들이 다른 국가의 의도와 행동을 예측할 수 있는 능력의 부재는 국가 간에 서로를 두려워하게 하는 요인으로 작동함

㉡ 두려움을 극복하기 위해 국가들은 압도적인 권력을 추구하게 됨

③ 강대국들이 추구하는 4가지의 세부적인 운영목표

㉠ 지역적 패권의 추구

㉡ 최대한의 부의 추구

㉢ 현저한 지상병력의 추구

㉣ 핵의 우월성 추구

(2) 권력의 극대화를 위한 전략 가설

① 자신의 상대적인 권력을 더욱 증가시키기 위한 전략

㉠ 전쟁 전략

㉡ 공갈협박 전략

㉢ 싸움을 시작하도록 유인하여 피를 흘리도록 하는 전략

㉣ 유혈 전략

② 침략자를 통제하기 위한 전략

㉠ 균형화 전략

㉡ 책임전가 전략

(3) 전쟁의 원인과 발발 가능성에 대한 가설

① 양극체제보다 다극체제에서 전쟁 가능성이 높음

② 다극체제 중에서는 불균형적 다극체제의 전쟁 가능성이 더 높음

③ **전쟁 가능성** : 불균형적 다극체제 > 균형적 다극체제 > 양극체제

(4) 결론

① **균형화 전략** : 양극체제, 불균형적 다극체제에서 채택 가능성이 높은 전략

② **책임전가 전략** : 균형적 다극체제에서 채택 가능성이 높은 전략

5. 공격적 현실주의와 방어적 현실주의의 비교 2010년 출제

① 공격적 현실주의
- ㉠ 국제사회 : 국제체제의 무정부성 – 공격과 갈등 촉진, 국가들이 상호 간에 서로를 이용할 기회를 엿보고 불신하는 잔인한 곳
- ㉡ 안보는 확보되기 힘들고, 경쟁과 전쟁의 가능성이 높음
- ㉢ 협력 불가능 : 기만과 상대적 이득
- ㉣ 제도 : 국가의 이기적 이익에 종사
- ㉤ 안보를 위한 최상의 수단 : 상대적 권력의 극대화 – 패권 추구

② 방어적 현실주의
- ㉠ 국제체제는 필연적으로 전쟁과 갈등만을 야기하는 곳은 아님
- ㉡ 국가는 권력의 극대화가 아니라 안보의 극대화 추구
- ㉢ 안보를 위해서라면 국가 간 협력도 가능
- ㉣ 제도 : 국가들의 이익의 결과물이지만 광범위한 협력의 장 제공
- ㉤ 국가는 권력의 극대화가 아니라 안보유지를 위한 최소 수준의 권력 추구

제 14 절　신고전적 현실주의

1 등장 배경

① **신고전적 현실주의** : 신현실주의와 고전적 현실주의의 종합 – 수정된 현실주의

② **등장** : 신현실주의에 대한 불만 – 신현실주의의 설명력과 예측력에 대한 불신 – 국가 내부의 분석 필요성 제기

2 주요 내용 2014년, 2018년 출제

① 국제체제의 구조적 특징을 독립변수로 하고 일국의 대외정책을 종속변수로 하면서 이 두 변수 사이에 매개변수로서 국내 요인 추가

② **국제체제의 무정부성과 힘의 배분이 외교정책에 미치는 영향 분석**

㉠ 체제가 부과하는 압력이 단위수준의 매개변수에 의해 해석되는데 국제체제가 주는 압력과 실질적인 외교 사이에는 불완전한 전달 벨트 존재

㉡ 국가 행위를 설명함에 있어서 국가의 동기를 비롯한 국내 요인에 관심 – 고전적 현실주의적 요소

㉢ 단기적으로 국가들이 추구하는 정책은 순수하게 국제체제 수준만으로는 예측하기 곤란

㉣ 신고전적 현실주의는 신현실주의와 달리 국가마다 국제체제가 부과하는 제약과 기회를 어떻게 받아들이며 이에 대응하는가에 초점

③ **국제체제와 국가행위 사이에 작용하는 매개변수** : 정치인의 인식, 정치 군사적 제도의 동원능력, 국내 사회 행위자와 이익단체의 영향력, 국가와 사회의 관계(국가의 사회로부터의 자율성), 엘리트나 사회의 결집 수준 등

④ **매개변수의 구분** : 의사결정자들의 힘의 배분에 대한 인식, 국내의 국가구조, 이익 혹은 선호

⑤ **자카리아(Fareed Zakaria)** : 국가를 권력의 극대화나 안전의 극대화를 추구하는 존재로 보지 않고 영향력의 극대화를 추구하는 존재로 바라봄

3 쉬벨러(Randall Schweller)의 신고전적 현실주의 : 이익균형론 2014년, 2018년 출제

① **국가의 행위 동인** : 이익

② 국가는 이익에 따라 균형화를 추구할 수도, 편승을 추구할 수도 있음
- 국가는 현상유지가 주는 이익과 현상타파가 주는 이익을 비교하여 현상유지 국가가 되거나 현상타파 국가가 되어 균형화를 추구하기도 하고 편승을 주구하기도 함

③ 국가는 현상유지를 원하는 국가와 현상을 타파하고자 하는 두 종류의 국가 존재

④ 왈츠나 왈트 모두 균형이 일반적인 동맹행위의 형태라고 보는 것에 반해, 쉬벨러는 편승이 보다 흔한 현상이라고 주장

⑤ **국가를 동물에 비유함** [21]

사자(lion)	강대국으로서 현상유지 성향을 가진 국가 • 1930년대 당시 영국과 프랑스가 있으며, 이들은 제1차 세계대전의 승리자로서 자신들의 기득권을 보호하고 기존 체제를 유지하려고 했음
늑대(wolf)	현상타파 강대국 • 나치 독일과 같이 지역 최고의 강대국으로서 자신의 '생존권'을 장악하기 위해 주변 국가 전체를 상대로 전쟁을 수행했던 국가

---

[21] 이근욱, 왈츠 이후(2009), 한울 아카데미, 108~109면

양(lamb)	약소국으로서 현상유지 성향을 가진 국가 • 1930년대 벨기에, 네덜란드, 노르웨이, 알바니아 등
자칼(jackal)	현상타파 성향을 지닌 준강대국 • 자신이 직접 사냥할 힘은 없으나 늑대처럼 강한 힘을 지닌 맹수가 다른 짐승을 사냥하면 이를 돕거나 남은 고기를 뜯어 먹는 동물로 1930년대의 이탈리아에 해당함
여우(fox)	제한적인 현상타파 성향을 지닌 강대국 • 여우라는 이름에 걸맞게 상당히 교활하고 기회주의적으로 행동하는 국가로서, 1930년대 소련에 해당함
부엉이·매 (owl/hawk)	현상유지에 찬성하는 준강대국
비둘기(dove)	제한적인 현상유지 성향을 가진 강대국과 준강대국
타조(ostrich)	현상타파 또는 현상유지 어디에도 관심을 보이지 않는 강대국 • 1930년대 당시 고립주의를 주장하면서 유럽 대륙 문제에 관여하지 않고, 아메리카 대륙에서의 독자적인 영향력 유지와 경제공황 극복에 전력을 기울이던 미국

4 공격-방어 이론(공격방어균형 이론, offense-defense balance theory) 2013년 출제

① **대표학자**: 저비스(Robert Jervis), 글라저(Charles Glaser), 카우프만(Chaim Kaufmann), 반 에베라(Stephen Van Evera), 린 조운스(Sean M. Lynn-Jones)

② **내용**

㉠ 국가가 지니고 있는 공격과 방어의 상대적인 용이성이라는 요인이 전쟁의 개시와 국제적인 갈등에 강력한 영향을 미친다고 보는 입장

㉡ 공격이 우위에 있을 경우 국제적 갈등과 전쟁이 좀 더 발생하기 용이

㉢ 방어가 우위에 있을 경우 국제적 갈등이나 전쟁이 감소함

㉣ 공격과 방어의 우위를 결정하는 요인: 군사적 요인, 지리적 요인, 정치·외교적 요인과 같은 체제수준의 요인이 아닌 국내적 요인을 포함함

③ **공격방어 이론과 안보 딜레마**: 안보 딜레마의 네 가지 상황 [22]

공격 우위 + 공격과 방어 구분 불가능	공격 우위로 기습공격을 당할 경우에는 치명적인 피해를 입게 되며, 동시에 공격·방어 구분 불가능으로 상대방의 의도를 파악하지 못하기 때문에 가장 위험한 상황

---

22 이근욱, 왈츠 이후(2009), 한울 아카데미, 57~63면

방어 우위 + 공격과 방어 구분 가능	방어 우위로 기습공격의 피해가 크지 않으며, 동시에 공격·방어 구분 가능성으로 상대의 의도를 어느 정도 파악할 수 있는 가장 안전한 상황
방어 우위 + 공격과 방어 구분 불가능	방어 우위로 기습의 피해는 크지 않으나 공격과 방어를 구분할 수 없으므로 상대의 의도를 구분할 수 없는 상황
공격 유리 + 공격과 방어 구분 가능	공격이 유리하기 때문에 기습공격의 피해가 크지만 공격과 방어를 구분할 수 있기 때문에 상대방의 의도를 어느 정도는 파악할 수 있는 상황

④ 공격 우위의 위험성
  ㉠ 국가들은 방어가 유리한 방어 우위 상황보다 공격이 유리한 군사기술이 존재하는 공격 우위 상황에서 더욱 공격적으로 행동함
  ㉡ 다극체제에서 공격 우위 상황이 존재하면, 국제체제의 위험성과 강대국 전쟁의 가능성은 더욱 증가함
  ㉢ 공격 우위 군사기술의 위험성
    • 공격 우위 상황에서는 전쟁 시 쉽게 승리할 수 있다는 잘못된 낙관론이 널리 퍼짐
    • 공격 우위 상황에서는 선제공격을 하려는 전술적 성급함이 나타남
    • 공격 우위 상황에서 국가들은 세력균형의 변화에 적응하기 어려워짐
    • 국가가 자신이 정복한 주변 국가의 자원을 계속 축적하는 상황에서 팽창은 추가 팽창으로 이어짐

5 탈리아페로(Jeffrey W. Taliaferro)의 위험균형론 [23]

① **전망 이론(prospect theory)** 2015년, 2016년 출제
  ㉠ 대표학자 : 카네만(Daniel Kahneman), 트베르스키(Amos Tversky)
  ㉡ 개인이 이득(gain)에 직면할 것으로 전망하는지 아니면 손실(loss)에 직면할 것으로 전망하는지에 따라 상이한 선택을 하게 된다는 주장
  ㉢ 손실에 직면하게 될 것이라고 전망을 하게 되면 좀 더 위험을 감수하는 선택을 하게 되고, 이익에 직면하게 될 것이라고 전망을 하게 되면 좀 더 위험을 회피하는 선택을 할 것이라는 것을 주요 내용으로 함
  ㉣ 위험한 상황에서의 의사결정에 관한 심리적 이론으로서 개인이 위험에 놓였을 때는 선택의 합리성을 가정하는 합리적 선택 이론의 예측과는 달리 의사결정을 한다는 것을 주된 내용으로 함
  ㉤ 평상시에 국가들은 현상유지적인 성향을 보이지만 손실이 전망될 경우에는 평상시에 생각하기 힘든 위험을 무릅쓰는 행동을 취하게 됨

② **탈리아페로(Jeffrey W. Taliaferro)는 전망 이론과 방어적 현실주의를 결합하여 위험균형 이론을 제시함**
  ㉠ 왈츠에게 있어서 국가는 현재의 위치에 만족하면서 권력의 증가가 불러올지 모르는 다른 국가들

---

[23] 박재영, 국제정치 패러다임(제2015, 4판), 법문사, 198~200면

에 의한 대항균형연합이 이러한 현재의 위치를 위협할 것을 우려하여 팽창주의적 정책의 추구를 꺼림
- 이것은 손실의 회피가 국가 행동의 중요한 기준이 되고 있음을 보여주는 것으로서 전망 이론은 방어적 신현실주의 이론 편에 서 있다고 볼 수 있음

ⓒ 전망 이론에 의하면 행위자들은 평상시에는 현상을 유지하려고 하는 성향을 가지고 있으나 위험한 상황의 발생으로 현상이 변하면서 손실이 전망될 때 손실에 민감하게 반응하여 이러한 손실을 회피하려고 행동을 취하게 됨
- 손실을 회피하는 행동은 구체적으로 위험을 감수하는 행동으로 나타남

ⓒ 국가가 미래의 이익을 전망할 경우 왈츠의 방어적 신현실주의가 적실성을 더 가지며, 국가가 미래의 손실을 전망할 경우 미어샤이머의 공격적 현실주의가 더 적실성을 가질 것으로 봄

ⓔ 탈리아페로는 왜 강대국이 종종 강대국의 안보에 직접적인 위협이 되지 않은 주변적인 지역에 개입을 시작하며 승리의 전망이 별로 없고 비용이 상승함에도 불구하고 이러한 개입을 지속하려고 하는가에 대한 분석을 시도함

ⓜ 국가의 지도자는 상대적인 권력·국제적인 지위·국제적인 위신에 있어서 손실이 있을 것을 전망할 경우 이러한 손실을 회피하기 위한 위험한 행동을 하게 되는데 이러한 결과 중의 하나가 주변지역에 대한 개입임

ⓗ 개입의 동기는 개입을 통한 이득 추구가 아니라 개입을 통한 손실 회피가 핵심 내용임

제 15 절 연성균형론

1 등장 배경

① 냉전 종식 후 전통적인 형태의 균형이 도래하지 않으면서 과거와는 다른 형태의 균형에 대한 논의가 진행됨

② 패권체제 아래에서 전통적인 형태와는 다른 새로운 형태의 균형이 이미 발생하고 있다는 주장이 제기됨

2 연성균형론의 의미 : 페이프(Robert A. Pape)

① 새로운 형태의 균형이란 군사적인 수단을 통한 전통적인 균형인 경성균형이 아니라 비군사적인 수단을 통한 균형을 지칭하는 연성균형을 의미함

② 미국의 이라크 공격으로 미국에 대항한 균형의 유인 발생

③ **연성균형의 의미** : 지배적인 국가가 존재하는 단극체제에서 전통적인 수단에 의해 책임전가의 문제를 해결하지 못할 경우, 지배적인 국가를 저지하고 안전을 확보한다는 동일한 목적을 달성하기 위해 대안을 찾게 되는데 이러한 대안이 바로 비군사적인 수단에 의거한 균형을 의미하는 연성균형임

④ **경성균형** : 군사력 강화, 전쟁 수행을 위한 동맹, 동맹국에게 군사기술의 이전 등을 통해 달성

⑤ **연성균형의 목적** : 지배적인 국가와 직접적으로 대립하지 않은 채 지배적인 국가로 하여금 군사력을 사용하는 것을 어렵게 만드는 것을 목적으로 함

3 연성균형의 주요 수단 [24]

영토의 거부	초강대국의 경우 자신의 병력이 해외영토로 접근을 해야 하는데 이러한 영토에의 접근을 허용하지 않을 경우 승전 가능성에 영향을 받게 된다는 것을 의미함 • 사례 : 한국에 주둔하고 있는 미군에게 감축을 요구하는 경우
경제의 강화	초강대국의 강력한 경제력에 대항하여 다른 국가들이 상대적인 경제력을 강화하는 방식을 의미함 • 사례 : 유럽국가들이 달러가 아닌 유로화로 구매 대금을 지불하는 경우
협력외교	초강대국을 대상으로 하여 다른 국가들이 국제기구와 같은 국제제도를 이용하거나 일시적인 외교적 조치 등을 통해 초강대국의 군사적 행동의 목적을 지연, 붕괴, 혹은 제거하는 등의 방식을 의미함 • 사례 : 러시아, 중국이 미국이 아닌 유엔으로 하여금 새로운 이라크 정부를 감독하도록 압력을 가하는 경우
균형을 이루겠다는 결의의 신호	초강대국의 현재 행동을 방해하는 것을 목적으로 하는 것이 아니라 초강대국의 미래 야심에 저항하는 것에 참여할 것이라는 신호를 보내는 방식으로 결의를 보이는 것을 의미함 • 사례 : 미국 중심의 IMF에 대항해 중국, 독일, 영국 등이 AIIB의 결성을 선언하는 경우

---

24 박재영, 국제정치 패러다임(2015, 세4판), 법문사, 282면

제3장
자유주의

제1절 자유주의 일반

① **등장 배경** : 제2차 세계대전 이후 유럽에서의 통합 움직임과 같이 현실주의 이론으로 설명하기 힘든 상황이 발생함

② **자유주의의 가정**
  ㉠ 국제사회에서 국가는 중요한 행위자이지만 유일한 행위자는 아니며 국제기구나 다국적 기업 등 국제 관계의 다양한 행위자가 존재함
  ㉡ 국가는 합리적인 단일체가 아니라 다양한 행위자들을 포함하는 존재임
  ㉢ 현실주의가 주장하는 권력이나 안보와 같은 '상위정치'가 경제나 문화와 같은 '하위정치' 보다 더 중요하다는 시각을 거부함

③ **신자유주의의 내용**
  ㉠ 현실주의의 핵심적 전제들을 수용하면서 국가 간 협력과 국제정치에서 국제제도의 중요성을 강조하는 신자유주의적 제도주의임
  ㉡ 국가를 국제정치의 가장 중요한 행위자로 보며, 정도의 차이는 있지만 무정부 상태가 국가행동에 영향을 미친다는 것을 인정함
  ㉢ 국제기구나 국제레짐과 같은 국제제도들이 국가의 행동에 독립적인 영향을 미칠 수도 있다고 보며 국제제도에 의해 국가 간의 협력이 가능하다는 입장을 보임
  ㉣ 국제관계에 있어 국가 간 군사력의 차이가 매우 중요하다고 보는 신현실주의에 비해 신자유주의자들은 의도나 인식 등도 고려함
  ㉤ 국가 간 협력이 가져다주는 상호이익(절대적 이익)으로 인해 국가 간 협력이 가능하다는 입장임
  ㉥ 국제제도는 국가 간 협력을 저해하는 상대적 이익의 문제와 배반의 문제를 해결할 수 있고 국가들의 협력을 촉진하는 기구로서의 역할을 수행함
  ㉦ 패권국가의 힘에 대한 중요성은 인정하지만 일단 국제협력이 제도화되면 강대국 없이도 국가 간의 협력은 지속될 수 있음

자유주의 이론의 전개 과정

① 1950년대 : 통합 이론
② 1950년대 중반~1960년대 : 외교정책 결정 이론
③ 1970년대 : 상호의존론
④ 1980년대 : 신자유주의적 제도주의
⑤ 탈냉전 이후 : 민주평화론

자유주의 패러다임의 특징

① 행위자의 다양성 : 국가 이외의 행위자에 주목
② 행위자의 분절성 : 국가는 일단의 관료조직과 제도로 구성된 분절된 행위자
③ 행위자의 비합리성 : 국가는 비합리적일 수 있는 존재
④ 행위자 간 협력 가능성 : 국가는 안락과 복지를 위한 파트너
⑤ 경제력과 기술력의 중요성 : 경제력과 기술력은 중요한 권력의 형태

제 2 절 통합 이론[25]

1 등장 배경

① 2차대전 이후 냉전으로 인해 서구 여러 나라들이 단결과 높은 문화적 동질성을 보였으며, 유럽석탄철강공동체(ECSC, 1952)의 형성과 유럽공동시장(ECM, 1957)의 등장과 같이 종래의 주권 이론으로 설명할 수 없는 초국가적 현상이 나타나자 이에 대한 설명의 필요성이 대두됨

② 양차대전의 경험을 통해 보편적 국제기구(LN, UN)에 의한 세계평화 유지 기능의 한계를 인식함

③ **통합 이론의 등장** : 통합 이론은 제도화된 평화(institutionalized peace) 또는 적극적 평화라는 문제의식에서 생겨난 평화의 기술학으로서, 국가 간의 갈등 해소와 경제적 번영이라는 목적지향적인 평화전략으로서의 성격을 가짐

2 통합 이론의 공통점과 차이점

① **자유주의 통합 이론의 공통점**
  ㉠ 제도의 역할을 통합의 중요 요인으로 간주함
  ㉡ 비국가적 관계, 즉 비정부 간 기구, 비정부 간 국제기구, 정치적 집단 및 개인 역할을 중요시함

---

25 박재영, 국제정치 패러다임(2015, 제4판), 법문사, 372~389면

ⓒ 제도적인 틀에 의해 촉진되는 학습 과정과 국가이익의 재정의가 일어나는 정치적 과정을 강조함

② **자유주의 통합 이론의 차이점**
    ㉠ 무엇이 통합인가에 대해 합의가 부재하며 학자마다 다른 의미로 사용함
    ㉡ 일반적으로 통합이란 하나의 공동체로 통합되었다고 말할 때처럼 상태로 보는 경우와 서유럽이 서서히 통합을 진행해오고 있다고 말할 때처럼 하나의 과정으로 보는 경우가 있음
    ㉢ 통합 과정에 대한 견해 차이 : 통합은 정치적인 결정에 의해 직접적으로 진행된다는 입장과 사회적·경제적인 상태의 변화에 의해 간접적으로 진행된다는 입장이 있음

3 연방주의 이론

1. **연방주의 이론의 내용**

    ① **연방주의 통합 이론**
        ㉠ 연방주의 통합 이론은 공식적인 헌법적 조치를 통한 전통적인 정치적 접근에 의해, 주권의 전부 또는 일부를 이양받아 조직되는 초국가적 조직체인 하나의 연방으로 통합되는 것을 강조하는 이론임
        ㉡ 통합을 위해서는 국가정부제도의 해체와 공통의 군사, 경찰 및 사법제도를 포함하는 연방기구와 같은 초국가적 제도의 수립이 요구됨

    ② **통합전략의 특징**
        ㉠ 연방주의는 다른 정치적 통합, 즉 정책통합이나 태도통합보다 기관통합(관료적 통합, 법적 통합)을 중시함
        ㉡ 연방주의는 국제기구나 연방제도를 중시한다는 점에서 세계 정부론이나 집단 안보론과 같지만, 세계적 차원이 아닌 지역 차원의 통합을 강조한다는 점에서 구별됨
        ㉢ 푸차라(Puchala)가 말하는 통합의 성공이란 연방국가의 중앙정부를 구성하는 것임

    ③ **구분**
        ㉠ 세계연방 : 전 세계 국가를 대상으로 하는 연방
        ㉡ 지역연방 : 일부 한정된 국가들만을 대상으로 하는 연방

2. **연방주의 이론의 평가**

    ① 연방주의 이론은 미국이나 스위스의 역사적인 경험에서 추출된 이론으로서, 통합을 정치 엘리트에 의한 의도적인 정치적 결단으로 좀 더 큰 정치적 공동체라는 국제기구를 창설하는 것으로 여김
    ② 연방주의는 정치적인 의지의 중요성에 초점을 맞춤으로써 통합의 조건으로서 사회, 경제, 심리적 요소에 큰 주의를 쏟지 않음

③ **연방주의 이론은 동태적인 현상규명에 취약함** : 기존의 모든 정치적 단위가 새로운 통일적인 정치체의 설립을 바라거나, 혹은 적어도 적극적으로 반대하지 않는다는 것을 전제하나 어떻게 이 상태에 이르게 되었는가를 설명하지 않음

4 기능주의 이론

1. 기능주의 등장 배경 : 미트라니(Mitrany)

① **1940년대 초의 상황** : 이상주의에 대한 비판과 거부를 통해 현실주의 국제정치학 이론이 자리를 잡아가던 시기로서, 미트라니는 당시의 국제체제가 양차대전으로 파괴되는 것을 목격하고 새로운 국제체제의 수립 필요성을 느낌

② **미트라니의 기능주의 등장** : 현실주의와 마찬가지로 1920년대와 1930년대의 이상주의에 대한 반발로 등장했으며, 이상주의의 제도들을 작동하지 않는 평화체제로 간주하고 새로운 국제 평화 달성 방안으로서 '작동하는 평화체제'(A Working Peace System, 1943)를 제시함

2. 이론적 전제

① 정치적 문제와 비정치적 문제는 분리 가능함
② 통합에 있어서 중요한 것은 비정치적 영역에 있어서의 인간의 필요와 욕구임
③ 구조적 변화가 태도나 행태의 변화를 가져옴
④ 협력은 부과되는 것이 아니라 학습되는 것임
⑤ 기술적이고 비정치적인 부분에서의 협력은 점차 분기를 일으켜 나감

3. 통합전략과 통합목표

① **통합전략**
   ㉠ 처음부터 국가 간에 갈등이 존재하는 정치적인 통합을 시도하지 않고 우회적인 방법으로서 국제기구를 매개로 하여 국가 간의 갈등으로부터 비교적 자유로운 기술적인 영역에서부터 국가 간에 협력을 시도함
   ㉡ 전쟁을 방지하고 적극적인 평화장치를 마련하기 위해서는 국제기구가 필요하며 국제기구 운영에 가장 적합한 담당자는 국제적 기술전문가임

② **통합목표**
   ㉠ 협력을 통해 국가들이 이익을 얻게 되면 다른 기술적인 영역들로 확산되어 나가고 정치적 통합에 이를 수 있음

ⓒ 단일의 세계국가, 단일의 지역적인 국가를 목표로 하지 않고 세계적 차원에서의 해결책을 모색하는 국가들의 세계정치공동체 창조를 목표로 함

4. 기능주의 이론의 평가

① **기능주의의 장점**
  ㉠ 국가 간 협력의 근원을 기능적 상호의존에서 찾음
  ㉡ 부문별 접근의 중요성에 대해 적절한 지적을 함
  ㉢ 비정부적 초국가적 행위자의 중요성을 포착함

② **기능주의의 단점**
  ㉠ 정치, 경제, 기술적 분야의 분리가 곤란함
  ㉡ 정치적 문제를 유보하고 비정치적인 방법으로 문제를 해결하려는 방식은 현실성이 부족함
  ㉢ 통합과정에서 기능을 중요시하고 정치 지도자의 큰 영향력 발휘를 무시함
  ㉣ 국가의 정치적인 기본적 이익을 양보하는 것이 곤란하다는 것을 간과함
  ㉤ 유럽은 동질 문화지만 타지역은 이질적 문화인데 통합이 가능한지 회의적임

5 신기능주의 이론 : 하아스(Ernst Haas) 2013년, 2014년, 2021년, 2022년 출제

1. 이론적 전제

① **통합의 진전** : 기능적 확산 효과의 압력(functional spillover pressure)에 의해 자동으로 이루어지는 것이 아니라 자기이익의 추구를 목표로 하는 행위자의 적극적인 개입이 필요함

② 하스에 따르면 집단이나 행위자들은 목표 극대화를 지향하며, 그들의 이익을 제고하는 것으로 판단되면 국가주권의 일부를 양도할 의지를 갖는데, 어느 정도 주권이 양도되면 기능적 파급효과가 발생함

③ **파급효과** : 특정 부문의 통합으로 어떤 집단이 이익을 보면 다른 집단들은 자신들의 부문에서 통합을 통해 이익을 보고자 할 것이며, 이는 잠재적인 눈덩이 효과(snowball effect)를 창조함

④ 하스는 정치권력과 기능적·기술적 업무를 분리하기 어렵다고 주장하면서 통합의 효과적 전개를 위해서는 각국의 정치 엘리트의 의식적인 통합 노력이 중요하며, 그 일환으로서 통합추진 기구의 구축 등이 이루어져야 한다고 제시함

⑤ 세계 차원이 아니라 지역 차원의 통합을 연구대상으로 하고, 각국의 정치·사회적 동질성과 정치적 의지 등을 강조함

2. 통합전략

① 기술적인 문제를 다루기 위한 초국가적 기구를 창설함
② 국제기구를 통해 이득을 볼 수 있는 정치 엘리트와 이익단체를 국제적으로 조직화시키고 점차 관여시킴으로써 통합에 대한 지지를 이끌어냄
③ 통합에 대한 지지는 국제기구가 좀 더 광범위한 서비스를 추구하게 만드는 등 제도를 확장시킴으로써 갈등에 대한 타협을 통해 궁극적으로 정치적인 통합으로 이어지게 함

3. 기능주의와의 비교

① **기능주의와의 공통점**
  ㉠ 통합의 시작은 비정치적 분야에서 하는 것이 주권에 민감한 정치적 영역에서 시작하는 것보다 유리하다고 봄
  ㉡ 통합을 위해 비정치적 영역에서 국제기구를 의도적으로 창출함
  ㉢ 비정치적 영역에서 시작된 통합은 다른 비정치적 영역으로, 그리고 궁극적으로는 정치적 영역으로 점진적으로 확산될 것으로 가정함
  ㉣ 통합에 있어서 국가의 역할보다는 시민사회나 초국가관료 등 비국가 행위자나 비국가 영역의 역할을 중시함

② **기능주의와의 차이점**
  ㉠ 신기능주의는 기능주의와는 달리 정치로부터 기술적인 업무를, 그리고 권력으로부터 복지를 분리할 수 없다고 봄
  ㉡ 통합을 위한 정치 엘리트의 역할을 부각시키면서 엘리트의 의식적 통합 노력을 강조함
  ㉢ 기능주의가 파급효과를 무의식적이고 자동적으로 보는 데 반해 신기능주의는 학습 과정에 의한 파급은 정치적인 의지가 필요하다고 봄
  ㉣ 통합의 행위자
    • 기능주의 : 사적이고 자발적인 비정치적 그룹인 기술전문가
    • 신기능주의 : 공적이고 정치적이며 관료적인 그룹

4. 신기능주의의 평가

① 신기능주의는 정치적인 통합으로 더 이상 진전하지 않고 지역통합이 경제적인 통합에 머물 수도 있다는 것을 고려하지 않음
② 통합을 설명하고 예측하는 데 있어 내부변수에만 초점을 두고 외부적 행위자와 국제환경과 같은 외생적 변수를 간과하며 통합의 대상지역이 국제체제로부터 고도의 자율성을 갖는다는 가정을 함
③ 의도적인 정치적 결단의 주체로서의 정치 지도자 역할을 과소평가함
④ 지역 내의 특수성을 배제함

6 거래주의 혹은 다원주의 : 도이취(Deutsch)

1. 거래주의 통합 이론의 특징

① 커뮤니케이션과 정치공동체의 통합과의 관계에 관심을 두고 구성원 간의 커뮤니케이션과 거래관계의 증대를 통합의 필수요건으로 봄

② 국경을 가로질러 발생하는 정치적·경제적·사회적·문화적 통신 혹은 거래를 통한 사람들의 접촉 증가는 사회·심리적인 과정을 거쳐 국민들을 동화시키며 통합의식을 발생시키고 결국 세계는 통합된다는 입장임

③ 거래주의에서는 공식적인 기구와 정치적인 제도가 상대적으로 미미한 역할만 하고 대신에 사람과 사람의 관계에서의 광범위한 사회적 과정이 중요한 역할을 함

2. 도이취의 안보공동체 개념

① **안보공동체** : 도이취는 통합을 '안보공동체'의 개념으로 정의하며, '국가들 사이에 서로를 상대로 해서 전쟁을 일으킬 가능성이 없는 관계를 획득하고 전쟁 대신 평화적 수단에 의해 변화가 가능하다는 기대를 상호 확신할 수 있을 만큼 강력한 공동체 의식을 달성하는 것'을 통합이라 주장함

② **안보공동체의 구분**
  ㉠ 다원적 안보공동체 : 각 정부가 법적으로 분리되어 독립을 유지하는 공동체
  ㉡ 융합된 안보공동체 : 두 개 혹은 그 이상의 독립국이 영국처럼 단일적이거나 미국처럼 연방적 정부 하에 통합하는 경우

③ **통합과 융합의 구분**
  ㉠ 통합 : 우리라는 느낌을 창출하거나 우리라는 느낌이 절정에 이르는 태도 변화의 과정, 즉 공동체의 형성을 의미함
  ㉡ 융합 : 둘 이상의 독립적인 단위체들이 하나의 큰 단위로의 공식적인 합병을 의미함

3. 신기능주의와의 구별

① **차이점** : 거래주의는 신기능주의와는 달리 정치적인 통일에 있어서 국제제도의 역할, 구체적으로 국제기구의 역할에 무관심함

② **융합 조건**
  ㉠ 거래주의는 사람들 혹은 공동체의 상호 동일시, 즉 '우리'라는 의식이 제도적 융합을 위한 바람직한 조건을 창출한다는 입장임
  ㉡ 기능주의와 신기능주의는 제도적 융합이 공동체에 선행한다고 보며 국제수준의 효율적인 제도화는 사람들의 정치적 관심을 불러들이고 그들의 충성심의 이동을 가져온다는 입장임

4. 거래주의 이론의 평가

① 거래주의에 있어 통신과 거래가 공동체의 핵심으로 받아들여지나 통합에 대한 정확한 측정이 문제가 되고, 보다 본질적으로 거래주의에는 정치와 정치지도자의 역할이 실종되어 있음

② 제도적·정치적 측면에 대한 설명이 결여되어 있고, 어떤 조건에서 새로이 통합된 공동체의 사람들이 정치적 융합을 위한 운동을 개시할 것인지 아닌지에 대한 구체적인 설명이 결여됨

③ 동기에 관한 동태적 설명과 의사결정, 조직의 행태, 그리고 연합행위 등과 같은 통합에 있어서 중요한 정치적 동태를 등한시함

④ 거래주의는 편지 왕래와 같은 국가 간의 통신과 무역량의 흐름과 같은 물자거래의 양처럼 측정이 가능한 변수만을 적절한 통합지표라고 보고 측정이 곤란한 무형적인 요소를 배제함

제3절 상호의존론

1 등장 배경

① **정치 상황의 변화**: 1960년대 말부터 시작된 동서 간의 냉전구조 퇴조와 데탕트의 도래는 핵경쟁의 중요성을 감소시켰고, 미국의 월남전에서의 군사적인 패배는 군사력의 한계를 보여줌

② **경제 상황의 변화**: 국제무역량의 증가와 다국적기업의 활발한 정치적 역할 등은 군사·안보문제가 아닌 경제문제의 중요성과 더불어 비국가적 행위자의 역할의 중요성을 제기함

③ **국제문제의 등장**: 환경오염, 인구과잉, 식량부족, 지구자원의 고갈, 무역에서부터 에이즈에 이르는 다양한 국제적 해결이 있어야 하는 이슈의 경우 한 국가의 힘만으로는 해결이 불가능하며, 그 결과 국가 간에 상호의존이 발생하고 각종 국제기구 및 다국적기업을 위시한 정치적 경계를 넘는 새로운 행위자들이 등장함

2 상호의존의 개념

① 상호의존이 구체적으로 무엇을 의미하는지에 대해 합의가 존재하지 않음

② 일반적 의미
  ㉠ 의존이란 외부의 힘에 의해 내부의 일이 결정되거나 중대한 영향을 받는 것을 지칭하며, 상호의존은 두 개 또는 그 이상의 단위체가 서로 의존되어 있는 상태로서 상호 간의 혹은 상호성이 있는 의존을 의미함
  ㉡ 의존이란 두 국가 사이에 의존으로 인한 취약성이 크게 비대칭적일 때의 관계를 지칭하며, 상호의존이란 이러한 취약성이 거의 동등할 경우를 말함

---

3 상호의존론의 가정과 이론적 모델

1. 이론적 가정

① 국가 이외의 행위자들이 국제정치에 직접적으로 참여하며 국가와 정부 간 국제기구, 비정부 기구, 비정부 간 기구를 포함하는 국제기구, 개인을 포함하는 다양한 행위자가 존재함

② 국가 사이에 쟁점화되는 다수의 문제 간의 서열이 부재하고 군사안보가 더는 지배적인 의제가 되지 못하며 복지 및 근대화와 같은 인간의 필요와 요구가 국가의 중요 동기와 행동의 중요한 원천임

③ 복합적인 상호의존이 우세한 국제관계 분야에 있어서 다른 나라에 대해 군사력이 사용되지 않으며, 사용된다 해도 효율성이 떨어짐

2. 이론적 모델

① **이론적 모델의 필요성** : 상호의존론자들은 오늘날의 매우 복잡한 국제정치 상황을 간단하게 어느 한 이론으로 설명하려고 해서는 안 되고 복잡한 그대로를 보여 주기 위해서는 여러 종류의 모델이 필요하다고 주장함

② **이론적 모델**
  ㉠ 총체적 권력구조 모델 : 완전한 권력의 대체성을 가정하는 모델로서 상대적인 군사력과 군사력의 변화가 모든 부문에서 협상의 결과와 국제레짐의 변화를 결정한다는 전형적인 현실주의 이론으로 '권력일원론'적 입장
  ㉡ 경제과정 모델 : 이 모델에 있어서 국제레짐은 경제적인 이득을 극대화하고자 하는 노력의 반영물 혹은 산물임
  ㉢ 이슈구조 모델 : 이슈구조 모델은 특정한 이슈영역은 나름의 특정한 권력의 구조를 갖게 되며 이러한 이슈에 따른 권력의 구조가 특정 이슈영역에서의 협상의 결과와 국제레짐을 결정한다는 이론
  ㉣ 국제기구 모델 : 국제기구 모델은 초국가적 연계망과 이러한 연계망 내에서의 국가 간 연합과 같은 특정 협상 전략이 국제레짐의 운영을 지배한다고 봄

3. 복합적 상호의존과 모델들의 적실성

① **경험적 분석** : 코헤인과 나이는 1920년과 1975년 사이의 대양쟁역과 화폐금융에 있어서의 주요 사건, 미국과 캐나다 간의 고도의 40가지 정치적 갈등, 미국과 호주 사이의 20가지 갈등 결과를 경험적 방법으로 분석함

② **결론** : 복합적 상호의존 상황에서 국제레짐의 성격과 변화를 설명하는 데 있어 총체적인 권력구조 모델과 더불어 경제과정 모델의 설명력이 떨어지며 복합적 상호의존이 증가할수록 4가지 모델 중에서 이슈구조 모델과 국제기구 모델의 중요성이 커질 것이라고 결론을 내림

---

4 국제정치의 특징 [26] 2007년 출제

(1) 쟁역에 따른 권력자원

각 쟁역에 있어 국제적 결과를 결정짓는 데 국가의 전반적인 군사력보다는 특정한 쟁역에 적합한 특정한 자원이 훨씬 더 중요한 역할을 함

(2) 의제정치

① 복합적인 상호의존을 특징으로 하는 국제체제에서는 불만을 가지고 있는 국내의 정치세력이 이슈를 정치화하고 나아가 국제적으로 의제화함으로써 의제를 설정할 수 있음

② 1970년대 초 다국적기업과 석유 소비국에 대한 석유생산국의 힘의 증가와 그 결과에서 보듯이 특정한 쟁역에 있어서의 국가 간의 힘의 배분 변화 역시 정책의제를 바꿀 수 있음

(3) 연계전략의 보편화

① **전통적인 분석** : 군사력이 강한 국가는 군사력을 수단으로 하여 몇몇 쟁역에 있어서의 자신의 정책을 다른 쟁역에 있어서의 다른 국가의 정책에 연계시킴으로써 자신들이 실제에 있어 약한 쟁역을 포함한 모든 영역에서 자신들이 원하는 결과를 달성함

② **군사력이 차지하는 비중이 작아질 경우**

　㉠ 강대국들은 쟁점 간의 연계를 맺기가 어렵게 됨

　㉡ 약소국의 경우 연계의 수단으로서 약소국들이 수적인 우위를 점하고 있는 국제기구를 적은 비용으로 효과적으로 이용함으로써 이슈들을 연계시켜 강대국으로부터 양보를 얻어내기가 보다 용이해짐

　㉢ 연계가 덜 효과적으로 작동할 때 정치적인 협상의 결과는 점차 이슈에 따라 달라지며 결과적으로 예측이 어려워짐

26　박재영, 국제정치 패러다임(2015, 제4판), 법문사, 420~424면

(4) 내정과 외교의 상호침투

① 내정과 외교의 상호침투
- ㉠ 일국의 사회와 타국가 사회의 접촉의 채널이 다변화함에 따라 내정과 외교의 상호침투 현상이 발생함
- ㉡ 국제정치와 국내정치의 상호침투작용이 일어나 국내정치의 국제화와 국제정치의 국내화가 일어남

② 국가이익
- ㉠ 초국가적 행위자들과 초정부적인 행위자들이 국제정치에 중요한 행위자로 등장함에 따라 현실주의가 말하는 일관된 국가이익의 추구가 어려워짐
- ㉡ 국가이익은 시간, 이슈, 그리고 행정부의 단위에 따라 달리 정의됨

(5) 국가의 통제력 약화

① 모스(Morse)
- ㉠ 상호의존의 증가는 국가의 통제 상실을 유발함
- ㉡ 국민들 간의 비정부적 맥락에서 상호작용이 증가하고 있음
- ㉢ 상호의존이 심화되면 국내정책의 목표와 대외정책의 목표가 양립할 수 있어야 할 뿐 아니라 일단의 국가사회들의 목표 역시 양립할 수 있어야 하기 때문에 목표의 수에 비해 목표를 실행할 수 있는 대안(수단)의 수가 적어지게 됨

② 상호의존의 영향
- ㉠ 국제화 : 국내적 일에만 관여하던 부서가 대외적인 일에 관여하게 됨
- ㉡ 분권화 : 전통적으로 대외적인 일에 의사 결정력을 행사해오던 외무부의 권한이 줄어들고 다른 부서의 힘이 상대적으로 커지는 것을 의미함
- ㉢ 정치화 : 상호의존의 증가는 다양한 관점을 지니고 있는 부서 간의 갈등이 증가하고 중앙집권적인 조정이 어려워지는 것을 의미함

---

5 상호의존 시대에서의 권력 2012년 출제

① 권력 개념의 변화
- ㉠ 권력이 완전히 사라진 것은 아니지만 권력의 본질이 바뀌었으며 권력의 역량을 산출하는 자원이 보다 복잡해짐
- ㉡ 과거에 있어서 힘은 군사력을 의미했으며 이는 정치적인 효과를 동반했으나, 오늘날에는 군사력의 영향력은 점차 축소되고 정치적인 효과를 제대로 가져오지 못하고 있음

② 상호의존 시대에서의 권력
- ㉠ 상호의존의 세계에서 권력을 이해하기 위해서는 민감성과 취약성을 이해해야 함

ⓒ 상호의존적 관계는 자율성의 제한을 동반하기 때문에 상호이득과 치러야 할 대가나 비용을 고려해야 함

ⓒ 상호의존은 반드시 균등하게 이루어지는 것이 아니며 이러한 불균등한 상호의존이 권력의 원천이 됨

ⓔ 민감성(sensitivity) : 어떤 외부적 변화에 대응함에 있어서 기존의 정책을 바꿀 시간적인 여유가 없다든지 혹은 시간적인 여유가 있다고 해도 대안이 부재하다든지 등의 이유로 인하여 새로운 정책이 마련되기 이전에 외부의 변화에 의해 치러야 하는 대가의 정도를 의미함

ⓜ 취약성(vulnerability) : 어떤 외부적 변화에 직면하여 보다 적절히 대응하기 위해 기존 정책의 대안으로 새로운 정책이 준비된 이후에도 치러야만 하는 대가의 정도를 의미함

ⓗ 강대국은 취약성이 적은 나라를 의미하며 국가 간 갈등 해결에 있어서 상대적으로 의존도가 낮은 나라는 특정 이슈를 둘러싼 협상에서 비대칭적인 상호의존 관계를 힘의 원천으로 사용하게 됨

> **상호의존의 비용** [참고]
>
> 상호의존의 비용에는 단기적 민감성 또는 장기적 취약성이 포함될 수 있다. 민감성은 의존효과의 양과 속도를 가리키는 개념이다. 취약성은 상호의존체제의 구조를 변화시킬 때 드는 상대적 비용을 가리킨다.

제4절 국제사회론[27]

1 국제정치관의 분류 2010년, 2013년 출제

1. 홉스적 시각 : 현실주의적 시각

① 국제정치를 무정부성을 특징으로 하는 전쟁상태로 인식

② 국가 간 관계는 합이 영이 되는 제로섬 관계

③ 국가들은 타국과의 관계에서 도덕과 법의 제약을 받지 않고 국가이익을 추구

---

27 박재영, 국제정치 패러다임(2015, 제4판), 법문사, 453~457면

2. 칸트적 시각 : 보편주의적 시각

① 국제관계를 초국가적 유대와 인류의 공동체로 인식

② 국가 간의 무정부적 갈등보다는 보편성을 공유한 인간들의 궁극적인 조화에 대한 신뢰

③ 전체 인류가 제로섬 게임을 뛰어넘어 하나의 세계공동체를 실현하는 것이 국제정치에서 잠재적으로 가능하며 동시에 마땅히 추구되어야 할 도덕적 과제로 인식

3. 그로티우스적 시각 : 자유주의적 시각

① 홉스적 시각과 칸트적 시각의 중간쯤에 해당하는 시각으로 국제법 학자들의 관점에 해당

② 국가를 국제관계에서 주된 행위자로 본다는 점에서 홉스적 시각과 같으나 홉스적 시각과는 달리 국가 간의 관계라는 것이 갈등으로 점철되는 것만은 아니고 공동의 규칙, 관습, 규범에 따라 협력이 일어난다는 점에 주목

③ 사회라는 공유된 가치와 규범 등의 존재를 전제로 하는 그로티우스 시각은 국제체제를 국제사회 혹은 국가들의 사회라고 부르며 본질적으로 국내사회와 크게 다르지 않으나 아직 덜 된 상태에 있다고 인식

---

2 불(Hedley Bull)의 국제정치관 : 국제사회론

① 불(Hedley Bull)에 따르면 국제관계는 비록 중앙정부를 결여하고 있지만 국가 간 공유된 이해와 규범 및 절차에 기초하여 질서에 준하는 속성을 보유하고 있고, 이에 따라 불은 무정부적 사회(anarchical society)라는 개념을 제시함

② 불에 있어서 국제체제는 국가들이 모여 이루고 있는 사회, 즉 국제사회로서 조그만 규모의 사회와 유사한 성격을 지님

③ 불은 국제사회를 대화와 합의에 의거하여 그들 간 관계의 관리를 위해 공동의 규칙과 제도를 수립하고 이러한 제도를 유지하는 것이 공동의 이익이 된다는 것을 인정하는 일군의 국가 집합체라고 정의

④ 불은 국제질서의 근원으로서 국제법, 세력균형, 외교, 전쟁, 강대국 간의 유대라는 5가지 요인 제시

제 5 절 신자유주의론

1 등장 배경

① 신현실주의에 대한 반발

  ㉠ 1980년대의 국제정세는 신현실주의 이론의 분석과는 달리 1950년대의 냉전시대로의 복귀나 1930년대와 같은 국제체제의 붕괴로 이어지지 않고 국가 간의 협력이 유지됨

  ㉡ 1980년대 중반부터 시작된 소련의 개혁 시도와 동유럽의 급격한 변화는 국제사회 전반에 걸쳐 커다란 영향을 미치면서 국가 간 상호의존에 대한 인식을 고취시킴

  ㉢ 미국과 소련이 중요 군축문제에 합의함으로써 국가 간의 대결과 갈등을 강조하는 왈츠를 중심으로 한 신현실주의 이론의 적실성에 의문을 제기함

② 패권안정론에 대한 반발

  ㉠ 패권안정론은 국제체제의 무정부성으로 인해 국가 간 협력이 어렵다는 왈츠 류의 신현실주의와는 달리 제한된 조건, 즉 패권국의 존재에 의해 협력과 질서가 가능하다는 논리를 제시함

  ㉡ 패권안정론의 한계 : 패권국의 존재 속에서 쇠퇴하는 국제질서와 패권국의 쇠퇴 속에서 유지되는 국제질서의 경우를 논리적인 일관성을 가지고 설명할 수 없는 한계를 노출함

  ㉢ 나이(Nye) : 나이는 패권안정론의 한계에 대한 이론적 대안으로서 국제레짐의 성공적인 역할, 미국 국력쇠퇴의 과장, 왈츠의 양극체제 안정론, 핵의 위험에 의한 영토점령체제의 마비 등을 제시했는데, 그중 국제레짐의 성공적 역할을 강조하는 것이 신자유주의 이론임

③ 신자유주의 이론

  ㉠ 신자유주의 이론은 패권안정 이론이 주장하는 패권국과 국제질서와의 상관관계를 부인하는 주장, 즉 패권국이 부재해도 국제경제 질서는 안정적이고 국가 간에 협력이 일어날 수 있다는 주장을 전개하는 이론임

  ㉡ 국제레짐론과 신자유주의론 : 국제레짐론은 국제제도 중에서 국제기구와 같은 국제제도의 요소에 별 관심을 두지 않고 국제레짐에 집중하는 데 반해, 신자유주의론은 국제레짐과 국제기구를 모두 포함한 의미로서의 국제제도를 살펴보고자 한다는 점에서 차이를 가짐

2 이론의 가정과 특징(Joseph M. Grieco)

① 국가 중심성 가정 : 국가는 국제정치의 유일한 주요 행위자인가?

  ㉠ 현실주의와 신자유주의는 긍정함

　　　　ⓒ 자유주의는 국가의 유일한 행위자성을 부인함
　② **동질성, 합리성 가정** : 국가는 동질적인(통합된) 행위자인가, 합리적인 행위자인가?
　　　　㉠ 현실주의와 신자유주의는 공통적으로 긍정함
　　　　ⓒ 자유주의는 국가를 분절된 행위자로서 비합리성을 가질 수 있다고 봄
　③ **무정부성** : 무정부 상태가 국가의 선호와 행동에 중요한 영향을 미치는가?
　　　　㉠ 현실주의와 신자유주의는 긍정, 자유주의는 무정부 상태의 중요한 영향을 부정하고 기술과 지식 등의 영향력이 현저함을 강조함
　　　　ⓒ 국제기구나 규칙들이 협력을 용이하게 하는 독립적인 영향력을 가지고 있는가에 대해 자유주의와 신자유주의는 모두 긍정하나, 현실주의는 이를 부정함
　　　　ⓒ 국가 간 협력의 전망은 어떤가에 대해 현실주의는 비관적이나 자유주의와 신자유주의는 낙관적인 입장임
　④ **신자유주의의 특징** : 현실주의와 자유주의의 결합 – 현실주의의 핵심이 무정부 상태 속에서의 갈등이고 자유주의의 핵심이 상호의존 속의 협력이라면 신자유주의의 핵심은 무정부 상태 속에서의 제한적인 협력임

3 신자유주의론의 내용 2015년, 2016년 출제

1. 연구의 중점

국가 간의 협력이 일어나는 조건을 이해하기 위해서는 장기간에 걸쳐 협력의 패턴을 반영하는 국제제도가 어떻게 작동하고 또 어떤 조건에서 국제제도가 생기는가를 설명하고자 함

2. 게임 이론적 접근 방법 [28]

(1) 죄수의 딜레마 게임의 수정

　① **죄수의 딜레마 게임의 수정**
　　　　㉠ 죄수의 딜레마 게임은 게임의 일회성을 가정하고 있으나 게임 이론적 신자유주의론은 이를 반복적인 게임으로 수정함
　　　　ⓒ 이기적인 행위자는 협력하지 않을 경우 상대방으로부터 미래의 게임에서 보복을 당할 수 있다는 것을 우려하게 됨
　② 협력하는 것이 장기적인 관점에서 이득임을 깨닫고 협력을 선택할 수 있으며, 이에 따라 국제레짐과 같은 국제제도가 형성됨

---

[28] 박재영, 국제정치 패러다임(2015, 제4판), 법문사, 400-402면

③ 국제레짐의 역할

㉠ 행위자의 기대하는 바를 구체화하고 또 행위자의 기대에 영향을 미침

㉡ 국제레짐의 원칙과 규칙들은 각 정부들이 선례에 대해 관심을 두게 하며 이탈자들에 대한 처벌을 시도할 가능성을 높임, 국제레짐은 미래를 현재와 연결하는 것을 돕게 됨

㉢ 규칙을 어긴 국가에 대해 보복적인 제재를 가함으로써 국제레짐은 하나의 규칙 위반이 고립된 하나의 케이스로 취급되지 않고 일련의 상호연관된 행위에 있어서의 한 케이스로 취급될 것이라는 기대를 형성함

㉣ 국제체제에서 게임은 일회적인 것이 아니라 반복적으로 행해지므로 속임수가 드러나 받게 될 미래에 대한 보복이 두려워서 협력하게 된다는 것

(2) 집단행동 이론의 수정

① 집단행동 이론은 다수의 행위자 사이의 공공재 공급에 대해 분석하는 이론으로서, 행위자가 다수인 경우 개별 행위자는 무임승차 유인이 강하고, 따라서 이를 제재할 수 있는 제도가 없는 경우 공공재가 결국 공급되지 못하거나 과소공급된다고 봄

② **집단행동 이론의 수정**

㉠ 집단행동 이론이 가정하고 있는 다수의 참여자를 소수의 참여자로 바꾸어 협력이 일어날 수 있음을 설명함

㉡ 소수 행위자들은 서로의 행위를 면밀하게 감독할 수 있기 때문에 협력하는 것이 이득임을 인식하게 되고 이에 따라 협력이 이루어짐

③ **패권안정론과의 비교**

㉠ 패권안정론은 국제레짐의 생성요인에 좀 더 많은 관심을 두나, 게임 이론적 접근법은 생성된 국제레짐이 왜 준수되는가에 보다 많은 중점을 둠

㉡ 국제레짐이 준수되는 이유에 대해 패권안정론은 패권국의 역할을 강조하나, 게임 이론적 접근법은 참여국들의 합리적인 손익계산에 의한 자발적인 선택을 강조함

올슨(Mancur Olson)의 무임승차(free riding) 2014년 출제

올슨(Mancur Olson)이 1965년 저서 『집합행론』에서 언급한 정치경제학의 개념이다. 인간사회에 있어서 개인은 대부분의 경우 자신의 생존이나 가치의 실현을 집합체에 의존하고 있다. 예를 들면 국민은 생명과 재산의 보장을 국가에 의존하고 있으며 많은 노동자는 노동조건의 향상을 노동조합에 의존하고 있다. 그러나 집합체에는 그 구성원 개인의 효용을 최적화하고자 하는 전체로서의 의지가 반드시 존재하는 것은 아니다. 국가 안전보장이나 조합운동이라는 집합체에 의한 행위 또는 집합행위(collective action)는 집합체를 형성하는 개개인의 의사결정에 크게 좌우된다. 국민은 국방에 필요한 세금을 지불할 것인지 의사를 결정하고, 노동자는 조합운동에 참여할 것인지 의사를 결정한다.

집합행위의 중요한 문제점은 한 사람의 구성원이 집합체에 어느 정도 공헌하는가에 따라 다른 구성원의 공헌도가 결정되는 구성원 간의 상호의존성이 존재하고, 의사결정의 상호작용이 집합행위의 유효성을 규정하는 것이다. 특히, 집합체가 생산하고자 하는 재산이 공공재(公共財)의 성질을 갖는 경우 사리만을 추구하고자 하는 개인은 공공재의 비용을 지불하지 않고 그 편익만을 향유하고자 '무임승차'를 한다. 만일 집합체의 구성원 대부분이 '무임승차'를 하면 집합체는 충분한 공공재를 생산할 수 없게 된다. '무임승차'를 방지하기 위해서는 집합체로의 공헌이 사적 이익에도 적용되도록 개인에게 플러스의 선별적 요인(positive selective incentives)을 부여하거나 '무임승차'를 한 개인에 대해서 마이너스의 선별적 요인(negative selective incentives)을 부과해야 한다. 예를 들면 조합운동에 참여한 구성원에 대해서는 사례를 하거나 세금을 납입하지 않은 구성원에 대해서는 벌칙을 주는 것이다.

(3) 무정부 상태 하의 국가 협력 : 오이(Kenneth A. Oye) [29] 2019년 출제

국제 협력의 가능성은 기본적으로 다음 세 가지 상황변수에 따라 결정된다.

① **첫 번째 상황변수** : 협력에 대해 개별 국가가 가지고 있는 선호체계

- 모두가 협력하는 상호 협력(CC)
- 모두가 협력을 거부하는 상호 배신(DD)
- 상대는 협력하지만 자신은 협력하지 않는 일방적 배신(DC)
- 자신은 협력한 상황에서 상대가 협력하지 않는 일방적 협력(CD)

㉠ 죄수의 딜레마(Prisoners' Dilemma)에서 핵심은 상대방을 배신하는 것이 유리함
- 효용의 크기는 DC가 가장 크고 CC, DD, CD 순으로 이어짐
- DC > CC > DD > CD

㉡ 사슴사냥(Stag Hunt)에서는 상대방을 배신하는 것이 유리하지 않음
- CC > DC > DD > CD

㉢ 담력 대결(Chicken Game)에서는 상대방이 협력하는 경우에 자신이 배신해야 하지만 상대방이 배신하는 경우에는 자신이 협력해야 유리함
- DC > CC > CD > DD

㉣ 교착상태(Deadlock)는 공통의 이익이 존재하지 않는 상황
- DC > DD > CC > CD

---

29 이근욱, 왈츠 이후(2009), 한울 아카데미, 217~220면

ⓜ 국제협력이 어려운 이유는 국가들의 선호체계가 공통의 이익이 존재하지 않는 교착상태이거나 공통의 이익이 존재한다고 해도 죄수의 딜레마 또는 담력 대결과 유사하기 때문

② **두 번째 상황변수** : 미래 이익에 대한 기대(shadow of the future)
- 무정부 상태에서는 계약을 강제 집행할 수 없으므로 국가들은 장기적인 기대를 하지 못함

③ **세 번째 상황변수** : 참여 국가의 숫자(number of players)
- ㉠ 많은 수의 국가가 참여할수록 국가들 사이에 정보비용이 증가하며, 동시에 어떠한 국가가 문제를 야기했는지 파악하고 그 해결책을 강구하기가 어려워짐
- ㉡ 오직 두 국가만이 존재할 경우 상대방의 행동만 주시하면 되기 때문에 협력은 상당 부분 단순한 형태를 띰

죄수의 딜레마

		행위자 2	
		C	D
행위자 1	C	(3, 3)	(1, 4)
	D	(4, 1)	(2, 2)

사슴사냥

		행위자 2	
		C	D
행위자 1	C	(4, 4)	(1, 3)
	D	(3, 1)	(2, 2)

교착상태

		행위자 2	
		C	D
행위자 1	C	(2, 2)	(1, 4)
	D	(4, 1)	(3, 3)

담력 대결

		행위자 2	
		C	D
행위자 1	C	(3, 3)	(2, 4)
	D	(4, 2)	(1, 1)

※ 주요 선호체계(출처: 이근욱, 왈츠 이후)

(4) 게임 이론적 접근법의 평가

① 킨들버거는 미래의 게임에서의 보복 가능성이 상호 간의 협력으로 연결되기보다는 파국으로 몰고 갈 가능성이 존재한다고 주장함

② 신자유주의적 제도주의는 국제레짐을 포함한 국제제도가 '속임'의 문제 완화에 큰 역할을 한다는 것에 배타적인 주의를 기울이고 '상대적 이득'의 문제에 대해서는 소홀하여 이에 대한 체계적인 분석과 설명을 결하고 있다는 비판을 가함

③ **그리코(Grieco)** : 무정부 상태에서 야기되는 전쟁의 위협을 고려하지 않으며 이로 인해 '상대적 이득'의 중요성을 무시하고 국가들은 '절대적 이득'에만 관심이 있다고 가정한다고 비판함

3. 기능주의 접근법

(1) 국제레짐(regime)의 형성

① **국제레짐** : 크라즈너(S. Krasner)

⊙ 국제레짐은 국제관계의 특정 영역에서 행위자의 기대하는 바가 수렴되는 명시적 혹은 묵시적인 원칙, 규범, 규칙 그리고 정책 결정 절차를 의미함
ⓒ 원칙
- 사실, 인과관계, 올바름에 대한 믿음을 의미함
- 다양한 쟁역의 국가정책의 정향(orientation)에 깔려 있는 널리 수용되는 믿음. 예컨대 자유무역이 모든 국가의 복지를 증진시켰다는 것과 같은 믿음을 말함
ⓒ 규범 : 권리와 의무의 관점에서 정의된 행위의 기준을 의미함, 즉 자유무역을 위해 무역관계에서 행위자들은 상호무차별적이어야 한다는 의무를 가리킴
ⓔ 규칙 : 규범보다 더 구체적인 사항에 대한 규제로서 행위자가 해야 할 것과 하지 말아야 할 것을 조항화하는 경우가 많으며, 이것은 실제적인 정책 결정 과정에 직접적인 영향을 미침. 예로는 수출보조금 금지와 수량제한 금지 등을 들 수 있음
ⓜ 정책 결정 절차 : 집단적인 선택과 선택의 이행을 위해 일반적으로 행해지고 있는 관행으로서 의사결정을 위해 만장일치제나 다수결제를 채택하고 있는가와 내려진 결정이 법적구속력을 가지고 있느냐의 여부와 같은 것을 말함

② 국제레짐의 형성
⊙ 국제체제는 무정부 상태를 특징으로 하는 자력구제의 체제이기 때문에 법적 책임, 거래비용, 그리고 정보의 유통과 같은 문제들이 발생하는데 국제레짐은 이러한 문제들을 해소 또는 완화할 수 있기 때문에 합리적 행위자인 국가들이 이들 간에 협력을 용이하게 해주는 제도적 장치로서 국제레짐을 창출함
ⓒ 국가들은 합리적 행위자들 간에 있어서 협력을 더욱 용이하게 해주고 합의가 더욱 용이하게 이루어지도록 해주는 제도적 장치로서 국제레짐의 필요성을 인식하게 되며 그 결과 국제레짐을 창출함

(2) 국제레짐의 기능

① 규칙의 강제
⊙ 국제레짐은 상호행동양식에 대해 안정적으로 예상할 수 있는 틀을 제공해주며 새로운 상황에 대해 상호 간의 행동을 조정할 수 있는 관계를 발전시킴으로써 일종의 법적 책임을 수행함
ⓒ 자력구제를 추구하는 국가들은 자신의 규칙 위반이 다른 나라 정부의 규칙 위반을 증대시키고 이에 따라 공공악을 산출하여 자신에게 손해가 발생할 것을 우려하여 규칙과 원칙에 순응하게 됨

② 거래비용의 절감
⊙ 국가들은 일국의 비용으로 바람직한 결과를 달성할 수 없기 때문에 협력함
ⓒ EU와 같은 국제제도는 정보를 제공하고 불확실성을 감소시킴으로써 협력을 촉진함

③ 불확실성의 감소와 협력 증진
⊙ 국제레짐은 국가들에 여러 가지 정보를 제공하여 불확실성을 줄이고 협력을 원활하게 하는 기능을 함
ⓒ 국제레짐은 정보가 광범위하게 이용될 수 있도록 정보 배분의 불균형을 줄이고 상대적으로 균등한 정보를 제공하여 불확실성을 줄이며 협상비용을 조정함으로써 특정의 협정이 더욱 쉽게 이루

어지도록 하는 기능 수행

(3) 기능주의 접근법의 평가

① 긍정적 평가

㉠ '언제 어떻게 국제레짐이 공급되는가'보다도 오히려 '언제 국제레짐이 요구될 것인가'를 구체적으로 밝히는 데 장점이 있음

㉡ 일단 창설된 국제레짐의 경우 지속적으로 순기능적인 이익을 제공함으로써 국가들에 의해 수용되어 지속된다는 논리적인 이유를 제공함

② 부정적 평가

㉠ 국제레짐의 유용한 기능이 공동의 이익을 실현시켜 준다는 점을 강조함으로써 국제레짐이 강대국의 이익이 반영된다는 사실에 주목하지 않음

㉡ 국가 중심성과 통합성 그리고 합리성을 전제로 함으로써 국제레짐이 창설되고 창설된 국제레짐이 영향을 미치는 실질적인 과정에 대한 설명을 결여함

㉢ 특히 국제레짐의 창설과 유지, 그중에서도 국제레짐의 유지에 중점을 둠으로써, 창설된 국제레짐이 국가의 행위나 국가 간 상호작용에 미치는 영향을 구체적으로 파악하는 데에 취약점을 지님

신현실주의 - 신자유주의 논쟁의 주요 쟁점 30　2007년, 2009년, 2010년 출제　　참고

1. 신현실주의의 주장에 의하면, 무정부 상태가 개별 국가의 외교정책을 제약하며 신자유주의는 국가 생존 문제를 개별 국가의 목표로 최소화한다. 신자유주의 주장에 의하면 신현실주의는 국제적 상호의존, 지구화 현상, 그러한 상호작용 현상을 관리하도록 창출된 레짐(regime)의 중요성을 과소평가한다.
2. 신현실주의자들은 국제협력이란 것은 국가들이 의도하지 않으면 일어나지 않는다고 믿고 있다. 그러므로 국제협력은 달성하기 어렵고 유지하기도 힘들 뿐만 아니라 그 달성과 유지 여부는 전적으로 국가 권력에 달려 있다고 생각한다. 신자유주의자들은 국제협력은 국가들이 상호 이익을 취하는 영역에서는 달성하기가 쉽다고 믿고 있다.
3. 신자유주의는 공통의 이익을 가진 행위자는 절대적 이득이 최대화되도록 노력한다고 본다. 한편 신현실주의는 신자유주의가 상대적 이득의 중요성을 간과하고 있다고 본다. 신자유주의가 이해 당사국이 얻게 되는 이익의 총량을 최대화하기를 원하는 반면, 신현실주의는 협력관계에서 국가의 기본목표는 다른 국가가 상대적으로 더 많은 이익을 갖지 못하도록 하는 데 있다고 간주한다.
4. 신현실주의자의 주장에 의하면 무정부 상태는 국가가 상대적 권력, 안전보장, 경쟁적 국제체제에서의 생존 문제에 몰두하게 만든다. 이에 비해서 신자유주의자들은 경제적 복지나 국제정치경제 의제, 국제환경 문제와 같이 비군사적 의제에 더 많은 관심을 갖는다.
5. 신현실주의는 국가의 의도나 국가의 이익보다는 국가의 능력 혹은 권력을 강조한다. 능력은 안전 보장과 독립을 위해 필수적인 요소이다. 그에 비해 신자유주의는 다른 국가의 의도에 대한 불안감 때문에 국가가 능력 문제에 신경을 쓰는 것이라고 생각한다. 신자유주의는 의도나 선호도 같은 요인을 중시하는 셈이다.
6. 신자유주의는 제도와 레짐을 국제관계의 중요한 요인으로 다룬다. 신현실주의는 신자유주의가 국가행위에 미치는 레짐이나 제도의 영향을 지나치게 과장하고 있다고 비판한다. 신자유주의는 이와 달리 레짐이나 제도가 협력을 촉진한다고 본다. 이에 대해 신현실주의는 레짐이나 제도가 무정부 상태가 협력을 제약하는 일을 완화시킬 수는 없다고 반박한다.

30　세계정치론(5판), 을유문화사, 163면

제6절 외교정책결정 이론

1 등장 배경과 특징

① 국가중심적 접근법인 현실주의에 대한 도전

② 행태주의의 영향

③ 의사결정 과정에 대한 관심 증가

④ 베트남전 개입과 전개 과정에 대한 설명 필요

⑤ 오류를 범할 수 있는 인간이라는 인식과 주변 환경 변수에 대한 고려

2 이론적 기원과 전개

1. 이론적 기원

① 1954년 리처드 스나이더(Richard C. Snyder)는 분석가가 아닌 실제 의사결정자가 처해 있는 세계를 창조하고, 그 속에서 그가 상황을 어떻게 정의하고, 그를 둘러싸고 있는 환경하에서 어떠한 대안을 찾는지를 과학주의 방법론에 입각하여 분석하기 시작함

② 스나이더 등의 선도와 당시 발달하고 있던 행태주의의 영향을 받은 일군의 자유주의 학자들은 과학주의에 기초하여 심리학 등 인접 학문의 문제의식 및 연구기법을 활용하면서 본격적인 이론화를 지향함

③ 이들은 국가의 외교정책을 합목적적이고 의도된 행위의 결과로 보지 않고, 개인적 요소나 조직 동학, 그리고 다양한 정치적 요인들이 복합적으로 만들어낸 임의적인 행위의 결과로 보면서 분석적 초점을 주로 개인이나 관료집단에 맞추었음

2. 내용

① **알렉산더 조지(Alexander George)** : 사태에 대한 정책결정자의 진단에 영향을 미치는 철학적 신념들, 그리고 목표 달성을 위해 가장 효과적인 전략과 전술을 처방하는 도구적 신념들로 구성되는 개인 차원의 정치적 신념체계로서의 조작 코드(operational code) 개념에 기초한 분석법을 제시함 2008년, 2010년, 2014년 출제

> **참고**
>
> **외교정책 분석에 있어 조작 코드(operational code)**
>
> 외교정책 분석에 있어 조작 코드(operational code)는 개인이 가지고 있는 주관적 원칙을 의미하는 것으로, 이것은 특정 상황에 직면하여 행동을 지시하는 것으로 정의된다. 특히 국가 지도자가 목표를 추구하는 데 있어 활용할 수 있는 수단과 스타일, 국제정치에서 갈등의 불가피성에 대한 지도자의 정치적 믿음, 그리고 상황을 변화시키는 본인의 능력에 대한 지도자의 주관적 평가를 의미한다.

② **홀스티(Ole Holsti)** : 심리적 분석법을 더욱 체계화함. 정치적 우주에 대한 정책결정자의 진단이 정치적 행동을 위한 처방에 영향을 미치며, 정책결정자의 비관주의는 유연하고 보수적이며 무력사용을 자제하는 전략과 전술을 처방하는 도구적 신념을 낳고, 정책결정자의 낙관주의는 상대적으로 덜 유연하고 거대한 전략목표를 구상케 하며, 무력사용의 유용성을 강조하는 전략과 전술을 요구하는 도구적 신념을 낳게 된다고 주장함

③ **로버트 저비스(Robert Jervis)** : '인지적 왜곡'이 현실주의가 가정하는 '합리적' 의사결정 과정을 어떻게 훼손하는지를 보이고자 했으며, 외교정책은 의사결정자가 불확실성의 세계를 어떻게 이해하는가에 달려 있고, 그러한 이해는 개인이 역사적 사건(전쟁이나 혁명 등)에 대한 그의 해석에 기초하여 형성하는 세상에 대한 이미지에 의존한다고 주장함 `2009년, 2013년 출제`

④ **어빙 재니스(Irving Janis)** : '집단사고'는 소집단 내에서 이루어지는 의사결정 과정에서 나타나는 경향으로서 구성원들이 독자적으로 사고하지 않고, 집단의 지배적 관점에 자신의 의견을 합치시키는 상황을 가리키며, 구성원들은 집단이 토론하고 있는 사안에 대해 비판적으로 접근할 수 없으며 이러한 동조와 일치를 이루려는 경향은 결국 치명적인 오류와 실패를 초래할 수 있음을 주장함 `2009년 출제`

⑤ **그레이엄 앨리슨(Graham Allison)** : 의사결정이 '비용 대 이익' 분석에 기초한 합리적 과정에 입각하지 않을 수 있다고 주장하며 조직과정 모델과 관료정치 모델을 제시함

- ㉠ 조직과정 모델에 따르면 외교정책이나 그 결과는 조직의 가치관이나 특질, 그리고 절차와 관례에 의해 영향을 받음
- ㉡ 관료정치 모델은 각 부서의 장들이 어떻게 연합과 반연합을 형성하고, 조직이익을 관철하기 위해 어떻게 밀고 당기기를 하는지에 주목함

⑥ **제임스 로즈노(James Rosenau)** : 둘 이상의 국가행위와 대외적 행동의 유사성과 차이점을 확인함으로써, 분석이 특정 사례를 넘어 더 높은 수준의 일반화를 지향할 수 있음을 주장하고 비교외교정책론을 출범시킴

3 외교정책 분석 모델 [31]

1. 사이먼(Herbert A. Simon)의 제한된 합리적 행위자 모델 : 적정화 모델(Satisficing Model) `2013년 출제`

① 인간은 선택의 자유를 가진 능동적인 행동의 주체지만 현실적으로 이러한 선택의 자유는 항상 개인과 환경의 여러 요인에 의해 제한됨

② 포괄적 합리성 모델은 정보의 불충분과 같은 현실을 고려하지 않은 이념적이고 비현실적인 모델이라고 비판하며 인간은 의사결정 과정에서 한정된 합리성만을 갖는 것에 불과하다는 입장

③ 사이먼은 감소된 합리성과 적정화라는 개념의 사용을 주장하며 의사결정자는 단지 몇 개의 대안적인 수단과 목표를 비교 평가하는 한정된 합리성과 더불어 순차적인 제한된 비교를 통해 이 정도면 만족스럽다는 선에서 선택함을 주장함

④ 의사결정자는 만족스러운 것이 발견될 때까지 대안을 검토하지만, 만약 만족스러운 것을 찾을 수 없을 경우 욕망의 수준을 낮춰 원하는 바가 가용한 대안과 일치하도록 함

2. 점진적 정책결정 모델(incremental decision-making model) `2008년 출제`

① **대표학자** : 린드블럼(C. E. Lindblom), 브래이브룩(D. Braybrooke), 월다브스키(A. Wildavsky)

② **내용**
  ㉠ 정책은 단번에 한 사람이나 한 기관에 의하여 합리적으로 결정되는 것이 아니라, 여러 기관에 의한 여러 단계의 작은 결정의 수정·보완 과정을 거쳐 이루어짐
  ㉡ 최고정책결정자는 시간과 정보의 제한, 지식의 부족으로 합리적인 결정을 내리지 못하는 경우가 많고, 최고정책결정자가 모든 정책을 결정할 수도 없음

③ **합리적 정책결정 모델에 대한 비판**
  ㉠ 목적과 수단은 실제로 분리하기 어려움
  ㉡ 가장 효과적인 수단을 발견한다는 것은 쉬운 일이 아니므로 대부분의 정책결정자들은 가장 효과적인 방법보다는 만족할 만한(satisfying, not maximizing) 방법을 택하게 됨
  ㉢ 목적달성을 위한 모든 수단을 다 검토할 수 없음
  ㉣ 정책은 국가나 정부라는 무형적 존재에 의하여 결정되는 것이 아니라 정부를 구성하는 여러 관료기관에 의하여 결정됨

---

31 박재영, 국제정치 패러다임(2015, 제4판), 법문사, 353~371면

> **윌다브스키(A. Wildavsky)의 두 개의 대통령직(대통령의 이원통치 이론 : Dual Presidency)** 2013년 출제
>
> 윌다브스키의 연구에 따르면, 대통령은 국내정책과 대외정책을 다룰 때 각기 상이한 접근을 취한다. 국내정책은 의회 및 이익집단과의 협상의 연속이기 때문에, 대통령의 권한이 이들에 의해 제약받게 된다. 반면 대외정책은 국내정책과 달리, 헌법 및 전통이 부여한 권위와 권한에 따라 대통령이 행사할 수 있는 자율성의 크기가 국내정책보다 더 크다. 대통령이 특정한 대외정책을 주도할 경우, 국내정책과 달리 대외정책에서 의회는 반쯤 거수기 역할을 할 뿐이다. 따라서 대통령은 대외정책 추진에 있어서 보다 적극적 역할을 수행한다는 것이 윌다브스키의 이원통치 이론이다.

3. 지도자 정책결정 모델과 엘리트 갈등 모델

(1) 켈러만(B. Kellerman)의 정치지도자 결정 모델

① 켈러만(B. Kellerman)의 정치지도자 결정 모델에 따르면 외교정책 결정에 가장 큰 영향을 미치는 사람은 국가의 최고지도자임

② 정치지도자의 성격(personality)을 분석하고, 그것이 외교정책 결정에 영향을 주는 방식을 연구하는 것은 매우 중요한 문제임

③ 켈러만에 의하면 지도자의 외교정책 결정에 영향을 주는 정책 선택의 폭, 정보처리 능력, 정책결정의 우선순위 판단, 정책결정 스타일 등의 변수도 함께 연구해야 함

(2) 엘리트 갈등 모델 또는 관료정치 모델

① 엘리트 갈등 모델 또는 관료정치 모델은 도이치(K. Deutsch)에 의해 선구적으로 연구되었고 앨리슨(G. Allison)에 의해 체계화됨

② 도이치는 외교정책 결정자가 외교정책을 시행함에 있어서 정부 내의 각 기관에 의해 영향을 받을 뿐만 아니라, 정부 외의 여러 집단들에 의해 영향을 받는다고 보고 정책결정기관과 국내의 이익단체 간의 관계를 중시함

③ **정책결정에 영향을 미치는 엘리트**

　　㉠ 사회·경제 엘리트(socio - economy elite)

　　㉡ 정부·정치 엘리트(government·political elite)

　　㉢ 매스컴

　　㉣ 여론지도자(opinion leader)

　　㉤ 정치 참여층(relevant population)

(3) 집단사고(group think) 2009년, 2013년, 2015년, 2022년 출제

① 재니스(I. Janis)는 외교정책 결정 과정에 나타나는 비합리적 요소를 설명하기 위해 집단사고라는 개념을 고안함

② 집단사고란 정책결정에 관련된 행위자들이 일정한 조건에서 갖게 되는 집단적 환상과 증후군으로서, 집단사고의 발생 자체는 정책의 실패를 의미함

③ **집단사고를 동반하는 정책결정의 증후군**

　㉠ 정책결정에 참여한 집단의 대부분 또는 전체가 자신들이 내릴 결정은 완벽하다는 환상에 사로잡히게 됨

　㉡ 정책결정에 대한 경고가 있을 때 이를 집단적으로 무시하고 자신들의 결정에 대한 합리성을 주장하기 위한 노력을 경주함

　㉢ 정책결정에 참여한 이들은 자신들의 도덕성에는 전혀 문제가 없으며 자신들이 내린 결정에도 윤리적·도덕적 결함이 없다고 확신함

　㉣ 상대나 적의 지도자들은 너무 사악하기 때문에 협상할 가치가 없다고 생각함

　㉤ 집단 내의 의문 제기자는 강한 반발에 부딪히거나 이단자로 규정되며, 집단 전체 차원에서 직접 응징을 받음

　㉥ 의사결정에 있어서 침묵을 반대가 아닌 찬성으로 간주하며, 의사결정이 절대다수 또는 만장일치로 동의를 얻고 있다고 믿음

④ **집단사고에 의한 정책 실패를 막기 위한 안전점검 장치**

　㉠ 정책결정 책임자는 결정 과정을 중앙에 집중시키지 말고 분산시켜야 하며, 항시 비판을 받아들일 수 있는 자세를 견지해야 함

　㉡ 책임자는 정책결정 참여자에게 업무를 배분할 때 절대 공정해야 하며, 절대로 자신의 선호를 표현하지 말아야 함

　㉢ 추진하고 있는 정책에 대해 독립적이고 객관적인 평가를 내릴 수 있는 그룹을 만들고 이들에게 끊임없이 정책을 검토하게 해야 함

　㉣ 적이나 상대편이 자신들의 정책에 대해 어떤 반응을 보이고 어떤 경고를 보내는지, 또 어떤 의도를 갖고 있는지에 대해 충분한 시간을 가지고 검토해야 함

4. 위기정책결정 이론

① **대표학자** : 헤르만(C. Hermann), 페이지(G. Paige), 홀스티(O. Holsti), 노스(R. North), 브로디(R. Brody)

② **내용**

　㉠ 위기정책결정 이론에 따르면 합리 모델·점진 모델·엘리트 갈등 모델은 정책결정자의 상황에 대한 인식(perception)과 심리상태를 충분히 고려하지 않음

　㉡ 위기정책결정 이론은 정책결정자의 심리상태를 정책결정의 중요한 요소로 간주함

③ **외교정책 결정 과정**

　㉠ 정책결정자의 수

　　• 위기 사태일수록 정책결정 집단의 수는 적고 최고정책결정자와 행정책임자 중심으로 결정이 이루어짐

- 정책결정자의 수가 적을수록 결정자의 상황인식이 정책결정에 미칠 영향은 커짐

ⓒ 적과 사태에 대한 인식의 차이

- 위기 상황일수록 정책결정자는 사태를 정확히 판별하지 못하고 실제 이상으로 적의 태도를 공격적인 것으로 인식하는 경향이 있음
- 정책결정자는 위기상황 아래에서 자기에게는 유리한 정책의 선택폭이 좁고 적에게는 넓다는 인식을 하게 됨

ⓒ 입수된 정보와 사태의 처리 방법

- 정책결정자는 위기에 처해 있을 때 보다 많은 정보를 구하지만, 위기가 지속되고 시간적 여유가 없을 때 정보에 대한 충분한 검토 없이 결정을 내리는 경향이 있음

5. 사이버네틱스(cybernetics) 모델 : 스타인부루너(John D.Steinbruner)

① **사이버네틱스의 개념** : 사이버네틱스란 인공두뇌학을 지칭하며, 자연과학에 있어 모든 체계를 정보의 유통망으로 보고 정보가 어떻게 수신, 송신, 저장, 재생되며 환류된 새로운 정보가 과거의 정보와 결합하여 자동 수정되는가에 대한 체계적인 연구를 의미함

② **사이버네틱스 모델 내용**

ⓐ 정책결정자는 한정된 문제들을 다루기 위해 제한된 수의 정책대안을 사전에 만들어 가지고 있음

ⓑ 의사결정자는 변화 여부를 측정할 소수의 중요한 변수를 정함

ⓒ 변수의 변량 중 일정한 한계 혹은 범위를 정해 이러한 한계 혹은 범위 내에 변수의 변량이 머물 경우 행동을 취하지 않고 이 범위를 벗어나면 행동을 취해 원래의 허용한계 혹은 허용범위 안으로 되돌려 놓음

ⓓ 포괄적인 대안을 병렬적으로 동시에 고려하여 최대의 효용을 가져다주는 최적의 것을 선택하는 것이 아니라 미리 정해진 대안들을 직렬적으로 하나씩 순차적으로 검토하여 처음 발견되는 적정한 것을 선택함

③ **사이버네틱스 모델의 수정**

ⓐ 스타인부루너는 비교적 단순한 상황 속에서의 개인의 의사결정으로부터 대단히 복잡한 환경을 극복해야 하는 집단적인 의사결정을 설명하기 위해 사이버네틱스 모델을 조직행태 이론에 의존하여 확장시킴

ⓑ 스타인부루너는 인식 과정 이론에 의존하여 조직 내의 의사결정자가 불확실성을 극복하기 위해 취할 수 있는 세 가지 다른 유형의 인식론적 특성을 개념화함

④ **세 가지 개념**

ⓐ 일상적인 기계적인 사고(grooved thinking) : 의사결정자가 면하는 문제의 범주가 좁아 발생할 수 있는 문제가 이미 사전에 몇 개 안 되는 적은 수의 기본적인 유형으로 분류되어 있으며 아울러 이러한 문제 유형에 대한 해결책도 이미 프로그램이 되어 있는 경우에 발생함

ⓑ 이도 저도 아닌 주관 없는 사고(uncommitted thinking) : 조직의 위계상 상위 수준에서 발생하는 유형으로서 특정 문제에 대해 상충하는 주장이 개진되는 상황에서 어떤 해결책을 택해야 할지 모

르는 고위 의사결정자가 소신 없이 일단의 보좌관들의 말에 따라 오락가락하는 사고를 말함
        ⓒ 논리 정연한 이론적인 사고(theoretical thinking) : 보통 고위 수준의 관리가 상충하는 경쟁적인 주장에 직면할 경우 오랜 시간에 걸쳐 일관성과 안정성이 있는 믿음의 체계를 가지고 소신껏 의사결정을 하는 유형의 사고를 말함

6. 연계정치 이론(Rosenau) 2009년, 2012년, 2014년 출제

① 외교정책 결정 과정에 있어서 여러 요인들 간의 상호관계 강조 : 대내적 요인과 대외적 요인

② 연계과정의 기본 유형

　㉠ 침투성 연계 : 타국의 외교정책에 영향력 행사 시도
　㉡ 반응적 연계 : 대외상황, 타국정책에 대한 대응
　㉢ 모방적 연계 : 타국정책이나 행동 모방

③ 침투된 정치체제 : 주권의 절대성이 침해되는 체제

④ 분석 수준

　㉠ 개인(individual) : 중요 정책결정자의 차이가 외교정책의 차이를 가져온다는 전제. 개인 수준에서 외교정책의 요인을 찾는 경우로서, 성격과 같이 개인에게 고유한 특성을 가지고 외교정책을 설명하려는 성격 이론과 모든 사람에게 공통적인 심리적 특성을 중요한 요인으로 간주하는 인식 이론(cognitive theory) 등이 있음

　㉡ 역할(role) : 역할 수준의 변수를 외교정책의 중요한 요인으로 간주하는 경우, 개인의 특성이 아닌 개인이 맡은 조직상의 역할이 정책에 영향을 준다는 이론들이 이에 속함. 조직과정 이론과 관료정치 이론 등이 있음

　㉢ 정부(government) : 정부 수준에서 외교정책을 설명하려는 경우, 구체적으로 정치체제, 정부의 형태, 정권의 성격, 입법부와 행정부와의 관계, 관료화의 정도 등과 같은 변수들을 중요시함

　㉣ 사회(society) : 사회 수준의 변수들을 외교정책의 중요한 요인으로 간주하는 경우, 사회가 공유하고 있는 가치체계, 국민성, 사회의 통합 정도, 이익집단의 영향, 산업화의 정도 등이 이러한 변수들의 예에 해당함

　㉤ 체제(system) : 체제 차원의 요인으로서 국가의 외부적 환경요인을 지칭함. 국제체제의 극성과 같이 모든 국가에 영향을 미친다고 생각되는 요인과 특정 국가에 한정되어 영향을 미치는 외부적인 요인으로 구별이 가능함

여론 : 알몬드-리프만 콘센서스(Almond-Lippmann Consensus) [32] 2019년 출제

① 여론은 매우 불안정(volatile)하기 때문에 효과적인 외교정책을 위한 기반이 될 수 없다.
② 외교문제에 관한 대중의 태도는 구조와 일관성을 결여한 무태도(non-attitudes)로 표현된다.
③ 여론은 외교정책에 극히 제한적인 영향력을 행사한다.
④ 베트남전쟁 이후 여론에 대한 인식 변화
    ㉠ 여론은 불안정하다는 종전의 입장에 대해 여론의 안정성과 합리성을 입증하는 연구 결과들이 등장하기 시작했다.
    ㉡ 대중들은 일관된 이념적 인식구조를 가지고 있지 않다는 명제와 배치되는 연구 결과들이 나타났다.
    ㉢ 여론이 외교정책결정에 제한적인 영향력만을 행사한다는 명제도 도전받기 시작했다.

결집 효과 2020년 출제

① 의미 : 결집 효과란 국제적인 위기가 발생했을 때, 현직 대통령에 대한 지지 여론이 급등하는 현상을 지칭함
  • 결집 효과란 용어는 뮬러(John Mueller)가 1973년 저서 'War, and Public Opinion'에서 처음 사용함
② 결집 효과에 대한 이유
    ㉠ 뮬러(John Mueller) - 반사작용처럼 나타나는 애국심(patriotic reflexes) 때문
    ㉡ 브로디(Richard Brody)
  • 야당 정치 엘리트들의 비판의 부재 때문에 지지도 급등 현상이 나타난다고 주장
  • 위기 시에는 정부가 정보를 독점하기 때문에 야당 지도자들이 단기적으로는 정부에 대한 공개적 비판을 자제함
③ 러셋(Bruce Russett)에 따르면 결집 효과는 길면 4~5개월, 보통은 2개월 정도 지속됨

제 7 절 앨리슨(G. Allison)의 정책결정 모델 [33]

1 합리적 결정 모델에 의한 쿠바 미사일 위기 설명

① 소련은 쿠바에 중거리 유도탄(IRBM)과 같은 전략 미사일 기지를 세워 미국과의 군축 협상에서 우

---

32 현대 외교정책론(2016, 3판), 명인문화사, 70~73면
33 박재영, 국제정치 패러다임(2015, 4판), 법문사, 364~370면

위를 차지하려 했으며, 이는 소련의 국가이익 차원에서 미사일 기지가 건설되었다는 것을 의미함

② 소련의 미사일 기지 건설 조치로 인해 미국은 안보라는 중대한 국가이익이 위태롭게 됨

③ 미국은 쿠바 해상을 봉쇄하는 한편 소련과의 핵전쟁을 불사하면서까지 강경한 조치를 취하게 되는데 이것은 국가안보라는 국가이익 때문에 취해진 조치임

④ 합리적 결정 모델에 따른 쿠바 미사일 위기 설명은 미국이나 소련이 취한 행동은 모두 국가이익이라는 목표를 위한 합리적 행동이었음을 의미하나, 왜 소련의 미사일 기지가 미국에 발견되는 비합리적 결과에 이르렀는지를 설명하지 못함

⑤ 앨리슨의 조직과정 모델은 합리적 결정 모델이 설명하지 못하는 것을 설명하기 위한 대안적 성격을 가짐

2 조직과정 모델 2018년 출제

① 조직과정 모델은 조직이 가지고 있는 일상적인 절차와 표준운영 절차(Standard Operation Procedure : SOP)가 정책결정에 미치는 영향을 중요시하는 모델임

② **정부와 조직**

㉠ 조직과정 모델에 있어서 정부는 실질적으로 준 자립적인 완만한 연합관계에 있는 여러 조직체의 집합체로 인식됨

㉡ 정부의 정책결정자는 집합체의 정점에 위치하여 조직의 감각을 통해 문제를 인식하고 이들 조직들이 정보를 처리하는 것에 따라 대안을 설정하며 그 대안이 가져올 결과를 평가하게 됨

㉢ 정부의 정책결정지가 의존하고 있는 조직들은 편협한 조직외 이익과 그들 나름의 판에 박힌 절차에 의해 움직이며, 결국 조직의 타성이 정책결정자의 선택 범주를 결정함

③ **조직의 한계**

㉠ 조직은 좁은 범위의 제한된 문제들에 대해 일차적인 책임을 지기 때문에 문제를 거시적인 관점에서 보지 못함

㉡ 조직은 예산과 인력, 조직의 규모 확장과 같은 조직의 목적과 이해관계에 기초하여 대안을 수립하며, 따라서 이들로부터의 정보와 상황의 평가는 필연적으로 왜곡을 가져옴

㉢ 조직의 자세한 정보는 최고위 정책결정자에까지 잘 도달하지 않고 각 조직은 그들 자신의 이익을 보호하기 위해 다른 관련 기구로부터 오는 중요 정보를 숨기기도 하며, 이러한 편협한 조직의 이익 추구 때문에 관련 기구 간에 주도면밀한 조정보다는 갈등이 유발됨

④ **조직과정 모델의 평가** : 조직과정 모델은 통상적인 상황에서의 일상적인 결정은 제대로 설명하나, 국제정치에 있어서 중요한 결정이라고 할 수 있는 전쟁의 개시, 전쟁의 종료와 같은 비일상적인 결정을 제대로 설명할 수 없음

3 관료정치 모델 2008년 출제

1. 관료정치 모델의 내용

① 큰 조직은 많은 개인과 작은 조직으로 구성되어 있으며 이들은 목표와 가치에 있어서 다양한 차이를 가짐

② 어떠한 지배적인 개인이나 조직이 존재하지 않으며, 만약 대통령이 의사결정에 관련되었다면 그의 영향력은 가장 강력할지 모르나 단순한 하나의 참여자에 불과함

③ 최종적인 결정은 다양한 참여자들 간의 협상과 타협의 결과물임

④ 결정과 결정의 이행 사이에는 상당한 괴리가 존재하는데, 이는 중앙통제의 결여, 표준운영 절차, 이행자의 이해관계 때문임

⑤ 관료정치 모델은 관료조직의 정책결정자들이 각기 하부조직을 거느리고 있기 때문에 이들은 편협한 조직의 이익과 조직의 표준운영 절차에 근거하여 제각기 문제에 접근하여 정책목표를 정하고 이의 실현을 위한 정책대안을 수립하며 나아가 수립된 정책을 실행한다고 보고 있음

- 마일즈의 법칙(Miles' Law) : 어디에 서 있는지는 어디에 앉아 있는지에 달려있음

⑥ 관료정치 모델에서 결정이란 합리적 행위자 모델이 가정하는 국익의 극대화를 위한 전략에 기초를 둔 의도적인 선택이 아니라 정책결정자들 간의 밀고 당기는 정치적인 협상과 타협에 의한 의도되지 않은 관료정치 과정의 결과물에 불과함

2. 관료정치 모델의 평가

① 로자티(Rosati)는 대통령의 의사결정 과정에의 관여도와 개인 및 조직의 관여도를 관료정치 모델에 매개변수로 첨가할 것을 제안함

② 크라즈너는 이 모델이 대통령의 권력을 부각하지 않음으로써 잘못되었고 고급관리들에게 책임을 덜어줌으로써 민주정치의 가정을 손상하고 있다고 보아 위험하다고 비판함

③ 스타인부르너는 이 모델이 '만약에 몇몇 정책결정자가 분석적인 생각을 보이지 않는다면 협상과 타협이 일어나기 힘들다'고 말함으로써 이 모델이 부정하고자 했던 개인의 합리적 행위와 가치의 극대화라는 가정을 구체화하고 있다고 비판함

④ 조오지는 조직과정 모델과 관료정치 모델이 조직의 목표와 이해관계를 과다하게 강조하고 고위 정책결정자의 합리성을 과소평가하며 국가이익의 중요성을 완전히 무시한다고 비판함

제 8 절   선출인단 이론과 청중비용 이론[34]

(1) 선출인단 이론

① 부르스 부에노 데 메스키타(Bruce Bueno de Mesquita)와 그의 동료들은 정부 형태와 외교정책과의 관계에 대한 이론화 시도를 통해 선출인단 이론(Selectorate theory)을 개발함

② **정의** : 정치적 생존이라는 지도자의 행동 동기를 정치적 선출이라는 측면에서 정부 유형에 연결해 설명한 이론

③ **기본 가정**
   ⊙ 모든 지도자의 일차적인 목표는 권력 유지에 있음
   ⓒ 지도자는 권력 유지를 위해서 지지자들에게 보상을 제공하며, 보상에는 사유재(private goods)와 공공재(public goods) 두 가지 형태가 존재함
     • 사유재 : 지도자의 핵심지지 연합 구성원들만이 혜택을 입게 되는 보상으로 특별 정부 계약, 지하경제 이용, 기소 면제 등이 있음
     • 공공재 : 모든 국민이 혜택을 보는 정부정책과 프로그램을 의미

④ **내용**
   ⊙ 선출인단(selectorate) : 지도자를 선택하는 데 있어서 적어도 명목적으로 발언권을 가지고 있고, 지도자를 선택하는 데 참여할 수 있는 정치조직체 내 사람들의 집합
     • 한국의 경우, 18세 이상의 선거권자에 해당함
   ⓒ 승리연합(winning coalition) : 선출인단의 부분집합으로서 지도자가 권력을 유지하기 위해 필요한 지지자
     • 유권자 중 실제 투표를 한 사람 중에서 당선자를 선택한 사람들의 규모
   ⓒ 민주주의 국가는 일반적으로 선출인단과 승리연합이 크다는 공통점이 있음
   ㉣ 일당 독재의 경우 선출인단의 크기는 클 수 있지만 민주주의 국가에 비해 승리연합의 크기는 작음
   ㉤ 승리연합의 크기는 정치적 지도자의 행동에 영향을 미치게 됨
     • 민주주의 국가의 지도자는 정책문제와 정권변화와 같은 공공재적 성격의 이유로 전쟁을 하게 됨
     • 민주주의 지도자가 독재자보다 전쟁 승리를 위해 더 열심히 노력하게 됨

(2) 청중비용 이론 [2020년 출제]

① 피어론(James Fearon)은 1994년 발표한 논문에서 정부 형태와 외교정책과의 연관성에 관한 연구를 통해 청중비용 이론(audience costs theory)을 주장함

---

[34] 현대 외교정책론(2016, 3판), 명인문화사, 64~66면

② **청중비용** : 지도자가 위협 또는 공약을 실행에 옮기지 않게 되었을 때 받게 될 부정적 영향을 지칭함
③ **내용**
  ㉠ 국가 간 위기 시에 청중비용이 높은 민주주의 국가가 청중비용이 낮은 권위주의 국가보다 자신의 의도와 공약(commitment)을 더 신뢰성 있고 분명하게 상대방에게 전달할 수 있음
  ㉡ 민주주의 국가가 권위주의 국가보다 국제분쟁에서 물러날 가능성이 적고, 민주주의 국가들끼리 서로 전쟁을 하지 않음
  ㉢ 높은 청중비용은 자신의 의도를 신뢰성 있게 전달할 수 있는 역할을 수행하기 때문에 장점이 될 수 있음

제9절 민주평화론[35]

1 등장 배경과 기본 입장

① **등장 배경** : 1970년대 후반 이후 민주주의 정치체제를 채택한 국가의 수가 증가하자 민주주의 국가 수 증가가 국제체제에 어떠한 영향을 미칠 것인가가 중요한 관심사가 되어 도일(Michael W. Doyle)과 같은 학자에 의해 민주평화론이 대두됨

② **민주평화론의 기본 입장**
  ㉠ 민주주의 국가들 간에는 서로 전쟁을 하지 않음
  ㉡ 민주평화론은 '국내체제의 유형'에 따라서 '국가 간 전쟁'을 설명한다는 점에서 현실주의 국제정치학과는 대조적임
  ㉢ 민주평화론은 국가 내부의 체제 유형, 즉 민주주의체제인가 혹은 비민주주의체제인가에 따라서 전쟁의 발발이나 전쟁의 빈도를 설명한다는 점에서 자유주의적 관점의 이론임

③ **후쿠야마(Francis Fukuyama)의 주장**
  ㉠ 냉전의 종식과 자유주의의 승리 : 자유시장경제와 자유민주주의의 세계적 확산과 수용으로 이념들 간의 경쟁과 대립이 종식된 '역사의 종언' 시기를 맞게 되었음 [2013년 출제]
  ㉡ 냉전 종식으로 자유주의가 정치·경제의 조직이념으로서 확산 및 수용되고 있는 것이 현실임

④ **민주평화론의 성격** : 전쟁을 예방하고 평화를 유지하려는 인류의 희망을 반영하고 있다는 점에서

---

35 현대 국제관계이론과 한국(2004), 사회평론, 368~385면

규범적 이론이면서 또한 경험적 규칙성에 입각한 실증적 이론화를 지향하고 있음

2 민주평화론의 주요 내용

① 민주평화론의 기원

㉠ 18세기 계몽주의 : 인간 이성에 기반한 인류의 진보와 도덕적 완벽성을 확신하며, 확신은 국제정치 영역으로도 확장되어 전쟁을 없애고 평화를 유지할 수 있다는 신념으로 발전함

㉡ 칸트(I. Kant)
- 공화제 정부들 간의 영구평화 가능성을 주장하며, 홉스의 비관주의에 반대하고, 세계연방의 수립을 통한 영구평화의 가능성을 역설함
- 모든 국가들이 '공화제 정부'를 채택하고, 이들 자유주의 국가들 간의 '연방'을 수립하며, 보편적 친선과 자유여행을 보장하는 일반규범을 수립할 것을 주장함
- 공화제 정부(= 민주주의 정부) : 민주주의 정부라는 것은 시민의 의사에 따라 정책이 결정되는 정부이고 전쟁이란 시민들이 그들의 재산과 생명을 희생할 수밖에 없기 때문에, 민주주의 정부에서는 전쟁이 정책으로 채택되지 않음

㉢ 칸트의 주장을 민주평화론으로 부활시킨 사람이 도일(Michael W. Doyle)이며, 후에 러셋(Bruce Russett)이 이에 합류함 2013년 출제

러셋(Bruce Russett)의 전쟁과 민주주의 개념 [36]

① 전쟁 : 두 개 이상의 국가 사이에서 벌어지는 무력충돌 가운데 1,000명 이상의 전사자(combat deaths)가 발생한 충돌을 말함
② 민주주의
  ㉠ 상당수의 인구가 선거권을 가진다.
  ㉡ 행정부 구성은 두 개 이상의 정당이 경쟁하는 선거에서 승리하는 정당에 의해 이루어지며, 선거를 통해 정권이 교체된다.
  ㉢ 기본권 보장에 대한 제도적 장치가 존재한다.

---

[36] 이근욱, 왈츠 이후(2009), 한울아카데미, 148면

칸트의 '영구평화론 : 철학자의 스케치'

제1장 국가 간의 영구 평화를 위한 예비 조항
1. 장차 전쟁의 화근이 될 수 있는 내용을 암암리에 유보한 채 맺은 어떠한 평화 조약도 결코 평화 조약으로 간주되어서는 안된다.
2. 어떠한 독립국가도 상속, 교환, 매매 혹은 증여에 의해 다른 국가의 소유로 전락할 수 없다.
3. 상비군은 조만간 완전히 폐지되어야 한다.
4. 국가 간의 대외적 분쟁과 관련하여 어떠한 국채도 발행되어서는 안 된다.
5. 어떠한 국가도 다른 국가의 체제와 통치에 폭력으로 간섭해서는 안 된다.
   단 무정부 상태, 두 국가로 갈라졌을 경우 한 곳을 지원하는 것은 내정 간섭이 아니다.
6. 어떠한 국가도 다른 나라와의 전쟁 동안에 장래의 평화 시기에 상호 신뢰를 불가능하게 할 것이 틀림없는 다음과 같은 적대 행위, 암살자나 독살자의 고용, 항복 조약의 파기, 적국에서의 반역 선동을 해서는 안 된다.
- 이 여섯 개 중 1, 5, 6은 어떠한 상황에서도 반드시 적용되어야 하며 2, 3, 4는 사정 여하에 따라 각국의 재량껏, 목적을 잃지 않는 범위 내에서 그 시행의 연기가 허용될 수 있다.

제2장 국가 간의 영구평화를 위한 확정 조항 `2010년, 2011년, 2013년 출제`
- 제1조: 모든 국가의 시민 헌법은 공화주의적이어야 한다.
  "이러한 헌법 아래에서 불가피한 경우로서 시민들의 동의가 전쟁을 선포할지 말지를 결정하는 데 요구된다면, 그들은 그렇게도 위험한 사업을 착수하는 데 망설일 수밖에 없을 것이다 ……." (Kant, 1991: 99~102)
- 제2조: 국가의 권리는 자유국가의 연방에 기반을 두어야 한다.
  "각 국가는 자국의 안보를 위해서 각자의 권리가 보장되는, 시민적인 것과 비슷한 헌법의 틀 안으로 들어오라고 다른 국가에게 요구할 수 있고, 그렇게 해야 한다. …… 그러나 평화는 국가 사이의 일반적인 동의가 없으면 시작될 수도 보장될 수도 없다. 따라서 우리가 평화적 연방(pacific federation)이라고 할 특정한 종류의 연맹이 요구된다. 이는 어느 한 전쟁을 종식시키는 평화조약(peace treaty)과는 다른데, 평화적 연맹은 모든 전쟁을 영원히 종식시키려고 한다. …… 모든 국가들을 점차 아우를 수 있도록 확장하고, 결국 영구적 평화로 이르게 될 이러한 연방주의의 구상은 실천 가능하고 객관적인 현실을 가진다." (Kant, 1991: 102~105)
- 제3조: 세계주의적 권리는 보편적인 호의의 조건에 제한되어야 한다.
  "지구 상의 사람들은 보편적 공동체에 다양한 형태로 접어들게 되며, 어느 일방의 권리침해는 모든 지역에서 감지되는 단계로까지 발전된다. 따라서 세계주의적 권리의 구상은 환상적이거나 과도하게 긴장된 것이 아니며 정치적, 국제적 권리의 명문화되지 않은 코드를 보완하고, 그리하여 그것을 인류의 보편적인 권리로 변형시킨다." (Kant, 1991: 105~108)

제1추가조항 : 영구평화의 보증에 대하여
- 영원한 평화를 보증해주는 것은 자연이다. 자연은 인간 의지에 반하더라도 인간 상호 간의 불화를 통해서 인간 사이의 화합을 창출해 내려는 합목적성을 지니고 있다. 이를 운명, 섭리라 한다. 자연은 (1) 세계 모든 지역에서 인간이 살 수 있도록 배려하고, (2) 전쟁을 통해 모든 지역에, 불모의 지역에까지 인간을 쫓아 보내 그곳에 살도록 하고, (3) 전쟁에 의해 인류가 다소간이나마 상호 법적인 관계에 들어가게 함으로써 영원한 평화를 보증한다. 인간은 수렵을 거쳐 농경으로, 평화로운 교역을 통해 서로 평화로운 관계를 맺게 된다. 자연은 또한 전쟁을 통해 인류가 자신들의 성향에 반해서라도 여러 곳에서 생활해야만 하게 만들었다.

제2추가조항 : 영구평화를 위한 비밀 조항
- 비밀조항은 모순이지만, 그것을 명령하는 사람들의 인격 자질에 의해선 성립할 수 있다. 그것은 바로 공적인 평화의 실현 가능한 조건에 대한 철학자들의 준칙을 전쟁을 위해 무장한 여러 국가들은 충고로서 받아들여야 한다는 것이다. 국왕은 통치를 올바르게 하기 위해 선동이나 집단적 결사의 능력이 없는 철학자로 하여금 공개적 발언을 할 수 있도록 해야 한다.

생 피에르의 유럽 영구평화를 위한 방안 2016년 출제

1. 기본 인식
① 전쟁의 원인 : 인간이 가진 권력이나 명예에 대한 욕망, 정복욕과 복수심, 소유욕 등 – 전쟁을 폐지하는 것은 불가능
② 국가연합(union)에 대한 구상
  ㉠ 네덜란드는 7개, 스위스는 13개의 연방으로 각각 일체가 된 국가를 형성하고 있는데도, 연방 간에 전쟁이 없고 자유로운 상업 활동이 보장되어 있음을 주목
  ㉡ 유럽의 모든 국가를 구성원으로 하는 연합(union)을 통한 전쟁 방지 방안 구상

2. 평화방안
① 국가 간 조약을 맺어 연합을 만들고, 이를 운영하기 위해 국가당 한 사람의 대의원으로 구성되는 유럽 상설의회를 설립하고, 분쟁은 상설의회의 조정이나 중재로 해결한다는 구상을 제시함
② 상설의회의 중재 등을 거부하거나 연합 자체를 파괴하는 위반국에 대해서는 중재의 수용이나 손해배상을 연합군의 경제적·군사적 제재로 강제한다는 시스템을 제안함
- 국제연맹이나 국제연합으로 연결되는 구상
③ 세계연합 구상은 아니지만 생 피에르는 아프리카나 아시아와의 연합도 상정함
- 특히 인도가 참여하면 유럽이 식민지 전쟁을 피할 수 있을 뿐 아니라 인도 자신도 상업적 이익을 확대할 수 있다고 생각함
- 평화는 기독교권을 초월하여 모든 인류에게 적용되는 것으로 인식
④ 생 피에르의 평화 구상은 정복에 의한 식민지 획득을 부정하는 계기를 포함한 것이며, 이외에도 전 유럽 공통의 통화와 도량형을 채용하는 제안 등 현재의 EU(유럽연합) 등에서 실현되어 가는 사항도 포함하고 있음
⑤ 생 피에르의 군주들이 조약을 맺어 국제평화를 위한 국제기구를 만들어내자는 것으로, 전쟁이라는 유해한 수단을 포기시키는 것을 주요 조항으로 삼고 있음

루소의 영구평화론

1. 생 피에르의 영구평화론에 대한 비판
① 근본적인 결함 : 인민이 아니라 군주의 이성에 기대
② 군주는 국외에 대한 지배력을 확대하는 것과 국내에서 자신의 권력을 절대화하는 것에 관심
③ 군주는 자신의 지위 보전과 권력 확대를 위해 평화보다 전쟁에서 이익을 찾는 존재

2. 루소의 영구평화론
① 국가 간 전쟁은 일부의 사람들만 결합해서 국가를 만들었기 때문
② 군주주권 국가에서는 군주가 정의나 영광을 내걸고 전쟁을 시작하기 때문에 국민은 생명을 위협받게 됨
③ 군주제하에서 국경으로 분리되고 적대하는 것을 강제당하고 있는 사람들과 연합을 통한 평화유지 방법 구상
④ 평화유지 방안
  ㉠ 인민의 합의에 의한 인민주권에 기초해서 개인을 결합시킨 국가 수립
  ㉡ 국가들을 '모든 사람을 동등한 법의 권위에 복종시키는 국가연합 형식'으로 결합시켜야 함
  • 국가연합이란 주권을 가진 국가들이 소국도 주권이 제한되지 않는 가운데 국제 계약을 통해 하나의 사회를 만드는 것임
  ㉢ 국제평화를 실현하기 위해서 국내에서 인민 스스로의 의사에 따라 국가 의사를 결정할 수 있도록 하고, 국가연합에서도 구성국의 사람들에 의한 결정권이 확립되어야 한다고 주장함
  ㉣ 인민의 주권적 의사가 그대로 반영되는 직접민주주의가 가능한 소국을 이상적 국가형태로 봄
  • 소국과 원래 직접민주주의가 불가능한 대국이 연합한 국가연합에서 직접민주주의가 가능하지 않음
  ㉤ 루소에게는 군주제가 전제정치를 강화하기 위해 항상 필요로 하는 이상 군주제를 타도해서 공화정을 확립하는 것이 국제평화를 위해 불가결한 과제

② **민주평화론의 핵심명제** 2011년, 2016년, 2017년 출제

㉠ 민주주의 국가 간에는 서로 전쟁을 하지 않는다.
• 국가들 간 전쟁 데이터를 분석한 결과, 실제 민주주의 국가 간의 전쟁은 거의 발견되지 않으며, 최근의 경험적 연구들은 민주주의 국가 간 전쟁의 부재라는 현상이 외생적 인과성이 아니라 내재적 인과성에 기인한다는 사실을 밝혀내고 있음
㉡ 민주주의 국가도 비민주주의 국가와는 비민주주의 국가만큼 전쟁을 한다.
• 민주주의 국가가 모든 유형의 국가에 대해서 일관되게 평화지향적이지는 않다는 사실 또한 경험적으로 입증되며, 민주주의의 평화적 효과는 민주주의 국가 간의 관계에서만 나타나고 있음

③ **민주주의와 전쟁 간의 새로운 부가적인 명제**

㉠ 민주화 국가와 민주화된 국가를 구별하여, 민주화 과정에 있는 국가는 국내정치의 불안정성과 정치세력 간의 권력투쟁으로 민주화된 국가보다 더 호전적이라 주장함
• 최근의 연구 결과는 민주화 이행의 초기 단계와 공고화의 후기 단계로 구분하여, 단지 초기 단계에서만 전쟁의 가능성이 높다는 주장으로 세련화됨
㉡ 민주주의 국가는 여간해서 전쟁을 시작하지 않지만, 일단 전쟁이 시작되면 무력의 사용에 제약을 받지 않음

- 민주주의 국가는 서로 전쟁을 하지 않지만, 독재국가와 전쟁을 할 경우에는 승리할 가능성이 더 큼
ⓒ 민주국가의 속성
- 민주주의 국가는 규범적인 측면이나 제도적인 측면에서 전쟁을 억제하는 요인을 가짐
- 민주국가 정치지도자의 정치적 생명은 독재국가의 정치지도자와는 달리 전쟁의 승패에 결정적으로 좌우되며, 민주국가의 정치지도자는 승리의 가능성이 높을 경우 전쟁을 피하지 않을 뿐만 아니라 적극적으로 전쟁을 일으키기도 하며, 또한 승리를 위해서 가용한 모든 자원을 쏟아 넣게 됨

스나이더(Jack Snyder) [37]

1. 민주화 구성 요소의 정착 순서

① 첫 번째 유형 : 시민적 민족주의
- 기존 엘리트의 이익이 어느 정도는 유연하게 나타나고 정치제도가 충분히 정착해 의회가 상당한 힘을 발휘하는 국가에서 나타남

② 두 번째 유형 : 혁명적 민족주의
- 기존 엘리트의 이익은 유연하지만 정치제도가 강력하지 않은 경우에 등장함

③ 세 번째 유형 : 반혁명적 민족주의
- 정치제도는 강력하지만 기존 엘리트의 이익이 새로운 상황에 쉽게 적응하지 못하는 국가에서 등장함

④ 네 번째 유형 : 종족적 민족주의
- 기존 엘리트의 이익이 유연하지 않고 정치제도도 거의 확립되지 않은 국가에서 나타남

정치 엘리트의 이익	국가 정치제도의 공고성	
	강력한 정치제도	취약한 정치제도
적응 가능	시민적 민족주의	혁명적 민족주의
적응 불가능	반혁명적 민족주의	종족적 민족주의

2. 민주화 과정에 대한 스나이더의 입장 [2018년 출제]

① 스나이더는 왈츠 이론과는 달리 국제정치에서 국내정치가 중요한 역할을 한다고 주장함
② 민주주의 국가들은 서로 전쟁을 하지 않는다는 측면을 강조하기보다는 민주화 과정에 있는 국가들이 오히려 공격적으로 행동한다고 주장함
③ 민주주의로 이행하고 있는 국가들은 기존 엘리트 집단이 생존을 위해 정보를 조작하고 공격적 민족주의를 의도적으로 조장하기 때문에 공격적으로 행동하는 경향이 있다는 입장
④ 민주주의 국가가 다른 비민주주의 국가와만 전쟁을 하고 민주주의 국가들과는 전쟁을 하지 않는다면, 민주화 과정에 있는 국가는 상대방 국가의 정치체제와는 무관하게 공격적으로 행동하고 전쟁을 한다는 주장

---

④ 국가 자체의 속성과 국가쌍의 속성

㉠ 국가 자체의 속성 : 민주주의 국가는 비민주주의 국가보다 모든 유형의 국가들에 대해서 위기를 야기할 가능성이 낮음
㉡ 국가쌍의 속성 : 발생한 위기가 전쟁으로 악화되느냐의 여부는 양국 간의 관계 속성에 따라 결정됨

---

[37] 이근욱, 왈츠 이후(2009), 한울아카데미, 175~177면

3 민주평화론의 이론적 설명

1. 규범적 모델 대 구조적 모델

(1) 규범적 모델

① **민주평화의 원천** : 민주주의 정치체제가 공유하는 '규범'

  ㉠ 민주주의 정치체제는 국내집단들 간의 갈등을 협상과 타협을 통해서 평화적으로 해결하려는 규범을 공유하고 있음

  ㉡ 민주국가의 정치지도자들은 이러한 규범을 수용하도록 사회화되며, 따라서 민주국가의 외교정책은 협상과 타협의 정신을 반영하여 국제 분쟁의 평화적 해결을 선호하게 됨

  ㉢ 비민주의 정치체제의 지도자들은 강제와 폭력이 국내갈등을 해결하는 정당한 수단으로 수용되는 정치환경에서 사회화되기 때문에 비민주국가의 외교정책은 이러한 규범을 반영하여 강제와 폭력을 통한 국제 분쟁의 해결을 시도할 가능성이 높음

② **민주국가가 공유하는 협상과 타협의 규범이 왜 비민주국가에는 적용되지 않는 것인가?**

  • 모든 국가는 국가의 존위를 최상의 가치로 상정하는데 민주국가가 국내적으로 공유하고 있는 민주적 규범을 국제분쟁에 적용함으로써 오히려 그 국가의 존위가 위협받게 된다면, 민주국가는 분쟁상대국의 규범에 따라 행동할 수밖에 없게 됨

③ **규범적 모델의 세 가지 기본적 가정**

  ㉠ 민주주의 정치체제에서 사회화된 지도자는 협상과 타협의 규범에 입각한 국제분쟁의 평화적 해결을 선호한다.

  ㉡ 국내적으로 공유된 행위규범은 국제분쟁과 위기를 해결하는 방식에도 확장되어 적용된다.

  ㉢ 국제체계의 무정부적 속성으로, 민주적 규범과 비민주적 규범이 충돌할 경우 비민주적 규범이 분쟁해결을 주도하게 된다.

(2) 구조적 모델

① **민주평화의 원천** : 민주주의 정치체제의 제도적 혹은 구조적 제약성

  ㉠ 민주국가의 정치지도자는 민주주의의 제도적 특징인 견제와 균형, 권력의 분산, 그리고 여론의 역할 등으로 군사적 행동을 일방적으로 결정할 수 없을 뿐만 아니라 위험한 정책을 선택하기 위해서는 광범한 여론의 지지가 필요하게 됨

  ㉡ 민주화된 사회일수록 야당의 견제기능이 효과적으로 작동하도록 제도화되어 있음

  ㉢ 민주국가의 정치지도자는 다양한 정치적 견제세력을 고려하지 않을 수 없고, 따라서 가능한 한 위험 회피적인 안전한 정책을 선호하는 경향을 보이게 됨

② **민주국가의 정치제도와 정치과정의 투명성** : 전쟁 억제 요인으로 작용

  ㉠ 민주국가의 정치제도와 정치과정은 투명하기 때문에 정치지도자가 야당과 여론의 지지를 받고 있는지를 상대국에서 알 수 있게 되고, 이로 인해서 광범한 지지를 받지 못할 경우 민주적 지도

자는 전쟁을 회피하는 경향을 보임
- ⓒ 광범한 지지를 받고 있을 경우 단호하게 전쟁을 감행할 수 있지만 상대국에서 이를 알 수 있기 때문에 전쟁보다는 협상을 통한 분쟁해결을 원하게 됨
- ⓒ 저비스(R. Jervis) 등이 제기한 정보의 오인에 의한 전쟁발발 가능성은 민주국가가 개입될 경우 축소되어 전반적으로 전쟁발발 가능성이 낮아지게 됨

③ **민주주의 정치체제의 구조적 제약이 왜 비민주국가와의 분쟁에서는 평화적 효과를 발휘하지 못하는 것인가?**
- ㉠ 민주국가와 비민주국가 간의 분쟁에서는 동원과 전쟁까지 자유롭게 선택할 수 있는 비민주국가의 구조적 특징이 분쟁의 해결 과정을 주도하게 되기 때문
- ⓒ 국제분쟁이 비민주국가와 일어나는 경우에 비민주국가는 민주국가에 일종의 위기상황을 부과하게 되고, 민주국가는 제도적 제약을 우회하여 군사력의 사용을 포함한 모든 외교적 수단을 행사할 수 있도록 비교적 신속하게 정치적 지지를 결집할 수 있기 때문

④ **구조적 모델의 세 가지 기본적 가정**
- ㉠ 국가지도자의 최고목표는 자신의 국내정치적 권력을 유지하는 것이다.
- ⓒ 모든 국가지도자는 외교적 후퇴 혹은 군사적 패배와 같은 외교정책의 실패가 자신의 정치권력에 치명적인 위협이 될 수 있다고 믿는다.
- ⓒ 민주주의 정치체제에서는 이러한 외교정책의 실패를 물을 수 있는 야당과 같은 견제 장치가 효과적으로 작동한다.

2. 국가 자체의 속성 대 국가쌍의 속성

(1) 각각의 입장
① **국가 자체 속성론** : 민주평화 현상이 민주국가 자체의 속성에 기인한다는 입장
② **국가쌍 속성론** : 국가쌍의 속성에 기인한다는 입장

(2) 국가 자체 속성론
① 민주주의 국가는 그 규범적 특징에 의해서든, 혹은 그 구조적 제약에 의해서든 모든 유형의 국가에 대해서 본질적으로 평화지향적임
② 국제분쟁의 해결에서 민주국가는 상대국가의 체제 유형에 상관없이 군사력을 사용할 가능성이 낮음
③ 민주국가도 비민주국가만큼 전쟁을 한다는 두 번째 명제에 대한 설명
- ㉠ 국가 간 위기의 발생과 위기의 증폭, 전쟁의 단계를 구분하여 민주국가는 모든 유형의 국가에 대해서 위기를 발생시킬 가능성이 낮으나, 일단 위기가 발생할 경우에는 민주국가는 오직 민주국가에 대해서만 군사력을 사용할 가능성이 낮다는 경험적 연구를 제시함
- ⓒ 국가 간 위기의 발생과 관련하여 국가 자체의 속성론이 유효하나, 위기가 증폭되어 전쟁으로 치닫는 과정에서는 국가쌍 속성론이 유효하다는 설명을 하고 있음

(3) 국가쌍 속성론

① **민주평화 현상은 상대적**

  ㉠ 민주적 규범이나 제도를 공유하는 국가쌍의 관계에서는 분쟁의 평화적 해결이 모색됨

  ㉡ 민주적 규범이나 제도를 공유하지 않는 국가쌍의 관계에서는 국제체계의 무정부적 속성과 그에 따른 국가 존위의 절대성으로 비민주국가의 규범이나 제도가 주도하는 분쟁해결 과정을 따르지 않을 수 없게 되며, 민주국가는 군사력의 사용까지를 포함하는 외교정책을 고려하게 됨

② 비민주국가의 정치지도자가 전쟁의 결과에 비교적 자유로운 반면, 민주국가의 정치지도자는 전쟁의 결과에 매우 민감할 수밖에 없기 때문에 승리가 확실시되는 전쟁은 피하지 않을 뿐만 아니라 막대한 자원을 쏟아부어 반드시 승리를 확실하게 하려는 경향을 보임

  ㉠ 비민주국가들은 국내적으로 시민들의 자유와 재산권의 확보라는 원칙을 지키지 않고, 다른 국가들에 대해서도 마찬가지다. 따라서 민주국가와 비민주국가의 관계는 신뢰와 안정성이 결여되어 있으며 민주국가는 비민주국가를 민주체제로 전환시키기 위해 십자군적 전쟁을 수행할 가능성이 높다.

  ㉡ 민주국가라 하더라도 전쟁이 피할 수 없는 상황에 직면하였다고 믿는다면 비민주국가에 비해 군사적 우위를 차지하기 위해 선제공격을 감행할 수 있다.

  ㉢ 민주국가는 비민주국가가 민주국가 내의 정치적 제약을 역이용할 것을 우려하여 협상 결렬 시 전쟁을 선택할 수 있다.

  ㉣ 민주국가의 지도자는 전쟁의 승패와 자신의 정치적 운명이 결부되어 있기 때문에 승전 가능성이 있는 전쟁을 피하지 않을 뿐 아니라 가용한 모든 자원을 동원하게 된다.

③ **국가쌍 속성론의 두 가지 가정**

  ㉠ 민주화된 국가일수록 그 규범적 특징 혹은 구조적 제약으로 다른 민주국가를 상대로 한 국제분쟁에서 군사력을 사용할 가능성은 낮다.

  ㉡ 민주국가라 하더라도 비민주국가를 상대로 한 국제분쟁에서는 비민주국가가 협상과 타협을 거부하고 군사력을 사용할 수도 있다는 가능성 때문에 민주국가도 군사력의 사용을 포함한 분쟁의 강제적 해결을 선택하게 된다.

---

4 민주평화론에 대한 비판

① **고와(J. Gowa)와 톰슨(W.R. Thompson)**

  ㉠ 민주주의가 전쟁의 부재를 가능하게 하는 것이 아니라 전쟁의 부재가 오히려 민주주의를 가능하게 한다는 반대의 인과관계를 주장함

  ㉡ 민주주의가 평화를 가져오는 것이 아니라 국가 간의 평화가 지속될 때 오히려 국가 내의 민주주의가 촉진된다는 입장임

② **분석 대상의 문제**

　㉠ 민주평화론은 1,000명 이상의 사망자가 난 국가 간 전쟁을 분석의 대상으로 삼기 때문에 그보다 낮은 수준의 무력사용은 제외된다는 문제가 제기됨

　㉡ 민주국가 혹은 민주화 과정에 있는 국가에 대해 비밀작전을 시도했거나 낮은 단계의 군사력이 사용된 예가 제시되고 있음

　㉢ 민주평화론은 민주국가인 강대국들 간의 대리전쟁 가능성을 고려하지 못함

③ **민주화의 역행 문제**

　㉠ 1920년대의 이탈리아, 1930년대의 독일과 일본은 민주화의 역행을 경험함

　㉡ 오늘날 주요 민주국가들이 민주화의 역행으로 퇴보할 가능성은 지극히 낮다고 볼 수 있지만, 민주주의로의 체제 전환에 있는 러시아나 민주제도가 취약한 인도의 경우 권위주의로의 역행을 전적으로 배제할 수는 없음

④ **방법론적인 문제** : 스피로(D.Spiro)

　㉠ 역사적으로 민주국가의 수가 지나치게 적었기 때문에 민주평화 현상은 통계적으로 유의미하지 않다는 문제를 제기함

　㉡ 전체 관찰값이 워낙 크기 때문에 '민주국가 간의 전쟁 빈도가 낮다'는 민주평화 현상은 통계적으로 유의미하지 않다는 주장을 하고 있음

---

5 민주평화론과 국제정치 이론

① 민주평화론이 국제정치 이론에 던지는 의미

　㉠ 전쟁과 평화에 관한 현실주의 국제정치 이론에 중대한 도전을 제기함

- 현실주의 이론은 국제관계에서 '국가'가 가장 중심적인 행위자이고, 이 국가는 '단일적'이고 '합리적'이며, 본질적으로 '무정부 상태'에서 목적이자 수단으로서 '힘'을 사용하여 '국가이익'을 최대화한다는 가정에 입각함
- 국가는 기본적으로 동질적인 행위자로 간주되고 전쟁과 평화의 문제는 국가 간 힘의 분포에 의해서 결정된다는 입장임
- 국가를 '단일체적인' 행위자로 가정함으로써 국가 내부와 관련된 다양한 변수들은 주어진 상수로 간주됨

　㉡ 민주평화론은 국가 '안'의 체제 유형에 분석의 초점을 맞추어 국가 간 전쟁과 평화를 설명한다는 점에서 현실주의 국제정치 이론에 대한 새로운 도전의 성격을 가짐

- 민주국가는 서로 간에 전쟁을 하지 않는다는 발견이나 비민주국가가 포함된 국제분쟁은 위기의 증폭과 전쟁으로 악화될 가능성이 높다는 경험적 발견과 이론적 설명은 국가 '안'의 체제 유형이 전쟁과 평화의 중요한 변수가 된다는 것을 의미함

- 모든 국가가 민주주의 정치체제를 갖게 될 때 진정한 국제평화가 유지될 수 있다는 칸트식의 규범적이고 이상주의적인 주장으로까지 발전됨

② **민주평화론의 구성주의 국제정치 이론의 측면**

㉠ 민주주의 정치체제가 국제분쟁의 평화적 해결을 선호하게 된다면, 현실주의 국제정치 이론에서 전제하고 있는 국제체계의 무정부적 속성과 그에 따른 홉스적인 전쟁의 불가피성은 상당히 완화될 수 있다는 것을 의미함

㉡ 국제체계의 무정부성과 전쟁의 불가피성은 개별 행위자인 국가 자체의 속성, 즉 민주주의 정치체제인가 아니면 비민주주의 정치체제인가의 여부에 따라 재구성될 수 있는 역사적이고 사회적인 구성체라는 것을 의미함

㉢ 민주평화론은 국제체계의 무정부성을 개별 행위자들이 만들어 내는 사회적 구성체라는 구성주의적 인식론을 공유함

6 민주평화론과 국제질서

① **민주평화론이 현실 국제정치에 던지는 의미**

㉠ 민주평화론의 발견이 실제 민주주의와 전쟁의 부재라는 인과성을 반영하는 것이라면 이는 대단히 환영할 만한 발견이고 희망적인 발견임

㉡ 실제적인 관점에서, 민주평화론의 발견이 민주주의와 전쟁의 부재 간의 실제적인 인과관계를 반영하는 것으로 받아들인다 해도, 21세기 초 국제관계에서 민주화는 여전히 많은 국가들의 정치발전 과제로 남아 있는 상태임

㉢ 이론적인 관점에서, 민주평화론의 발견이 민주주의와 전쟁 간의 실제적인 인과관계를 반영하는 것인가의 문제도 아직은 회의적임

② 민주평화론의 발견은 국내정치와 국제정치 모두에 대단히 바람직하고 규범적인데, 이러한 경험적 발견이 규범적이고 이상주의적인 목적으로 정당화되어 국제관계에서 외교정책목표로 추진될 때, 역설적으로 국가 간 평화보다는 오히려 분쟁을 유발할 가능성을 내재하고 있음

③ **동아시아와 민주평화론의 의미**

㉠ 국가 내부의 체제 변동이 국가 간 전쟁과 평화에 어떤 인과성을 갖는다면 민주평화론이 동아시아의 국제정치에 갖는 의미는 대단히 크며, 이는 체제 변동의 가능성을 가진 지역강대국인 중국이 있기 때문임

㉡ 민주평화론의 관점에서 볼 때 북한 내부의 체제 변화 가능성 또한 동북아 국제관계에 미치는 파장은 적지 않음

제4장
구조주의

제1절 구조주의 일반

1 일반적 특징과 등장 배경

1. 일반적 특징

① 구조주의 이론은 저발전의 문제에 기본적인 관심을 두고 '왜 후진국들은 발전해 오지 못하고 있는가'에 대한 이론적인 답을 추구함

② 구조주의 이론은 후진국들의 저발전 요인을 국내적인 문제가 아니라 세계 경제체제의 구조적 모순인 지배와 착취 때문이라고 주장함

③ 구조주의 이론의 세계 이미지는 중심부의 자본주의 발전이 주변부의 발전에 부정적인 영향을 미치며 중심부와 주변부와의 관계를 합이 영이 되는 '제로섬 게임'으로 인식함

2. 등장 배경

① 구조주의 이론은 1950년대와 1960년대의 제3세계 국가의 경제발전 문제에 대한 문제의식으로부터 출발함

② **저발전의 원인**: 근대화 이론의 시각

  ㉠ 근대화 이론은 저발전의 원인을 국가 내부에서 찾으며, 정치적인 부패나 자본의 부족, 합리적인 경제정책의 결여 등을 저발전의 원인으로 지적함

  ㉡ 저개발이나 저발전은 사회·경제적 개혁과 효율적인 경제전략을 통해 해결 가능함을 주장함

③ **구조주의의 등장**

  ㉠ 자유주의자들의 예측과는 달리 후진국에 있어서 발전은 일반적으로 일어나지 않았고 남북 간의 격차는 확대됨

  ㉡ 저발전에 대한 자유주의적 진단과 처방을 부인하고 새로운 이론을 통한 진단과 처방을 제시하고자 구조주의 이론이 등장함

2 이론적 가정

① 국가의 행동을 설명하는 분석수준으로서 국가를 택하지 않고 국가와 다른 행위자들의 상호작용이 일어나고 있는 외부적인 맥락이 중요함을 가정함

- 세계체제론은 각 행위자의 행태가 체제 구조에 의해 결정된다고 보고 분석의 출발점을 국제체제의 전반적 구조에 두고 일종의 발전과 저발전을 국제체제의 구조적 결과물로 이해함
② 국제체제를 이해하는 데 있어서 역사적 분석의 중요성을 강조하는데, 현상과 사회제도는 보편적인 것이 아닌 역사적으로 특수한 것으로서 끊임없이 적응하고 변화해가는 것이기 때문에 역사적인 맥락에서 바라보아야 한다는 입장임
③ 후진국의 발전을 가로막으며 세계적인 규모의 불균등한 발전을 초래하는 기제가 존재함을 가정하며, 이러한 기제란 바로 선진 산업국가와 제3세계 국가 간의 지배와 종속의 관계를 의미함
④ 세계자본주의 체제의 진화와 기능 및 후진국들의 종속적인 위치로의 전락을 설명하는 데 있어서 경제적인 변수가 절대적으로 중요한 역할을 한다고 주장함

3 마르크스주의의 부흥

① 실존하는 사회주의와 마르크스가 주장했던 공산주의와의 괴리가 커지자 마르크스의 기본적 개념에 대한 관심 증가함
② 마르크스의 현실 자본주의에 대한 분석력이 탁월했다는 것이 입증됨

4 마르크스주의 세계정치론의 핵심 요소 [38] 2007년, 2022년 출제

① **전체성** : 세계에 대한 연구를 정치학, 경제학 등으로 구분하여 연구하는 것은 무의미하며 모든 학문적 연구를 결합하여 현실세계를 분석해야 함
② **사적유물론**
  ㉠ 역사변화의 과정은 곧 경제발전 과정을 의미함
  ㉡ 생산수단과 생산관계의 긴장이 역사의 발전을 추동함
  ㉢ 경제적 토대의 발전은 법적, 정치적 상부구조의 변화로 귀결됨
③ **계급에 기반한 역사 인식**
  ㉠ 사회는 계급 갈등의 장
  ㉡ 역사는 계급 투쟁의 역사

---

[38] 세계정치론(2019, 7판), 을유문화사, 183~188면

5 그람시주의 : 왜 서유럽에서는 혁명이 이루어지지 못하는가?

1. 패권의 개념

① 그람시는 권력을 강제와 동의의 결합체로 인식하며 패권 또한 동의를 기반으로 함을 주장함
② 체제는 패권에 의해 유지되는데 패권은 동의에 의해 유지됨

2. 패권의 역할

① 패권은 동의를 창출, 재창출하는 역할을 수행함
② 패권은 지배계급의 가치를 사회 전체로 확산함
③ 패권은 기존 질서를 유지함으로써 토대와 상부구조의 관계를 강화함
  ㉠ 사회경제적 관계 : 토대
  ㉡ 정치문화적 관행 : 상부구조
  ㉢ 토대와 상부구조가 서로를 강화하면서 역사적 블록을 형성함

3. 사회적 변화 가능성 : 대항 패권의 형성과 대안적 역사블록 형성을 통해 가능함

> **국제관계의 세 가지 패러다임** 〔참고〕
>
> ① 울퍼스(Wolfers)의 당구공 모델(billiard ball model) : 현실주의
>   ㉠ 국제관계 : 당구공과 같은 단단하고 응집적인 정치체인 국가들 간의 관계
>   ㉡ 국제정치의 행위자 : 단일 수준의 국가, 현재의 국제체제는 자국의 이익을 최대화하려는 국가들 간의 세력 다툼과 Zero-sum Game으로 특징지워짐
>   ㉢ 특징 : 무정부적 국제질서관, 안보문제가 중심 의제
> ② 버튼(Burton)의 거미집 모델(cobweb image model) : 자유주의
>   ㉠ 국제관계 : 국가를 포함한 비국가조직들 간의 다원적 체계로 이루어짐
>   ㉡ 국제정치의 행위자 : 주권국가 외에도 초국적 국제조직, 비정부조직, 다국적 기업 등 다양한 요소로 구성됨
>   ㉢ 특징 : 다두정적 국제질서관(Positive-sum Game), 사회·경제 등 다양한 의제 중시
> ③ 월러스타인(Wallerstein)의 세계체제 모델(world system model) : 구조주의
>   ㉠ 국제관계 : 자본주의의 국제체제는 중심국과 주변국의 불평등한 위계적 구조로 이루어짐
>   ㉡ 국제정치의 행위자 : 자본의 이익을 대표하는 다국적 기업으로서 주권국가나 국제기구는 궁극적으로 자본가 계급의 이익을 대표하는 집행위원회에 불과함
>   ㉢ 특징 : 과두정적 국제질서관(Zero-sum Game), 경제문제가 중심 의제

제 2 절 종속 이론[39]

1 종속 이론의 등장

① **종속의 의미** : 산토스(Dos Santos)
  ㉠ 종속(dependency)이란 어느 한 국가집단의 국민경제가 그 국가와 관계하고 있는 국가의 경제발전 및 경제팽창에 의해 조건 지워지는(conditioned) 상황을 뜻함
  ㉡ 종속은 세계자본주의 체제의 중심과 주변(center-periphery) 구조 속에서 중심국에 의한 주변국으로부터의 잉여가치 이전이 제3세계의 영속적 저발전을 조건 지우는 것을 말함

② **신생국의 정치와 경제에 대한 설명양식**
  ㉠ 러너(D. Lerner) 등의 근대화론자들은 선진국의 자본 및 기술에 의한 후진국의 발전을 강조함
  ㉡ 프랑크(Frank) 등의 종속이론가들은 제3세계로의 선진자본의 확산이란 사실상 제국주의적 침투에 불과하다고 보고 탈종속을 진정한 정치발전의 방향으로 제시함

③ **종속 이론의 성격**
  ㉠ 종속 이론은 세계관과 개념설정에 있어서 마르크스-레닌이즘의 영향을 크게 받고 있으나 마르크스나 레닌의 서구중심적 시각에 대해서는 비판적인 입장을 취함
  ㉡ 레닌 등의 제국주의론이 중심부의 입장에서 제3세계를 조망하는 '위에서 보는 견해'(a view from above)라면 종속 이론은 제3세계의 입장에서 '밑에서 보는 견해'(a view from below)에 해당함 (S. Bodenheimer, 1971)

2 종속 이론가의 근대화 이론 비판

1. **저발전의 역사성 비판**

  ① 저발전의 역사성 비판이란 식민 초기로부터 세계자본주의 체제로 통합되는 주변국가들의 역사적 과정을 중심으로 중심국가의 잉여착취와 종속이 심화되는 과정을 강조하는 것을 말함
  ② 주변국가들의 저발전의 역사성에서 제3세계의 저발전 원인을 찾으려는 종속 이론가들의 문제의식은 좌파 지식인인 파농(Fanon), 바란(Baran) 등의 비판적 인식에서 비롯됨

---

[39] 박현모, 국제정치학(2003), 인간사랑, 274~285면

2. 자본주의 체제의 구조적 불평등성 비판

① **제3세계 저발전에 대한 근대화론자들의 입장** : 근대화론자들은 개별국가를 분석단위로 삼고 개인과 집단, 제도의 근대성 여부를 정치발전의 기준으로 삼는 미시적이고 행태주의적 연구에 치중함(인간의 신념과 태도의 변화 중시)

② **제3세계 저발전에 대한 종속 이론가들의 입장**

　㉠ 종속 이론가들은 제3세계 저발전 원인이 내부가 아닌 외부에 있다고 인식함

　㉡ 종속 이론가들은 제3세계의 저발전 문제를 근대화라는 국내적 요소가 아니라, 자본주의 국제체계의 불평등한 관계 구조 속에서 이해할 것을 주장함

　㉢ 종속 이론가들은 세계체제의 생산관계, 국제무역형태, 중심부와 주변부의 연결관계 등 주로 거시적이고 구조적인 연구를 강조함(국가가 처한 상황과 환경 중시)

　㉣ 선켈(Sunkel), 갈퉁(Galtung), 월러스타인(Wallerstein)의 세계체제론, 아민(Amin)의 주변부 자본주의론이 이에 해당함

---

3 주요 종속 이론가

1. 민족주의적, 개혁주의적 계보

(1) 프레비시(R. Prebisch)의 '중심부와 주변부 이론'

① 프레비시 전 유엔 라틴아메리카 경제위원회(ECLA) 사무총장은 비교우위론에 입각한 국제분업론의 오류를 지적함

② 프레비시에 따르면 중심부 국가(공산품)와 주변부 국가(원료)의 교역은 주변국가의 종속만 심화시킴

③ 프레비시는 종속을 극복하기 위해서는 내부지향적 발전전략, 즉 수입대체 산업화전략을 채택해야 함을 주장함

④ 프레비시는 주변부 국가의 탈종속을 위해서 국가가 국내산업에 정부보조금을 지원하고 보호관세 정책을 펴는 한편, 국내시장을 확대하는 등 보다 적극적으로 역할해야 함을 주장함

(2) 갈퉁(Johan Galtung)의 '구조적 제국주의'

① **갈퉁의 기본 입장**

　㉠ 갈퉁은 전 세계적으로 형성된 국가들 간의 위계질서의 정점에 소수의 강대국이 자리 잡고 있으며, 그 근저에 다수의 저발전 국가들이 위치하고 있다고 인식함

　㉡ 갈퉁에 따르면 국가들 간의 피라미드 구조는 중심국의 중심과 주변, 주변국의 중심과 주변으로 나뉘는데, 중심부의 중심과 주변부의 중심끼리는 이해의 조화를 이루는 데 반해 중심부의 주변과 주변부의 주변끼리는 이해가 조화될 수 없음

② 갈퉁의 '봉건적 상호작용 구조'

　㉠ 영주가 농노와의 수직적 분업을 통해 부유해지는 것처럼 세계경제의 지배국은 종속국과의 수직적 상호작용의 결과로서 부유해짐

　㉡ 농노들 간의 수평적 상호작용이 봉건사회에서 구조적으로 억제되는 것처럼 주변국가의 수평적 상호작용도 최소로 억제됨

　㉢ 농노들이 한 영주와의 관계만을 강요받듯이 주변은 하나의 중심에 의해 한계가 주어짐

　㉣ 종속국가들은 국제 위계질서의 저변에 놓여 있으며, 정점의 강대국들끼리는 상호작용이 이루어지는 데 비해 주변부 종속국가들끼리의 상호작용은 거의 없음

③ 구조주의 학파의 저발전에 대한 대책

　㉠ 갈퉁을 비롯한 구조주의 학파들은 국제체제의 변혁을 위해 종속국가들끼리의 상호작용을 강조함

　㉡ 울 하크(Ul Haq)의 대책

　　• 빈국들은 1930년대 미국의 노동조합과 같은 단체를 구성해 부국과의 집단적 협상의 원칙(rules of game)을 새롭게 조정해야 함

　　• 남북 간의 생산적인 대화를 위해서 국제무역, 국제통화제도 등에 있어서 부국들이 보다 획기적인 정치적 결단을 내려야 함

　㉢ 프레비시(R. Prebisch)의 대책

　　• 선진국이 후진국으로부터 1차산품 및 공산품의 수입을 장려해야 함

　　• 후진국의 공산품에 대해 특혜관세(GSP)를 인정해야 함

　　• 상품협정을 확충하여 후진국의 무역조건을 개선해야 함

(3) 선켈(O.Sunkel)의 '지배와 종속'

　① 선켈은 칠레의 경제학자로 다국적기업의 주변부 경제 침투현상에 주목함

　② 선켈에 의하면 중심부의 자본집약적인 기술을 도입한 주변국은 다국적 기업에 유리한 하부구조를 제공하는 한편, 탈민족화·불평등의 심화를 경험함

　③ 선켈은 종속을 극복하기 위해서는 농업구조를 변혁하는 한편, 다수 국민의 생필품 생산을 중심으로 산업을 재편성해야 한다고 주장함

(4) 푸르타도(C. Furtado)의 '외적 종속'

　① 푸르타도는 포르투갈의 산업화가 브라질 경제에 미친 영향을 규명함

　② 푸르타도에 따르면 포르투갈의 설탕산업과 노예무역을 통한 산업화가 브라질의 주변적 자본주의화를 초래해 브라질이 외부의 결정에 극히 취약(외적 종속)하게 만들었으며, 브라질 국민의 소비패턴까지도 자본주의 방식으로 변질시켰음을 주장함

(5) 카사노바(P. G. Casanova)의 '내적 식민주의'

　① 카사노바는 멕시코의 경제학자로서 국가 간의 종속관계가 멕시코 국내에도 형성되는 과정을 분석함

② 카사노바에 따르면 멕시코에서 스페인계 국민은 정치참여자와 특권층으로 지배계급을 이루고 있으며, 인디언계는 피착취계급으로서 소외되고 지배계급에 종속되고 있음(내적 식민주의)

③ 또한 내적 식민주의 하의 국가가 일종의 국내 최대의 기업으로서 선진국의 독점적 거래처와 협상(강한 국가)함을 지적함

(6) 앙드라데(M.C. Andrade)의 '발전의 거점'

① 앙드라데는 브라질의 경제학자로 주변부 브라질의 '이중경제 현상'을 지적함

② 앙드라데에 따르면 주변부 국가에는 저발전 지역과 발전 지역으로 구획된 이중구조가 형성되는데, 발전지역이 저발전지역의 잉여를 이전해 가는 양상이 나타남을 주장함

③ 이중경제 현상은 원래 프랑스의 페로(F. Penoux)가 처음 제시한 '발전의 거점'(poles of development)론에서 비롯된 것으로 앙드라데에 의해서 체계화됨

④ 앙드라데는 그 극복방안으로서 선진국의 새로운 자본·기술의 도입에 의한 '개구리식 발전'과 신중한 계획에 의한 균형 잡힌 경제발전의 추진을 주장함

2. 마르크스주의적·혁명적 계보

(1) 프랑크(A. Frank)의 '저발전의 발전'(underdevelopment)

① 프랑크는 프레비시의 '중심과 주변' 개념을 수정·보완하는 한편 '도시와 위성'(metropolis – satellite) 개념을 이용해 국제적 차원과 국내적 차원의 종속관계를 설명함

② **저발전의 발전(도시-위성) 내용**

㉠ 프랑크는 서구와 접촉이 가장 많았던 제3세계가 현실에 있어서 가장 저발전되어 있는 경험적 사례를 제시하면서, 그 원인을 독점과 착취로 특징지어지는 세계적 규모의 '교환 연계체계'(a system of links of exchange)에서 찾음

㉡ 프랑크에 의하면 세계자본주의체제는 '중심 – 위성 구조'(metropolis-satellite structure)로 이루어져 있으며 중심부의 잉여착취로 인해 주변부는 '저발전의 발전'(development of underdevelopment)만을 하게 됨

㉢ 특히 2차대전 전후로 나타난 이러한 현상을 '제국 없는 식민주의' 또는 '신식민주의'라고 표현하고, 결과적으로 주변국가는 다시 중심과 위성으로 나뉘어 '전 세계를 서구나 미국의 중심부로부터 남미의 오지에 이르기까지 하나의 체계로 연결되어 있다'고 주장함

㉣ 제국 없는 식민주의는 남미 국가들의 정치적·사회적 하부구조까지 침투했으며, 그 결과 비민주적인 정권과 착취적인 현지 지배계급(권위주의 정권, 룸펜 부르주아지)을 창출함

③ **저발전에 대한 대책**

㉠ 프랑크는 제3세계의 종속상태가 '부국들의 정치적 결단'에 의해서 회복될 것으로 보지 않고 보다 급진적인 혁명을 주장함

㉡ 국가 간의 관계는 물론이고 국내 계급 간의 관계에까지 침투된 식민관계를 타파하기 위해서는 사

회주의 혁명에 의한 근본적인 변혁이 필요함
ⓒ 종속극복을 위한 전략으로 급진적인 방법을 주장하는 자들은 '내적 종속현상'에 주목하는데, 내적 종속현상이란 대외적 종속관계가 국내 차원에서 또 다른 지배계층과 피지배계층 관계를 형성하는 것을 말함
② 자본주의 체계에서 형성된 이중적 착취구조를 해결하기 위해서는 사회주의 혁명만이 유일한 대안이라는 것이 혁명적 접근론자들의 주장임

(2) 산토스(Dos Santos)의 '신종속'

① 프랑크의 '저발전의 발전'이라는 견해를 받아들이면서도 경제관계의 외적 구조가 내적 구조를 결정한다는 이론에서 탈피함
② 산토스는 중요하게 고려해야 할 것은 프랑크가 믿고 있듯이 위성화의 과정이 아니라 국제적 종속관계에 의해 규정되는 특정 유형의 내적 구조 형성문제라고 하여 외적 관계와 함께 내적 구조도 중시할 것을 강조함
③ **종속의 역사적 형태 3가지**
  ⊙ 식민지적(colonial) 종속 : 유럽과 식민지 간의 관계에서 보이는 것으로 제국주의 국가의 주변부 광산 노동력의 착취과정을 그 예로 들 수 있음
  ⓒ 금융·산업적(Financial·industrial) 종속 : 19C 제국주의 시기에 등장했으며 이는 패권 중심국의 자본에 의한 주변 식민국가의 원자재 등의 개발과정에서 나타남
  ⓒ 신종속 : 2차대전 이후 다국적 기업에 의한 자본 및 기술투자에 의해 주변부 내부 시장이 잠식되는 과정을 가리킴

(3) 마리니(R. M. Marini)의 '아류 제국주의'

① 마리니는 브라질의 자본주의화가 생산수단을 소유한 계층에게는 급격한 자본축적을 가능케 한 반면, 일반 대중에게는 절대빈곤을 초래했다고 주장함
② 마리니에 따르면 브라질의 군부정권은 1964년 경제위기에 봉착하여 '아류적 제국주의' (sub-imperialism)를 실천하려 함
  • 대중의 소비를 장려하는 한편, 부르주아지의 경쟁력 강화를 위해 외국시장에 침투하여 또 다른 제국주의 국가(아류 제국주의)로 변모함

---

4 후기 종속 이론

1. 후기 종속 이론의 특징

① 초기 종속 이론이 중심부의 자본·기술이 주변부에 침투하는 것을 부정적으로 인식한 데 대해 후기 종속적 발전(dependent development)론으로 불리는 후기 이론은 종속관계 속에서도 주변부

국가의 발전이 가능하다는 주장을 함

② 후기 종속 이론은 신흥공업국 등의 자본주의적 발전, 즉 탈주변부화 현상을 설명할 수 있다는 장점이 있음

2. 후기 종속 이론가

(1) 카르도소(F. H. Cardoso)의 '연합종속적 자본주의'

① 카르도소는 자본주의가 항상 주변부의 저발전을 야기한다는 주장에 이의를 제기하면서 종속적 상황에서도 자본주의의 발전이 가능함을 주장함

② 브라질의 경제학자이자 대통령인 카르도소는 종속상황에서도 주변부의 자본주의적 발전이 가능하다는 주장을 함

③ 카르도소는 해외자본(다국적 기업), 토착자본, 국가가 연합하여 종속의 구조화를 가져오지만 동시에 자본주의의 발전도 가능하다는 '연합종속적 발전'의 모델을 제시함

④ 카르도소에 따르면 중심부가 주변의 자율적 경제성장을 일차적으로 제약하고 결정하지만, 제3세계의 국내 정치·경제적 상황에 따라 다양한 대응책이 가능하기 때문에 제3세계의 내부적 전통과 구조를 함께 고려해야 함

(2) 에반스(P. Evans)의 '3자 연합'

① 에반스는 카르도소의 이론을 진전시켜 3자 연합(trio coalition) 이론으로 정교화함

② 에반스에 따르면 주변부 국가들의 탈주변부화 과정에는 '종속적 발전증후군'(분절·배제·억압)이 발견되고, 이 과정에서 군사관료적 신종과두제가 형성되는데, 이는 상층국가관료·국내자본·국제자본이라는 3자 연합의 지배구조임

③ 에반스는 신종과두제에 의한 정치적 억압이 결과적으로 시장의 실패 현상을 방지하는 기능을 수행한다고 주장함

제 3 절　세계체제 이론 : 월러스타인(Wallerstein) [40]

1 등장 배경

① **이론적 배경** : 세계체제론은 1960년대 전 세계적으로 사회과학을 지배했던 발전론 및 근대화론에 대한 비판으로서 1970년대에 등장함

② **현실적 배경**

　㉠ 신흥공업국가들이 달성한 경이로운 경제발전이 급진적인 종속 이론뿐만 아니라 좀 더 온건한 까르도소의 종속적 발전과 같은 기존의 이론들에 의해서도 잘 설명되지 못함

　㉡ 중국과 소련 간의 분쟁, 사회주의 국가들의 경제 침체와 위기 등 사회주의 국가권 내에서 발생한 위기들은 혁명을 통한 자본주의 경제로부터의 단절이라는 급진적인 선택이 후진국이 택할 수 있는 적절한 선택이 될 수 있는가에 대해 회의를 유발시킴

　㉢ 미국의 월남전에서의 패배와 워터게이트 사건, 그리고 1970년대 초의 석유 위기와 같은 국내외적인 상황의 변화는 자본주의 세계경제에 있어서의 미국의 패권적인 지위 쇠퇴라는 미국의 자본주의 위기를 보여줌

2 발전에 관한 타 이론과의 차이

① 종속 이론이 주변부의 저발전 연구에 초점을 두었으나 세계체제론은 후진국의 발전과 저발전에 관심이 있을 뿐 아니라 이들 이외의 전 세계 모든 지역의 경제·정치·사회적 발전과 저발전을 함께 이해하려고 함

② 분석의 단위 면에서 종속 이론은 국가를 단위로 하나 세계체제론은 자본주의 세계체제를 단위로 함

③ 종속 이론은 세계를 중심부와 주변부로 나누고 있으나 세계체제론은 이에 반주변부를 추가함으로써 신흥공업국가들이라고 불리는 일부 주변부 국가들의 독자적인 발전을 설명함

3 자본주의 세계체제의 등장 과정　2012년 출제

① 월러스타인은 국가나 사회를 분석 단위로 삼는 것을 거부하고 역사적인 체제를 분석의 기본 단위

40　박재영, 국제정치 패러다임(2015, 4판), 법문사, 581~597면

로 삼을 것을 주장하며 인류 역사상 지금까지의 체제로서 소규모체제, 세계제국, 세계경제가 있어 왔다고 주장함

② **소규모체제(mini-systems)**: 소규모체제란 내부에 하나의 완전한 분업과 단일한 문화적 맥락을 지니고 있는 체제이며, 문화적·지배구조 면에서 상당한 동질성을 보였다는 점이 특징임

③ **세계제국(world-empires)**: 세계제국은 서기 1500년까지의 기간에 등장한 역사적인 체제로서 다양한 문화유형을 포함하면서도 거대한 단일의 정치구조를 지님

④ **세계경제(world-economies)**: 1500년경에 자본주의 세계경제들이 등장했는데, 이들은 생산구조와 다수의 정치구조가 불평등하게 통합되어 있는 거대한 구조임

⑤ **자본주의 세계체제(world-systems)**
   ㉠ 자본주의 세계체제는 16세기 유럽과 중남미에서 등장하여 당시 존재했던 모든 소규모체제와 세계제국들을 흡수하였고 19세기에는 세계의 나머지 지역을 모두 포함하여 전 세계화됨
   ㉡ 19세기 말부터는 단 하나의 역사체제인 자본주의 세계체제만이 세계에 존재하게 됨

4 자본주의 세계체제의 특징

1. 노동의 분화

① **자본주의 세계체제의 특징**
   ㉠ 자본주의 세계체제는 세계적인 차원의 노동 분화와 생산의 전문화에 기초하고 있음
   ㉡ 세계경제가 등장한 16세기에 노동의 국제적 분화가 이루어졌고, 세계는 중심부, 주변부, 반주변부 지역으로 분화되어 특정의 상이하고 불평등한 경제적 역할이 맡겨지고 상이한 계급구조를 발전시킴
   ㉢ 세계체제란 다양한 문화체제를 갖춘 자본주의라는 단일한 분업 구조하에 편입되어 있는 중심부 – 반주변부 – 주변부 국가구조를 의미함
   ㉣ 세계체제론은 세계 자본주의체제 자체가 발전을 조건 지우기 때문에 이에 속하는 개개 국가들의 발전이라고 하는 문제는 개개 국가가 계획하여 추구한다고 해서 되는 것이 아닌 개개 국가가 통제할 수 있는 능력 범위 밖의 것이라고 봄

② **국가의 구조적 위치**
   ㉠ 월러스타인에게 있어서 중심부, 주변부, 반주변부라는 국가의 구조적 위치는 부분적으로는 국가 구조의 성질(강하고 잘 통합된 국가인지 여부)과 부분적으로는 노동통제의 형태에 의해서 결정됨
   ㉡ 각 지역의 특징
   • 중심부의 특징: 강력한 국가들로서 숙련된 노동과 높은 임금을 특징으로 하여 고임금 재화를 생산함
   • 반주변부의 특징: 주변부와 중심부의 특징을 모두 지니고 있으며, 중심부적 생산과 주변부적 생

산 사이의 대략적인 균형이 특징이고, 중심부에 의해서는 착취를 당하고 주변부에 대해서는 착취를 하는 존재임
- 주변부의 특징 : 주변부 국가는 힘이 약한 국가들로서 숙련되지 못한 노동과 낮은 임금을 특징으로 하여 저임금 재화를 생산함

③ 주변부 국가가 반주변부 국가가 되기 위한 세 가지 발전 전략
  ㉠ 수입대체 전략 : 어느 정도의 산업기반을 갖추고 있어 적기에 산업기반을 확장시킬 수 있는 주변부 국가에게 효과적임
  ㉡ 해외자본유치 전략 : 중공업 분야를 위시한 산업기반을 갖추고 있는 국가보다는 산업발전 경험이 부족한 경공업 중심의 주변부 국가에 효과적임
  ㉢ 자립경제확립 전략 : 외국으로부터의 압력을 극소화할 수 있는 주변부 국가들에 효과적임

④ 반주변부 국가가 중심부 국가가 되기 위한 전략 : 시장확장 방법
  ㉠ 이웃 국가들과 통합 또는 정복을 통해 정치적 국경을 확장시켜 국내시장을 확대하는 방법
  ㉡ 관세나 기타 무역장벽을 통해 수입을 억제해 국내시장을 보호하는 방법
  ㉢ 국내 생산품에 보조금을 지불해 생산비를 줄이는 방법
  ㉣ 임금을 올려 국내 구매력을 증가시키는 방법
  ㉤ 국내 소비자의 기호를 조절해 국내시장을 확대하는 방법

2. 주기적 리듬과 장기적 추세

① 월러스타인은 자본주의 세계경제의 특징 중 하나로서 확대와 수축이라는 주기적 리듬을 반복한다는 점을 제시하고 있음
② 확대와 수축은 40·60년을 주기로 반복하며 이를 콘드라티에프 파동과 관련이 있는 것으로 파악함
③ 팽창과 수축의 주기가 반복되면서 장기적인 추세를 형성하는데 그 장기적인 추세란 세계경제의 성장률이 시간이 지남에 따라 상승한다는 것임

3. 모순과 위기

① 모순은 단기적일 때 최적의 행동과 중기적일 때 최적의 행동이 서로 다르거나 상반되는 것이라는 체제의 구조에서 오는 제약 때문에 발생함
② 위기란 세계체제의 생존기간 동안에 단 한 번 나타나는 것으로 체제 내에서의 주기적 리듬, 장기적인 추세, 모순이 결합되어 체제 자체를 지속적으로 재생산해 내지 못할 때 발생함

5 자본주의 세계체제에서의 정치 : 안정의 근원

1. 국가들과 국가 간 체제

(1) 중심부 국가의 역할

① 중심부 국가, 특히 패권국은 세계 자본주의체제의 안정을 위해 중요한 기능을 수행하는데, 패권국은 모든 국가 간 거래를 지배하는 제도들을 강제함으로써 자본축적이 이루어질 수 있는 예측가능한 환경을 조성하는 중대한 역할을 수행하고 있음

② 패권의 주기

  ㉠ 부상하는 패권 단계 : 경제적인 확장과 중심부의 핵심적인 국가들 간에 치열한 경쟁을 특징으로 함

  ㉡ 패권의 승리 단계 : 패권국가가 실질적으로 등장하는 시기

  ㉢ 패권의 성숙 단계 : 새롭게 등장한 패권국이 산업생산, 농업, 공업, 상업, 재정적인 자원 면에서 우월한 지위를 확립함에 따라 경제적인 확장이 다시 시작하는 시기

  ㉣ 쇠퇴하는 패권 단계 : 패권국의 쇠퇴를 특징으로 하는 시기

③ 패권국 존재의 의의

  ㉠ 패권국이 존재함으로써 자본주의 세계체제가 일정한 질서를 유지할 수 있음

  ㉡ 패권의 순환은 경제의 팽창과 수축을 동반함

  ㉢ 패권국이 바뀌어 가면서 국가 간 체제가 자본주의의 효율적 작동에 필요한 안정을 확보할 수 없는 무정부적 상황을 피할 수 있도록 해줌

(2) 반주변부 국가의 역할

① 특징

  ㉠ 주변부 국가에 비해 상대적으로 일관성이 있고 효율적인 관리구조로 되어 있음

  ㉡ 권위주의 : 반주변부 국가의 권위주의적 요소는 노동자의 임금과 노동조건을 중심부 국가보다 낮은 상태로 유지할 수 있어 중심부 국가와의 경쟁에서 우위를 가질 수 있으며 그 결과 국가발전을 돕게 됨

② 반주변부 국가의 역할

  ㉠ 반주변부 국가는 세계체제의 불평등한 계층구조를 정당화시키고 중심부 국가들에 대한 주변부 국가들의 불만을 정치적으로 막아주는 방파제 역할을 수행함

  ㉡ 중심부 국가의 자본가들은 자신의 국가에 있어 임금이 상승하고 생산성이 저하될 때 이윤을 확보하기 위한 자본의 이동처로서 반주변부 국가를 필요로 함

(3) 주변부 국가의 역할

① 세계 자본주의체제에서 주변부 국가의 매판 계급이라고 불리는 존재 역시 체제의 안정에 중요한

역할을 함

② 주변부 국가의 매판 지배 엘리트들은 자신들이 소속되어 있는 국가의 이익보다는 중심부 국가의 이익을 증진시키는 방식으로 행동함

③ 중심부 국가와 다국적기업은 주변부 국가의 지배 엘리트들이 장악하고 있는 정권을 지원하기 위해 또는 지배 엘리트의 지위를 위태롭게 하는 정권을 전복시키기 위해 종종 직간접적으로 개입함

④ 주변부의 매판 지배 계급은 세계 자본주의체제의 불평등으로 인해 야기될 수 있는 긴장의 일부를 중화시켜 중심부 국가와 주변부 국가 간의 관계 안정에 기여함

2. 지문화(geoculture)

① 월러스타인은 지문화를 근대 세계체제의 문화적인 틀로서 세계체제를 효율적으로 기능하도록 하며 세계체제에 정당성을 제공하는 역할을 하는 것으로 파악함

② **지문화의 두 지주(pillar)**

㉠ 자유주의 : 보편적인 원칙을 국가의 조직과 행동에 적용하고자 함

㉡ 과학주의 : 보편적인 법칙을 찾아 궁극적으로 보편적인 이익을 위해 적용하는 데 관심을 두고 있음

③ 월러스타인은 지문화의 또 다른 필수 불가결한 요소로서 인종차별주의(racism)와 성차별주의(sexism)를 들고, 이들이 자본주의 세계체제 내에서 보편주의에 대한 강조에도 불구하고 불평등한 결과가 빚어지는 것에 대한 정당성을 제공한다고 보고 있음

6 자본주의 세계체제의 위기

1. 위기의 요인들

① **경제적 요인**

㉠ 경제적인 면에서의 위기는 자본주의 세계체제의 특징 가운데 하나인 모순에 뿌리를 두고 있음

㉡ 과거의 불황 극복 방법

- 지리적 확장 : 지리적으로 새로운 지역을 자본주의 세계경제체제로 포함시킴
- 자본주의 세계체제로 편입된 지역 내에서 자본주의적 경제관계를 심화시키는 방법으로 도시화와 상품화가 있음

㉢ 현재의 상황 : 월러스타인에 따르면 세계의 모든 지역이 이미 자본주의 세계체제에 포함되었으며, 또한 세계가 거의 도시화되고 상품화가 안 된 것이 거의 없기 때문에 전통적인 세계경제의 확장을 통한 모순의 극복책이 이제는 제대로 작동하지 않는 단계로 진입했음

② **정치적 요인**

㉠ 세계체제에 의한 불평등과 되풀이되는 대변혁으로 인해 다양한 세력으로부터의 반체제 운동이

있어 왔으나 반체제 운동은 포섭됨으로써 체제에 통합되어 옴
  ⓒ 반체제 운동의 포섭은 점차 감당하기에 힘든 비용을 동반하고 있으며, 개개 정부들은 자본축적 과정을 훼손시키지 않고 현행의 복지제공 수준을 유지하는 것이 점차 어려워지고 있음
  ⓒ 통신의 발달로 인해 불평등을 감추는 것이 더욱 어려워지면서 정치적인 요인에 원인을 둔 위기는 통신기술의 혁명적인 발전에 의해 더욱 심각해지고 있음
 ③ **지문화적 요인**
  ⊙ 자유주의의 위기 : 자유주의의 지배적인 지위가 1968년의 혁명적인 소요를 분수령으로 하여 치명적으로 훼손되어 오고 있음
  ⓒ 과학주의에 대한 도전 : 학자들은 과학주의의 핵심인 절대적인 진리에 대한 이상에 의문을 품고 우연, 불확실과 같은 개념을 강조하고 있음

2. 위기 이후에 대한 전망

① 위기란 세계 자본주의의 모순이 진행되어 자본주의의 정상적인 기능을 되돌리기 위한 어떠한 장치도 더 이상 효과적으로 작동하지 않는 지점에 도달한 것을 의미함

② **자본주의체제의 위기**
  ⊙ 1970년대 초는 미국의 헤게모니 체제의 퇴조, 세계적 축적의 위기, 국가 정당성의 위기, 세계체제의 지배적 이데올로기의 붕괴 등이 함께 일어난 중대한 시점임
  ⓒ 1970년대 초를 기점으로 위기와 더불어 다른 체제로의 이행기에 진입함

③ 다른 체제란 미리 정해진 바가 없는 우리가 집단적으로 어떻게 행동하는가에 따라 결정되는 체제임

제 5 장
대안 이론

제1절 성찰주의

1 비판 이론

1. **비판 이론의 의미**

   ① **비판 이론의 지적 전통** : 지식의 사회성을 강조하고 인간의 해방을 위한 이론 수립의 가능성을 제시한 1920년대 프랑크푸르트학파의 비판 이론을 기원으로 함

   ② **비판 이론의 내용**

   ㉠ 비판 이론은 사실이라는 것이 인식이 발생하는 사회적인 틀과 독립하여 인식될 수 있다는 전통적인 실증주의 이론을 비판하고, 사실이라는 것은 특정 사회와 역사의 산물이라는 견해를 가지고 있음

   ㉡ 전통적인 이론들은 인간사회를 자연과 마찬가지로 통제와 지배의 영역으로 바라봄으로써 인간생활의 조작을 부추기고 인간해방의 가능성에 무관심함

2. **콕스(Cox)의 비판 이론** 2009년, 2021년 출제

   (1) 문제해결 이론과 비판 이론

   ① 콕스는 이론이란 중립적인 것이 아니라 항상 특정의 누군가와 특정한 목적을 위한 것이라고 보고 이론을 두 가지로 분류함

   ② **문제해결 이론** : 문제해결 이론은 세계를 있는 그대로 받아들이고 현존하는 관계와 제도가 좀 더 원만하게 작동하도록 하는 데에 주의를 집중하는 현상 유지적인 이론임

   ③ **비판 이론**

   ㉠ 비판 이론은 현존하는 세계의 질서로부터 한 걸음 물러나 이러한 질서가 어떻게 도래하였는가를 묻고 인간해방을 위한 비판적인 지식을 구축하고자 하는 이론임

   ㉡ 비판 이론의 목적 : 이론에 숨겨져 있는 관점을 찾아내어 비판하는 것임

   ㉢ 비판 이론의 역할 : 비판 이론은 전체의 윤곽을 통해 문제에 접근하며 부분과 전체 사이의 작동과정을 중시하면서 역사적 변화과정을 중요하게 여김으로써 기존 질서를 뛰어넘어 다른 사회 정치적 질서를 선택할 수 있는 가능성을 넓혀줌

   ㉣ 비판 이론의 성격 : 비판 이론은 인식과는 독립적으로 존재하는 외부세계에 있어서 이미 존재하고 있는 사실들을 찾아내는 것에 관심을 두고 있는 전통적인 실증주의 이론들과는 다른 규범적 이론이며 역사 이론임

   (2) 역사적 구조

① **역사적 구조의 개념** : 역사적 구조란 기회를 만들어 행동에 제한을 가하는 힘의 양태를 의미함

② **힘의 개념** : 힘이란 물적 능력, 생각, 그리고 제도를 의미함

　㉠ 물적 능력 : 기술능력이나 천연자원과 같은 것을 의미함

　㉡ 생각 : 사회관계 본질에 대한 공유된 사고나 사회질서에 대한 집단적인 이미지를 의미함

　㉢ 제도 : 특정 질서를 안정화시키고 영속화시키는 수단으로서 이들이 만들어진 시점에 있어서의 권력관계를 반영함

③ **역사적 구조의 형성과 변화**

　㉠ 역사적 구조는 집단적인 활동에 의해 만들어지는 지속적인 사회적 실제이자 집단적인 인간 활동을 통해 변화됨

　㉡ 역사적 구조는 사회구조로서 물리적인 실체가 아닌 사회구성원들의 상호 주관적인 인식을 통해 형성되며, 일단 형성되면 구성원들의 사고와 행위를 통제하게 되나, 사회구성원들이 현존하는 질서에 대해 상호 주관적인 인식을 다르게 하고 대안적인 사회구조를 지지할 경우 사회구조는 변화하게 됨

④ **콕스의 비판 이론 특징**

　㉠ 콕스의 비판 이론은 역사적이고 구조적인 측면을 강조하는 이론으로서, 주체와 객체의 관계에 주안점을 둔 성찰적이고 역사적인 방법을 강조하는 이론임

　㉡ 콕스의 비판 이론은 전통적인 이론들이 주어진 것으로 받아들이는 것이 어떻게 어떤 역사적·사회적인 힘에 의해 생성되고 변화하고 있는가에 초점을 두고 있음

(3) 패권의 의미

① 콕스에게 있어 패권이란 이념적으로 광범위한 동의의 조치에 기초한 질서를 창출하고 지도적인 국가와 지도적인 계급의 지속적인 우월성을 확보함과 동시에 덜 강력한 국가들에도 만족한 조치 혹은 전망을 제공하는 일반원칙에 따라 기능하는 특별한 종류의 지배를 의미함

② 콕스에게 패권은 힘의 강제적인 요소뿐만 아니라 합의적인 요소 모두를 함께 가져오는 것이며, 패권이란 물질적인 힘의 양태, 세계질서에 대한 지배적인 집단적 이미지, 그리고 일단의 제도로부터 기인하는 것으로 봄

③ 콕스는 패권적인 세계질서를 수립하고 유지하는 데 있어서 생각(ideas)의 역할을 주목함

(4) 신현실주의에 대한 비판

① 콕스는 신현실주의가 자신들의 국제정치이론을 객관적이라고 하나, 지식의 사회적 성격을 지적한 바대로 문제해결 이론으로서 특정의 목적을 위한 이론으로 보고 있음

② **신현실주의의 탈역사성(몰역사성)을 비판**

　㉠ 보편적이라고 인식되는 본질도 결국 특정한 역사적 단계와 특정한 사회관계 구조로부터 나온 것에 불과함

　㉡ 신현실주의자가 일견 보편적이고 영원하다고 하는 국제체제의 구조는 실제로는 특별한 역사적 조건의 특수한 결과에 불과함

2 탈근대론(Postmodernism)

1. **탈근대론의 의미**

    ① 탈근대론은 해체주의 혹은 탈구조주의라고 불리며 구조에 대한 해체에 핵심을 두고 있음
    ② **탈근대론의 내용**

    ㉠ 탈근대론은 근대성이라고 하는 것이 계몽사상이 말하고 있는 것처럼 인간을 무지와 미신으로부터 해방시켜 인간성을 완성하는 방향으로 나아가도록 하는 진보의 이념이 아니고 단지 서구의 특수한 역사적인 산물임을 강조함
    ㉡ 탈근대론은 거대한 구조, 진리, 현실이란 권력의 행사를 통해 부과되고 선택된 것으로서 이들을 인정하기를 거부하고, 각 주체의 입장에서 이를 해체하려 하며 같은 맥락에서 보편적인 진리의 존재를 거부함
    ㉢ 탈근대론은 권력과 지식과의 관계에 있어서 권력이 지식을 만든다고 주장함
    ㉣ 권력 모두는 지식을 필요로 하고 지식 모두는 현존하는 권력관계에 의존하며 권력관계를 강화한다는 견해를 가지고 있는 탈근대론은 권력 밖에 존재하는 진리란 존재하지 않음을 강조함
    ㉤ 탈근대론은 국가의 행동방식을 결정짓는 중요한 원동력으로서 생각과 담론을 중요시함

2. **신현실주의에 대한 문제 제기 : 애쉬리(Ashley)**

    ① 애쉬리는 신현실주의가 시간과 장소를 떠나 보편타당한 이론적인 명제라고 주장하는 것들이 사실은 한시성을 지닌, 그리고 특정한 역사적인 배경 속에서 사상가가 의도성을 지니고 창출해낸 가상적이고 선험적인 개념이라고 주장함
    ② 신현실주의가 세상을 고정적이고 알 수 있는 것으로 바라보는 데 반해 탈근대론은 세상에 대한 끊임없는 해석의 가능성을 강조하고 항구적이고 고정된 의미란 존재하지 않고 단지 해석만이 있다는 입장임
    ③ **현실주의 비판**

    ㉠ 탈근대론은 현실주의 담론이 복합적인 국가 간 정치를 지나치게 경직된 단일한 이해의 틀로 단순화시켜 새로운 대안적인 해석을 막아왔다고 지적함
    ㉡ 현실주의 담론은 국제정치에 관한 담론을 지배해 옴으로써 새로운 담론의 수립에 커다란 장애가 되어 왔음
    ㉢ 현실주의 담론이 평화와 조화를 강조하는 새로운 담론으로 대체될 때에 비로소 국제체제는 좀 더 평화로울 수 있음
    ㉣ 새로운 담론이 널리 퍼져 실제의 세계로 구현되기 위해서는 전문가들로 구성된 인식 공동체의 역할이 중요함

3 역사사회학(Historical Sociology)

1. 역사사회학의 주된 관심

① 역사사회학은 사회라고 하는 것이 역사를 통해 어떻게 발전해 나가는가의 방식에 큰 관심을 가지고 있음

② 역사사회학은 우리가 당연하고 자연스러운 것으로 생각하고 있는 구조라고 하는 것을 복잡한 사회과정의 생산물로 보고 이들이 구체적으로 어떻게 생성되며 일단 형성된 구조가 어떻게 변화되는가에 관심을 보임

③ 역사사회학은 역사를 통해 상이한 형태의 국가들이 존재했음과 더불어 이러한 형태의 국가들이 어떻게 무슨 이유로 다른 형태로 변화되는가에 관심을 가짐

2. 논의의 활성화 배경

① 냉전의 종식과 더불어 가속화된 국가 위상의 변화는 국제정치학으로 하여금 역사사회학에 눈을 돌리게 함

② 일국의 중앙정부는 밖으로는 초국가적인 행위자들로부터 전통적인 권한의 많은 부분을 잃어가고 있으며 안으로는 지방정부나 비정부기구와 같은 존재에게 전통적인 역할을 내어주고 있으나, 국가를 선험적으로 주어진 존재로서 이해하고자 하는 합리주의 국제정치이론으로서는 제대로 설명이 곤란함

제 2 절 구성주의 [41]

1 구성주의 이론의 역사와 등장 배경

① **역사**

　㉠ 오너프(Nicholas Onuf)의 '우리가 만든 세계'라는 책에서 구성주의라는 말을 사용함

　㉡ 1992년 웬트(Alexander Wendt)가 '무정부성이란 국가들이 스스로 만들어낸 것 : 권력정치의 사회적 구성'(Anarchy is what States Make of it : The Social Construction of Power Politics)이라는 논문 발표

---

[41] 박재영, 국제정치 패러다임(2015, 4판), 법문사, 649~666면

② **등장 배경** : 기존 이론의 설명력 한계

③ **대표학자** : 웬트(Alexander E. Wendt), 오너프(Nicholas G. Onuf), 크라토크윌(Friedrich V. Kratochwil), 체켈(Jeffrey T. Checkel) 등

---

2 웬트의 구성주의 이론 2012년, 2013년, 2015년, 2018년, 2020년 출제

1. 행동 기준으로서의 객체에 부여된 사회적 의미

① **신현실주의 이론과 신자유주의 이론은 물질주의적 관점**
- 객체가 관념과 같은 매개자 없이 행위자의 행동에 직접적인 영향을 미친다고 생각함

② **구성주의**
- ⓘ 객체에 부여된 사회적 의미 중시
- ⓛ 사람들은 객체 자체가 아닌 객체에 대해 그들이 가지는 의미에 기초하여 행동함
- ⓒ 사회적 의미 : 객체에 대해 가지는 주관적 의미는 역사·관념·규범·믿음과 같은 요소들이 복합적으로 결합되어 구성됨
- ⓔ 사회적 의미는 행위자 간 상호작용을 통해 공유함으로써 집단적 의미가 되어 국가의 행동에 영향을 미침

2. 관념적 구조로서의 국제체제의 구조

① **신현실주의** : 국제체제의 구조를 물질적 요소로 구성된 물질적 구조로 인식함
- 물질적 국조는 국가들과 관계없이 외부적으로 주어진 것

② **구성주의**
- ⓘ 국제체제의 구조를 물질적 구조라기보다 관념적 구조로 인식함
- ⓛ 관념적 구조의 의미
  - 실재하는 구조가 아니라 가상적으로 존재하는 구조
  - 국가들의 상호작용을 통해 구성된 사회적 구조라는 의미, 지적인 창조물

③ **국제체제의 구성요소** : 물적 자원, 공유된 지식, 실제적인 행위
- ⓘ 물적 자원 : 구조의 유일한 요소가 아니라 구성요소의 일부
  - 공유된 지식이라는 다른 구성요소를 통해서만 의미를 획득함
- ⓛ 공유된 지식 = 문화
  - 행위자들이 상호작용을 통해 공유하게 된 이해·기대·가치·규범 등을 의미함
  - 안보 딜레마

ⓒ 실제적인 행위 : 사회적 구조가 행위의 머릿속이나 물질적인 능력 속에 존재하는 것이 아니라 실제적인 행동 속에 존재한다는 것을 의미함
- 사회적 구조는 실제로 행동하기 때문에 존재하며 이러한 실제적인 행동은 사회적 구조를 지속적으로 재생산함

3. 정체성과 이익의 구성

① **구성주의 주장의 핵심** : 상호작용을 통해 간주관적으로 공유된 관념이 정체성을 구성하고, 이러한 정체성이 이익을 구성하며, 이러한 이익이 국가의 행동에 영향을 미침

② **신현실주의와 신자유주의의 한계** : 정체성과 이익의 형성 과정 및 변화 과정을 설명 못 함

③ 구성주의에 따르면 행위자의 정체성과 이익은 사회적으로 구성되고 행위자의 행동에 영향을 미침

④ **정체성의 획득 과정**
  ⓐ 행위자의 정체성은 행위자가 다른 행위자들과 상호작용을 통해 집단적 의미에 참여함으로써 획득됨
  ⓑ 국가 정체성
    - 집합적 정체성 : 국가가 다른 국가와의 상호작용 이전에 가지는 정체성
    - 사회적 정체성 : 상호작용을 통해 획득하는 정체성

⑤ **집단적 정체성** : 자신과 남이 동일시되는 것
  - 정체성의 사회화와 학습을 통해 구성됨

4. 무정부성의 다중적 논리 2015년 출제

① **무정부성**
  ⓐ 상호작용을 통해 형성된 사회적 구조
  ⓑ 공유하는 지식의 내용에 따라 무정부성의 의미 변화 가능

② 적으로 인식할 경우 홉스적인 행동 논리가 가능하고, 경쟁자로 인식할 경우 로크적인 행동의 논리가 가능하고, 친구로 인식할 경우 칸트적인 행동의 논리가 가능함

5. 구조와 행위자의 상호구성 2022년 출제

① **체제의 구조** : 행위자들의 공유된 관념이 만들어낸 사회적 구성물

② 일단 형성된 국제체제의 구조는 행위자의 행동에 영향을 미침

③ 구조와 행위자는 상호구성하는 관계

6. 국제제도의 생성과 영향

   ① **국제제도** : 간주관적인 것으로서 상호작용을 통해 구성된 것

   ② 국제제도는 국가들의 집단적 결과물이자 국가의 행동에 영향을 미치는 존재

   ③ 국가 간 공유 가능한 문화적·규범적 기반 확장 시 집단적 정체성 형성이 가능하며 갈등 축소가 가능함

   ④ 구성주의 이론은 규범에 기초한 이론으로서 적합성의 논리에 기초하고 있음

   ㉠ **규범적 구조** : 행위자의 행동에 규범적인 영향 행사

   ㉡ 국제제도는 문화적인 맥락에서 적합하고 정당성이 있는 것으로 보이기 때문에 창출됨

7. 변화와 과정에 대한 동태적 설명 및 합리주의와 성찰주의의 결합

   ① 구성주의는 국가 간 상호작용을 통해 국가 정체성과 국가 이익의 변화를 설명하고자 함

   ② 정체성과 이익은 변화 가능하며 이에 따라 국가 간 행동의 변화도 가능함

   ③ **합리주의와 성찰주의의 결합**

   ㉠ 구조를 물질적이며 관념적 구조로 인식함

   ㉡ 성찰주의를 실증주의적 방법으로 연구함

   ㉢ 사회현상에 대한 과학적 접근과 국가를 주요 행위자로 인정하고 국제체제 수준의 이론화를 추구함

---

3 웬트의 주장

① **국제체제의 구조** : 국제체제의 구조는 사회적 관계의 산물인 사회적 구조이며, 사회적 구조는 물적 자원과 공유된 지식, 그리고 관례화된 행위로 구성됨

② **안보 딜레마** : 안보 딜레마는 국가들이 서로 불신에 차 있어 다른 국가의 의도에 대해 최악의 경우를 가정하게 되고, 그 결과 자력구제의 행동 원리를 따르게 된다는 간주관적 이해로 구성된 사회구조임

③ **안보공동체** : 국가란 전쟁 없이 분쟁과 갈등을 해결하기 위해 서로를 신뢰한다는 공유된 지식으로 구성된 사회구조임

④ 공유된 지식이라는 집단적 의미가 우리의 행동을 조직화하는 구조를 정의하며 행위자들은 이러한 집단적 의미에 참여함으로써 이익과 정체성을 획득하게 됨

⑤ **국제제도**

㉠ 국제제도는 안정적인 일단의 정체성과 이익의 구현물에 해당함

㉡ 자력구제란 상호작용 이전에 형성된 것이 아니라 상호작용으로부터 나온 것으로서 무정부하에서

의 정체성과 이익의 유일한 표출물은 아니며, 국가들이 자력구제의 상황에 있다고 한다면 이것은 국가들의 집단적인 공유된 생각이 그렇게 되도록 만들었기 때문임
⑥ 결론적으로 국제체제의 구조는 물적인 힘보다 관념적인 힘에 의해 결정되고, 행위자들의 정체성과 이익이라는 것은 선험적으로 주어지는 것이 아니라 공유된 관념에 의해 사회적으로 구성되며, 구조와 행위자는 상호작용의 과정을 통해 서로를 동시에 구성한다는 입장임

4 구성주의와 전 세계적 동질화 과정

① **확산(diffusion)**
  ㉠ 의미 - 특정한 조직 유형, 실천, 규범, 전략 또는 신념이 사람들 사이에서 전파되는 현상
  ㉡ 원인
   • **제도적 동형성**: 동일한 환경을 공유하는 조직들이 시간이 지나면서 서로 닮아 가는 현상으로 다양한 유형이 시간이 지나면서 다양성이 하나의 유형으로 순응하고 수렴하는 것을 말함
   • 국가들이 타국으로부터의 인정, 정당성 그리고 자국의 위신을 원하기 때문
  ㉢ 확산 방법
   • **강요**: 식민주의와 강대국의 강요는 자본주의 확산에서 두드러지게 나타남
   • **전략적 경쟁**: 경쟁자들은 경쟁 영역에서 대등하게 대치하기 위해 비슷한 체계를 채택할 가능성이 큼
  ㉣ 유사한 이념과 조직을 채택하는 이유
   • 국가는 새로운 제도의 우월성 때문이 아니라 다양한 공동체에서 자신도 그 집단의 일원임을 알려 필요한 자원을 확보하기 위해 새로운 제도를 채택함
   • 불확실성의 시대에 국가는 성공적이거나 정당하다고 인식되는 제도를 채택할 가능성이 높음
   • 국가는 자신도 강대국이라는 상징적 지위를 위해 강대국들의 특정 유형의 제도를 채택함
   • 전문가 단체와 전문가 공동체도 조직 모델을 확산시키는데 기여함

② **사회화(socialization)**
  ㉠ 의미: 국가가 변화를 통해 그 집단의 기존 회원들과 정체성, 이익, 방식을 일치시키며 국가의 행태를 변화시켜 그 집단의 행태와 일치시키는 현상
  ㉡ 앨리스테어 존스턴(Alistair Iain Johnston): 중국의 사회화 과정 탐구
   • 국가 관리들은 불확실성에 직면하여 최선의 결정이 필요할 때 다른 사람들이 잘 이용하는 관행들을 모방하여 선택함
   • 국가 관리들은 세계에 대한 새로운 사고방식의 우월성을 확신했을 때 설득되어 사회화가 진행됨
   • 사회화의 일부 경로는 행동의 비용과 편익을 강조하는 합리주의자들과 유사하고 또 일부 경로는 더 넓은 공동체에 의해 수용되고자 하며 배우려는 의지를 보여주는 구성주의자들과 유사함

③ **규범의 생활 주기(life cycle of norms)** : 규범의 국제화와 제도화 2021년 출제
- 핀모어(Martha Finnemore)와 시킨크(Kathryn Sikkink)는 규범의 세 가지 규정 단계를 제시함

㉠ 제1단계 : 규범 출현
- 규범 기업가(norm entrepreneur)는 이 단계에서 쟁점에 주의를 환기하거나 이름을 붙이고 이를 해석하고 극화함으로써 쟁점을 만들어 내어 더 광범위한 대중의 주의와 관심을 끌어냄
- 규범 기업가들은 변화를 도입하는 데 관심이 있기 때문에 비정부기구나 국제기구에서 주로 일함

㉡ 제2단계 : 규범 폭포
- 이 단계에서 규범은 많은 사람을 통해 확산되며, 이는 순응을 위한 압력, 국제적 정당화의 향상, 그리고 자부심을 향상시키려는 국가 지도자의 욕망에 기인함

㉢ 제3단계 : 규범의 내면화
- 이 단계에서 규범은 당연시되는 특성을 확보하여 더 이상 논쟁의 대상이 되지 않으며 자동적으로 존중됨

제3절 여성주의 이론 - 젠더와 세계정치의 관계

1 자유주의적 여성주의

① **기본 입장** : 사회의 기본단위는 개인이고 개인은 평등하므로 여성과 남성은 평등하다는 입장

② **핵심 주장** : 권력과 정치 활동, 특히 국제정치 영역에서 여성이 배제되고 있음을 주장함

③ **해결책** : 여성에게 국제정치에 참여할 수 있는 법적·제도적 권리보장 장치가 필요함

④ **Enloe** : 전통 국제 이론에서 여성은 무시되거나 경시되고 있는데 세계정치에서 여성과 남성은 동등한 권리와 의무가 있음을 주장함

2 사회주의적, 마르크스주의적 여성주의

① 여성의 삶을 결정하는 물질적인 힘, 경제적인 힘의 역할 강조

② **사회주의적 여성주의** : 가부장제와 자본주의가 여성 불평등의 원인이며 해결책은 사회주의 혁명임

③ **마르크스적 여성주의** : 여성의 불평등 원인은 자본주의 자체에 있으며 평등은 혁명을 통해 가능함

3 관점적 여성주의

① **여성의 관점을 통한 정치 해석 필요** : 남성적 관점의 거부

② 여성이 세계를 바라보는 관점의 형성 과정에 관심을 가질 필요가 있음

③ 이제까지 여성의 관점은 남성에 의해 형성되었기 때문에 남성에게 유리한 국제정치가 형성되었기에 국제정치에서 남녀평등이 이루어지기 위해서는 앞으로 여성 고유의 관점 형성이 남녀평등을 이루는데 대단히 중요함

4 탈근대적 여성주의

① **근대성에 대한 비판** : 섹스와 젠더의 구분 비판

② **섹스와 젠더의 구분에 의문** : 구분은 곧 권력관계를 형성함
- 섹스와 젠더의 구분 : 남성과 여성의 이분법을 존속시킴

③ **젠더 수행성** : 젠더는 섹스로부터 형성된 것이 아니라 사회적 관계를 통해 형성됨

5 탈식민주의적 여성주의

① 전 지구적 범위의 계급, 인종, 젠더 문제에 관심

② **지구 남반구의 유색 여성의 상황** : 지구경제체제에 종속되어 있음

㉠ 기존 이론들은 선진국의 여성에만 관심을 가지고 있으며 지구 남반구의 여성은 무시하는 태도를 보임

㉡ 문화 제국주의와 신식민주의에 의해 남반구 여성은 이중적 고통을 겪고 있음

③ 다양한 여성들의 이질성에 대한 강조와 다양한 활동 양상의 필요성을 강조함

제 4 절 문명충돌론[42] 2022년 출제

1 서론

① 탈냉전 시대의 국제체제 안정성에 대한 다양한 예측이 제기되고 있는데, 후쿠야마를 비롯한 자유주의 진영에서는 탈냉전 시대의 국제질서 안정성을 주장하고 있고, 탈냉전 질서를 다극질서로 이해하는 구조적 현실주의자들은 탈냉전 질서가 양극적 세력균형체제로 이해되는 냉전체제에 비해 불안정성이 높아졌다고 주장하고 있음

② **헌팅턴(Samuel P. Huntington)**: 헌팅턴은 냉전기 갈등구조가 이념을 중심으로 나타났지만, 탈냉전기 갈등은 종교를 기반으로 하는 문명 간 갈등으로 나타날 것으로 보고 문명충돌론을 주장함

2 헌팅턴의 문명충돌론

1. 헌팅턴의 인간관

① 헌팅턴에 따르면 인간은 권력을 추구하고 정체성을 필요로 하는 존재임

② 인간은 부족, 민족, 신앙공동체, 국가에서 자신의 정체성을 찾지만, 가장 포괄적인 차원에서는 문명이라고 하는 문화적 집단에 자신을 귀속시키며 자신의 정체성을 확보함

③ 인간은 특정한 상황마다 타인과 자신을 구별함으로써 스스로를 정의하는데, 이를 배제에 의한 정체성 획득이라 하며, 헌팅턴은 인간에게 배제에 의한 정체성을 획득하기 위한 가장 강력한 문명적 매개체는 종교라고 주장함

2. 분석단위로서의 문명

① **문명의 개념**

   ㉠ 헌팅턴은 문명과 문화를 엄격하게 구분하지 않고 문명과 문화를 모두 사람들의 총체적 생활방식을 가리키는 개념으로 파악함

   ㉡ 문명은 가장 광범위한 문화적 실체로서 마을, 지역, 민족집단, 국민, 종교집단 등과 같은 하위의 문화적 실체를 포괄하는 가장 상위 수준에 있는 사람들의 문화적 결집체이며, 인간 정체성의 가장 큰 외연을 구성함

② **현존하는 문명권**

---

[42] 현대 국제이론과 한국(2004), 사회평론, 562~583면

㉠ 탈냉전 시대에 서로 동질화될 수 없는 여덟 개의 서로 다른 문명이 존재하고 있고 세계정치의 협력과 갈등은 문명권을 중심으로 새롭게 재편되고 있다고 보고 있으며, 그러한 문명권은 중화, 일본, 힌두, 이슬람, 정교, 서구, 라틴아메리카, 아프리카임

　　　㉡ 인간들은 문명에 기초하여 자신의 정체성을 확인하고 다른 문명권의 사람들을 적으로 인식함

　③ **문명 내의 위계질서**

　　　㉠ 대립하는 각각의 문명권 내부에는 핵심국, 소속국 및 친족국, 고립국, 단절국, 분열국 등의 위계적 질서로 짜여 있음

　　　㉡ 한 문명의 핵심국은 그 문명의 소속국들이 자기 문화의 근원으로 간주하는 성지를 가지고 있으며 가장 막강한 힘을 소유하고 있음

3. 문명 간 권력 이동 `2008년 출제`

　① 헌팅턴은 서구 문명의 상대적 쇠퇴와 문명 간 권력 이동을 예견함

　② 헌팅턴은 서구 문명이 앞으로도 가장 강력한 문명의 위치를 고수할 것이나, 그 상대적 힘은 점점 약화되고 있다고 주장함

　③ 비서구 문명권에서는 중화와 이슬람 문명권이 상대적으로 부상하고 있는 것으로 인식함

4. 문명충돌

　① **서설**

　　　㉠ 헌팅턴은 문명 정체성과 배제의 정체성이 강화되면 결국 문명 간 충돌로 치닫게 된다고 주장함

　　　㉡ 특히 중화 문명과 이슬람 문명이 연대하여 서구 문명에 대항할 것으로 예측함

　　　㉢ 보편주의에서 오는 서구의 오만함, 종교에서 오는 이슬람의 편협함, 경제력에서 오는 중화의 자존심이 개인과 국가의 권력추구적 성향과 맞물려 문명충돌이 발생함

　② **단층선 분쟁**

　　　㉠ 단층선 분쟁은 상이한 문명에 속한 인접국들 사이에 또는 한 국가 안에 상이한 문명에 속한 집단들 간에 발생함

　　　㉡ 이러한 분쟁은 근본적인 정체성을 건드리므로 심한 폭력과 유혈사태를 낳고 친족국 증후군(kin-country syndrome)이 작동하면서 장기화됨

　③ **핵심국 분쟁**

　　　㉠ 핵심국 분쟁은 서로 다른 문명을 이끌어가는 핵심국들 사이의 분쟁을 말함

　　　㉡ 단층선 분쟁에서 핵심국의 각각은 분쟁집단을 지원하게 되는데 이로 인해서 다른 문명의 핵심국과의 전면전이 발생할 수 있음

　　　㉢ 문명들의 세력균형에 변화가 오는 경우 핵심국들의 전쟁이 일어날 수 있음

　④ **2010년 전쟁 시나리오**

㉠ 헌팅턴은 보다 구체적으로 2010년 문명 간 전면전을 예고하고 있음

㉡ 2010년 전쟁 시나리오는 한 문명의 핵심국이 다른 문명의 핵심국과 그 문명의 일원국 사이에 벌어진 분쟁에 개입함으로써 전쟁이 전 세계로 확산된다는 내용으로 구성되어 있음

⑤ **전쟁 방지책** : 헌팅턴은 대규모 문명 전쟁을 방지하기 위해서는 핵심국들이 다른 문명 내부의 분쟁에 개입하지 말아야 한다고 제안함

5. 서구의 생존전략 : 서구 고립주의

헌팅턴에 따르면 중국과의 경쟁에서 살아남고 서구 문명을 유지하기 위해서는 미국은 국내적으로 문화다원주의가 아닌 서구적 가치로 하나가 되어야 하고, 대외적으로 유럽과 확고한 대서양 공동체를 구축함과 동시에 다른 문명권에 대해서는 확실한 배제정책을 적용해야 함을 주장함

6. 보편 문명화에 대한 부정

① 헌팅턴은 지구상에 단일 보편 문명의 존재를 부정함

② 헌팅턴에 따르면 후쿠야마 식의 문명전파론적 계몽주의자들의 주장과 달리 비서구사회는 그들 자신의 문화를 버리거나, 서구적 가치나 제도, 그리고 관행을 채택하지 않고서도 근대화를 할 수 있고, 또 근대화를 해 왔으며, 8개의 문명은 각각 독자적 정체성을 보유한 채로 갈등적으로 공존하고 있다고 보고 있음

---

3 비판

1. 뮐러(Harald Müller)

① **서설**

㉠ 뮐러는 '문명의 공존'이라는 책에서 헌팅턴의 문명충돌에 관한 패러다임을 "엉터리 면도사의 손에 들린 오컴의 면도날"이라고 비판하며 문명 간 공존 가능성을 모색하고 있음

㉡ 근대화와 지구화를 통해 문명 간 공동 가치 영역으로 형성되는 사회세계에서 문명 간 공존 가능성이 있다고 주장함

② **유교-이슬람 동맹론 비판**

㉠ 헌팅턴은 중국과 북한이 파키스탄, 이란, 이라크, 시리아를 상대로 무기를 판매하여 핵 기술을 협력하고 있다며 이를 서구에 대항한 유교-이슬람 동맹으로 이해하고 있음

㉡ 서구의 대 이슬람 국가 무기 판매량이 북한 판매량의 10배가 넘는다는 사실을 의도적으로 간과한 편파적 해석임

③ **문명 구분 비판**

- ㉠ 헌팅턴은 세계 문명을 종교를 중심으로 나누고 있는데 이는 두 가지 오류를 갖고 있음
  - 세계 도처에서 진행되는 세속화와 탈신화 경향을 고려하지 않고 있음
  - 헌팅턴은 문명이라는 개념을 독일에서 이해되는 문화의 의미로 축소해서 사용하고 있음
- ㉡ 종교가 결정적인 척도가 되는 가치체계로만 문명을 이해하고 있으며, 헌팅턴의 문명개념에는 물질적 요소인 경제방식, 기술, 통치체제, 사회구조, 법체제 등이 배제되고 있음
- ㉢ 정신적 가치체계는 물질적 기반을 가능하게 하는 경제구조, 기술, 법체제와 상호작용을 통해 끊임없이 유동하며 발전을 거듭하고 있으며, 따라서 문명을 정신적 가치만으로 축소, 고정하고 대립시키면서 그 대결을 예측하는 것은 위험함

④ 분석단위로서 문명의 문제
- ㉠ 국가들은 안보에 대한 우려로 문명권 내에서 패권국이 등장하여 세력균형을 깨는 경우 문명 내 국가 간 뿐만 아니라, 다른 문명권 국가와 동맹을 형성하여 패권 등장을 저지함
- ㉡ 문명 충돌 시나리오가 신빙성을 가지려면 지배적인 핵심국을 중심으로 문명적 패권이 형성되어야 할 것이나, 국가들은 문명권을 초월해서라도 패권 등장을 저지하고자 하므로 문명 충돌 시나리오는 현실성이 없음

⑤ 사회세계의 형성과 문명의 공존
- ㉠ 근대화, 민주화, 교역국가들이 존재하는 국제사회는 전 지구적으로 하나의 통일된 단위인 세계사회는 아니더라도 여러 사회가 자립적으로 NGO를 통해 연결된 초국적 시민사회를 의미하는 사회세계의 형태를 띠게 됨
- ㉡ 지속적인 근대화 과정에서 교역국가가 나오며, 교역국가의 역동성과 시민사회로부터 국제협력체제와 사회세계가 형성되고, 사회세계는 개별 문명을 변화시켜 공동의 가치영역으로 작용하며, 이러한 과정을 통해 문명 간 공존과 소통이 가능함

⑥ 평가
- ㉠ 뮐러는 자유주의에 내재되어 있는 이성을 사용할 인간의 용기를 상기시켜주고 평화와 문명공존에 대한 인류의 희망을 구체화시켜 주고 있음
- ㉡ 뮐러가 헌팅턴과 다른 것은 문명 간 갈등 가능성도 부인하지 않으면서 인간의 의지를 통해 문명의 공존에 대한 가능성을 열어 놓고 있다는 점임

2. 분석단위의 적절성

① 헌팅턴은 갈등의 주체를 국가로 상정하는 냉전적 사고로 탈냉전기 분쟁 양상을 설명할 수 없다고 보고 종교에 기반한 문명을 분석단위로 상정하며, 문명을 주요한 분석단위로 상정함으로써 기존 국제정치이론이 분석단위를 국가로 보는 것과는 다름

② 실증적 비판
- ㉠ 뮐러가 제시하였듯이 같은 문명권 내에서 패권의 등장에 대해 같은 문명권 국가들은 이를 저지하려는 태도를 보여줌
- ㉡ 1991년 걸프전 당시 아랍국가들은 이라크를 지원하기보다 미국을 비롯한 서방측에 가담하였음

ⓒ 동남아 국가들 역시 중국의 부상을 환영하기보다는 이를 위협으로 받아들이면서 미국 등 문명권 외부국가들과 연대를 모색하고 있음

② 2003년 미영 연합군의 이라크 침공 시 서구 문명에 속하는 프랑스와 독일은 강력히 반발하였으며, 또한 아랍국가들 역시 방관하거나 미영 연합군을 지원하였음

③ 뮐러가 지적하듯, 현재 세계정치에서 문명적 가치는 기껏해야 국가의 행위를 정당화하는 구호로는 동원되지만, 개별국가는 궁극적으로 자국의 이익, 위신, 권력을 추구하며, 문명적 가치나 이익은 그것이 국익에 반하지 않을 때만 효력을 발휘할 뿐임

3. 신냉전적 구상

① 비서구 국가들의 입장에서 볼 때, 헌팅턴의 문명충돌론은 냉전 이후 새로운 적을 찾아 미국의 패권적인 대외정책을 정당화하고자 하는 미국 내 강경보수파들의 입장을 대변하는 이데올로기적 고안물에 불과함

② 헌팅턴을 비롯한 강경보수파들은 미국의 적을 외부에 만들어냄으로써 서구 세력을 단결시키는 한편, 미국의 패권전략을 정당화하고자 함

4. 오리엔탈리즘 [2021년 출제]

① 에드워드 사이드(Edward Said)는 '오리엔탈리즘'이라는 책에서 서구인들이 보는 동양은 동양 본래의 모습이 아니라 부정확한 정보와 왜곡된 편견을 통해 투사된 허상일 뿐이라고 통박하면서, 지식(서구인의 동양에 대한 지식, 즉 오리엔탈리즘)과 권력(서구인의 동양 지배)의 상호불가분적인 결탁관계를 지적한 바 있음

② 이전의 오리엔탈리즘이 서구의 제국주의와 식민주의를 정당화하기 위한 것으로 동양, 특히 아시아 지역의 문화를 폄하하는 방식으로 기술된 지식체계였다면, 헌팅턴의 정치학적 오리엔탈리즘 역시, 자신들의 패권을 양보할 수 없는 서구 문명이 서구의 패권에 도전하는 중화-이슬람 연합 문명을 견제하고 봉쇄하는 것을 정당화하기 위한 지식에 불과함

5. 자기실현적 예언의 위험성

① 헌팅턴의 문명충돌론은 무엇보다 자기실현적 예언이 될 위험이 있다는 점에서 심각한 문제가 있음

② 구성주의자들에 의하면 국가들은 자아정체성이나 타자 정체성에 기초하여 상호 집합적 정체성을 형성하는데, 미국을 비롯한 서구문명권의 국가들이 적대적 정체성을 전제하고 비서구 문명권을 상대하는 경우 양자 간에는 조화적·협력적 정체성 보다는 적대적 정체성이 형성될 것이고, 결과적으로 문명충돌이 실현될 수 있음

6. 보편문화의 가능성

헌팅턴은 상위의 보편 문명을 인정하지 않고 개별 문명들 간의 충돌 또는 갈등에만 주목하는 근시안적 시각을 견지하고 있으나, 오늘날의 세계는 아직 완성 중에 있는 단일의 보편 문명과 전통시대의 특징을 간직하고 있는 복수의 개별 문명들이 중층적으로 공존하고 있는 상태로 보는 것이 더욱 설득력이 있음

4 결론

① 의의
- ㉠ 헌팅턴의 문명충돌론은 탈냉전기 초기 분출했던 인종분쟁이나 종족분쟁을 설명해 주고, 이념적 대립이 소멸된 21세기 세계정치에서 새로운 갈등요인을 분석하는 틀로서 유용한 측면이 있음
- ㉡ 헌팅턴이 제기하고 있는 문명 패러다임은 서구적 합리주의에 따라 설명될 수 없는 국제관계의 영역이 있다는 점을 잘 설명해 주고 있음

② 문제점
- ㉠ 헌팅턴의 이론이 미국의 대외전략을 정당화 시키려는 의도에서 만들어졌다는 태생적 한계를 간과해서는 안 되며, 헌팅턴의 가설이 역사적으로 입증되지 않고 있다는 점도 국제정치 이론으로서의 적실성을 떨어뜨리고 있다는 것도 심각한 문제임
- ㉡ 비서구 국가들에는 문명충돌론에 기초한 미국의 전략이 신냉전 질서를 형성시켜 국제질서를 전반적으로 불안정하게 만든다는 점이 심각한 문제이며, 무엇보다 큰 문제는 문명결정론적 시각에서 평화, 협력, 공존을 위한 인간의 의지를 과소평가하고 있음

제 5 절 국가의 사고방식과 국가의 행동 : 존스턴(Alastair Iain Johnston) [43]

1 기본 입장

① 한 국가의 전략문화는 그 국가의 행동에 영향을 미친다.
② 동일한 정도의 힘을 가진 강대국 간에 서로 다른 행동을 보이는 것은 전략문화 때문이다.

---

43 이근욱, 왈츠 이후(2009), 한울아카데미, 261~281면

2 내용

① **전략문화**
- ㉠ 의미 : 정치적 목표 달성을 위해 군사력을 사용하는 데 특정 국가가 지닌 일정한 사고방식을 말함
- ㉡ 문화 : 전쟁의 역할, 적 또는 위협의 본질, 군사력 사용의 유용성 등과 관련된 기본 가정과 위협에 대처하는 데 필요한 효율적인 방법에 대한 인식 등으로 구성됨
- ㉢ 외부 환경의 변화는 그 자체로 인식되지 않고, 전략문화에 의해 만들어지는 인식 지도를 통해 일단 걸러진 다음에 해석 과정을 거쳐 의미가 부여됨

② **명나라의 전략문화에 대한 연구**
- ㉠ 존스턴은 서기 1368~1644년까지 중국 본토를 지배했던 명나라의 전략문화를 연구함
- ㉡ 명나라의 기본병서 : 무경칠서
  - 손자병법(孫子兵法), 오자병법(吳子兵法), 사마법(司馬法), 위료자(試練子), 태공육도(太公六韜), 황석공삼략(黃石公三略), 당태종이위공문대(唐太宗李衛公問對)
- ㉢ 중국의 전략문화는 무경칠서의 내용으로 구성되어 있으며, 중국 군사지휘관 및 정책결정자들은 무경칠서에 따라서 행동함

③ **중국의 전략문화와 군사력 사용 행태**
- ㉠ 중국의 전략문화는 군사 문제를 경시하기보다 군사력의 선제적 사용을 선호했고, 국가 생존의 필수조건으로서 충분한 군사력을 강조함
  - 적을 억지하는 것이 아니라, 상대방을 완전히 말살하는 것을 최고의 목표로 인식함
- ㉡ 무경칠서에서 도출된 중국의 전략문화는 정당한 전쟁과 정당하지 않은 전쟁을 구분하며 정당한 전쟁에서는 군사력 사용의 제한이 존재하지 않지만, 정당하지 않은 전쟁에서는 군사력 사용이 제한됨
- ㉢ 외부 위협이 존재하는 경우에 중국의 전략문화는 군사력 사용을 적극적으로 옹호하며, 외교적 타협이나 억지 등에 대해서는 소극적임
  - 중국의 전략문화는 군사력 사용과 관련된 문화적 담론에 기초한 현실주의적임
- ㉣ 명나라는 독특한 전략문화에 기초해 군사력 사용을 선호했으며 상대방에 대한 억지나 봉쇄, 방어가 아니라 선제공격을 강조하는 방식으로 군사력을 사용함

3 현대 중국의 대외 행동

① 존스턴에 따르면 무경칠서에 기초한 중국의 전략문화는 오늘날에도 영향을 미치고 있으며 중국은 공격이고 군사력 사용에 매우 적극적인 국가임

② 사례
- 1950년 한국전쟁에 참가했으며 동시에 티베트를 침공했고, 1962년에 인도와의 국경분쟁으로, 1969년에는 소련과의 국경분쟁으로, 1979년에는 베트남과의 국경분쟁으로 전쟁이 발발했으며 모든 경우에 중국이 먼저 군사력을 사용했고 상대방을 선제공격했음

제 6 절 민족분규의 종식 : 월터(Barbara F. Walter) [44]

1. 문제 제기
① 탈냉전 이후 개인에 대한 폭력과 위협은 국가 간 전쟁보다는 민족분규와 내전의 형태로 나타남
② 내전의 발생과 종식 및 평화유지 방법은 무엇인가?

2. 기본 입장
국내적 합의를 통해서는 평화를 달성할 수 없으며 외부 세력의 개입이 필요하다.

3. 내용
① 왈츠는 국제적 무정부 상태에 대해 논의하면서 내전 및 민족분규에 대해서는 전혀 언급하지 않음
② 월터는 국제적 무정부 상태라는 문제가 국가 내부의 권위체인 국가가 붕괴한 경우에도 발생할 수 있으며 문제 해결을 위해서는 국가를 회복하는 것이 필요하다고 주장함
③ 월터의 주장 내용
　㉠ 내전 당사자들은 분쟁을 종식시키기 위해 협상을 하고 평화협정을 체결하지만 이러한 협정이 항상 평화로 이어지는 것은 아님
　㉡ 중앙정부가 부재한 상황에서 평화협정에 따라 자신은 군사력을 포기했지만 상대가 군사력을 그대로 보유하는 경우 엄청난 생명의 위협에 직면할 수 있음을 우려함

44　이근욱, 왈츠 이후(2009), 한울아카데미, 285~307면

ⓒ 문제의 핵심은 약속 이행의 문제
- 내전 종식 과정에서 협상과 합의에 성공한다고 해도 상대방이 약속을 이행할 것인지에 대해서 확신할 수 없기 때문에 당사자들은 자신의 안전을 위해 무장해제를 하지 않으며, 결국 평화협정은 이행되지 않음

ⓓ 국가가 사라져 중앙권위체가 존재하지 않는 상황에서는 외부 세력의 개입을 통한 약속 이행과 안전보장이 중요함
- 개입 주체는 유엔이나 지역 기구가 가능하며 경우에 따라서는 국제기구가 개입 권한을 특정 국가에 위임하는 것도 가능함

제7절 민족주의와 세계 정치

민족의 정의 2022년 출제

"민족은 … 그 본질에 있어서 제한된 것으로 그리고 주권적인 것으로 상상되는 상상의 정치 공동체이다. … 가장 작은 민족의 구성원이라 할지라도 다른 대부분의 구성원들에 대해 알지도 못하고 만나지도 못하고 서로 이야기를 나누지도 못하지만 그럼에도 불구하고 각자의 마음속에서 서로를 동료의 이미지로 그린다는 점에서 민족은 상상된 것이다. 10억 이상의 인구를 가진 가장 커다란 민족이라 할지라도 제한적인 경계가 있고 그 경계 밖에 다른 민족이 살고 있다는 점에서 민족은 제한적인 것으로 상상된다. … 계몽주의와 혁명이 신으로부터 부여받았다고 주장되는 위계적 왕조 질서의 정당성을 파괴하던 시기에 민족 개념이 나타났다는 점에서 민족은 주권적인 것으로 상상된다."

– Benedict Anderson

"… 애초에 민족을 하나가 아니라 여러 종류의 객관적 관계, 즉 경제·정치·언어·문화·종교·지리·역사적 관계의 조합이 주관적으로 집단의식에 반영됨으로써 통합된 거대한 사회집단으로 정의하도록 하자. 사람들을 묶어 주는 연결 고리들은 상호 대체 가능하다. 즉 어떤 고리가 민족 형성의 한 시기에 특별히 중요한 역할을 수행했다가 다른 시기에 그 역할이 보조적인 것에 그칠 수도 있다. 그러나 이러한 연결 고리 가운데 다음 세 가지 연결 고리의 역할은 대체될 수 없다. ① 어느 한 집단의 숙명 또는 그 집단의 핵심 구성요소로 받아들여지는 공통의 과거 역사에 대한 기억, ② 집단 내부에서 높은 수준의 사회적 소통을 가능하게 해 주는 언어적·문화적 연결 고리, ③ 시민사회로 조직화된 집단의 모든 구성원들이 평등하다는 관념."

– Miroslav Hroch

> "민족에 대한 객관적 정의와 주관적 정의 가운데 어떤 것도 만족스럽지 못하다. 둘 다 잘못된 것이다. 어떤 경우든 이 분야 학자들에게 최선의 자세는 불가지론이다. 이 책 또한 무엇이 민족의 구성 요소인지 선험적으로 정의하지 않을 것이다. 일단 서로가 서로를 한 민족 구성원으로 간주하는 사람들 가운데 크기가 충분히 큰 집단을 민족으로 정의하고자 한다. 그 집단의 모든 구성원들이 자신들을 하나의 민족으로 간주하는지 안 하는지 여부는 단순히 그 집단의 몇몇 학자나 정치적 대변인들에게 물어봄으로써 알 수 있는 것은 아니다. 민족 관념에 대해 이야기하는 사람들이 나타났다는 사실이 중요하긴 하지만 민족이라는 단어가 오늘날 너무 광범위하게 그리고 너무 부정확하게 사용되기 때문에 민족주의라는 용어 사용이 사실상 아무것도 의미하지 않게 되었다."
>
> – Eric Hobsbawm
>
> 출처: 세계정치론, 을유문화사

1. 의미

① **민족주의** : 세계는 민족자결을 요구하는 민족으로 나뉘어져 있고, 민족이 정치적 정체성과 충성심의 우선적 대상이라고 가정하는 관념임

② **민족** : 일반적으로 특정 영토를 점유하고 있는 사회 전체

③ **자결** : 보통 독립국가 수립을 의미하나 때로는 연방국가 내에서의 자치 등을 의미함

2. 유형

① **이데올로기서의 민족주의**

  ㉠ 시민민족주의 : 국가와 국가의 가치에 대한 헌신을 의미하며 미국과 같이 다종족 이민 사회인 경우 국적이 민족성을 결정함

  ㉡ 종족민족주의 : 공통의 혈연을 공유하는(공유하는 것으로 상상되는) 집단에 대한 헌신을 의미하며, 특정 종족을 중심으로 형성된 근대 유럽 민족국가의 경우와 같이 민족이 국가에 선행함

② **정서로서의 민족주의**

  ㉠ 엘리트 민족주의 : 소수 엘리트 계층에게만 정서적 호소력을 갖는 민족주의

  ㉡ 대중 민족주의 : 대중 전체에게 정서적 호소력을 갖는 민족주의

③ **정치적 측면에서의 민족주의**

  ㉠ 국가강화적 민족주의 : 기존 국가를 정당한 것으로 받아들이며 민족을 정화하고 개혁하여 국력을 증진시킴으로써 기존 국가를 강화하고자 하는 민족주의

  ㉡ 국가전복적 민족주의 : 기본 국가로부터 분리함으로써 또는 소규모 국가들을 통일함으로써 새로운 국가를 창설하고자 하는 민족주의

3. 민족주의의 역사

① 개설
- ㉠ 1500년경 유럽인들은 유라시아, 아프리카 대륙과 접촉하기 시작하는데 일부 학자들은 민족주의와 민족국가가 이 시기에 형성되었다고 주장함
- ㉡ 대체로 민족주의는 1750년경부터 중요해지기 시작했으며, 이 시기에 처음으로 전 세계적 의미를 가지는 민족국가들 사이의 갈등이 나타나기 시작함

② 영국과 프랑스의 대립 시기 : 1750~1815
- ㉠ 영국과 프랑스는 유럽 안과 밖에서 육군과 해군을 배치하고 적어도 유럽, 인도, 북아메리카 세 개의 대륙에서 대립함
- ㉡ 프랑스는 혁명을 통해 국가가 민족을 위해 존재한다는 점을 분명히 했으며, 자국 민족의 이익을 위해 타국과의 전쟁을 벌였으며, 타국가들도 프랑스의 민족주의에 민족주의로 대항함
- ㉢ 아메리카 대륙에서는 혁명을 통해 스페인과 영국의 식민지들이 독립하기 시작함

③ 팍스 브리태니카 시기 : 1815~1914
- ㉠ 영국은 압도적인 해군력과 외교를 바탕으로 세계적 힘을 행사했으며, 세계적 경제질서를 구축함
  - 관세를 폐지하고 해외 교역과 해상 운송에 대한 독점을 포기하고 주요 통화의 가치를 금에 고정시키는 질서를 마련함
- ㉡ 타국가들은 영국과 프랑스에서 시작된 시민 민족주의를 모방하기 시작했으며, 이로 인해 민족주의 관념이 전 세계적으로 확산됨
- ㉢ 1860년대 유럽과 아메리카, 아시아에서는 근대화와 민족화를 추구하던 국가들이 전쟁에서 승리한 후 영국의 패권에 도전하면서 제국주의적 갈등이 촉발됨
  - 강력한 국가들이 영국의 패권에 도전하면서 1880년대 이후에 세계는 점차 여러 세력권으로 분열되기 시작함
- ㉣ 인종주의와 민족주의에 근거하여 식민통치를 강화하려는 제국주의 국가들의 조치들은 식민지 국가들에 의한 대항민족주의를 자극하게 됨

④ 세계 전쟁의 시기 : 1914~1945
- ㉠ 유럽에서 시작된 제1차 세계대전은 전 지구적 전쟁이 되었으며, 국가의 개입이 광범위해진 총력전이 됨
- ㉡ 무선 통신, 영화, TV, 항공여행, 자동차 등의 신기술이 발전했으며, 이러한 과정 속에 국가강화적 민족주의가 전개됨
- ㉢ 독일은 1914년 이후 종족 민족주의의 성격을 명백히 드러냄
- ㉣ 연합국의 승리는 윌슨의 14개 조항에 담긴 자유민주주의적 민족자결 원칙의 승리를 의미함
- ㉤ 제1차 세계대전 이후 공산주의와 자유주의에 대한 혐오를 드러낸 독특한 형태의 민족주의인 파시즘이 등장함
- ㉥ 파시즘과 공산주의는 민족국가 세계 질서가 아니라 지배적 인종이나 민족 또는 지배적 계급이 이끄는 초제국 수립을 목표로 함

⑥ 당시 식민지에서 중요한 문제는 강대국 간 갈등에서 살아남는 것임
⑤ **냉전 시기** : 1945~1990
㉠ 전후 세계 질서를 형성한 것은 미국과 소련이었으며, 미국은 핵무기에 대한 독점적 통제를 통해 직접적 방식보다는 간접적 조정의 방식을 통해 자신의 권력을 행사함
㉡ 미국과 소련은 상대방의 세력권을 인정했으며 두 초강대국이 경쟁하던 중동, 동남아시아, 아프리카 등지에서는 민족주의간 번성함
㉢ 1950년대 후반 이후 탈식민화가 다시 시작됨에 따라 민족국가 수는 전 세계에서 계속 증가하고 있음
㉣ 유엔의 국가 주권 원칙은 탈식민화를 촉진했으며 반식민주의 민족주의는 무력으로 해방을 쟁취하기보다는 국제적 정당성을 확보하기 위해 노력함
㉤ 국가들은 민주주의, 공산주의와 같은 비민족적 가치에서 정당성을 찾고자 했으며 미국과 소련의 양 진영에 속하게 됨

4. 탈냉전과 현재의 세계정치

① 소련의 붕괴는 새로운 물결의 민족국가 형성과 국제권력의 재편성으로 이어졌으며, 유럽 이외 지역에서 냉전의 종식은 국가전복적 민족주의의 등장을 가능케 함
② 기존 국가 체제에 결부되지 않은 새로운 형태의 민족주의 등장
㉠ 구소련과 유고슬라비아 지역에서 국가전복적 종족 민족주의가 등장함
㉡ 종족 민족주의의 재등장에 대한 반발과 국제적 개입의 증가
㉢ 미국은 종족 민족주의와 국가 분리에 반대하는 입장을 보였으며 위태로운 국가의 국내문제에 새로운 방식을 통해 개입하기 시작함
③ 현재의 민족국가는 예전처럼 세계정치 무대에서 압도적 권력을 행사하는 행위자는 아님
④ 새로 등장할 정치는 초국적 또는 전 지구적 정치 행위자들과 연계될 것으로 예상되며, 비국가행위자들에 의한 타국 문제에의 개입은 문화적으로, 정치적으로, 경제적으로, 군사적으로 민족국가를 약화시킬 것으로 예상되고 있음

제6장
주요 문제에 대한
각 패러다임의 관점

1 국제제도(international institutions) 2014년 출제

1. 현실주의와 국제제도

① **제도(institutions)에 대한 기본 입장** : 제도란 국제사회에 있어서 국가 간의 집단적인 결과의 결정요인으로서 거의 혹은 전적으로 중요성을 갖지 않음

② **국제제도(international institutions)에 대한 인식**

  ㉠ 국제제도는 단순히 내재해 있는 권력의 관계가 겉으로 드러난 반영물(mere surface reflections of underlying power relations)에 불과함

  ㉡ 국제제도는 국제사회에서 그 자체로서 국제적 결과를 결정하는 요인으로 작용하지 않음

  ㉢ 국제사회에 질서가 존재한다면 이는 효과적인 권력의 균형이 존재하기 때문이거나 국제 체제에 패권국가의 등장으로부터 유래함

③ 현실주의에서의 질서는 제도로부터 유래되기보다는 오히려 국제체제에서 권력의 양태로부터 유래함

2. 자유주의와 국제기구

① 현실주의가 국제기구를 국가의 종속물로 보는 데 반해 자유주의는 국제기구를 중앙정부의 통제를 벗어나 제한적이나마 자율성을 갖는 독립적 또는 준독립적 행위자로 봄

② 국제기구가 독립적으로 행동한다는 것은 국제기구가 그들의 구성국가들이 원하는 것과는 별도로 국제기구 자신의 의지와 행위 규범, 기대, 정책의 선호를 갖고 있다는 것을 의미함

③ 국제기구의 독립적 또는 준독립적 지위는 주권국가에 의해 사전에 의도된 경우와 의도되지 않은 두 경우가 존재함

3. 구조주의와 국제기구

① **기본 입장**

  ㉠ 일반적으로 국제기구를 포함한 국제제도를 선진 자본주의 국가들(종종 구체적으로 미국)의 지배를 위한 수단 혹은 도구로 간주함

  ㉡ 자본주의 경제질서를 옹호하는 국제기구들을 일컬어 후진국들을 자본주의적 혹은 미국이 지배하고 있는 질서로 끌어들이는 도구로 여김

  ㉢ 국제기구들의 정책과 프로그램이 후진국 내에서의 토착적인 경제발전과 사회 변혁의 가능성을 억제하는 결과를 가져온다고 봄

② **페이어(Payer)** : 세계은행은 제3세계의 국가통제를 국제적인 자본의 유입을 규제하려는 민족주의자와 사회주의자들로부터 빼앗아 국제적인 자본에 넘겨주는 선진 자본주의 국가의 가장 중요한 도구임

2 세계경제 2018년, 2021년 출제

1. 현실주의와 세계경제

① **세계경제에 대한 현실주의의 견해**
  ㉠ 세계경제는 총체적인 권위체가 존재하지 않으며 경제를 둘러싼 국가 간의 관계는 본질적으로 갈등적인 관계임
  ㉡ 국가 간의 협력은 달성하기 어려우며 이념적 성향과는 관계없이 국가 간에 있어서 갈등은 불가피함
  ㉢ 세계경제에 있어서 가장 중요한 행위자는 통합된 단일 행위자로서 국가이익을 추구하는 민족국가이며, 기업의 이익이 아닌 국가이익이 세계경제를 결정짓는 가장 중요한 요인임

② **국제경제와 정치와의 관계**
  ㉠ 정치체의 가장 근본적이고 우선적인 목적과 기능을 안보의 달성으로 보는 현실주의 논리에서는 정치가 경제를 결정하게 됨
  ㉡ 현실주의에 있어 경제정책은 정치적 목적의 수단이며 상호의존이란 국가의 정책적 산물임
  ㉢ 국가의 가장 큰 관심은 안보와 생존이기 때문에 대외 경제정책은 군사정책과 마찬가지로 취약성을 줄이고 안보를 극대화할 수 있는 방향으로 진행됨

③ **현실주의의 경제적 정책**
  ㉠ 현실주의에서는 전략적으로 중요한 산업은 자급자족 정책을 추구하는 것이며 자급자족이 힘들 경우 전략적으로 중요한 기술과 상품의 획득이 보장되도록 노력함
  ㉡ 현실주의에서는 안보와 생존이라는 국가이익을 추구하기 위해 사회로부터 상대적으로 자율적인 국가를 옹호함
  ㉢ 현실주의는 일국의 정부가 타국을 희생하고 자국의 이익을 극대화하기 위한 방식으로 경제를 운용하는 경향이 있기 때문에 신중상주의라고도 불림

2. 자유주의와 세계경제

(1) 세계경제의 특징

① 자유주의 패러다임에서는 세계경제의 기본적인 성격을 본질적으로 조화로운 것으로 진단함
② 국가 간의 자유교역은 조화로운 것으로서 교역량이 많으면 많을수록 그리고 경제의 전문화 정도가 크면 클수록 전 세계적으로 창출되는 부의 양은 커진다는 시각임
③ 국가경제가 거미줄 같은 경제적인 상호의존의 망에 얽혀 있어 국가들은 이로부터 쉽게 벗어날 수 없으며 또한 이로부터 국가들은 상당한 경제적인 이득을 취한다고 여김
④ 상호의존은 국가들 간의 갈등 원인을 감소시킬 뿐 아니라 초국가적인 '이익공동체'를 수립하게 함

(2) 세계경제와 정치와의 관계

① 경제활동 자체는 정치적인 것으로 고려되지 않으며 정치 위에 존재하면서 좀 더 높은 합리성을 지닌 것으로 간주됨

② 정치의 역할은 효율적인 경제활동을 위해 분열을 극소화하고 안정된 정치적 환경을 제공하는 것임

③ 정치와 경제를 분리하는 이유는 자유시장경제 행위는 본질적으로 합리적이나 정치라는 것은 비합리적인 것으로 고려되기 때문

④ **미래에 있어서의 중요한 문제** : 일국의 정부와 다국적기업 간의 갈등과 같은 민족주의를 지향하는 정치적인 힘과 세계의 통합을 가져오려는 경제적인 힘과의 갈등

3. 구조주의와 세계경제

(1) 세계경제의 일반적인 특성

① 구조주의는 현실주의 패러다임과 세계경제의 근본적인 성격에 관한 가정을 공유하는데, 세계경제는 근본적으로 갈등적이며 이러한 갈등은 체제의 구조적인 특성으로부터 기인한다고 보고 있음

② 구조주의에 있어 가장 중요한 행위자는 계급이며 경제적 관계란 이러한 계급의 이익을 위해 구조 지워짐

③ 개인과 집단 그리고 국가에 있어 부와 경제적인 성장은 세계자본주의 구조 내의 그들의 위치에 의해 결정된다고 인식함

④ 현실주의와 자유주의가 성장과 부가 선진화된 중심부로부터 제3세계 국가라는 주변부로 퍼져나가는 것을 상정하는데 비해 구조주의는 이러한 부와 이득이 주변부로부터 중심부로 옮겨가는 것을 상정하고 있음

(2) 세계경제와 정치와의 관계

① **마르크스주의의 입장**

㉠ 전통적인 마르크스주의에 있어 세계경제와 정치와의 관계는 경제가 정치를 결정한다는 입장임

㉡ 국가의 장기적인 목표와 목표의 실현 가능성이라는 것이 경제에 의해 결정되며 세계자본주의의 구조라는 경제적인 요인이 정치의 맥락을 제공한다고 보고 있음

㉢ 정치란 국가 내 계급이익의 직접적인 필요의 반영물이기보다는 세계자본주의 구조라는 경제의 반영물이며, 국가 간의 정치제도와 정치적 관계가 단지 경제적인 관계의 연장으로서만 존재한다고 보고 있음

② **신마르크스주의** : 경제가 정치를 결정한다는 전통적 마르크스주의의 경직된 경제적 결정주의에서 벗어나 정치와 정치제도에 제한된 자율성을 부여하나, 장기적인 관점에서는 정치가 여전히 경제에 종속됨

③ **구조주의** : 구조주의는 세계자본주의라는 구조적인 경제적 힘이 정치의 성격, 구조, 내용을 조건 지우고 궁극적으로 결정한다는 견해임

(3) 세계경제에 있어서의 국가 자율성

① 세계경제에 있어서의 국가 자율성에 대해 구조주의는 세계자본주의 체제 내에서의 노동의 분화가 국가의 자율성 정도를 결정한다고 보고 있음

② 세계자본주의라는 국제체제의 구조 속에서 중심부에 있는 국가는 어느 정도의 자율성을 가지나 중남미나 그 밖의 주변부에 있는 국가는 실질적으로 자율성을 갖지 못함

(4) 두 종류의 정치적 투쟁

① 표면적인 수준에서는 기존의 세계자본주의 체제 내에서 세계적인 생산으로부터 자신의 몫을 증가시키려는 국가 간의 투쟁과 동시에 이러한 기존의 체제를 확장시키려는 투쟁이 계속됨

② 본질적인 수준에서는 체제 자체의 성격을 옹호하는 자본과 체제의 성격을 바꾸려는 노동 간의 투쟁이 존속함

---

3 세계화

1. 현실주의와 세계화

(1) 세계화

기든스(Anthony Giddens)에 의하면 세계화란 어느 한 지역에서 발생한 일이 다른 지역에 영향을 주고 또 다른 지역에서 발생한 일로 영향을 받는 식으로 멀리 떨어져 있는 지역들 사이의 사회적 관계가 전 세계적으로 심화되는 과정임

(2) 세계화의 동인과 발생 배경

① **세계화의 동인** : 현실주의는 세계화를 탈냉전으로 인해 국제환경의 변화로 권력의 근원이 경제력으로 옮겨가자 패권국인 미국이 신자유주의적 이데올로기를 동원하여 미국의 국익을 극대화하기 위한 수단으로 추진하고 있는 것으로 바라봄

② **세계화의 발생 배경**

㉠ 현실주의는 세계화의 발생 배경에 대해 정치적인 요인과 국가의 역할을 주목함

㉡ 국가는 국익을 증진하기 위한 목적으로 세계화의 틀을 조성했으며, 자본과 기술 그리고 행위자의 전 세계적 영역으로의 움직임은 국가가 형성한 제도나 규제에 의해 영향을 받음

㉢ 20세기 후반기에 급격하게 진행되는 금융시장의 세계화(자유화)는 자본 강국인 미국이 자국의 이익을 극대화하기 의한 노력의 일환으로 추진하여 발생한 것임

(3) 세계화가 국가의 위상에 미치는 영향 : 길핀(R. Gilpin)

① 길핀의 기본 입장
- ㉠ 세계화 현상은 국제사회의 강대국들이 그들의 이익 관점에서 권력 추구의 일환으로 주도하고 있는 특수한 조작물에 불과함
- ㉡ 세계화는 강대국들의 주도하에 전략·정치적 요인, 강대국 간의 역학관계, 지배적 국가들의 자유주의 이념적 성향에 의해 추진되고 있는 현상임

② 세계화가 주권국가에 미치는 영향
- ㉠ 세계화는 기존의 주권국가를 단위로 하는 국제체제의 기본 성격을 근본적으로 변화시키지는 않음
- ㉡ 세계화의 진전 속에서 국가는 소멸이나 쇠퇴의 대상이 아닌 세계화의 주체이며, 세계화가 국가주권을 훼손하기보다 보강하는 기제로서 작용함

(4) 세계화의 부정적인 영향

① 세계화는 자본통제의 실패, 이민에 대한 적대감, 인종차별, 자유무역을 통한 부의 불균등한 배분을 가져오고 닫힌 민족주의를 유발할 수 있음

② 세계화로 확대된 접촉 기회가 마약이나 환경문제 등을 촉발하여 이로 인한 저강도 분쟁(low-intensity conflicts)이 국가 간의 갈등을 심화시킬 수 있음

③ 세계화로 촉진되는 문명 간의 접촉 증대는 민족의 자의식을 강화시키고 지역주의를 부추겨 문명 간 전쟁의 가능성이 증대될 수 있음

④ 상호의존의 심화로 국가 간 무역분쟁, 배타적인 지역주의 간의 갈등, 이익 배분의 불균등이 발생하여 국제정치질서에 불안정한 요인이 될 수 있음

⑤ 인권, 환경 등의 문제가 국제적인 관심을 받게 되면서 이러한 문제를 둘러싼 영역 국가의 주권과 보편적 가치의 준수를 요구하는 외부와의 대립이 심화될 수 있음

2. 자유주의와 세계화

(1) 세계화의 동인

① 현실주의가 세계화를 국가이익의 증대를 위한 국가의 의도적인 정책의 결과물로 보는 데 반해 자유주의는 과학과 기술의 발전을 원동력으로 하여 발생하는 자연스러운 현상으로 봄

② 자유주의는 세계화란 과학과 기술 발전에 따른 교통, 통신, 생산, 금융기술 발전의 필연적 산물로 파악하고, 이를 뒷받침해주는 국제제도 및 국제기구에 의해 유지된다고 보고 있음

(2) 세계화의 영향

1) 국가의 위상에 미치는 영향

① 국가주권의 약화
- ㉠ 국가 간 상호의존의 확대와 심화를 통해 한 국가 내에 있어서 국내 문제와 대외 문제 사이의 구분이 불분명해짐

ⓒ 일국의 결정이 국가 간 영토적 경계를 넘어 타국에 영향을 주고 있으며, 이로 인해 국가의 기능적 책임은 확대되었으나 동시에 자국의 정책결정과 정책수행의 결과를 효율적으로 통제할 수 있는 주권국가의 능력은 침해됨
   ② 국제기구는 결의안 등의 채택을 통해 가입국의 권리를 제한함으로써 가입국의 주권에 직접·간접의 영향을 미쳐 전통적인 주권개념에 변경을 유발하고 있음

  ③ **세계적 문제의 등장**
   ㉠ 인구, 식량, 환경문제와 같은 많은 경제적·생태적·사회적인 문제들은 일국의 노력만으로는 해결이 불가능함
   ㉡ 많은 국내적 이슈에 있어서 주권국가들은 시민의 요구를 충족시키는 데에 점차 무기력하고 비효율적인 관리자가 되고 있음

  ④ **새로운 행위자의 등장** : 주권국가는 위로는 초국가적 제도와 초국가 질서로부터 압박을 받고 밑으로는 강화된 종족 중심주의와 지방화로 인해 강화된 지방에 대한 국민들의 충성심으로부터 이중적인 압박을 받고 있음

 2) 긍정적 영향과 부정적 영향

  ① **긍정적 영향**
   ㉠ 자유주의는 세계화가 부를 증진한다는 점을 강조함
   ㉡ 자유주의는 세계화가 국제평화에 기여함을 주장함
   ㉢ 자유주의는 개별 국가가 해결하기 힘든 초국가적이고 비군사적인 안보 사안을 부각시켜 이러한 사안에 대한 국가 간 협력을 가져와 포괄적 안보와 인간 안보에 기여함
   ㉣ 자유주의는 세계화가 민주주의와 인권 존중 등 세계의 보편적인 가치를 확산시켜 개개 국가의 정치·사회적 삶의 질을 향상시킨다고 봄

  ② **부정적 영향**
   ㉠ 세계화는 주권국가라는 근대 국제정치의 단위를 약화시키거나 해체하려는 경향을 보이는데, 국가라는 단위의 약화나 해체는 사람들로 하여금 다른 단위를 찾아 의탁하도록 함
   ㉡ 정보통신기술과 교통 발전으로 국가 간의 언어적·문화적 거리감이 축소되면서 인간의 삶의 양식이 근본적으로 바뀌게 되었음
   ㉢ 세계화의 진전에 따라 국가 간의 협력과 조정의 필요성이 증대되고 그 결과 많은 국제기구의 영향력이 확대되며 이들은 초국가적 권위를 확보하게 됨
   ㉣ 국가는 전통적으로 해오던 노동자나 농민 등과 같은 사회적 약자를 초국적인 활동을 하는 외국의 자본과 기업으로부터 보호하는 것이 곤란해짐
   ㉤ 세계화 시대에 있어서 과거 헌법적인 정당성에 의해 평가되었던 국가의 권위와 정통성이 이제는 국가의 수행능력에 의해 평가됨

3. 구조주의와 세계화

(1) 세계화의 동인과 특징

① 구조주의는 세계화를 본질적으로 자본주의의 내적 논리, 즉 축적과 잉여가 추동하는 것으로 바라봄

② 구조주의는 세계화를 위기에 봉착한 서구자본이 이윤율의 저하를 극복하기 위해 경쟁을 우상시하고 복지 형평을 거절하면서 시장의 원리라는 정글의 법칙을 세계에 퍼뜨리는 것으로 바라봄

③ 구조주의는 기본적으로 자본주의 세계경제가 세계화의 근본적 동인임을 강조함

(2) 세계화의 영향

1) 주권국가의 위상에 미치는 영향

① 현대자본주의 세계체제는 자본 및 시장의 세계화와 정치질서의 국가화라는 상호 간에 모순된 것에 기초하고 있기 때문에 양자는 갈등하고 있음

② 구조주의는 주권국가가 국제정치경제 질서를 주도하고 최종적인 결정권을 보유한다고 보며, 국가에 대해 구속력 있는 결정을 내릴 수 있는 상위권력은 존재하기 힘들다는 견해를 보임

2) 세계화의 부정적 영향

① 오늘날의 세계화 추세는 여전히 시장 위주의 약육강식 질서가 유지된다는 점에서 과거의 연속선 상에 있음

② **과거와의 차이점**: 국가 내의 계급 간 대립을 넘어서 인류 모두가 해결해야 할 인류적 사안이 제기되고 있으며, 자본과 금융이 세계화되고 지구의 전 영역이 시장화되고 있어 이런 질서에 어떤 형태로든 대처하지 않으면 민족단위의 발전전략은 의미가 없고 또 지속될 수도 없다는 측면에서 세계화의 심도가 깊음

③ 폴라니(Karl Polanyi)

㉠ 폴라니는 시장 만능주의와 시장의 실패를 지적하면서 세계화가 시장의 효율성만 강조한 결과 노동자 계급의 이익을 고려하지 않고 자본가 이익만 강조하여 부의 양극화를 초래한다고 주장함

㉡ 폴라니는 금융의 세계화가 개별국가의 정책 자율성에 가하는 위협을 지적하면서, 세계화로 인해 국가의 재정정책과 통화정책 등이 불안정해지고 이로 인해 경제의 건전한 운영이 어려워진다는 점을 강조함

---

4 제국주의

1. 현실주의와 제국주의

① 제국주의의 등장과 의미 변화

㉠ 현실주의의 제국주의는 그 이전에 등장한 자유주의와 구조주의의 제국주의 이론을 비판하면서 등장함
㉡ 20세기의 제국주의는 식민주의라는 영토적 의미로부터 시장 및 원료의 공급지, 그리고 투자대상 지역에 대한 경제적 침투와 지배라는 의미로 바뀌었으며 이러한 비영토적이고 비공식적 형태의 통제를 일컬어 '신제국주의' 혹은 '신식민주의'라고 부름

② **제국주의의 내용**

㉠ 현실주의 패러다임은 제국주의를 설명함에 있어 국제체제의 특징으로부터 오는 국가의 정치적 혹은 전략적인 동기를 중요시하고 경제적인 동기는 정치적 혹은 전략적 동기에 예속된 것으로 봄
㉡ 모겐소 : 모겐소는 제국주의를 '권력을 증가시키려는 태도를 반영한 정책'으로서 '현상을 전복시키고 둘 혹은 그 이상의 국가 간의 세력관계를 전도시키려는 행위'로 인식함
㉢ 왈츠 : 힘의 불균형이 존재하고 교통수단이 상품의 수출과 지배 도구의 수출을 가능하게 할 때 잉여생산 능력을 더 지니고 있는 국가가 잉여생산 능력이 덜한 국가에 상당한 영향력을 발휘하는 제국주의가 발생하며, 이러한 제국주의는 봉건주의나 자본주의 그리고 사회주의와 관계없이 통상적으로 발생하는 현상임
㉣ 코헨 : 제국주의의 근본적인 원인은 국제체제의 무정부성에서 기인하며, 국가들은 자력구제에 의한 자기보존에 신경을 쏟아야만 하며 자기보존을 위해 구체적으로 권력을 극대화하고 영향력을 증대하려 하는데 이것이 구체적으로 표현된 것이 바로 제국주의임

2. **자유주의와 제국주의**

① **기본 입장** : 현실주의가 제국주의의 원인을 궁극적으로 권력과 관련이 있는 정치적 및 전략적 동기에서 찾으려는 것과는 대조적으로, 자유주의 전통에 충실한 제국주의 이론은 구조주의적 제국주의 이론과 마찬가지로 제국주의의 경제적인 동기를 중요시함

② **홉슨(John Hobson) : 과소소비설**

㉠ 제국주의란 산업을 지배하고 있는 대자본가들이 국내에서 소비되지 못하고 있는 상품과 자본을 처리하기 위해 해외시장과 해외투자를 모색하는 가운데 발생하는 현상임
㉡ 소득의 배분이 좀 더 균등하게 이루어진다면 부족한 국내소비와 그로 인한 자본의 수출은 피할 수 있음
㉢ 홉슨과 레닌의 비교
 • 홉슨 : 국가의 재분배정책에 의해 제국주의 정책이 제거될 수 있음
 • 레닌 : 자본가가 국가를 장악하고 있기 때문에 제국주의는 필연적임

③ **슘페터(Joseph E. Schumpeter) : 격세 유전설**

㉠ 슘페터는 홉슨과 달리 경제적인 요인이 아닌 사회적인 요인을 통해 제국주의를 설명함
㉡ 제국주의는 자본주의에 내재해 있는 요인에 의한 것이 아니고 본질적으로 원시시대부터 전승받은 전쟁욕과 팽창욕에 기인함
㉢ 모든 국가는 사회적 기능을 상실한 잔류계급으로써 군인계급이 존재하며 이들이 새로운 사회에

서 자신의 역할 상실로 방황하다가 맹목적이고 무제한적인 영토팽창과 정복을 추구하게 되는데 이것의 결과가 바로 제국주의임
　　　㉣ 슘페터는 제국주의를 전 자본주의적 현상으로서 자본주의가 민주적 경향과 합리적 경향을 증대시켜 제국주의적 충동이라는 본능적인 잔재를 퇴보시킴으로써 사라질 것으로 봄
　④ **제국주의의 영향** : 제국주의의 결과에 대해 자유주의는 긍정적임
　　　㉠ 자유주의 이론은 자본주의자들의 자유무역과 해외시장에 관한 관심이 세계평화에 공헌할 것으로 보고 있음
　　　㉡ 자유주의자들은 제3세계 국가들이 자본주의 노선을 따라 발전할 경우 좀 더 평화로운 세계질서를 수립할 수 있다고 봄

3. 구조주의와 제국주의

(1) 정통적 제국주의론

① 마르크스주의적 구조주의 이론들은 제국주의를 자본주의적 생산양식의 모순에 의해 필연적으로 일어나게 되는 확장되어 가는 자본주의의 반영물로 인식함

② **레닌(Lenin)의 제국주의**
　㉠ 레닌에 의하면 독점적 자본주의 생산과정에서 잉여자본이 필연적으로 발생하며, 이러한 잉여자본의 발생은 어떠한 소득의 재분배를 통해서도 피할 수가 없음
　㉡ 자본주의가 발전함에 따라 산업자본과 금융자본은 통합되어 국가를 효과적으로 통제하게 되며 잉여자본의 수출 노력은 단순한 대결이 아닌 국가 간의 경쟁이 되고 강대국 간의 전쟁으로 이어지게 됨
　㉢ 레닌에게 있어서 제국주의는 자본주의 생산양식에 내재해 있는 모순이 궁극적으로 드러나는 필연적인 현상임

③ **부카린(Bukharin)과 룩셈부룩(Luxemburg)** : 이들은 군국주의와 식민주의의 팽창을 자본주의의 필연적인 산물로 보며 제국주의를 자본축적의 정치적인 표현으로 간주함

(2) 신제국주의론

1) 신제국주의론의 내용

① 종속이론을 포함한 여러 종류의 구조주의 이론들은 그 자체가 세계자본주의로 인한 지배와 종속, 그리고 착취를 설명하는 신제국주의 이론에 해당함

② 구조주의자들은 세계자본주의의 작동원리로 인해 선진국과 후진국 간의 무역과 투자는 후진국의 발전을 저해하고 왜곡시킨다고 주장함

③ 선진자본주의 국가들의 제국주의 팽창은 후진국의 종속을 심화, 항구화시키며 이들을 착취하게 됨

2) 정통적 제국주의론과의 차이

① 신제국주의는 제국의 존재와 제국주의를 분리함

② 신제국주의는 제국주의를 국가의 정책과 행위로부터 분리하여, 국가가 아닌 사기업이 제국주의를 움직여가는 엔진의 역할을 한다고 보고 있음

③ 정통적인 제국주의 이론이 제국주의가 식민지 경제를 발전시킨다고 보는 데 반해, 신마르크스주의자들은 저발전국의 발전을 상대적으로 낮은 수준에 묶어두거나 발전을 왜곡시킨다고 보고 있음

---

5 냉전의 원인

1. 현실주의와 냉전의 원인

(1) 전통적 현실주의와 냉전의 원인 : 케난(George Kennan) 2011년, 2016년 출제

① 전통적 현실주의는 냉전의 주된 원인을 관련된 행위자의 특성에서 찾으려는 데에 그 특징이 있음

② 전통적 현실주의는 공산주의 이념에서부터 나오는 것으로 보는 소련의 본질적인 공격성을 냉전의 주된 원인으로 간주하며, 미국과 동맹국들의 정책은 소련의 팽창주의에 대한 반응으로 간주함

③ 케난은 소련의 외교정책이 팽창주의적 이념이라는 동인에 의해 움직이는 것으로 보았으며, 이러한 원인으로 미국은 점차 군사적인 성격의 봉쇄 정책을 추구했고 이에 따라 결국 냉전이 형성되었다고 보고 있음

(2) 신현실주의와 냉전의 원인

① 신현실주의는 전통적 현실주의와는 달리 냉전의 원인을 개별적인 국가의 내적 특성에서 찾지 않고 국제체제의 특성으로부터 찾음

② 전후의 국제체제는 양극체제였고 이러한 무정부적 상태의 양극체제에서 두 개의 강대국은 운명적으로 서로에 있어 적이 될 수밖에 없었음

③ 신현실주의는 양극체제에서 미국과 소련이 아닌 다른 국가가 초강대국이 되어도 냉전은 발생했을 것으로 보며, 심지어 미국과 영국 또는 중국과 소련이 양 진영에 있어서 주도적인 국가였다고 해도 냉전은 발생했을 것으로 보고 있음

2. 자유주의와 냉전의 원인

① 오식학파(misperception)의 등장

㉠ 자유주의자들은 현실주의가 냉전의 원인을 권력과 국제체제의 구조에 초점을 맞춤으로써 미·소 간에 전개되었던 관계의 동태성을 무시하는 결점을 지녔다고 비판하며 냉전의 원인을 인식 상의 문제로 파악하고자 함

㉡ 자유주의자들에 따르면 냉전의 원인은 정책상의 오류, 그릇된 인식, 그리고 잘못된 판단에서 기인함

ⓒ 미국은 유럽에 있어서의 소련의 정당한 안보적 관심을 거의 이해하지 못했으며 소련 역시 동유럽 국가들에 공산정권이 들어서는 것을 미국이 얼마나 심각하게 생각하는지를 이해하지 못했음
④ 자유주의자들은 미국과 소련이 서로에 대해 가지고 있던 '적 이미지'가 확실한 근거 없이 불필요한 일련의 위기를 가열시키고 항구화시켰으며 이들 간에 좀 더 나은 대화와 접촉 그리고 상호작용이 있었더라면 냉전은 처음부터 막을 수 있었다고 여김

3. **구조주의와 냉전의 원인**

① 콜크(Gabriel Kolko), 가드너(Lloyd Gardner)와 같은 신마르크스주의에 기초한 냉전의 원인에 대한 수정주의적 견해는 경제적 결정주의의 입장을 택함

② **수정주의적 견해**

ⓐ 수정주의자들은 미국을 해외시장을 적극적으로 추구하며 본질적으로 팽창주의적인 자본주의 사회로 바라봄
ⓑ 수정주의자에 의하면 소련의 동유럽 지배에 대한 미국의 태도는 이 지역에 있어서의 시장의 상실에 대한 미국의 우려와 분개에 기본을 둠
ⓒ 미국은 자본주의의 확장을 촉진할 목적과 소련의 국경 지역 안보에 대한 정당한 우려를 유린할 목적 하에 전후에 있어서 군사적으로 우월한 힘을 단호히 사용하고자 했으며 이로 인해 냉전이 야기됨

2

국제정치 현실
: 쟁점과 전망

제1장   국제정치와 안보
제2장   국제정치와 군축
제3장   지역통합과 국제기구
제4장   국제정치경제
제5장   외교와 외교정책
제6장   남북관계와 통일
제7장   최신쟁점

제1장
국제정치와 안보

제1절 국제정치와 안보 개념의 변화

1 안보의 개념

① 안보란 개인이나 집단의 중요한 가치에 대한 위협이 없는 상태를 의미하며, 중요한 가치란 생명, 재산, 행복, 안정 등을 말함
② 일반적으로 안보는 우리나라를 침략으로부터 지키는 것, 국방력을 강화하는 것을 의미함

2 안보 개념의 변화

1. 안보 대상의 확대

① **배경** : 국가 중심의 안보 개념은 중요하지만 한계를 노출하고 있는데, 국가는 외부의 위협으로부터 자유롭더라도 그 안에 살고 있는 국민들이 폭탄테러, 질병, 기아와 같은 위협에 노출된다면 안보 개념이 퇴색될 수 밖에 없으며, 이에 따라 안보 개념의 확대가 필요해짐

② **인간안보**
   ㉠ 인간안보의 핵심은 가장 중요한 안보의 대상은 국가가 아니라 개개인이라는 입장임
   ㉡ 안보의 대상을 인간으로 하게 되면 안보위협은 매우 다양하며 테러, 질병, 기아, 마약, 범죄, 경제위기 등이 안보위협의 대상이 될 수 있음
   ㉢ 인간안보는 국가안보와는 다른 수단을 통해 확보되며 때로는 국가안보의 충돌하기도 함

③ **지역안보**
   ㉠ EU라는 초국적 공동체가 생겨남으로써 국가안보 외에 유럽이라는 지역에 대한 안보 역시 중요한 관심거리로 등장함
   ㉡ EU 회원국에서의 인종분쟁과 그로 인한 대량 난민 발생 등은 해당 국가만의 문제가 아니라 지역적 안보위협에 해당함

④ **국제안보**
   ㉠ 국제안보란 한 국가가 아닌 국가들로 이루어진 국제체제의 안녕과 평화를 의미함
   ㉡ 국제안보에 대한 위협
   - **환경과 관련된 위협** : 수자원, 석유자원 등의 결핍이나 편중은 국가 간의 갈등과 분쟁의 원인이 됨으로써 국제안보를 위협함
   - 특정 국가의 정치이념이나 정치체제가 국제체제의 안정을 위협하는 경우도 있음
   ㉢ **국제안보의 확보 방법** : 국제안보는 국제적인 규제, 중재, 평화유지 활동 등을 통해 확보가 가능함

> **인간안보** 2022년 출제 참고
>
> ① 유엔개발계획(UNDP)이 1994년 작성한 '인간발전 보고서'(Human Development Report)는 인간안보 개념을 깊이 있게 다룬 첫 작업이라 할 수 있는데, 이에 따르면 '공포로부터의 자유'(freedom from fear)와 '궁핍으로부터의 자유'(freedom from want)가 인간안보의 핵심 요소라 할 수 있음
> ② 인간발전 보고서(Human Development Report)의 내용
>   ㉠ 인간안보의 4가지 특징 : 인간안보는 보편적(universal)이고, 인간안보의 구성요소들이 상호의존적(interdependent)이며, 예방(prevention)을 통해 가장 잘 보장되고, 인간 중심적(people-centered)임
>   ㉡ 7가지 범주
>   • 경제안보(economic security) : 가난으로부터의 자유
>   • 식량안보(food security) : 기아로부터의 자유
>   • 건강안보(health security) : 질병으로부터의 자유
>   • 환경안보(environmental security) : 환경오염과 자원고갈로부터 보호
>   • 개인안보(personal security) : 폭력과 범죄로부터의 자유
>   • 공동체안보(community security) : 가정생활과 자신이 속한 그룹에 대한 참여의 자유
>   • 정치안보(political security) : 기본적 인간 권리 행사의 자유

2. 포괄적 안보 : 안보 위협의 다양화

① **배경** : 전통적으로 국가안보에 있어 가장 중요한 위협은 군사적 위협이었으나, 무기체계의 고도화로 군사적 충돌의 가능성은 점차 감소한 반면, 위협의 종류는 다양화되고 있음

② **위협의 다양화**
  ㉠ 경제적 위기 : 경제적 위기가 심각해질 경우 내전이나 폭동으로 인한 무정부 상태나 국가의 붕괴로 이어지고, 이는 국가의 군사안보에 심각한 타격을 줄 수 있음
  ㉡ 환경 재앙 : 쓰나미나 핵물질 유출 등으로 인한 피해는 국가 자체를 붕괴시킬 수 있는 위협 요소임
  ㉢ 에너지 : 국가경제의 사활을 좌우하는 중요한 요소로서 안보 위협 요소가 될 수 있음

③ **포괄적 안보** : 포괄적 안보는 안보를 군사적 차원에 한정해서 보는 것이 아니라 경제안보, 에너지안보, 환경안보 등을 포함한 거시적 차원에서 이해하는 개념임

3 집단안보, 공동안보, 협력안보 [45]

1. 집단안보

---

[45] 안전보장의 국제정치학(2010), 사회평론, 264~293면

① 집단안보란 한 집단 내의 국가들이 자국의 안보를 위해 자국에만 의존하는 자조나 동맹에 의존하는 것이 아니라, 구성원 개별 국가의 안보를 집단 내 모든 구성원의 공동 관심사로 이해하고, 집단 내 평화유지와 전쟁방지를 위해 조직적이며 체계적인 국가 간의 협력에 참여함으로써 달성되는 안보를 의미함

② **집단방위(= 집단자위)와의 비교**
   ㉠ 집단방위는 자조의 원칙을 다자에게로 확장한 것으로, 사전에 적과 동지를 구분하고 어느 한 집단과 그 외부의 '특정한' 적을 상정하여 공동의 방어체제를 구축하는 것을 의미함
   ㉡ 집단방위가 '저들에 대항하는 우리'(us against them)라면 집단안보는 '모두는 하나를, 하나는 모두를'(all for one, one for all)이라는 어구로 축약됨

③ **집단안보의 두 가지 논리** : 찰스(Charles A. Kupchan)와 클리포드 쿱찬(Clifford A. Kupchan)
   ㉠ 집단안보 하의 세력균형이 적어도 집단안보가 부재한 무정부 상태에서 국가 간 세력균형 기제보다 전쟁방지와 국가 간 안보 증진에 더 효율적이라는 점을 전제
   ㉡ 집단안보체제의 '하나에 대항하는 모두'(all against one)라는 원리의 제도화는 협력을 통한 국가 간 관계의 안정에 더욱 도움을 줄 수 있음

④ **집단안보의 역사**
   ㉠ 1815년 비엔나 회의 이후 유럽협조체제(Concert of Europe)에서 집단안보 구상의 원류를 찾기도 함
   ㉡ 저비스(Jervis)는 유럽협조체제를 집단안보체제의 발생기적 양태로 규정함
   ㉢ 유럽협조체제는 국제연맹과 국제연합에서 나타났던 공식적이고 조직적인 규약이 부재한 비공식적인 집단안보체제로의 성격

2. 공동안보

① **공동안보의 개념**
   ㉠ 공동안보는 대화와 제한적 협력을 통하여 상대방의 안보를 보장(assurance)하고 자국의 안보를 달성하려는 방식으로 이해할 수 있으며, 안보의 상호의존성을 인식하는 가운데 지속적인 과다 군비지출로 인한 국방 딜레마와 안보 딜레마를 해결함에 있어서 적대국과의 협력을 통하여 안보를 달성하고자 하는 것을 의미함
   ㉡ 적대국과 공존을 통해서만 진정한 국가안보를 달성할 수 있다는 비영합 게임(non-zero sum game)적 사고를 기반으로 함

② **공동안보의 등장 배경**
   ㉠ 1980년대에 미·소 양극의 대립이 다시 격화되면서, 주변국들의 긴장과 핵 및 화학무기 군비경쟁이 심화됨
   ㉡ 환경오염, 국가 간 경제갈등 등 비군사적 차원의 안보 문제들 역시 대두되면서 더 이상 냉전적 사고로는 국가들의 안보를 제대로 유지할 수 없다는 의식이 등장함
   ㉢ 팔머위원회는 1982년 '공동안보 : 생존을 위한 청사진'(Common Security : A Blueprint for

Survival)을 제시하였고 1989년에는 최종 보고서인 '평화의 세계 : 21세기 공동안보'(A World at Peace : Common Security in the Twenty-first Century)를 제출함
ⓔ 팔머위원회의 보고서를 계기로 비로소 공동안보 개념이 등장함

팔머위원회가 제시한 6개의 공동안보 원칙

① 모든 국가는 안보를 위한 정당한 권리를 갖는다.
② 군사력은 국가 간의 분쟁 해결을 위한 정당한 도구가 아니다.
③ 국가 정책의 표현에는 제한이 필요하다.
④ 안보는 군사적 우위로 얻을 수 없다.
⑤ 무기의 양적인 감축과 질적인 제한은 공동안보를 위해 필수적이다.
⑥ 무기 협정과 정치적 사안의 연계는 피해야 한다.

③ 공동안보의 내용

㉠ 공동안보는 전통적인 '억지' 개념이나 냉전적 사고에 의지하지 않고 국가 간 새로운 대화의 장이나 제도의 창출을 통해 전쟁의 위험을 줄이고 평화를 얻고자 시도함
㉡ 공동안보는 '대립하는 안보'(security against)가 아니라 '함께 하는 안보'(security with)를 통해 국가 간의 안전을 보장하려는 체제임
㉢ 공동안보는 비군사적 차원의 안보 문제에도 주목하며, 포괄적인 안보(comprehensive security)를 지향함
- 기아, 실업, 인플레이션, 세계불황의 위협 등과 같은 세계적 경제문제나 지구 남반구와 북반구 간에 경제적 및 사회적 격차로 인한 '남북문제' 등과 같은 제3세계 문제에도 주목함

④ 공동안보 개념의 적용 : 1986년 고르바초프의 '신사고'(New Thinking)

㉠ '신사고'는 안보 문제뿐만 아니라 환경 및 경제 문제에서도 국가들이 상호의존적 관계에 놓여 있음을 강조하였고, 또한 전통적 억지 개념인 안보 수단의 한계를 강조하는 등 많은 면에서 공동안보와 유사함
㉡ 유럽과 미국 그리고 소련에서 안보에 대한 공동의 인식 변화는 유럽지역에서 공동안보 개념이라는 결실을 맺어 유럽안보협력회의(CSCE)를 강화하는 기제가 됨

> **신사고** [참고]
>
> 고르바초프는 1985년 3월 소련 공산당 서기장에 취임하면서 페레스트로이카(개혁), 글라스노스트(개방)를 슬로건으로 내걸고 전면적인 개혁을 단행했다. 정치적으로는 공산당 1당 독재조항의 폐지와 강력한 권한의 대통령제 도입, 경제적으로는 시장경제원칙을 도입하는 획기적인 개혁을 추진한다. 대외정책적으로 볼 때는 글라스노스트의 기치 아래 '신사고(新思考)'로 대표되는 새로운 국제정치에 대한 인식을 바탕으로 냉전 종식의 기반을 마련하게 된다.
>
> 신사고는 1984년 말 영국을 방문한 고르바초프의 의회 연설에서 처음 사용되었다. 그는 핵시대는 불가피하게 새로운 사고를 요구하고 있다고 언급했다. 신사고는 대체로 다음과 같은 요소를 포괄하고 있다.
>
> ① 자본주의체제와 사회주의체제 간의 전쟁은 불가피하다는 레닌·스탈린의 전쟁불가피론을 기초로 하는 세계관을 수정해, 세계는 단순한 헤게모니의 분화가 아니며 동시에 통합되어가는 상호의존적 관계가 진행되고 있다고 파악했다.
> ② 상호안전이라는 개념을 도입하고 보복 위협에 의한 억지로부터 최저수준으로의 핵감축과 모든 측면에서의 군비 삭감을 통한 군사 균형을 기초로 하는 방어적 억지라는 개념으로 핵전략을 수정했다.
> ③ 인류가 직면하고 있는 전 지구적 문제, 즉 핵전쟁, 기아 문제, 생태계 문제, 제3세계의 빈곤 문제 등을 제시하면서 계급적 이해관계를 넘어서는 전 인류적 가치의 존재를 강조했다.

3. 협력안보

① **협력안보의 개념**

　㉠ 협력안보란 각 국가의 군사체계 간 대립관계를 청산하고 나아가 협력적 관계의 설정을 추구함으로써 근본적으로 상호양립 가능한 목적을 달성하는 것임

　㉡ 협력안보는 협력 대상을 어느 특정 국가로만 한정하지 않는 비(非) 배타적인 협력체의 결성을 지향하는 개방성을 지니며, 안보의 영역도 단순히 군사에만 한정하지 않고 경제, 환경, 마약, 테러 등 위협 대상을 포괄하는 포괄안보를 지향함

　㉢ 협력안보란 국가들이 안보 분야에서 대화와 협력을 통해 발생할 수 있는 안보위협과 불안을 제거함으로써 안보를 이루는 다자적 안보협력을 말함

② **중심 개념**

- 안보 위협원의 공통성 : 안보 위협의 원천은 공통적임
- 안보 이익의 공동성 : 전쟁 회피와 상호생존이라는 점에서 안보상의 공동이익이 존재함
- 안보 달성의 협력성 : 안보 목표는 상대방을 안보적 동반자로 인식하고 상호협력을 통해서만 달성될 수 있음

③ **협력안보와 집단안보의 차이점**

- 집단안보는 이미 침략이 발생한 후에 사후에 대처하는 소극적 수단을 상정하는 데 비하여 협력안보는 침략이 발생하기 전에 그러한 침략국의 출현을 미연에 방지하는 예방적 수단을 강조함

④ **협력안보와 공동안보의 차이점**

　㉠ 협력안보는 다자 안보레짐을 창출하기 위해 공동안보보다 좀 더 '점진적'인 접근 방법을 강조함

ⓒ 공동안보는 이웃국가의 안보를 위협하지 않고 자국의 안보를 지키는 '비공격적 방어'(NOD : non-offensive defence)의 수단을 주로 채택하지만, 협력안보는 타국에 대한 위협으로 여기지 않을 방식으로 안보를 지키는 '비위협적 방어'(NTD : non-threatening defense)를 수단으로 택하여 NOD보다는 방어의 수단을 덜 제한 받음

⑤ 아시아 지역에서 협력안보의 대표적 사례로 떠오르는 것은 아세안지역포럼(ARF)을 들 수 있고, 최근 유라시아 지역에서 구축되는 상하이협력기구 등도 크게 이 범주의 협력안보 개념을 지향하는 것으로 이해할 수 있음

4. 에너지 안보

① 에너지의 중요성
㉠ 에너지는 국가경제의 핵심적 요소이며 국가안보의 핵심적 부분임
㉡ 에너지의 충분한 확보는 국가의 부, 안보, 국제적 위상을 확보하는데 용이하나, 에너지를 확보하지 못하게 되면 빈곤, 에너지 부족으로 인한 안보상의 위협과 타국에 의존할 수밖에 없는 종속적 위치에 놓이게 됨

② 셰일 혁명과 그 영향
㉠ 2012년 이후 유가가 큰 폭으로 하락하게 되었는데, 그 하락 요인에는 수요 감소, 대체에너지원의 증가 등이 있지만 미국의 셰일가스 대량 생산이 가장 큰 원인으로 작용함
㉡ 미국의 셰일가스 생산은 2005년부터 시작되었으며, 2011년부터는 가스 생산 기술이 획기적으로 발전함에 따라 생산이 폭발적으로 증가함
㉢ 사우디아라비아는 가격경쟁을 통해 에너지 시장에서 셰일가스를 몰아내기 위해 무한정 증산을 시작함
- 그 결과 국제유가가 하락하기 시작했으며 석유의 손익분기점이 30달러 정도인 사우디아라비아는 버틸 수 있었지만, 손익분기점이 100달러인 러시아나 160달러인 베네수엘라는 엄청난 타격을 입게 됨

㉣ 미국 내 셰일가스 매장량은 현재 기술로는 90년 정도이나 추출 기술이 좀 더 발전하면 300년 이상 사용 가능한 양이 될 것으로 보고 있음
㉤ 중동 국가와 러시아는 큰 타격을 입었으나 미국은 경기가 빠른 속도로 회복되고 채무가 감소하고 있음
㉥ 미국은 연 3,000억 달러에서 4,000억 달러의 석유수입 비용이 절감되어 무역수지가 개선되고 대출금리 하락으로 경기가 크게 호전되고 있음

③ 셰일 혁명의 의의
㉠ 미국 스스로 에너지 공급국이 되면서 미국의 전략적 위상과 능력이 크게 향상되었음
- 이제 미국은 원유의 안정적 공급에 포로가 되지 않고 좀 더 다양한 전략적 수단을 사용할 수 있게 됨

㉡ 중동에 대한 미국의 에너지 의존이 감소하면서 미국의 대외전략에서 중동이 차지하는 비중이 감소하고 이에 따라 중동에 대한 개입을 줄일 수 있게 됨

- 미국이 에너지를 위해 중동에 소비한 군사예산이 획기적으로 줄어들 수 있게 됨
- 피터 자이한(Peter Zaihan) : 셰일가스 혁명으로 미국이 세계의 경찰 역할을 할 필요성이 감소했으며, 그로 인해 미국의 대중동정책이 변화하고 세계의 분쟁 지역에 대한 개입 가능성이 감소할 것으로 예상됨
ⓒ 유가, 천연가스 가격의 하락, 미국이 천연가스 수출국으로 전환하는 상황은 러시아에게 커다란 타격을 입힘
- 수출액의 3분의 2가 에너지 수출로부터 나오는 러시아는 만성적 적자와 경제파탄에 처할 가능성이 커짐

④ **중국과 에너지**
㉠ 현재 중국은 세계 최대의 석유 수입국이고 2030년에는 세계 최대의 석유소비국이 될 것으로 전망됨
㉡ 중국공산당은 경제성장을 통해 일당독재를 유지하고 있는데 중국공산당의 계속적인 지배를 위해서는 에너지의 안정적 확보가 필수적임
㉢ 중국은 2005년 원자바오 총리를 조장으로 하는 '국가에너지영도소조'를 구상하고 해외 에너지 확보를 위해 외교전략을 총동원하고 있음
㉣ 중국은 현재 이념적 차이와 지역정세 불안 등을 가리지 않고 에너지 자원 개발투자에 총력을 기울이고 있음
㉤ 지역적으로는 아프리카, 중앙아시아, 동남아시아, 남미, 캐나다(오일샌드 지분 인수), 호주(해양 가스전 투자) 등 서구 선진국에까지 자원확보 노력을 강화하고 있음
㉥ 중국은 또한 러시아와의 에너지 협력을 통해 서로가 가진 취약점들을 극복하고 미국과의 경쟁에 대응하고 있음
- 중국과 러시아는 러시아 천연가스를 중국이 수입하는 협력을 통해 에너지의 상호이익과 미국의 견제라는 두 가지 목표를 추구하고 있음
- 중국과 러시아는 2014년 5월 에너지 동맹을 체결하고 시베리아 가스관 사업을 추진했으며, 2019년 12월 러시아에서 중국 북동부까지 3,000km의 천연가스관이 가동되었음

⑤ **미국의 대응**
㉠ 미국은 에너지 확보를 핵심적 국가이익으로 상정하고 전략적으로 대응하고 있음
㉡ 셰일가스 혁명으로 에너지 자립도가 제고된 미국은 국제에너지 시장에서 주요 에너지 공급국으로서의 지위를 획득하게 되었고 에너지 확보를 위한 직접적인 개입과 같은 동기는 점차 약화될 것으로 전망됨
㉢ 미국의 중동에서의 역할과 개입이 감소하면서 타 지역에서 좀 더 적극적인 역할을 할 가능성이 커지고 있는데 그 대상으로는 동북아 지역이 될 것으로 전망되고 있음

⑥ **한국의 에너지 확보 전략**
㉠ 피터 자이한(Peter Zaihan)은 미국이 셰일가스 혁명으로 중동의 안정을 위한 군사력 전개를 줄이고 있는데 이렇게 되면 한국을 비롯한 중국, 일본 등은 에너지 수급과 수송에 어려움을 겪을 것으로 예상함

ⓛ 한국의 에너지 확보 전략
- **국가에너지 안보 전략** : 국내적 차원에서 자원을 총동원하여 에너지 안보의 취약성을 줄이는 전략을 말함. 대체에너지 자원을 개발하고 에너지 소비를 줄이며 에너지 비축을 늘리는 등의 방법이 있음
- **국제에너지 확보 전략** : 국가 외부의 자원을 활용하여 취약성을 줄이고 국가 밖에서 오는 위험을 관리하는 전략을 말함. 취약성을 줄이기 위해서는 에너지원의 다양화와 동시에 에너지 공급선을 다양화해야 하고 에너지 공급의 단기적 충격에 대비하기 위해 에너지 수요국 사이에 전략석유 비축을 서로 지원하는 협력 네트워크를 구축하는 것이 필요함

5. 코로나와 보건 안보

① 1918년 스페인 독감, 2003년의 중증급성호흡기증후군(SARS), 2005년의 조류독감, 2009년의 신종인플루엔자, 2014년의 에볼라 바이러스와 중동호흡기 증후군(MERS) 등 전 세계적으로 확산된 전염병이 등장하자 전염병이 국가의 존립 자체를 위협할 수 있다는 위기의식이 높아짐

② 2014년 미국은 국제보건 분야에서 국가 간 협력을 강화하기 위해 글로벌보건안보구상(Global Health Security Agenda)이라는 국제공조체제를 구축함

③ 2017년 미국은 신안보정책에서 바이오 위협과 감염병 예방, 글로벌 보건안보의 강화를 천명함

④ 보건 안보의 필요성

ⓐ 바이러스성 전염병의 급속한 확산 속도와 높은 치사율, 바이러스 변종으로 인한 치료제나 백신 개발의 어려움, 외국과의 인적 이동과 무역 제한 등의 경제적 파급효과와 다양한 사회문제의 파생

ⓑ 적절한 국내적 조치와 수준을 유지하지 못하는 국가는 보건 안보와 국가안보의 위협에 직면하게 되면서 전염병 문제의 안보화 문제는 국가 간 새로운 갈등 요인으로 작용할 가능성이 커짐

ⓒ 미국의 대응
- 미국은 코로나 19의 중국책임론을 주장하며 중국에 대한 공세적 조치들의 수위를 높임
- 미국은 코로나 19 사태를 계기로 중국을 배제하고 글로벌 공급망을 새롭게 구축할 전략을 추진하고 있음

ⓓ 중국의 대응
- 중국은 코로나 19를 보건 분야에서의 중국의 리더십을 확고히 하는 기회로 판단하고 WHO를 활용하여 보건외교를 강화함
- 중국은 미국의 코로나 대응에 있어 미국 중심주의를 비판하며 이탈리아에 산소호흡기와 같은 의료용품을 지원하고 이란에 의료팀을 파견하고 세르비아에 의료품들의 지원하면서 리더십을 추구함

ⓔ 코로나 19 사태는 미국과 중국 간의 기존의 갈등을 보건과 의료 분야에까지 확대하게 되는 계기를 제공함

4 안보레짐의 주요 사례

1. 북대서양조약기구(NATO) : 집단방위에서 집단안보 및 협력안보로 전환 2018년, 2020년 출제

① **출범**
- ㉠ 1949년 4월 4일 워싱턴 D.C.에서 체결된 북대서양조약(North Atlantic Treaty)으로 미국과 캐나다와 더불어 벨기에, 덴마크, 프랑스, 아이슬란드, 이탈리아, 룩셈부르크, 네덜란드, 노르웨이, 포르투갈의 12개 회원국으로 출발함
- ㉡ 현재 나토 30개국은 미국, 캐나다와 서유럽 국가뿐만 아니라 구 공산권 국가도 아우르는 대규모 집단안보체제가 됨

② **성격과 특징**
- ㉠ 출범 초기 나토의 목적 : 초대 사무총장이었던 영국의 이즈메이(Hastings Ismay) 장군은 나토의 설립 목적을 "러시아를 몰아내고, 미국을 머물게 하며, 독일을 주저앉히는 것"으로 규정함
- ㉡ 러시아(소련)를 적으로 상정하는 차원에서 공동방위체제의 성격을 띠는 것이 사실이지만, 독일을 견제한다는 의미에서는 집단안보체제의 성격을 띠는 동시에 미국과 협력안보를 지향하는 체제의 성격도 가지게 됨
- ㉢ 미국과 소련의 냉전이 본격화된 한국전쟁 이후부터 나토는 집단방위(collective defense) 체제의 성격을 강화함
- ㉣ 냉전의 전개와 더불어 나토는 소련과 동유럽 진영이라는 외부의 적에 대한 의식에서 출발한 자유주의 진영의 배타적인 다자동맹체 성격이 강화됨

③ **정체성의 변화**
- ㉠ 나토는 1989년 베를린장벽의 붕괴, 1990년 소련의 해체, 그리고 1991년 바르샤바조약기구의 해체 등으로 상징되는 냉전 종식 이후, 그 존립 이유와 정체성이 불분명해짐
- ㉡ 냉전 종식 후 변화된 새로운 안보 환경 속에서, 나토의 회원국들은 1990년 런던회담, 1991년 11월 로마 정상회담을 통해서 새로운 전략 개념을 채택함
- ㉢ 탈냉전 시기 새로운 안보 환경의 인지, 위기관리와 분쟁 방지 개념의 도입, 나토군의 UN 평화유지 활동 참여 의사 표명 등 냉전기에는 부재했던 새로운 요소들이 나토의 공식적인 전략으로 채택됨

④ **신전략개념**
- ㉠ 1999년 4월 24일 최종 승인된 나토의 신(新)전략개념에서는 공식적으로 집단안보를 언급하고 있지는 않지만, 자신의 방위영역 외에서 전개되는 위기의 관리와 평화활동으로 대변되는 집단안보적 역할을 강조하고 이러한 임무를 효율적으로 수행하기 위한 다국적합동전력(CJTF : Combined Jonit Task Force)의 창설을 추가함
- ㉡ 1999년 전략 개념에서는 국가 간의 신뢰구축 협력, 위기관리와 분쟁 방지, 나아가 비확산(non-proliferation)과 비(非)나토 국가와 파트너십을 강조하고 있음
- ㉢ 1991년과 1999년의 전략 개념 수정을 통해 나토가 집단방위체제에서 집단안보체제로 변화해가고 있음을 알 수 있음

⑤ 집단안보체제

  ㉠ 집단안보를 꾀한 나토가 실제로도 집단안보체제로 기능했음을 보여주는 대표적인 사건은 1999년 나토의 코소보전쟁 개입 사례

  ㉡ 1999년 구(舊) 유고슬라비아의 세르비아 내 코소보 지역에서 세르비아계에 의해 알바니아계에 대한 인권유린과 인종청소가 자행되자, 나토는 비(非) 세르비아계인을 보호한다는 '인도주의적 개입'(humanitarian intervention) 명분 아래 코소보전쟁을 개시함

  ㉢ 회원국들에게 직접적인 이해관계가 없는 나토의 역외 지역에 대해서도 인도주의를 명분으로 나토가 군사활동을 통한 개입을 처음으로 실행함

  ㉣ 코소보전쟁은 나토가 집단방위체제의 성격을 벗고 점차 집단안보체제를 지향하는 변화를 겪고 있음을 단적으로 보여준 사례

⑥ 협력안보체제

  ㉠ 코소보 개입은 나토가 집단안보의 차원을 넘어 협력안보를 추구하는 기구로 발전해 가는 증거이기도 함

  ㉡ 2001년 9·11테러 후 나토의 아프간전쟁 참전은 나토 출범 이후 처음으로 회원국이 직접 공격을 받아서 나토 회원국들이 군사작전에 협력하게 된 사례

  ㉢ 적극적인 테러리즘과의 전쟁이라는 새로운 안보 영역을 개척하는 협력안보를 지향하는 성격을 지닌 군사행위로 해석할 수 있음

⑦ 포괄적 안보에 대한 대응

  ㉠ 나토는 과거에는 적이었던 구 공산권 국가들을 회원으로 받아들이고 있으며, 러시아와도 1995년에는 '평화를 위한 동반자'(Partnership for Peace) 관계를 정립하였고, 2002년 나토 러시아위원회(NATO-Russia Council)를 설립하여 좀더 폭넓은 안보협력을 강화하고 있음

  ㉡ 나토는 대량살상무기 확산 문제, 실패국가(failed states) 문제, 에너지 및 환경 문제 등과 관련하여 21세기에 그 중요성을 더해 가는 포괄적 안보 이슈에도 주목하고 있음

⑧ 2002년 체코 프라하에서의 NATO 정상회의 결과

  ㉠ 새로운 방위 개념 도출

  • NATO는 21세기의 새로운 안보위협을 국제테러로 상정하고 테러에 대한 방위를 NATO의 새로운 역할로 상정함

  • 주요 결과 : NATO의 신속배치군(NRF) 창설, NATO 외 지역으로 작전지역 확대, NATO의 현대화, NATO 지휘체계 간소화, 미국 중심의 NATO 전략지휘권 일원화 합의

  ㉡ 구소련·동유럽 공산국 7개국의 회원가입 : 라트비아, 리투아니아, 에스토니아, 불가리아, 루마니아, 슬로베니아, 슬로바키아 가입. 2009년에는 크로아티아와 알바니아가 가입함

  • 2002년 5월 NATO와 러시아는 협의회를 설치하기로 합의하여 러시아를 사실상 준회원국으로 받아들임으로써 협력관계를 이루었으며, 러시아는 NATO의 모든 의사결정 논의에 참여할 수 있게 됨

  ㉢ NRF의 창설 : 테러리스트나 불량국가들의 신종 위협에 신속히 대처하기 위해 NRF 창설에 합의함

- NRF는 EU가 창설한 신속대응군과는 다른 것이며 신속대응군은 2003년 6만 명 규모로 발족하여 이미 평화유지활동 등을 수행했음. 2003년 민주콩고공화국과 2004년 보스니아와 헤르체고비나에서 군사작전을 수행함
    ② NATO는 2002년 회의를 통해 중국 측의 전략대화 제의를 수용하여 중국과 군사외교를 시작하게 됨

2. 유럽안보협력회의/기구(CSCE/OSCE) : 공동안보의 적용과 변용, 그리고 협력 안보의 수용

(1) 헬싱키회의 [2017년 출제]

① 미국과 캐나다를 포함하여 동구권 공산주의 국가들과 서구의 자유주의진영 국가들 35개국은 1972년부터 1975년까지 헬싱키에서 처음으로 동·서구가 모두 참여한 안보협력회의를 개최함

② 헬싱키회의에서 1975년 헬싱키 최종의정서가 도출되었고 이후로도 동·서구 국가들은 지속적이며 정기적으로 다자간 안보협력회의를 개최하게 되었는데, 이것이 유럽안보협력회의(Conference on Security and Cooperation in Europe: CSCE)임

③ 회원국들은 1995년 1월에 기존의 CSCE를 제도화하여 유럽안보협력기구(Organization for Security and Cooperation in Europe: OSCE)로 개칭함

④ OSCE는 북미-유럽-러시아-중앙아시아의 57개국이 회원국으로 참여하는 거대한 안보레짐

⑤ OSCE는 정치 군사 차원, 경제 환경 차원, 인간 차원 등 모든 안보 영역에서 회원국 간 대화의 장을 마련하고, 공동규범을 마련하려는 안보레짐

⑥ 헬싱키 최종의정서는 군사 분야부터 문화 분야까지 다양한 영역에서 회원국 간 협력을 아우르고 있는데, 그 4가지 의제 바스켓은 [정치·군사적 신뢰구축장치 CBMs], [문화, 산업, 과학, 기술, 환경, 교통, 관광, 이주 노동 등의 경제협력], [문화, 교육 분야, 인적교류 등의 협력], [차후 회담 의제 논의]임

(2) CSCE/OSCE가 지향한 안보 개념의 변화 단계

① CSCE/OSCE는 역내 국가 간의 집단방어나 집단안보의 구축이 아닌, 회원국 간에 대화의 장을 마련함과 동시에 구체적이고 효과적인 신뢰 안보구축조치를 시행함으로써, 냉전기 당시 국가 간 분쟁과 전쟁의 가능성을 줄이는 데 초점을 맞추는 공동안보 개념의 적용 단계

  ㉠ 1975년 8월 헬싱키 최종의정서에서 군사훈련 시에는 미리 다른 국가들에게 자발적(voluntary)으로 알리도록 하는 초보적 형태의 신뢰구축조치를 규정함

  ㉡ 1986년 11월부터 1989년 1월에 열린 비엔나회담에서는 군사안보의 문제와 재래식무기 감축을 위한 협상에 관한 논의가 있었고, 1990년 파리회담에서는 당시 CSCE 회원국 중 일부인 22개국이 '재래식무기감축조약'에 조인함

  ㉢ CSCE의 이러한 조치들은 단순한 군비감축뿐만 아니라, 군사정보에 투명성을 부여하고 신뢰를 구축하여 위협 요소와 전쟁 가능성을 줄이려는 공동안보레짐의 특성을 보여줌

② 탈냉전기 CSCE/OSCE는 공동안보 개념을 단순히 적용하는 안보협력체가 아니라 공동의 가치를

강조하고 이에 기반한 일종의 공동체를 지향하는 점을 강화하는 단계

- ㉠ 1990년 11월 19일 '새 유럽을 위한 파리헌장'(The Charter of Paris for a New Europe)에 합의함
- ㉡ 이 헌장은 1975년 헬싱키 의정서를 근간으로 전 유럽적인 공동체 구현을 목표로 삼고, 상호존중 및 협력의 중요성과 더불어 인권, 민주주의, 자유와 같은 인류 기본가치를 강조함
- ㉢ 인류 공동의 가치구현을 강조하는 점은 공동안보 개념의 근본주의 성격을 드러내는 대목이면서 동시에 공동안보 개념의 새로운 영역을 개척해 나가려는 시도로 이해됨

③ CSCE/OSCE가 다양한 안보 이슈, 즉 '포괄안보' 영역에서 다양한 협력을 강조하며 탈냉전기에 점차 협력안보의 개념을 수용하고 강화해 가는 단계

- ㉠ 1975년 8월의 헬싱키 최종의정서에서는 안보 분야 협력뿐만 아니라 인권, 경제, 과학, 환경 분야 등 다양한 차원의 협력을 시도함
- ㉡ CSCE는 1989년부터 1992년까지 환경 문제, 문화유산보존, 인권 문제 등 다양한 의제를 놓고 전문가 회담을 10여 차례나 개최함
- ㉢ CSCE는 1992년 '헬싱키문서'를 채택해 분쟁 방지와 위기관리 기능 강화, 평화유지군(PKO) 창설, 안보협력포럼(Forum for Security Cooperation) 설립에 합의함
- ㉣ OSCE는 1996년 '리스본선언'과 1999년 이스탄불회담에서의 '유럽안보헌장'(Charter for European Security)을 통해 탈냉전기 새로운 안보 도전에 대해 더욱 전향적인 대응의 의지를 표명함
- ㉤ 2001년에는 테러리즘에 관한 전략, 2003년에는 경제와 환경 차원에 대한 안보전략, 인신매매 문제에 대한 대응전략의 도출 등에 합의함

④ CSCE/OSCE는 냉전기 및 탈냉전기의 환경적 변화에 적응하면서 훨씬 더 근본적인 안보에 대한 지향을 포기하지 않고 공동안보의 변용을 시도해 나가다가, 유럽안보 지형에서 나토와의 중첩성 논쟁 및 나토의 확대와 강화에 따른 그 추동력의 약화로 인해 점차 포괄적인 이슈와 관련된 협력안보 개념을 수용해 나가는 변화를 겪고 있음

3. 아세안지역안보포럼(ARF) : 아시아 최초 다자 안보레짐의 조심스러운 협력안보 실천

① **출범** 2012년, 2013년, 2019년 출제

- ㉠ 아세안지역안보포럼(ASEAN Regional Forum : ARF)은 1994년 출범한 이후 아태지역의 최초이자 유일한 공식적 다자안보대화체
- ㉡ 2000년 7월부터 북한이 ARF에 참여하면서, ARF는 남한과 북한이 모두 참여하는 안보레짐이라는 점에서 특별함
- ㉢ 사무국을 별도로 운영하고 있지 않으며, 매년 지역 안보에 대한 신뢰구축, 재난구호, 군비축소 등에 대하여 각국 외무장관들과의 회의 및 각종 실무현안을 논의하는 회의나 세미나를 연속적으로 개최하고 있음
- ㉣ 의사결정은 표결이 아닌 회원국 합의로 결정함

② **성격** : ARF는 '포럼'(forum)이지 '기구'(organization)가 아니기 때문에, '회원'(member)이 아닌 '참여국'(participant)이라는 표현을 사용함

③ 설립 배경
- ㉠ ARF의 설립은 탈냉전의 등장과 깊은 관련이 있는데 냉전의 종식과 더불어 아시아·태평양 지역에서 과거에는 양극으로 군림하던 소련과 미국의 영향력이 이전에 비해 감소함과 동시에 역내에서 중국, 일본, 인도 등 지역 강대국들이 부상함
- ㉡ 남중국해 영토 문제를 비롯한 다양한 역내 영토분쟁, 북핵 문제, 경제와 정치 및 사회의 제 분야를 포함하는 포괄적이면서도 다양한 안보 문제가 이슈로 등장했으며, 이에 따라 아시아·태평양 국가들이 양자관계 이상의 다자적 안보협력체제에 대한 필요성을 절감하기 시작함

④ 목적
- ㉠ ARF의 공식적인 목적 : '공동의 이익과 관심이 달린 정치와 안보 이슈에서 건설적인 대화와 협의를 증진하는 것'과 '아태지역에서 상호 신뢰구축과 예방외교(preventive diplomacy)를 위해 공헌을 하는 것'
- ㉡ ARF의 목적은 국가 간 대화의 장을 마련해서 문제를 협의하는 것이지, 문제해결 자체에 있는 것은 아님
- ㉢ ARF는 신뢰구축, 평화유지활동, 반테러, 비확산, 재난구조, 해양안보 등 12개 주제에 대한 회의를 운영하며, 이러한 활동을 지원하고 있음
- ㉣ ARF는 안보레짐으로서 이미 '낮은 수준의 제도화'에 도달했으며, ARF는 정부 차원의 TRACK-I과 비정부 차원의 TRACK-II 대화를 병행함으로써 참여국 간의 신뢰 구축에 시너지효과를 높이는 것을 목표로 하고 있음 `2013년 출제`

⑤ 회원국 : 아세안 10개국을 포함하여 아세안 대화 상대국, 기타국 등을 포함한 총 27개국이 참가 (2009년 7월 현재)
- 오스트레일리아, 방글라데시, 브루나이, 캄보디아, 캐나다, 중국, 유럽연합, 인도, 인도네시아, 일본, 북한, 한국, 라오스, 말레이시아, 미얀마, 몽골, 뉴질랜드, 파키스탄, 파푸아뉴기니, 필리핀, 러시아, 싱가폴, 스리랑카, 타이, 동티모르, 미국, 베트남
- 북한은 2000년 7월 27일 태국 방콕에서 열린 ARF 외무장관 회의에서 23번째 회원국으로 가입
- 우리나라는 국가안위와 직결된 안보 문제는 미국과의 상호방위 조약을 근거로 해결하면서 다자간 안보대화로 이를 보완하기 위해 출범단계부터 적극적으로 참여해옴

⑥ 활동
- ㉠ 2000년 전후로, ARF의 활동이 더 활발해지고 협력영역이 더 확장됨
- ㉡ ARF의 활동에는 테러리즘, 해양안보, 재난구조, 대량살상무기 비확산 등과 같은 비전통 안보 영역의 협력활동도 늘어남

⑦ ARF의 특징
- ㉠ ARF는 아시아 최초의 다자간 안보협의체
- ㉡ ARF는 안보 문제에서 단순히 군사적 문제에만 집중하는 것이 아니라 '포괄안보'에 관심을 가짐
- ㉢ ARF는 아태지역 국가의 안보협력을 위한 수단으로 우선 대화의 장을 마련하고 국가 간에 이러한 습관을 유지하는 '점진적' 안보협력을 도모함
- ㉣ ARF는 기구의 창설과 같은 급진적 수단보다는 신뢰구축(1단계) → 예방외교(2단계) → 분쟁해결

(3단계)이라는 점진적 방안을 제시함

⑧ **ARF의 의의**

㉠ ARF는 아시아·태평양 지역 안보와 관련해 미국, 일본, 러시아, 중국의 4강이 모두 참석한 유일의 정부 간 협의체임

㉡ 냉전 이후 아시아·태평양 지역에서의 사전 대립 요인을 제거하는 예방안보, 집단안보라는 새로운 국제 안보장치를 실현함

㉢ ARF는 ASEAN 국가들의 주도로 주변국들의 거부감 감소 효과와 기존의 쌍무동맹 틀을 깨지 않으면서 이 지역에서의 안보협력체제를 발전시킬 가능성을 열었다는 데 의의가 있음

㉣ ARF는 동아시아 지역에서는 유일한 다자간안보기구이고 ARF를 통하여 참가국들이 대화하는 습관을 들이고 서로 간의 신뢰와 이해를 증진시켜 나갈 수 있는 공간이라는 점에서 그 존재가치가 있음

㉤ ARF의 점진적인 특징으로 인하여 그간 다자간안보기구 가입을 꺼려 왔던 중국과 북한을 참가시키는 데 성공했다는 점을 감안해 보면 연성안보지역주의로서의 ARF는 일정한 역할을 수행하고 있다고 볼 수 있음

⑨ **ARF의 한계**

㉠ ARF는 '포럼', 즉 역내 국가들 간의 일종의 대화와 소통의 장을 제공하는 데 그칠 뿐이며, 결국 국가 간 대화가 목표로 삼는 구체적이고 실질적인 안보협력을 이끌어내는 데에는 별다른 성과가 없음

㉡ ARF 내에서 2000년을 전후로 반(反)테러, 해양안보, 재난구조 분야에서 국가 간 협력이 늘었지만, 이 경우에 ARF 참여 국가들은 여전히 양자관계 차원 혹은 APEC와 같은 다른 상·하위 지역 협력기재에 더 의존하고 있음

㉢ 대만 문제, 한반도 문제, 남중국해 영토분쟁 등과 같은 정작 민감한 안보사안에 대해서는 참여국들이 논의를 꺼리며 회피하기 때문에, 결국 ARF는 지역의 가장 중요한 안보 문제를 해결하는 데 도움을 주는 대화 채널로서 거의 제대로 기능하지 못함

> **동아시아 다자안보협력체 설립의 노력** [46] 참고
>
> **1. 아태안보협력이사회(CSCAP)**
> ① 설립 : CSCAP는 아시아 - 태평양 지역의 안보를 위한 민간부문의 대화를 촉진시키기 위해 설립된 민간 안보문제 연구소 간 비정부 민간차원(Track II)의 협의기구로서 1994년 1차회의를 개최함
> ② 학자, 전문가, 전·현직 외교관 및 국방관리 등이 개인적으로 참여하며, 역내 주요 안보이슈와 국가 간 신뢰구축 및 안보증진에 대한 연구와 정책 건의를 통해 정부 차원의 안보협력을 촉진하고 지원하고 있음
> ③ 구성 : 10개국의 창립 회원국으로 시작된 CSCAP는 현재 북한을 포함하여 21개국의 회원국이 있고, 미얀마, 라오스, 파키스탄, 동티모르를 제외한 ARF 회원국 모두가 참여하고 있으며, CSCAP는 특히 북한이 다자간 대화로는 유일하게 지속적으로 참여하고 있는 곳임
> ④ 활동 : CSCAP는 아태지역 해양안보협력, WMD 확산방지, 동북아 지역 다자안보협력, 인신매매, 역내 평화유지, 반테러 국제공조의 6개 연구그룹(Working Groups)으로 구성되어 있음
>
> **2. 동북아협력대화(NEACD)** 2013년 출제
> ① NEACD는 1993년 미 국무부 후원 하에 미국 캘리포니아주립대학 샌디에이고캠퍼스의 '세계분쟁협력연구소'(IGCC: Institute on Global Conflict and Cooperation) 주도로 조직된 준정부(Track 1.5) 기구임
> ② 참여국
>   ㉠ NEACD에는 외교 및 안보 분야의 민간전문가와 정부대표가 참여하며, 참여국은 남북한과 미국·일본·중국·러시아를 포함한 동북아 6개국
>   ㉡ 북한은 1993년의 준비 회의에 참가한 뒤 계속 불참하다가 2002년 모스크바회의 이후 다시 참가하였고 2005년의 서울회의 때 다시 불참함
> ③ 특징 : NEACD는 동북아 지역 국가 간 상호이해와 신뢰구축 및 협력증진을 목적으로 역내 정세 및 주요 안보이슈에 대해 심층적으로 논의하고 있는데, 6자회담의 참가국인 동북아 지역의 6개국이 참여하고 있고, 미국이 적극적으로 주도하고 있다는 점에서 동북아 지역의 다자안보협력체의 모델이 될 수 있는 측면이 있음
> ④ 한계 : NEACD는 정부 간 기구가 아니며 의제도 포괄적 신뢰구축에 한정되어 있어 분단국 문제나 핵문제, 군비통제 등 실질적 문제해결에는 한계가 있음

4. 상하이 협력기구(SCO) 2019년 출제

① **출범**

㉠ 1996년 중국과 러시아의 정상은 베이징회담에서 '전략적 동반자관계'(strategic partnership)를 수립한 후, 상하이회담을 통하여 관련국들은 카자흐스탄, 키르기스스탄, 타지키스탄과 국경지역에서 군사적 신뢰강화협정을 체결함

㉡ 5개국은 국경지역에서 군사협력과 신뢰구축, 그리고 지역안보를 위한 정상회담을 7차례 개최하였으며 2000년 7월에는 '상하이 5국'(Shanghai Five) 체제를 공식 선언하고 우즈베키스탄을 옵서버 국가로 인정함 2012년 출제

㉢ 2001년 6월 15일에 러시아와 중국을 포함한 6개국은 상하이 협력기구 결성 선언을 하고 '테러리즘, 분리주의 및 이슬람 원리주의 척결을 위한 상하이협약'에 조인함

---

46 변환의 세계정치(2012, 2판), 을유문화사, 293번

② 회원국(8개국) - 중국, 러시아, 카자흐스탄, 키르키즈스탄, 타지키스탄, 우즈베키스탄, 인도, 파키스탄 _{2012년 출제}

※ 옵서버 : 몽골, 이란, 아프가니스탄, 벨라루스

② 활동

㉠ 2001년 출범 이후 SCO의 가장 중요한 역할은 안보 분야의 협력

㉡ 회원국들은 국경안정과 같은 전통 안보뿐만 아니라, '테러리즘, 분리주의, 원리주의'와 같은 비전통 안보 등 거의 모든 영역에서 협력을 도모함

㉢ SCO는 2002년에 'SCO 헌장'을 발표하고 지역 반테러기구의 설립을 논의함

㉣ 회원국들은 분리주의, 테러리즘, 극단주의의 비전통 안보 영역의 협력을 위해 '지역 반테러기구'(RATS: Regional Anti-Terrorism Structure)의 설립에 대해 논의하였고, 2004년 우즈베키스탄의 수도 타슈켄트에서 RATS가 상설기구로 설립됨

㉤ SCO는 회원국 간 합동군사훈련도 정기적으로 진행하려 노력하고 있으며 2005년 '평화의 사명 2005'(Peace Mission-2005)이라는 러시아와 중국의 훈련은 극단주의, 테러리즘, 분리주의에 대항한다는 명분 아래에 진행됨

㉥ 2007년 8월에는 러시아와 중국을 비롯한 상하이 협력기구의 6개 회원국이 모두 참여하는 대규모 군사훈련인 '평화의 사명 2007'이 수행됨

③ 경제적 협력

㉠ 2002년 10월의 SCO 정상회담에서 중국은 SCO 내부의 자유무역지대 설립을 제의하였고, 2003년 원자바오 총리는 이를 다시 제안함

㉡ 2006년 3월에 푸틴이 중국을 방문한 베이징 정상회담에서 러·중 사이에 경제 관련 조약을 무려 29개나 맺음

④ SCO의 성격과 특징

㉠ 상하이 협력기구 회원국들은 2002년 조인된 헌장에서 SCO가 분명히 "다른 국가나 국제기구를 겨냥한 것이 아님"을 분명히 밝혔고, 이후로도 상하이 협력기구가 다른 국가에 대항하는 것이 아님을 강조함

㉡ SCO가 내세우는 '상하이 정신' 역시 상호신뢰, 상호이익, 평등, 협상, 다문화존중, 공동발전의 추구로 정리됨

㉢ SCO는 탈냉전기 이후 등장한 비교적 새로운 안보레짐으로서 협력안보체제와 유연한 준동맹적 협력체의 성격을 동시에 지니고 있음

㉣ SCO는 탈냉전기 이후 등장한 테러리즘, 분리주의, 극단주의와 같은 비전통 안보 문제와 경제, 에너지, 환경 문제와 같은 이슈들을 모두 다루는 포괄적 안보를 다루고 있음

㉤ 반미 혹은 반서구적 성격 : 2004년 아스타나 SCO 정상회담에서 이란, 파키스탄, 인도에 옵서버 자격을 부여하면서 기구의 지역적인 확장을 위한 논의가 진행되었는데, 당시 미국 역시 SCO에 회원국 자격을 신청했으나 거절됨

㉥ 2005년 7월 5일에 SCO는 미군의 중앙아시아 진출을 견제하는 성격이 농후한 아스타나 공동성명을 발표함 – 한반도의 비핵화 주장 _{2012년 출제}

성주류화(Gender mainstreaming)

1. 성주류화

(1) 개념
① 정책의 입안 및 시행, 입법, 예산편성 등 모든 행위에서 양성평등에 대한 고려와 성 인지적 관점이 중심이 될 수 있도록 하는 것을 의미
② 양성평등(gender equality) 달성을 위한 전략

(2) 성별분석 예산(gender budgeting)의 중요성 강조 : 성주류화 평가를 위한 성별 통계(desegregated data by sex) 또는 성인지적 통계 및 예산이 남성과 여성을 위해 어떻게 쓰이는가를 염두에 두고 편성

(3) 유엔의 성주류화 정책
① UN 체제 내에서는 P-level 이상 직원을 남녀 동수로 구성하기 위한 50/50 정책 시행 중
② 북경행동강령이 2000년까지 P-level 이상 직원을 남녀 동수로 구성하도록 촉구함에 따라 시행 중이나 아직 목표치에 미치지 못하고 있으며, UN 사무총장이 정기적으로 총회와 여성지위에 대해 진전상황을 보고

(4) 성주류화의 보편화 추세
① 성주류화를 위해 모든 분야에서 여성의 동등한 참여가(최소 30%) 보장되어야 한다는 주장과 정책이 보편화되는 추세
② MDGs에서 여성의 역량강화 관련 항목 평가지수 중 하나는 의회에서 여성의원의 비율이 30% 이상인지 여부

2. 여성과 평화, 안보

① 배경 : 90년대 초반 제기된 여성에 대한 폭력 문제를 비롯한 여성인권 논의가 무력 분쟁의 피해자로서 여성에 초점을 맞춘 데에 비해 90년대 후반에 이르러서는 무력분쟁의 예방, 평화와 안보 건설에 있어서 좀 더 능동적이고 주체적인 여성의 역할을 강조
② 논의 동향 : 안보리 결의 1325 – 여성, 평화와 안보(Women, Peace and Security, 2000. 10)
  • 평화협상, 평화건설 등 과정에서 여성의 참여 촉진 및 성인지적 관점의 통합 촉구
  • 여성 및 성인지적 관점을 주제로 한 최초의 안보리 결의로서의 의의
  • 2002년 및 2004년에 동 결의 이행에 관한 UN 사무총장 보고서 제출

3. MDGs(Millennium Development Goals) - 2015년까지 추진 2009년, 2012년 출제

① 절대빈곤과 기아를 퇴치한다. (하루 1달러 미만 생활자 1/2 수준으로 감소)
② 모든 어린이가 초등교육을 마치도록 한다.
③ 성평등을 달성하고 여성의 역량을 강화한다.
④ 어린이 사망률을 낮춘다. (5세 미만 어린이의 사망률 2/3 수준으로 감소)
⑤ 모성 사망률을 낮춘다. (모성 사망률 3/4 수준으로 감소)
⑥ 에이즈와 말라리아 등의 질병을 줄인다.
⑦ 지속가능한 환경 개발을 이룬다.
⑧ 국제적인 협력관계를 발전시킨다.

4. 지속가능발전목표(SDGs)

① 모든 국가에서 모든 형태의 빈곤 종식
② 기아의 종식, 식량안보 확보, 영양상태 개선 및 지속가능농업 증진
③ 모든 사람의 건강한 삶을 보장하고 웰빙을 증진

④ 모든 사람을 위한 포용적이고 형평성 있는 양질의 교육 보장 및 평생교육 기회 증진
⑤ 성평등 달성 및 여성·여아의 역량 강화
⑥ 모두를 위한 식수와 위생시설 접근성 및 지속가능한 관리 확립
⑦ 모두에게 지속가능한 에너지 보장
⑧ 지속적·포괄적·지속가능한 경제성장 및 생산적 완전고용과 양질의 일자리 증진
⑨ 건실한 인프라 구축, 포용적이고 지속가능한 산업화 진흥 및 혁신
⑩ 국가 내·국가 간 불평등 완화
⑪ 포용적인·안전한·회복력 있는·지속가능한 도시와 거주지 조성
⑫ 지속가능한 소비 및 생산 패턴 확립
⑬ 기후변화와 그 영향을 대처하는 긴급 조치 시행
⑭ 지속가능발전을 위한 해양·바다·해양자원 보존과 지속가능한 사용
⑮ 육지생태계 보호와 복구 및 지속가능한 수준에서의 사용 증진 및 산림의 지속가능한 관리, 사막화, 대처, 토지 황폐화 중단 및 회보 및 생물다양성 손실 중단
⑯ 지속가능발전을 위한 평화적이고 포괄적인 사회 증진과 모드가 접근할 수 있는 사법제도, 모든 수준에서 효과적·책무성있는·포용적인 제도 구축
⑰ 이행수단 강화 및 지속가능발전을 위한 글로벌 파트너십 재활성화

제 2 절 국제정치와 핵무기

1 국제정치와 핵무기 2008년 출제

① **핵무기의 개념** : 핵무기(Nuclear Weapon)란 핵의 분열과 융합을 이용한 대량 파괴무기를 뜻하는데, 이는 지상기지로부터 발사되는 대륙 간 탄도탄(ICBM 및 중거리탄도탄) IRBM, 원자력 잠수함에 적재된 미사일, 전략공군이 운반하는 핵미사일이나 원수폭(原水爆)과 같은 전략 핵무기 등을 포함함

② **핵무기의 특징** : 핵무기는 공격용 무기가 아니며, 핵무기는 상대방이 자신을 공격하지 못하도록 하는 억지력을 제공하는 무기임

③ **군사적 공격**

　㉠ 1차 공격능력 : 공격국가가 상대방을 공격하여 최소한의 피해만으로 상대방의 2차 공격능력, 즉 보복공격 능력을 완전히 파괴할 수 있는 능력

ⓒ 2차 공격능력 : 적의 선제공격으로 인한 심각한 피해에도 불구하고 보복공격을 가할 수 있는 능력
　　　　• 2차 공격능력은 선제공격을 가하는 국가도 보복공격에 의해 공멸하게 됨으로써, 그리고 선제공격을 가하려고 하는 국가의 공격 의도를 저지시킴으로써 전쟁 발발을 억지하게 하는 효과를 가짐
　　　ⓒ 군비경쟁은 2차 공격능력을 유지·강화하기 위한 목적임
　　④ **억지력의 발생**
　　　㉠ 억지력이 완벽하게 작동하려면 분쟁 당사국 모두가 핵무기를 보유하고 있어야 함
　　　ⓒ 양 국가가 핵무기를 보유하고 있을 경우, 2차 공격능력을 보유했다는 것은 선제공격 국가 역시 보복공격으로 인해 파멸된다는 것을 의미함

2 미소 핵전략의 변천 [47]

1. **핵전략 : 폰 노이만(John von Neumann)**

　① 노이만은 컴퓨터 프로그램을 개발하여 현대 전략무기에 고도의 정확성을 부여하여 선제공격을 가능케 했으며, 조기경보레이더를 통해 적의 기습공격을 무용하게 만듦
　② 노이만은 게임이론의 개발을 통해 핵전략의 획기적인 변화를 가져옴

> **대량보복전략(massive retaliation)** 2008년 출제
>
> **1. 의미**
> 어떠한 형태의 도발 행위에 대해서도 응징 수단으로써 강력한 전략 열 핵무기로 보복하겠다는 전략, 즉 최소의 도발에 대해서도 최고, 최대 수준의 응징 보복을 단행하겠다는 전략
>
> **2. 내용**
> 적으로부터 본격적 공격을 받을 경우 핵무기를 적재한 전략폭격기를 출격시켜 스스로 선택한 방법과 장소에서 즉각 거대한 보복력으로 반격한다는 미국의 전략이다.
> 1950년대 초기에 핵무기의 독점시대가 막을 내리자 미국이 최초로 채택한 전략이다. 이는 어디까지나 다른 나라에 비해 절대우위의 전략무기를 보유했던 데서 비롯된 것이며, 그와 같은 대량보복의 잠재전력을 상시 대기시킨다는 것은 전쟁억제의 역할도 하게 된다는 것이었다.
> 아이젠하워 대통령 시대에는 한때 뉴룩 전략(New Look 戰略)이라 하였고, 핵 우위·병력 절감의 견지에서 육군도 핵무기에 중점을 둔 펜토믹 편제로 개편하였다. 그러다가 1954년 J.F. 덜레스 국무장관의 연설로 대량보복전략으로 이름이 바뀌었다가, 그 후 탄도 미사일로 주력이 옮겨지자 다시 네오 뉴룩 전략으로 불리게 되었다. 그러나 소련도 핵무기를 보유하게 됨으로써 미국의 전략무기가 절대적으로 우위였던 시대가 지나자, 일방적 억제가 상호 억제 관계로 변해 갔고 대량보복전략의 위력도 그 탄력성을 잃게 됨에 따라 1958년 이후에는 단계적 억제전략으로 바뀌었다.

---
[47] 박천오, 국제정치학(2003), 인간사랑, 192~197면

2. 상호확증파괴전략(Mutually assured Destruction Strategy : MAD) `2009년 출제`

① 상호필멸전략이라고도 불리는 MAD는 아이젠하워 대통령에 의해 채택됨

② MAD는 케난의 봉쇄전략의 한계를 극복하려는 덜레스의 대량보복전략에서 발전된 개념으로 상대측이 공격을 시작하면 공격 미사일 등이 도달하기 전에 또는 도달 후 생존해 있는 보복력을 이용하여 상대편도 전멸시킨다는 전략임

③ 완전한 일차공격력, 즉 선제공격에 의한 완전 승리 개념을 부정하는 MAD 전략에서 핵무기는 사용할 수 없는, 즉 사용하지 않기 위해 생산하는 억지 무기이며, 핵전쟁은 누구도 승리할 수 없는 전쟁으로 간주됨

④ MAD 전략은 상대국의 국민과 사회 그 자체를 볼모로 잡고 있는 즉, 상대국의 도시를 겨냥하는 도시 대응(counter-city) 무기의 전략임

⑤ MAD 전략은 비이성적 요소에 취약한데, 이성적인 지도자라면 상호자살을 의미하는 핵공격을 감행할 수 없다는 점을 전제로 하기 때문에 컴퓨터의 실수, 과대망상증을 가진 핵종사자, 제3의 테러집단에 의한 핵전쟁 유발 등에 대한 대책을 결여하고 있음

⑥ 미국의 상호필멸전략에 대해 소련의 흐루시초프는 기습공격의 절대적 중요성과 민방위 등을 강조하는 선제예방전략을 수립하였음

3. 유연반응(대응)전략(flexible responsive strategy) `2014년 출제`

① 유연대응전략은 일단 핵전쟁이 시작되면 대량보복에 의한 공멸 이외의 선택 여지가 없다는 MAD 전략의 취약점을 보완하기 위해 개발된 것으로, 새로운 개척지(New Frontier)로서 우주개발경쟁을 소련과 벌이던 케네디 행정부에 의해 채택됨

② 유연대응전략은 전쟁발발 시 핵무기를 먼저 사용하지 않고(no early first use) 재래식 무기로 싸우다 마지막에 핵무기를 사용하여 전쟁을 끝낸다는 제한전(limited nuclear war) 전략임

③ 유연대응전략 하에서 핵무기는 실제 사용 가능한 무기이며, 핵전투를 할 수 있고 방어할 수도 있음을 전제로 함

④ 재래식 무기에 의한 제한전이 세계적 전쟁으로 확전되지 못하도록 핵무기는 최종적으로 사용될 수 있는 최후의 수단으로서의 의미를 가짐

⑤ **소련의 대응**

  ㉠ 흐루시초프는 민간시설 공격에 근거한 최소억지전략(minimum deterrence strategy)을 수립함

  ㉡ 소련은 이를 위해 중거리 미사일(1955년), 대륙 간 미사일(1961년) 등 대륙 간 운반체계를 구축하는 한편, 전략로켓부대(SRF)(1959년)를 창설하고 대규모 감군을 단행하여 국방비 비용 절감을 추진함

4. 유연목표전략(flexible targeting strategy)

① 유연목표전략은 1970년대 초기 소련과 미국의 핵전력의 실질적 평형상태에서 카터 행정부가 채택

한 전략임

② 유연목표전략은 상대국의 군사시설물에 타격을 입혀서 상대의 핵보복공격을 사전에 봉쇄한다는 개념에 입각해 있는데, 이는 첩보위성의 개발에 따른 완전한 소련 탐지 가능성과 미국의 미사일 우위로 가능했음

③ 유연목표전략은 다른 한편 상대국의 잔존 보복력에 의한 공격 피해를 최소화하기 위해 자국의 도시나 공업지대의 방어를 강화하는 것을 중시함(damage limitation)

④ 1975년 무렵, 슐레진저(J. Schlesinger) 국방장관에 의해 제시된 이 전략은 그 후 카터 행정부에 의해 확실한 억지 전략(assured deterrence strategy)으로 계승됨

⑤ **소련의 대응**

㉠ 카터 행정부의 유연목표전략에 대응해 브레즈네프는 상호확증파괴(MAD) 전략을 공식 인정하는 한편, 전략무기 감축협정에 조인함

㉡ 1979년 6월 브레즈네프와 카터는 정상회담에서 ABM(對 탄도 미사일, Anti-Ballistic Missile)의 제한을 합의한 전략무기 제한협정(SALT-I)의 유효기간을 연장하는 한편, ICBM(대륙 간 탄도 미사일, Inter-continental Ballistic Missile)을 포함한 미소의 SNDV(전략핵 운반수단, Strategic Nuclear Delivery Vehicle)의 상한선을 설정하는 등의 내용에 합의함(SALT-II)

5. 전략방어계획(Strategic Defense Initiative : SDI)과 공동안보 개념

① SDI는 첨단 우주기술을 통해 핵공격 자체를 무력화함으로써 미국과 그 동맹국을 핵무기로부터 완전히 안전하게 하겠다는 완전방어 개념임

② 레이건 행정부의 SDI 전략은 천문학적인 비용, 과학기술의 발전에 따른 또 다른 공격무기의 출현 가능성, 그리고 SDI 추진 과정에서 나타날지 모르는 상대국의 예방전쟁의 위험 등을 이유로 중단됨

③ **고르바초프의 합리적 충분성(reasonable sufficiency) 개념**

㉠ 고르바초프(1985~1991년)는 핵우위가 자국의 안보를 증진시키지 못할 뿐만 아니라 핵무기를 이용한 전쟁 승리는 불가능함을 주장하면서, 종래의 개별국가 안보개념을 공동안보개념으로 대체할 것을 주장함

㉡ 고르바초프는 군사 독트린이 종전에는 전쟁 준비와 승리에 관한 과학적이고 공식적인 견해의 총체였는 데 비해 이제는 전쟁 예방에 관한 기본 견해의 총체로 바뀌었음을 주장함

㉢ 각국은 방어만을 수행할 때 요구되는 군사력, 즉 잠재적 공격에 대응하기에는 충분하나 공격하기에는 불충분한 군사력을 유지해야 함

㉣ 합리적 충분성 개념은 1차 공격력이 아닌 2차 공격력에 근거하는 전략적 안정 및 방어 차원의 반격능력에 의한 안보에 대한 강조임

㉤ 고르바초프는 공동안보 개념에 따라 중거리 핵무기(Intermediate Range Nuclear Forces : INF, 1987년 체결, 2019년 폐기) 전폐조약과 전략무기 감축협정(START, 1991)에 조인함

3 핵 확산

① **핵보유국**

　㉠ 미국 – 1945년 맨해튼 프로젝트를 통해 비밀리에 핵무기를 개발함 2013년, 2020년 출제
　㉡ 소련 – 1949년 시베리아에서 핵실험에 성공함
　㉢ 영국 – 1952년 10월 핵실험에 성공함
　㉣ 프랑스 – 1960년 드골 대통령의 주도로 핵개발을 추진, 사하라 사막에서 핵실험에 성공함
　㉤ 중국 – 1964년 핵실험에 성공함
　㉥ 인도 – 1974년 핵실험에 성공함

② **핵무기의 확산 이유**

　㉠ 핵무기가 확산되는 것은 모든 나라가 생존을 위해 핵무기를 보유하려고 하기 때문
　㉡ 핵에너지의 사용이 보편화되고, 1972년 석유파동 이후에 핵에너지에 대한 연구가 급진전하면서 핵무기 확산의 기술적 기반이 조성됨
　㉢ 석유파동 이후 엄청난 달러를 보유하게 된 중동국가들은 핵기술을 사들일 수 있는 경제적 여유를 가짐
　㉣ 소련의 붕괴는 핵 확산에 유리한 조건을 형성했는데, 소련 핵기술자가 해외에 스카우트되거나, 소련의 핵무기가 각 독립국가의 관할 아래에 놓이게 됨

③ **핵보유국 증가가 초래하는 위험성**

　㉠ 핵보유국이 많아지면 핵에 의한 전쟁 억지, '공포에 의한 균형'이 깨질 수 있음
　㉡ 다수의 국가가 핵을 가지게 되면 핵무기의 관리가 어려워짐
　㉢ 핵보유국이 증가하면 제3세계 국가끼리의 핵 연합이 이루어질 가능성이 있음

4 핵 확산 방지를 위한 노력 : NPT와 IAEA

1. **핵확산금지조약**(Nuclear Non - Proliferation Treaty : NPT) 2007년, 2011년, 2014년, 2018년, 2020년, 2021년, 2022년 출제

① 핵확산금지조약은 미국, 소련, 영국 등 핵강대국들의 주도로 1968년에 서명되었고, 1970년부터 발효됨

② **설립 목적**

　㉠ 수평적 핵 확산 방지
　㉡ 핵보유국들의 군축 및 비핵화 촉구
　㉢ 엄격한 안전기준 하에서 핵의 평화적 이용

③ NPT의 구조적 취약점

  ㉠ 비효율성
  - 핵 확산 금지 대상으로 올라 있었던 요주의 국가들의 다수(인도, 파키스탄, 이스라엘 등)가 불참하고 있음
  - NPT의 모체인 IAEA의 헌장이 발표된 후에 IAEA 회원국인 프랑스, 중국 등이 핵무장을 하였지만 아무런 규제를 당하지 않음
  - 공식적으로 확인된 것과 다름없는 이스라엘 핵무장도 지금까지 한 번도 문제시되지 않음

  ㉡ 불평등성 : 핵의 남북갈등
  - NPT의 제2조나 3조 등에서 보이는 바와 같이 비핵국들은 핵무기의 제조나 보유를 포기해야 함은 물론 모든 평화적 핵 이용에 있어서도 국제원자력기구(IAEA)의 핵사찰을 받을 의무가 있음
  - 비핵보유국은 핵무기를 제조하거나 보유하는 것을 포기함은 물론 IAEA의 사찰을 받아야 하는 의무를 지게 되나, 핵보유국의 군축의무는 강제조항이 아닐뿐더러 이들에게는 IAEA의 사찰의무도 없음
  - 핵보유국들은 제6조의 핵군축과 비핵화를 강제조항으로 인정하지 않음으로써 핵무기의 생산과 배치를 계속했으며, 이로써 NPT는 핵보유국과 비핵국 사이의 불평등조약이라는 비판을 받고 있음
  - 핵보유국 간의 경쟁으로 인해 프랑스, 중국 등의 핵보유국들은 부분 핵실험을 계속하는 등 핵개발 의지를 포기하지 않고 있음에도 불구하고 적절한 통제력을 가지고 있지 못함

  ㉢ 핵개념의 모호성과 핵사찰의 불완전성
  - NPT는 핵의 군사적 기술과 산업적 기술의 구분을 모호하게 남겨둠으로써 분쟁의 불씨를 남기고 있음
  - IAEA의 일반적 핵사찰은 사찰 대상국에서 제공된 정보에 의거하여 특정 시설 장비에만 행해짐으로써 효과적인 핵사찰을 시행할 수 없음

핵무기의 비확산에 관한 조약

제1조 핵무기 보유 조약당사국은 여하한 핵무기 또는 기타의 핵폭발장치 또는 그러한 무기 또는 폭발장치에 대한 관리를 직접적으로 또는 간접적으로 어떠한 수령자에 대하여도 양도하지 않을 것을 약속하며, 또한 핵무기 비보유국이 핵무기 또는 기타의 핵폭발장치를 제조하거나 획득하며 또는 그러한 무기 또는 핵폭발장치를 관리하는 것을 여하한 방법으로도 원조, 장려 또는 권유하지 않을 것을 약속한다.

제2조 핵무기 비보유 조약당사국은 여하한 핵무기 또는 기타의 핵폭발장치 또는 그러한 무기 또는 폭발장치의 관리를 직접적으로 또는 간접적으로 어떠한 양도자로부터도 양도받지 않을 것과, 핵무기 또는 기타의 핵폭발장치를 제조하거나 또는 다른 방법으로 획득하지 않을 것과 또한 핵무기 또는 기타의 핵폭발장치를 제조함에 있어서 어떠한 원조를 구하거나 또는 받지 않을 것을 약속한다.

제3조 1. 핵무기 비보유 조약당사국은 원자력을, 평화적 이용으로부터 핵무기 또는 기타의 핵폭발장치로 전용하는 것을 방지하기 위하여 본 조약에 따라 부담하는 의무이행의 검증을 위한 전속적 목적으로 국제원자력기구규정 및 동 기구의 안전조치제도에 따라 국제원자력기구와 교섭하여 체결할 합의사항에 열거된 안전조치를 수락하기로 약속한다. 본조에 의하여 요구되는 안전조치의 절차는 선원물질 또는 특수분열성물질이 주요 원자력 시설 내에서 생산처리 또는 사용되고 있는가 또는 그러한 시설 외에서 그렇게 되고 있는가를 불문하고, 동 물질에 관하여 적용되어야 한다. 본조에 의하여 요구되는 안전조치는 전기당사국 영역 내에서나 그 관할권 하에서나 또는 기타의 장소에서 동 국가의 통제하에 행하여지는 모든 평화적 원자력 활동에 있어서의 모든 선원물질 또는 특수분열성물질에 적용되어야 한다.

2. 본 조약 당사국은, 선원물질 또는 특수분열성물질이 본조에 의하여 요구되고 있는 안전조치에 따르지 아니하는 한, (가) 선원물질 또는 특수분열성물질 또는 (나) 특수분열성물질의 처리사용 또는 생산을 위하여 특별히 설계되거나 또는 준비되는 장비 또는 물질을 평화적 목적을 위해서 여하한 핵무기보유국에 제공하지 아니하기로 약속한다.

3. 본조에 의하여 요구되는 안전조치는, 본 조약 제4조에 부응하는 방법으로, 또한 본조의 규정과 본 조약 전문에 규정된 안전조치 적용원칙에 따른 평화적 목적을 위한 핵물질의 처리사용 또는 생산을 위한 핵물질과 장비의 국제적 교환을 포함하여 평화적 원자력 활동분야에 있어서의 조약당사국의 경제적 또는 기술적 개발 또는 국제협력에 대한 방해를 회피하는 방법으로 시행되어야 한다.

4. 핵무기 비보유 조약당사국은 국제원자력기구규정에 따라 본조의 요건을 충족하기 위하여 개별적으로 또는 다른 국가와 공동으로 국제원자력기구와 협정을 체결한다. 동 협정의 교섭은 본 조약의 최초 발효일로부터 180일 이내에 개시되어야 한다. 전기의 180일 후에 비준서 또는 가입서를 기탁하는 국가에 대해서는 동 협정의 교섭이 동 기탁일자 이전에 개시되어야 한다. 동 협정은 교섭개시일로부터 18개월 이내에 발효하여야 한다.

제4조 1. 본 조약의 어떠한 규정도 차별 없이 또한 본 조약 제1조 및 제2조에 의거한 평화적 목적을 위한 원자력의 연구생산 및 사용을 개발시킬 수 있는 모든 조약당사국의 불가양의 권리에 영향을 주는 것으로 해석되어서는 아니된다.

2. 모든 조약당사국은 원자력의 평화적 이용을 위한 장비 물질 및 과학기술적 정보의 가능한 한 최대한의 교환을 용이하게 하기로 약속하고, 또한 동 교환에 참여할 수 있는 권리를 가진다. 상기의 위치에 처해 있는 조약당사국은, 개발도상지역의 필요성을 적절히 고려하여, 특히 핵무기

비보유 조약당사국의 영역 내에서, 평화적 목적을 위한 원자력 응용을 더욱 개발하는데 단독으로 또는 다른 국가 및 국제기구와 공동으로 기여하도록 협력한다.

제5조 본 조약 당사국은 본 조약에 의거하여 적절한 국제감시하에 또한 적절한 국제적 절차를 통하여 핵폭발의 평화적 응용으로부터 발생하는 잠재적 이익이 무차별의 기초위에 핵무기 비보유 조약당사국에 제공되어야 하며, 또한 사용된 폭발장치에 대하여 핵무기 비보유 조약당사국이 부담하는 비용은 가능한 한 저렴할 것과 연구 및 개발을 위한 어떠한 비용도 제외할 것을 보장하기 위한 적절한 조치를 취하기로 약속한다. 핵무기 비보유 조약당사국은 핵무기 비보유국을 적절히 대표하는 적당한 국제기관을 통하여 특별한 국제협정에 따라 그러한 이익을 획득할 수 있어야 한다. 이 문제에 관한 교섭은 본 조약이 발효한 후 가능한 한 조속히 개시되어야 한다. 핵무기 비보유 조약당사국이 원하는 경우에는 양자협정에 따라 그러한 이익을 획득할 수 있다.

제6조 조약당사국은 조속한 일자 내에 핵무기 경쟁중지 및 핵군비 축소를 위한 효과적 조치에 관한 교섭과 엄격하고 효과적인 국제적 통제 하의 일반적 및 완전한 군축에 관한 조약 체결을 위한 교섭을 성실히 추구하기로 약속한다.

제7조 본 조약의 어떠한 규정도 국가의 집단이 각자의 영역 내에서 핵무기의 전면적 부재를 보장하기 위하여 지역적 조약을 체결할 수 있는 권리에 영향을 주지 아니한다.

제8조
1. 조약당사국은 어느 국가나 본 조약에 대한 개정안을 제의할 수 있다. 제의된 개정문안은 기탁국 정부에 제출되며 기탁국 정부는 이를 모든 조약당사국에 배부한다. 동 개정안에 대하여 조약당사국의 3분의 1 또는 그 이상의 요청이 있을 경우에, 기탁국 정부는 동 개정안을 심의하기 위하여 모든 조약당사국을 초청하는 회의를 소집하여야 한다.

2. 본 조약에 대한 개정안은, 모든 핵무기 보유 조약당사국과 동 개정안이 배부된 당시의 국제원자력기구 이사국인 조약당사국 전체의 찬성을 포함한 모든 조약당사국의 과반수의 찬성투표로써 승인되어야 한다. 동 개정안은 개정안에 대한 비준서를 기탁하는 당사국에 대하여, 모든 핵무기 보유 조약당사국과 동 개정안이 배부된 당시의 국제원자력기구 이사국인 조약당사국 전체의 비준서를 포함한 모든 조약당사국 과반수의 비준서가 기탁된 일자에 효력을 발생한다. 그 이후에는 동 개정안에 대한 비준서를 기탁하는 일자에 동 당사국에 대하여 효력을 발생한다.

3. 본 조약의 발효일로부터 5년이 경과한 후에 조약당사국회의가 본 조약 전문의 목적과 조약규정이 실현되고 있음을 보증할 목적으로 본 조약의 실시를 검토하기 위하여 스위스 제네바에서 개최된다. 그 이후에는 5년마다 조약당사국 과반수가 동일한 취지로 기탁국 정부에 제의함으로써 본 조약의 실시를 검토하기 위해 동일한 목적의 추후 회의를 소집할 수 있다.

제9조
1. 본 조약은 서명을 위하여 모든 국가에 개방된다. 본조 3항에 의거하여 본 조약의 발효 전에 본 조약에 서명하지 아니한 국가는 언제든지 본 조약에 가입할 수 있다.

2. 본 조약은 서명국에 의하여 비준되어야 한다. 비준서 및 가입서는 기탁국 정부로 지정된 미합중국, 영국 및 소련 정부에 기탁된다.

3. 본 조약은 본 조약의 기탁국 정부로 지정된 국가 및 본 조약의 다른 40개 서명국에 의한 비준과 동 제국에 의한 비준서 기탁일자에 발효한다. 본 조약상 핵무기 보유국이라 함은 1967년 1월 1일 이전에 핵무기 또는 기타의 핵폭발장치를 제조하고 폭발한 국가를 말한다.

4. 본 조약의 발효 후에 비준서 또는 가입서를 기탁하는 국가에 대해서는 동 국가의 비준서 또는 가입서 기탁일자에 발효한다.

5. 기탁국 정부는 본 조약에 대한 서명일자, 비준서 또는 가입서 기탁일자, 본 조약의 발효일자 및 회의소집 요청 또는 기타의 통고접수일자를 모든 서명국 및 가입국에 즉시 통보하여야 한다.

6. 본 조약은 국제연합헌장 제102조에 따라 기탁국 정부에 의하여 등록된다.

제10조   1. 각 당사국은, 당사국의 주권을 행사함에 있어서, 본 조약상의 문제에 관련되는 비상사태가 자국의 지상이익을 위태롭게 하고 있음을 결정하는 경우에는 본 조약으로부터 탈퇴할 수 있는 권리를 가진다. 각 당사국은 동 탈퇴 통고를 3개월 전에 모든 조약당사국과 국제연합 안전보장이사회에 행한다. 동 통고에는 동 국가의 지상이익을 위태롭게 하고 있는 것으로 그 국가가 간주하는 비상사태에 관한 설명이 포함되어야 한다.
         2. 본 조약의 발효일로부터 25년이 경과한 후에 본 조약이 무기한으로 효력을 지속할 것인가 또는 추후의 일정 기간 동안 연장될 것인가를 결정하기 위하여 회의를 소집한다. 동 결정은 조약당사국 과반수의 찬성에 의한다.

제11조   동등히 정본인 영어, 노어, 불어, 서반아어 및 중국어로 된 본 조약은 기탁국 정부의 문서보관소에 기탁된다. 본 조약의 인증등본은 기탁국 정부에 의하여 서명국과 가입국 정부에 전달된다.

이상의 증거로서 정당히 권한을 위임받은 하기 서명자는 본 조약에 서명하였다.
1968년 7월 1일 워싱턴, 런던 및 모스크바에서 본 협정문 3부를 작성하였다.

2. 국제원자력기구(International Atomic Energy Agency : IAEA)

① **설립** : IAEA의 설립은 1953년 12월 아이젠하워 미국 대통령이 제8차 유엔총회 연설에서 'Atom for Peace'를 제창함으로써 본격화되었으며, 2022년 현재 175개 국가가 회원국으로 가입하고 있음

② **목적 및 기능**

  ㉠ IAEA는 원자력의 평화적 이용을 촉진하는 한편, 원자력이 군사적 목적으로 전용되지 않도록 억제하는 기능을 수행함

  ㉡ IAEA는 원자력 기술 이전 등 국제협력을 적극적으로 추진하고 있으며, 특히 원자력의 군사적 전용을 방지하기 위해 안전조치체(safeguards system)를 운영하고 있음

  ㉢ IAEA는 매년 유엔총회에 보고서를 제출하며, 특히 국제평화와 안전에 관한 문제가 발생하였을 때 유엔안보리에 관련 내용을 보고하고 있음

  ㉣ 원자력의 평화적 이용을 위해 1968년 체결된 NPT에 의해 비핵국은 자국의 모든 핵시설이나 핵물질에 대하여 IAEA의 핵사찰을 받아들이며 이를 위해 조약 가입 후 18개월 이내 핵안전협정을 체결하도록 의무화하고 있음

③ **구성 및 조직** : IAEA는 회원국 정부의 대표로 구성되는 총회, 실질적 의사기구인 이사회, 사무국 등이 있음

④ **IAEA의 안전조치 활동**

  ㉠ NPT 발효 이전의 IAEA 안전조치는 안전조치 대상을 해당국의 일부 시설에 국한된 부분 안전조치였음

  ㉡ NPT 발효 이후에는 핵비보유국인 NPT 당사국의 모든 원자력 활동에 대해 안전조치를 적용하기 위해 1970년 전면안전조치협정이 채택됨

⑤ 전면 안전조치협정
  ㉠ 핵비보유국인 NPT 당사국은 NPT 가입서 기탁일로부터 18개월 이내에 안전조치협정을 체결해야 함
  ㉡ 핵보유국은 NPT 규정에 따라 안전조치협정을 체결할 의무는 없으나, IAEA와 자발적 안전조치협정을 체결하고 지정된 시설에 대해 안전조치를 적용하고 있음

⑥ IAEA의 강화된 안전조치체제
  ㉠ IAEA의 강화된 안전조치체제는 핵물질을 직접 취급하지 않는 핵연료 주기 관련 연구 개발 사업에 대한 정보제공 및 추가접근, 환경시료 채취 지역의 확대를 포함하고 있어 미신고 핵시설의 파악이 보다 용이하게 됨
  ㉡ 피사찰국은 IAEA 사찰로부터 자국의 산업 비밀을 보호하기 위해 IAEA와 협의 하에 접근 통제지점을 설치할 수 있음
  ㉢ 현재 IAEA 사무국은 추가의정서에 따른 강화프로그램을 기존 안전조치(INFCIRC/153)에 포함시킨 통합안전조치체제(Integrated Safeguards system)의 개념을 완성하고 이를 추진 중이며 원격감시기술, 환경시료분석기술, 정보분석기술 등을 도입하였고 안전조치이행 자문단(SAGSI)의 지원을 받고 있음
  ㉣ 우리나라는 1975년 10월 IAEA와 전면 안전조치협정을 체결하였으며, 현재 원자력발전소 등 20여 개의 국내 원자력 관련 시설이 IAEA의 정기사찰을 받고 있음

⑦ IAEA와 한반도
  ㉠ 한국
  - 1975년 3월 20일에 NPT에 가입하고 같은 해 10월 31일 전면 안전조치협정에 서명함
  - IAEA는 협정 제9조에 의거하여 한국 정부의 동의를 받아 사찰관을 임명하였음
  ㉡ 북한
  - 1985년에 NPT에 가입하고 1992년 5월 IAEA의 핵안전협정에 서명한 이후 한스 브릭스 IAEA 사무총장이 사찰을 해왔음
  - 1993년 남한의 팀스프릿 훈련과 관련하여 NPT 탈퇴 선언(1993년 3월) 및 IAEA 탈퇴 선언(1994년 6월)을 하는 등 우여곡절을 거쳤으며 2003년에 NPT를 탈퇴하여 현재 핵사찰을 받고 있지 않음

제3절 전쟁 발생 원인에 대한 논의

1 전쟁

① **개념**: 전쟁이란 서로 다른 정치집단이나 주권국가 간의 정치적 갈등을 각기 상당한 규모의 군대를 동원하여 해결하려는 극한적인 군사적 대결을 뜻함

② **클라우제비츠(Karl von - Clausewitz, 1780~1831)의 전쟁론**
  ③ 클라우제비츠는 나폴레옹 시대의 새로운 전투 양식을 연구하여 국민전쟁론을 제시함
  ⑥ 나폴레옹전쟁은 전쟁과 관련된 자원의 동원이 국민 전체적 차원에서 이루어졌으며, 프랑스혁명 이념의 하나인 민족주의가 중요한 역할을 담당하게 됨
  ⑥ 나폴레옹전쟁 이전의 전쟁이 주로 용병에 의존한 제한전인데 비해, 나폴레옹전쟁은 민족주의라는 혁명 이념에 입각하여 시민들이 적극적으로 동참한 무제한전(absolute war)의 성격을 가짐
  ② 클라우제비츠는 프랑스 전체를 뒤흔들고 유럽의 질서를 바꾸어 놓은 혁명이념조차도 사실상 정치가들의 전략적 차원에서 이용되었다는 것을 발견하고 "전쟁이란 다른 수단에 의한 정치적 교섭의 연속"이라는 것을 주장함

2 전쟁의 발생 원인 [48] 2013년 출제

1. 생물·심리학적 이론

① **프로이드(S. Freud, 1856~1939)의 죽음 본능(death instinct) 이론**
  ③ 프로이드는 정신분석학적 입장에서 인간의 공격성이 성 본능(erotic instinct)의 좌절, 즉 외부의 자극에서 비롯된다고 인식함
  ⑥ 프로이드는 1차대전 이후 인간의 생 본능(life instinct)인 에로스(Eros)와 죽음의 본능(death instinct)인 타나토스(Thanatos)로 구별하고 인간은 생물학적으로 자기 파괴의 본능을 가지고 있다고 주장함
  ⑥ 프로이드의 주장은 인간의 파괴성은 외부자극에 의해 도발된 것이 아니라 선천적인(innate) 본능에서 발생한다는 것임

② **공격 본능에 관한 로렌츠 이론(The Lorenzian Theory of Aggression)**
  ③ 로렌츠(Konrad Lorenz)에 따르면 인간을 포함한 동물들은 다른 집단을 쫓아냄으로써 자기 집단을 보호·발전시키려는 유전적 공격 본능을 가짐

---

[48] 박현모, 국제정치학(2003), 인간사랑, 109~113면

ⓒ 자연발생적인 공격심리에서 비롯된 공격행위는 개인과 종족의 보존을 위해 필수 불가결할 뿐만 아니라 창조적 능력의 확보를 위해서도 필요함

ⓒ 로렌츠는 공격 본능의 정화수단으로서 스포츠를 들고, 이를 통해 전쟁 발생의 원인을 최소화할 수 있다고 주장함

ⓔ 로렌츠의 이론은 동물의 행위에 관한 이론을 인간의 행위 설명에 응용함으로써 인간의 본능과 전쟁의 필연성 사이의 인과관계 증명이 어렵다는 비판을 받고 있음

③ 좌절·공격론(frustration - aggression)

㉠ 돌라드(John Dollard) : 공격은 로렌츠의 이론처럼 비록 생래적인 잠재적 본능에서 비롯될지라도 아무 때나 나타나는 것이 아니고, 하려는 일을 방해받아 좌절을 느낄 때만 나타남

㉡ 베르코비츠(Leonard Berkowitz) : 돌라드의 가설을 수정함

- 돌라드의 가설은 좌절이 항상 공격을 가져오지는 않는다는 사실을 간과하고 있는데, 좌절은 상이한 반응 형태의 충동을 만들어내며 그중의 하나가 공격일 수 있음
- 베르코비츠에 의하면 좌절은 일정한 선택 계기나 단서, 즉 분노와 행위자의 사태 해석의 매개변수에 의해 비로소 공격행위로 유발됨

④ 스키너(B. F. Skinner)의 자극·반응(stimulus - response) 이론

㉠ 자극·반응 이론이란 행태심리학에서 발전된 이론으로, 인간은 외부로부터 어떤 자극을 받으면 그에 상응하는 반응을 보인다는 이론임

㉡ 자극·반응 이론에 의하면 만일 한 국가가 다른 국가에 대하여 적대적인 발언이나 행동을 하면 다른 국가도 그와 비슷한 적대적인 발언이나 행동을 하게 되고, 그것의 악순환은 전쟁을 초래하게 됨

⑤ 칸트릴과 에카르트의 학습 이론(learning theory)

㉠ 학습 이론은 자극과 반응 사이에 또 하나의 변수인 인간의 인식(cognition)을 개입시켜 인간의 공격성을 설명하는 이론임

㉡ 칸트릴(Hadley Cantril) : 인간은 정치심리에 있어서 어떤 상황에 단순히 기계적으로 반응하는 것이 아니라 과거의 경험으로부터 형성된 인식에 근거해 반응하는 존재임을 주장함

㉢ 에카르트(William Eckhart)

- 개개인의 강박감과 동정에 대한 연구 결과 강박감, 동정 등을 '학습된 반응'이라고 주장하고, 강박감 자체가 전쟁발발의 충분조건이 될 수는 없지만, 다른 조건들이 주어진다면 강박감은 적대감을 폭발시키는 데 중요한 영향을 미칠 수 있다고 주장함
- 강박감을 자극하는 다른 조건의 예로 현대의 과학기술과 물질 위주의 가치관 및 생활 태도를 제시함

⑥ 볼딩(Kenneth Boulding)의 지각 이론

㉠ 지각 이론은 한 사람의 국민 또는 한 명의 지도자가 타국에 대해 갖는 비교적 고정화된 지각(perception)이 전쟁의 요인이 될 수 있다는 이론임

㉡ 볼딩에 따르면 이미지는 과거로부터 얻어 온 메시지의 산물이지만 그것은 단순한 메시지의 축적이 아니라 정보라는 자본으로 된 고도로 구조화된 것이며, 적대적 이미지가 역사적으로 오래 계

속되면 영상(mirror image) 현상이 나타나게 됨

2. 국제정치학 이론

① **퀸시 라이트(Quincy Wright)의 전쟁 연구**
  ㉠ 퀸시 라이트는 전쟁의 원인을 국제정치체제 구성체 상호 간의 평형 파괴에서 찾고, 평화란 국제정치에서 여러 형태의 힘이 평형을 유지하는 배열의 상태라고 인식함
  ㉡ 전쟁의 징후(syndromes) : 국가 간의 비정상적 법적 상태, 사회집단 간의 갈등, 극심한 적대적 태도, 군사력을 사용한 의도적 폭력행위 등이 전쟁의 징후들이며 전쟁 징후들의 조합(combination)이 어떤 분기점을 넘을 때 새로운 상태가 출현하고, 이것이 곧 법률과 여론에 의하여 전쟁으로 귀결됨
  ㉢ 전쟁 유형(types) 분류
   • 주권국가 간에 발발하는 국가 간 전쟁(international war)
   • 서로 다른 문화를 가진 국가 또는 국가집단 사이에 발생하는 제국전쟁(imperial war)
   • 국내의 반란에 의하여 일어나는 시민전쟁(civil war)

② **블레이니(G. Blainey)의 외교수단론**
  ㉠ 연계 이론 : 블레이니는 각국이 자국의 외교 목적을 위해 전쟁이라는 수단을 이용하는 데서 전쟁이 비롯된다고 주장함
  ㉡ 전쟁 사례의 연구 : 전쟁은 경제적 동기의 전쟁, 이념적 전쟁, 국내의 정치적 불안정을 해소하기 위한 모험적 전쟁, 위대한 제국을 건설하려는 정치적 전쟁 등 다양한 외교적 목적에서 비롯됨

③ **왈츠(Kenneth Waltz)의 국제사회 불완전론**
  ㉠ 인간본성 : 각국 정치지도자의 권력욕에 의해 전쟁이 발생함
  ㉡ 국가의 내부 구조 : 정치가의 전쟁도발 야욕을 제어할 장치를 결여한 정치체제에 의해 전쟁이 발생함
  ㉢ 국제체제의 성격 : 무정부적 국제체제 상황에서 전쟁이 발생함

④ **허즈(John Herz)의 안보 딜레마론(security dilemma)**
  ㉠ 무정부적 국제체제의 특징 : 무정부적 국제체제에서 각국은 언제 누구로부터 공격을 받을지 모르며, 자기 혼자 힘으로 자기를 보호하지 않으면 안 된다는 불안감에 시달리게 됨
  ㉡ 무정부적 국제체제에서는 생존의 불안감 때문에 각국은 다른 나라가 자국의 안전을 위해 취한 조치에 대해서도 과민한 반응을 보이며 끝없는 군비경쟁의 악순환에 빠져들게 됨
  ㉢ 허즈의 안보 딜레마는 루소의 '사슴사냥 우화'로 설명될 수 있는데, 국제사회의 무정부적 특성 때문에 각국은 타국의 배반을 우려해 더 많은 군비증강을 추구하며, 이는 결과적으로 모두의 안보라는 공공재의 실패 현상인 전쟁을 초래하게 됨

3 세계평화를 위한 대안

1. 평화의 두 의미 : 전쟁의 부재와 폭력의 부재

① **소극적 평화**(negative peace)**와 적극적 평화**(positive peace) : 갈퉁(J. Galtung)은 소극적 평화와 적극적 평화를 구분하고 탈현실주의 평화학으로서 적극적 평화의 중요성을 강조함

② **소극적 평화** : 평화를 전쟁의 반대 개념으로 보고 전쟁만 없으면 평화가 달성된 것으로 보는 입장으로 현상유지적 평화를 강조함

③ **적극적 평화** 2011년 출제

  ㉠ 평화를 단순히 전쟁의 부재로 보지 않고 인간의 기본적 욕구(basic human needs) 충족, 경제적 복지와 평등, 정의, 그리고 자연의 질서 등이 구현·보전되는 상태로 보는 입장임

  ㉡ 갈등의 구조적 원인을 강조하는 이 입장에 따를 때 적극적 평화의 실현을 가로막는 폭력, 즉 구조적 폭력(structural violence)이 존재하면 전쟁이 없더라도 평화가 부재한 상태(peacelessness)임

  ※ 갈퉁은 평화학의 연구주제를 전통적인 주제인 전쟁보다는 더욱 광범위한 폭력으로 대체했다. 갈퉁은 기아, 빈곤, 문맹, 인종차별, 의료시설 부족, 성차별, 환경오염, 국제난민, 종교 갈등, 인종 분규 등의 문제를 구조적 폭력이라고 지칭하고 이러한 것들이 부재한 상황인 적극적 평화의 중요성을 강조했다.

2. 새로운 평화학

① 전통적인 평화론이 전쟁부재에 의한 소극적 평화를 유지하는 데 주력하는 국가중심적 접근, 또는 국제기구적 접근인 데 비해 새로운 평화학은 평화부재를 극복하여 적극적 평화를 구축하는데 초점을 두고 있음

② **전통적 평화론과 새로운 평화론의 비교**

  ㉠ 전통적 평화론이 힘의 사용 및 조정, 통제 또는 보편적 국제기구의 수립을 수단으로 하는 반면, 새로운 평화론은 지역통합, 환경운동, 시민운동을 통해 구조적 폭력을 변화시키려 함

  ㉡ 전통적 평화론이 국가 간 갈등과 분쟁을 전제하고 그것이 전쟁으로 확산되지 못하도록 하는 데 목적을 두고 있는 데 비해, 후자는 갈등과 폭력의 원인 발견 및 그것의 근본적 변화를 추구함

③ **새로운 평화론에서 중시하는 요소**

  ㉠ 초국가적 통합에 의한 탈국가 중심화

  ㉡ 인권, 여성, 장애자 등 사회적 약자를 보호하기 위한 시민운동

  ㉢ 우리 공동의 미래(our common future)라는 세대 간 평등 추구와 자연의 보전을 위한 환경운동

  ㉣ 대안적 안보로서 민간주도 방위

정의의 전쟁

1. 전쟁 개시의 정의 2016년 출제

① 정당한 대의 : 보통 자기방어나 제3자를 위한 방어를 의미한다.

② 올바른 권위체 : 오직 국가만이 정의의 전쟁을 벌일 수 있다. 범죄집단이나 기업, 개인이 벌이는 전쟁은 부당하다.

③ 올바른 의도 : 국가의 지도자는 명예나, 팽창, 전리품 때문이 아니라 부정한 것을 고치고 공격을 막기 위해 전쟁을 벌여야 한다.

④ 최후의 수단 : 지도자는 다른 모든 합리적 해결 수단을 다 사용한 이후에 또는 급박한 공격의 위험 때문에 다른 선택의 여지가 없을 경우에 전쟁을 시작해야 한다.

⑤ 성공에 대한 합리적 희망 : 국가는 합리적으로 판단해서 이길 가망이 없는 경우 전쟁을 시작해서는 안 된다.

⑥ 평화의 회복 : 평화를 회복하거나 현상 유지 상태로 되돌리기 위한 전쟁은 정당하다.

⑦ 수단과 목적의 균형 : 전쟁 그 자체를 포함하여 전쟁의 수단은 전쟁의 목적과 균형을 이루어야 한다. 국가는 자신의 목적을 위해 최소한의 무력을 사용해야 한다. 적군 또는 적국 민간인을 자국의 영토에서 몰아내기 위해 몰살시키는 행위는 정당화될 수 없다.

2. 전쟁 중의 정의

① 수단의 비례성 : 국가는 최소한의, 또는 적절한 정도의 군과 무기를 사용해야 한다. 단순히 패퇴시키기만 해도 충분한 상황에서 적군을 완전히 괴멸시키는 행위는 정당화될 수 없다. 예를 들어 국가는 재래식 무기로도 충분한 상황에서 핵무기를 사용해서는 안 된다.

② 비전투원 제외 : 국가는 전장에서 물러난 군인을 포함한 비전투원과 전쟁에 필수적이지 않은 민간인과 민간 시설을 직접적인 공격 목표로 삼아서는 안 된다. 비전투원 제외 원칙은 정의의 전쟁 이론의 가장 핵심적인 논거이다. 전쟁을 정의의 수단으로 간주하는 이론은 비전투원의 권리를 체계적으로 억압하는 것을 지지할 수 없다.

③ 이중 효과법 : (예상 가능하지만) 의도하지 않은 결과로 비전투원에게 손실을 입힐 수 있다. 예를 들어 무기 공장 주변에 거주하는 민간인 같은 경우이다. 그러나 더 중요한 문제는 예상 가능한 민간인의 죽음을 정말로 의도하지 않은 결과로 볼 수 있는지에 대한 문제이다. 정의의 전쟁 이론가들이 직면한 딜레마는 의도하지 않은 민간인의 죽음을 의도적인 살상과 마찬가지로 볼 것인가 말 것인가의 문제이다.

3. 전쟁 후의 정의(제안)

① 비례성과 공개성 : 전쟁 강화는 신중하고 합리적으로 이루어져야 한다.

② 권리 옹호 : 전쟁 강화는 전쟁의 원인이 된 기본권 침해를 회복하고 기본 권리를 보장해야 한다.

③ 민간인 우대 : 민간인들은 전쟁 이후 처벌 조치로부터 합당하게 면제받을 수 있다. 다만 전쟁 이후 처벌의 일부로 행해지는 전면적 사회·경제적 제재는 이에 해당하지 않는다.

④ 처벌1 : 전쟁에서 패배한 국가가 명백하게 권리를 침해한 침략자인 경우 비례적 처벌이 가해져야 한다.

⑤ 처벌2 : 특히 정권 지도자들은 전쟁 범죄에 대해 공정하고 공개적인 국제 재판을 받아야 한다. 군인들도 전쟁 범죄를 저지른다. 전쟁 후의 정의는 그러한 군인들도 조사에 응하고 필요한 경우 재판을 받아야 한다고 요구한다.

⑥ 배상 : 비례성과 차별성에 근거하여 금전적 배상이 요구될 수 있다.

⑦ 재건 : 전쟁 후 상황은 침략 국가 내부의 낡은 제도를 개혁할 수 있는 좋은 기회를 제공한다. 그러한 개혁은 허용될 수 있으나 정권의 부패 정도에 비례해 이루어져야 한다.

제 4 절 왈츠의 전쟁원인론에 대한 검토 [49]

1 전쟁의 제1요인(first image) : 인간본성

1. 내용

① 인간본성(human nature)은 전쟁의 제1요인으로 여러 학자들에 의해 거론됨
- "모든 악의 근원은 인간 안에 있으며, 인간 자신이야말로 전쟁이라는 특수한 악의 근원"

② **인간본성론자** : 오거스틴(St. Augustine), 루터(Luther), 맬더스(Malthus), 스위프트(Jonathan Swift), 딘 잉게(Dean Inge), 니버(R. Niebuhr) 등

③ **주요 내용**
  ㉠ 인간본성론에 따르면 인간은 "이성과 정열을 모두 갖고 있는 존재이지만 정열에 보다 더 자주 사로잡히는 존재"임
  ㉡ 니버(R. Niebuhr) : "인간은 무한한 욕망을 가진 유한한 존재, 즉 스스로를 거인으로 생각하는 피그미와 같은 존재"
  ㉢ 인간본성론자들은 전쟁이라는 "악(惡)의 소재지는 자아(the self)이며, 그 악의 특성은 오만(pride)의 관점에서 정의될 수 있다"고 주장함

④ **전쟁방지 방안**
  ㉠ 전쟁 원인으로 인간본성을 강조하는 학자들은 전쟁방지 대안으로 교육(education)을 강조함
  ㉡ 인류가 현재 겪고 있는 곤경들은 지식상의 결함으로 인한 것이기 때문에 교육은 전쟁을 방지하는 수단이 됨

2. 비판 : 인간본성론의 한계점

① **왈츠의 비판** : 인간본성론자들은 심리적 자료들을 토대로 하여 사회적 행태들을 설명하려 하였으나, 개인 행위에 대한 분석으로 집단현상을 무비판적으로 설명하는 심리학주의(psychologism)의 오류를 범함

② **루소의 비판** : 루소에 의하면 인간은 출생하여 그가 처하는 자연적 조건 속에서 선하지도 악하지도 않은 상태로 존재하며, 사회는 인간의 삶을 퇴락시키는 세력이지만 또한 도덕을 회복시키는 행위자(moralizing agency)이기도 함

③ **맨더빌(B. Mandeville)의 꿀벌 우화**

---

[49] 박현모, 국제성치학(2003), 인간사랑, 121~130면

㉠ 꿀벌들은 이기적인 충동에서 꿀을 모아들이나 그 결과는 꿀벌집단을 공존할 수 있게 함
㉡ 이기심이라는 인간의 악덕은 사회 진보에 기여하며 사실상 사회적 진보에 있어 필수적임

---

2 전쟁의 제2요인(second image) : 국가의 내부 구조

1. 내용

① 칸트의 민주평화론, 19세기의 자유주의론, 마르크스의 사회주의론은 전쟁의 원인으로 국가 내의 정치, 사회적 조건을 강조하는 입장임

② **칸트의 민주평화론**
  ㉠ 민주국가에서는 전쟁의 수행 여부를 결정하는 데는 국민들의 동의가 필요한데, 국민은 자신의 신상에 다가올 전쟁의 재앙을 각오해야 하므로 전쟁을 감행하는데 신중할 수밖에 없음
  ㉡ 비민주국가에서는 국가를 보존하고 난동, 반란 및 내란을 방지하는 최상의 수단은 국민을 단합시킬 수 있는 공동의 적을 발견하는 것이기에 전쟁을 감행하게 됨(J. Bodin)

③ **19세기의 자유주의론** : 콥덴(Cobden)과 로버트 태프트(Robert Taft)는 개인의 자유를 보장하는 국가보다는 전제적 통치자가 통치하는 국가에 의해 역사적으로 전쟁이 더 많이 수행되었음을 주장함

④ **마르크스의 사회주의론** : 레닌에 의하면 자본주의 체제는 본질적으로 착취적 속성을 가지며, 자본주의 최고의 단계인 제국주의 국가들은 경쟁과 갈등 속에서 필연적으로 전쟁을 초래할 수 밖에 없음

⑤ **전쟁의 대안**
  ㉠ 민주평화론자나 자유주의론자들은 전쟁을 방지할 수 있는 대안으로 여론의 힘을 강조함
  ㉡ 마르크스주의자들은 자본주의의 타도와 사회주의 혁명을 전쟁의 대안으로 주장함

2. 비판 : 국가성격론의 한계

① 왈츠에 따르면 민주평화론이나 사회주의론자들은 정의롭지 못한 국가들이 사라질 때 진정한 평화가 도래한다고 주장하며, 분쟁에 개입하나 저마다 정당한 이유를 내세우는 국가 간의 분쟁에 있어서 누가 판단을 내릴 것인가라는 문제가 있음

② 왈츠는 인간들이 국제사회를 포함하여 자신이 살고 있는 사회를 만든다는 주장은 단지 그릇된 것일 뿐만 아니라 불완전한 것으로 비판하며, 국제체제의 무정부성이라는 특성이 국내 및 개인에게 미치는 영향을 고려해야 함을 지적함

3 전쟁의 제3요인(third image) : 국제체제의 성격

1. 내용

① 전쟁의 제3요인은 전쟁의 원인을 국제체제의 무정부성에서 찾는 시각(국제체제론)으로서 투키디데스(Thucydides), 해밀턴(Alexander Hamilton), 마키아벨리(N.Machiavelli), 홉스(T. Hobbes), 루소(J. J. Rousseau) 등이 있음

② 국제체제론자들은 국가의 성격이란 다른 국가들과의 관계에 따라 좌우되는 것으로 보고 국가들로 이뤄진 사회에 관심을 집중함

③ 루소는 전쟁의 주된 요인을 인간성이나 국가성에서 찾지 않고, 전쟁의 주요 요인을 국제체제 자체가 가진 속성에서 구했는데, 사슴사냥 우화(the parable of the stag - hunt)가 이를 잘 묘사하고 있음

④ **사슴사냥 우화의 의의**

  ㉠ 왈츠에 따르면 이 우화는 개별적으로 볼 때 일관되고 합리적인 선택이라 할지라도 그것이 전체적으로 변덕스럽고 비합리적인 결과를 초래할 수 있다는 것을 보여주고 있음

  ㉡ 사슴사냥 우화는 무정부 상태에서 초래될 수 있는 안보 딜레마 현상을 잘 보여주고 있음

  ㉢ 허즈(John Herz)가 제시한 안보 딜레마란 중앙의 권위 있는 기구가 없는 상태에서 자국의 생존과 안보를 위해 취한 조치가 오히려 그 나라의 안보를 위협하는 상황을 지칭함

  ㉣ 왈츠에 따르면 현대의 보호주의 무역정책도 경제 분야의 안보 딜레마에 해당함

⑤ **국제적 무정부성에서 초래되는 전쟁을 방지할 수 있는 대안** : 칸트(Kant, 1721~1804)와 루소(J. J. Rousseau, 1712~1778)의 국제기구론

  ㉠ 루소의 사슴사냥 우화에서 사슴이라는 공공재를 성취하기 위해서는 중앙의 권위 있는 기구를 건설해야 하는데 사슴(국제적 노동분업의 이점)을 놓치지 않으면서도 토끼(인접 국가들에 대한 우위 확보)를 사냥할 수 있는 가능성을 국제기구론에서 찾음

  ㉡ 루소는 개별적 자연권을 무조건적이고 완전하게 양도하여 성립되는 연방정부를 구상하는데, 루소의 연방정부는 공동의 전체 힘으로부터 개인의 신체와 각자의 재산을 방어하고 보호해 주는 연합 형태(association), 그리고 각 개인을 전체와 결합시키면서 동시에 자기 자신에게만 복종하는, 그래서 종전과 마찬가지로 자유롭게 남아 있을 수 있는 연합 형태임

2. 비판

① 세계연방주의자들은 전쟁 방지 대안으로 하나의 공동체를 위한 단합을 강조하고 있으나, 어떤 제도에 대한 필요성이 있다고 해서 그것만으로 그 제도가 실현되는 것은 아님

② 세계정부를 건설하려는 시도 속에서 죽음을 경험하거나 결합된 상태 하에서 오히려 죽음보다 더 나쁜 삶을 살게 될 수도 있음

③ 왈츠는 국제기구론이 유토피아적 처방으로 그칠 수 있음을 지적하면서 세력균형론에서 세계평화

의 가능성을 찾고 있는데, 그에 따르면 세력균형은 현재의 국제 정치 상황에서 불가피한 조건일 뿐만 아니라 실현 가능한 유일한 평화유지 방법임

제 5 절 냉전과 탈냉전 [50]

1 냉전

1. 의미

   ① 냉전은 실제적 전투 행위가 없는 전쟁 상태를 의미함

   ② 냉전은 자유민주주의와 공산주의 간의 이념 갈등의 성격을 가지며, 세계가 미국과 소련이라는 양대 강대국을 중심으로 나뉘어 작동하는 양극체제가 그 기반이 됨

2. 형성

   ① 제2차 세계대전에서 승리한 연합국의 주역인 미국과 소련이 새로운 강대국으로 등장하면서 냉전이 형성되기 시작함

   ② 그리스와 터키에서의 내전 : 트루먼 독트린(Truman Doctrine)

   ㉠ 미국은 공산주의자들이나 외부의 지원을 받는 반란 세력과 싸우는 자유진영의 국가들을 지원할 것을 선언함

   ㉡ 미국은 자유진영의 대부로서 국제 문제, 이념 갈등과 관련한 문제에 적극적으로 개입할 것이라고 선언함

   ㉢ 미국이 전통적인 고립주의에서 벗어나 국제주의로 전환하는 계기가 됨

   ③ 케넌(Kennan) 2011년, 2016년 출제

   ㉠ 본국에 보낸 전문을 통해 소련이 역사적으로 가지고 있는 팽창주의적 성향을 경고하고 미국이 소련의 팽창에 대비해야 한다는 의견을 제시함

   ㉡ 소련 공산주의의 위협과 그 팽창에 대항하기 위해서는 소련의 주변을 군사기지망으로 포위, 봉쇄해야 한다고 주장함

---

50 국제정세의 이해(2018, 제5판), 한울아카데미, 51~59면

3. 전개 : 시기 구분 2020년 출제

① **1945~1955년의 기간** : 냉전 분위기가 형성되기 시작해 독일의 NATO 가입과 바르샤바조약기구의 설립으로 냉전적 분위기가 하나의 체제로 성립되어 가던 시기

② **1956~1970년의 기간** : 냉전이 심화되고 냉전체제가 중·소 분쟁, 프랑스 자주외교, 비동맹세력의 부상 등으로 인해 다극화되는 시기

③ **1971~1979년의 기간** : 냉전의 해빙기, 닉슨 독트린과 미·중 간의 핑퐁외교 및 화해, 베트남전쟁의 종결, 카터 행정부의 이상주의적 정책으로 인해 해빙무드가 조성된 시기

④ **1979~1989년의 기간** : 제2의 냉전기, 소련의 아프가니스탄 침공(1979년 12월), 폴란드 무력개입(1980년 12월), 대소 강경 성향의 레이건·부시 정부의 등장, 미국의 SDI 계획 발표

4. 냉전의 성격

① 냉전은 전 세계가 이념을 축으로 한 두 진영 간의 대결임

㉠ **서방** : 정치적으로 다원적 민주주의, 경제적으로는 자본주의 시장경제, 국가 간의 군사관계는 북대서양조약기구와 같은 다자적 동맹과 그 외 많은 쌍무적 동맹을 형성함

㉡ **공산진영** : 공산진영은 일당독재의 정치체제와 사회주의식 계획경제, 정치·군사적으로는 바르샤바조약기구를 중심으로 하는 군사동맹을 형성함

② 냉전은 두 강대국의 갈등이 아니라 자본주의와 공산주의라는 두 사회체제의 대결임

5. 특징

미·소 간의 군비경쟁과 안보 딜레마를 초래함

---

2 냉전의 종식

1. 냉전의 종식

1989년 12월 부시 미 대통령과 고르바초프는 몰타에서 열린 정상회담에서, 미국과 소련은 더 이상 적대국이 아니며 냉전이 끝났음을 선언함

2. 냉전 종식의 원인

① **정치지도자 개인의 역할에 초점을 맞춘 설명**

㉠ 고르바초프의 개혁 개방정책과 그의 정치적 결단의 중요성을 지적함

ⓒ 정치적 : 고르바초프는 공산당 1당 독재조항의 폐지와 강력한 권한의 대통령제를 도입함
　　　ⓒ 경제적 : 고르바초프는 시장경제원칙을 도입하는 획기적인 개혁을 추진함
　　　ⓔ 대외정책적 : 고르바초프는 글라스노스트의 기치 아래 '신사고'로 대표되는 새로운 국제정치에 대한 인식을 바탕으로 냉전 종식의 기반을 마련함

② **미국의 봉쇄정책을 성공으로 보는 시각**
　　　㉠ 냉전 종식의 공헌자는 냉전을 승리로 이끈 미국의 지도자들, 특히 대소 강경노선을 견지해 온 레이건이나 부시 같은 지도자들이라는 입장임
　　　ⓒ 소련의 붕괴는 소련 자체의 모순 때문이 아니라 미국의 주도면밀하고 집요한 소련 붕괴 전략의 결과에 해당함
　　　ⓒ 미국은 소련 경제의 취약점을 파악하고 미국이 우위에 있는 과학기술, 발전된 경제 등을 이용해 소련이 붕괴할 수밖에 없도록 소련을 압박함
　　　ⓔ 냉전의 패자인 소련의 지도자 고르바초프는 무너지는 소련의 실체를 정확히 이해하고 지도자로서 해야 할 적절한 정책을 펼친 것으로 평가함

③ **구조적 원인의 중요성을 강조하는 견해**
　　　㉠ 1990년대에 본격화된 세계경제의 글로벌화, 즉 시장경제의 전 지구화 추세는 공산주의 경제체제를 견지해 온 공산국가들을 심각하게 압박했음
　　　ⓒ 민주화의 물결 : 동구의 폴란드에서 시작한 민주화 물결은 점차 동구권의 여타 국가들로 확산되었고, 이것은 결국 소련 내의 개혁파의 입지를 강화시키고 공산당이 이끄는 소련을 해체시키는 도화선이 됨

---

3 탈냉전의 시대

1. 탈냉전기의 특징

① **탈이념의 시대**
　　　㉠ 탈냉전의 특징인 구 소련의 붕괴와 자유시장경제의 전 세계적 확산은 냉전기의 특징이었던 이념 간의 대결 종식을 의미함
　　　ⓒ 탈이념의 시대는 자국의 이해관계에 따라 자유로운 협력과 상호의존이 심화된 시대임

② **경제 우선주의** : 이념대립과 군사안보 우선주의가 경제 우선주의로 급격히 변화하고 있으며, 경제력이 군사력 못지않은 중요한 국력의 요소로 부상함

③ **분쟁의 증가**
　　　㉠ 탈냉전 이후 인종분쟁, 종교분쟁, 고전적인 영토분쟁까지 다양한 분쟁들이 끊임없이 발생하고 있음
　　　ⓒ 국제적 분쟁이 증가하는 이유 : 이념이라는 덮개로 덮여 있던 갈등의 잠재요인들이 이념의 대립이

사라진 후 밖으로 표출되고 있기 때문임

④ **국제체제의 구조상 변화에 대한 견해**

㉠ 미국과 소련의 양극체제가 무너지고 독일, 일본, 미국이 주축을 이루는 다극체제로 전환하고 있다고 보는 견해

㉡ 미국이 월등한 국력을 통해 단일한 패권을 형성해 가고 있다고 주장하는 견해

㉢ 군사적인 측면에서는 미국이 헤게모니 확립, 경제적으로는 유럽연합·일본·미국이 세 축을 이루는 다극체제가 형성된 단 - 다극체제라는 견해

2. 미국 패권 시대의 도래

① 미국이 군사적 패권을 확립하면서 미국의 독주가 시작되었으며, 조지 W. 부시가 대통령으로 당선되면서 더욱 강화됨

② **미국의 일방주의 외교**

㉠ 일방주의적 외교란 국제협력을 중시하는 다자주의적 외교와는 달리 미국이 일방적으로 의제를 설정하고 국제사회와의 조율 없이 독단적으로 정책을 추진하는 외교 행태를 말함

㉡ 일방적 외교는 국제사회의 리더로서 가져야 하는 도덕적 리더십을 포기한 채 미국의 단기적 이익에만 집착하는 자국 이기주의의 성격을 가짐

③ **일방주의적 외교의 사례**

㉠ 미국의 교토의정서 비준 거부

㉡ 포괄적 핵실험금지조약 비준 거부

㉢ 국제형사재판소 설치 반대

㉣ 일방적인 이라크 공격 결정

㉤ 세계인종차별철폐회의 불참

독트린

- **트루먼 독트린(Truman Doctrine)**: 1947년 3월 미국 대통령 트루먼이 의회에서 선언한 미국 외교정책에 관한 원칙으로서 그 내용은 공산주의 확대를 저지하기 위하여 자유와 독립의 유지에 노력하며, 소수의 정부 지배를 거부하는 의사를 가진 세계 여러 나라에 대하여 군사적·경제적 원조를 제공한다는 것이었다. 따라서 당시 이 원칙에 따라 그리스와 터키의 반공 정부에 미국이 군사적, 경제적으로 원조를 했다. 2011년, 2015년, 2017년, 2020년 출제

- **닉슨 독트린(Nixon Doctrine)**: 미국 대통령 닉슨이 1969년 7월 25일 괌에서 발표한 외교정책이다. 1970년 2월 국회에 보낸 외교교서를 통하여 닉슨 독트린을 세계에 선포하였다. 괌 독트린(Guam Doctrine)이라고도 한다. 2011년, 2015년, 2021년 출제
  - 미국은 앞으로 베트남전쟁과 같은 군사적 개입을 피한다.
  - 미국은 아시아 제국(諸國)과의 조약상 약속을 지키지만, 강대국의 핵에 의한 위협의 경우를 제외하고는 내란이나 침략에 대하여 아시아 각국이 스스로 협력하여 그에 대처해야 할 것이다.

- 미국은 '태평양 국가'로서 그 지역에서 중요한 역할을 계속하지만 직접적, 군사적 또는 정치적 과잉개입은 하지 않으며 스스로의 의사를 가진 아시아 각국의 자주적 행동을 측면 지원한다.
- 아시아의 각국에 대한 원조는 경제 중심으로 바꾸며 여러 나라 상호원조 방식을 강화하여 미국의 과중한 부담을 피한다.
- 아시아의 각국이 5~10년의 장래에는 상호안전보장을 위한 군사기구를 만들기를 기대한다.

- 아이젠하워 독트린 : 1957년 1월에 미국의 아이젠하워 대통령이 의회에 보낸 중동 특별 교서. 공산주의의 침략에 대비하기 위해 중동지역에 미군의 주둔 권한을 대통령에게 줄 것, 중동 지역에 대한 경제 원조로 이후 2년 사이에 4억 달러를 지출할 것 등의 내용이 포함되어 있다.

- 레이건 독트린 : 1985년 연두교서에서 발표한 것으로 미국은 자국과 동맹국 및 우방국의 국익을 해하는 소련의 침략을 막아내야만 하며, 소련과 대항하려는 제3세계 국가를 효율적으로 지원해야 한다는 것이다. 이는 단순히 소련의 영향력을 봉쇄하는 차원을 벗어나 적극적으로 억제하고자 하는 롤백 정책의 부활이라고 볼 수도 있다. 요컨대 닉슨이나 카터의 정책이 소련팽창에 대한 소극적인 저지라면, 레이건 독트린은 공산주의에 대한 본격적인 대결의지를 담고 있다. (rollback 정책 : 1950년대에 아이젠하워 행정부가 채택한 미국의 반소(反蘇) 외교 정책. 소극적인 방어에서 적극적인 공세로 전환하는 것을 주요 내용으로 하며, 이로 인하여 냉전이 더욱 격화되었다.) 2011년, 2017년, 2021년 출제

- 클린턴 독트린 : 1994년 발표한 것으로 미국 외교정책의 핵심 목표가 세계적 관여와 민주주의 통치의 확대라고 선언했다. 2017년 출제

- 부시 독트린 : 부시 독트린은 2002년에 발표한 것으로 지난 2001.9.11 발생한 미 항공기 테러 사건과 관련하여 테러와의 전쟁 수행을 위한 원칙을 담은 부시 행정부의 정책이다. 내용은 테러리스트들을 지원하는 국가나 단체를 미 테러작전의 잠재적 공격 대상으로 삼는다는 것으로 테러 배후 인물로 지목된 '빈 라덴'에게 은신처를 제공하는 것을 허용하지 않겠다는 경고의 의미도 담고 있다. 2015년 출제

- 오바마 독트린 : 2010년 오바마 대통령은 소프트 파워, 우방들의 지원 강화, 군사활동 축소를 통한 미국 우위 유지를 발표했다.

- 브레즈네프 독트린(Brezhnev Doctrine, 1968) : 사회주의 진영의 어느 나라든 생존이 위협받으면 사회주의 진영 전체에 대한 위협으로 보고 다른 사회주의 국가는 이에 개입할 권리를 가진다.

- 시내트라 독트린(Sinatra Doctrine, 1989) : 소련의 외무부 대변인 게라시모프는 모든 나라는 '자신의 길을 스스로 결정할 수 있다'고 함으로써 이제 소련이 동구의 어떤 국가에 대해서도 군사적 행동이나 정치적 간섭을 할 수 없다는 것을 천명하였다.

제 6 절 지역분쟁과 전쟁 그리고 테러리즘

1 중동 지역 2019년 출제

① 이스라엘-팔레스타인 문제의 기원

- ⊙ 맥마흔 선언(McMahon Declaration, 1915) : 영국의 맥마흔이 독일 편에 서 있던 오스만제국 내 아랍인들의 반란을 지원하고 팔레스타인을 포함한 독립국가 건설 지지를 약속한 선언
- ⓒ 사이크스-피코협정(The Sykes-Picot Agreement, 1916) : 영국과 프랑스가 팔레스타인 지역에 대한 분할통치에 합의한 협정
- ⓒ 발포어 선언(Balfour declaration, 1917) : 영국이 유대자본 유치를 위해 유대인들의 민족국가 설립을 약속한 선언
- ② 중동 지역은 이스라엘과 아랍 간의 종교적, 인종적, 영토적인 분쟁이 전쟁과 테러리즘으로 이어지고, 이라크의 지역 패권 추구가 전쟁(이란·이라크 전쟁, 걸프전쟁)으로 귀결되고 있음

② 중동전쟁
- ⊙ 중동전쟁은 1948년 유대인들이 팔레스타인 지역에 이스라엘 국가를 수립하면서 촉발된 것으로서, 그 후 1979년까지 4차례에 걸쳐 이스라엘과 아랍 간에 일어난 전쟁을 말함

중동전쟁(Middle East War, Arab-Israeli War)

중동전쟁은 4차례에 걸쳐 일어났다.
① 1차 팔레스타인전쟁 : 1948년 이스라엘 건국 시 벌어진 전쟁
② 2차 수에즈전쟁 : 1956년 이집트 낫세르의 수에즈운하 국유화로 인해 일어난 전쟁
③ 3차 6일전쟁 : 1967년 시나이반도, 가자지구, 서안지구 및 골란고원을 이스라엘이 점령하면서 발생한 전쟁
④ 4차 욤키푸르전쟁 : 1973년에 발생한 전쟁

- ⓒ 이스라엘과 이집트를 중심으로 발발한 4차례의 중동전쟁은 1979년 카터 대통령의 중재로 이스라엘과 이집트 간의 평화조약이 체결되면서 끝남
- ⓒ 이스라엘은 중동전쟁을 통하여 요르단강 서안지구, 가자지구, 골란고원 등을 점령

③ 평화협상
- ⊙ 이스라엘과 아랍의 평화협상은 동구권과 구소련이 무너지고 난 이후 본격적으로 시도됨
- ⓒ 1993년 미국 클린턴 행정부의 중재로 라빈 이스라엘 총리와 아라파트 팔레스타인해방기구(PLO) 의장이 팔레스타인의 자치안에 합의하고, 1994년 가자지구와 서안 지역 내의 예리코 시에 팔레스타인의 자치권을 보장하는 협정을 체결함
- ⓒ 이 합의안에 따라 이스라엘군은 예리코와 가자지구에서 철수하며, 1997년 팔레스타인은 자치의회 구성을 위한 총선을 실시하고 요르단강 서안의 다른 지역으로 자치를 확대함

④ 화해정책의 좌절과 폭력의 악순환
- ⊙ 라빈 총리의 온건주의와 화해정책은 이스라엘 내의 강경 우익파에 의해서 라빈이 암살되면서 좌절됨
- ⓒ 라빈을 이은 네타냐후의 강경노선으로 평화협상이 진전을 못 보던 중, 2000년 보수강경주의자이며 당시 리쿠드당 당수였던 샤론 총리가 동예루살렘에 위치한 알 아크사 사원을 방문하여 예루살렘은 분리될 수 없는 이스라엘의 영원한 수도라고 발언함으로써 팔레스타인인의 반발이 심화되고, 이후 이스라엘군과 팔레스타인인 간이 테러리즘을 동반한 폭력 사태가 악순환되고 있음

ⓒ 예루살렘은 이스라엘이나 팔레스타인 양측에게 결코 양보할 수 없는 성지로서, 이스라엘은 동예루살렘의 정착촌 건설을 강행하고 있고, 팔레스타인은 동예루살렘을 독립 팔레스타인의 수도로 생각하고 있음

ⓓ 아랍과 이스라엘 간의 분쟁과 전쟁은 게릴라전과 테러리즘을 동반하고 있는데 아랍의 테러단체로는 팔레스타인 가자지구와 서안지구에서 활동하는 하마스와 레바논계 단체로서 중동 지역 최대의 테러조직인 헤즈볼라 등이 있음 2009년 출제

이스라엘-팔레스타인 문제의 전개

2차 세계대전 이후, 팔레스타인 지역에 이스라엘이 건국되는 과정에서 이스라엘과 팔레스타인의 영토를 분할할 때, UN 총회 결의안 181호에 의하면 예루살렘은 둘 중 어느 쪽의 영토도 아닌 별개의 구역으로 UN에서 관리하기로 했다. 그러나 1948년의 이스라엘 건국전쟁이 발발하여 무의미하게 되었으며, 이스라엘과 요르단이 예루살렘을 동서로 분할하여 다스리는 UN 총회 결의안 194호로 대체했다.

1967년의 6일전쟁으로 이스라엘 중앙정부가 예루살렘시(市)를 동서통일해 예루살렘구(區)를 창설했으며, 1980년에 이스라엘 국회에서 예루살렘 기본법을 입법하자, UN 안전보장이사회 결의안 478호에 따라 예루살렘에 상주하는 대사급 외교공관들의 철수를 요구했다. 이 입장에 따라 예루살렘은 국제법상으로 이스라엘의 영토도 아니고, 팔레스타인의 영토도 아니다. 그래서 이스라엘의 수도라고는 하지만 국제사회에서는 거의 인정받지 못하며, 이스라엘 주재 대사관들은 예루살렘이 아닌 옛 임시수도 텔아비브에 있다. 이스라엘을 옹호하는 미국도 아랍권의 엄청난 반발을 우려해 1995년 외교공관 이전을 결정해놓고 안전상의 이유로 지금까지 미뤄왔다. 그런데 2017년 12월 6일, 도널드 트럼프 행정부에서 예루살렘을 이스라엘 수도로 공식 인정하고 2018년 5월 14일 대사관을 이전했다.

2 유럽 지역

1. 유고연방 2011년 출제

① 구유고연방은 슬로베니아, 크로아티아, 마케도니아, 세르비아, 몬테네그로, 보스니아-헤르체고비나로 구성됨

② 동구가 해체되는 과정에서 구유고연방도 해체되어 슬로베니아, 크로아티아, 마케도니아, 보스니아-헤르체고비나, 신유고연방(세르비아와 몬테네그로)으로 분리됨

③ 발칸반도는 인종이 복잡하게 구성되어 있는데 냉전 질서가 붕괴되면서 인종분쟁이 표면 위로 부상함

④ 코소보 전쟁

ⓐ 코소보 지역은 구유고연방 하에서는 자치를 누리던 지역으로 신유고연방 지역에 자리 잡고 있음

ⓑ 코소보 전쟁은 코소보 지역의 알바니아계가 독립과 분리를 요구하고 이에 1998년 세르비아가 무력으로 대응하면서 발생함

        ⓒ 코소보의 주민 90%가 알바니아인이고 이들은 알바니아와의 합병을 추구함
        ⓡ 코소보해방군과 세르비아와의 분쟁은 NATO가 개입함으로써 1999년 평화협정을 체결하고 종식되었으나 알바니아계와 세르비아계가 아직도 대립하고 있는 상황을 감안해 보면 분쟁의 가능성은 남아 있음

2. **보스니아 내전**

   ① 보스니아 내전은 1992년 보스니아공화국이 슬로베니아와 크로아티아의 뒤를 이어 구유고연방 탈퇴를 선언하자, 세르비아와 보스니아 내의 세르비아계가 이를 적극적으로 막으려고 시도하면서 발생함

   ② 세르비아가 주도하는 보스니아 내의 유고연방군과 보스니아 내의 세르비아계가 합동으로 사라예보를 공격함으로써 본격적인 내란에 휩싸임

   ③ 보스니아 인구는 이슬람교도(43%), 세르비아인(그리스정교 33%), 크로아티아인(카톨릭 17%)으로 구성되어 있어 갈등이 심했던 지역인데, 세르비아계는 내전 중에 이슬람교도와 크로아티아인에 대한 대대적인 인종청소를 자행함

   ④ 인종청소를 제재하려는 UN은 1992년 평화유지군을 파견하였고, 1995년 미국 주도하에 평화협정이 체결되어 내전은 종결됨

   ⑤ 기본적으로 보스니아-헤르체고비나는 다민족과 다종교 간의 갈등과 분쟁이 심한 곳으로서 항구적인 평화가 성립되었다고 보기 힘듦

3. **북아일랜드 지역**

   ① 북아일랜드 지역은 아일랜드가 1921년 영국으로부터 독립할 당시 영국의 통치하에 남게 됨으로써 분쟁의 원인이 됨

   ② 북아일랜드 지역은 영국에서 이주한 신교도(영국 성공회)가 많은 관계로 영국은 북아일랜드 지역을 영국의 지배하에 남겨두게 됨

   ③ 북아일랜드 지역은 독립과 아일랜드와의 통합을 요구하는 구교도와 영국 통치의 지속을 요구하는 신교도 간의 갈등과 충돌이 지속되고 있음

   ④ 1969년 구교도는 아일랜드공화국군(IRA : Irish Republican Army)을 결성하여 영국의 군경과 테러와 게릴라전 등을 통한 무장투쟁을 벌이고 있음

   ⑤ 클린턴 대통령과 블레어 총리는 북아일랜드 사태의 해결을 위해서 적극적으로 노력했으며, 그 결과 1997년 휴전협정이 맺어지고 1998년 평화협정이 체결되어 1999년에는 북아일랜드 자치정부가 설립됨

   ⑥ 이후 IRA의 무장해제를 둘러싸고 IRA 조직 내부의 갈등과 영국과의 합의가 이루어지지 못하고 있는 등의 이유로 구교도와 신교도 사이의 무력충돌과 갈등은 지속되고 있음

3 중앙아시아 지역

① 중앙아시아 지역은 구소련의 붕괴 이후 코카서스 지역 3개국(그루지아, 아제르바이잔, 아르메니아)과 중앙아시아 5개국(카자흐스탄, 우즈베키스탄, 키르키스스탄, 타지키스탄, 투르크메니스탄) 등의 독립국가연합(CIS) 국가들로 구성됨

② 이 지역은 카스피아 해의 자원을 둘러싼 갈등과 국가 간의 복잡한 인종구성 및 구소련 이후의 권력의 공백상태로 불안정한 안보 상태에 놓여 있음

③ **러시아와 체첸 사이의 분쟁**

　㉠ 체첸은 코카서스 지역의 공화국으로서 역사적으로는 1859년 이래 러시아제국과 소련의 통치를 받아 왔음

　㉡ 주민은 이슬람교를 신봉하는 체첸인과 잉구슈인이 60% 이상을 차지하며 1936년 체첸-잉구슈 자치공화국을 수립하였는데 이후 소련에 의한 자치공화국의 해체(1943)와 재설립(1957)을 경험함

　㉢ 소련의 통치하에서 독립을 엿보던 체첸은 1991년 소련이 붕괴되자 일방적으로 독립을 선포하고 1992년 체첸과 잉구슈의 두 공화국으로 분리됨

　㉣ 러시아는 이에 대한 대응으로 1994년 체첸에 전면 공격을 감행하였지만 체첸군의 집요한 게릴라전으로 전세가 불리하게 되자 1996년 평화협정을 체결하고 러시아군을 철수함

　㉤ 이후 체첸인에 의한 러시아 내의 폭탄테러 등으로 1999년 러시아가 다시 체첸을 침공하여 제2차 체첸전쟁이 벌어졌고 체첸군의 독립을 위한 테러와 게릴라전은 지속되고 있음

4 서남아시아 지역

① 서남아시아 지역은 미국-아프가니스탄 전쟁, 카슈미르 분쟁 등으로 안보의 불안정을 보이고 있음

② **미국과 아프가니스탄 간의 전쟁**

　㉠ 미국과 아프가니스탄 간의 전쟁은 2001년 9월 11일에 미국의 뉴욕 세계무역센터와 워싱턴의 국방부 건물에 테러를 자행하여 3,500여 명의 사망자와 실종자를 낸 오사마 빈 라덴과 그의 테러조직인 알카에다를 응징하기 위한 전쟁임

　㉡ 아프가니스탄의 탈레반 정권이 빈 라덴의 인도를 거부하자 미국은 아프가니스탄 내의 반군조직인 북부동맹과 함께 10월 7일 대테러전쟁을 수행하였고 당초의 예상보다 빨리 12월 초에 전쟁이 종결됨

　㉢ 탈레반 정권이 붕괴되고 전쟁의 종결이 확실시되자 독일 본에서는 아프가니스탄의 4개 정파가 모여 하미드 카이자르를 수반으로 하는 과도정부 구성에 합의하고 이후 카이자르는 임시정부 대통령에 취임함

　㉣ 아프가니스탄은 정치세력 간의 갈등과 치안의 혼란을 지속하며 불안정한 정국을 이끌어나가고 있음

5 카슈미르 지역 2021년 출제

① 카슈미르 지역은 인구의 77%를 이슬람교도가, 20%를 힌두교도가 구성하고 있는 지역으로 카슈미르 분쟁은 인도와 파키스탄 간의 영토와 종교 분쟁에 기인함

② 1947년 영국으로부터 독립된 인도와 파키스탄은 카슈미르에 대한 영유권을 해결하지 못하고 당시 힌두교도인 카슈미르 영주가 카슈미르의 인도로의 귀속을 결정하면서 이슬람교가 반발하게 되고 여기에 인도와 파키스탄이 개입하면서 카슈미르 분쟁은 시작됨

③ 이후 1948년과 1965년 두 차례에 걸쳐 전면전을 펼친 양국은 1998년 서로 지하핵실험을 행하고 이후 지속적으로 교전과 충돌을 벌이고 있음

6 동아시아의 분쟁 지역 2021년 출제

① 남북한 간의 분단을 통한 대립

② 타이완의 독립을 둘러싼 중국과 타이완의 갈등

③ 남중국해에 있는 남사군도의 석유 자원을 둘러싼 중국·베트남·타이완·필리핀·말레이시아·브루나이 간의 영유권 분쟁

④ 댜오위다오 제도(센카쿠 제도)를 둘러싼 중국과 일본의 분쟁

⑤ 쿠릴열도 남단 4개 섬에 대한 일본과 러시아의 분쟁

⑥ 모택농수의를 추구하는 좌익세력의 무장봉기로 인한 네팔 정부군과 좌익 무장세력 간의 네팔 내분

⑦ 필리핀 내의 공산계 반군과 이슬람교 분리운동에 의한 분쟁 등

난사군도 분쟁(Spratly Islands dispute)

난사군도(南沙群島)는 중국 명칭이며, 영어로는 스프래틀리 군도(Spratly Islands)이다. 난사군도는 섬 자체로는 효용성이 작지만 해상교통의 요충지에 자리 잡은 데다가 천연자원도 풍부하여 이 군도를 둘러싸고 있는 중국·타이완(중화민국)·베트남·필리핀·말레이시아·브루나이 등 6개국이 제각기 영유권을 주장함으로써 분쟁을 빚고 있다.

난사군도는 1930년대에 인도차이나를 지배한 프랑스에 속하였고, 태평양전쟁 중에는 일본이 점령하여 해군기지로 이용하였다. 종전 후인 1949년 타이완이 타이핑섬을 점령한 것을 시작으로 1950년대에 중국과 베트남·필리핀·말레이시아가 각각 영유권을 주장하였다. 이후 1960년대에 이 해역에 다량의 석유와 천연가스가 매장되었을 가능성이 제기되면서부터 영유권 분쟁이 본격화되었으며, 1984년 영국령에서 독립한 브루나이도 가세하였다. 특히 영유권 분쟁의 핵심 당사국인 중국과 베트남은 1988년 난사군도 해역에서 처음으로 무력충돌을 빚었으며, 승리한 중국이 6개 암초를 점령하고 적과초(赤瓜礁)·화양초(華陽礁)에 항구적 군사시설을 건설하였다. 1992년 중국은 난사군도와 시사군도(西沙群島)를 포함하는 영해법을 공포하였으며, 1994년에는 이 해역의 석유 자원 탐사를 추진하여 베트남과 첨예하게 대립하였다.

2002년 베트남·필리핀·말레이시아·브루나이가 가입한 동남아시아국가연합(ASEAN)과 중국은 '남중국해 분쟁당사국 행동 선언'을 채택하고 협상을 통한 영유권 분쟁 해결에 합의하였으나, 이후로도 크고 작은 분쟁이 끊이지 않았다. 2009년 필리핀은 난사군도를 영토에 편입하는 영해기선법을 공포하였고, 2011년 타이완은 난사군도에 대한 주권을 재천명하였으며, 2012년에는 중국이 남중국해의 난사·시사·중사 군도를 통합 관할하는 싼사시(三沙市)를 설치하여 분쟁 상대국들의 반발을 샀다. 2015년 현재 6개국이 난사군도의 도서를 점유하고 있는 현황은 베트남이 가장 많은 24개, 중국이 10개, 필리핀이 7개, 말레이시아가 6개, 타이완이 1개(타이핑섬), 브루나이가 1개이다.

네덜란드 헤이그에 본부를 둔 PCA는 2016년 7월 12일에 남중국해에서 중국이 영유권을 주장하는 근거로 제시한 '구단선'을 인정할 수 없다고 판결했다. 중국은 이 구단선이 역사적으로 형성돼 1982년 유엔해양법조약의 대상이 아니라고 주장해왔으나 PCA의 판결로 중국이 남중국해에서 벌여온 주권활동에 대한 논리적 근거가 사라졌다.

PCA는 구단선에 근거해 스프래틀리 제도(중국명 난사군도, 필리핀명 칼라얀 군도)의 암초를 매립해 인공섬을 구축한 영유권 강화 조치도 적법하지 않다는 판결을 내렸다. 스카보러 암초(중국명 황옌다오) 등 남중국해의 9개 해양 지형물이 섬으로 인정받지 못했다. 섬은 영해, 배타적경제수역(EEZ)의 권리를 누리지만, 암초는 영해만 인정되고, 간조 노출지는 아무것도 인정되지 않는다. 또 PCA가 대만이 실효 지배 중이었던 타이핑다오(영문명 이투 아비)를 암석으로 규정함에 따라 대만도 이 지역의 EEZ 권리를 잃게 됐다.

구단선(九段線)이란 중국이 남중국해 해상경계선이라 주장하며 그은 U자 형태의 9개 선으로 남중국해 전체 해역의 90%를 중국의 수역으로 설정하고 있다. 이 안에 대표적 분쟁 지역인 스프래틀리 제도(중국명 난사군도), 파라셀 군도(중국명 시사군도) 등이 있다.

제 7 절 9·11 테러와 국제정치의 변화

1 9·11 테러의 전말

① 모두 4대의 미국 항공기가 테러리스트에 의해 납치되어 세계무역센터, 펜타곤 그리고 지상에 충돌한 사건임

② **인명 희생**: 약 5,000여 명이 9·11 테러로 희생됨

③ **경제적 손실**: 뉴욕연방준비은행의 평가에 따르면 9·11 테러로 인한 경제적 손실은 최소 42조 4,000억 달러에서 많게는 46조 3,000억 달러로 추정됨

④ **정신적 피해**: 눈에 보이는 피해보다 더 심각한 것은 미국인에게 가한 정신적인 충격인데, 미국인들은 이제 어디에서도 테러로부터 안전할 수 없다는 불안감에 사로잡힘

⑤ **대테러 전쟁** 2021년 출제
  ㉠ 미국은 9·11 테러 이후 수사를 통해 빈 라덴을 테러의 주모자로 지목하고 빈라덴의 본거지가 있는 아프가니스탄에 대한 공격을 결정함
  ㉡ 탈레반 정권은 카불에서 퇴각해 칸다하르에서 저항하다가 굴복함
  ㉢ 12월 22일 아프간에 과도정부가 수립되었고 아프간에 대한 대테러전쟁은 종결됨

⑥ **이라크에 대한 공격**
  ㉠ 2003년 3월 대량살상무기를 은닉하고 있다는 정보를 바탕으로 미국은 이라크에 최후통첩을 하고 영국, 오스트레일리아와 함께 이라크에 대한 공격을 개시함
  ㉡ 전쟁은 한 달여 만에 공식적으로 종결되었으나, 2006년 이라크의 새로운 정부가 출범한 이후에도 전투는 계속됨
  ㉢ **비판**: 전쟁의 가장 큰 명분이었던 대량살상무기는 하나도 발견되지 않았으며 부시는 2005년 말 연설에서 이라크 전쟁이 잘못된 정보로 인해 시작되었음을 인정함

2 9·11 테러의 파장

1. 국제정치의 근본적인 변화

(1) 국제질서의 변화 가능성

① 9·11 테러 이후의 세계질서는 탈냉전기와는 또 다른 새로운 성격으로 형성될 것으로 예상됨
② 탈냉전기의 강대국 관계가 미·중, 미·러의 협력적 관계로 변화할 수 있는 가능성이 있음

③ 일부 학자들은 9·11 테러 이후의 시기를 탈 탈냉전 시대(Post-Post Cold War Era)로 규정하고, 이 시기는 탈냉전의 과도기가 지나고 세계가 테러와 반테러의 두 진영으로 새롭게 형성되는 시기라고 설명하며, 미·중·러의 협력관계는 이러한 시각에서 봐야 한다고 주장하고 있음

(2) 웨스트팔리아체제의 변화

① 웨스트팔리아체제는 각국의 주권을 인정하고 국가 간에 만들어진 규범을 준수하는 체제였음

② 웨스트팔리아체제는 전쟁을 하더라도 지켜야 할 기본적인 규범들이 존재했는데, 선전포고를 할 의무, 전쟁포로에 대한 대우, 민간인 공격 금지, 반인도적 무기의 사용 금지 등이 이에 해당함

③ 테러집단은 민간 항공기를 납치해 인구가 밀집한 건물에 충돌시키는 비인도적 테러를 자행했는데, 이는 테러집단이 주권국가와는 달리 국제체제의 규범이나 국가 간 약속에 전혀 구속받지 않으며 국제적 비난이나 제재에도 개의치 않는다는 것을 보여줌

④ 9·11 테러는 테러집단이 국제체제의 중요한 일원으로 등장함을 상징함

(3) 안보 개념의 중대한 변화

① 기존의 국제질서에서 안보에 대한 가장 중대한 위협은 또 다른 주권국가였음

② 9·11 테러는 국가안보에 대한 위협의 주체가 반드시 주권국가만은 아니며 전혀 새로운 성격을 가진 테러집단이 될 수도 있다는 것을 보여줌

③ 테러집단은 영토성을 가지지 않고 세계 곳곳에 퍼져 있거나 계속적으로 이동하기 때문에 공격하기 어려우며 완전히 굴복시키는 것도 불가능함

④ 비대칭적 안보 위협 2010년 출제

㉠ 비대칭적 안보 위협이란 예상치 못했던 방법으로 상대방의 취약점을 이용해 안보에 위협을 가하는 것을 말하는데, 테러나 암살, 생화학무기 공격, 폭파 등이 주된 수단임

㉡ 비대칭적 안보 위협은 전통적 군사력으로는 열세에 있는 쪽이 취하는 위협이며, 이것은 기존의 안보위협과는 다른 방식으로 대응할 수밖에 없음

(4) 전쟁 양상의 변화

① 테러집단과 같은 전혀 새로운 형태의 적과 싸우기 위한 전쟁 형태의 출현이 예상됨

② 테러집단과의 전쟁에서 테러집단은 영토의 점령과 같은 목표가 아닌 건물 폭파와 같은 제한된 목적만을 가지고 있기 때문에 대응하기 어려우면서도 완전한 승리를 거두기는 거의 불가능함

2. 미국 안보정책의 변화

(1) 미국 안보정책의 변화 : 국방전략 검토 보고서

① **국방전략의 최우선 과제** : 본토 방위를 최우선 과제로 삼았는데 이것은 9·11 테러로 미국 본토도 적의 공격권 내에 있다는 미국인들의 공포감을 반영하고 있음

② **병력 감축 중단** : 미군의 140만 병력의 유지는 군 개혁을 통한 미군 감축이 중단되었다는 것을 의미함

③ **해외배치 중심의 이동**

㉠ 해외배치의 중심을 기존의 유럽에서 태평양으로 이동시킴

㉡ 아시아를 중시하고 중국을 견제하기 위해 태평양에서부터 인도양까지의 병력을 신축적으로 운용한다는 것을 포함하고 있음

④ **원-플러스 전략(one-plus strategy)** : 두 전쟁을 동시에 승리로 이끄는 '윈-윈 전략'을 폐기하는 대신 한 쪽에서는 압도적 승리를 거두고, 다른 한쪽은 현상을 유지하는 '원-플러스 전략'을 채택함

(2) 핵전쟁 대비 : 2002년 3월에 공개된 미 국방성의 핵태세 검토 보고서

① **핵심 내용** : 핵억지전략에서 벗어나 필요 시 전략핵을 사용하겠다는 정책으로 전환함

② **핵 공격 가능 대상 국가를 명시함**

㉠ 이라크에 의한 이스라엘 공격 등의 중동분쟁

㉡ 중국과 대만의 군사충돌, 북한의 남한 공격

③ **전략무기 운용의 3대 주안점**

㉠ 전략핵을 포함한 공격 능력의 확보

㉡ 미사일 방어 등을 주축으로 한 방어체제의 강화

㉢ 테러나 불량국가로부터의 새로운 위협에 유연하게 대처할 수 있는 국방기반의 활성화

• 억지를 위한 무기로서의 핵무기가 아닌 핵의 선제공격 가능성을 열어놓은 것으로 평가됨

(3) 2005년의 국방전략 검토 보고서 주요 내용

① 대테러전쟁 능력의 강화

② 태평양 지역의 해군력 증강 배치

③ '대응작전'에서 벗어나 '신속한 예방적 조치'로 무게 중심을 옮기는 내용

④ 대 게릴라전과 같은 비정규전을 대비해 특수작전부대의 증강

⑤ 대량살상무기를 찾아낼 수 있는 정보력 강화

(4) 9·11 테러 이후 미국 안보정책의 핵심

① **포괄적 대테러정책의 수행** : 대테러정책은 UN 차원의 대책, NATO를 포함하는 동맹국과의 협력관계, 정보전, 경제적 압박을 통한 경제전 등 총체적 성격을 가지고 있음

② **대량살상무기 문제** : 대테러전략의 측면에서 최우선의 정책과제로 부상함

③ **미사일 방어체제 구축의 적극적 추진** : 불량국가로부터의 본토 방어를 위해 MD의 구축이 필요하다는 인식에 근거하고 추진되고 있음

(5) 군사전략의 변화

① 군사적 변환의 핵심
　㉠ 새로운 위협(테러)에 대응하기 위한 유연하고 신축성 있는 군사능력의 확보에 초점을 두고 있음
　㉡ 한 지역에 머무르면서 전쟁을 수행하는 것이 아니라 신속하게 이동하면서 위협에 대응하는 방식임
　㉢ 스트라이크 여단 : 96시간 이내에 세계 분쟁 지역 어느 곳이라도 신속하게 파견할 수 있음
　㉣ 주둔군이 아닌 이동군으로의 변환 필요성은 불가피하게 동맹국과의 군사적 관계를 재조정하는 필요성이 제기되고 있음

② **동맹국의 역할 변화** : 미국은 동맹국들이 전환배치가 가능하고 사용 가능한 지휘부와 전력을 제공하기를 요구하고 있음

3. 미국 대외관계의 변화

① **미국 동맹정책의 변화**
　㉠ 부시 대통령은 테러에 대항해 미국의 편에 서지 않는 국가는 미국의 적이라고 선언함
　㉡ 미국은 기존의 동맹국 외에 미국의 대테러 군사전략에 도움을 줄 수 있는 국가들과의 관계를 강화하고 있음
　㉢ 미국은 중국 견제를 위해 인도에 대한 접근을 강화하고 있으며, 예멘이나 우즈베키스탄, 몽골 등과의 관계 강화를 통해 중국을 견제하고 전략적 군사 거점을 확보하는 노력을 기울이고 있음

② **일방주의적 외교정책의 강화**
　㉠ 이라크전쟁에 있어서 미국은 아랍 국가들과 일부 유럽 국가들의 반대에도 불구하고 전쟁을 시작했음
　㉡ 문제점 : 대테러전쟁은 군사적인 방법만 가지고는 효과적으로 수행할 수 없고 동맹국들의 정보 협력, 이민, 세관 당국의 협력 등 다방면의 협력이 필요한데, 미국이 일방주의를 고집한다면 동맹국들의 불만을 사게 되고, 그들의 협조를 얻는 데 어려움을 겪게 됨

---

3 9·11 테러와 한반도

① **미국의 북한에 대한 인식**
　㉠ 미국은 북한을 이란, 이라크와 함께 '악의 축'으로 규정함
　㉡ 2001년 11월 26일 이라크와 북한이 WMD를 개발하지 않고 있다는 것을 보여 주기 위해 사찰을 받지 않을 경우 책임을 져야 할 것이라고 경고함
　㉢ 미사일 개발과 수출에 대한 미국의 입장은 단호하며, 그 후 핵 선제공격 독트린 등을 통해 북한을 압박하고 있음

② **대량살상무기 문제**
　㉠ WMD 문제를 한반도의 평화와 나아가서 동북아의 평화와 안정이라는 틀에서 보는 것이 아니라

미국의 안보와 관련한 대테러전쟁의 일환으로 파악하고 있음
ⓒ 북한의 핵개발 문제뿐만 아니라 북한의 WMD 수출도 미국의 주된 관심사에 속함
ⓒ 대량살상무기 확산방지 구상 : PSI는 지상, 바다, 하늘에서 WMD와 이동 수단 (미사일), 관련 물질을 운송하는 것으로 의심되는 선반과 항공기 및 육상운송 수단을 차단하는 것임
ⓒ 문제점 : PSI는 미국이 다자적 수단을 통해 WMD의 확산을 저지하려는 구상이지만 '자유항행의 원칙'이라는 국제법과 충돌되는 측면이 있음

해외주둔미군 재배치 계획(Global Posture Review)

① 제2차 세계대전 이후 냉전시대에 맞게 서유럽과 동북아시아 지역을 중심으로 배치되어 있는 해외주둔미군을 대량살상무기(WMD)·테러 등의 위협이 상존하는 21세기 새로운 안보 환경에 맞게 재편하려는 계획을 말함
② 2000년 11월 부시(George Walker Bush)가 대통령에 당선되면서 추진해 온 정책으로, 해외주둔미군을 유연하게 배치해 세계 어디에서든 신속하게 대응할 수 있도록 하는 데 목적이 있음
③ 재배치 계획에 따라 설정되는 해외주둔미군의 규모는 4단계로 구분됨
　㉠ 전력투사기지(PPH, Power Projection Hub) : 대규모 병력·장비를 전개할 수 있는 중추기지로서 미국 본토와 괌섬·하와이주 등
　㉡ 주요작전기지(MOB, Main Operation Base) : 대규모 병력이 장기적으로 주둔하는 상설기지로, 초현대식 지휘체계를 갖추고 병사들이 가족과 함께 2~3년 머무를 수 있는 기지
　㉢ 전진작전지점(FOS, Forward Operating Site) : 유사시 증원을 전제로 한 기지
　㉣ 안보협력대상지역(CSL, Cooperative Security Location) : 소규모 연락요원만이 상주하는 지역
④ 이 가운데 한국은 주요작전기지 또는 전력투사기지와 주요작전기지의 사이에 들어갈 것으로 예상됨
⑤ 한국 정부의 입장
　㉠ 주한미군의 일부가 신속기동군으로 운용되더라도 그로 인해 한반도 안보가 위협을 받아서는 절대로 안 되며
　㉡ 주한미군의 병력이 이동할 때는 한미 양국의 사전 협의제도를 명문화해야 하고
　㉢ 한미 연합군의 해외원정은 절대로 안 된다는 입장

한미동맹 미래 비전

2009년 6월 대한민국과 미국 두 정상은 한미동맹을 기존의 군사동맹 차원에서 벗어나 글로벌 수준의 21세기형 포괄적 동맹으로 발전시킨다는 내용을 골자로 담은 '한미동맹 미래 비전'을 채택하였다. 이에 따라 지금까지 한반도에 한정됐던 한미동맹의 지리적 범위는 동북아시아 지역은 물론 범세계적 차원으로 넓어지고 내용도 군사뿐만 아니라 비군사적 분야까지 포함하는 진정한 21세기형 포괄적 동맹을 지향하게 되었다.

아울러 양국은 한반도 유사시 미국이 핵우산 및 재래식 전력을 제공한다는 '확장 억지력'을 채택하였다. 확장 억지력은 미국의 동맹국이 핵공격을 받으면 미국 본토가 공격받았을 때와 동일한 전력 수준으로 응징 타격하는 것을 기본 내용으로 한다. 이는 정상 차원에서 대(對)북한 한·미 공동방위에 대한 의지를 재확인하는 것을 의미한다.

제2장
국제정치와 군축

제1절 군축

1 군비축소(disarmament)와 군비통제(arms control)

1. 군비축소

① **의미** : 현존하는 무력 수단을 절대적으로 축소하거나 철폐하는 것

② **구분** : 군비의 양에 초점을 맞추는 양적군축과 특정한 형태의 무기 감축에 초점을 맞추는 질적 군축이 있음

③ **사례** : 전략무기감축협정(START I), 미국과 소련이 중거리 및 핵미사일 전체의 5%를 폐기하기로 한 중거리 및 핵미사일폐기협정(INF) 등

2. 군비통제

① **의미** : 군축이 불가능할 경우 군사력 보유를 인정하되 무모한 군비경쟁을 방지하고 적절한 힘의 균형을 이루어 평화를 확보하려는, 보다 전략적이고 현실적인 개념으로 군축을 포함하는 포괄적인 개념임

② **구분**

㉠ 구조적 군비통제 : 군비제한 및 군축을 의미함

㉡ 운용적 군비통제
- 의미 : 군사력의 규모, 구조, 무기체계를 그대로 두고 군사력의 운용 즉 훈련이나 기동, 작전, 배치 등에 대한 통제를 말하는 것으로, 군사적인 신뢰구축과 군사적 제한에 대한 정보를 공개하고 투명성을 높이며 예측가능성을 높임으로써 국가간 군사관계에서의 신뢰를 증진하는 행위
- 특정 군사행위의 금지, 완충지대 설치, 공세적 배치 해제 등이 포함됨
- 사례 : 1959년 남극 대륙의 비무장화를 규정한 남극조약, 1972년 미소간의 전략무기 제한협정(SALT I), 남북간의 2018년 9월 19일 합의한 9·19군사합의(감시초소 폐쇄 및 철수, 지상·해상·공중에서의 적대행위 금지, 판문점 공동경비구역 비무장화, 군사분계선 일정 지역 비행금지구역 설정 등) 등

㉢ 수직적 통제와 수평적 통제
- 수직적 통제 : 핵무기나 재래식 무기의 양적 및 질적 강화를 제한하는 것(SALT I, ABM조약 등)
- 수평적 통제 : 예방적 군비통제로서 특정한 무기체계의 활용이나 특정 지역 및 공간에 배치 및 활용을 금지하는 것(NPT, 1967년 우주에서의 군사행동제한 협약 등)

2 대표적 재래식 군축 사례

1. 1817년 러시-배고트 협정

① 공통이익을 전제하여 당사자 합의로 이루어진 군축의 최초 성공 사례로 1817년 미국과 영국 간에 체결된 러시-배고트 협정(The Rush-Bagot Agreement)이 있음

② 이 협정을 통해 양국은 미시간호 등 5대호에 해군을 두지 않기로 합의하였음

③ 이 협정은 양측 모두가 어기지 않았으며 지금도 지켜지고 있음

2. 워싱턴 해군 군축회의

① 워싱턴 해군 군축회의는 1921년에 시작해서 1939년 제2차 세계대전이 일어나 중지될 때까지 약 20년간 지속되면서 주요 국가의 해군 함정의 보유 허용 톤 수, 무기의 제한 등에 대하여 많은 합의를 도출함

② 1922년의 합의로 미국, 영국, 일본, 프랑스, 이탈리아 5개국의 주력함 보유 비율을 5 : 5 : 3 : 1.75 : 1.75로 합의하였고 전함의 크기도 3만 5천 톤을 넘지 못하게 하였음

③ 1930년 런던에서 속개된 해군 군축회의에서는 항공모함의 보유 한계에도 합의하였으나 동 해군 군축협정들은 1939년 제2차 세계대전이 일어나면서 모두 파기되었음

3. 화학무기 금지조약의 전개 과정

(1) 프랑스-독일 간의 독성탄환 사용금지 협정(French-German Agreement)

① 국제사회에서 화학무기 사용을 제한하는 최초의 조약(1675년)

② 이 협정에 따라 양국 사이에서는 전시에 독이 든 총알을 사용할 수 없게 됨

(2) 1874년 브뤼셀 협약(Brussels Convention)

독, 독성 무기, 불필요한 고통을 유발하는 무기 탄환 물질의 이용을 금지함

(3) 1899년 헤이그 협정(Hague Agreement)

독가스로 채워진 탄환의 이용 금지

(4) 1919년 베르사유 조약(Versailles Treaty)

화학무기에 관한 기존의 협약들을 재확인함

(5) 1925년 제네바 의정서(Geneva Protocol) 2013년, 2021년 출제

① 1925년 6월 17일 제네바에서 체결되어, 1928년 2월 8일부터 발효됨

② 내용
- ㉠ 제네바 의정서는 그 전문에서 전시에 "유해가스 및 이에 준하는 액체물질이나 장치"의 사용이 문명사회에서는 지탄받아야 마땅하다고 선언하고, 국가 간의 관행 및 인류의 양심에 따라 그 같은 화학무기 사용 금지를 국제법이 규정하는 구속력 있는 규정임을 인정한다고 밝히고 있음
- ㉡ 질식작용제, 독성 가스, 세균학적 수단을 전쟁에 이용하지 못하도록 함
- ㉢ 제네바 의정서는 화학무기의 전시 사용을 금지할 뿐, 화학무기의 개발, 생산, 소유 등을 금지하지 않음으로써 근본적인 문제 해결에 접근하지는 못함
- ㉣ 많은 국가들이 보복권(자국이나 동맹국이 화학무기로 공격받을 경우 화학무기로 맞서 공격하는 권리)과 비서명국에 대한 화학무기 사용권을 내세워 유보를 표명함으로써 충분한 효과를 거두지 못함

③ 의정서의 규정을 위반하였을 경우 이를 사법으로 심사할 제도적 장치 등이 마련되어 있지 않음

(6) 화학무기금지협약 2021년 출제

① 1993년 1월 13일 파리에서 체결하여 1997년 4월 29일 발효되었으며 한국은 1997년 4월 29일 발효됨

② **정식 명칭** : 화학무기의 개발·생산·비축·사용금지 및 폐기에 관한 협약(CWC)

③ 내용
- ㉠ 1925년의 '독가스기타사용금지에 관한 의정서'를 보완한 것으로서 화학무기의 상세한 정의를 내리고 있음(2조 1항)
- ㉡ 어떤 경우에도 화학무기의 개발·생산·취득·저장·보유·이양·사용 등을 금지함(1조 1항)
- ㉢ 화학무기 및 화학무기 생산시설의 폐기를 의무화함(1조 2~4항)
- ㉣ 폐기는 검증 부속서 등의 폐기의 규율에 따라 조약 발효 후 2년(화학무기 생산시설에 대해서는 1년) 이내에 개시하여 10년 내에 완료하도록 되어 있음(화학무기금지협약 4조 6항, 5조 8항)
- ㉤ 조약의 실시상황은 일정의 절차에 의해 검증·사찰됨(9조, 검증부속서)
- ㉥ 조약규정(검증에 관한 것을 포함)의 실시확보 등을 위해 화학무기의 금지를 위한 기관(본부는 헤이그)의 설립이 예정되어 있음(8조)
- ㉦ 협약 발효와 동시에 목록 1물질은 협약 비당사국과의 교역이 금지되며, 협약 발효 후 3년 이후부터는 목록 2물질의 대 비당사국 교역이 금지됨
- ㉧ 협약은 철저한 검증장치를 구비하고 있는데 특히, 화학무기 개발 및 사용 등에 관한 의혹이 있는 경우 발동되는 강제 사찰(challenge inspection)은 신고 또는 미신고 시설 구분 없이 최단 12시간 사전 통보에 따라 현장 사찰을 발동할 수 있음

> **화학무기** [51]
>
> ① 화학무기 : 화학무기는 독성 화학물질(그 원료물질을 포함)과 이를 목표물에 운반하는데 사용되는 장치로 구성됨
>   ㉠ 독성화학물질 : 독성화학물질은 사망, 상해 또는 일시적 무능화를 일으키는 물질을 말함
>   ㉡ 원료물질 : 원료물질은 독성화학물질 생산의 일부분이 되는 것들을 총칭함
> ② 독성화학물질 분류 : 효과에 따른 분류
>   ㉠ 혈액작용제 : 적혈구와 신체 조직 간에 일어나는 산소교환을 억제함
>   ㉡ 수포작용제 : 피부, 눈 및 폐에 심각한 부식과 수포를 유발함
>   ㉢ 질식작용제 : 눈과 호흡 계통을 공격하며 이 작용제는 특히 폐에 해로움
>   ㉣ 신경작용제 : 가장 강력한 독성화학물질이며 일반적으로 무색, 무취, 무미한 것이 특징이고, 호흡기 체계, 눈, 피부 및 소화계통에 아무런 자극 없이 흡수되어 목표물이 대비하지 못하도록 함
>   ㉤ 무능화작용제 : 살상하는 것은 아니며, 목표물이 정상적인 활동을 하지 못하도록 만듦
>   ㉥ 방해작용제 : 시각 또는 호흡 장애와 같은 생리적 효과를 일시적으로 유발하는데, 보통 큰 상해를 가져오지는 않음

(7) 특정 재래식무기 금지협약(Convention on Certain Conventional Weapons) 2014년 출제

① 과도한 상해 또는 무차별적 효과를 초래할 수 있는 특정 재래식무기의 사용금지 및 제한에 관한 협약으로 '비인도적 재래식무기 금지협약'이라고도 함

② 내용

㉠ 구성 : 전문 및 11개조
- 의정서 I : 검출 불가능한 파편을 이용하는 무기에 관한 의정서
- 의정서 II : 지뢰, 부비트랩 및 다른 유사한 장치의 사용금지 또는 제한에 관한 의정서(1996년 5월 개정)
- 의정서 III : 소이(燒夷) 무기의 사용금지 또는 제한에 관한 의정서
- 의정서 IV : 실명 레이저 무기 사용 금지에 관한 의정서(1995년 10월 채택)
- 의정서 V : 전쟁 잔류 폭발물에 관한 의정서(2003년 채택, 2006년 11월 발효)

㉡ 구체적인 규제는 부속의정서에 의해 이루어지고 있음

㉢ 지뢰와 부비트랩 등의 규제 : 의정서 II 4, 5, 7조
- 지뢰-부비트랩 등의 거주지역에서의 사용과 원격산포지뢰의 사용에 대한 엄격한 제한
- 지뢰원·지뢰·부비트랩의 위치 기록과 적대행위 금지 후의 그 위치에 관한 정보공개

㉣ 소이(燒夷) 무기의 사용금지 : 의정서 III
- 제2차 세계대전과 베트남전쟁에서 보여진 소이 무기에 의한 도시공격, 민간인과 민간인 물건을 소이 무기에 의한 공격의 대상에서 금지함

---

51 군축과 비확산의 세계(2005), 평민사, 158~159면

③ 1996년 지뢰의정서(의정서 II)의 개정
- ㉠ 배경 : 1990년대 초반부터 과거 냉전시대에 이미 세계 도처에 매설돼 있던 대인지뢰로 피해자가 속출하면서 심각한 국제 문제로 대두됨
- ㉡ 개정 내용
  - 탐지 불가능한 지뢰 사용 금지, 신형지뢰도 자폭 기능을 갖추게 하는 등 대인지뢰의 사용을 엄격히 제한함
  - 현재 보유하고 있는 대인지뢰 사용은 향후 9년간으로 한정됨
  - 지뢰의 이전을 통제하기 위해 비회원국에는 지뢰 및 관련 기술의 이전을 금지함

④ 한국 : 2000년에 CCW 가입 동의안이 국회를 통과했으며, 2001년 4월 제1·2의정서를 채택하기 위한 법률안이 통과하면서 CCW 가입국이 됨

(8) 대인지뢰금지조약(1997년, 오타와협약) 2016년 출제

① 배경
- ㉠ 지뢰는 제2차 세계대전부터 대규모로 사용되기 시작하여, 이후 한국전, 베트남전, 걸프전 등 많은 분쟁에서 사용됨
- ㉡ 1996년 5월 재래식 대인지뢰의 사용을 제한하고 이전을 통제하는 특정재래식무기협약(CCW)의 제2의정서(지뢰의정서)가 개정됨
- ㉢ 지뢰의정서 개정을 계기로 캐나다, 오스트리아 등 일부 유럽국가와 국제 대인지뢰 사용금지 운동(ICBL), 국제적십자사(ICRC) 등 NGO를 중심으로 대외지뢰를 전면적으로 금지하자는 움직임이 대두되었는 바, 이를 '오타와 프로세스'라고 지칭함

② 1997년 9월 오슬로회의에서 대인지뢰금지협약 문안이 확정되었고, 1997년 12월 오타와에서 대인지뢰 전면금지협약이 서명되었으며 오타와협약은 1999년 3월 1일 발효됨

③ 오타와협약은 남북한, 미국, 중국, 러시아, 인도, 파키스탄, 이스라엘, 베트남 등 주요 국가들이 아직 가입하지 않고 있어 협약의 보편성과 실효성 측면에서 문제를 내포하고 있음

④ ICBL 등 국제지뢰금지 단체들은 수시로 한국 정부에 오타와협약 가입을 촉구하는 편지를 보내는 한편, 한국 내 NGO들과 공동으로 대인지뢰 금지 캠페인을 벌이고 있음
- 한국 정부는 북한과의 특수한 안보적 상황을 이유로 이를 받아들이지 않고 있으며 북한의 기습 공격으로 한반도에서 전쟁이 발생할 경우 초기 단계에서 지뢰의 저지 효과는 거의 정규 1개 사단에 맞먹을 정도로 강력한 것으로 알려져 있음

⑤ 주요 내용
- ㉠ 지뢰탐지, 제거 및 폐기 기술의 개발을 위한 극히 제한된 양의 대인지뢰 보유 허용 외에 모든 대인지뢰의 사용, 개방, 생산, 비축, 이전을 포괄적으로 금지한다.
- ㉡ 협약 발효 후 4년 이내 비축 대인지뢰 전량을 폐기하고, 10년 이내 매설 대인지뢰를 폐기한다.
- ㉢ 특정조항에 대한 유보(Reservation)를 인정하지 않는다.
- ㉣ 40번째 비준서 기탁 후 6개월 뒤에 발효한다.

(9) 생물무기금지협약(Biological Weapons Convention : BWC) 2021년 출제

① 1972년 BWC의 초안이 채택되고 1975년에 발효됨. 한국은 1987년 6월 25일 BWC 협약 비준서를 기탁하며 가입했으며, 북한은 1987년 3월 13일 협약에 가입하였으나 CBM 및 특별그룹회의에 불참하고 있음

② **내용**
  ㉠ 제1조는 생물 및 독성 무기 사용 금지의 전반적인 의도와 기준에 대해 규정하고 있으며, 여기에는 모든 미생물, 생물 또는 독소물질 사용 그리고 운반(delivery) 용도 등이 포함되어 있음
  ㉡ 협약은 생물작용제(biological agents) 보유 자체는 금지하지 않으며 그 의도에 따라 금지 여부를 결정하고 폐기까지 요구하고 있음
  ㉢ 당사국들은 협약 발효 9개월 이내에 모든 무기 및 무기개발 가능성이 있는 작용제들을 폐기하고 어느 경우에도 무기나 작용제를 양도해서는 안 됨
  ㉣ 당사국의 이행사항
  - 국내적 차원 : 자체적으로 생물무기 개발 및 사용 제어 대책을 세울 의무
  - 국제적 차원 : 당사국 간의 교류를 통해 협약상 발생하는 문제에 대해 서로 협조하며 문제 해결을 위해 노력할 의무

③ **특징** : 타당사국의 의무 불이행 사례 발견 시 안보리에 즉시 통보할 것, 이와 관련된 안보리 측의 조사 또는 사찰 절차에 적극적인 협력을 요구하고 있음

생물무기의 유형 [52]

① 생물무기 : 생물학작용제와 그 운반을 위한 탄약, 장비 또는 수단으로 구성됨
② 생물학작용제의 구분
  ㉠ 박테리아 : 박테리아는 핵물질, 세포질 및 세포막으로 구성되어 있는 단세포 미생물이며, 생물무기로 사용할 수 있는 박테리아성 작용제에는 탄저균, 브루셀라균, 페스트균, 콜레라균, 및 장티푸스균 등이 포함됨
  ㉡ 바이러스 : 바이러스는 박테리아보다 크기에 있어 훨씬 작고, 살아있는 세포 안에서만 살 수 있으며, 생물무기에 사용할 수 있는 바이러스 작용제로는 베네수엘라 마 뇌염 바이러스, 에볼라 바이러스, 한탄 바이러스, 리프트 계곡열 바이러스, 황열 바이러스 등이 있음
  ㉢ 리케차 : 리케차는 그 구조에 있어서는 박테리아와 비슷하나, 바이러스처럼 살아있는 세포 속에서만 자라날 수 있는 미생물이며 생물무기로 사용하기에 적합한 리케차 작용제로는 콕시엘라 부르네티, 바르토넬라 퀸타나, 발진티푸스 리케차, 반점열 리케차 등이 있음
  ㉣ 곰팡이 : 곰팡이는 유기물질을 먹고 살며 포자를 생산하는 미생물이며 생물무기로 사용하기에 적절한 곰팡이 작용제로는 커피탄저병균, 깨씨무늬병균, 남미잎마름병균, 줄기녹병균 등이 있음
  ㉤ 독소 : 독소는 동물, 식물 또는 미생물로부터 생산 또는 유출되는 독성물질이며 생물무기에 사용할 수 있는 독소에는 아플라톡신, 보툴리늄 독소, 리신, 포도상구균 독, 섹시톡신 등이 있음

---
[52] 군축과 비확산의 세계(2005), 평민사, 139~140면

3 핵군축 문제

1. 핵무기와 국제정치

① 냉전과 더불어 핵무기 시대가 시작되면서 군축의 관심은 핵무기 제한, 핵군축으로 이동함

② 핵무기는 재래식 무기와는 비교가 되지 않는 엄청난 파괴력을 가지고 있기 때문에 국제질서에 미치는 영향도, 그리고 각국이 이에 갖는 관심도 달라서 재래식 군축과 같은 방식으로 논의될 수는 없음

2. 부분적 핵실험금지조약(PTBT)

① 핵실험금지에 대한 강한 여론에 밀려 1958년 미국, 소련, 영국이 참여하는 핵실험금지회의가 시작되었으며 1963년 7월 '대기권, 우주공간, 수중에서의 핵무기실험금지조약'이 체결되어 같은 해 10월 발효하였음

② PTBT는 지하에서의 핵실험은 금지하고 있지 않으므로 이를 '포괄적핵실험금지조약(CTBT)'으로 발전시키기 위한 노력이 지난 40여 년간 이루어져 왔으나, 2008년 현재 비준이 필수적인 원자로 보유국 44개국 중 34개국만이 이를 비준하고 미국, 중국 등 10개국은 비준을 거부함으로써 아직 발효하지 못하고 있음

3. 포괄적 핵실험금지조약(CTBT) 2014년, 2022년 출제

(1) CTBT의 기원

① 배경

㉠ 1963년 미국, 영국, 소련 간 부분적 핵실험금지조약(PTBT : Partial Test-Ban Treaty)이 사찰 및 검증체제에 관련하여 명확한 규정을 갖추지 않은 채 체결됨

㉡ 동 조약은 대기권(atmosphere), 외기권(outer space) 및 수중(under water)에서의 핵실험을 금지하는 반면, 지하(underground) 핵실험은 금지대상에 포함시키지 않음으로써 핵실험을 포괄적으로 금지하는 데는 미치지 못함

㉢ 검증시스템을 국가기술수단(National Technical Means)으로만 국한하는 등 검증체제 측면에서도 충분한 핵비확산조치가 되기에는 부족함

㉣ PTBT 결함으로 인해 핵무기 개발 경쟁이 줄어들기는커녕 오히려 지하 핵실험은 가속화되었으며, PTBT에 서명하지 않은 중국과 프랑스의 경우에는 계속해서 핵실험을 실시함

② CTBT의 추진 과정

㉠ 1990년 제4차 NPT 평가회의에서 멕시코를 비롯한 비동맹 국가들은 CTBT 협상을 시작할 것을 주장했으나, 핵 보유국들의 강력한 반대로 이에 관한 합의를 도출하지는 못함

㉡ 일체의 핵실험 금지를 목표로 한 협상이 본격화되기 시작한 것은 1995년 NPT 무기한 연장이 결

정되면서 이에 대한 하나의 조건으로서 CTBT 체결을 합의하게 됨으로부터임
- ⓒ 1995년 NPT 평가회의에서는 1996년까지 CTBT 협상을 완료하기로 합의함
- ② 어려운 협상 과정 끝에 조약안이 제50차 유엔총회 속개 회의에 제출되어, 절대다수의 찬성으로 채택되었으며, 이로써 대기권, 외기권, 수중은 물론, 지하에서의 핵실험을 포괄적으로 금지하기 위한 CTBT가 1996년 9월 24일부터 가입을 위해 개방됨

(2) CTBT의 주요 내용

① 전문에서 핵실험 금지가 핵무기의 개발과 질적 개선을 억제하고 새로운 유형의 핵무기 개발 중단에 기여한다고 명시하고 있으며, 범세계적인 핵무기 감축을 위한 체계적이고 점진적인 노력의 필요성을 확인함

② 주요 내용
- ⊙ 당사국은 관할 및 통제지역 내에서 모든 핵폭발 금지 의무를 짐
- ⓒ 조약 의무의 비준수 의혹에 대한 우려를 해소하기 위하여 당사국 간 또는 기구를 통한 협의 및 해명을 위해 노력할 의무가 있음
- ⓒ 조약 이행 감시를 위한 검증체제는 국제자료센터의 지원을 받는 지진 감시시설, 방사능핵종시설, 수중음파 감시시설, 초저음파 감시시설로 구성되어 있음
- ② 핵실험에 관한 의혹이 있는 경우, 당사국은 국제감시체제가 수집한 자료와 자국 자료에 기초하여 집행 이사회에 현장사찰을 요구할 권리를 가짐
- ⑩ 조약 불이행으로 인해 조약의 목표와 목적에 손상이 발생할 경우에는 국제법에 따라 집단적 조치 collective measures를 취할 수 있음
- ⑪ 당사국회의(또는 집행 이사회)는 필요하다고 인정할 경우 조약 불이행 관련 사항을 UN에 제기할 수 있음
- ⊗ CTBT는 당사국 간 신뢰 구축을 위하여 300톤 이상의 TNT를 사용하는 화학폭발 시 가능한 사전 통보해 줄 것을 요구하고 있음

(3) CTBT 발효촉진회의

① CTBT는 발효 조건으로서 조약문 부속서(Annex 2)에 명시된 44개국의 비준이 필요함
② 우리나라는 1999년 9월 24일 유엔사무총장에게 비준서를 기탁함으로써 46번째 비준국이 됨
③ 핵보유국 중 미국과 중국은 미비준 상태임
④ 상기 44개국 중 인도, 파키스탄, 북한은 현재까지 조약에 서명조차 하지 않고 있는 바, 인도와 파키스탄의 경우에는 CTBT 비준한다는 방침에 따라 국민적 컨센서스 조성을 위한 노력을 경주하고 있는 것으로 보여지나, 북한은 현재까지 별다른 반응을 보이지 않고 있는 실정임

(4) 미국의 입장

① CTBT가 발효되기 위해 가장 중요한 것은 미국의 입장인데 1999년 클린턴 미국 대통령은 CTBT 비준을 위하여 의회에 적극적으로 협조를 구하였으나, 결국 미 상원은 비준을 거부함

② 부시 행정부 들어서도 미국의 태도와 입장은 변화되지 않았으며 오히려 행정부 차원에서 조약 비준을 의회에 요청할 계획이 없다는 방향으로 입장이 경화되었음

③ UN 총회 제1위원회에서는 매년 CTBT 관련 결의가 채택되고 있음

④ 동 결의 채택 시 미국은 거의 유일하게 반대 투표를 함으로써, CTBT를 지지하지 않는다는 입장을 분명히 하고 있음

4. 전략무기제한협정(SALT) 2013년, 2014년, 2017년, 2022년 출제

① 1차 회담

㉠ 1972년 체결된 제1차 전략핵무기제한협상 SALT I은 방어용 전략무기 규제 협정과 공격용 전략무기의 수량 제한에 관한 잠정 협정으로 구분됨

㉡ 방어용 전략무기 규제 협정은 탄도탄요격미사일(ABM: Anti Ballistic Missile)망을 축소하여, 핵 보복 공격에 대한 취약성을 높임으로써 전략적 억지를 달성한다는 것임

㉢ 협의 결과 ABM 발사 기지를 각각 1개소로 축소하고 수량도 100기로 제한함

㉣ 공격용 전략무기 수량 제한 협정은 대륙간 탄도미사일(ICBM)과 잠수함 발사 탄도미사일(SLBM) 수량을 제한하는 것으로 미국은 ICBM 1054기, SLBM 710기, 소련은 ICBM 1618기, SLBM 950기까지 보유할 수 있게 함

② 2차 회담

㉠ 1972년 11월부터 시작된 2차 회담은 '전략 공격무기 제한에 관한 협정'으로 1979년 6월 오스트리아 빈에서 정식 조인됨

㉡ SALT II 라고 불리는 이 협정은 양측이 보유할 수 있는 ICBM, SLBM과 공대지 탄도미사일(ASBM) 및 전략 폭격기의 총수를 조약 발효와 동시에 2400기 이하로 제한하고, 다시 1981년 말까지 2250기 이하로 제한하면서 더 이상 새로운 공격용 전략무기 개발을 금지하는 것을 골자로 하고 있음

㉢ SALT II의 비준을 앞둔 1979년 말 소련이 아프가니스탄을 침공하자 미국의 카터 대통령이 상원에서의 비준 심의를 유보시켜 당초 유효 기간을 1985년 12월 31일로 했던 이 조약은 정식 발효되지 못함

㉣ 그 후 미국의 레이건 대통령이 소련과 SALT 재개를 제의하면서 회담 명칭을 START로 변경하고, 미사일·핵탄두를 '제한'하는 데 그치는 것이 아니라 '감축'할 것을 제안해 협상이 시작됨

5. 중거리 핵전력(INF) 폐기조약 2014년, 2017년 출제

① 1987년 12월 레이건 대통령과 고르바초프 서기장은 워싱턴에서 INF(Long-Range Intermediate Nuclear Forces : LRINF)(사정거리 1,800~5,500km)를 3년간 2단계로 나누어 전폐하고 단사정(INF) (Shorter-Range Intermediate Nuclear Forces : SRINF)(사정거리 500~1,800km)은 18개월 이내에 전폐한다는 중거리 핵전력(INF) 폐기조약에 조인하여 1988년 5월 29일 모스크바에서 열린 4차 미·소 정상회담에서 INF 폐기조약 비준서를 교환함

② INF 조약 발효 이후 3년 만에 미·소는 총 2,692기(미국 846기, 소련 1,846기)의 미사일을 제거했으며 1991년 5월 소련이 마지막 SS-20을 제거했고, 그 직전 미국도 마지막 지상발사형 중·단거리 탄도미사일을 제거함

③ INF 조약을 시작으로 미·소는 1991년 7월 전략무기감축협정(START)을 맺고 핵탄두와 대륙간탄도미사일(ICBM) 등의 감축에 합의하며 핵군비 통제의 기틀을 다짐

④ INF 조약을 불신해온 트럼프 미국 대통령은 러시아가 2017년 이후 사거리 2000~5000km인 9M729 순항미사일을 실전 배치한 것을 '조약 위반'으로 문제삼아 2018년 10월 INF 조약 탈퇴 방침을 밝힘

⑤ 이후 6개월간의 탈퇴 유예기간에 미국과 러시아는 접점을 찾지 못했고, 결국 미국은 2019년 8월 INF 조약에서 공식 탈퇴함

6. 전략무기감축협정(START) `2013년, 2014년, 2022년 출제`

① 1991년 7월 31일 모스크바에서 미·소간 START 조약 체결, 1994년 발효

② **SALT에서 START로 진전된 이유**

  ㉠ 미국이 소련의 대륙간 탄도탄 발사 직후에 이를 요격할 수 있는 체제(SDI : Strategic Defense Initiative)를 구축할 수 있게 됨에 따라 기존의 '핵전쟁은 이길 수 없다'라는 전제로부터 '핵전쟁은 이길 수 있다'라는 생각을 가지게 됨

  ㉡ 새로운 전제로부터 소련의 핵공격 능력을 무력화시키는 방향으로 핵군축을 시도하게 됨

  ㉢ 1982년 미국의 대통령 레이건은 소련과 SALT를 재개하면서 회담명칭을 START로 변경, 양국이 보유하고 있는 미사일과 핵탄두 무기를 '제한'하는 데 그칠 것이 아니라 '감축할 것을 제안함

③ **전반적 원칙**

  ㉠ 대륙간 탄도탄(ICBM), 잠수함 발사 탄도미사일(SLBM), 전략 폭격기 등 세 가지 전략 핵운반수단의 상한을 1,600개로 한다.

  ㉡ 전략 핵탄두 총수를 6,000개, 그 중 탄도미사일탑재 탄두수 상한을 4,900개로 한다.

  ㉢ 7년간에 걸쳐 3단계로 삭감을 실시한다.

④ **내용**

  ㉠ 대형 ICBM : 154기, 1540탄두로 제한(대상은 소련의 SS-20)

  ㉡ 이동식 ICBM : 실전배치 탄두수를 1,100개로 제한

  ㉢ 발사중량 : 소련 ICBM과 SLBM의 발사중량을 현 보유량의 54%로 삭감

  ㉣ 탄두수 감축 : 양측 모두 세 종류의 미사일탄두 삭감 탑재를 허용하되 그 총수는 각각 1,250개로 제한

  ㉤ 전략 폭격기 : 1기를 1개의 운반수단으로 계산, 핵폭탄과 단거리 공격 미사일(SRAM)만을 탑재하는 전략 폭격기의 경우는 탄두수 1개로 계산

  ㉥ 공중발사순항 미사일(ALCM)

- 사정거리 600km 이상 규제
- 1기당 탑재수를 미국 측은 150기까지, 소련 측은 180기까지

Ⓐ 해양발사순항 미사일(SLCM)
- START 조약과 별도로 규제
- 상한은 880기, 복수핵탄두(10개 이상)의 SLBM 제조 및 배치는 금지

⑤ **검증**
  ㉠ 기본적으로는 위성을 이용한 자국의 기술적 수단 NTM 활용
  ㉡ 기타, 데이터 교환, 비행실험 데이터 제공 거부금지, 현지 사찰 원용

⑥ **유효기간** : 15년으로 하되 쌍방합의에 따라 5년 연장 가능

⑦ **제3국 관계** : 전략 핵무기의 제3국 이전 금지

⑧ 옛소련 체제의 붕괴로 실효성에 의문이 제기됐던 START I은 1992년 러시아, 우크라이나 등 옛소련의 4대 핵보유국이 협정이행 의정서에 서명함으로써 타결됨

⑨ **핵무기 감축을 위한 새로운 협정**(New START-Strategic Arms Reduction Treaty) : 2010년 4월 8일 버락 오바마 미국 대통령과 드미트리 메드베데프 러시아 대통령은 체코 프라하에서 역사적인 핵무기 감축협정을 공식 체결함

  ㉠ 새 협정은 1991년 체결돼 2009년 12월 만료한 전략무기감축협정(START-1)을 대체하는 협정으로, 현재 2,200기에 달하는 장거리 핵탄두를 1,550기로 줄이고, 지상 및 해상배치 미사일 등을 현행 1,600기에서 800기로 감축하는 내용을 담고 있음

  ㉡ 전 세계 핵무기의 90% 가량을 보유하고 있는 양국은 보유 핵탄두를 4분의 1로 감축한다는 원칙 아래 새로운 협정이 발효된 이후에도 추가 협의를 통해 핵탄두를 1,000기까지 감축한다는 방침

  ㉢ 협정의 효력은 양국 의회의 비준을 거쳐 발효되며 효력은 앞으로 10년 동안 지속되고, 양국 간 합의에 따라 협정 효력 기간이 5년 더 연장될 수 있음(2021년에 5년 연장에 합의하여 2026년 종료 예정)

New START 조약 주요 내용

1. 조약 본문, 부속의정서 및 기술부속서로 구성 / 모두 법적 구속력 존재
2. 발효 7년 내 감축 수준 설정
   ① 실전배치 핵탄두 수는 1,550기로 감축
   ② 실전배치 운반체(ICBM, SLBM, 전략폭격기)는 총 700기, 운반체 발사대(ICBM·SLBM launchers, 전략폭격기)는 실전배치 불문하고 총 800기로 감축
   ※ 핵탄두 수 기준 1991년 START(Strategic Arms Reduction Treaty) 대비 74%, SORT(Strategic Offensive Reduction Treaty) 대비 30% 감축
   ③ 전략 운반체 구성 등 전력 구조(structure of its strategic forces)는 자체 결정
3. 복잡하고 고비용의 기존 START 검증체제에 비해 간략하고 비용 효과적인(simple and cost-effective) 검증체제 설정
4. 양국 의회 비준이 필요하며, 추가 합의가 없는 한 10년간 유효
   ※ New START 발효 시 2012.12월 만료 예정인 SORT는 종료

	START 1	SORT	New START
체결	1991. 7 (1994. 12 발효)	2002. 5 (2003. 6 발효)	2010. 4. 8 서명
유효 기간	발효 후 15년(~09. 12월 말)	~2012. 12월 말	10년
주요 내용	7년 내 실전배치 전략 핵탄두를 6,000기, 전략 운반체를 1,600기로 감축	2012년까지 (실전배치) 전략 핵탄두를 1,700~2,200기로 감축 ※ 전략운반체 불포함	7년 내 실전배치 전략 핵탄두를 1,550기, 전략 운반체를 700기로 감축
특징	상세한 검증 및 집계체제를 통해 양국간 성공적으로 신뢰구축	구체적인 검증체제 부재	간략하고 비용효과적인 검증체제 마련

7. 수직적 확산방지

① 미·소 양국은 1960년대 후반부터 각종 협상을 통해 전략 핵무기의 세 가지 운반수단(triad means of delivery)인 전략 폭격기, 대륙간 탄도미사일 및 잠수함 발사 탄도미사일(SLBM)을 제한하거나 폐기시키는 협정을 체결함

② **모스크바조약**
   ㉠ 미·러간 전략무기 감축 및 제한협정을 마무리한 것이 바로 2002년 5월에 서명된 전략무기 감축협정임
   ㉡ 이 조약은 국제정치적으로 중요한 의미를 지니는데, 첫째, 미·러간 냉전시기의 핵경쟁이 종료되었다는 점과 둘째, 국제안보의 위협 해소를 위한 노력이 종래의 핵군축에서 비확산, 반확산으로 그 무게 중심이 이동하였다는 점임

③ **핵탄두 감축 규모**
   ㉠ 핵탄두 감축 규모와 관련하여 양국은 현재 실전배치(operationally deployed) 되어 있는 6,000기 수준의 양국 전략공격 핵탄두를 향후 2012년까지 1,700~2,200기 수준으로 감축하기로 하

였는데, 협상 과정에서 가장 큰 쟁점사항은 감축 대상의 탄두계산방식(counting rules)이었음
- ⓒ 러시아는 양측이 보유한 3가지 운반수단(ICBMS, SLBMS, BOMBERS)의 숫자를 제한함으로 써 보유 핵탄두를 제한하고 감축 대상의 운반수단은 모두 폐기하는 START에서의 탄두계산방식을 주장함
- ⓒ 미국은 START Ⅰ, Ⅱ 방식과는 상이한 '실전배치된 핵탄두'(operationally deployed warheads)만을 계산하는 방식을 제안하여 합의됨
- ⓔ 미국은 분리된 핵탄두를 보관하여 유사시 신속히 재배치할 수 있는 능력을 확보함으로써 가능한 최대의 융통성을 확보하게 되었는데 이는 9·11 테러 사태 이후 부시 행정부가 핵태세보고서(NPR) 등을 통하여 공식화한 '대응전력'(Responsive Force)이라는 개념을 실현한 것임

④ **감축 핵탄두의 처리 문제**
- ⓐ 감축 핵탄두의 처리 문제(소위, 불가역성(irreversibility)의 문제)와 관련해서 러측은 감축탄두 및 운반수단의 완전폐기를 주장하였으나, 미국측 안에 따라 감축탄두의 폐기 및 보관 여부에 대한 명시적 규정은 없게 됨
- ⓑ 결과적으로 미·러 양국 모두 최대한의 융통성을 확보, 사실상 양측 모두가 감축탄두를 하나도 폐기치 않고 보관하는 것이 가능해짐
- ⓒ 미국의 경우 현재 보유 중인 6,000여 기의 전략핵탄두 중 실전배치되지 않은 탄두 및 감축된 탄두의 보관을 통하여 2012년까지 최대 4,600여 기까지의 핵탄두를 보유할 수 있게 되었는데, 이로써 미국은 NPR에서 규정하고 있는 바와 같은 잠재적 돌발사태에 대응하기 위한 대응전력(responsive force)을 보유하게 되면서도 MD 추진상의 어떠한 제약도 받지 않고 최대 핵무기 보유국인 러시아와 상징적인 공격핵무기 감축에 합의함

한·미 미사일 지침

미국의 미사일 기술을 이전받는 대가로 한국 미사일의 개발 사거리를 180km로 제한하기로 한 약속으로 1979년 체결됐다. 한·미 미사일 지침은 군사비밀로 분류돼 구체적인 내용은 공개되지 않는다. 양국 합의로 정해지지만 형식상 한국 정부의 정책 선언이기 때문에 국회 비준이나 동의의 필요 없다.

이후 한·미 미사일 지침은 김대중 정부 때인 2001년과 이명박 정부 시절인 2012년 두 차례 개정됐다. 2001년 마련된 미사일 지침은 탄도 미사일의 사거리와 탄두중량을 각각 300km와 500kg으로 규제하고 있다. 2012년 두 번째 지침 개정으로 탄도미사일 최대 사거리를 800km로 늘렸지만, 800km 미사일의 탄두중량은 500kg으로 제한됐다. 이후 2017년 9월 탄두중량 제한을 푸는 3차 개정을 했는데 이는 북한의 6차 핵실험 이틀 후인 9월 4일, 문재인 대통령과 도널드 트럼프 미국 대통령이 전화회담을 통해 한국이 개발하는 모든 미사일의 탄두중량 제한을 없애기로 합의한 것에 따른 것이다. 2020년 7월에는 우주발사체 고체연료 사용 제한을 폐지하였다. 2021년 5월 22일 한국의 미사일 사거리 제한이 완전 폐지가 확정되어 한미 미사일 지침은 종료되었다.

국제 군축·비확산 체제 현황

2018년 12월

구분		협약 발효	가입국	남/북한 현황	주요 미가입국 및 기타
국제 협약	NPT	1968. 7. 채택 1970. 3. 발효	191개국 가입	한국 1975. 4. 가입 북한 1985. 12. 가입, 2003. 1. 탈퇴선언	인도, 파키스탄, 이스라엘 등 미가입
	CTBT	1996. 9. 채택/ 현재 미발효	167개국 가입 (184개국 서명)	한국 1999. 9. 가입 북한 미가입	인도, 파키스탄, 미국, 중국 등 미가입
	CWC	1993. 1. 채택 1997. 4. 발효	193개국 가입	한국 1997. 4. 가입 북한 미가입	이집트, 이스라엘, 남수단 등 미가입
	BWC	1972. 4. 채택 1975. 3. 발효	182개국 가입	한국 1987. 6. 가입 북한 1987. 3. 가입	이스라엘 등 미가입
	대인지뢰금지 협약 (오타와협약)	1999. 3. 발효	164개국 가입	남·북한 미가입	미국, 중국, 러시아, 인도, 베트남 등 미가입
	CCW 제1의정서 개정제2의정서 제3의정서 제4의정서 제5의정서	1983. 12. 발효 1983. 12. 발효 1998. 12. 발효 1983. 12. 발효 1998. 7. 발효 2006. 11. 발효	125개국 가입 118개국 가입 104개국 가입 115개국 가입 108개국 가입 93개국 가입	한국 2001. 5. 가입/북한 미가입 한국 2001. 5. 가입/북한 미가입 한국 2001. 5. 가입/북한 미가입 남·북한 미가입 남·북한 미가입 한국 2008. 1. 가입/북한 미가입	
	확산탄금지협약 (CCM)	2008. 5. 채택 현재 미발효	107개국 서명	남·북한 미가입	미·중·러·터키· 인도·이스라엘 등 미가입
국제 기구	IAEA 안전조치협정 추가의정서	1956. 10. 헌장 채택 1957. 7. 29 설립	170개국 가입 174개국 발효 133개국 +Euratom 발효	한국 1957. 8. 가입 북한 1974. 6. 가입/ 1994. 6. 탈퇴	브라질, 미얀마 등 미비준
	CD	1984. 2. 설립	65개국 가입	남·북한 1996. 6. 가입	
	COPUOS	1959. 설립	87개국 가입	한국 1994. 9. 가입 북한 미가입	이스라엘 등 미가입
수출 통제 체제	NSG	1978. 1. 설립	45개국 가입	한국 1995. 10. 가입 북한 미가입	인도, 파키스탄 이스라엘 등 미가입
	ZC	1974. 8. 설립	36개국 가입	한국 1995. 10. 가입 북한 미가입	브라질, 인도, 파키스탄, 이스라엘, 발트3국 등 미 가입
	AG	1985. 4. 설립	43개국 가입 (EU 포함)	한국 1996. 10. 가입 북한 미가입	중국, 러시아 등 미가입
	MTCR	1987. 4. 설립	35개국 가입	한국 2001. 3. 가입 북한 미가입	중국, 파키스탄, 시리아, 이스라엘 등 미가입
	Wassenaar 체제	1996. 7. 설립	42개국 가입	한국 1996. 7. 가입 북한 미가입	중국, 벨라루스, 이스라 엘, 인니 등 미가입
	ATT	2013. 6. 설립	100개국 비준	한국 2017. 2. 가입/ 북한 미가입	미·중·러·인도·파키스 탄, 이스라엘 등 미가입

기타	HCOC	2002. 11. 설립	138개국 가입	한국 2002. 11. 가입 북한 미가입	중국, 브라질, 파키스탄, 인도, 이스라엘 등 미가입
	PSI	2003. 5. 설립	105개국 참여중	한국 2009. 5. 공식참여 북한 미참여	중국, 인도, 파키스탄, 인도네시아, 이란, 이집트 등 미참여

제 2 절　국제수출통제체제

1 쟁거위원회(ZC) 2010년 출제

1. 설립 배경 및 연혁

① 쟁거위원회는 핵 비확산조약(NPT) 제3조 2항 규정에 따라, 안전조치 적용 없는 핵 물질 및 장비의 비보유국 수출 금지 의무를 이행하기 위해 설립된 수출통제체제

② 1970년 NPT 발효 이후, IAEA는 NPT 3조 1항 안전조치 의무의 세부적 내용을 규정하기 위한 안전조치 위원회를 소집하여 전면 안전조치협정을 작성

③ 동 협정이 완성되자 안전조치를 유발(trigger)하는 물자의 목록, 소위 Trigger List의 작성 필요성이 제기됨

④ 이에 따라, 당시의 주요 원자력 공급국들은 1971년 3월 비엔나에서 비밀리에 회합하여 Trigger List의 작성과 핵 물질 및 장비의 수출조건 등에 대한 논의를 시작하여, 1972년 9월에 NPT 3조 2항에 규정된 선원물질, 특수 분열성 물질 및 이들 물질의 사용과 생산을 위해 특별히 설계되거나 제작된 장비나 물자를 Trigger List에 포함시키는 것에 합의가 이루어졌고 2년 후인 1974년 8월에 쟁거위원회 출범

⑤ Trigger List는 A, B 두 개의 각서(Memorandum)로 구성되어 있으며, 각서 A는 핵물질, 각서 B는 원자력 전용 장비·물자에 대한 통제를 내용으로 하고 있음

2. 주요 의무사항

① 모든 회원국은 매년 4월, NPT 비회원국인 핵 비보유국에 대한 Trigger List 품목 수출 및 수출허가 실적을 포함한 연례보고서를 제출하고 이를 교환함

② 수출국은 수입국에 핵폭발 목적의 사용 금지, IAEA 안전조치 적용, 재수출 시 동일한 조건의 적용이라는 3가지 조건을 부과함

③ **쟁거위원회의 통제대상**

- ㉠ 각서 A는 선원물질(source material) 및 특수 분열성 물질(special fissionable material)의 수출통제
- 모든 핵물질은 안전조치를 전제로 하여 수출이 가능하며, NPT 회원국이 아닌 핵무기 비보유국으로의 핵물질의 수출 및 재이전 시에는 해당 핵 물질을 핵폭발에 사용하지 않을 것을 보증토록 규정하고 있음
- ㉡ 각서 B는 각서 A에서 정의한 평화적 이용, 안전조치, 안전조치를 받은 재이전의 적용을 유발하는 물자로 구성되어 있음
- 여기에 수록된 품목의 수출은 IAEA의 안전조치를 자동적으로 유발(trigger)하기 때문에 Trigger List라고 부름

2 핵 공급국 그룹(NSG) 2010년 출제

1. **설립 배경 및 연혁**

   ① 1975년 런던클럽으로 불리는 주요 핵 공급국가들의 모임이 구성되어, 원자력 관련 수출통제 강화 방안을 논의함

   ② **핵 공급국 그룹(NSG)** : Nuclear Suppliers Group에는 당초 NPT 비회원국이라는 이유로 쟁거위원회에 가입하지 않고 있던 프랑스의 참가하에, 원자력 관련 민감품목의 수출통제와 물리적 방호에 대한 기준을 결정하고, 이를 INFCIRC/254로 발간하면서 1978년 1월 설립됨

   ③ 걸프전 이후 NPT 회원국인 이라크의 비밀 핵 개발 계획이 알려지면서 다자 수출통제 체제 강화 필요성에 대한 공감대가 형성되었고, 또한 서구 선진국들로부터 이전된 이중용도 품목이 이라크의 핵개발 프로그램에 전용된 사실이 밝혀지면서, 이전까지 COCOM이 담당해온 대 공산권 핵 수출통제체제가 아니라 모든 국가를 대상으로 하는 다자적인 수출통제의 체제 구축 필요성이 제기됨

   ④ 이에 따라 NSG는 1991년 5월 헤이그에서 비공식 회의를 개최하여 원자력 관련 이중용도품목의 수출통제 문제를 논의하였으며, 원자력 관련 이중용도 품목의 수출통제를 규정한 NSG Part II가 1992년 1월 작성됨

2. **주요 의무사항**

   ① NSG는 쟁거위원회의 Trigger List 품목 뿐 아니라, Trigger List 품목의 생산과 사용에 필요한 기술도 통제 대상으로 하는 것이 특징

② 쟁거위원회에서 요구하는 '안전조치'가 부분 안전조치였던 반면, NSG에서는 원자력 관련 품목의 수출조건으로 수입국의 IAEA 전면 안전조치 적용을 요구함

③ NSG Part I(원자력 전용품목)에서 특기할 만한 사항은, NPT 4조에 따라 보장된 원자력의 평화적 이용권을 악용하여 핵무기를 개발하는 것을 막기 위해, NSG 지침상의 요구 조건을 만족하는 경우라 하더라도 해당 수출이 핵무기 확산으로 이어질 가능성이 있는 경우 수출을 자제하도록 하는 규정을 가지고 있음

④ NSG Part I·II 모두 농축·재처리 관련 장비 및 기술의 이전에 대해 특별한 주의를 요구하고 있으며, 이중용도 품목 수출 시에는 수입국이 농축·재처리와 관련된 용도로 이를 사용하고자 하는지를 판단기준의 하나로 들고 있음

⑤ NSG Part II(이중용도 품목)는 이중용도 품목의 수출허가를 심사함에 있어, 핵무기뿐만 아니라 핵 테러에 사용될 우려가 있을 경우에도 수출을 거부해야 하고, 수입국의 NPT 또는 비핵지대 가입 여부, 과거의 비밀 핵 개발 여부 등을 포함한 핵 비확산 정책을 고려하도록 규정되어 있음

3 호주 그룹(AG) 2010년 출제

1. 설립 배경 및 연혁

① 1984년 4월 유엔 사무총장의 특별사찰단이 이란·이라크 전에서 이라크가 화학무기를 사용하였다는 사실을 확인함에 따라 화학무기 생산에 필요한 물질과 기술의 수출통제 필요성이 제기됨

② 개별국가들이 시행하는 수출통제 조치의 한계성이 점차 드러남에 따라 1985년 4월, Haydon 당시 호주 외무장관 주도하에 개별국가들의 수출통제조치 조화 및 정보공유·통제리스트의 정기적 수정, 보완 문제 등을 협의하기 위해 정기적인 회합을 제의, 1985년 6월 15일 첫 회의가 소집(벨기에 브뤼셀)되었으며, 동 회의는 이후 호주 그룹(Australia Group)으로 명명됨

③ 1985년 회의 당시 15개국이 참석하였으나, 현재 40개 회원국(EU 포함)으로 증가

④ 초창기에는 이란 이라크 전쟁에서의 화학무기 사용 결과를 반영하여 화학무기 용도의 물질 및 제조장비 등의 수출통제에만 중점을 두었으나, 1990년대 초, 이중용도 물자가 생물무기 제조 프로그램에 전용되었다는 증거가 발견됨에 따라 특정 생물작용제 및 관련 기술과 장비에 대한 수출통제 지침도 채택함

2. 주요 의무사항

① 호주 그룹은 비공식 협의체로서 회원국들은 호주 그룹 가입에 따른 추가적인 법적 의무를 지지 않으며, 호주 그룹 수출통제의 효율성은 생화학무기 확산 방지를 위해 실시하고 있는 국별 조치의 효율성에 의해 좌우된다고 할 수 있음

② 호주 그룹은 회합을 통해 정보교환, 각국 수출통제 조치의 조율, 그리고 필요한 경우 추가적 통

제조치 도입 등을 통해 생물·화학무기 확산 방지를 위한 보다 효율적인 방안을 강구하고 있으며, 호주 그룹은 결코 BWC나 CWC를 대체하고자 하는 것이 아니라, 동 체제를 보완하는 역할을 수행한다고 할 수 있으며 호주 그룹 회원국은 모두 CWC 및 BWC의 회원국임

③ 호주 그룹 회원국은 화학무기 전구물질(precursor chemicals) 및 화학무기 제조에 관련된 이중용도 시설 및 장비에 대한 수출허가 조치를 시행해야 함

④ 또한, 회원국들은 생화학무기 제조에 전용 가능한 6개 범주의 물질과 기술을 나열한 공통 통제 리스트를 작성하고 이 통제 리스트에 있는 물질과 기술의 수출 시 사전에 정부의 수출허가를 받도록 법령에 규정해야 하며, 이들 6개 범주는 아래와 같음

㉠ 화학무기 전구물질
㉡ 이중용도 화학물질 생산시설 및 장비와 관련 기술
㉢ 이중용도 생물물질 장비 및 관련 기술
㉣ 생물작용제
㉤ 식물성 병원체
㉥ 동물성 병원체

4 미사일기술통제체제(MTCR)

1. 설립 배경 및 연혁

① 미사일기술통제체제(MTCR)는 대량살상무기를 운반할 수 있는 로켓 및 무인비행체, 그리고 관련 장비·기술의 확산을 통제하기 위하여 1987년 4월 미국의 주도로 G-7이 설립한 수출통제 체제

② MTCR은 대량살상에 사용되는 물질이 아니라, 그 물질의 운반수단을 통제함으로써 WMD 확산을 방지하는 것에 주안점을 두고 있음

③ MTCR은 최초 G-7을 회원국으로 하여 출발했으나, 1989년 당시 EC 및 NATO 회원국이 포함되면서 확대되었고, 냉전 종식 후 클린턴 행정부는 주요 미사일 생산능력국가를 MTCR에 가입시켜 미사일 확산을 방지한다는 구상 아래, 양자협상을 거쳐 러시아(1993), 우크라이나(1994) 등을 가입시킴

④ MTCR은 출범 당시에는 핵무기 운반 미사일만을 대상으로 했으며, 현재까지 유지되고 있는 MTCR의 탄도미사일 통제기준(500kg 이상의 탑재중량을 300km 이상 운반 가능)은 가장 단순한 형태의 핵탄두의 중량이 약 500kg이고, 핵 미사일을 발사국에 피해를 주지 않도록 운용할 수 있는 최소사거리가 300km라는 점에서 비롯됨

⑤ 1993년 이후 생물·화학무기를 비롯한 모든 대량살상무기의 운반 미사일까지 범위가 확대되었으며, 대량살상무기 운반시스템에 기여하지 않는 한 각국의 우주개발사업 및 동 사업에 있어서의 국제협력을 저해코자 하는 것은 아님을 명시하고 있음

2. 주요 의무사항

① MTCR은 사정거리 300km 이상, 탑재중량 500kg 이상의 미사일 완제품 및 부분품(Category I) 그리고 동 미사일 관련 부품·기술 및 사정거리 300km 이상, 탑재중량 500kg 미만의 미사일(Category II) 이전을 통제하고 있으며, 이전 통제 및 불이행에 대한 제재조치는 각 회원국의 국내 입법에 의존하고 있음

② **부속서 Category I** : MTCR 부속서 Category I은 로켓 및 무인비행체의 완제품과 부분품을 통제 대상으로 하고 있는 바, 500kg 이상의 탑재체를 300km 이상 운반할 수 있는 탄도미사일, 우주발사체 및 관측 로켓 등 로켓 시스템과 순항미사일, 표적기 및 무인정찰기 등 무인비행체 시스템의 이전을 통제하고 있음

③ **부속서 Category II** : Category II는 추진제, 구조용 복합재, 항법장치, 비행제어장치, 항공전자장비, 발사지원 장비·시설, 시험장비, 탐지 최소화 기술 등 완제품에 사용되는 부품, 장비 및 기술의 이전을 통제하고 있음

5 바세나르 체제(Wassenaar Arrangement) 2010년 출제

1. 설립 배경 및 연혁

① 1996. 7. 11~12일간 오스트리아 비엔나에서 우리나라를 포함한 33개국 대표가 모여 '재래식 무기와 이중용도 품목 및 기술의 수출통제에 관한 바세나르 체제'(WA)를 설립

② 바세나르 체제는 대공산권 수출통제체제인 COCOM이 공산권 붕괴와 더불어 1994. 3. 31일자로 해체됨으로써 이를 대체하기 위한 후속체제로서 출범

③ 1996. 4. 2~3일간 신체제 발족을 위한 제1차 총회를 개최하였으나, Initial Elements(기본 설립문서) 채택에 실패하였고, 1996. 7. 10 제1차 총회 속개회의를 개최하여 Initial Elements, 사무국 설치, 가동시기 등에 합의함으로써 신체제가 공식 출범하게 되었고, 이후, 1996. 11. 1 바세나르 체제는 정보교환 등 정식 활동을 시작함

2. 주요 의무사항

① 바세나르 체제는 두 가지 축으로 구성되는데 한 축은 무기 관련이고, 또 다른 축은 비 WMD 관련 이중용도 품목에 관련된 것이며, 양축은 모두 통제품목 리스트를 갖고 있고, 각각 다른 통제, 정보교환 및 검토 관련 지침을 갖고 있음

② 바세나르 체제의 기본 설립 문서인 Initial Elements는 다음 사항을 이행함으로써 국제안보 및 지역안정에 기여하는 것을 목적으로 하고 있음

㉠ 재래식무기와 이중용도 품목 및 기술의 불법 축적 방지를 위해 그 이전에 대한 투명성과 책임증대를 강화한다.

- ⓒ 회원국은 국내 입법을 통해 이러한 품목의 이전이 동 체제의 취지에 반하는 군비증강 또는 무기 개발의 지원 및 기여에 전용되지 않도록 보장해야 한다.
- ⓒ 분쟁 가능성이 있는 위험지역으로의 무기와 민감 이중용도 품목 및 기술이 이전되어 발생될 수 있는 국제평화와 지역안보 위협에 초점을 두고 이전 시 한층 더 투명성과 책임을 강조함으로써 대량살상무기 비확산 체제를 강화·보완할 것이다.
- ⓔ 지역적 상황 또는 어떤 국가의 행동이 회원국의 심각한 우려의 원인이 될 경우, 재래식무기 및 최종용도가 군사목적인 민감 이중용도 품목의 획득을 막기 위해 협력을 강화한다.

③ 이중용도 품목 및 무기류 구성
- ㉠ 바세나르 체제의 이중용도 품목은 제품의 기능에 따라 신소재, 소재가공, 전자, 컴퓨터, 통신장비, 레이저 센서, 항법장치, 해양기술, 추진장치 등 9가지 카테고리(구 COCOM 체제에서는 핵 관련 품목 포함 10가지 카테고리로 분류)로 구성되어 있음
- ㉡ 무기품목(Munitions List)은 유엔 무기등록제도(UNRCA) 대상 무기류 구분에 따라 탱크, 장갑차, 대구경대포, 전투기, 공격용 헬기, 전함, 미사일 또는 미사일 시스템으로 구성되었으나, 2003년 총회에서 소형무기류를 포함하기로 결정하여 현재 8개 무기류로 구성되어 있음

④ **통제 방법** : 정보교환 및 최적관행 지침 이행
- ㉠ 회원국들은 정보를 서로 교환함으로써 국내 통제정책의 회원국 간 협력 범위를 결정하게 되는데 교환정보에는 개별 회원 국가가 다른 국가의 주의를 요청하고 싶은 문제 또는 개별 회원국 결정권 밖의 사항 등 어떤 의제라도 포함시킬 수 있음
- ㉡ 이중용도 품목 및 기술과 관련, 거부의사가 동 협정 목적과 합치된 경우 비회원국에 대한 거부실적을 통보하되 이중용도 품목 및 기술에 대해 회원국은 비회원국에 대한 모든 거부실적을 통보하게 됨(1년 2회 일괄집계)
- ㉢ 무기 분야의 정보교환과 관련, 회원국은 이전(delivery) 실적을 6개월마다 통보하도록 합의함
- ㉣ 아울러, 바세나르 체제 회원국들은 '최적관행 지침 및 절차' 등을 자국의 수출통제 의사결정과정에 적용하도록 노력해야 함

6 우리나라의 군축·비확산 활동

1. 주요 활동

① 우리나라는 2005년 9월부터 2006년 8월까지 제60차 유엔 총회 제1위원회(국제안보·군축위원회)의 의장국으로 활동하면서, NGO 등 시민사회의 참여 확대와 위원회 운영의 효율성을 제고하는데 기여

② 2006년에는 세계 유일의 다자간 군축 협상기구인 제네바 군축회의(CD)와 유엔 군축위원회(UNDC)의 의장국으로 활동하는 등, 2005~2006년 사이에 유엔의 3대 군축기관 전체의 의장을 역임하면서 이들 기구의 활성화에 기여

③ 우리나라는 2003년에 NSG, 2004년에 MTCR 의장국을 지냈으며, 기간중 모범적인 대외활동을 수행한 것으로 평가받고 있으며, 2002년 이래 유엔 아·태군축센터와 공동으로 국제 군축·비확산 회의를 개최해 오고 있음

④ 우리나라는 2004년 구 소련 등의 노후 핵 시설 및 핵 잠수함 해체 등을 목표로 하는 G-8 글로벌 파트너십에 가입한 이래, 지속적인 재정기여를 해 오고 있음

⑤ 2007년에는 핵 물질의 관리 및 보호 강화, 핵 물질 불법거래 탐지 강화, 테러집단에 대한 지원 제공 금지, 정보교류 촉진을 목적으로 한 국제적 협력체제인 '핵 테러 방지 글로벌 구상'에 참여하는 등 국제적인 비확산 노력에 적극적으로 동참해 가고 있음

2. 분야별 논의 동향 및 우리 입장

(1) 핵무기

핵비확산 분야에 있어 우리 정부는 CTBT 조기 발효, CD에서의 FMCT 협상 개시, IAEA 안전조치 체제 강화, NPT 보편성 달성 및 의무준수 확보 등의 향후 과제에 주안점을 두고 각종 협상에 임하고 있음

(2) 화학무기

① 1997년 4월에 발효한 화학무기금지협약은 기존의 협약과는 달리, 대상무기(화학무기)의 완전철폐를 명기하고 있고, 협약 당사국의 협약 의무 위반 혐의가 있을 때 강제사찰을 할 수 있는 규정 등 협약의 실질적 이행을 위한 강력한 검증체제를 갖추고 있음

② 우리는 화학무기금지협약의 원당사국으로서 협약 규정을 성실히 이행하고 있으며 특히, 우리 정부는 북한이 동 협약에 가입하지 않고 있는 데 대해 우려하고 있는 바, 북한을 화학무기금지 체제에 참여시키는 것이 한반도 안보는 물론 동북아 지역의 평화와 안보를 위해 중요하다고 인식하고 있음

(3) 생물무기

① 1975년 3월에 발효된 생물무기금지협약(BWC)은 효율적인 검증체제를 결여하여 실질적인 군축협약으로 한계를 보이고 있음

② 우리는 1987년 6월 동 협약에 가입하였으며, 현재 진행 중인 협약 강화방안 마련을 위한 논의에 참여하고 있음

(4) 미사일

1987년 4월 설립된 미사일기술통제는 대량파괴무기의 운반수단인 미사일 확산방지를 위한 수출통제체제이고, 동 수출통제기능만으로는 확산방지에 한계가 있음에 따라 2002년 11월 탄도미사일 확산방지를 위한 국제행동지침이 출범하였고, 우리는 2001년 3월 미사일기술통제체제에 33번째 회원국으로 가입하였으며, 동 행동지침에도 서명함

(5) 대인지뢰 및 소형무기

① 한반도 안보의 특수성을 감안하여 한반도의 상황이 크게 개선되고 효과적인 대체수단이 마련되지 않는 한 대인지뢰전면금지협약인 오타와협약에는 가입하지 않고 있음

② 그 대신, 우리 정부는 지뢰의 전면금지가 아닌 책임 있는 운영에 중점을 두고 있는 특정 재래식무기협약(CCW)에 가입하고 있음

③ 소형무기와 관련하여 소형무기의 불안정한 축적 및 불법 이전이 국제 및 지역안보의 주된 불안 요인의 하나임을 주목하고 소형무기의 불법 이전 방지를 위한 노력에 적극 동참하고 있음

3. 한반도 군비통제

(1) 북한의 군비통제 정책

① 북한은 군비통제 제안에 있어서 실현 가능성이 적은 '선 군비축소, 후 신뢰구축'의 원칙으로 단기간 내의 급격한 병력감축 방안을 제시하고 있음

② 북한은 한반도의 군사적 긴장과 정치적 목적에 따라 군비통제 방안을 제안하면서도 주한미군 철수와 미·북간 평화협정 체결 주장 등에 초점을 둔 정치적 공세를 보여주고 있음

(2) 남한의 군비통제 정책

① 한국은 '선 신뢰구축, 후 군비축소'를 기본으로 한 군비통제정책을 추진하고 있음

② 한국은 북한체제의 점진적 개방과 개혁을 촉진시키고 군비통제를 유도함으로써 평화통일기반을 조성한다는 목표를 가지고 정치적·선전적 고려가 아닌 실현 가능성을 중점으로 정책을 추진하고 있음

(3) 남북한의 군비통제 정책 목표

① 남북한 간의 군사적 긴장을 완화하여 전쟁발생 위험을 감소시킴

② 상호 군사력의 운용을 조정·통제하여 남북한 간의 군사적 안정성을 제고시킴

③ 과다한 군사력을 통제하여 적정수준을 유지함으로써 남북한의 평화체제를 정착시키고 나아가 평화통일의 기반을 구축함

(4) 2018년의 9.19 남북군사합의

① 운용적 군비통제 중 군사제한 조치들을 중심으로 만들어짐

② 북한이 2020년 6월 17일 개성 남북공동연락소 건물을 폭파하고 다음 날 비무장 지대 내 감시초소에 군부대를 다시 전개하고 서해상 군사훈련 재개를 발표함으로써 사실상 9.19 군사합의는 파기됨

(5) 한국의 핵 무장 논란

① 전술핵 도입이나 자체 핵개발은 현실적으로 어려움
② 나토식 모델에 대한 검토
  ㉠ 나토식 모델은 핵이 없는 나토 국가들이 자체의 핵을 보유하지 않고 미국의 전술핵을 공동으로 운용하는 모델을 한국에 적용하자는 주장
  ㉡ 나토식 모델은 독일, 이탈리아, 네덜란드, 벨기에, 터키 등 5개국의 공군기지에 미국의 전술 핵탄두 160-240기가 보관되어 있고 유사시에 5개국의 전투기기에 탑재됨. 이러한 핵공유를 위해 나토 국가들과 핵기획그룹(NPG)이 구성되었고 여기에서 핵무기 운용 의사 결정과 핵전략을 논의함

한반도의 군축과 군비통제

① 한국은 3단계에 걸친 단계적·점진적 방식을 제시하고 있는데, 이것은 정치적 신뢰구축조치 → 군사적 신뢰구축조치 → 군비감축의 3단계에 의한 선 신뢰구축, 후 군비감축의 방식
② 한국의 접근은 군비통제의 성격이 강하며 군비의 실질적 감축보다는 군사적 균형을 통한 군사적 안정 도모와 군사적 투명성 증대를 통한 기습공격 및 우발전쟁 방지를 강조하는 데 주안점이 있음
③ 북한의 군축에 대한 접근은 군축론의 입장에서 동시적이고 포괄적인 접근 방식을 주장함
④ 군축 문제에서 남북 간의 가장 중요한 합의는 '남북기본합의서'에서 대규모 군사이동과 군사연습의 통보 및 통제 문제, 군 인사교류 및 정보교환 문제 등과 같은 군사적 신뢰구축과 WMD의 공격능력 제거를 비롯한 단계적 군축실현 문제를 '남북군사공동위원회'에서 함께 협의, 추진하기로 한 것을 들 수 있음
⑤ 남북 간의 실질적 군비감축 문제에서 주요 쟁점은 군축을 무기를 중심으로 할 것인가, 아니면 병력을 중심으로 할 것인가의 문제임
  ㉠ 한국은 무기감축에, 북한은 병력감축에 우선권을 두어왔음
  ㉡ 북한은 1990년 5월 31일 '조선반도의 평화를 위한 군축제안'에서 병력을 3단계에 걸쳐 10만 명으로 감축하고 병력감축에 상응하여 군사장비도 축소·폐기하며 제1단계 감축 시 민간군사조직과 민간무력을 해체할 것을 주장하고 있음
  ㉢ 병력감축 방법에서도 한국은 상호 동등한 수준을 먼저 달성한 후 동수의 균형감축을 주장하고 있으며 무기감축 문제에서는 무기의 질적 개선과 외부로부터의 신형무기 도입을 허용할 것인가의 문제가 쟁점이 되고 있음

---

7 제네바 군축회의(CD)

1. 연혁 및 성격

① 제네바 군축회의(CD)는 국제사회에서 유일한 다자군축협상 기구로서, 스위스 제네바에 위치하고 있으며, 현재의 CD는 1978년 제1차 유엔 군축 특별총회의 결정에 따라서 군축위원회(Committee on Disarmament)라는 명칭으로 1979년 설립됨
② 이후 1984년 2월 현재의 명칭인 군축회의(Conference on Disarmament)로 개칭되었고, 1996년

남·북한을 비롯한 23개국 신규 회원국을 승인하여 CD 회원국은 총 61개국으로 확대되었으며 현재 총 65개 회원국이 참여하고 있음

③ CD는 현재 국제안보의 근간이 되는 다자조약의 산실로 기능함
- 지금까지의 주요 성과로 1963년의 부분핵실험 금지조약 PTBT, 1967년 외기권의 평화적 이용에 관한 조약, 1968년 핵 비확산조약(NPT), 1972년 생물무기 금지조약(BWC) 체결, 1993년 화학무기 금지조약(CWC), 그리고 1996년의 포괄적핵실험 금지조약(CTBT) 등 군축 관련 주요 다자조약 거의 전부가 CD에서의 교섭을 통해서 탄생함

④ CD는 다자군축 협상을 담당하는 유일한 기구로서, 유엔의 3대 군축기관 중에서 심의 기구인 총회 제1위원회, 특정 주제에 대한 심층 토론을 임무로 하는 군축위원회(UNDC)와 구분되는 특수한 기능을 가짐

⑤ CD는 유엔 총회의 직속 기구는 아니지만 유엔 정규예산으로 운영되고, 총회의 권고를 참고로 하여 독자적으로 의제 및 의사규칙을 결정한다. 또한 매년 유엔총회에 정기 보고서 제출 및 유엔 총회 요청 시 수시 보고서 제출 의무가 있음

2. 조직 구성

① CD는 사무총장(USG급), 사무차장 및 유엔 군축실 소속 직원으로 구성된 사무국을 보유함

② CD 사무총장은 유엔 사무총장이 CD와 협의를 거쳐 임명하며, CD 사무총장은 CD 내에서 유엔 사무총장을 대표함

3. 회의 진행 방식

(1) 회기

① CD의 의사진행은 군축 문제에 관한 예비적 토의 및 협상으로 구분되며, 예비적 토의는 특정 군축의제에 관한 문제점 파악, 목표선정, 군축문제의 법적·안보적 측면 검토 등을 의미하며, 협상이란 다자군축 협정의 성문화 과정을 의미함

② CD는 매년 3회기로 나누어 총 24주(6개월) 정도 회의가 개최됨

(2) 의제

① CD는 1979년 10개 분야(decalogue)를 토의 대상으로 채택한 이후 CD 본회의에서 매년 컨센서스로 의제를 채택하고 있음

② 1979년 당시 의제는 핵무기, 화학무기, 기타 대량살상무기, 재래식무기, 군사예산 감축, 군사력 감축, 군축과 개발, 군축과 국제안보, 신뢰구축 및 효과적 검증 방법, 포괄적 군축 계획 등 10개였으며, 현재까지 그 큰 틀은 변하지 않고 있으나 시대적 관심을 반영하여 다소의 가감이 이루어지고 있음

4. 회원국

① 현재 CD 회원국은 총 65개국, 우리나라는 1996년 북한을 포함한 23개국과 함께 CD 회원국이 됨

② CD 회원국은 서방그룹, 동구그룹, 비동맹그룹 및 독자적 그룹으로 활동하는 중국 등 4개의 지역그룹으로 나뉨

제4절 탄도미사일방어망 [53]

1 기본 개념

① 전역미사일방어망이라고 불리는 TMD(Theater Missile Defense)는 적국의 중·단거리 미사일에 대한 전역 방위(theater defense) 개념으로 적의 중거리 미사일을 고고도에서 요격하는 방식(upper-tier)과 단거리 미사일을 중간 고도에서 요격(lower-tier)하는 두 가지 기본체제로 구성됨

㉠ 저층(lower-tier) 요격 시스템 : 대기권 내 저고도 목표물 대상
- 사례 : PACⅢ 및 해상방어체계(NAD : Navy Area Defence)

㉡ 고층(upper-tier) 요격 시스템 : 대기권 밖 고고도 목표물 대상
- 사례 : 해상광역방어체계(NTWD : Navy Theater Wide Defence)와 육상배치전역고고도방어체계(THAAD : Terminal High Altitude Area Defense)

② TMD보다 한 단계 발전한 것이 바로 탄도미사일방어시스템이라고 불리는 BMD(Ballistic Missile Defense)인데, 이는 적의 장거리 대륙간 탄도미사일(ICBM)을 초기 단계(Boost Phase)와 중기 단계(Midcourse)에서 요격하는 개념으로서, 클린턴 행정부 때 구축을 시도한 NMD 개념과 유사함

③ 부시 행정부 등장 이후 구축하기 시작한 미사일방어망(MD)은 TMD와 NMD를 합친 개념으로 온갖 종류의 미사일 공격으로부터 미군 및 미국 내 도시를 방어하기 위한 시스템이며 미사일의 각 비행 단계에 따라 요격하는 다층적 요격시스템(multi - layered intercept system)을 취하고 있음

④ 부시 대통령은 MD를 추진하기 위해 2001년 12월 13일 ABM 탈퇴를 선언함

---

53 군축과 비확산의 세계(2005), 평민사, 225~235면

※ MD(Missile Defense) 계획 : MD는 미국 본토 방어를 목적으로 하는 NMD와 해외주둔 미군과 동맹국들 방어를 목적으로 하는 TMD로 구분됨

① NMD
  ㉠ 적의 공격 미사일이 발사되면 조기경보 위성이 미사일 발사 시 내뿜는 버섯구름을 센서로 감지하여 위치를 파악하고 관련 정보를 NMD 전투관리센터에 보냄
  ㉡ NMD 전투관리센터는 진짜 탄두와 교란 탄두를 구분하여 요격할 물체를 결정함
  ㉢ 지상 220km 지점에서 요격을 시도하며 하나의 타깃당 요격미사일 4개를 발사함

② TMD
  ㉠ NMD보다 사거리가 짧은 중단거리 미사일로부터 해외주둔 미군과 동맹국을 보호할 목적으로 추진됨
  ㉡ TMD는 이륙단계 방어, 저층방어, 상층방어의 3단계로 구분됨
   • 이륙단계 방어 : 미사일 발사 초기 단계에서 탄두와 교란체가 분리되기 전에 요격하는 것임. 이륙단계가 불과 몇 분에 지나지 않기 때문에 요격 시스템을 적의 미사일 발사 지역에 최대한 근접시켜야 함
   • 저층방어 : 지표면으로부터 20km 미만의 저고도 대기권에서 미사일을 요격하는 것임. 저층방어는 600~1,500km의 사거리를 가진 단거리 탄도미사일을 요격하기 위해 고안된 것임
   • 상층방어 : 대기권 밖이나 대기권의 높은 고도에서 미사일을 요격하기 위한 것임. 상층방어는 전역고도방어(THAAD)와 해상전역범위방어(NTW)로 구성됨. THAAD는 지상배치와 항공기 탑재가 가능하고 대기권 밖이나 높은 고도에서 타깃을 요격하는 시스템임

2 미사일방어전략의 변천 과정

1. 1980년대 이전

① 탄도미사일방어계획은 이미 지난 1950년대 말부터 시도됨

② 1958년 미국은 100km 상공에서 400킬로톤의 핵탄두로 소련의 미사일을 요격하는 일명 Nike-Zeus의 개발에 착수함

③ 1961년 케네디 행정부는 Nike-Zeus를 개량한 Spartan 요격미사일, 단거리 핵탄두 요격체인 Sprint 요격미사일 등을 개발하는 Nike-X 프로그램을 시도하였으며, 당시 소련은 이에 대응하여 A-35라는 탄도미사일방어체계를 개발하기 시작함

④ 1969년 닉슨 행정부는 1975년까지 Sprint와 Spartan을 주요미사일 기지방어용으로 배치할 계획을 세웠으나, 1972년 체결된 ABM 조약, 핵탄두 요격체로 인한 방사능 피해 우려, 소련이 개발한 다탄두 전략미사일에 대한 대응능력 부족 등의 이유로 중단됨

2. 레이건 대통령의 SDI

① 레이건 대통령은 1983년 3월, 소위 'Star Wars' 연설을 통하여 냉전시기를 규제하였던 상호확증파괴전략(MAD: Mutual Assurance Destruction)을 초월할 수 있는 전면적 미사일방어망 구축

필요성을 역설하고, 우주배치(space-based) 탄도탄 요격시스템을 통해 소련의 대규모 미사일 공격으로부터 미국 본토를 방어한다는 전략방위구상(SDI : Strategic Defence Initiative)을 발표함

② 'Brilliant Eye'로 불리는 400개의 위성 레이더를 지구정지궤도 주변에 배치하고, 우주정거장에서 발사되는 수백 개의 요격체(Brilliant Pebbles)로 최대 3,500개의 표적을 방어할 수 있는 다층적 우주배치체계를 구축한다는 야심찬 계획이었음

③ 당시의 기술로는 소련의 다량 핵미사일을 대상으로 한 우주전쟁(Star War) 방식의 우주기지 X-ray laser 배치나, Brilliant Pebble 같은 SDI에서 채택한 미사일 요격 방식은 도달하기 힘든 수준이었음

④ 소련은 SDI 프로그램이 보복당할 위험을 제거한 상태에서 소련을 공격하기 위한 시도라고 비난하였으며, NATO 국가들도 이로 인한 미·소간의 ABM 군비 경쟁을 우려함

⑤ 기술적 한계와 막대한 재정요소로 인해 추진이 지지부진하였지만 SDI 프로그램은 현재 MD의 핵심 요격기술인 직접타격방식(hit-to-kill)의 기원이 됨

3. 부시 행정부의 GPALS

① 1991년 1월 걸프전에서 연합군에 대한 이라크의 스커드미사일 공격은 미사일방어망의 목표가 과거와 같이 소련의 대규모 핵공격에 대한 전면 방어 대신 제3세계 국가, 구소련으로부터 독립한 신생국가 및 비정상적인 러시아 미사일부대 지휘관에 의한 제한적 미사일 공격에 대한 범세계적 방어망 구축이라는 목표로 전환하게 하는 계기가 됨

② 1991년 1월 부시 대통령은 '제한적 공격에 대한 전 지구적 방어'(GPALS : Global Protection Against Limited Strikes)의 개념을 제시함

③ 기존의 전면방어 개념 대신 우주공간에 1,000기, 지상에 750기의 요격미사일을 배치한다는 것으로 적국의 우발적이고 제한된 공격에 대한 방어개념으로 전환한 것임

④ 기술적으로 GPALS는 '우주공간에 배치된 요격체'(space-based Brilliant Pebbles)와 '육상에 배치된 요격미사일 체제'(and-based intercepter missile)를 동시에 상정하고 있었으나, 과거 X-ray laser가 현실성이 없음이 기술적으로 드러났던 것처럼 Brilliant Pebbles에 대해서도 기술적 가능성이 많지 않다는 의견이 계속 제기됨

4. 클린턴 행정부의 TMD와 제한적 미사일방어망

① 클린턴 행정부는 1993년 12월 범세계적 GPALS를 중단하고 지역별 TMD만 추진키로 결정하고, 93년 9월 전역미사일 방어에 우선순위를 부여한 전면검토계획을 발표함으로써 'Star Wars' 구상을 공식 포기함

② 이때부터 이지스함 등에서 사용될 수 있는 해상광역방어체계(NTWD : Navy Theater Wide Defence)와 육상배치전역고고도방어체계(THAAD : Terminal High Altitude Area Defense) 개념이 본격적으로 등장하기 시작함

③ NTWD와 THAAD는 중거리 미사일 요격용(upper-tier)이며 패트리엇 등은 단거리 미사일 요격용

(lower-tier)으로서, 이들이 합하여 TMD의 골격을 형성함

④ 미국은 1997년 9월 러시아와 TMD 시스템 개발·배치를 가능케 하기 위한 협정을 체결함

⑤ 1998년 7월 미 의회에 제출된 럼스펠드(Rumsfeld) 보고서는 북한 및 이란 등 일부 국가가 가까운 시일 내 미국 본토를 위협하는 미사일을 개발할 가능성이 있다고 예고하였는데, 이로 인해 이라크, 이란, 북한 등의 미사일 개발능력이 미국 내 논란의 핵심으로 자리 잡음

⑥ 1998년 8월 북한의 '대포동 1호' 시험발사는 럼스펠드 보고서에 신뢰성을 부여하는 계기가 됨

⑦ 1999년 1월 미 행정부는 NMD 예산을 추가 배정하고 동 배치 여부를 위협평가, 기술능력, 비용, 군축/비확산에 미치는 영향 등 4가지 기준을 고려하여 미사일방어망 추진 여부를 2000년 6월까지 결정할 예정이라고 발표하였으나, 기술적인 문제점으로 인해 NMD 배치 여부를 차기 행정부로 연기한다고 발표함

⑧ **주변국의 입장**

ㄱ) 일본은 1987년 미국과 SDI 연구협력 합의각서 교환 이후 TMD 참여 문제를 계속 검토해 오다가 1998년 8월 북한의 대포동미사일 시험 발사 후 미국과의 TMD 공동연구에 적극 참여키로 결정하고, 1999년 8월 미국과 TMD 연구협력 양해각서를 체결하여 2002년까지 정찰위성 4기를 배치키로 한 바 있음

ㄴ) 우리나라는 "비용, 기술적 측면 및 남·북간 지리적 인접 등에 비추어 TMD의 연구 개발에는 불참하며, 그 대신 한·미안보동맹을 강화하고, 북한의 단거리 미사일 위협에 대처하기 위한 자체 방어계획을 추진하며 PAC-3 도입 등을 검토한다"는 입장을 정리함

ㄷ) 중국은 TMD가 실제로는 중국을 겨냥하고 있으며, 이로 인해 지역적 전략균형이 파괴되고 역내 군비경쟁을 촉발할 수 있다며 미·일 TMD 공동연구에 반대하는 입장을 견지하였고, 특히 TMD에 대만이 포함될 가능성에 대해 강력히 반발함

ㄹ) 러시아는 97년 9월 'Demarcation Agreement' 합의 이후 미국의 TMD 구상에 대한 비판을 자제해 왔으나, 미국이 NMD 개발을 본격화하려 하자 이를 비판하면서 미·일간 TMD에 대해서도 중국과 연대하여 비판적 태도를 표명함

5. 부시 행정부의 MD

① 2001년 3월 출범한 부시 행정부는 NMD에 대한 강력한 추진 의사를 표명하면서, 제한적 국가 미사일방어망 개념을 포기하고 대신 포괄적인 미사일방어망을 추진하며, 방어대상을 미국에 한정하지 않고 우방국까지 확대한다는 입장을 정리함으로써 MD 추진을 공식화함

② 부시 대통령은 2001년 5월 국방대학 연설을 통하여 MD 구축은 새로운 안보 환경에 효율적으로 대처하기 위한 신전략구상(NSF)의 일부이며, MD의 기본 골격으로서 지상 및 해상 요격 시 항공기(항공기의 경우 laser 기술도 활용) 이용을 가미하고, 중간단계뿐만 아니라 초기 발사단계(Boost-Phase Intercept)까지도 포함하는 다층적 요격체제를 구축하며, 우선 기본 방어체제를 조속히 배치하는 방안을 강구하겠다고 발표함

③ **TMD와 MD의 차이**

ㄱ) MD는 상대국의 장거리 미사일 등의 공격으로부터 미국 본토를 방어하려는 목적으로 추진하는

반면, TMD는 상대방의 중·단거리 미사일 공격으로부터 해외주둔 미군 및 동맹국을 보호하기 위한 목적으로 추진됨

ⓒ 클린턴 대통령은 TMD를 추진하기 위하여 1997년 9월 ABM과 전술탄도탄 요격미사일(ATBM)을 구분하여 초속 5km 이상 또는 사정거리 3,500km 이상의 탄도미사일에 대한 요격용 TMD 시스템 시험을 금지하고, 우주배치 TMD 시스템의 개발, 시험 및 배치를 금지하는 ABM 'Demarcation Agreement'를 러시아와 체결한 반면, 부시 행정부는 MD 구축을 위해 ABM에서 탈퇴함(2001년)

ⓒ TMD의 고고도용 요격미사일(THAAD, NTW) 기술은 MD의 요격시스템과 기술적인 유사성이 있음

제3장
지역통합과 국제기구

제1절 지역주의와 지역통합

1 지역주의

(1) 지역주의
① 지역주의란 지역적 차원에서 국가들의 조직화를 추구하는 움직임을 말함
② 경제적 지역주의, 정치·군사적 의제까지를 다루는 포괄적 지역주의까지 다양함
③ 통합, 제도화의 정도에 따라 지역협력체의 결정이 강제성을 갖지 않는 단순 지역협의체에서부터 국가들이 상당한 권한을 지역협력체에 양도한 초국가적 연합체까지 다양한 형태가 존재함
④ **유럽연합** : 경제적 공동체에서 출발해 현재는 정치적·군사적 통합체로까지 발전한 초국가적 연합체이며, 초국가적이라는 것은 유럽연합에 참여하는 국가들이 주권의 일부를 유럽연합에 양도했다는 의미임

(2) 경제통합 단계 - 벨라 발라사(Bela Balassa)
① **1단계** : 자유무역지대(Free Trade Area)
  ㉠ 자유무역지대는 특정 영역 내에서 그 영역 내에서 생산된 원산품의 무역에 대해 관세 및 비관세 장벽을 부과하지 않는 것을 목적으로 협약이 체결되어 있는 경우를 말함
  ㉡ 관세동맹과 달리 자유무역지대의 경우에는 각 구성국이 제3국과의 관세 수준을 자유롭게 결정함
  ㉢ 사례 : 미주, 아프리카, 중동지역의 많은 국가들 간에 진행되는 경제통합(NAFTA, EFTA) 등

② **2단계** : 관세동맹
  ㉠ 동맹을 구성하는 지역 내의 모든 무역 또는 적어도 동 지역을 원산지로 하는 상품의 모든 무역에 대한 관세 및 비관세장벽의 실질적 폐지를 위한 목적으로 구성됨
  ㉡ 동맹의 각 구성원이 동맹지역 외부에 대해 실질적으로 동일한 관세 및 비관세 장벽을 적용하기 위한 목적으로 공동대처하는 경우를 의미함
  ㉢ 유럽공동체(EC : European Community)는 1968년 공동대외 관세율을 채택함으로써 관세동맹을 완성함
  ㉣ 베네룩스 관세 동맹

③ **3단계** : 공동시장(Common Market)
  ㉠ 공동시장은 자유로운 상품교역과 공동관세 정책뿐만 아니라 역내 회원국 간의 노동과 자본의 자유로운 이동 및 기타 경제거래의 장벽을 제거하는 단계
  ㉡ EC는 1986년 단일유럽법(SEA : Single European Act)을 채택함으로써 1992년 말까지 단일시장의 완성을 목표로 하였고, 현재 단일시장이 완성 중임
  ㉢ FEC, CACM, CCM, ANCOM 등

④ **4단계** : 경제동맹(Economic Union)
  ㉠ 공동시장보다 발전된 형태로 역내 구성국 간의 공동 경제, 금융, 재정정책을 포함하는 개념
  ㉡ EU는 1992년 마스트리흐트조약(Treaty of Maastricht)을 통하여 경제통화동맹(EMU : Economic and Monetary Union)을 채택하여 이를 주관할 유럽중앙은행을 설치함과 동시에 유로(Euro)화라는 유럽단일통화를 창설함

⑤ **5단계** : 완전한 경제통합(Complete Economic Integration)
  ㉠ 통화와 재정 및 사회 정책상의 통합까지도 포함하는 단계임
  ㉡ 이 단계에서는 관련 지역의 경제가 완전히 통합되어 모든 경제 관련 분야가 한 국가 내에서와 마찬가지로 운영됨

2 지역협력 사례

1. 아시아-태평양 : ASEAN(동남아시아국가연합 : Association of Southeast Asian Nation) `2016년 출제`

(1) 아세안의 설립

① **아세안 설립 과정**
  ㉠ 1954년 미국 주도의 동남아조약기구(SEATO)가 설립됨
  • 미국의 군사동맹국이던 태국과 필리핀을 포함한 반공산주의 지역동맹
  ㉡ 1961년 태국, 필리핀, 말레이시아에 의해 동남아연합(ASA)이 설립됨
  ㉢ 1963년 말레이시아, 필리핀, 인도네시아 간 문화적 결속을 강조한 마필린도(MAPHILINDO)가 설립됨
  ㉣ 1965년 싱가포르가 말레이시아로부터 독립함
  ㉤ 1966년에 인도네시아의 수하르토 대통령이 말레이시아와의 대결정책을 철회하면서 지역 차원의 새로운 협력체를 구성할 필요가 있다는 것에 동남아 지도자들의 공감대가 형성됨
  ㉥ 1967년 8월 8일 태국, 필리핀, 싱가포르, 인도네시아, 말레이시아가 서명한 방콕선언이 채택되어 동남아시아국가연합(ASEAN)이 설립됨

② **방콕선언의 주요 내용**
  ㉠ 동남아의 안보적 위협에 대응하여 상호 협력을 통한 공동 대처 추진
  ㉡ 주변 강대국들의 동남아 패권 쟁탈전에 대한 중립 보장
  ㉢ 역내 국가들 사이의 경제적 문제 해결
  ㉣ 일본과 호주 등 해양국가들과의 폭넓은 협력을 강화하여 동남아국가들과의 평화와 번영에 기여함

③ **출범** `2018년 출제`
  ㉠ 1967년 말레이시아, 인도네시아, 싱가포르, 필리핀, 태국 5개 나라를 회원국으로 출범함

- ⓒ 회원국(10개국) : 인도네시아, 태국, 말레이시아, 필리핀, 싱가포르, 브루나이, 라오스, 미얀마, 베트남, 캄보디아
- ⓒ 대화상대국(10개국) : 한국, 중국, 일본, 러시아, 미국, 캐나다, 호주, 뉴질랜드, 인도, EU
- ⓔ 주요 회의 : 정상, 외교장관, 경제장관, 국방장관 회의

④ **ASEAN의 출범 배경** : ASEAN은 갈등관계로 점철되어 있는 동남아지역에 강대국의 개입과 지배를 극소화하면서 지역의 평화와 안정을 정착시킬 대안으로써 출현함

⑤ **발리회담(1976)** : 발리에서 열린 제1차 정상회담을 통해 ASEAN은 동남아시아 우호협력조약과 ASEAN 협력선언을 채택함으로써 지역협력체의 제도적인 틀을 마련함

⑥ **ASEAN 역외 협력체** : 확대 외무장관회의(ASEAN PMC)

- ⓐ 출범 배경
  - 아세안 국가들의 대선진국 시장개척, 인력자원 개발을 위한 선진국의 재정, 기술 지원을 위해 대화관계수립 시작
  - 매년 아세안 외무장관회담(AMM) 직후 대화상대국 외무장관들과 별도 회의 개최
- ⓑ 참석자 : 아세안 10개국과 대화상대국 10개국 외무장관
  - 아세안 10개국 : 말레이지아, 인도네시아, 태국, 필리핀, 싱가포르, 브루나이, 베트남, 미얀마, 라오스, 캄보디아
  - 대화상대국 10개국 : 한국, 미국, 일본, 호주, 뉴질랜드, 카나다, 인도, EU, 러시아, 중국

⑦ 1997년 ASEAN 창설 30주년을 맞아 ASEAN국들과 한·중·일 3국 정상이 참여하는 정상회담(ASEAN+3)을 이어오고 있음 `2009년, 2018년 출제`

> ※ 중국은 ASEAN에게 2007년 상호 정치적 신뢰, 경제 및 무역관계 강화, 비전통적 안보분야 협력, ASEAN 통합과정지지, 사회 문화 인적교류 확대를 강조하는 6대 제안을 하였다.
> ※ ASEAN 국가들이 ASEAN+3 협력을 추진하게 된 배경은 한·중·일 3국의 협력과 지원을 확보하여 동반성장을 도모함으로써 내부적 취약성을 극복하기 위한 것이다.
> ※ 미국은 ASEAN+3 협력체제에 대해 대체로 관망적 태도를 취해 왔으나, 중국이 동아시아 지역에서 급속하게 영향력을 확대해 나가는 것을 우려하고 있다.

⑧ **목표**
- ⓐ 회원국의 대내외 공산주의의 도전에 공동으로 대처하며, 1970년대 후반 이후 베트남의 캄보디아 점령, 중국·베트남 갈등, 인도차이나 난민 문제 해결 등 지역안보 문제의 해결을 위해 공동으로 노력하고 있음
- ⓑ ASEAN은 정치적 목표를 추구하는 성격이 강했기 때문에 역내 경제협력은 상대적으로 부진했음

⑨ **지역협력의 강화** : 1980년대 이후 회원국의 역동적 경제발전에 힘입어 지역협력을 가속화함
- ⓐ 1993년 1월 아세안자유무역지대 출범 : AFTA의 출범으로 ASEAN 국가들은 해외직접투자의 확대와 함께 역내 무역의 확대를 통한 경제성장의 재도약을 추진하고 있음
- ⓑ 1994년 7월 아세안지역안보포럼을 개최하여 아시아·태평양 지역에서의 다자간 안보협력체제의

결성을 주도하고 있음 2018년 출제

ⓒ ASEAN은 동아시아 국가만이 참여하는 동아시아경제협의체 구상을 통해 미국 주도의 APEC에 대한 견제를 시도하고 있음

⑩ ASEAN의 확대 방안 : 1984년 가입한 브루나이를 포함한 ASEAN 6개국과 인도차이나 3국(베트남, 라오스, 캄보디아), 미얀마를 포함하는 동남아시아공동체(Southeast Asian Community : SAC)를 구상하고 있음

⑪ 우리나라와의 관계

- 1989년 11월 부분별 대화관계 수립
- 1991년 완전대화상대국 관계로 승격
- 1994년 ARF 가입
- 2004년 동남아우호협력조약(TAC) 가입
- 2004년 포괄적 협력동반자 관계 수립
- 2007년 6월 한·아세안 FTA 기본협정 및 상품협정 발효
- 2007년 11월 서비스 협정 체결
- 2009년 3월 한·아세안 센터 설립

⑫ **아세안·북한 관계** : 2000년 북한 ARF 가입 / 2008년 7월 북한 동남아우호협력조약(TAC) 가입

⑬ ASEAN의 구조적인 취약성

㉠ ASEAN 국가 내의 토착인들과 중국화교 간의 심한 경제적 불균형은 장기적인 ASEAN 국가들의 경제발전에 큰 난관으로 부각되고 있음

㉡ 외국기술과 외국자본에의 종속의 심화는 ASEAN 국가의 경제성장에 걸림돌이 되고 있음

㉢ 선진국 특히 미국이나 일본 시장 의존이 강한 반면 역내 내수 시장이 발달하지 못한 관계로 구조적인 취약성이 있음

㉣ ASEAN 국가들은 상호보완적인 경제구조가 아니라 상호경쟁적인 구조로 되어 있는 관계로 해외직접투자, 공적개발원조 등의 유입에서 지역협조를 이루기 힘듦

㉤ 중국과 인도의 지역경제통합과정으로의 편입으로 인하여 해외직접투자와 공적개발원조뿐만 아니라 국제 단기자본의 유치를 위하여 ASEAN 국가 간의 경쟁뿐만 아니라 중국과 인도와의 경쟁 또한 강화되고 있음

(2) ASEAN 설립에서 1997년 경제 위기 이전까지의 상황

① 1971년 쿠알라룸푸르 아세안 외무장관회의에서 동남아에 대한 어떤 형태의 외부 세력의 간섭도 배제하는 '평화, 자유와 중립지대'(ZOPFAN : Zone of Peace, Freedom and Neutrality) 선언을 채택함

② **1975년 4월 베트남과 캄보디아, 라오스 등 인차이나 지역의 공산화**

- 반공산주의 지역동맹체제의 성격을 갖고 있던 ASEAN에게는 엄청난 도전을 제기한 사건
- 초기의 미미했던 ASEAN의 내부 결속을 급속하게 강화하는 긍정적인 효과를 가짐

③ 1976년 2월 ASEAN 정상회의에서는 경제안정과 발전 없이는 국가안보가 지켜질 수 없다는 점을 확인하면서 지역협력을 발전시켜야 한다는 요지의 아세안친선협약선언(Balli Concord I)과 동남아우호협력조약(TAC : Treaty of Amity and Cooperation)을 채택함

④ 1979년에는 1978년 12월에 발생한 베트남의 캄보디아 침략과 인도차이나 난민 문제가 중요한 과제로 등장했으며 ASEAN을 정치적으로 결속시키는 계기가 됨

⑤ 1981년 캄보디아 문제 해결을 위한 유엔 국제회의에서는 모든 군대의 캄보디아 전면철수와 유엔 감시 하의 총선거 실시, 캄보디아의 중립화와 국제원조에 관한 결의를 채택함

⑥ 1987년 제3차 ASEAN 정상회의에서는 역내 투자 보장, 특혜관세협약(PTA) 대상 품목 증대, 공동산업투자의 이윤율 제고, 역내 교역의 비관세장벽 제거 등을 합의함

⑦ 1992년 제4차 ASEAN 정상회의에서는 싱가포르선언을 통해 역내 평화와 번영을 위해 회원국들의 정치·경제적 협력을 강화하고 아세안자유무역지대(AFTA) 결성을 합의함

⑧ **1995년의 제5차 ASEAN 정상회의**

- 세계무역기구(WTO) 협정에 맞추어 역내 서비스 산업 개방과 지적재산권 보호를 위한 협정 체결에 합의하고 '아세안자유무역지대 플러스'(AFTA+)도 추진하기로 했는데, 이는 상품과 자원의 교역, 역내 기술과 정보, 서비스 산업 등에 있어서도 실질적인 교류와 협력을 강화하여 진정한 경제공동체를 구성한다는 계획이었음

- 캄보디아, 라오스, 미얀마 등이 옵서버 자격으로 참가한 가운데 '동남아비핵지대'(South-east Asia Nuclear Weapon Free Zone) 협약이 채택됨 2014년 출제

(3) 1997년 경제 위기 이후의 상황

① 1995년 베트남이 ASEAN에 가입하고 1997년 라오스와 미얀마, 그리고 1999년 캄보디아가 가입함으로써 명실상부한 'ASEAN 10'이 완성됨

② 1997년 동남아와 동북아를 포괄하는 동아시아 그 공동체를 구성하기 위한 선도 조치로 중국, 일본, 한국을 포함하는 'ASEAN+3'(APT : ASEAN Plus Three)를 형성할 것을 선언함

③ 1998년 하노이에서 개최된 제6차 아세안정상회의는 '아세안 비전 2020' 실천을 위한 중기 행동계획으로 '하노이 행동계획'을 채택함

④ 2000년 5월 최초의 ASEAN+3 경제장관회의가 미얀마 양곤에서 개최되었고, 이어 치앙마이에서 개최된 ASEAN+3 재무장관회의에서 역내 국가들 간 통화스왑제도 구축을 목표로 하는 금융협력 방안인 치앙마이 이니셔티브(CMI)가 합의됨

⑤ 2003년 10월 제9차 발리정상회의에서 채택한 '아세안 화합선언 II'(Bali Concord II)를 통해 2020년까지 ASEAN을 유럽연합에 버금가는 하나의 지역공동체로 완성해 나가고 이를 위해 정치, 경제, 사회문화 등 3개 분야에서 강한 유대를 구축해 나가 새로운 '아세안공동체'(ASEANCommunity)를 만든다는 목표를 제시함

⑥ 2004년 11월 라오스 비엔티안에서 열린 ASEAN+3 정상회의에서는 ASEAN+3의 미래 협력을 위해 동아시아공동체(East Asian Community)의 설립의 목표를 제시함

⑦ 2007년 1월 필리핀 세부에서 열린 제12차 아세안정상회의에서는 2015년까지 아세안경제공동체(AEC : ASEAN Economic Community)를 발족하는 헌장 마련에 합의함

⑧ 2007년 11월 싱가포르에서의 제13차 아세안정상회의에서는 아세안통합의 본격적인 움직임을 위한 아세안헌장(ASEAN Charter)을 채택하여 ASEAN에 법인격을 부여하였고, 회원국의 국내 승인을 거쳐 2008년에 효력이 발생함

⑨ **2015년 12월 31일을 기해 ASEAN은 ASEAN 공동체를 출범시킴**
- ASEAN이 추구하는 공동체는 유럽연합(EU)과 같은 '초국가적 단위가 아닌 정부 간 단위'를 전제로 국가 간 협력을 강화하는 것임
- 아세안공동체의 비전과 목표는 아세안정치안보공동체, 아세안경제공동체, 아세안사회문화공동체 등 세 분야 공동체의 구성과 완성에 있음
- 4C의 실현 : 아세안공동체(ASEAN Community), 아세안헌장(ASEAN Charter), 아세안중심성(ASEAN Centrality), 아세안연계성(ASEAN Connectivity)

아세안친선협약선언과 동남아우호협력조약 [54]

1975년 베트남과 인도차이나 지역의 공산화 이후 1976년 2월 인도네시아 발리에서 개최된 제1차 아세안정상회의에서 정치·경제 각 분야에 있어서 회원국 간 역내 협력과 단결을 강조하는 아세안친선협약선언(Bali Concord Ⅰ: Declaration of ASEAN Concord)을 채택하여 회원국 간 실질적인 협력 모색과 국제위상 강화 노력 및 역내 무역자유화 추진 등을 위한 토대를 마련하였다.

또한 동남아우호협력조약(TAC : Treaty of Amity and Cooperation)을 체결하여 동남아 평화·자유와 중립지대(ZOPFAN) 실현을 위한 수단으로써 분쟁 발생 시 무력사용 또는 사용의 위협 포기 및 협상을 통한 분쟁해결을 추구한다는 분쟁의 평화적 해결원칙을 천명하였다. 이는 베트남 통일에 따라 중립과 대상 지역의 범위를 인도차이나 지역까지 확대하려는 의도를 가지고 있었다.

아세안공동체의 비전과 목표 [55]

- 아세안정치안보공동체(APSC) : 포괄적 안보 책임의 공유 아래 화합과 평화, 안정적이고 역동적 대외지향적 지역으로의 발전을 목표로 한다. 이를 위해 아세안 헌장, 동남아우호협력조약, 동남아비핵지대화조약 등 역내 정치제도 이행을 강화하고 역내 다자협력체에서 아세안의 중심성 강화를 추진한다.
- 아세안경제공동체(AEC) : 단일시장과 생산기지 구축, 경쟁력 높은 경제지대, 균형있는 경제발전, 세계경제와의 통합 등 4대 목표를 지향한다. 이를 위해 아세안자유무역지대 창설과 아세안 국가들과의 적극적 FTA 추진, 역내 연계성 증진과 개발 격차 해소 노력 등을 다각도로 추진한다.
- 아세안사회문화공동체(ASCC) : 인적 개발, 사회복지 및 보호, 사회정책 및 관리, 지속가능한 환경, 역내 개발 격차 완화 및 아세안 정체성 구축을 목표로 한다. 이를 위해 재난관리와 인도적 지원을 위한 아세안조정센터 설립 및 아세안 교육분야 5개년 계획 등을 다양하게 추진한다.

54　현대외교정책론(2017, 제3판), 명인문화사, 489면
55　현대외교정책론(2017, 제3판), 명인문화사, 500면

> **베트남전쟁** 56
>
> 1964년 미국의 통킹만 사건 촉발로 확대된 베트남전쟁은 제2차 인도차이나 전쟁으로도 불린다(제1차 인도차이나 전쟁은 프랑스와 북베트남 간 1945~1954년 전쟁). 베트남전쟁은 동아시아 지역에서 공산주의 확장 저지를 목표로 남베트남 정부를 지원했던 미국과 통일베트남을 목표로 한 호치민이 지휘했던 북베트남이 소련과 중국의 지원을 받으며 벌인 냉전시기 대표적 전쟁이었다. 한국도 미국을 도와 파병했던 베트남전쟁은 1969년 북베트남의 구정 공세 이후 반전운동과 전쟁비용에 지친 미국이 베트남 정부에 의한 전쟁으로 전환하기 시작했다. 1973년 미국과 북베트남이 체결한 파리평화협정으로 미군은 철수하게 되었고, 이후 북베트남의 공세와 남베트남 정부의 무능이 겹치면서 1975년 4월 30일 북베트남군의 사이공(현 호치민시) 점령으로 북베트남 승리로 끝났다.

(4) 한국의 대아세안 접근 : 신남방정책

① 신남방정책의 성격

㉠ 문재인 정부의 동남아와 인도에 대한 정책

㉡ 아세안과의 기존의 전략적 동반자 관계를 넘어 더불어 잘사는 사람 중심의 평화공동체로 발전시키고자 하는 지역 전략

② 지향점

㉠ 인적교류를 강화하는 사람공동체(people) - 비자제도 개선을 통해 인적교류가 양적으로 확대될 수 있는 제도적 기반 정비

㉡ 호혜적인 경제협력을 통해서 더불어 잘사는 상생번영의 공동체(prosperity) : 한-인도네시아 CEP, 말레이시아와의 양자 FTA 체결

㉢ 안보협력을 통해 아시아 평화에 기여하는 평화공동체(peace) : 정상외교를 강화하여 아세안 10개국의 정상 방문, 한-아세안 특별정상회의와 한-메콩 회의를 장관급회의에서 정상급 회의로 격상

③ 의의

㉠ 기존의 4강 외교와 더불어 동남아시아에 대한 본격적인 지역외교 전략의 등장

㉡ 기존의 대동남아 정책과의 차별성 : 우리의 독점적 이익에 근거한 외교 전략에서 탈피하여 일방적인 경제적 이익 확보가 아니라 상생, 공동번영이라는 원칙, 사람간의 교류 강화를 강조함으로써 그동안의 대동남아 정책으로부터 방향 전환 시도

㉢ 새로운 외교 아젠다 도출 : 기존의 북핵, 한반도 문제 중심의 외교에서 아세안 국가들이 공통적으로 관심을 가지고 있는 초국가 범죄, 재난, 사이버 범죄 등 비전통안보 이슈들을 외교 아젠다로 상정

2. APEC(아시아-태평양 경제협력 : Asia-Pacific Economic Cooperation)

① 출범 : APEC은 1989년 호주 캔버라에서 미국, 일본, 캐나다, 호주 등 12개국의 각료회의로 출범

---

56 현대외교정책론(2017, 제3판), 명인문화사, 488면

한 뒤 1993년 정상회의로 격상됐으며 현재 한국, 미국, 일본, 중국, 러시아 등 19개국을 포함해 모두 21개 국가와 지역이 참여하고 있음

② **1994년 보고르선언**

　㉠ 선진국은 2010년, 개발도상국은 2020년까지 역내 무역 및 투자의 완전 자유화 완성을 선언함

　㉡ 아시아-태평양 경제협력체가 공동체 전 단계인 하나의 교역그룹을 지향함을 선언함

　㉢ 관세 및 비관세 장벽 제거를 통한 역내 무역자유화 실현의 목표 연도를 설정한다는 것을 공식 선언함

보고르선언(Bogor Declaration)

① APEC 제2차 정상회의 때인 1994년 11월, 인도네시아 보고르에서 각국 정상들이 채택한 공동선언

② 주요 내용 : 공동의 이익 추구, 개방적 지역주의 실현, 아시아 태평양 지역에서 무역·투자의 자유화 추진, 개발 및 협력 강화 등이며, 특히 역내 선진국은 2010년까지, 역내 개발도상국은 2020년까지 무역·투자 자유화를 완료한다는 내용을 포함하고 있는데, 한국은 개발도상국으로 분류

③ 비록 협정이나 조약의 형태를 취하지 않아 법적 구속력은 없으나 이 선언을 계기로 역내 국가 간의 느슨한 경제협력체 성격에 머물고 있던 APEC이 역동적 추진력을 가지게 되었다는 평가

④ 그러나 무엇보다도 역내무역의 자유화 촉진을 통해 세계무역 전체의 자유화시기를 앞당길 수 있다는 점, 새로운 보호무역 장벽을 세우지 않을 것을 천명한 점, 무역과 통상분쟁을 해결하기 위한 조정절차를 신설한다는 점, 동아시아는 물론 남아메리카 국가들과도 새로운 경제협력 관계를 구축하게 되었다는 점, 환경 문제와 민간 부문의 교류협력 증진 등 폭넓은 내용까지 다루었다는 점 등에서 주목

---

③ **지역협력의 가속화**

　㉠ 타 지역권에서 나타나고 있는 지역주의에 대한 대응으로서 지역협력의 필요성이 증가하고 있음

　㉡ 아시아에서의 역내 경제활동이 빠른 속도로 증가함으로써 역내 국가들 사이의 상호의존이 심화되고 있음

④ **미국의 전략**

　㉠ 미국은 아시아-태평양 지역에서 일본을 중심으로 하는 아시아 국가들만의 지역협력체의 등장을 저지하고자 함

　㉡ 미국은 아시아-태평양 지역의 지역협력을 주도함으로써 아시아 시장에서 미국의 입지를 강화하고 다른 한편으로는 유럽지역의 배타적 지역주의를 견제하려는 전략을 구사하고 있음

　㉢ 미국은 APEC을 아시아-태평양 지역의 무역자유화를 추진하는 틀로 만들려고 의도하고 있으며, 공식적이고 강제성이 강한 약속이행 장치를 포함한 보다 공식화된 것으로 대체하고자 함

　㉣ 미국은 APEC을 강화하고, 나아가 NAFTA와 APEC을 연결시키는 대규모 경제공동체를 형성하여 배타적 경제블록인 EU에 대해 효과적인 대응을 하고자 함

⑤ **APEC의 특징**

　㉠ 경제공동체의 점진적인 발전과 개방적 지역주의를 지향하고 있음

- ⓒ APEC은 NAFTA와 같은 자유무역지대도 아니고 EU와 같은 경제통합단계도 아닌 느슨한 형태의 경제통합을 추구함
- ⓒ '개방적'이라는 단어는 역내의 자유화를 추진하는 가운데 역외 국가에 대한 배타적인 지역주의는 배제하고 국제무역과 투자의 자유화 과정을 촉진한다는 의미
- ⓔ APEC 회원국들은 경제발전단계에서 광범위한 차이를 보이기 때문에 약소국의 피해를 방지하기 위하여 전원합의 의사결정을 채택하고 있음

⑥ **해결해야 할 과제**
- ⓐ 경제 규모, 발전단계의 차이, 문화적인 차이 등에서 오는 현실적 문제와 APEC의 목표에 대한 회원국 간의 갈등이 가장 근본적인 문제임
- ⓑ APEC의 제도화에 대한 회원국 간의 의견 차이가 존재함
- ⓒ 주도권을 둘러싼 미국, ASEAN, 중국, 일본의 갈등

⑦ **최근 상황**
- ⓐ APEC은 비경제적 분야까지 협력의 대상을 확대하고 있음
- ⓑ 북한 미사일 문제, 아시아·태평양 지역의 다자간 안보협력, 미·중 관계 개선 같은 지역의 주요 정치적 의제들도 논의하고 있음
- ⓒ 러시아의 가입으로 외교의 장으로서의 APEC의 역할은 더욱 커질 전망임

환태평양경제동반자협정(Trans-Pacific Partnership) 2014년 출제

① 의미 : 태평양 연안의 광범위한 지역을 하나의 자유무역지대로 묶는 다자간 자유무역협정

② 연혁
- ⊙ 2005년 뉴질랜드, 브루나이, 싱가포르, 칠레 4개국이 환태평양전략적경제동반자협정(TPSEP : Trans-Pacific Strategic Economic Partnership Agreement), 'P4'를 체결함
- ⓒ 2008년 미국, 2013년 일본 등이 참여하며 확대됨
- ⓒ 2010년 3월 본격적으로 협상이 시작되어 2015년 10월 미국 조지아주 애틀랜타에서 열린 각료회의에서 협상이 타결됨
- ⓔ 2015년 참여국 - 12개국 : 뉴질랜드, 브루나이, 싱가포르, 칠레, 미국, 호주, 페루, 베트남, 말레이시아, 멕시코, 캐나다, 일본
- 2017년 미국은 탈퇴를 선언함

③ 목적
- ⊙ 무역장벽 철폐를 통한 아시아·태평양 지역의 경제통합
- 모든 교역 품목의 관세를 철폐하고 수출입 규제와 같은 비관세장벽도 낮춤으로써 투자·무역의 자유화를 실현을 목적으로 함
- ⓒ 정치적으로는 중국이 세계무대에서 부상하는 것을 견제하려는 목적도 있음
- 미국은 아시아인프라투자은행(AIIB), 아시아·태평양자유무역지대(FTAAP) 구축 등을 통해 세계경제질서를 자국 중심으로 세우려는 중국을 견제하고 있음

④ 내용
- ⊙ 관세철폐, 상품거래, 무역구제조치, 해외투자 보호, 서비스 부문 무역, 지적재산권 등 높은 수준의 자유무역 규준을 제시하고 있음
- ⓒ 시장접근 분야에서는 즉시~최장 30년에 걸친 관세철폐를 통해 최종 95~100%(품목 수 기준)의 자유화 수준을 달성할 것을 합의함
- ⓒ 공산품의 경우 TPP 10개국이 장·단기에 걸쳐 관세를 100% 철폐할 예정이며, 호주와 멕시코만 일부 품목에 대해 예외를 인정받음
- ⓔ 원산지 규정과 국영기업 관련 규정, 환경·노동·위생·지적재산권 관련 의무 규정 등

⑤ 신규가입 절차
- ⊙ TPP에 가입을 희망하는 국가는 관심 표명 → 예비 양자협의 → 공식참여 선언 → 기존 참여국의 승인 → 공식협상 순으로 절차를 거쳐야 함
- ⓒ 관심 표명국은 콜롬비아, 필리핀, 태국, 대만, 한국 등

RCEP(Regional Comprehensive Economic Partnership)

① 의미 : 동남아시아국가연합(ASEAN) 10개국과 한·중·일, 호주, 인도, 뉴질랜드 등 16개국의 역내 무역자유화를 위한 협정으로 다자간 자유무역협정(FTA)임
② 전개 과정
   ㉠ 역내 국가들의 제반 경제 상황을 고려해 RCEP는 단계적이고 점진적인 개방을 기본 개념으로 설정하고 있음
   ㉡ 2012년 11월 20일 16개국 정상이 협상 개시를 선언했으며, 2019년에 2020년이 되면 인도를 제외한 15개이 서명하기로 합의했고, 2020년 11월 15일에 서명하여 2022년 1월 1일에 발효되었으며, 한국은 2022년 2월 1일에 발효되었음
③ 참가국들은 무역협상위원회(TNC)를 구성해 상품과 서비스, 투자 분야부터 협상을 시작할 예정임
④ 이해관계의 대립
   ㉠ 협상 주도권, 개방 수위를 놓고 참가국 간 이해관계가 대립함
   ㉡ ASEAN은 '아세안 중심성'을 내세우며 상품 분야에서 자유화 수준을 낮추는 특별대우를 원하고 있음
   ㉢ 아세안은 협상 분야도 상품과 서비스, 투자 분야로 국한하자고 주장하고 있어 지적재산권 등 규범 분야 논의로 협상이 확대될지는 불분명함
   ㉣ 한국은 호주·뉴질랜드 등 농업 강국들과 농산물 개방 폭을 놓고 대립 중임
⑤ 중국의 의도
   ㉠ RCEP를 주도하고 있는 국가는 지역 내 영향력을 강화하고자 하는 중국임
   ㉡ 중국은 동아시아 지역 내에서 영역을 확장하기 위한 목적으로 RCEP를 받아들였고 미국 주도의 TPP를 견제하기 위해 RCEP를 강력하게 추진하고 있음

3. 아시아·유럽 : ASEM(아시아·유럽 정상회의 : Asia Europe Meeting)

(1) ASEM의 출범 배경과 경과

① 세계화가 전개되면서 아시아, 북미, 유럽 3개 지역이 국제 무역과 투자를 주도하고 있는 가운데 상대적으로 협력관계가 미약하였던 유럽과 아시아 간 협력 강화의 필요성이 부각
② 성장잠재력이 큰 아시아에 대한 투자를 확대하고자 하는 유럽 측과 거대 단일시장인 유럽에 진출하고자 하는 아시아 측이 협력 채널 구축 필요성에 공감대를 형성
③ 이에 양 지역은 1994년 싱가포르의 ASEM 창설 제의에 동의하여 1996년에 ASEM 정상회의를 출범시켰으며, 1996년 제1차 정상회의(방콕) 때 제3차 정상회의를 2000년 서울에서 개최하기로 결정
④ 고촉통 싱가포르 총리의 프랑스 방문(1994년 10월) 때 ASEM 창설 제의 및 EU와 ASEM 및 한·중·일의 호응으로 성사

(2) ASEM의 체제

① 회원국 : 51국 + EU 집행위 + ASEAN 사무국

② **아시아** : 한국, 중국, 일본, 몽골, 인도, 파키스탄 + ASEAN 10개국(인도네시아, 말레이시아, 태국, 필리핀, 브루나이, 베트남, 싱가포르, 미얀마, 라오스, 캄보디아) + 호주 + 뉴질랜드 + 러시아 + ASEAN 사무국

③ **유럽** : EU 28개 회원국 + EU 집행위

(3) ASEM의 기본 성격

① **지역 간의 대화 및 협력** : ASEM은 EU, ASEAN, NAFTA와 같은 지역 내 국가 간 협력체가 아닌 아시아와 유럽 두 지역 간 대화 및 협력의 장

② **포괄성(Comprehensiveness)** : ASEM은 경제 분야 협력을 주로 취급하는 APEC과는 달리 정치, 경제, 사회 분야 등 3대 이슈를 다루는 포괄적 성격

③ **비공식성(Informality)** : ASEM은 구속력이 있는 결과를 도출하기 위한 협상기구는 아니며, 회원국 정상들이 중요한 국제이슈에 대해 자유롭게 의견을 교환하고 포괄적인 관심사를 논의해나가는 열린 기구

(4) ASEM의 3대 협력 분야

① **정치대화** : 정치, 안보대화 등 협력 과정을 통해 아시아·유럽 양 지역 간 신뢰증진 및 협력체제 구축 목적
  - 한반도 문제 등 주요 지역 사안과 국제테러 등 범세계적 사안 논의

② **경제·재무 분야** : 양 지역의 경제적 역동성 및 다양성을 바탕으로 상호 무역 및 투자 확대 관련 협력사업 추진
  - 경제장관 및 재무장관회의, 무역투자고위관리회의(SOMTI) 매년 개최 - 대화 및 협력의 장

③ **사회·문화 분야** : 양 지역 국민들 간 인적 교류 확대를 통한 상호 이해증진 및 새로운 문화적 유대관계 구축
  - 아시아·유럽재단(ASEF), 아시아·유럽 젊은 지도자회의, ASEM DUO 장학사업 등

④ **ASEM과 APEC의 비교**
  ㉠ APEC은 아시아와 미주를 연결하여 두 지역의 공통성 인식을 제고시킨다는 측면에서 ASEM과 유사함
  ㉡ ASEM은 의제의 범위에 있어서 경제협력 문제에 초점을 맞추는 APEC과는 달리 경제협력뿐만 아니라 정치, 안보협력 및 사회, 문화협력 등 광범위한 의제를 다루고 있음
  ㉢ 협력체의 구조 : APEC은 21개 회원국이 개별적으로 APEC의 의사결정에 직접적으로 참여하나, ASEM은 현실적으로 EU와 아시아의 그룹 간 협의를 바탕으로 주요결정이 이루어지는 간접적 방식을 채택하고 있음

4. EAEC(동아시아경제회의) 구상의 부활

① **배경** : APEC에 대한 회의적 인식이 대두되면서 APEC의 대안에 대한 논의들이 활발해짐

② 논의 과정

　⊙ EAEC는 1990년 마하티르가 주장한 '동아시아경제블록'(East Asian Economic Bloc)이 EAEC의 효시이며, 1991년 ASEAN-PMC에서 말레이시아 외무장관이 제안한 이후 미국의 영향력으로부터 독자적인 동아시아 경제기구의 상징으로 여겨지고 있음

　ⓛ EAEC 제안은 당시 경제 요새화되어 가고 있던 EU와 NAFTA에 대한 동아시아의 독립적이고 자율적인 대안이었는데 미국은 처음부터 반대 의사를 명확히 함

　ⓒ 말레이시아의 의도 : 일본을 끌어들여 동아시아 경제지역주의의 형성 과정에서 주도적인 역할을 수행하게 하려는 것이었는데, 이는 동아시아 지역에서 경제적인 패권을 달성하려는 일본의 집요한 의도와 일치되는 것임

　② EAEC는 1993년 7월 말레이시아와 인도네시아 정상회담에서 APEC 틀 안의 협의체로 추진해 나가기로 합의함

　ⓜ EAEC는 아시아 국가들만을 그 회원국으로 하고 있기 때문에 일본의 경제적 리더십이 매우 중요하나 일본은 미국과 갈등이 일어나는 것을 원하지 않았기 때문에 리더십 제공을 거부해 왔음

　ⓗ 미국의 압력과 한국을 포함한 여타 아시아 국가들의 미온적인 태도로 인해 EAEC 구상은 실질적으로 무산되었지만 EAEC의 가능성은 아직도 존재함

③ 성립 가능성

　⊙ 일본은 아시아 경제 특히, 동남아 경제와 긴밀한 연계를 체계화하는 작업 지속하고 있음

　ⓛ 일본은 동아시아 지역에 대한 투자, ODA 제공 등을 통해 아시아 경제와의 연계를 계속적으로 강화하고 있는데, 이는 EAEC 구상이 되살아날 수 있는 잠재력을 보여주는 것임

④ ASEM의 창설과 영향

　⊙ ASEM의 창설은 EAEC의 존재 자체를 공식화하는 결과가 되었는데, ASEM이 아시아와 유럽의 협의체이므로 유럽 국가들을 제외하면 아시아의 참가국들은 사실상 EAEC가 상정한 참가국이기 때문임

　ⓛ 유럽 대 아시아로 만나는 ASEM이 공식화되고 진전되면서 아시아의 정체성이 형성되고 강화되는 추세임

5. ASEAN+3과 '동아시아 경제협력체' 제안

① ASEAN+3과 '동아시아 경제협력체' 제안

　⊙ 1998년 ASEAN 9개국과 한·중·일 3국 간의 9+3 정상회의가 개최되었고, 여기에서 ASEAN+3 회의를 상설화하기로 합의함으로써 동남아시아와 동북아의 협력이 제도화되기 시작함

　ⓛ 김대중 대통령 : ASEAN과 한·중·일의 기업계 및 학계 대표 등이 참여하는 민간 주도의 '동아시아 지역 비전 그룹'의 구성을 제안함

② 프레드 버그스텐(Bergsten)의 주장

　⊙ ASEAN+3의 회원국이 마하티르가 구상한 EAEC의 회원국과 동일함을 주장하며 1998년 이후 3년째 정상회의가 계속되고 있는 점 등을 강조함

ⓛ 프레드 버그스텐은 ASEAN+3이 제도적 측면에서 이미 선진경제그룹인 G7의 모양새를 갖추기 시작했고 유럽 밖에서는 가장 활발한 지역 그룹일 뿐만 아니라 NAFTA보다 더 정리된 기구를 갖추고 있다고 평가함

③ 2000년 11월 ASEAN+3 정상회의 개최
   ㉠ 김대중 대통령이 '동아시아 경제협력체제' 창설 제안함
   ㉡ 동아시아 경제협력체제 구상이 실현될 경우, 이는 1990년 마하티르 수상이 제안한 아시아 국가만의 지역경제협력체가 만들어진다는 것을 의미함

④ 성공 가능성
   ㉠ 아시아의 금융위기 이후 미국과 IMF의 독선적인 행태가 아시아 국가로 하여금 위기 방지를 위한 지역 국가 간의 협력 필요성을 제기하고 있음
   ㉡ 미국과 유럽연합이 배타적인 지역주의를 고수하고 있는 상황에서 아시아만의 협력체 창설을 강력하게 반대하는 미국의 이중적인 태도에 대한 불만도 동아시아 경제협력체제의 성공 가능성을 높여주고 있음

6. 동아시아 공동체 구상과 EAS(동아시아 정상회의 : East Asian Summit) [2014년, 2018년 출제]

① 2001년 ASEAN+3 정상회의 내용
   ㉠ 동아시아 지역협력의 궁극적인 목표는 동아시아 공동체 형성이라는 점을 강조함
   ㉡ 기존의 ASEAN+3 정상회의 체제를 동아시아 정상회의로 전환해 나가야 함을 제안함
   ㉢ 2002년 11월 제6차 ASEAN+3 정상회의에서 '동아시아공동체' 형성을 위해 동아시아연구그룹(EASG)이 권고한 26개 협력사업의 하나로 동아시아정상회의(EAS) 추진 합의
   ㉣ 2004년 11월 제8차 ASEAN+3 정상회의에서 2005년 12월 말레이시아에서 개최되는 차기 ASEAN+3 정상회의 계기 제1차 EAS를 개최키로 합의

② 제1차 EAS의 개최
   ㉠ 인도네시아는 ASEAN+3 국가 외에 인도, 호주, 뉴질랜드 등의 참여가 필요하다는 입장을 견지하여, 제1차 EAS에서는 이들 세 나라가 참여하는 ASEAN+3+3의 형태로 첫 회의가 열림

   EAS 참가 기준
   - ASEAN의 전면 대화 상대국
   - 동아시아 우호협력조약(TAC) 가입
   - ASEAN과의 실질적 협력관계

   ㉡ 쿠알라룸푸르 EAS 선언 : EAS는 참여국 간의 폭넓은 정치·경제·전략적 쟁점 등 공동의 이해와 관심사를 다루는 포럼이 될 것이며, ASEAN이 주도적 역할을 담당해 나갈 것을 선언함

③ EAS의 회원국 문제

㉠ 중국과 말레이시아는 EAS를 적극적으로 추진하고 있는데, 이는 미국이 배제된 동아시아 국가만의 협력체에서 주도권을 차지하기 위한 중국의 의도와 관계가 있음

㉡ 일본은 미국의 참여 필요성을 주장하며, 중국의 시도에 대해 반대 입장을 보임

㉢ 인도네시아는 호주, 뉴질랜드, 인도와 같은 비 동아시아 국가들을 참여시키자는 안을 내세움으로써 중국을 견제하고 있으며, 동아시아만의 지역협력이라는 EAS의 성격을 희석시키는 전략으로 대응하고 있음

㉣ EAS는 동아시아 국가들의 지역 협력체라는 애초의 의도에서 벗어나 범아시아 정상회의의 성격으로 변화되고 있음

④ **주도권 문제** : 한·중·일 3국은 EAS가 동아시아 3국 중심으로 운영되기를 바라지만 EAS는 ASEAN+3처럼 ASEAN의 주도로 운영하게 되었음

⑤ **전망** : EAS가 호주, 뉴질랜드, 인도, 미국, 러시아를 참여시켰고 향후 EU 등도 참여할 것으로 예상되는 상황에서 EAS는 동아시아의 지역 협력체로서의 성격은 기대할 수 없게 됨

7. CMI(치앙마이 이니셔티브)

① 아시아판 IMF로 불리는 CMI 다자화체제는 아시아권 공동으로 위기를 극복하기 위한 시도로 2010년 3월 24일 발효됨

② 한국·중국·일본에 아세안 10개국이 참여한 '아세안+3' 국가들이 위기 때 최대 1,200억 달러 한도 안에서 자금을 지원하는 체제로서 한국은 16%인 192억 달러를 분담하며 분담금만큼 필요할 때 지원받을 수 있음

③ CMI 다자화 체제에 따라 참가국들은 1,200억 달러 규모의 공동기금을 조성하게 되는데 자금조성방식은 참가국 중앙은행들이 위기 시 자금지원을 약속하는 약정서를 교환하고 실제 위기 발생 시 분담 비율에 따라 지원하게 됨

④ 화폐의 맞교환이기 때문에 IMF처럼 구조조정을 강요하는 것과 같은 간섭도 없으며 어떤 나라가 달러화 자금을 요청하면 1주일 내 회원국 3분의 2의 찬성으로 지원을 결정함

8. 믹타(MIKTA)

(1) 의미

① 멕시코, 인도네시아, 한국, 터키, 호주의 5개 중견국으로 구성된 지역 간 협의체

② 믹타는 민주주의와 자유시장경제 등 핵심가치를 공유하며, 국제사회의 공공이익 증대에 대한 기여 의지와 역량을 보유한 중견국 간의 협력 메커니즘

③ 한국 정부의 중견국 외교 추진을 위한 핵심 기제 중 하나인 믹타는 2013년 9월 유엔 총회 계기에 제1차 외교장관 회의를 개최하면서 공식 출범

(2) 특징

① 믹타는 국제사회의 주요 이슈를 중심으로 자유롭게 의견을 교환하는 비공식 협력체
② 경제 규모(GDP) 기준 세계 11~19위(2018년 기준, IMF)에 해당하며 각각의 지역에서 상당한 영향력을 가진 국가들로 구성
③ 믹타 5개국은 G20 회원국 가운데 G7 또는 BRICS 어느 쪽에도 속하지 않으며 UN 등 국제무대에서 활동
④ 믹타 의장국은 1년 임기로, 회원국 간 컨센서스로 결정
⑤ 다양한 분야, 다양한 채널을 통한 협의
- 선진국, 개도국 간 교량 역할 수행
- 글로벌 거버넌스 개혁 이니셔티브 제시
- 비회원국 및 여타 지역 협의체, 국제기구와의 협력

9. 석유수출국기구(Organization of the Petroleum Exporting Countries : OPEC) 2020년 출제

① **설립** : 1960년 9월 이라크·이란·사우디아라비아·쿠웨이트·베네수엘라 5개국에 의해 설립됨
② **회원국** : 2020년 현재 13개국
  ㉠ 아시아 : 이란, 이라크, 쿠웨이트, 사우디아라비아, 아랍에미리트(UAE), 인도네시아
  ㉡ 아프리카 : 알제리, 앙골라, 콩고, 적도 기니, 가봉, 리비아, 나이지리아
  ㉢ 남미 : 베네수엘라
  - 카타르는 2019년 1월, 에콰도르는 2020년 1월 탈퇴
  ㉣ 회원국 가입 조건 : 회원국 4분의 3의 동의와 창립 5개 회원국이 모두 찬성해야 함
③ **성격** : 석유 생산·수출국 대표가 모여 결성한 정부 간 협의체(생산 카르텔)
④ **OPEC의 설립 목적**
  ㉠ 회원국 간 석유정책의 조정 및 통일
  ㉡ 회원국의 수익 보호
  ㉢ 세계원유시장의 안정 유지
⑤ **조직**
  ㉠ 총회(각료회의)
  - 각 회원국의 석유장관 간 최고 의사결정기구
  - 1년에 최소 2회의 총회(비엔나, 통상 6월/12월경) 개최
  - 사무국의 원유 수급 현황, 중장기 가격 전망 등을 기초로 차분기 회원국의 원유생산량(quota)을 결정, 모든 결정사항은 만장일치에 의함
  - OPEC의 유가 결정 방식 : 생산 할당제를 통한 유가 조절, OPEC 회원국들은 적정한 가격과 공급을 유지하기 위해 시장을 분석하며 증산, 또는 감산 결정을 위해서는 회원국의 만장일치 동의가 필요함

ⓒ 이사회(Board of Governors)
- 총회의 결정사항을 이행하는 집행기구로서 각 회원국에서 지정하는 1명의 이사로 구성(임기는 2년)

ⓒ 사무국(Secretariat)
- 사무총장은 총회에서 3년 임기로 임명
- 현 사무총장 : Mohammed Barkindo 나이지리아 전 석유공사 사장(2016. 8. 1.~현재)

㉣ OPEC+
- OPEC과 비회원국 간에 석유 관련 문제를 논의하기 위한 'OPEC+'라는 협의체가 구성됨
- 기존의 'OPEC'에 러시아, 멕시코, 오만, 수단, 말레이시아, 아제르바이잔 등이 참여함
- 미국은 OPEC+ 회원국은 아니지만, 협상에 가끔 참여하고 있음

㉤ 본부 : OPEC 본부는 오스트리아 빈에 있음

⑥ OPEC의 영향력

㉠ 1차 석유파동
- 당시 중동 산유국들이 이스라엘에 맞서 석유 생산을 제한하고 수출 금지 조처를 단행하면서 전 세계적인 혼란 발생
- 1973년 10월에 있었던 제4차 중동전쟁이 발단이 됨

ⓒ 2차 석유파동
- 1978년 이란에서 친미 성향의 팔레비 왕조가 무너지고 정치적, 사회적 혼란 발생
- 이란 당국이 석유 생산을 대폭 줄이고 수출을 중단하면서 국제사회는 또 한차례 석유파동을 겪게 됨

제 2 절　유럽연합

1　EU 개관

① **명칭** : 유럽연합(European Union : EU)

② **창립일자** : 1993. 11. 1

③ **회원국(27개국)**

㉠ 1952년 ECSC 창설국 (6개국) : 독일, 프랑스, 이탈리아, 네덜란드, 벨기에, 룩셈부르그

- ⓒ 1973년 제1차 확대(3개국) : 영국, 아일랜드, 덴마크
- ⓒ 1981년 제2차 확대(1개국) : 그리스
- ⓔ 1986년 제3차 확대(2개국) : 스페인, 포르투갈
- ⓜ 1995년 제4차 확대(3개국) : 스웨덴, 핀란드, 오스트리아
- ⓗ 2004년 제5차 확대(10개국) : 헝가리, 폴란드, 체크, 슬로베니아, 에스토니아, 사이프러스, 라트비아, 리투아니아, 몰타, 슬로바키아
- ⓢ 2007년 제6차 확대(2개국) : 루마니아, 불가리아
- ⓞ 2013년 제7차 확대(1개국) : 크로아티아
- ⓩ 2020년 : 영국 탈퇴

④ **주요 연혁** 2008년, 2015년 출제

- 1952. 8 유럽석탄철강공동체(ECSC) 출범
- 1957. 3 유럽경제공동체(EEC), 유럽원자력공동체(EURATOM) 창설
- 1967. 7 유럽공동체(EC : European Communities) 기관 단일화
- 1993. 1 유럽단일시장 출범
- 1993. 11 유럽연합 출범(마스트리흐트 조약 발효)
- 1999. 1 유럽통화연맹(EMU) 출범
- 1999. 5 암스테르담 조약 발효
- 2001. 2 니스조약 서명
- 2004. 5 EU 25개국 확대
- 2004. 10 EU 헌법조약 서명
- 2007. 12 EU 개혁조약(리스본 조약) 서명 및 SCHENGEN 협정의 동유럽 9개국 확대
- 2008. 1 사이프러스 및 몰타의 유로존 가입
- 2008. 12 리스본조약 25개국 비준
- 2009. 6 유럽의회 선거

솅겐조약(Schengen agreement) 2016년 출제

EU 회원국 간의 통행을 규정한 협정으로, 1985년 룩셈부르크 남부의 솅겐에서 독일·프랑스·네덜란드·벨기에·룩셈부르크가 역내에서 자국의 국민들이 비자 없이 자유롭게 다닐 수 있도록 한 조약을 시작으로, 1990년 일부 개정을 거쳐 1995년 효력이 시작되었다. 이 협정으로 체결국가의 국민들이 국경을 지날 때 별도의 비자나 여권 없이 자유롭게 왕래할 수 있게 되었으며 이후에 오스트리아·덴마크·핀란드·이탈리아·그리스·포르투갈·스페인·스웨덴 등의 EU 회원국과 노르웨이·아이슬란드·스위스 등의 비회원국이 조약에 가입하였다.

또한 이 이후에 지중해 섬나라 몰타와 동유럽 국가인 체코·헝가리·폴란드·슬로바키아·슬로베니아·에스토니아·리투아니아·라트비아의 9개 국가도 이 조약에 가입하였다. 이로써 2007년 12월 20일 기존 서유럽 15개 국가와 2004년 EU에 가입한 9개 국가의 육·해로가 개방되고, 2008년 3월 30일 새로 가입한 국가의 공항까지 개방되면서 유럽지역은 육·해·공의 모든 교통수단을 이용하여 자유롭게 국경을 넘나들 수 있게 되었다.

반면, 2011년 1월 현재 EU 27개 회원국 가운데 영국·아일랜드·불가리아·루마니아·키프로스는 미가입국이다. 반면, 스위스·노르웨이·아이슬란드·세르비아·마케도니아·보스니아-헤르체고비나·알바니아는 EU 회원국은 아니지만, 솅겐조약 가입국이다.

2 유럽석탄철강공동체(ECSC)의 발족 2018년 출제

① 제1, 2차 세계대전의 원인이 되었던 독일과 프랑스 간의 적대 요인 해소 및 유럽결속의 필요성에 따라, 당시 프랑스 경제계획청장인 Jean Monnet의 아이디어를 빌어, Robert Schuman 프랑스 외무장관이 1950. 5. 9 기자회견을 통해 석탄 및 철강 산업을 초국가적인 기구를 통해 공동 관리하자는 '슈망선언'을 발표

② 동 제의를 독일, 이탈리아 및 베네룩스 3국이 수락(영국은 거부)함에 따라 프랑스·독일·이탈리아·네덜란드·벨기에·룩셈부르크 6개국이 1952년 8월 ECSC(European Coal and Steel Community)를 정식으로 발족

3 유럽경제공동체(EEC) 및 유럽원자력공동체(EURATOM) 창설 2009년, 2010년, 2016년 출제

① 1957년 3월 로마에서 EEC 창설조약 및 EURATOM 창설조약 서명

② EEC(European Economic Community)는 관세동맹, 경제 및 화폐동맹과 회원국 간의 상품·사람·서비스 및 자본의 자유 이동을 이룩함으로써 공동의 경제·산업·사회·재무 및 재정정책을 지닌 단일시장을 형성하려는 목적의 공동체

③ EURATOM(European Atomic Energy Community)은 공동에너지 시장의 창설, 핵 원료의 균형 공급 보장, 핵에너지의 안전 및 인간과 환경의 보호를 위한 특별계획 등을 추진하려는 목적의 공동체

4 유럽공동체(EC)의 성장

① 독립된 집행부를 가진 별도의 기구로 출발한 ECSC, EEC, EURATOM 등 3개의 공동체는 '유럽공동체의 단일이사회 및 단일집행위 설립에 관한 조약'(Merger Treaty)의 발효(1967. 7. 1)에 따라 집행부를 이사회, 집행위, 유럽의회 등으로 단일화

② 동 조약으로 단일기관이 각 공동체의 업무를 모두 관장하게 되고 공동 예산제도를 실시하게 됨으로써 동 3개 공동체는 사실상 단일공동체화하여 명칭도 3개 공동체를 총괄하는 EC(European Communities)로 통칭

③ EC는 EC 기본이념 달성을 위해 관세동맹(역내 관세철폐와 대외공동관세 시행), 공동시장(Common market) 및 공동농업정책(Common Agricultural Policy)을 우선적으로 추진하였으며, EC 역내 환율안정 구상을 발전, 1979년 3월 유럽통화제도(European Monetary System : EMS)를 발족

5 단일시장의 출범과 유럽연합(EU)의 발족

① EC 회원국들은 EC 역내 시장 완성을 위해 EEC 조약을 보강하는 단일 유럽 의정서(Single European Act)를 1986년 2월 체결(1987. 7 발효) 2015년, 2018년 출제

② 동 의정서에 따라 인적, 물적, 자본 및 서비스의 자유 이동을 제한하는 각종 규제를 철폐하는 국내 입법을 시행, 1993년 1월 역내 단일시장 성립

③ EC 12개국은 1991년 12월 유럽연합조약(마스트리흐트 조약)을 확정하고 국내 비준 절차를 마침으로써 마침내 1993년 11월 유럽연합(European Union) 출범 2009년, 2010년, 2016년 출제

④ 유럽연합은 기존 EEC, ECSC, EURATOM을 포함하는 EC를 한층 발전시키면서 공동외교안보정책(CFSP : Common Foreign and Security Policy)을 시행함으로써 실질적인 정치 통합을 이루고, 내무사법 협력까지 포함하는 3주체제의 공동체로 구성

6 회원국 확대 및 통합 진전 노력

① 1997년 6월 암스테르담 정상회담에서 중·동구 국가들과의 EU 확대 협상을 위해 1992년 마스트리흐트 조약을 대체하는 '암스테르담 조약'을 채택하고, 1997년 10월 동 조약에 서명

② 1999년 1월 1일부터 회원국 중 11개국이 참가한 유럽 단일통화가 도입되었고, 참가국의 통화 및 금리정책을 유럽중앙은행에서 추진하게 됨으로써 경제통화 통합에 성공

③ 1999년 5월 1일 '암스테르담 조약'이 발효됨으로써 이를 바탕으로 회원국 확대 교섭이 더욱 진전되고 경제통합 차원을 넘어, 정치, 사회 분야에서의 통합을 위한 공동 외교안보정책 및 내무·사법 분야에서의 통합 노력을 보다 적극적으로 추진 2009년, 2015년 출제

④ 2000년 12월 니스 정상회의에서는 암스테르담 조약에 포함되지 못한 집행위의 규모 및 구성, 각료이사회 투표권 수 조정, 가중다수결에 의한 결정 분야 확대, 긴밀한 협력 등에 관해 합의, '니스 조약'을 채택하고 2001년 2월 26일 동 조약에 서명 2009년, 2015년, 2016년 출제

⑤ 2007년 1월 1일 불가리아 및 루마니아의 EU 가입으로 27개 회원국으로 확대

⑥ 2013년 크로아티아가 가입하여 28개국이 됨

⑦ 2020년 영국이 탈퇴하여 27개국이 됨

> ※ 브렉시트(Brexit)
> ① 배경 : 반EU정서
>   - 영국에서는 유럽통합 초기부터 유럽통합 찬성론과 반대론이 대립함
> ② 2000년대 들어 경기침체, 긴축재정, 이민자 증가 등으로 반EU정서가 유럽통합의 진전과 함께 개별국의 주권이 EU로 이양되면서 영국의 주권이 제약받는 것에 대한 반대가 커짐
> ③ 탈퇴파들은 영국이 EU를 탈퇴함으로써 주권을 회복하고 예산이 절감되며 얽매이지 않는 독자적 규제와 통제가 가능하다고 주장함
> ④ 브렉시트 강경파인 보리스 존슨 총리가 취임하여 조기 총선에서 승리하면서 2020년 1월 31일 브렉시트가 단행됨

7 EU 헌법조약(Treaty establishing a Constitution for Europe) 2010년, 2018년, 2021년 출제

① 2004년 10월 29일 로마에서 EU 헌법 조약 서명

② 헌법 조약의 주요 내용

　㉠ 2년 반 임기의 EU 대통령(EU 정상회의 상임의장), EU 외무관장직 신설, EU 집행위, 이사회, 유럽의회 등 EU 기관의 구성 등에 관한 규정의 명확화

　㉡ 로마조약, 마스트리흐트조약 등 산발적으로 흩어져 있었던 각종 EU 조약 등을 하나로 묶어 EU 헌법조약 내로 통합

　㉢ 유럽 시민권, 유럽 시민의 보호와 기본권을 명시하고 유럽의회의 권한을 강화

　㉣ 의사결정 상의 효율성을 제고하기 위해서 가중다수결에 의한 정책결정 분야를 확대

　㉤ EU에 법인격(legal personality)을 부여

③ 2005년 6월 프랑스와 네덜란드의 EU 헌법조약 비준 국민투표 부결로 인해 EU 헌법조약 발효 실패

8 리스본조약(Lisbon Treaty) 발효 [2019년 출제]

① 2007년 6월 EU 정상회의 시 헌법조약 대신 기존의 EU 조약을 개정하는 방식의 REFORM TREATY(소위 '리스본조약') 추진에 합의
- 초국가적인 개념(국기, 국가 등)을 삭제하되, 헌법조약의 주요 내용을 그대로 반영하고, 의회를 통한 비준 방식 채택(아일랜드 제외)

② 2008년 6월 아일랜드 국민투표 시 부결된 바 있으나, 국방·조세 등 분야의 아일랜드 측 우려 사항에 대한 법적 보장을 제공한 후, 2009년 10월 재실시한 제2차 국민투표에서 비준 통과하였으며, 유일한 미 서명국이었던 체코가 2009년 11월 서명함으로써 2009년 12월 1일 리스본조약 발효
- EU 정상들은 2009년 11월 19일 리스본조약에 따라 신설되는 EU 정상회의 상임의장(EU 대통령에 해당)에 벨기에의 Van Rompuy 총리(임기 2년 6개월), 외교안보정책 고위대표에 영국의 Catherine Ashton을 선임
- 2010년 상반기 EU 외교부에 해당하는 대외관계청(European External Action Service)이 출범 예정임에 따라 EU 대외정책에서의 일관성이 향상되고, EU의 외교적 영향력이 확대될 것으로 전망

9 리스본조약의 주요 내용

1. 유럽이사회 의장(President of the European Council)

① 유럽이사회(통칭 '정상회의') 의장직은 EU 헌법조약안에서 최초로 도입된 이래 개혁조약에서도 거의 동일한 내용을 기술

② 유럽이사회는 회원국 정상, 의장, 집행위원장 및 외교안보정책 고위대표로 구성

③ 유럽이사회는 가중다수결에 의해 임기 2년 6개월(1회 연임 가능)의 의장을 선출하며, 의장은 자국 내 직책(national office)을 보유할 수 없고, 유럽이사회는 조약에서 달리 규정하지 않는 한 컨센서스 방식으로 결정

④ **유럽이사회 의장의 기능**
- 유럽이사회 주재
- 집행위원장과 협력하여 유럽이사회 준비
- 유럽이사회에서 컨센서스 도모 노력
- 유럽이사회 매 회의 후 보고서를 유럽의회에 제출
- 공동외교안보 정책 이슈 관련 (새로 임명되는) 외교안보정책 고위대표의 권능을 침해하지 않는 한도 내에서 EU를 대외적으로 대표

⑤ EU 기관은 상기와 같이 회원국 정상들이 참석하는 유럽이사회(European Council)와 각료급이 참석하는 이사회(헌법조약에서는 'Council of the Ministers'로 규정되어 있으나 개혁조약에서는 수식어 없이 'the Council'로 명명)가 별개 기관으로 존재

⑥ 유럽이사회의 경우에는 기존의 순환의장국제가 폐지되고 새로 선출되는 의장이 회의를 주재하나, 회원국 장관들이 참석하는 각종 각료이사회의 경우에는 기존에 정해진 순번에 따른 순환의장국제도가 개혁조약이 발효되더라도 여전히 유효
- 단, 대외관계이사회는 새로 선출되는 외교안보정책 고위대표가 주재

2. 외교안보정책 고위대표

① 공동외교안보정책 고위대표직과 집행위원회 대외관계 집행위원직 업무를 통합하여 신설

② 유럽이사회는 가중다수결로 집행위원장의 동의를 얻어 외교안보정책 고위대표를 임명

③ 고위대표는 EU의 공동외교 및 안보정책을 수행하며 대외관계이사회(통칭 '외교장관 회의')를 주재

④ 고위대표는 집행위원회 부위원장을 겸하고, 집행위원회 내에서 대외 관련 업무 및 이와 관련한 조정 업무 수행

3. 유럽의회 의석수

① 이탈리아의 요구사항을 받아들여 2009년 이후 이탈리아 출신 유럽의회 의원 수를 당초 배정된 72명에서 73명으로 1명 증원하였으나, 유럽의회 의원 총수는 750명으로 제한한다는 당초 규정 유지

② 유럽의회 의원 총수는 750명이나 유럽의회 의장(President)은 의원과는 별도로 카운트한다는 단서 조항을 삽입함으로써, 이탈리아 측의 요구와 의원 총수 상한선(750명) 유지 요구를 동시에 충족시키는 타협점 도달

③ 유럽의회 브렉시트 후 의석수 751→705석으로 감축
- 유럽의회는 영국 몫 73석 가운데 27석은 인구 대비 의원 수가 적은 14개 회원국에 배분

4. 유럽사법재판소(ECJ) 법무관 구성

① 유럽사법재판소 법무관(Advocates-General) 숫자를 8명에서 11명으로 증원하고, 이중 상임법무관 수를 5명에서 6명으로 증원

② 상임법무관은 기존 회원국(독일, 프랑스, 영국, 스페인, 이탈리아) 이외에 폴란드 출신 1명을 추가

③ 나머지 5명의 법무관은 기존의 순환 방식에 따라 선출
※ 법무관은 법관의 업무를 조력하는 역할

5. 이중다수결 제도

회원국 55%, EU 전체인구의 65% 찬성이 있어야 결정을 채택할 수 있는 이중다수결제도(Double Voting System) 도입

---

10 EU 구조 2018년 출제

1. EU 이사회(Council of the European Union)

(1) 구성

① 이사회는 회원국을 대표하는 각료급 인사로 구성되며, 통상 이사회의 목적이 일반적 또는 정치적인 것일 경우에는 외무장관이, 특정 사항에 관해서는 해당 분야 장관이 참석

② 이사회는 의장이 소집하거나 1명 이상의 이사 요청 또는 집행위의 요청이 있으면 개최

(2) 의장

이사회에는 의장국 제도가 있어 각 회원국의 정해진 순서에 따라 6개월씩 수임

(3) 권한

입법권	• 이사회는 집행위의 제안을 심의 의결하는 최고 의결 기구로서 집행위의 제안에 의거 규칙, 지침, 결정 등을 제정하는 입법권을 행사 • 정상회의의 지침에 따라 공동외교안보정책 입안 및 집행에 필요한 조치 결정
예산권	집행위가 편성, 제안한 예산안을 심의 확정
협정 체결권	이사회는 집행위에 대해 협정체결을 위한 협상 개시를 위임하고 최종적인 협정체결권을 행사

(4) 의결

① 각료이사회의 결정은 만장일치에 의한 것이 대부분이었으나 점차 다수결에 의한 결정이 증가하고 있음

② 정치적으로 민감한 과세와 노동 분야에서는 개별 국가가 거부권을 행사할 수 있었으나 시장·환경·연구개발 분야에서는 다수결이 이용되었음

③ 집행위원회가 제출한 법안에 대해 각료이사회가 수정을 원할 경우에는 만장일치에 의해서만 가능함

④ **만장일치 대상이 아닌 의제에서는 대부분 충족다수결제(= 이중다수결제)가 사용됨**: 각료이사회 총투표수의 55% 이상의 찬성과 EU 전체 인구 기준 65% 이상의 찬성이 필요함

> ※ EU 이중의장제
> - 의미 : EU 최고행정집행관인 집행위원회와 정상사회에 각각 의장을 두는 제도
> - 선출 : 집행위원회 의장은 EU 의회에서 정상회의 의장은 정상회의에 각각 선출함
> - 배경 : EU를 연방체제로 만들어 집행위원회 중심으로 운영하겠다는 독일과 EU보다는 개별 회원국의 주권 행사를 우선시하려는 프랑스의 입장을 절충한 것임

2. EU 정상회의(European Council)

(1) 구성 및 운영

① EU 회원국 정부 수반(프랑스는 대통령) 및 EU 집행위 위원장, 관련 집행위원, 공동외교 안보 정책 고위대표 겸 이사회 사무총장 등이 참석

② 정상회의는 연 4회 브뤼셀에서 개최

(2) 성격 및 권한

① 자유로운 회의 진행과 정치협력 문제를 논의하는 일종의 정부 간 회의로서 당초 조약상의 기구는 아니었으나, 1987년 단일 유럽의정서를 통해 법제화

② 회원국의 정상으로 구성된 까닭에 사실상 최고의 정책결정기구로서 유럽의회 직접선거, EMU 출범, 공동농업정책 개혁, 신규 회원국 가입 등 EU의 활동과 유럽통합에 중요한 정치적 결정을 내리고 의미를 부여

3. 집행위원회(Commission of the European Communities)

(1) 성격 및 구성

① 집행위원회는 유럽통합 관련 조약을 수호하고 EU의 행정부 역할을 담당하며 각종 정책을 입안하고 EU의 이익을 수호하는 유럽통합의 중심기구

② 집행위원회는 임기 5년의 집행위원장 1명과 26명의 집행위원으로 구성되며, 이들 총 27명 전체를 '집행위원단'이라고 함

(2) 기능 및 권한

정책발의권	이사회가 심의 결정하는 모든 안건을 입안 제출
집행권	결정된 정책을 회원국이 적절히 실행하는가를 감독하거나 또는 직접 정책을 실행
EU 기금 관리 운영권	유럽사회기금, 유럽농업지도·보장기금, 유럽지역 개발기금, 유럽개발기금, 결속기금 등 EU 5대 기금을 관리 운영
긴급 조치조항 운영권	긴급수입제한 조치, 덤핑규제 등 긴급 사안에 대해 이사회의 승인 없이 필요한 조치를 강구
대외협상 창구	집행위는 대외협상에서 EU를 대표하며 제3국 및 국제기구에 EU 대표부를 파견하고, 이사회의 위임에 따라 외국과 대외협상을 진행

4. 유럽의회(The European Parliament)

(1) 역사

- 1952. 9 유럽석탄철강공동체의 총회(Assembly)로 스트라스부르크에 설치
- 1958. 3 EEC 총회와 EURATOM 총회와 통합
- 1962. 3 유럽의회(European Parliament)로 개칭
- 1979. 6 최초로 직접 보통선거에 의해 유럽의회 의원 선출
- 1999. 6 15개 회원국에서 동일한 비례대표제 선거방식 채택

(2) 구성 및 조직

① 유럽의회는 각 회원국에서 직접 보통선거로 선출된 임기 5년의 총 705명의 의원으로 구성되며, 각국의 인구수에 비례하여 회원국별로 의원 수 할당

② 유럽의회에는 의장 1명, 부의장 14명, 5명의 재무관으로 구성되는 임기 2년 반의 집행부(Bureau)와 각 정치 그룹의 대표가 참가하는 확대집행부로 집행부 구성

③ 유럽의회는 외교, 인권, 공동안보 방위정책위원회 등 20개 상임위원회가 설치되어 있으며, 34개의 의회친선대표단(delegation)으로 구성

(3) 운영

8월을 제외하고 매월 1회씩 1주간(5일) 정기 본회의를 스트라스부르크에서 개최하며, 필요 시 브뤼셀에서 위원회 회의와 임시 본회의가 개최

(4) 기능 및 권한

감독 통제권	① 질의권 • 집행위 및 이사회를 상대로 서면 또는 구두로 질의 가능 • 유럽의회 전체회의에 의장국 각료가 참석하며, 또한 의장국 수상은 EU 정상회의 개최 후 전체회의에 출석하여 결과를 보고 • 집행위는 매년 활동 계획 및 활동 결과 보고서를 의회에 제출 ② 집행위 불신임권 • 재적의원 과반수 이상 출석에 출석의원 2/3 이상의 찬성으로 집행위원 전체를 불신임 가능 • 개별 집행위원에 대한 불신임은 불가능 ③ EU의 Ombudsman 임명권
입법권	• EU 입법 과정에서 법률 제안권은 집행위원회, 최종 의결권은 이사회가 갖고 있어 유럽의회 입법권은 기본적으로 자문적 역할 수준 • 유럽의회의 수정안은 법률에 반영될 수 있으며, 반영되지 않을 경우에는 집행위가 유럽의회에 이유를 설명할 의무 부담 • 유럽의회 입법권은 1987년 단일의정서, 1993년 마스트리흐트조약, 1999년 암스테르담조약 등을 통하여 크게 강화되어 왔으며, 주요 권리로는 협의권, 공동결정권, 법안 수정권, 법규 위반 조사위원회 구성권 보유
예산권	• 예산 분야에서는 각료이사회와 공동 권리를 보유하고 있는 바, 예산 확정을 위해서는 유럽의회의 동의가 필요 • 유럽의회는 의무지출부분(compulsory part, 주로 공동농업정책 예산으로 전체 예산의 약 66% 상당)에 대해서는 수정 의견을 제시할 수 있으며, 비의무 지출 부문에 대해서는 이사회가 제시한 증액 비율 범위 내에서 수정 가능

5. 유럽사법 재판소(The Court of Justice of the European Communities)

① 유럽사법 재판소는 EU 조약 및 제반 법률의 해석과 그 적용에 대한 판결을 통하여 EU 법의 이행을 보장하는 역할을 담당하고 있으며, 각 회원국이 임명하는 27명의 법관과 법관의 업무를 조력하는 11명의 법무관으로 구성(룩셈부르크 소재)

② 재판소장은 임기 3년으로 연임이 가능하며 법관들이 비밀투표를 통해 내부선출하고, 법관과 심의관의 임기는 6년으로 중임 가능하며, 회원국의 합의에 따라 임명

③ 업무의 신속성 및 효율성 제고를 위해 1심 재판소를 하급심으로 두고 있으며 EU 기구와 그 직원 간 소송, 기업에 적용되는 경쟁법의 적법성 판단 및 반덤핑 사건 등을 주로 처리

EU 조약 제50조

1. EU 회원국은 자국의 헌법에 따라 EU에서의 탈퇴를 결정할 수 있다.
2. 탈퇴 희망국은 유럽이사회(Council)에 이를 통지하여야 한다. EU는 유럽이사회가 제시하는 가이드라인에 따라 신청국과 협의 과정을 거친 후, 동의안(agreement)을 도출해야 한다. 유럽이사회는 유럽연합을 대표하여 동의안을 가결해야 하며 유럽의회의 동의를 얻은 이후, 가중다수결 투표를 거쳐 탈퇴 여부를 결정한다.
3. 탈퇴에 대한 합의가 이루어진 시점부터 해당국에 대한 EU 조약의 효력이 중단된다. 단, 탈퇴 통보 후 2년 이내에 협상이 타결되지 않을 경우, 유럽이사회와 탈퇴 해당국이 협상 기간 연장에 만장일치로 동의하지 않는 이상 자동으로 효력이 정지된다.
4. 탈퇴 신청국의 이사 혹은 각국의 외교안보정책 고위대표 등은 탈퇴와 관련한 회의 및 의사결정과정에 참여할 권한이 없으며 모든 회원국 국민을 대변하는 유럽이사회만 회의에 참여할 자격이 있다.
5. EU 탈퇴국이 재가입 희망 시, EU 조약 49항에 의해 다시 EU 회원국이 될 수 있다. 다만 신규회원 가입 절차와 동일한 기준이 적용된다.

유로존(Eurozone) 2016년 출제 [참고]

① 유로화를 통화로 사용하는 유럽연합 국가들
② 유로존의 통화정책은 유럽중앙은행이 담당
③ 2011년 1월 1일 새로 가입한 에스토니아와 2014년 1월 1일에 라트비아를 포함하여 오스트리아·벨기에·키프로스·핀란드·프랑스·독일·그리스·슬로바키아·아일랜드·이탈리아·룩셈부르크·몰타·네덜란드·포르투갈·슬로베니아·스페인 등 총 18개국이 가입되었으며 또한 2015년 1월 1일부터 리투아니아가 추가로 유로존에 포함됨에 따라 19개국이 되었음
④ 유럽연합 가입국이면서 유로를 국가통화로 도입하지 않는 나라는 덴마크·스웨덴·불가리아·체코·헝가리·크로아티아·폴란드·루마니아 등 8개국임

제 3 절　OECD

1 개관

① **명칭** : 경제협력개발기구(OECD : Organization for Economic Cooperation and Development)
② **설립** : 1961. 9. 30

③ 회원국(38개국)

　㉠ 오스트리아, 벨기에, 캐나다, 덴마크, 프랑스, 독일, 그리스, 아이슬란드, 아일랜드, 이탈리아, 룩셈부르크, 네덜란드, 노르웨이, 포르투갈, 스페인, 스웨덴, 스위스, 터키, 영국, 미국, 일본, 핀란드, 호주, 뉴질랜드, 멕시코, 체크, 헝가리, 폴란드(1996), 한국(1996), 슬로바키아(2000), 칠레(2010), 슬로베니아(2010), 에스토니아(2010), 이스라엘(2010), 라트비아(2016), 리투아니아(2018), 콜롬비아(2020), 코스타리카(2021)

　㉡ 우리나라는 1996년 12월, 29번째 회원국으로 가입

2 OECD 성격

1. OECD의 목적

OECD는 상호 정책조정 및 협력을 통해 회원국의 경제사회발전을 모색하고 나아가 세계경제문제에 공동으로 대처하기 위한 정부 간 기구임

2. OECD 설립협약 상의 목적 (제1조)

① 회원국의 경제성장과 금융안정을 촉진하고 세계경제발전에 기여

② 개도국의 건전한 경제성장에 기여

③ 다자주의와 무차별주의에 입각한 세계무역 확대에 기여

3. OECD의 접근 방식

① **3대 가치관의 공유** : [개방된 시장경제], [다원적 민주주의] 및 [인권존중]이라는 3대 가치를 공유하는 국가들에게만 문호를 개방하는 가치관의(like-mindedness)

② **정책 대화(policy dialogue)** : 회원국 정책 담당자들 간의 정책 대화를 통한 정책협의
　• 공통관심 이슈의 파악에서 모범 관행(best practice)과 대응 방안의 도출 및 이행에 이르기까지 단계별로 경험과 의견을 교환

③ **실증적·전문적 분석** : 정책 대화의 내용, 방향 및 결론 등은 사무국 전문가들의 과학적 분석에 의해 제시되고 유도

④ **동료 압력(peer pressure)의 행사** : 정책지침, 정책권고 혹은 국제규범을 도출하고 이에 입각해 각 개별회원국의 제도와 정책을 동료검토(peer review)함으로써 회원국 정책의 개선과 조정을 유도

⑤ **비회원국으로의 전수** : OECD 회원국이 아닌 개발도상국들에 대해서도 다양한 형태로 정책 대화 사업을 전개함으로써 OECD의 가치관 및 축적된 경험을 전수

⑥ **시민사회로의 전파** : 기업, 노동계 등을 대표하는 주요 국제 NGO들과의 정책 대화를 통해 이들의 다양한 의견을 수렴하는 동시에 OECD의 가치와 정책을 전파

4. 정책 대화 사업의 유형

OECD가 추진하는 각종 정책 대화 사업은 그 목적상 다음의 3가지 그룹으로 대별 가능

① **구조개혁 촉진** : 거시경제, 구조조정, 금융국제화, 규제개혁, 실업대책, 사회복지, 교육, 기술혁신, 환경관리, 지역개발 등 공통적 우선순위 과제에 대해 각국 경험의 비교검토(benchmarking)와 추진현황의 상호평가를 통해 정책개선 내지 구조개혁을 촉진

② **국제문제 공동대처** : 세계적 경기변동, 국제무역과 국제투자, 다국적기업, 국제적 뇌물수수, 유해조세관행, 전자상거래, 유전자변형식품의 안전성 규제방안 등 국제적 주요 문제에 대해 공동대책을 강구

③ **비회원국 발전 지원** : 비회원국의 경제발전을 지원하고 나아가 OECD가 추진하는 국제적 정책협력에 동참토록 유도

5. 영향력

OECD의 국제경제에서의 영향력은 다음과 같은 요인에 기인함

① **주요 경제주체들의 모임** : 유럽, 북미, 아·태지역 등 국제경제 3대 지역의 주요 주체들(major players)이 비교적 골고루 참여하고 있음. 특히 G-7을 위시한 모든 선진국이 참여하는 만큼 범세계적인 문제들을 주도적으로 논의하고 효과적으로 다룰 수 있음

② **3대 가치관의 힘** : [개방된 시장경제]와 [다원적 민주주의] 및 [인권존중]이라는 공유가치의 논리적 우위와 도덕적 설득력

③ **OECD 고유 스타일** : 정책 대화와 동료 압력

④ **선진적 경험과 분석력** : OECD 회원국들은 시장경제와 민주주의에 입각한 풍부한 정책 경험을 가지고 있으며 OECD 사무국은 우수한 자원을 통한 과학적 분석능력 구비

⑤ **첨단적 개척자 역할** : OECD 회원국들이 경제·사회 및 과학 등 여러 부문에서 가장 앞서가고 있는 만큼 새로이 대두되는 문제들을 조기 파악해 연구하는 개척자(pathfinder) 역할 수행

⑥ **비회원국과의 대화** : 각종 비회원국 협력사업을 통해 대외적으로도 영향력을 행사하고, 특히 이들을 이끌어 줄 수 있는 능력 보유

6. OECD 연혁

① **OEEC 설립(1948. 4)** 2008년 출제

㉠ 마샬플랜의 유럽 내 조정기구로서 1948년에 유럽경제협력기구(OEEC : Organization for European Economic Co-operation)가 설립

ⓛ 소재지 : 프랑스 파리
　　　ⓒ 16개 서유럽국가로 구성, 독일과 스페인 추후 가입
　　　ⓔ OEEC는 생산의 증가, 생산설비의 현대화, 무역의 자유화, 화폐의 태환성, 그리고 화폐가치 안정을 공동의 과제로 삼아 경제적 측면에서 집단안보체제 기능을 수행

　② **OECD의 설립(1961. 9)**
　　　㉠ OEEC 설립 이래 미국과 유럽 간의 협조 여건이 변화하게 됨으로써 OEEC 개편 필요성이 대두
　　　㉡ 1958년 구주경제공동체(EEC), 1960년 구주자유무역연합(EFTA) 등이 잇달아 발족함에 따라 이들 그룹을 포괄하는 복합적 기능의 경제협력체 수립 필요성이 제기되고, 서유럽과 북미에 속하지 않는 새로운 국가들의 가입도 허용하는 보다 개방적 형태로의 개편 필요성이 증대
　　　㉢ 이에 따라 1960년 12월, 18개 OEEC 회원국 및 미국, 캐나다 등 총 20개국이 OECD의 창설 회원국으로서 OECD 설립협정에 서명(1961. 9. 협정문 발효)

7. OECD의 발전

　① **1964~1973년** : 일본(1964), 핀란드(1969), 호주(1971) 및 뉴질랜드(1973)의 추가 가입으로 선진국 총집결. 총 24개국 중 그리스와 터키만 선진국 수준에 미달

　② **1989년 이후 비선진국권으로 회원국 및 협력관계 확대**
　　　㉠ 아시아·중남미의 중진국 및 구공산권의 전환기경제들과의 정책대화 등 각종 비회원국협력사업(outreach programme) 실시
　　　㉡ 1998년 1월 비회원국협력센터(CCNM : Center for Cooperation with Non-Members) 및 1997년 9월 비회원국협력위원회(CCN : Committee for Cooperation with Non-Members) 설치
　　　㉢ 1994~2000년 : 6개 비선진회원국 추가로 회원국 총 30개국으로 확대. 멕시코(1994. 5), 제코(1995. 12), 헝가리(1996. 5), 폴란드(1996. 11), 한국(1996. 12) 및 슬로바키아(2000. 12) 가입
　　　㉣ 2010년 : 칠레, 슬로베니아, 에스토니아, 이스라엘의 가입으로 회원국 총 34개국으로 확대
　　　㉤ 라트비아(2016), 리투아니아(2018), 콜롬비아(2020), 코스타리카(2021)가 가입하여 38개국의 확대됨

8. OECD 조직

　① **이사회** : 이사회(Council)가 최고 의사결정기구로서 기능
　　• 각료급 이사회(Ministerial Council Meeting : MCM) : 회원국 각료(외교, 통상 및 경제장관 중 1~2인)들이 참석하며 연 1회 개최
　　• 상주대표 이사회(Council at Permanent Representatives Level) : OECD 상주 각 회원국 대사들이 참석하는 정례이사회로서 월 1회 이상 개최

　② **분야별 위원회** : 정책대화기구

- 총 26개의 정책 부문별 전문위원회(Committee)가 설치되어, 회원국 정책 당국자들 간 정기적 대화를 실시
- 개별위원회 산하에는 위원회의 과제 중 하나 혹은 일부를 전문적으로 수행하기 위한 작업반(Working Party / Group / Programme)이 탄력적으로 설치 운영

③ 특별기구(Special Bodies)
  ㉠ OECD에 의해 설립되었으나, 독자적 의사결정체제를 갖춘 부속 기구로서 이들 기구 가입은 선택적으로 이루어지고 있음. 단, 기구의 장(長)은 OECD 사무총장의 제청에 의해 OECD 이사회가 지명
  ㉡ 원자력기구(NEA) : 원자력 안전대책을 연구, 추진하고 원자력의 평화적 이용을 위한 핵심기술의 공동연구개발을 촉진하여 1957년 12월 설립, 한국 1993년 가입(회원국 27개국)
  ㉢ 국제에너지기구(IEA) : 제1차 석유파동을 계기로 설립되었으며 주요 에너지 소비국들이 회원국으로서 안정적인 에너지원 확보를 위한 협력방안을 논의하여 1974년 설립, 한국 2002년 가입(회원국 26개국)
  ㉣ 개발센터(Development Centre) : 경제개발과 경제운영에 관한 OECD 회원국들의 경험과 지식을 개도국들에 전수해 주기 위한 개발 관련 정책 대화 및 이를 뒷받침하는 전문 연구작업을 실시하여 1962년 설립, 한국 1991년 가입(회원국 27개국)

④ 사무국
  ㉠ 이사회 및 각종 위원회의 모임과 사업추진을 행정적, 전문적으로 지원. 사무총장 1인이 4인의 사무차장 보좌를 받아 사무국을 지휘, 감독
  ㉡ 사무국은 이사회사무국, 법률국, 홍보국 등 이사회 및 직속 기구를 보좌하는 일반사무국(General Secretariat), 분야별 위원회를 지원하기 위한 11개의 지원국(Directorate / Department)과 OECD 직원 인사, 통역 지원 등을 위한 행정총국(Executive Directorate) 등으로 구성되며, 약 2,500여 명의 직원이 근무

⑤ OECD의 의사결정 구조
  ㉠ 의사결정주체 : 38개 회원국 정부들이 결정주체로서 전원합의(consensus)에 의해 의사결정
  - OECD는 만장일치와 구분하여 모든 회원국 간의 상호합의(mutual agreement of all the members)를 컨센서스로 이해
  ㉡ 최종 의사결정주체 : 이사회(단, 산하 위원회들로부터의 건의 및 심사에 입각)
  ㉢ 특징
  - 개별회원국 정부의 의사에 반하는 결정이 있을 수 없음
    (단, 명분이 없는 입장은 동료압력(peer pressure)으로 인해 유지가 어려움)
  - 사무국은 이사회 및 위원회에 대한 집행부서
    (단, 전문적 분석과 각종 문서의 작성 및 회원국 간 중개자 역을 통해 큰 영향력을 행사)

⑥ ODA의 요건: OECD DAC는 ODA의 정의와 관련하여 구체적인 네 가지 조건을 제시하고 이를 모두 만족시키는 경우 ODA로 분류하고 있다.
  ㉠ 첫 번째 조건은 공여의 주체로, ODA는 중앙 및 지방정부, 산하 집행기관 등의 공적 기관에 의해

제공되어야 한다.
ⓒ 둘째, 공여의 목적으로, ODA는 개발도상국의 경제개발 및 복지 증진을 주요 목적으로 하는 지원이어야 하며, 이에 따라 군사적 목적, 상업적 목적 등을 위한 지원은 제외된다.
ⓒ 셋째, 공여 대상으로, ODA는 OECD DAC의 협력대상국 목록에 포함된 개발도상국이거나, DAC가 정하는 ODA 적격 국제기구에 제공되어야 한다.
ⓔ 넷째, 공여 조건으로, 차관의 경우 증여율(GE: Grant Equivalent) 기준*이 충족되어야 한다.

* 최빈/저소득국 : 45% 이상, 하위중소득국 : 15% 이상, 상위중소득국 : 10% 이상

개발원조위원회(DAC)의 활동 2018년 출제

1. 공여국별

DAC 회원국별 ODA 순지출액(Net Disbursement)으로 볼 때 미국은 2017년 347억 달러 가량을 원조한 최대 공여국이다. 다음으로는 250억 달러 가량의 원조 규모를 기록한 독일, 영국, 일본, 프랑스 순으로 원조를 제공하였다. 한국의 원조 규모는 2017년 기준 22억 달러로, 29개(EU 제외, EU 포함 30개) DAC 회원국 중 15위에 위치해 세계 경제 침체 속에서도 한국의 ODA 확대 추세가 지속되고 있다.

국민총소득(GNI) 대비 ODA 비율로 볼 때, 스웨덴, 노르웨이, 덴마크, 룩셈부르크 등 북유럽 국가들은 UN의 권고인 0.7%를 초과 달성하여 경제 수준 대비 높은 ODA 비율을 보이고 있다. 그러나 DAC 회원국 전체 평균은 2017년 기준 0.31%로 UN 권고 비율의 절반을 밑돌고 있어, 국제사회의 인식 제고와 조치가 필요하다는 점을 알 수 있다. 우리나라 역시 UN 권고 비율보다 다소 낮은 2017년 0.14%의 수치를 보이나 2020년까지 0.20% 목표 달성을 위해 꾸준히 노력해오고 있다.

2. 분야별

DAC에서는 원조 목적 코드(CRS : Creditor Reporting System)를 활용하여 원조 형태를 '목적'에 따라 사회, 경제, 생산, 다부문 분야의 4가지로 분류하고 있다. 사회 부문은 교육, 보건, 인구, 식수, 공공정책 등에 관련된 사업 및 서비스를 의미한다. 경제 부문은 운송, 통신, 에너지, 금융 분야 등을 포함하며 생산 부문은 농림수산, 산업, 무역 등의 산업 분야를 가리킨다. 마지막으로 다부문 분야는 환경보호 및 기타 다부문을 일컫는다.

2000년대에는 여러 부문 중에서도 특히 사회 인프라 및 서비스에 대한 ODA 지원이 가장 많았으며 가장 빠르게 증가하고 있다는 점을 알 수 있다. 2017년 사회 인프라 및 서비스 분야 지원금액은 694.9억 달러를 기록했으며 경제 인프라 및 서비스 분야는 2017년 395.5억 달러가 지원되었다.

3. 소득그룹별

소득그룹별 ODA 순지출 추세를 보았을 때, 최근 10년간 최빈국(Least Developed Countries)에 대한 지원은 꾸준히 증가하였고, 하위중소득국(Lower Middle-Income Countries)에 대한 지원도 큰 비중을 차지하고 있다. 2017년 ODA 순지출액은 최빈국 270.9억 달러, 기타 저소득국 20.8억 달러, 하위중소득국 177.0억 달러, 상위중소득국 115.2억 달러를 기록하였다.

4. 지역별

ODA 순지출액을 볼 때, 아시아와 아프리카가 가장 많은 지원을 받았다. 1970년대에는 아시아가 40% 이상을 차지하여 주요 지원 지역이었던 반면 점차 아프리카 지역, 특히 사하라 이남 아프리카에 대한 ODA 규모와 비중이 커지고 있는 추세이다. 2017년에는 순지출액 기준 아프리카에 약 293.2억 달러(28%) 가량, 아시아에는 약 270.8억 달러(26%) 가량의 지원이 이루어졌다. 이외에는 아메리카 약 53억 달러, 유럽 약 34.9억 달러, 오세아니아 지역 15.2억 달러 순으로 ODA 자금이 배분되었다.

5. 형태별

2013~2017년 ODA 총 지출액에서 양자원조는 평균 약 71%, 다자원조는 29%를 차지하였으며 무상원조는 평균 96%, 유상원조는 4% 가량으로 나타났다. 양·다자원조 배분 형태로 볼 때, 양자원조의 규모가 다자원조보다 평균 2.4배 정도 더 많은 것을 알 수 있다. 양자원조 내에서는 무상원조 비율이 유상원조에 비해

6. ODA의 요건

OECD DAC는 ODA의 정의와 관련하여 구체적인 네 가지 조건을 제시하고 이를 모두 만족시키는 경우 ODA로 분류하고 있다.

첫 번째 조건은 공여의 주체로, ODA는 중앙 및 지방정부, 산하 집행기관 등의 공적 기관에 의해 제공되어야 한다.

둘째, 공여의 목적으로, ODA는 개발도상국의 경제개발 및 복지 증진을 주요 목적으로 하는 지원이어야 하며, 이에 따라 군사적 목적, 상업적 목적 등을 위한 지원은 제외된다.

셋째, 공여 대상으로, ODA는 OECD DAC의 협력대상국 목록에 포함된 개발도상국이거나, DAC가 정하는 ODA 적격 국제기구에 제공되어야 한다.
넷째, 공여 조건으로, 차관의 경우 증여율(GE: Grant Equivalent) 기준*이 충족되어야 한다.
*최빈/저소득국 : 45% 이상 · 하위중소득국 : 15% 이상 · 상위중소득국 : 10% 이상

한국의 ODA 추진체계와 지원현황 2019년 출제

1. ODA 추진체계

우리나라는 1987년 '대외경제협력기금'(Economic Development Cooperation Fund : EDCF)이 설치되어 유상원조를 개시하고, 1991년 '한국국제협력단'(Korea International Cooperation Agency : KOICA)이 설립되어 개도국에 대한 무상원조를 본격적으로 시행하게 됨으로써, 개도국 출신으로는 유일하게 빈곤을 퇴치하고 공여국으로 변모한 성공사례로 꼽히게 되었다.

우리나라의 ODA 운영체계는 크게 양자간 협력과 다자간 협력으로 나뉘며 양자간 협력은 무상원조와 유상원조로 이원화되어 있다. 무상원조에 해당하는 무상자금협력과 기술협력은 외교부 감독 하에 원조집행기관인 한국국제협력단이 집행하고, 유상원조(대외경제협력기금)는 기획재정부 감독하에 한국수출입은행이 집행하고 있다. 한편, 무상원조 중 무상자금협력사업의 경우 한국국제협력단에서 전담하고 있지만, 기술협력사업은 그 외 다른 정부부처 및 기관에서도 일부 분담하여 실시하고 있다.

다자간 협력의 경우에는 UN 등 국제기구에 대한 지원은 외교부가, 국제금융기관 등에 대한 출자와 출연은 기획재정부가 주관하고 있다. 전체적으로 유·무상 원조의 효과적인 조정 및 부처 간 원활한 협의를 위하여 국제개발협력위원회 및 실무위원회가 설치되어 운영되고 있다.

2. 지원현황

우리 ODA는 지난 수년간 계속 확대되어 왔지만 2017년도 ODA는 GNI 대비 0.14%로, DAC 회원국 평균인 0.31%에 크게 못 미치는 수준이다. 따라서 정부는 중기 ODA 계획에 따라 우리나라의 국제적 위상에 맞도록 ODA 규모를 점진적으로 확대해 나갈 계획이다.

다자간 투자협정(multilateral agreement on investment) 2014년 출제

1995년 경제협력개발기구(OECD) 각료이사회에서 협상이 본격적으로 시작됐으며 미국이 이를 주도했다. 미국은 1994년 북미자유무역협정, 세계무역기구(WTO) 출범과 더불어 전 세계에 다자간 투자협정(MAI)을 별도로 제안하였고, 경제협력개발기구(OECD) 국가 간에 수년간 협상이 진행됐지만 결국 실패했다.

투자 자유화와 투자 보호를 주된 내용으로 삼고 있는 MAI는 제조업 직접투자뿐 아니라 금융에 대해서도 투자 자유화를 요구하고 있다. 주식거래의 자유화 등 금융시장이 전면 개방되는 효과를 가져오기 때문에 '제2의 우루과이라운드 협상'으로도 불렸다. 회원국들은 MAI를 발효하기 위해 ▲투자제도의 자유화 ▲투자자에 대한 보호제도 ▲분쟁 조절 장치 등에 대해 포괄적인 협상을 전개했다.

OECD는 1995년 각료이사회를 열고 MAI 협상을 1997년 5월까지 완료한다는 방침을 세웠으나, 프랑스 등 회원국 간의 이견차이로 타결을 보지 못해 1998년 실패로 끝나고 말았다.

제 4 절　미국과 아메리카지역 통합

1 NAFTA(북미자유무역지대 : North America Free Trade Area) 2009년 출제

1. 등장 배경

① 일본의 적대적 무역정책, GATT 체제의 균열, 유럽에서의 경제블록 탄생은 미국이 미주에서의 경제블록에 대한 필요성을 실감하게 함

② 미국은 다자주의적 무역정책과 양자 간 무역정책, 슈퍼 301조의 발동으로 상징되는 일방주의적 무역정책, 지역주의적 자유무역 역시 무역정책의 일환으로 추진하고 있음

2. 출범

NAFTA는 미국, 멕시코, 캐나다 간의 1991~1993년의 협상 결과로 탄생하여 1994년 1월 1일부터 발효됨

3. 성격

① 기존의 미국과 캐나다 간에 1989년 체결된 자유무역협정을 멕시코로 확대하는 것을 내용으로 하고 있음

② NAFTA는 미국의 멕시코(남미)에 대한 경제적 관심의 반영과 상호종속이 심화되면서 생기는 여러 가지 문제점들에 대응하기 위한 수단으로서의 성격을 가짐

4. 결과

미주에서 인구 3억 8,500만 명, GDP 규모 7조 6,000억 달러에 이르는 EU를 능가하는 최대 단일시장의 출범을 가져옴

5. NAFTA의 주요 내용

① 관세 및 비관세 장벽 철폐
　㉠ NAFTA 협정은 10년 이내 역내 국가 간의 관세 및 비관세 장벽을 단계적으로 철폐하기로 규정함
　㉡ 일부 수입민감품목의 비관세 무역장벽은 15년의 경과 기간을 부여함

② 내국민대우 시장접근, 서비스, 지적재산권
　㉠ 투자개방에 관한 의무규정과 이에 관련된 분쟁해결절차에 의해 역내의 투자가들은 내국민대우를 부여받게 되며, 역내에서의 외국인 투자에 관한 대부분의 제약조건, 예를 들어 수출이행조건

및 현지부품조달비율 등의 실적 요건을 폐지하기로 함
　　ⓒ 서비스업에 대하여도 서비스기업의 자유로운 왕래와 영업을 비롯하여 변호사, 의사, 회계사 등 전문직업인에 대한 역내 서비스 활동에 시민권 취득을 의무화하지 않는다고 규정함
　③ 지적재산권의 경우 그 범위를 저작권, 음반녹음, 암호화된 위성신호, 상표권, 특허권, 반도체 집적회로의 배치설계, 영업비밀, 지리적표시, 산업디자인에 대한 권리 등으로 설정함
　④ **원산지 규정** : NAFTA의 원산지 규정은 일반원칙(standard rule)을 채택하고 있는데, 이 원칙은 역내 국제품에 비원산지, 즉 역외국의 부품이 부가될 때는 부가된 역외국 물품의 관세 세번변경이 역내국에서 이루어져야 특혜대우를 받을 수 있다는 것을 규정함

2 남미공동시장(MERCOSUR) 2009년, 2019년 출제

1. 설립 경위

　① 1985~90년 브라질과 아르헨티나는 양국 간의 경제협력 증진과 시장통합을 위한 'Buenos Aires 협정' 체결
　② 1991. 3. 26 MERCOSUR 발족을 위한 'Asunción 협약' 체결
　• 파라과이, 우루과이의 참여로 1995년부터 역내관세 철폐 및 대외공동관세 설정 목표
　③ 1994. 12. 17 MERCOSUR 기구조직에 관한 'Ouro Preto 의정서' 체결

2. 설립 목적

　① 역내 관세 및 비관세 장벽의 철폐 등에 의한 재화, 서비스, 생산요소의 자유로운 이동
　② **대외공동관세(CET) 등 공동경제정책 시행**
　　㉠ 2003년 MERCOSUR 공동통화 도입 추진 합의
　　ⓒ 2004년 통상 분쟁을 전담할 상설재판소 설립
　　ⓒ 2008년 역내 경제적 불균형 해소를 위한 중소기업의 생산력 향상 보조 구조조정기금(FOCEM) 조성 결정
　③ **거시경제 정책상의 협력**
　　㉠ 2000년 거시경제 정책의 조화를 위해 인플레, 재정수지 등 회원국 간 거시경제 정책 목표 합의
　　ⓒ 2003년 재정수지, 공공부채, 인플레이션 등에 관한 공동목표 설정 및 공동이행을 위한 거시경제 감시그룹 설치
　　ⓒ 2007년 자국 화폐 지급 시스템을 도입하여 회원국 간 무역거래 결제 시 자국 화폐 사용에 합의
　　㉣ 2009년 9월 상기 시스템을 확대 적용하여 회원국 간 모든 종류의 거래에 도입하는 것에 합의

④ 역내 정치, 사회 분야 통합 추진

　㉠ 1998년 노동자 권리보호선언 채택

　㉡ 2003년 MERCOSUR 공동의회 창설 논의

　㉢ 2007년 MERCOSUR 사회문제연구소 창설 합의

　　• 회원국 간 사회개발정책관련 기술적 지원, 역내 불균형 극복 및 수평적 협력 심화 등 모색

　㉣ 2010년 MERCOSUR 의회 비례대표제 도입, 사법재판소 설립, 2016년부터 통일차량번호판 사용 등 정치·사법·사회 분야에서의 통합방안에 대해 합의

⑤ 범 미주 자유무역지대(FTAA)

　㉠ 1998년 협상 개시 이후 농업보조금, 지적재산권, 서비스, 투자, 정부조달시장 개방, 반덤핑 문제 등에 대한 미국과 MERCOSUR(브라질) 간 의견 대립으로 고착상태

　㉡ 2005년 11월 아르헨티나 Mar del Plata에서 개최된 미주 정상회의에서 동 협상 재개 여부를 논의하였으나, 합의 도출 실패(거센 FTAA 반대 시위 및 공동선언문에 FTAA 재개 문구 삽입 여부에 대한 참가국들 이견 심화)

　㉢ 현재 WTO 도하협상이 개도국과 선진국 간의 견해 차이로 진전을 거두지 못함에 따라 향후 FTAA 협상이 재개될 가능성은 매우 희박

3. 회원국 현황

① **정회원국** : 아르헨티나, 브라질, 파라과이, 우루과이, 베네수엘라(2012)

② **준회원국** : 칠레, 볼리비아, 페루, 에콰도르, 콜롬비아

　※ 2010년 12월 제40차 MERCOSUR 정상회의 계기로 쿠바의 준회원국 가입 추진을 위해 MERCOSUR - 쿠바 간 정책자문협정 체결

③ **옵서버** : 멕시코

4. 주요 기구

① **이사회**(Consejo del Mercado Común, CMC)

　㉠ 최고 의사결정 기구

　㉡ 각 회원국의 외교 및 경제장관 또는 그에 상응하는 각료급으로 구성되며, 연 1회 이상 개최

② **공동시장그룹**(Grupo Mercado Común, GMC)

　㉠ 집행기구로서 실질적인 대외정책 결정

　㉡ 각 회원국의 외교부 및 경제부 또는 이에 상응하는 경제 관련 기구 및 중앙은행 대표들로 회원 구성

③ **무역위원회**(Comisión de Comercio del MERCOSUR)

　㉠ 관세동맹 및 공동 무역정책 추진 지원

　㉡ 매월 최소 1회 개최

④ 공동 의회(Parlamento del MERCOSUR)

　㉠ 현재 총 72명으로 회원국별 18명의 현역 의원으로 구성

　㉡ 2011년부터 점진적으로 비례 대표제를 도입하여 브라질 37석, 아르헨티나 26석, 파라과이 및 우루과이 각 18석으로 확대 예정

　㉢ MERCOSUR 통합 관련 정책권고 및 회원국 간 입법조정 촉진화

⑤ 경제사회 자문포럼(Foro Consultivo Económico y Social)

　㉠ 회원국의 기업 및 노동자 대표로 구성

　㉡ 관련 분야 정책 자문 및 권고

⑥ 사무국(Secretaría del MERCOSUR)

　㉠ 우루과이 몬테비데오 소재

　㉡ 문서보관, 홍보 위주의 업무 수행

⑦ 상설재판소(Tribunal Permanente de Revisión del MERCOSUR)

　㉠ 파라과이 아순시온 소재

　㉡ 회원국 간 분쟁 해결을 다루는 최초 기관

3 미주자유무역지대(FTAA) 2009년 출제

1. 추진 배경

① **미주자유무역지대(FTAA)** : Free Trade Area of Americas의 추진은 부시 전 미국 대통령의 범미주구상(EAI)에서 기원함

② 부시는 지난 1990년 6월 외채경감, 무역증대, 투자확대, 환경문제를 포괄한 범미주구상을 발표하면서 알래스카에서 칠레 남단에 이르는 전 미주대륙을 자유무역지대화할 것을 제의함

③ 범미주구상은 중남미시장의 빠른 성장을 통한 적극적인 수출활로의 모색이라는 경제정책적 구상이외에 동남아시아에서 일본의 영향력 팽창과 1992년 유럽의 공동시장 창설 등에 대한 대응책으로 남미에 대한 미국의 경제적 영향력을 공고히 하기 위한 미국의 의도가 내재해 있음

2. 남미공동시장(MERCOSUR)에 대한 견제

① 1991년 11월 브라질이 주축이 되어 아르헨티나, 파라과이, 우루과이 등을 참여시켜 결성된 남미공동시장(MERCOSUR)은 미국의 수출업계에 큰 타격을 가져다 줄 위험요소가 됨

② 1997년 MERCOSUR는 칠레와 볼리비아에 대해 준회원 자격을 제안하는 등 활발한 활동을 펼쳐

GDP 1조 달러의 규모와 2억 2000만 명의 소비시장을 형성함

③ MERCOSUR는 미국 행정부가 자유무역협정 체결을 위해 신속처리권한의 의회승인을 기다리는 동안 콜롬비아, 베네수엘라, 에콰도르, 그리고 페루와 무역 협상을 벌였는데, 브라질과 아르헨티나 등 MERCOSUR를 주도하는 국가들은 미주지역에서 NAFTA의 견제 세력이 될 수 있는 남미자유무역지대(SAFTA)의 창설을 목표로 함

④ MERCOSUR의 확대는 곧 미국의 입지 약화를 의미하는 것이었고, 따라서 미국은 브라질의 주도로 남미지역이 통합되는 것을 견제해야 할 필요성이 제기됨

3. 추진 과정

① 미국은 1999년 12월 시애틀에서 열린 제3차 WTO 각료회의에서 뉴라운드의 출범이 교착상태에 놓이게 되자 FTAA의 타결에 본격적으로 나서기 시작함

② **제1차 미주정상회담**(The Summit of the Americas)

㉠ 1994년 12월 미국 마이애미에서 개최된 제1차 미주정상회담에서 구체화됨

㉡ 이 회의에서 쿠바를 제외한 미주 34개 국가들은 2005년까지 FTAA를 설립키로 합의하였고, 지금까지 6차례의 무역장관회담을 개최함

③ 1998년 4월 칠레에서 개최된 제2차 미주정상회담에서는 각국의 통상차관들로 구성된 무역협상위원회(Trade Negotiation Committee)를 구성하기로 합의함

④ 2001년 4월 캐나다 퀘벡에서 열린 제3차 미주정상회담에서 미주지역 34개국 정상들은 오는 2005년까지 자유무역협정 협상을 마무리 짓기로 합의함

⑤ **과제**

㉠ 각 국가들은 자유무역의 범위가 어느 정도인가를 결정해야 함

- FTAA가 UR 협정 이상의 무역자유화를 추구할 것인가 혹은 WTO 체제 내에서 무역 자유화를 추구할 것인가를 결정해야 함

㉡ 현재 미주지역에는 NAFTA를 비롯하여, MERCOSUR, ANCOM(안데스공동시장) 등 여러 형태의 지역무역협정이 존재하기 때문에 FTAA 창설에 따르는 기존의 협정들을 어떻게 조화롭게 조정하여 FTAA 체제 안으로 수렴시킬 수 있을 것인가 고민을 해야 함

㉢ 역내 국가들 간 경제력 차이의 조정 여부 : 소규모의 경제국들은 협상 과정에서 미국과의 상대적 손실(relative loss)을 걱정하지 않을 수 없고, 따라서 협상이 난관에 봉착할 가능성은 언제든지 존재함

> **태평양동맹**
>
> ① 2012년 6월 멕시코-칠레-콜롬비아-페루 4국이 협정에 서명했고 2015년 8월 발효가 되어 정식으로 출범
>   ㉠ 이들 4국은 중남미에서 경제 사정이 좋고 성장 가능성도 높은 나라
>   ㉡ 회원국 간 비자 면제를 추진하고 있고 장기적으로 자유무역협정을 추진하며 아시아 시장에 공동 접근하는 목표를 가지고 있음
>   • 코스타리카와 파나마도 가입 예정
> ② 태평양동맹은 인구 2억 1500만 명, GDP 규모는 중남미 전체의 1/3을 차지하고 있음
> ③ 대(對)유럽 교역 비중이 63%, 대(對)아시아 비중이 52%를 차지하고 있으며 남미 내 교역 비중은 27%에 그치고 있음
> ④ MERCOSUR가 반미적 성향이 강하고 보호무역을 내세우는 폐쇄적 무역블록인 반면에 태평양동맹은 미국과 친밀한 관계인 나라가 대부분이고 자유무역을 지향하고 있기 때문에 유연한 무역블록으로서 남미의 새로운 성장동력이 될 것으로 주목받고 있음

4 라틴아메리카통합기구(ALADI)

1. 설립 경위

① 1950년대 유럽에서 경제통합기구인 유럽경제공동체(EEC)가 창설된 후, 라틴아메리카에서도 지역통합을 위한 협상이 시작되었으며, 1961년 동 지역 자유무역지대를 창설하기 위한 라틴아메리카 자유무역연합(LAFTA)이 발족
  ㉠ LAFTA는 당시 수입관세 인하를 위한 회원국 간 협상 방식을 채택, 초기에는 역내 국가 간 교역 증진 등의 효과 창출
  ㉡ 그러나 회원국 간 상이한 경제발전 격차로 인해 60년대 하반기부터 역내 관세 및 수입제한 철폐에서 충분한 성과를 거둘 수 없었으며 70년대에는 사실상 기능 중단

② **1980년 8월 중남미 11개국 간 체결한 몬테비데오 협정에 의해 설립** : 1961년 발족한 라틴아메리카자유무역연합(LAFTA) 대체

③ 1981. 3. 18 라틴아메리카 최대의 통합기구로 공식 출범

④ LAFTA를 대체하기 위해 1980년 창설된 ALADI는 자유무역지대 결성보다는 향후 라틴아메리카 지역에서의 다자간 통합기구 창설을 위한 준비 단계로서 우선 역내 교역 확대를 중점 추진

2. 설립 목적 및 기능

① 역내 특혜관세, 역내 포괄협정 및 회원국 간 양자·다자간 협정을 통한 점진적이고 단계적인 라틴아메리카 공동시장 달성

② ALADI는 GATT에 의해 정식 승인된 지역경제통합체로서 라틴아메리카 경제통합의 모체 역할

　㉠ 경제정책의 다원주의 준수, 유연성, 조화와 균형이라는 통합 원칙을 바탕으로 경제 통합 추진

　㉡ 회원국 간 양자 및 다자 자유무역협정 체결을 인정하고 있으며, 현재 MERCOSUR, CAN 등 라틴아메리카 지역 내 체결된 시장통합에 관한 협정의 대부분은 ALADI의 경제보완협정의 틀을 활용하여 체결

③ ALADI는 라틴아메리카 공동시장 건설을 최종 목표로, 기체결된 회원국 간 자유무역 협정의 강화와 신규협정의 체결 및 역외 국가들과의 무역협정 체결 등을 위한 기술적, 법적자문 제공

3. 회원국 현황

① **회원국(12국)** : 아르헨티나, 볼리비아, 브라질, 칠레, 콜롬비아, 에콰도르, 멕시코, 파라과이, 페루, 우루과이, 베네수엘라, 쿠바

② 회원국을 경제개발 수준에 따라 3가지로 분류하고 이에 따라 상이한 특혜관세를 적용

　㉠ 볼리비아, 에콰도르, 파라과이 등은 상대적 저개발국으로 분류하여 우호적 특혜관세 제공

　㉡ 회원국 간 독자적으로 개별 협정을 체결하여 특혜관세 적용

4. 주요 기구

① **장관급 위원회** : 각 회원국 외무장관이 참석하는 최고 의사결정 기구

② **상설 회원국 대표자 위원회** : 각 회원국별 대표가 15일마다 회합, 주요 현안 투표권 행사

③ **통합평가회의**

　㉠ 개별 및 지역 협정의 통합과 조정 기능

　㉡ 통합의 전 과정 검토 및 평가

---

5 미주기구(Organization of American States, OAS)

1. 설립 경위

① 1890년 제1차 범미주회의에서 14개 미주국은 먼로주의를 기본이념으로 한 미주공화국연맹을 창설, 미주공화국가 통상사무국을 설립

② 1910년 제4차 범미주회의(아르헨티나, 부에노스아이레스 개최)에서 미주공화국가 통상사무국을 범미연맹(Pan American Union)으로 발전

③ 1948년 제9차 범미주회의(콜롬비아, 보고타 개최)에 결집한 21개 미주국 대표들은 범미연맹을 미주기구(Organization of American States)로 개칭하고, 미주기구헌장 채택

2. 회원국 현황

전 미주 35개 독립국가

3. 주요 기관 및 기능

① 총회(General Assembly)
  ㉠ 정책 결정을 위한 최고기관
  ㉡ 매년 2/4분기 중 정기총회 개최, 사업 및 예산 승인

② 외교장관 협의회(Meeting of Consultation of Ministers of Foreign Affairs)
  ㉠ 회원국의 공통 관심사 토의
  ㉡ 무력 침략 및 역내 위협 발생 시 회의 소집 : 회원국 과반수 찬성으로 회의 개최 여부 결정

③ 이사회(Council)
  ㉠ 상임 이사회(Permanent Council)
  • 구성 : 회원국 OAS 상주대사로 구성
  • 기능 : 긴급사태 대처, 분쟁의 평화적 해결 강구 및 예산 심의와 사무국 운영 감독
  ㉡ 미주 통합개발 이사회(Inter-American Council for Integral Development)
  • 구성 : 회원국 각료급 위원
  • 기능 : 빈곤퇴치 및 통합발전을 위한 회원국 간 협력 증진

④ 사무국(General Secretariat)
  ㉠ 소재 : 미국 워싱턴
  ㉡ 총회 및 이사회에서 결정되는 정책 및 계획 집행
  ㉢ 임기 5년의 사무총장

4. 최근 활동 및 동향

① 민주주의 및 안보 강화
  ㉠ 선거참관단 파견
  ㉡ 각종 분쟁 시 평화적 해결 노력 경주
  ㉢ 지방분권화 및 정당 현대화 노력 지원
  ㉣ 역내 테러 및 마약퇴치 활동 전개
  ㉤ 중남미 지역 지뢰제거 작업

② **지속 개발 프로그램 추진**

　㉠ OAS는 UN 새천년 개발목표 달성 노력의 일환으로서 UN 환경계획(UNEP), 지구환경기구(GEF), 세계은행(WB) 등의 국제기구와 공조하에 수자원 관리, 자연재해 및 기후변화적응, 재생에너지, 생물 다양성 보존, 환경평가 등 다양한 환경 분야에 역점을 두고 구체적인 프로그램을 마련, 이행 중

　㉡ OAS는 지속가능한 개발의 재원 마련을 위해 7천만 달러의 예산을 마련한 것 외에, GEF-WB 환경기금 활용 및 민간차원에서 환경서비스 비용 지불 등 다양하고 혁신적인 재정조달 방식 모색

③ **역내 각종 사회문제 해소 노력** : 시민의 사회·경제적 안보 및 인권의 보호·증진 활동

④ **역내 자유무역 강화 노력**

　㉠ OAS는 1994년 플로리다에서 개최된 제1차 미주정상회의 이후 미주자유무역지대(FTAA) 창설을 목표로 IDB 및 ECLAC과의 협력 하에 FTAA 교섭을 위한 광범위한 기술적 지원을 제공

　㉡ 아울러 미국과 중미 5국(코스타리카, 엘살바도르, 과테말라, 온두라스, 니카라과) 및 도미니카 공화국 간 CAFTA-DR의 발효를 위한 지원 활동 등 역내 자유무역 확대를 위한 노력을 강화

6 중미공동시장(CACM, MCCA) 2010년 출제

1. 개요

① 중미지역 통합 노력의 일환으로 과테말라, 엘살바도르, 온두라스, 니카라과, 코스타리카 등 중미 5개국이 형성한 공동시장(Common Market)

② 명칭과 달리 실질적으로는 불완전한 관세동맹 단계에 불과

2. 설립 경위

① 1951년 과테말라, 엘살바도르, 온두라스, 니카라과, 코스타리카 등 중미 5개국은 제1차 중미기구헌장(산살바도르 헌장)에 조인하여 중미기구를 발족

② 1960년 12월 과테말라, 엘살바도르, 온두라스, 니카라과 등 4개국은 지역 경제협력 증진 및 경제통합을 위해 마나과에서 중미 경제통합 일반협정을 체결하고, 관세동맹인 중미공동시장(MCCA)을 출범

③ 1962년 7월 코스타리카 가입

3. 설립 목적 및 기능

① 역내 관세 및 비관세 장벽의 철폐를 통한 재화, 서비스, 생산요소의 자유로운 이동 보장과 공동관세 부과

② 도로, 교량, 댐, 농업용수로, 전기, 주택 등 사회간접자본 건설에 참여하는 타 회원국 기업에 대한 내국민대우 보장

③ 역내 경제통합 및 지역개발을 재정적으로 지원하기 위한 중미경제통합은행(CABEI) 설립

4. 회원국

과테말라, 엘살바도르, 니카라과, 온두라스, 코스타리카(1962년 가입)

5. 주요 기구

① **중미경제이사회**(Consejo Económico Centroamericano)
   ㉠ 5개 정회원국 경제장관으로 구성
   ㉡ 지역 경제통합 및 경제 정책 최고 결정기구

② **집행 이사회**(Consejo Ejecutivo)
   ㉠ 2명의 대표로 구성
   ㉡ 설립 협정 이행 및 행정관리

③ **사무국**(Secretaría Permanente)
   ㉠ 과테말라 소재
   ㉡ 중미경제이사회가 임기 3년의 사무총장 임명

7 중미통합체제(SICA)

1. 설립 경위

① 1991년 12월 '중미기구헌장 개정의정서'(테구시갈파 의정서)를 채택

② 1993년 2월 중미 전체를 포괄하는 새로운 형태의 중미통합체제(SICA)를 정식 발족

③ **중미통합의 역사적 배경**
   ㉠ 코스타리카·과테말라·엘살바도르·온두라스·니카라과 등 5개국은 1823년 스페인으로부터 독립 후 중미연방을 설립하였으나, 정치적 갈등으로 1838년 와해되어 각각의 독립국가로 탄생
   ㉡ 1960년 중미경제통합사무국(SIECA) 및 중미공동시장(CACM)을 설립하여 중미통합을 위한 기본적·제도적 틀을 마련했으나 회원국 내 군사정권 등장 및 내전 등으로 통합성과 부진
   ㉢ 1990년대 초 국제 냉전체제의 와해 및 역내 내전종식 등으로 역내 통합 논의가 다시 추진될 수 있는 여건 조성

2. 설립 목적

정치, 경제, 사회 및 문화적 통합을 통한 중미지역의 자유, 평화, 민주주의, 경제발전 달성

① 민주주의 강화 및 지역 안보의 새로운 모델 구체화

② 경제 통합 달성 및 경제블록으로서의 중미 지역 역할 강화

③ 회원국 간의 정치, 경제, 사회, 문화 등 제 분야에서의 조화 및 발전

3. 회원국

① **정회원국** : 벨리즈, 코스타리카, 엘살바도르, 과테말라, 온두라스, 니카라과, 파나마

② SICA 집행위원회의 및 외교장관회의(2010. 11. 4)에서 한국의 역외 옵서버 가입 의결, 차기 SICA 정상회의에서 최종 승인 예정

---

8 라틴아메리카 경제체제(SELA)

① **설립 연혁**

㉠ 1972년 제3차 산티아고 UNCTAD 총회 때 멕시코의 Echeveria 대통령이 NIEO 수립 제의

㉡ 1975. 10. 17 SELA 창설협정 체결

② **성격(목적)**

㉠ 중남미지역 국가 간 협력 통합 촉진 및 중남미 대외 공동입장 협의 및 정립

㉡ FTAA 창설 협상 관련 중남미국가 간 정책 조율

㉢ EU - 중남미, 아시아 - 중남미 등 대외 협력 증진 도모

③ **회원국** : 28개국

④ **비고**

㉠ 중남미의 모든 주권국가에 가입 개방

㉡ 주요 기관 : 라틴아메리카 이사회, 실행위원회, 상설사무국

㉢ 중남미 대외통상 현황 및 정책 관련 자료 발간

---

9 안데스 공동체(ANCOM : Andean Community) 2010년 출제

① **설립 연혁** : 1969년 CARTAGENA 협정 서명

② **목적** : 안데스 국가의 통합을 목적으로 한 ALADI 내의 SUB-REGIONAL 기구로 회원국 간의 균형적인 발전 도모와 지역 통합

③ **회원국** : 볼리비아, 콜롬비아, 에콰도르, 페루

④ 2005년까지 회원국 간 공동시장 건설 목표

10 카리브 공동시장(CARICOM)

① **설립 연혁**
   ㉠ 1965년 카리브 자유무역연합 CARIFTA으로 출발
   ㉡ 1973. 7. 4. 카리브 공동체로 발전
   ㉢ 1989년 CARICOM Single Market & Economy 창설 합의(상품·서비스·인적지원 자유교류)

② **목적**
   ㉠ 역내 경제개발과 카리브 공동시장 창설
   ㉡ 역내 국가 간의 외교정책 조율
   ㉢ NAFTA, FTAA 등 지역 통합화 관련 카리브국가들의 이익 공동 추구

③ **회원국** : 카리브 15개국

제5절 동아시아 발전과 지역협력

1 동아시아 경제

1. 동아시아 경제의 성장

① 일본, 신흥공업국(NIEs : Newly Industrialized Economics)(한국, 타이완, 싱가포르, 홍콩), 동남아시아국가연합(ASEAN : Association of South-East Asian Nation), 그리고 중국이 순차적으로 경제성장을 이루어내고 있음

② 1960년대 일본의 고도성장, 1970년대 NIEs의 고도성장은 1980년대 들어 ASEAN의 고도성장으로 연결되고, 1990년대 들어 중국이 고도성장의 대열에 합류함으로써 동아시아 경제가 세계경제의 성장견인차 역할을 담당하고 있음

③ **구조적 변화** : 역내 무역과 해외직접투자가 증가된 반면 선진국 시장, 특히 미국에 대한 수출의존도는 점차 감소하고 있음

2. 무역 현황

① 아시아 역내 무역량이 아시아와 북미 사이의 무역량을 이미 넘어서고 있음

② **역내 무역의 증가 이유** : 동아시아 지역의 국가들이 무역에서 서로 다른 비교우위를 확보하고 있고, 증가된 해외직접투자의 결과로 인해 역내 무역 또한 꾸준히 증가하고 있음

③ 해외직접투자의 동아시아 역내 흐름은 1970년대 NIEs로의 투자확대와 1985년을 기점으로 한 ASEAN으로의 투자확대가 1990년대 중국과 베트남으로의 투자확대로 이어짐으로써, 역내 경제성장의 역사적인 파급효과와 파급경로를 보여주고 있음

④ 1985년 플라자협정(Plaza Accord) 이후 엔화가 절상되면서 일본의 동남아시아 국가로의 해외직접투자는 급속도로 증가하게 되고, 이 뒤를 이어 한국과 타이완의 이 지역 국가로의 직접투자가 활성화되기 시작했음

⑤ 1990년대 이후 중국이 광대한 내수시장과 저임금, 호의적 투자환경 등을 통하여 일본, 한국, 타이완, 동남아시아 화교의 자금을 끌어들이면서 동아시아 역내 국가 간의 해외직접투자의 양은 더욱 확장되고 있음

⑥ **아시아태평양경제협력체(APEC : Asia-Pacific Economic Cooperation) 회원국 경제력**
- APEC의 21개 회원국의 경제력은 이들 국가의 국내총생산(GDP)이 전 세계의 57%를 차지하고 이들 국가의 무역량은 전 세계의 50%를 차지하고 있음

2 동아시아의 경제성장

1. 동아시아 발전 모델

① 동아시아 발전 모델은 시장을 왜곡시키지 않는 범위 내에서 국가의 시장개입을 그 주요 주제로 설정하고 있음

② 경제성장을 달성하기 위한 동아시아 국가들의 역할은 시장개입의 정도에서 다른 지역 국가들에 비하여 훨씬 강도가 강했다는 점이 동아시아 발전 모델의 첫 번째 구성요소임

③ **동아시아 발전 모델의 구성요소** : 정치적 안정, 효율적이고 자율적인 관료조직, 호의적인 국제경제환경 등이 있음

④ 상이한 성장전략
  ㉠ 일본은 충분한 국내저축을 통하여 투자자금을 조달함
  ㉡ 한국은 과도한 외채에 기반한 성장전략을 채택함
  ㉢ 싱가포르를 위시한 ASEAN 국가와 중국은 해외직접투자의 유입에 의존하는 성장전략을 추구함

2. 경제성장의 요인

① **일본의 집중적인 해외직접투자의 전개**
  ㉠ 일본의 직접투자 증가는 일본 내의 높은 인건비와 지대 등의 고비용 환경을 탈피하려는 기업의 움직임과 함께 증가되는 미국과 유럽과의 무역분쟁을 회피하기 위한 우회 수출기지로서 동남아시아 국가를 이용하려는 정책적 목적이 결합된 결과임
  ㉡ 일본의 정치력 영향력 확대 의도 : 일본은 경제적인 우위를 통하여 동아시아 지역주의에서 패권을 선취하려는 의도를 가지고 있음
② 1980년대 NIES 국가들의 최혜국대우 조치가 폐지되면서, NIES 국가의 노동집약 분야에서의 비교우위가 최혜국대우를 받고 있는 ASEAN 국가로 이전된 결과 ASEAN 국가의 수출이 증가함
③ **1978년 덩샤오핑의 개방정책 도입 이후 중국의 등장** : 12억에 달하는 인구, 그에 준하는 내수시장, 값싼 노동력, 개발도상국 중 최고의 해외직접투자 유입액, 그리고 정부의 경제성장 제일정책에 힘입어 중국은 두 자릿수의 경이적인 경제성장을 지속하고 있음

3. 일본의 역할

① 일본과 동아시아 국가의 경제협력 관계는 제2차 세계대전 당시 일본제국주의의 피해국에 대한 전쟁배상에서부터 시작됨
② 일본 자본은 기업의 해외직접투자와 정부의 공적개발원조(ODA : Official Development Assistance)의 정책적인 협조를 통하여 동아시아 국가들에게 이전됨
③ 일본의 공적개발원조는 무상원조와 유상원조(싼 이자의 차관), 그리고 기술협력으로 구성되는데 공적개발원조는 일본 정부, 특히 통산성(MITI : Ministry of International Trade and Industry)에 의하여 일본기업의 동아시아 역내 해외직접투자의 확산과 유기적으로 결합되어 전략적으로 이용됨

4. 아카마쓰(Akamtsu) : 비행하는 기러기 이론(Flying geese theory)

① 일본이 동아시아 국가로 기술을 지속적으로 이전함으로써 동아시아의 경제성장을 견인하고 있다는 주장
② 일본의 기술이 순차적으로 NIEs, ASEAN 그리고 중국과 베트남으로 이전됨으로써 이들 국가의 제조업을 발전시키고 이와 함께 수출을 증대시켜 지역의 경제성장을 견인했다는 것

③ 이론적 한계

㉠ 동아시아 경제는 아카마쓰가 상정하는 수직적인 산업구조를 극복하고 있으며, 동아시아 내에서는 한국이나 타이완 기업의 일본 기업과의 경쟁강화나 일본 추월현상이 이루어지고 있음

㉡ 일본의 해외직접투자는 기존의 국가 간 수직적 비교우위를 어지럽혀 국가 간의 경쟁 강화와 같은 문제를 야기하고 있음

제 6 절 국제기구와 UN

1 UN 2008년, 2009년, 2012년, 2014년, 2016년, 2017년, 2021년 출제

1. UN의 창설

① UN의 설립에 관한 논의

㉠ 집단안보에 대한 논의는 제2차 세계대전 중에 시작됨

㉡ 국제연맹의 실패를 교훈 삼아 현실적으로 작동할 수 있는 집단안보체제를 구상함

② 설립 과정 2010년 출제

㉠ 대서양 헌장(1941. 8)에서 루스벨트와 처칠이 UN 창설 계획을 세움

㉡ 연합국공동선언(1942. 1)에서 연합국 26개국이 대서양헌장을 확인함

㉢ 모스크바 외상회의(1943. 10)에서 UN 설립을 토의함

㉣ 덤버튼오크스 회의(1944. 9~10)에서 미·영·중·소의 4국 대표가 유엔헌장의 초안을 작성하고 안보리 거부권 문제를 논의함

㉤ 얄타회담(1945. 2)에서는 안보리 거부권 문제를 해결함

㉥ 샌프란시스코 회의(1945. 6)에서 51개국이 참여하여 유엔헌장을 제정함

㉦ UN의 성립(1945. 10) : 1946년 1월 제1회 총회가 런던에서 개최됨

③ 강대국의 권한

㉠ 유엔헌장은 안전보장이사회의 영구 회원국인 5개 국가(미국, 영국, 러시아, 프랑스, 중국)에 거부권을 부여함

㉡ 거부권의 부여는 만장일치제를 채택했던 국제연맹의 의사결정방식의 문제점을 개선하여 국제정치에서 강대국의 역할을 인정했다는 것을 의미함

ⓒ 거부권은 집단안보가 가지고 있는 현실적인 문제점을 보완하고 국가의 주권을 인정하는 성격을 가지고 있음
ⓓ UN은 강대국의 영향력을 보장하기 위해 총회의 권한을 상당히 제한하고 있음
ⓔ 사무총장의 역할도 행정을 담당하는 것에 한정하고 있음

④ UN 창설 이후 중요한 변화
ⓐ 1950~1960년대에 일어난 신생독립국들의 대량 가입으로 회원 수가 두 배 이상 증가하면서 UN의 성격이 변화함
ⓑ 제3세계 국가들이 총회를 장악하고 미국의 영향력이 축소되는 결과 초래
ⓒ 대만이 가지고 있던 중국의 대표권이 1971년 미국과 중화인민공화국의 교류와 함께 중화인민공화국으로 이전됨

2. UN의 세계평화 유지기능

① **집단안보** 2016년 출제
ⓐ 집단안보는 침략의 의도를 억제하고 침략을 격퇴하는 데 중점을 두는 제도임
ⓑ 집단안보는 힘을 기초로 여러 가지 형태의 제재(制裁)에 역점을 두고 있음
ⓒ 집단안보는 힘의 관리를 위한 항구적인 제도적 장치에 의존함
ⓓ 한국전쟁(1950)은 집단안보에 입각한 유엔 최초의 전쟁으로서, 당시 유엔군은 안전보장이사회의 결의를 거쳐 세계질서의 교란자에 대한 응징적 성격을 가짐

② **예방외교**
ⓐ 예방외교는 분쟁지역 내의 대결을 방지하는 역할을 주기능으로 삼고 있음
ⓑ 예방외교는 주선, 중개, 조사, 조정, 중재 등의 평화적 방식을 강조함
ⓒ 예방외교는 많은 경우 '잠정적 기구'에 의존한다는 점에서 제도에 대한 의존성이 낮다고 할 수 있으나, 평화유지군의 주둔이나 분쟁지역에 대한 국민투표를 관장하는 경우 상당 기간 제도적 장치에 의존하는 경우도 있음
ⓓ 이집트에 파견된 유엔비상군(United Nations Emergency Force : UNEF)과 콩고에 파견되었던 콩고유엔군(United Nations Operation in the Congo : ONUC)은 예방외교의 사례에 해당하는데, 1956년 이집트 파견 유엔비상군(UNEF)은 감시 활동, 그리고 1960년 콩고유엔군(ONUC)은 정규경찰 활동으로 분류됨

3. 탈냉전 시대 변화된 UN 활동

① **전 사무총장 부트로스 갈리(Boutros Boutros - Ghali)의 역할**
ⓐ 탈냉전 시대에 있어서 UN의 국제평화 유지와 안전을 개념 혹은 이념적으로 체계화함
ⓑ 1992년 UN 개혁을 위한 '평화를 위한 의제'(An Agenda for Peace) 제안 보고서에서 현재 UN이 수행하고 있거나 수행해야 할 활동들을 개념적으로 정리하여 제시함

- 평화유지(Peace - keeping), 평화조성(Peace - making), 평화구축(Peace - building), 예방외교(Preventive Diplomacy)를 제시함
ⓒ 1995년의 '평화를 위한 의제'에서는 제재(Sanctions), 군비철폐(Disarmament), 강제조치(Enforcement action)를 제시함

> **평화를 위한 의제** 57
>
> 냉전이 끝난 직후인 1990년 초반에 평화와 안보를 위한 국제연합의 의제는 급속이 확대되었다. 사무총장 부트로스 부트로스 갈리는 '평화를 위한 의제'라는 보고서에서 국제연합의 평화와 안보를 위한 새롭고 야심적인 역할을 그려내고 있다. 이 보고서는 탈냉전 상황에서 평화와 안보를 지키기 위한 국제연합의 여러 가지 상호연계된 역할들을 기술하고 있다.
>
> 1. 예방외교(Preventive Diplomacy) – 신뢰구축, 실태조사, 이미 승인된 국제연합군 배치활용
> 2. 평화조성(Peace-making) – 적대적 세력 간의 합의를 평화적인 수단을 통해 도출하기 위한 활동
> 3. 평화강제(Peace-enforcement) – 모든 평화적 수단이 실패할 경우 헌장 제7장의 규정에 따라 평화강제가 필요할 수도 있고 평화강제는 당사자들의 합의 없이 이루어질 수 있음
> 4. 평화유지(Peace-keeping) – 당사자들의 합의에 따라 국제연합 병력을 현장에 배치함(전통적 평화 유지)
> 5. 분쟁 후 평화 구축(Peace-building) – 폭력적인 분쟁을 방지하고 평화를 공고히 하기 위한 사회적, 정치적, 경제적 하부 구조 개발

57　세계정치론(2019, 제7판), 을유문화사, 462면

UN 역대 사무총장의 명단 2019년 출제

구분	이름	출신국	재임기간	비고
직무대리	글래드윈 젭(Gladwyn Jebb)	영국	1945. 10. 24~1946. 2. 1	
1대	트리그브 리(Trygve Halvdan Lie)	노르웨이	1946. 2~1953. 4	3년 연임 후 사직
2대	다그 함마슐드(Dag Hammarskjold)	스웨덴	1953. 4~1961. 9	1961년 은돌라 UN DC-6 추락 사건으로 사망
3대	우탄트(U-Thant)	미얀마	1961. 11~1971. 12	
4대	쿠르트 발트하임(Kurt Waldheim)	오스트리아	1972. 1~1981. 12	중국이 3번째 임기 거부권 행사
5대	하비에르 케야(Javier Perez de Cuellar)	페루	1982. 1~1991. 12	
6대	부트로스 부트로스 갈리(Boutros Boutros-Ghali)	이집트	1992. 1~1996. 12	미국이 2번째 임기 거부권 행사
7대	코피 아난(Kofi Annan)	가나	1997. 1~2006. 12	
8대	반기문	한국	2007. 1~2016. 12	
9대	안토니오 구테헤스(Antonio Guterres)	포르투갈	2017. 1~	

② **집단안보(강제 조치)**

㉠ 1990년 8월부터 1991년 4월까지 전개된 걸프전쟁에서 유엔 안보리는 '국제 평화 및 안전유지'를 위하여 집단안보의 이념 하에 적극적인 활동을 전개함

㉡ 걸프전에서의 유엔 활동은 1950년 한국전쟁 이후 처음이며, UN 창설 이후 오직 두 번째로 헌장에 규정된 바에 의해 집단안보가 적용된 경우임

㉢ 15개의 안보리 결의안 대부분이 5개 상임이사국은 물론, 비상임이사국들의 전폭적인 지지 가운데 통과되었을 뿐만 아니라 경제 제재부터 해상 봉쇄·공중 봉쇄·무력 제재에 이르는 일련의 조치들이 헌장 제7장의 규정에 의거하여 취해짐

㉣ 걸프전은 일정한 국제적 여건이 마련되기만 하면 UN에 의한 국제분쟁의 해결이 가능함을 보여준 역사적인 사건임

③ **평화유지활동(Peace Keeping Operations : PKO)**

㉠ PKO는 집단안보가 냉전시대에 유명무실화되고 안보리가 마비된 가운데 이에 대한 대안으로서

함마슐드 사무총장이 고안하여 발전시킨 유엔의 평화유지 기능임

  ⓒ 코피아난에 따르면 PKO는 "적대국 사이에서 혹은 한 국가 내의 적대적 당사자 간의 분쟁을 통제하고 해결하기 위해서 당사자들의 동의와 국제적인 지휘체계 아래 무장 또는 비무장의 다국적 군사, 또는 비군사 요원들을 사용하는 활동"으로 규정되는데, 이는 PKO 5원칙에 기초를 둔 UN 활동의 하나임

  ⓒ PKO 5원칙 : 분쟁 당사자 동의의 원칙, 요원의 비무장 혹은 경무장의 원칙, 요원의 무기 자기 방위 사용의 원칙, 중립 혹은 불편부당의 원칙, 자발적 참여의 원칙

  ⓔ PKO 활동 중 주목할 만한 것은 일본과 독일의 참여인데, 2차대전의 적국으로 지칭되었던 일본은 캄보디아 활동에 참여한 이래 현재 모잠비크, 르완다 활동에 참여 중이며, 독일은 소말리아에 1,700명의 보병 요원을 파견한 바 있음

  ⓜ 이빨을 가진 PKO(PKO with teeth)

- 탈냉전시대 PKO 활동은 강압적(coercive), 응징적(punitive), 보복적(retaliatory) 성격을 보이고 있음
- 소말리아의 경우 UN의 개입 당시 정부가 붕괴되어 무정부 상황에서 '당사자 동의의 원칙'은 지켜지지 않았으며, 주로 미국군으로 이루어진 통합 긴급군은 당시 UN으로부터 '인도적 지원 목적'을 달성하기 위한 모든 필요한 조치를 승인받아 공격적 작전을 수행함
- 유고슬라비아의 경우 UN은 비행 금지구역 및 민간인 안전지대(Safe Zone)를 설치하는가 하면, PKO 요원 보호를 위해 NATO군 역사상 처음으로 세르비아에 대한 '보복' 비행 폭격을 단행하였고, 1995년 9월에는 대규모의 폭격으로 세르비아를 휴전 협상테이블로 이끌어내는 군사적 압력을 가하였음

3 유엔평화유지활동(PKO) 2010년, 2022년 출제

1. 의미

유엔평화유지활동(UN Peace-keeping Operation)은 적대행위가 종식되어 평화회복 과정에 있는 국가에 정전 감시, 무장해제, 분쟁재발 방지, 치안유지, 전후복구 활동 등을 제공하는 유엔 주도의 국제 평화와 안전 유지를 위한 활동을 의미함

2. 발전 배경

① 유엔평화유지활동(이하 PKO)은 동서 냉전체제하에서 유엔헌장 상의 집단 안전보장조치가 현실적으로 불가능해짐에 따라, 이에 대한 대체 수단으로서 도입, 발전

② 유엔헌장 상 PKO에 대한 명문 규정 없음 2009년 출제

③ 함마슐드 전 유엔사무총장은 PKO를 유엔헌장 제6장(평화적 분쟁 해결)과 제7장(강제적 분쟁 해결)의 중간적 성격의 조치라는 의미에서 헌장 제6.5장으로 비유

3. 주요 임무

① **1990년대까지 PKO 임무** : 정(휴)전 감시, 병력 철수 감시 등 분쟁 재발 방지에 중점을 두었음

② **2000년대 이후 PKO 활동** : 점차 Multi-dimensional mission으로 전환됨

㉠ 최근에는 민족, 종교, 자원 문제 등으로 인한 지속적인 분쟁으로 기아와 빈곤, 난민, 질병, 재건, 선거 등 인도적 지원과 인권 문제가 복합적으로 발생함에 따라 선거 지원, 인도적 지원 등 국가건설(nation-building) 과정에 필요한 활동으로 영역이 확대됨

㉡ 분쟁에 관련된 병사나 전투원들이 무장을 해제하고 사회에 통합되지 않고는 평화가 정착되지 못한다는 인식에 기초하여 무기회수, 동원해제 및 재통합(DDR) 활동 강화

- 무기회수(disarmament) : 전투원 및 무장한 민간인들이 소지하고 있던 소화기, 탄약, 폭발물 및 각종 무기들을 수집, 통제 및 폐기하는 활동
- 동원해제(demobilization) : 전쟁상태로부터 평화정착으로 이행하는 광범위한 변화의 일환으로 군대(정부군, 반군 또는 무장단체)의 규모를 축소 또는 완전히 해체하는 과정
- 재통합(reintegration) : 전직 전투원들과 그 가족들이 경제적 및 사회적으로 민간사회에 재통합될 수 있는 가능성을 높이기 위해 제공되는 지원수단으로서, 직업 훈련 및 소득 창출 활동 뿐 아니라 현금 지원 및 현물 보상 등이 포함

4. 활동 변화 추세 (시기별)

① **생성기(1948~1955년)** : 비무장 군감시단의 정전 감시활동

㉠ 1948년 팔레스타인 분쟁지역 감시활동을 위한 유엔 예루살렘정전감시단(UNTSO)이 효시가 됨

㉡ 1949년 인도와 파키스탄의 분쟁지역인 카슈미르 지역의 유엔 인·파 정전감시단(UNMOGIP) 설치

② **활성기(1956~1967년)** : 국제적 분쟁 해결에 PKO 역할 인식

㉠ 총 8건 중 4건이 PKF 활동, 4건이 정전감시단 활동

㉡ 특히 1956년의 유엔 중동긴급군(UNEF)은 수에즈 운하의 소유권 관련 이집트와 주변국과의 분쟁을 효과적으로 해결

③ **쇠퇴기 / 침체기(1968~1978년 / 1979~1987년)**

㉠ 1968년 이후 10년간 추진된 활동은 중동지역 3건에 불과

㉡ 동서냉전으로 인한 국제관계의 급냉과 자국의 이익을 고려한 유엔안보리 상임이사국의 빈번한 거부권 행사에 기인

④ **전환기·활성기(1988년~현재)**

㉠ 1990년 냉전의 종식과 함께 급속히 확대되어 1990년대 10년 동안 총 40여 개 정도의 PKO 활동 집중

ⓒ PKO 활동은 90년대 중반 소말리아(1993), 르완다(1994), 보스니아(1992~95)에서의 실패 이후 한동안 위축되었으나, 90년대 후반 국제정세의 변화에 따라 코소보(1999)와 동티모르(1999)에서 보듯이 PKO 활동이 다시 활발해지고 참여 인원과 예산도 증가

	UN PKO	다국적군
설치 근거	미션의 설치를 안보리 결의로 결정	핵심 이해당사국 주도로 창설을 결정 (안보리 결의로 승인받기도 함)
임무	적대행위가 종료된 지역에 정전감시, 평화협정 이행감시, 전후복구 등 임무 수행 → 접수국 동의 필요	침략행위 발생 또는 평화가 교란된 지역에서 평화 회복 임무 수행(peace enforcement) → 접수국 동의 불요
무력 사용범위	자위목적으로만 무력 사용	침략격퇴, 무력진압 등을 위한 적극적 무력 사용 가능
유엔 통제 장치	유엔사무총장이 사령관을 임명하며, 안보리의 지침을 받아 작전 지휘권 행사	• 병력 공여국들이 자체 통제체계 수립 • 안보리는 임무범위 및 기한 재검토 기능을 통해 형식적 통제
경비부담 주체	유엔회원국들이 분담	병력 파견국 자담
설치 사례	• 1948년 이후 총 62개의 PKO 미션 설치 • 현재 콩고, 수단 등 18개 PKO 미션 활동 중	• 1990년 이후 12개의 다국적군 설치 • 현재 이라크, 아프가니스탄 다국적군 활동

UN PKO와 다국적군 비교

5. 최근 UN PKO 활동의 특징

① 실패한 국가의 내전 지역에 집중하고 있음

② PKO 활동은 1990년대 중반 소말리아(1993), 르완다(1994), 보스니아(1992~95)에서의 실패 이후 한동안 위축되었으나, 1990년대 후반 국제정세의 변화에 따라 코소보(1999)와 동티모르(1999)에서 보듯이 PKO 활동이 다시 활발해지고 참여 인원과 예산도 증가하고 있음

- 1990년 초반까지는 평화유지활동에 국한하여 주로 헌장 제6장 하의 활동을 전개하였으나, 최근 PKO 파견 시에는 헌장 제7장을 적용하는 사례가 확대되고 있음

③ 최근 새롭게 창설된 PKO의 대부분이 아프리카 내전 지역에 집중되고 있음

④ 9·11 이후 테러 세력과 실패한 국가 간의 정치적, 경제적 연계 가능성 등에 대한 우려가 국제사회의 관심으로 부상하면서, 상대적으로 무관심했던 아프리카 지역 관리 문제에 대한 관심이 증대되고 있음

⑤ 현재 2000년 이후 창설된 PKO 10개 중 6개가 아프리카 지역에 신설, 전체 9만여 명의 PKO 참여 요원 중 6만 4천여 명이 아프리카 지역에 배치됨

대한민국의 PKO 참여 현황(2019. 5월 기준)

총 6개 유엔 PKO 임무단에 총 643명 파견 중
- 이 중 2개 임무단은 부대단위 파견(레바논 동명부대, 남수단 한빛부대)

	구 분	현재 인원	지역	최초 파견
부대 단위	동명부대(레바논 평화유지군)	330	티르	2007. 7
	한빛부대(남수단 임무단)	286	보르	2013. 3
개인 단위	인·파 정전감시단(UNMOGIP)	7	스리나가	1994. 11
	남수단 임무단(UNMISS)	7	주바	2011. 7
	수단 다푸르 임무단(UNAMID)	1	다푸르	2009. 6
	레바논 평화유지군(UNIFIL)	4	나쿠라	2007. 1
	서부사하라 선거감시단(MINURSO)	4	라윤	2009. 7
	아이티 정의임무단(MINUJUSTH)	4(경찰)	아이티	2018. 3
소 계		643		

4 UN의 문제점과 개혁

① 국가 주권과 인도적 개입의 갈등

   ㉠ 탈냉전 이후 UN의 전반적 활동 강화는 국제사회 및 UN 내에서 주권(Sovereignty) 및 국제적 인권 보호에 관한 규범적 논의를 새롭게 불러일으킴

   ㉡ 국제법의 가장 중요한 원칙의 하나이자 유엔헌장(제2조)에서도 보장된 국가 주권의 원칙과 여기서 파생된 국내문제 불간섭의 원칙이 국제안보 및 인도적 개입의 문제와 상치될 경우 어느 것을 우선시할 것인가의 문제가 제기됨

   ㉢ 인도적 개입(Humanitarian intervention)의 문제는 자국민 혹은 해당 국민의 인권남용이 있을 경우, 그 해당 국가의 동의 없이 개별 국가 혹은 UN 등 국제기구의 도입, 특히 강제적 개입이 허용되는가 하는 문제임

   ㉣ UN에 의한 집단안보 발동의 경우에는 헌장 규정에 의하여 국내 문제에 관한 관여가 허용되어 있

음이 명백하나(제2조7항 단서), 많은 경우에 과연 무엇이 국내 관할권에 속하는지는 상대적으로 정의될 수밖에 없으며 국제관계의 변화 및 국제사회의 발달에 따라 그 의미는 다르게 나타남

② **UN 상비군의 설치 문제**

- ㉠ UN 활동의 확대 및 변화는 UN의 개혁에 관한 논의를 더욱 촉진했는데, 갈리는 PKO 활동과 더불어 더욱 적극적으로 군사제재를 수행하는 이른바 평화강제군(Peace Enforcement Unit)의 창설을 제안함
- ㉡ 갈리는 또한 헌장 제43조에 명시된 바에 따라 UN 상비군의 설치를 위한 안보리와 UN 회원국 간의 특별 협약 체결을 촉구하고 UN 군사참모위원회(MSC)의 활성화 등을 제안함
- ㉢ UN이 집단안보의 발동이나 무력제재를 부과할 때 제기되는 가장 큰 문제점은 UN 자체의 군사력, 즉 UN 상비군의 부재임
- ㉣ UN은 자발적인 회원국들로 구성된 임시적·다국적 합동군에 의존할 수밖에 없기 때문에 그 공평성과 효율성의 측면에서 일정한 한계를 보일 수밖에 없음
- ㉤ PKO 상시 준비체제(Stand-by Arrangements) 제도의 도입 : 각국은 PKO 활동에 즉각 참여할 수 있는 군사 요원을 별도로 획정·훈련시켜 놓고, UN의 요청이 있을 때 PKO 활동에 참여하게 됨

③ **재정난의 해소 문제** : UN의 활동과 관련하여 당면한 가장 시급한 과제

- ㉠ UN은 1995년 창설 50주년을 맞아 사상 최대의 재정위기에 직면하였는데, 이에 대해 부트로스 갈리 사무총장은 직원채용 동결, 사무실 축소 등 경비절감을 위한 노력을 하는 한편, 1994년 4월 공식적으로 UN의 파산 위기를 경고하고 재정 문제를 다루기 위한 긴급 총회를 소집할 것을 고려하기에 이름
- ㉡ UN의 재정적자는 한편으로는 UN 자체의 인기의 대가로서 급격히 증대하는 활동에 따라 PKO 경비가 증가하기 때문이기도 하며, 다른 한편으로는 미국을 비롯한 일부 회원국들이 분담금 납부를 미루고 있기 때문임
- ㉢ 현재 UN의 재정은 기본적으로 정규 예산, PKO 예산, 그리고 자발적 기부금으로 이루어지고 있으며, 1996년도 현재 미국 25%, 일본 13.95%, 독일 9.4%, 러시아 5.68%, 프랑스 6.32%, 영국 5.27% 등이며, G-7 국가들 및 러시아가 전체 예산의 약 70% 이상을 부담하고 있음
- ㉣ UN 재정 문제는 단순한 경제 문제가 아니라 회원국들의 의지와 정책에 관련된 정치적 문제라고 보아야 하는데, 이는 소수 국가를 제외하고는 지불 능력이 없어서가 아니라 정치적 의지의 결여나 정치적 의도에서 일부러 지불을 유보하고 있기 때문임
  - 특히 미국이 UN의 개혁을 요구하면서 의회와 행정부의 대립이라는 국내정치적 이유로 연체를 하고 있음

④ **UN 조직의 개편 문제**

- ㉠ 안보리 개편 논의는 UN의 역사를 통하여 이론적으로 계속 거론되어 온 문제로서, 탈냉전시대의 변형된 국가 간 세력관계를 반영하고 있음
- ㉡ 1991년에 들어서 새로운 국제질서의 변화 가운데 이탈리아는 전체 안보리 이사국의 증가 및 거부권 없는 상임이사국의 증가 등을 내용으로 하는 개편을 제안하였으며, 같은 해 12월 소련이 붕괴되고 이에 따라 러시아 연방이 상임이사국 자격을 승계한 것을 계기로 UN 안보리 개편에 대한 논의가 본격 제기되었음

ⓒ UN 안보리 개혁안 : UN이 제시한 A안과 B안
- A안 : 기존 5개의 상임이사국에 아시아 2개, 아프리카 2개, 미주, 유럽 각 1개씩 총 6개의 상임이사국을 추가하고 비상임이사국은 현행 10개에서 13개국으로 늘리는 안
- B안 : 8개의 준상임이사국(거부권 없음)을 신설하고 비상임이사국은 1개 늘리는 안
- 한국은 B 모델을 지지, 일본은 A 모델을 지지
- 일본의 상임이사국 진출 움직임에 대해 한국은 반대 입장을 분명히 하고 한국과 뜻을 같이하는 이탈리아, 파키스탄, 터키, 에스파냐, 멕시코 등과 함께 B안을 관철시키기 위해 노력하는 중
- 일본의 상임이사국 진출의 중요한 고비 : 미국이 일본과 함께 상임이사국이 될 나라들에 대해 가지고 있는 우려, 그리고 중국의 부정적인 태도가 관건

5 보호책임 2015년, 2021년 출제

① 등장 배경
㉠ UN은 인도적 이유로 이라크·소말리아·구(舊)유고연방의 분쟁에 제한적으로 개입함
㉡ 구유고연방의 경우 세르비아군으로부터 이슬람교 난민을 보호하기 위해 안전지역 및 비행금지 구역을 설정하고, 또 이를 강제하기 위해 NATO군의 공군력 사용을 허용했으며 실제로 무력 사용을 통한 위반에 대한 제재가 이루어졌음
㉢ 코소보 개입 이후 인도적 개입과 주권 문제에 대한 논의의 필요성이 생기면서 캐나다의 제안과 UN 사무총장 코피 아난에 의해 주권과 인도적 개입의 조화를 이룰 수 있는 국제적 합의를 만들기 위한 노력이 시작됨
㉣ 2001년 '개입과 수권에 관한 국제위원회'의 보고서 「Responsibility to Protect」가 UN에 제출되었고 2005년 UN 세계정상회의에서 만장일치로 채택됨

② 보호책임(Responsibility to Protect : R2P)
㉠ 개념 : 시민의 안전을 보호할 책임은 일차적으로 해당 국가에 있지만 국가 역량이나 의지의 부족으로 보호를 제공하지 못하거나 국가 자체가 시민의 생명을 위협하는 경우 국제사회가 이들을 보호할 책임을 갖는다는 내용임
㉡ 원칙 : 국제사회가 인도적 이유로 다른 나라의 주권에 개입할 권리(right)를 가지는 것이 아니라 주권국가가 적절한 보호를 제공하지 못할 경우 개입해야 할 책임이 있다는 원칙으로써 UN 무력개입이 주권침해라는 반발을 해결하고 인도적 개입에 대한 회원국 간의 합의를 도모하기 위한 일환으로 만들어졌음

③ R2P 보고서의 군사적 개입의 6가지 전제조건
㉠ 정당한 권위(군사적 개입의 주체에 관한 문제)
㉡ 정당한 명분(인간안보에 대한 위협이 명확히 존재하는가)
㉢ 정당한 의도(다른 의도가 아닌 인간안보의 보호를 위한 개입인가)

ⓔ 마지막 호소로서 군사적 개입(상황을 해결하기 위한 다른 노력들이 있었는가)

ⓜ 비례적 수단(군사개입의 정도는 상황에 적합한 정도인가)

ⓑ 합리적 전망(군사적 개입을 통해 인간안보를 확보할 가능성에 대한 전망)

④ **적용 사례**

ⓐ 이 개념은 UN의 평화유지군을 통한 개입에서 근거로 활용되기 시작

ⓒ 2006년 수단 다르푸르 문제를 해결하기 위한 '평화유지군 파견을 위한 결의안' UN 1706에서 R2P를 근거로 함

ⓒ 2011년 3월 리비아에 대한 군사적 개입을 결정한 UN 결의안 1973에서 R2P가 근거로 제시됨

ⓔ 리비아 사태는 국제사회의 군사적 개입에서 R2P를 근거로 한 최초 사례라고 할 수 있음

⑤ **R2P 개념은 그 긍정적 측면에도 불구하고 많은 논란과 비판이 제기됨**

ⓐ 위험에 처한 시민을 보호할 책임을 근거로 국제사회(UN)가 군사적으로 개입하기 시작하면 결국 국제사회 및 강대국은 수많은 국내문제에 개입하게 될 가능성이 있고, 그 결과 주권원칙이 위협받게 된다는 주장이 제기됨

ⓒ 2009년 러시아는 그루지야를 침공하면서 그루지야에서 독립하려는 남오세티아인들을 보호하기 위한 R2P를 침공의 근거로 들었음

ⓒ R2P를 근거로 한 UN의 군사적 개입은 결국 UN 안보리에서만 결정될 수 있기 때문에 UN 안보리의 결정권을 가지고 있는 다섯 상임이사국(미, 영, 프, 러, 중)의 전략적 이익에 따라 주권국가에 대한 개입이 선택적으로 실행될 위험이 있음

ⓔ 보호해야 할 시민의 범주에 대한 논란이 불가피해지고 있는데 내전 상황인 경우 합법 정부에 대항하는 반군세력을 '보호해야 할 시민'으로 볼 수 있는가의 문제가 제기됨

ⓜ 마지막으로 R2P를 위한 군사적 행동이 어느 선까지 이루어져야 하는지 모호함

- 현실에서는 시민의 안전을 보호하기 위해서 시민을 위협하는 정부 자체를 붕괴시켜야 할 경우가 존재하나, 그러한 체제 전복 활동은 R2P를 위한 개입 범위를 넘어서는 것임
- 리비아의 경우 반군을 보호하는 데 그치는 것이 아니라 반군을 무장시켜 카다피 정부를 붕괴시키게 하는 것은 UN 결의안의 범위를 넘어서는 행위라고 볼 수 있음

보호책임의 세 기둥

1. 시민을 집단학살, 전쟁범죄, 인종청소 및 인도에 대한 죄, 그리고 이 범죄들의 선동에서 보호할 국가의 책임
2. 국가가 자신의 보호책임을 이행할 수 있도록 도와줄 국제 공동체의 책임
3. 한 국가가 자국민을 첫 번째 기둥의 네 가지 범죄에서 보호하는 데 명백히 실패한 상황에서 평화로운 외교적, 인도주의적 수단을 통해 시의적절하며 단호한 조치를 취할 국제 공동체의 책임

6 UN의 새로운 역할 : 글로벌 거버넌스와 UN 2008년, 2009년 출제

① 글로벌 거버넌스
- ⊙ 글로벌 거버넌스(Global Governance)란 국제사회에서 과거 주권국가들이 유일한 행위자로서 그들의 관계로 형성되었던 국제관계가 다양한 다른 행위자들이 등장하고 새로운 행위자들이 국가들과 수평적 관계를 설정하게 되면서 국제사회의 다양한 문제를 해결해 나간다는 새로운 환경에서 등장한 개념임
- ⓒ 세계화라는 거대한 물결 속에 범세계적인 문제들이 국경을 넘나들고, 주권국가의 영역을 침범하며, 주권국가가 스스로의 문제해결 능력을 상실해가는 이 시점에 소위 '글로벌 거버넌스'라는 개념이 등장함
- ⓒ 글로벌 거버넌스는 전통적인 국가 중심의 국제정치 이론이 지닌 한계를 극복하고 새로운 행위자들을 포함하려는 의도에서 도출된 개념이라고 할 수 있음
- ⓔ 냉전 종식 이후 안보, 군사 그리고 정치적 쟁점(high politics)에 국한되어 있던 무게중심이 경제, 문화, 인권, 환경 등(low politics)의 쟁점으로 확산되거나 강화되어 가는 세계질서를 이해하기 위한 통합적이고 포괄적인 분석의 틀이 요구되고 있는데, 이 때 적절한 분석의 틀로 등장한 것이 바로 글로벌 거버넌스라고 할 수 있음

② 기존 문제관리 방식과의 구분
- ⊙ 글로벌 거버넌스에서는 국가들의 노력뿐만 아니라 비국가 행위자들과의 협력이 중요한 부분을 차지함
- ⓒ 비정부기구들(NGO) : 국가, 국제기구들과 함께 지구적 문제를 찾아내고 그 해결책을 제시하며 지구적 노력의 이행을 감시하는 역할을 수행함으로써 글로벌 거버넌스에 매우 중요한 행위자로 등장함

③ 글로벌 거버넌스의 핵심 : UN의 역할 강조
- ⊙ UN은 단일한 국제기구로서 가장 크고, 광범위한 주제를 다룰 수 있는 이점을 바탕으로 글로벌 거버넌스의 중심축으로 등장함
- ⓒ UN은 글로벌 거버넌스의 핵심적 요소의 하나인 지구시민사회와 국가 사이에서 중재자 역할을 할 수 있는 능력을 갖추고 있음
- ⓒ UN의 글로벌 거버넌스에서의 역할을 실제로 볼 수 있는 것은 UN이 개최하고 있는 각종 세계회의인데 여성 관련 세계회의, 사회개발회의, 정보사회회의 등이 그 예가 될 수 있음
- ⓔ UN은 세계회의를 통해 지구촌이 당면하고 있는 문제들에 대한 대응책을 마련하는 핵심적 역할을 수행하고 있음
- ⓜ UN이 진정한 글로벌 거버넌스의 중심 역할을 하기 위해서는 NGO들의 권한을 강화하고 UN 운영의 민주화, 투명성 강화 등이 요구됨

주요 국제인권협약문 2014년, 2018년 출제

협약	발효
인종차별철폐협약	1969년
여성차별철폐협약	1981년
고문방지협약	1987년
아동권리협약	1990년
장애인권리협약	2008년

주요 국제인권협약문(한국)

협약문	가입서/비준일/기탁일	발효일
시민적·정치적 권리규약(B규약)	1990. 4. 10	1990. 7. 10
- 제1선택의정서[개인진정]	1990. 4. 10	1990. 7. 10
- 제2선택의정서[사형제 폐지]	미가입	
경제적·사회적·문화적 권리규약(A규약)	1990. 4. 10	1990. 7. 10
- 선택의정서	미가입	
인종차별철폐협약	1978. 12. 5	1979. 1. 4
여성차별철폐협약	1984. 12. 27	1985. 1. 26
- 선택의정서	2006. 10. 18	2007. 1. 18
고문방지협약	1995. 1. 9	1995. 2. 8
- 선택의정서	미가입	
아동권리협약	1991. 11. 20	1991. 12. 20
- 제1선택의정서[아동의 무력충돌 참여]	2004. 9. 24	2004. 10. 24
- 제2선택의정서[아동매매·성매매·음란물]	2004. 9. 24	2004. 10. 24
- 제3선택의정서[개인진정]	미가입	
장애인권리협약	2008. 12. 11	2009. 1. 10
- 선택의정서	미가입	
이주노동자권리협약	미가입	
강제실종협약	미가입	

국제사면위원회(國際赦免委員會, Amnesty International)

언론과 종교 탄압행위 등을 세계 여론에 고발하고 정치범의 구제를 위해 노력하는 세계 최고 권위의 인권기구이다. 인권침해, 특히 언론과 종교의 자유에 대한 탄압과 반체제 인사들에 대한 투옥 및 고문 행위를 세계 여론에 고발하고, 정치범의 석방과 필요한 경우 그 가족들의 구제를 위해 노력하는 국제기구로 약칭 AI라 불린다.

영국 런던에 본부가 있으며, 약 150여 개국에 80여 지부와 110여 개 이상의 지역 사무실을 두고 있는 세계 최대의 인권단체다. 모든 사람이 차별받지 않고 인간다운 권리를 누릴 수 있는 세상을 만들기 위해 행동한다. 비정부기구(NGO : Non-Governmental Organization)로서, 국적·인종·신앙 등 그 어떤 차이도 초월하며, 정치적 이데올로기와 경제적 이익으로부터 독립적으로 활동한다.

1961년 영국 인권변호사 피터 베네슨(Peter Beneson)의 제의에 따라 창설되었다. 베네슨은 1961년 5월 28일 옵서버지에 '잊혀진 수인(포르투갈에서 자유를 외치다 투옥된 학생들의 소식을 담은 내용)'이란 칼럼을 썼는데, 이를 본 자원자들이 영국, 프랑스, 독일, 미국 등 7개국에서 인권운동을 시작한 데서 비롯되었다. 이들은 다음 해에 명칭을 '국제사면위원회'로 정하고 본격적인 활동에 들어갔다.

AI는 정치적·종교적, 또는 기타 양심에 입각한 신조 때문에 억압받거나 인종·피부색·언어·성 등의 이유로 억압받는 양심수의 석방과 인권보호를 위해 노력한다. 또한 독립성을 유지하기 위해 정부기관의 지원은 일절 받지 않고 회원의 회비로만 운영된다. 특히 정치범의 석방, 공정한 재판과 옥중에서의 처우 개선, 고문과 사형의 폐지활동을 활발하게 펼치고 있다. 인권상황의 감시와 평가에서 세계 최고의 권위를 갖는 것으로 평가된다. 1962년부터는 매년 각국의 인권상황을 보여 주는 〈인권실태보고서〉를 발간하고 있다.

1977년엔 양심수석방운동의 공적으로 노벨평화상이 수여되었고 1978년 유엔인권상을 받았다. 1984년에는 독재국가에서 행해지는 갖가지 유형의 고문행위를 종합하여 〈80년대의 고문〉이라는 보고서를 발간하였다.

한국에는 1972년에 한국지부가 설립되어서 활동하고 있다. 1984년 10월 AI 조사국 부국장 웨슬리 그리코와 아시아 담당 조사원 프랑수아즈 반달레가 내한하여 한국의 인권실태를 조사했으며, 1987년 1월 서울대학교 학생 박종철이 경찰의 고문으로 사망하자 AI는 특별성명을 발표하고 한국 정부에 대하여 어떠한 경우에도 구금자에게 고문이나 가혹행위를 금지할 것을 촉구하였다. 또한 AI는 한국 정부에 국가보안법 폐지, 사형제 폐지 등을 요구하고 있다.

신중세론 [참고]

신중세라는 의미는 마치 국가의 권력이 영토 내에서 배타적 권위를 갖지 못하고 교황과 신성로마제국의 황제, 봉건영주, 도시국가, 대학과 같이 다양한 권위가 중첩되어 존재했던 중세와 같이 국민국가의 권위가 세계적, 지역적 권위 혹은 민족국가 하위의 국가 단위, 민족적 권위와 공존하는 새로운 국제체제를 의미한다. 이러한 개념을 도입한 헤들리 불(Hedley Bull)은 신중세가 등장할 수 있는 다섯 가지 조건을 제시했다.

① 국가의 지역통합 가능성
② 국가의 해체
③ 사적 단체에 의한 국제적 폭력의 부활
④ 초국가적 주체의 우월성
⑤ 세계의 기술적 통합

국경없는의사회(Doctors Without Borders) 2009년 출제

1968년 나이지리아 비아프라 내전에 파견된 프랑스 적십자사 소속 베르나르 쿠시네(Bernard Kouchner)를 비롯한 의사와 언론인 12명이 1971년 파리에서 '중립·공평·자원'의 3대 원칙과 '정치·종교·경제적 권력으로부터의 자유'라는 기치 아래 전쟁·기아·질병·자연재해 등으로 고통 받는 세계 각지 주민들을 구호하기 위해 설립한 국제 민간의료구호단체이며 약칭은 MSF이다.

세계 20개국에 사무소를 둔 세계 최대의 비군사, 비정부 간 긴급 의료구호단체로 발전하여 매년 3,000명 이상의 자원봉사자들이 전 세계 80여 개국에서 모여들었다. 이들은 MSF 설립 이념에 따라 인종·종교·정치적 신념을 떠나 차별 없는 구호활동을 벌여 왔다. 또한 창립 때부터 개인기부금으로 재정의 77%를 충당함으로써 독립성과 자율성을 확보해 왔다.

1972년 지진이 발생한 니카라과에 들어가 구호활동을 벌인 것을 시초로 1975년 베트남전쟁, 1990년 걸프전쟁 때는 60대의 전세기를 타고 현장으로 날아가 7개소의 난민 캠프를 설치하여 7만여 명의 난민을 구호하기도 하였다. 또한 이라크의 화학무기 살포 사실을 전 세계에 알리고, 1995년 르완다에서 양민 대학살 사건을 폭로하였다.

소말리아·보스니아 – 헤르체고비나·나이지리아·콩고·에티오피아·코소보·동티모르 등 전쟁·재해 지역, 1999년에는 사상 최대의 지진 피해를 당한 터키와 타이완 등지에서 의료활동을 벌였다.

1995년 10월에서 12월까지 NGO(Non-Governmental Organization)로는 처음으로 프랑스·벨기에·네덜란드 의사들로 구성된 연합의료팀을 북한 수해 현장에 투입하여 전염병 예방과 의약품·의료장비 지원 활동을 하였으며, 1996년과 1998년에도 북한에 들어가 활동하였다.

1991년 '유럽 인권상'과 미국 필라델피아시가 주는 '자유의 메달'을 수상하였고, 1997년에는 북한에서 구호활동을 벌인 공로로 서울특별시가 제정한 '서울평화상'을 수상하였다. 세계 각지의 분쟁·참사 지역에 신속히 들어가 구호활동을 펼침으로써 인도주의를 실현하고 일반 대중의 관심을 촉구한 공로로 1999년 노벨평화상을 받았다. 본부는 스위스 제네바에 있다.

제 7 절 국제연맹

1 국제연맹의 성립

① 인류 최초의 보편적 기구인 국제연맹은 제1차 세계대전을 마무리하는 과정에서 탄생함

② **성립 과정**

㉠ 1차대전 후 팽배해진 전쟁혐오사상은 분쟁의 방지를 위한 평화제도의 확립을 위한 노력으로 이어짐

ⓒ 윌슨은 1917년 4월 2일 독일에 대한 선전포고를 위한 의회 연설에서 모든 국가의 평화와 안전을 위한 자유 국민들의 협조를 강조함

ⓒ 윌슨은 14개 조항에서 더욱 구체적으로 보편적 국가연합체(a general association of nations)라는 표현을 통해 국제적 평화기구 설립의 필요성을 역설함

ⓔ 국제연맹은 1919년 6월 28일 서명된 베르사유 강화조약의 제1편인 국제연맹 규약에 의거하여 탄생하였으며, 이 규약은 1920년 1월 20일 정식 발효되었음

2 국제연맹의 구조

1. 총회

① 구성
ⓖ 총회(Assembly)는 세계평화에 영향을 끼치는 일체의 사항을 처리(제1조 3항)하기 위한 토론장으로서 모든 회원국의 대표로 구성됨

ⓒ 각국은 3명 이내의 대표를 파견하여 1개의 투표권을 행사함

② 총회의 의결방식 [2017년 출제]
ⓖ 절차 사항인 경우 과반수(majority), 그리고 별도의 규정이 없는 한 실질적 사항들은 전원일치에 의해 행해짐(제5조)

ⓒ 만장일치 제도는 현실적으로 어떠한 결의도 성립되기 어렵게 만들어 결과적으로 연맹활동의 실효성에 의문을 갖게 함

③ 회의 개최
ⓖ 총회는 원래 4년마다 한 번씩 회의를 개최할 예정이었으나, 1920년 11월에 제네바에서 열린 제1차 회의의 결정에 따라 매년 가을에 열림

ⓒ 총회의 성격 : 국제연맹 총회는 일종의 세계외교 회의체로서 상설적이며 정기적인 성격을 가짐

④ 권한
ⓖ 총회는 연맹의 행동과 관련된 거의 모든 문제를 다루었으나 사무총장의 임명, 상설 국제사법재판소 재판관의 선출, 국제분쟁 관련 문제, 규약개정 문제 등에 관해서는 이사회와 권한을 배분하였음

ⓒ 총회는 연맹 예산의 책정, 신규 회원의 가입 문제, 이사회의 비상임이사국 선출 등에 대해서는 독자적 권한을 행사함

ⓒ 총회의 결의는 강제적 구속력을 갖지 못하고 단지 권고적 성격을 가짐

2. 이사회

① 구성

- ㉠ 이사회(council)는 연맹 규약에 따라 5대 강국인 미국, 영국, 프랑스, 이탈리아, 일본의 상임이사국과 3년 임기의 4개 비상임이사국으로 구성될 예정이었으나, 미국이 상원에서 인준을 얻지 못하게 되어 국제연맹 이사회는 8개국으로 출발하게 됨
- ㉡ 그 후 상임이사국과 비상임이사국 수는 증가하여 1934~36년에는 상임이사국이 6개(독일, 소련의 가입), 비상임이사국이 11개에 이르게 됨
- ㉢ 연맹 말기에 이르러서는 독일, 이탈리아, 일본의 탈퇴, 소련의 제명으로 영국과 프랑스만이 상임이사국으로 남게 됨

② 이사회의 의결방식

- ㉠ 총회와 마찬가지로 절차 사항에 관해서는 과반수, 그리고 별도의 규정이 없는 실질적 사항들은 전원일치에 의해 행해짐(제5조 1항과 2항)
- ㉡ 평등성의 원칙에 바탕을 둔 총회와는 달리, 이사회는 강대국 중심체제를 꾀하였으나 유럽 협조체제에서 보였던 강대국 체제의 효율성은 실제적으로 나타나지 않음
- ㉢ 권한은 총회와 별로 구별되지 않았는데, 이는 총회와 이사회 간의 권한 배분을 다르게 하였던 UN과 비교되는 연맹의 특징임

3. 상설 사무국

① **구성** : 제네바 소재 상설 사무국(Permanent Secretariat)은 사무총장과 직원들로 구성됨

② 사무총장은 총회 과반수의 동의를 얻어 이사회가 임명하도록 되어 있었으며(제6조 2항), 사무국 직원은 자국 정부로부터 독립하여 국제연맹 소속원으로서 국제 관료의 자격으로 업무를 수행하도록 되어 있었음

③ 독일의 경우에는 자국민의 사무국 직원 임명에 자국 정부의 동의를 전제조건으로 하였으며 주요 사항을 자국 정부에 보고하게 하였음

4. 상설 국제사법재판소

① 구성

- ㉠ 상설 국제사법재판소(Permanent Court of International Justice) : PCIJ는 임기 9년의 15명의 재판관으로 구성되었으며, PCIJ는 명실공히 상설 재판소였다는 점에서 특징을 찾을 수 있음
- ㉡ 상설 국제사법재판소는 재판관의 선출과 예산 문제에 관해 연맹과 연계되어 운영되었지만 독립성을 지닌 기구였음

② 중재 재판 또는 사법적 해결에 의뢰할 수 있는 사항

- ㉠ 조약의 해석

ⓒ 국제법상의 해석

　　　ⓒ 국제 의무 위반이 되는 사실의 존부(存否)

　　　② 이 위반에 대한 배상의 범위와 성질

　③ **활동**: 1922년부터 1940년까지 상설 국제사법재판소는 32건의 재판사건을 처리하였으며, 27건의 권고적 의견(advisory opinion)을 발함

　④ **의의**: 상설 사법재판소는 직접적인 전쟁 방지에는 실패하였으나, 법의 지배 원칙을 추구함으로써 기본적으로 국제법의 발전에 기여했으며, 국제사법재판소의 모태가 됨

5. 국제노동기구

　① **성립**

　　　㉠ 베르사유 강화조약의 13장에 의해 설립된 국제노동기구(ILO)는 연맹과 유기적 연계를 하되 독립적이고 자율적인 기구였음

　　　ⓒ ILO 내부에도 총회, 이사회, 사무국이라는 주요한 기관을 두어 독립된 조직체로서의 성격을 강하게 가지고 있었음

　② **회원국**: 연맹 회원국은 자동적으로 회원이 될 수 있었으나 연맹의 비회원국이었던 미국과 독일도 이 기구의 회원이었으며, 연맹에서 탈퇴했던 이탈리아나 일본 역시 회원국으로 남을 수 있었음

　③ **특징**

　　　㉠ ILO의 총회나 이사회에는 회원국의 대표(2인)만이 아니라, 사용자 대표(1인) 및 노동자 대표(1인)도 심의에 참가하여 투표권을 행사할 수 있었음

　　　ⓒ 표결 방법은 국제연맹의 만장일치제와 다른 단순 다수결이나 2/3의 특별 다수제를 채택함

---

3 국제연맹의 실패 요인

　① **제도상의 실패 요인**

　　　㉠ 전쟁 자체를 불법화하지 못함

　　　ⓒ 집단안전보장 제도의 미비

　　　ⓒ 군비 축소를 위한 제도상의 미비

　　　② 규약 위반국에 대한 제재 조치상의 미비

　　　⑩ 표결 방법으로서 만장일치제의 채택

　② **국제 정치적 차원의 문제점**

　　　㉠ 최강대국 미국의 불참

　　　ⓒ 소련의 단기간 참여 및 독일을 비롯한 열강들의 탈퇴

ⓒ 사실상의 운영 주도국인 프랑스와 영국 간의 외교정책상의 갈등과 알력
③ **국제 경제적 차원의 문제점** : 1930년대의 세계적 경제공황
㉠ 국제사회에서의 국가 간의 협조를 어렵게 만든 심층적 경제·사회요인으로 작용함
㉡ 새로운 이념의 등장
- 1917년의 볼셰비키혁명 이후 급부상한 소련은 국제공산주의 이념을 확산시켜 기존의 자본주의 국가 및 민족주의 성향의 국가들의 의구심과 위기의식을 형성함
- 양차대전 사이에 등장한 새로운 이념들인 공산주의, 파시즘, 나치즘, 군국주의 등은 국제사회에서 국가 이기주의의 확산을 부채질하였으며, 국제연맹이 근간으로 삼았던 자유주의와 민주주의, 그리고 자본주의에 정면으로 배치되었음

국제연합과 국제연맹의 차이 참고

구분	연맹(LN)	연합(UN)
의견 절차	원칙으로 전원일치	원칙으로 다수결
헌장개정	총회 전원일치와 이사회 전회원국을 포함한 2/3 이상 회원국의 찬성	총회의 2/3 이상 찬성과 상임이사국을 포함한 2/3 이상 인준
결의 및 제재	권고뿐/경제봉쇄	강제력 있음/무력제재 가능
가입	총회 2/3 이상 찬성	안보리 추천과 총회 2/3 이상 찬성
탈퇴·제명	탈퇴의사 밝힌 후 2년 이후	안보리의 권고로 총회가 제명 (탈퇴에 관한 명시적인 규정 없음)
참가국	미·소 등 불참가(후에 소련 참가)	미·소 등 주요 국가 참가
본부	제네바	뉴욕

제8절 비국가행위자의 등장

1 비국가행위자의 등장 배경

① **국가 간의 상호의존 심화** : 국가 간의 다양한 접촉 채널이 생겨나기 시작하면서 국경을 초월해서 공통의 목적을 위해 결성되는 국제단체들이 활동하기 시작함

② 특징
- ㉠ 국제관계의 다양한 행위자들은 비안보군사 분야에서 두드러지게 나타났으며 국제관계가 아닌 초국가적 관계를 형성하기 시작함
- ㉡ 비안보적 쟁점들은 일국의 노력만으로는 해결하기 어렵기 때문에 비정부기구들의 역할이 필요함
- ㉢ 지구화와 함께 기술적 진보에 의한 통신수단과 정보 네트워크의 발달은 비국가적 행위자들이 활동할 수 있는 공간과 정보, 의사소통 수단을 가져다줌으로써 이들이 비약적으로 성장하고 영향력을 넓히는 데 중요한 계기를 제공하고 있음

2 비국가행위자의 종류

① **비국가행위자** : 국제기구, 다국적기업, 종교단체, 인종적 정치단체, 테러집단 등

② **비정부기구** : 비정부단체들을 가입단위로 하는 국제비정부기구로는 그린피스, 국제 올림픽위원회, 국제적십자 등을 들 수 있는데 이들은 지구적 관심을 필요로 하는 많은 쟁점들, 예를 들면 환경, 군축, 인권 등에서 그들의 영향력을 발휘하고 있음

③ **다국적기업** : 다국적기업은 국가의 국경을 넘어 한 나라 이상의 나라에서 생산 및 판매 등 기업 활동을 하는 기업으로서 특정 국가의 기업으로 분류되기 어려운 특징을 가지고 있음

3 국제기구

① **의미** : 세 국가 이상의 회원국을 보유하고 있으며 공식적인 조직과 규정이 있는 조직체를 의미함

② **종류**
- ㉠ 국제기구는 정부를 회원으로 하느냐에 따라 국제정부간기구와 국제비정부기구가 있음
- ㉡ 최근에는 정부와 비정부기구가 같이 참여하는 국제기구들도 많이 존재하는데, 국제항공운송협회, 국제적십자회 등이 있음

③ **국제기구 간의 관계**
- ㉠ 국제정부간기구와 국제비정부기구는 서로 다른 회원 구성을 가지고 활동하지만 이 두 종류의 국제기구들은 밀접한 연관을 가지고 있음
- ㉡ 국제정부간기구들은 서로의 존재를 공식적으로 인정하고 또 서로 옵서버 자격을 부여하기도 하면서 관련된 쟁점 영역에 있어서 협력하고 있음
- ㉢ 국제정부간기구는 국제비정부기구에 협의체 자격을 부여하기도 함

4 테러집단

1. 테러집단 일반

① 테러집단은 9·11 테러 이후 가장 주목을 받고 있는 비국가행위자임

② **테러조직** : 테러조직은 일반적으로 정규군이 아닌 일반인을 대상으로 폭력적 수단을 통해 대중의 공포를 일으켜 자신들의 목적을 달성하고자 하는 집단을 의미함

③ 테러리즘은 정치적 목적이나 동기가 있어야 하며, 폭력의 사용이나 위협이 따르고, 심리적 충격과 공포심을 일으키며, 소기의 목표나 요구를 관철시킨다는 공통점이 있음

④ **테러조직의 구분**

　㉠ 이념적 테러집단 : 이들은 이념적 성향을 중심으로 결성되며 정치적 소수라는 위치에서 이를 극복하고 상대 정파에 타격을 입히기 위해 활동함

　㉡ 민족주의적 테러집단 : 민족독립과 같은 정치적 목표를 위해 활동함

　㉢ 종교적 테러집단 : 이슬람 테러집단이 대표적이며 종교적 신념을 바탕으로 조직되어 활동함

　㉣ 종족적 테러집단 : 주로 종족적 갈등으로 인한 분리주의운동의 일환으로 활동함

⑤ **테러집단의 성격** : 피해를 당한 쪽에서 보면 테러집단이지만 그 집단이 추구하는 목적에 찬동하는 쪽에게는 의로운 집단임

⑥ **테러리스트 집단과 NGO와의 관계** : 최근에 테러집단들이 자신들의 활동 편의를 위해 NGO로 신분을 위장하고 활동하는 경향이 증가하고 있음

2. 하마스(HAMAS) 2009년 출제

① 이슬람 저항운동단체로, 아마드 야신(Ahmad Yasin)이 1987년 말에 창설

② 하마스는 '용기'라는 의미로, 이슬람 수니파(派)의 원리주의를 내세우는 조직체

③ 팔레스타인의 해방 및 이슬람 교리를 원리원칙대로 받드는 국가를 건설하는 것이 목표

④ 이스라엘과 팔레스타인 자치정부 간의 평화협상을 반대하고, 이를 위한 테러활동을 벌임

3. 헤즈볼라(Hezbollah) 2009년 출제

① 1982년 이스라엘의 레바논 침공에 반발하여 창설됨

② 레바논에 근거지를 둔 과격 시아파 단체로서 교전단체이자 정당단체

③ 2006년 이스라엘이 레바논을 침공하는 원인이 되기도 함

④ 이슬람 공동체로서 전 중동을 통일하기 위해 시아파 이슬람교 이데올로기와 상반되는 개인·국가·민족 등을 대상으로 테러도 자행함

⑤ 주로 미국인과 미국 자산, 이스라엘과 이스라엘 사람을 대상으로 테러를 자행함

무슬림형제단 참고

1920년 이집트의 정치운동가인 하산 알 반나(Hassan al Bannah)에 의해 창립된 단체로 초기에는 이집트의 왕정개혁 및 영국 영향력 타파에 주력했으나, 왕실이 이 운동을 강력하게 탄압하면서 이후 아랍권에서 가장 강력한 반정부 이슬람 정치집단으로 변화했다. 최근 자스민 혁명 이후 이집트 정국에서 가장 영향력 있는 정치 세력으로 변모하고 있다.

알카에다 2009년 출제

1. 개요

알카에다는 사우디아라비아 출신인 오사마 빈 라덴이 창시한, 극단적 살라프파 무슬림에 의한 국제 무장 세력망이다. 소위 이슬람 원리주의 계통에 속해 반미국 반유대를 표방한다. 1990년대 이래 주로 미국을 표적으로 테러했다고 일컬어지며, 많은 사건을 대상으로 하여 스스로 그 실행을 인정하는 이 과격파 국제 테러 조직은 2001년 미국 동시다발 테러를 단행하여 미국과 친하거나 미국을 동경하는 세계를 충격에 빠뜨렸으며, 대테러전으로 수행된 같은 해 영국의 아프가니스탄 침공에 의해 그때까지 비호하던 아프가니스탄의 탈레반 정권이 타도되어 크게 타격당했다. 이러한 알카에다의 과격 테러로 인해 주변 중동국가들마저도 알카에다에 매우 적대적인 입장이다.

알카에다는 소련의 아프가니스탄 침공에 대항한 이슬람 의용군(무자헤딘)이 연대한 조직이 기원이다. 그 후에 걸프전쟁을 계기로 미국이 군대를 사우디 아라비아에 있는 이슬람교 제2대 성지 메카와 메디나에 상주하게 한 만행이 계기가 됐다. 이런 만행으로 말미암아 미국에 심정상 반발하던 무자헤딘들의 의식이 결합되었고 반미국 투쟁으로 진화했다.

2. 지도자

① 압달라 아잠(1988년 ~ 1989년)
② 오사마 빈 라덴(1989년 ~ 2011년)
③ 아이만 알자와히리(2011년 ~ 현재)

3. 활동 지역

서남아시아, 남아시아, 북아프리카, 동아프리카, 서유럽, 동남아시아

4. 테러

1990년대에 시작된 투쟁은 해를 거듭할수록 과격해져서 2001년에는 뉴욕 세계무역센터와 워싱턴 DC 국방부 건물 테러 사건, 같은 해 사우디아라비아에 소재한 미국 군대 기지 폭파 사건, 케냐와 탄자니아에 있는 미국 대사관 폭파 사건, 예멘 근해에 체류한 미국 군함인 콜을 습격한 사건에 관여했다고 간주되며, 2000년에는 미국 뉴욕에 소재한 세계무역센터 생물학무기 테러 사건을 단행하면서 마침내 2001년 미국을 동시다발 테러한 것 외에 동남아시아 각국의 반정부 이슬람 과격파 조직과도 연락하였다고 의심받는다. 2003년 말 이후는 미국과 영국이 수많은 민간인을 죽이고서 점령해 통치하는 이라크에 알카에다계 활동 인원이 다수 잠입하였으며, 2004년의 미국인 닉버그와 김선일 처형에 간접으로 연관됐다고 간주된다.

5 다국적기업

1. 다국적기업의 현황

① **다국적기업** : 한 국가에 본부를 두고 하나 이상의 외국에서 기업 활동을 추구하는 기업

② **현황**

  ㉠ 다국적기업의 수와 영향력은 2차 세계대전 이후 세계경제의 팽창과 함께 확장되고 있음

  ㉡ 전 세계 다국적기업의 모기업 중 90%가 북반구에 위치하고 있으며, 미국이 162개의 다국적기업의 모기업을 보유하고 있고, 일본이 126개, 프랑스가 42개의 모기업을 보유하고 있음

  ㉢ 다국적기업의 자본과 해외 직접투자의 대상 국가는 선진국에 집중되어 있음

  ㉣ 다국적기업은 개발도상국들보다는 선진산업국가에 더 많이 진출하고 있음

③ **전개**

  ㉠ 1970년대에 들어와 개발도상국가들에 대한 선진국들의 해외 직접투자가 증가하고 있는데, 개도국의 값싼 노동력을 이용하고자 하는 선진국의 기업들이 개도국에 투자를 늘림으로써 생겨난 추세임

  ㉡ 1980년대에는 이러한 추세가 주춤했는데 라틴아메리카의 국가들을 포함한 많은 개도국이 외채 위기를 겪으면서 개도국에 대한 직접투자비율이 떨어졌기 때문임

  ㉢ 1990년대에는 개도국에 대한 해외 직접투자가 증가했는데 이는 구 공산권 국가, 중국이나 아프리카 같은 신흥시장에 대한 선진국의 직접투자가 증가했기 때문임

④ **투자 대상**

  ㉠ 다국적기업의 개도국 직접투자는 초기에는 주로 광물이나 농산물 등 1차 상품을 생산·가공·유통하는 데 집중되었으며, 자원이 풍부한 제3세계 국가들이 주요한 공략 대상이었음

  ㉡ 다국적기업의 경향 : 제조업 중심의 직접투자로 전환하는 추세인데, 선진국에서의 임금 비용의 증가와 수출시장의 보호 또는 제3세계의 싼 노동력을 이용하고자 하는 고려가 제3세계로의 생산기지 이전을 촉진하고 있음

  ㉢ 최근의 추세 : 은행, 투자회사와 같은 금융서비스를 제공하는 다국적기업이 빠르게 성장하고 있으며 법률서비스, 부동산 중개 및 개발 등의 새로운 다국적기업들이 등장하고 있음

2. 다국적기업의 등장 원인

(1) 레이먼드 버논의 상품주기론

① 레이먼드 버논에 따르면 새로운 제품은 신제품-성숙품-표준품의 단계를 거침

② 경제적 동기를 강조

③ **상품주기**

⊙ 신제품 단계(도입, 혁신 단계)
- 이 단계는 가장 발전된 산업국가들에 위치하는 경향이 있는데, 18세기 영국, 2차대전 이후 미국, 20세기 후반의 일본 등이 그 예임
- 이 단계에서 이들 국가의 다국적기업은 대규모 국내시장(수요)과 혁신적인 경제 활동에 충분히 활용되는 자원(공급) 때문에 새 제품이나 기술에 대해서 비교우위를 가지고 독점적 지위를 누림

ⓒ 성숙품 단계
- 신제품이나 기술에 대한 해외수요가 증가하면서 잠재적인 외국 경쟁사로의 기술 확산 및 높아지는 무역장벽들 때문에 상품의 해외생산이 가능해짐과 동시에 필요하게 됨
- 이 과정에서 제조과정이 계속 개선되고 생산지가 보다 발전된 지역으로 이동하는 현상이 나타남

ⓒ 표준화 단계
- 이 단계에서는 제조과정의 표준화로 생산공장이 저발전국가들, 특히 낮은 임금의 비교우위를 가지는 신흥공업국들로 이전됨
- 저임금의 제3세계로 생산거점을 이동시켜 현지생산을 한 뒤 개도국 시장뿐만 아니라 선진공업국 시장으로 역수출됨

버논(Raymond Vernon)의 제품수명주기 이론

가정: 고도의 기술과 제품개발 능력을 가지고 있는 선진국 A국과 임금이 낮은 후진국 B국이 있는 경우
① 특정 형태의 제품이 A국에서 개발되면, 이 제품은 A국 내에서 상품화되어 판매된 다음 B국으로 수출됨
② B국은 처음에는 이 제품을 수입해 쓰다가 점차 디자인과 생산과정을 모방함으로써 이 제품을 생산할 수 있게 됨
③ B국이 이 제품에 대한 수출을 시작하면 A국과 B국 간의 임금 차이로 인한 생산원가의 차이로 A국은 경쟁력을 잃게 되고 B국은 이 제품을 주도적으로 생산해 수출시장을 전 세계적으로 확대하게 됨
④ A국은 다시 부가가치가 높은 새로운 제품을 개발, 생산하지 않을 수 없게 되며 이에 따라 산업구조는 더욱 고도화됨

한계: 버논의 이론은 기술상의 혁신이 선진국에서만 일어나고 후진국은 단지 이를 모방하는 데 그친다고 보고 있는데, 이것은 자유주의자들 스스로가 무역의 숙명적 불평등성을 전제하고 있다는 비판을 받을 수 있음

---

(2) 절충 이론(OLI 이론) 2015년 출제

① 던닝(J.H. Dunning)은 해외직접투자의 원인에 대한 절충 이론(eclectic theory)을 주장함

② 내용

⊙ 기업 특유 우위 요소(owner-specific advantage factors)
- 기업이 해외로 진출하여 글로벌경영활동을 성공적으로 수행하기 위해서는 다른 기업들이 가지지 못한 독점적 우위 요소, 즉 기업 특유 우위 요소를 필수적으로 소유하고 있어야 함
- 기업 특유 우위 요소는 기업이 일정 기간 동안 배타적으로 사용할 수 있는 무형자산을 의미함

ⓒ 입지특유 우위 요소(locational advantage factors)
- 해외직접투자가 성립하기 위해서는 기업 특유 우위 요소와 내부화 우위 요소 등 두 가지 조건이

현지국가의 생산요소와 결합하여 활용하는 것이 국내에서 생산하는 것보다 더 이익이 커야 함
　ⓒ 내부화 우위 요소(internalization advantage factors)
• 기업이 기업특유 우위 요소를 외국기업에게 임대 또는 판매하는 것보다 자사가 이를 직접 활용함으로써 획득하는 이익이 더 커야 한다는 것임

주요 해외직접투자 이론

1. 독점적 우위 이론(monopolistic advantage theory)

독점적 우위 이론은 하이머(S. Hymer), 킨들버거(C. P. Kindleberger), 케이브즈(R.Caves) 등에 의해 주창된 이론으로서, 해외투자기업이 현지국기업에 비해 항상 직면하게 되는 불리한 점을 어떻게 극복하면서 성공을 하는가에 초점을 두고 있다. 즉 현지기업이 갖지 못하는 기업 특유 우위 요소가 무엇인가를 규명하려는 이론이다. 이러한 독점적 우위는 시장을 통해서 이전하기가 곤란하기 때문에, 기업들은 해외직접투자를 통해 이를 이전하게 된다는 것이다.

이 이론의 요지는 다음과 같다.

첫째, 해외투자기업은 현지국기업과 비교해서 필연적으로 불리한 상황에 직면하게 된다. 이러한 불리한 상황은 해외 투자기업에게 외국비용(cost of foreignness)을 유발시킨다. 이러한 외국비용을 극복하고, 현지국기업과의 경쟁에서 이길 수 있기 위해서는 현지국기업이 갖지 못한 독점적 우위, 즉 기업 특유의 우위(firm-specific advantage)를 가지고 있어야만 한다. 이 기업 특유 우위 요소를 소유함으로써 해외투자기업은 본국에서 보다 더 많은 이익을 확보할 수 있을 뿐만 아니라, 현지국기업보다 외국비용을 상쇄하고도 더 많은 이익을 얻게 된다. 이와 같은 외국비용의 원천은 여러 가지가 있으나, 그 중 대표적인 것으로서는 현지국 기업에 유리한 경제·사회 법률제도, 사회적 관습, 소비자기호, 교통 및 통신비용, 현지국의 주민 및 공공기관으로부터 받는 차별대우, 현지국 사정에 대한 정보나 지식의 부족 등을 들 수 있다.

둘째, 이러한 독점적 우위는 일반적으로 저렴한 자본조달비용, 상표, 기술, 마케팅 노하우, 경영관리 노하우 및 규모의 경제 등의 기업특유 우위로부터 발생한다.

셋째, 이 독점적 우위 요인은 특정 기업만이 보유하고 있는 우위로서, 불완전시장에서만 존재 가능하며, 특히 독과점 상태에서 많이 존재한다.

2. 내부화 이론(internalizational theory)

내부화 이론은 코스(R. Coase)에 의해 연구가 시작되었고, 윌리암슨(O.Williamson)에 의해 보다 체계적으로 계승 진행되었으며, 버클리(P. Buckley)와 카슨(M. Casson)이 이를 다국적기업에 적용하였다. 그 후 러그만(A. M. Rugman)은 더욱 심화 발전시켜 이를 해외직접투자의 일반 이론으로 제시하면서, 지금까지 제시된 여러 해외직접투자 이론을 내부화 이론의 하위 이론으로 분류하였다.

내부화 이론은 기업이 시장의 불완전성에 기초하여, 정상적인 시장거래를 통해 이루어지는 여러 가지 외부 시장기능을 기업체계 내에 내부화하여 내부시장을 창출함으로써 이익을 창출하게 되는데, 이와 같은 내부화가 국경을 넘어 이루어지게 될 때 다국적기업이 출현하고 해외직접투자가 발생하게 된다는 이론이다.

3. 과점적 경쟁 이론(oligopolistic competition theory)

과점적 경쟁 이론은 닉커보커(F. Knickerbocker)가 처음으로 주장한 것으로서, 과점산업에 속한 경쟁기업들의 대응진출과 상호경쟁에 착안하여 설명하려는 이론이다. 즉 어떤 산업에 있어서 해외직접투자는 그 산업의 선도기업과 경쟁기업 간의 행동 – 반응(action and reaction)의 형태로 이루어진다고 주장하였다. 과점산업의 기업들은 경쟁기업의 행동에 민감하며, 선도기업이 신시장 개척 또는 새로운 원료공급지 확보를 위해 해외로 진출하면 다른 경쟁기업(후발기업)들도 이 선도기업을 따라 해외로 진출한다는 것이다.

3. 다국적기업의 영향

① 다국적기업의 투자 수용국에 대한 영향

㉠ 긍정적 견해
- 투자 수용국에 고용을 창출하는 효과
- 제3세계에 부족한 자본이나 기술을 제공해 주는 역할
- 투자 수용국에 선진경영기법이나 선진기업문화 등을 전파시키는 역할

㉡ 비판적 견해
- 다국적기업은 기업의 이익에만 관심이 있기 때문에 투자 수용국의 필요에는 무관심함
- 다국적기업은 초기에는 자본을 가지고 들어오지만 자리를 잡게 되면 투자 수용국의 자본시장으로부터 자본을 조달함
- 기술 제공에 대한 높은 로열티를 요구하며, 현지 국내기술의 개발을 방해함
- 투자 수용국에서 창출한 이익을 다시 투자하는 것이 아니라 모국으로 송금함

② 다국적기업의 모국에 대한 영향

㉠ 모국의 생산시설과 일자리를 해외로 유출시킴으로써 구조적 실업문제를 발생시킨다는 비난을 받음
㉡ 자국의 기술을 해외로 유출시킨다는 비난을 받음
㉢ 기업의 이익을 위해 국가 이익을 무시한다는 비난을 받음

③ 다국적기업의 정치적 역할에 대한 논란

㉠ 다국적기업은 모국 내에서도 자신들의 영업활동에 대한 자유를 확대(보다 개방된 무역 및 투자정책)하기 위해 로비 등을 통해 정책결정 과정에 개입함
㉡ 투자 수용국 정부와 갈등이 있을 경우 본국 정부의 영향력을 동원해 자신들에게 유리한 결과를 이끌어냄

④ 투자 수용국의 정치에 대한 영향력

㉠ 제3세계에 진출한 다국적기업은 싸고 훈련된 노동력을 원하기 때문에 노동계급에 대한 강력한 통제를 행사하는 권위주의 정부에 대한 지원을 함
㉡ 다국적기업의 이익에 부합하는 정치세력의 집권을 지원한다든지, 반대로 자신의 이익을 위협하는 정치세력을 제거하거나 붕괴시키는 역할을 함

4. 다국적기업에 대한 규제

① 투자 수용국 정부의 기본 목표

㉠ 다국적기업이 자국 경제에 행사하는 영향력을 줄이거나 적정하게 유지하는 것
㉡ 다국적기업의 독과점적 성격을 규제하는 것
㉢ 다국적기업의 투자에 의한 결실을 투자 수용국이 적정수준 점유하도록 하는 것

② 규제 방법

- ⊙ 신규투자에 대한 규제 : 투자 액수의 제한이나 투자 분야의 제한
- ⓒ 영업에 대한 규제 : 다국적기업이 자국에서 생산한 생산품의 일정 비율을 반드시 수출하도록 의무화하거나 제품 생산에 필요한 각종 부품을 국내에서 조달하도록 권장하는 규정들을 부과함
- ⓒ 다국적기업 이윤의 본국 송금에 대한 규제 : 송금 액수를 규제하거나 이윤의 현지 재투자에 대해 세제상의 특혜를 줌으로써 이윤의 본국 송금 등을 간접적으로 제한함

③ **국제적인 차원에서의 통제 노력**
- ⊙ 1947년의 하바나 헌장은 투자 수용국의 권리를 보호하고 해외투자 기업들에 대한 국유화의 조건과 권리를 규정하는 조항들을 포함하고 있음
- ⓒ UN에서 개도국들은 각 국가들이 그들 영토 내부의 자연자원에 대한 권리와 다국적기업에 대한 국유화의 권리를 보장받는다는 선언을 발표함
- ⓒ 미국을 주도로 한 OECD는 다국적기업들이 자발적으로 지켜야 할 행동규범을 작성함
- ⓔ 지역경제블록의 차원에서 다국적기업에 대한 규제를 하고 있음

6 정치행위자로서의 비정부기구 2022년 출제

1. UN에서 NGO의 자문 지위

① UN 헌장은 경제사회이사회(Economic and Social Council : ECOSOC)가 NGO들의 자문을 구할 수 있다는 조항(제71조)을 두고 있음

② 경제사회이사회는 NGO에 대한 정관을 공포하는 결의안에서 NGO의 관행에 대한 법제화를 공식적으로 실행함

③ 경제사회이사회가 NGO 규정을 법제화한 이래로 외교관들은 NGO라는 용어를 경제사회이사회의 자문 역할을 하는 위치에 있는 집단으로 정의를 내리고 있음

2. UN에서 인정하는 NGO의 정의

① UN 경제사회이사회 정관에 의하면 UN은 NGO에 관한 여섯 가지 원칙을 정의함으로써 NGO의 개념과 활동 범위를 제시하고 있음

② **UN이 제시한 원칙** 2009년 출제
- ⊙ NGO는 UN의 목적과 사업을 지지해야 함
- ⓒ NGO는 분명한 본부와 사무원을 갖춘 대표기관이어야 함
- ⓒ NGO는 이윤을 추구하는 기관이 될 수 없음
- ⓔ NGO는 폭력을 사용할 수도 없고, 또 지지해서도 안 됨
- ⓜ NGO는 국가 내정에 불간섭하는 규범을 존중해야 함

⑭ 국제 NGO는 정부 간 합의에 의해 만들어지지 않음

3. **NGO 운동 : 지방 차원에서 지구 차원까지**

   ① 커뮤니케이션의 지구화 현상은 지리적으로 멀리 떨어진 소규모 집단의 사람들이 서로 협력하고 또 이를 유지하는 데 필요한 커뮤니케이션 과정이 물리적 또는 재정적으로 가능하게 함

   ② NGO의 활동 범위는 작은 마을 단위에서 대부분 국가에 걸쳐 존재하는 거대한 지구 차원의 규모로 변모하고 있음

   ③ **NGO가 초국가적으로 협력활동을 할 때 이용하는 4가지 유형의 구조**

   ㉠ 주로 과거에 이용되었던 구조로서 NGO 간의 공식적인 조직 구조

   ㉡ 좀더 느슨한 형태의 NGO 협력 활동 : 인터넷이 보급됨에 따라 좀더 느슨한 형태로 NGO가 조직되는데, 이메일과 웹을 이용해 기술적인 지원만을 담당함

   ㉢ 정부간기구 회합이 있을 때 NGO는 보통 각국 대표자들이 함께 모여 일종의 코커스(caucus)를 형성함

   ㉣ 거버넌스 네트워크 : 이들은 보통 정부간기구 회합에 NGO가 참가할 수 있는 권리를 획득하려고 노력함

4. **국제비정부기구의 역할**

   ① **비정부기구들의 활동** : 비정부기구들은 자신들의 영향력을 이용해 자신들이 추구하는 가치나 목표 등을 성취하기 위해 주권국가의 정책에 영향을 미치고 있음

   ② **관심 영역** : 환경, 평화, 인권, 아동, 여성과 같은 쟁점들에 관심이 있으며 이러한 문제는 인류의 복지를 위해 모두 중요한 문제이지만 주권국가가 해결하기 어려운 문제들이라는 공통점이 있음

   ③ **영향력 행사 방법**

   ㉠ 특정한 쟁점에 대해 문제를 제기하고 무관심한 대중을 교육·계몽시킴으로써 그 쟁점을 공론화·여론화하여 국가에 압력을 행사하고 있음

   ㉡ 국제적 협력을 통해 국제적 규범을 만들고 국제적인 레짐을 형성함으로써 국가들의 행동에 영향력을 행사하고 있음

   ㉢ 로비와 같은 방법을 통해 직접적으로 영향력을 행사하고 있음

   ㉣ 비정부기구들은 감시자로서 국가의 행동(환경파괴, 인권침해 등)과 국제규범, 규약 등의 실천 여부를 감시하여 국가들의 행동에 영향을 미치고 있음

주빌리 2000(Jubilee 2000) 2011년 출제

2000년 말까지 세계 최빈국의 부채를 탕감하고 가난으로 고통받는 사람들을 구하자는 국제연대운동 또는 국제비정부기구(NGO) 연합이다. 주빌리 2000 운동은 모세의 인도로 가나안에 들어간 유대인이 50년마다 채무자의 빚을 탕감해주고 노예를 풀어준 데 기원을 두고 있다.

1990년 아프리카 교회위원회가 제3국인 아프리카의 빚을 탕감해줄 것을 촉구하면서 발단이 되었다. 본격적으로 "새로운 밀레니엄을 맞아 최빈국 국민들을 빚의 굴레에서 해방시켜 주자"는 주장을 내걸고 1996년 영국에서 시작되었다. 그 후 각국 NGO와 종교, 인권 단체들이 적극적으로 호응하면서 국제적인 연대운동으로 발전했다. 2000년까지 4년이라는 짧은 기간 동안 41개국에 관련 조직을 갖췄고, 외채탕감 서명운동을 펼쳐 전 세계 2천만 명의 서명을 받았다.

경제성장이 가속화되고 산업이 고도화되면서 빈곤국의 경제 및 사회 전반은 더욱 악화되고 있는 추세다. 주빌리 2000은 해외 협력을 통하거나 각 분야에서의 다양한 제안 활동 등을 통하여 각국 정부의 정책에 많은 영향력을 행사하고 있다.

제4장
국제정치경제

제 1 절 자본주의 시장경제체제의 성립과 발달

1 상업 자본주의

① 절대 왕정, 중상주의 시대에 등장

② 상품의 유통이나 고리대금업과 같은 비생산적인 활동을 통해 이윤을 추구하는 자본주의

2 산업 자본주의

① **등장 배경** : 산업혁명 이후에 등장한 것으로 상품의 생산 과정에서 부가가치의 형태로 이윤을 얻는 경제활동을 함

② **'보이지 않는 손'의 역할을 강조**

　㉠ 애덤 스미스(Smith. A.)의 자유방임주의 사상을 기초로 형성

　㉡ "경제를 내버려 둘 때 '사리(私利)라는 기름'이 '경제라는 기어'를 거의 기적에 가까울 정도로 잘 돌아가게 한다."

③ **작은 정부를 강조** : 국방·치안을 강조하여 최소한의 정부가 최선의 정부임을 강조함

3 독점 자본주의

① 부익부, 빈익빈의 심화 → 불평등의 심화

② 사회주의의 등장

③ 대공황의 발생

4 수정 자본주의 - 케인즈(Keynes. J. M.)의 등장

① 경제 공황과 시장의 실패를 해소하기 위해 등장

② 정부의 적극적 역할, 즉 총수요를 증가시키기 위해 정부지출을 확대하고 조세 감면을 통해 대공

황을 극복함

③ 시장 기능의 한계와 구성의 모순을 강조 → 정부의 적극적 경제 역할을 강조

④ 수요가 공급을 창출한다는 유효수요 이론을 강조함

---

5 신자유주의 2007년 출제

① **등장 배경** : 1970년대의 석유 파동으로 인한 경제 침체를 해결하기 위해 등장

② **특징**

- ㉠ 신고전주의 경제학자들이 설파한 자유주의는 19세기 고전적 자유주의와 구별해 '신자유주의'라고 일컬어짐
- ㉡ 자유주의가 절대주의국가를 그 대립물로 상정하면서 지배 질서에 도전했다면, 신자유주의는 복지국가를 그 대립물로 설정함
- ㉢ 신자유주의자는 1970년대 경제불황과 그에 따른 기업 이윤 감소 원인이 전후 합의정치에 따른 복지국가 지향의 정부 개입 때문이라고 인식함
- ㉣ 고전적 자유주의와 달리 1980년대 신자유주의는 전통과 관습을 중시하고 가족의 가치와 국가안보를 강력하게 주장한 대처와 레이건의 정책에 투영되면서 신보수주의와 혼용해서 불리기도 함

③ **내용**

- ㉠ 정부의 역할 축소, 규제 완화, 공기업 민영화, 복지제도의 축소를 주장
- ㉡ 경제문제의 해결에서 시장의 역할을 강조
- ㉢ 신자유주의의 실제 속뜻 가운데 대표적인 것은 '정부의 시장 개입과 강력한 노동조합은 효율적인 시장 질서를 파괴함으로써 경제를 왜곡한다'라고 보는 관점임
- ㉣ 신자유주의자에 따르면, 안정적이고 효율적인 시장 질서를 위해서는 정부와 노동조합의 힘을 극도로 제한해야 함

워싱턴 컨센서스와 베이징 컨센서스 참고

오늘날 세계를 주도하고 있는 것은 신자유주의 경제개혁을 강조하는 선진국 정부나 국제금융기관 등을 중심으로 한 '워싱턴 컨센서스'(Washington Consensus)이다. 탈규제, 민영화, 엄격한 재정 관리 등을 골자로 하는 이 원칙은 세계화시대에서 자유로운 노동 및 자본의 이동, 경쟁원칙에 입각한 교역의 활성화, 국가개입의 최소화와 관련된 규칙과 제도 등을 세계 곳곳에 확산시키고 있다. 더욱이 기술변화와 사회조직 및 물리적 기반 시설, 시장과 자본주의 등으로 대변되는 행정과 경제영역에서의 지구화 혹은 세계화의 과정은 권력, 이해관계, 제도 등의 정치적 요소에 의해 형성되는 '규범적 기반시설'을 필요로 한다. 이는 주로 미국이나 영국 등 서구적 이념체계를 강요하여 서방, 특히 미국의 헤게모니를 강화시키는 것이 아니냐는 비판의 근거가 되고 있다.

이러한 맥락에서 워싱턴 컨센서스에 반대하거나 새로운 의제들을 다룰 것을 촉구하는 입장들이 쏟아져 나오고 있다. 신자유주의적 세계화에 대한 강한 반감을 표한 '부에노스 아이레스 컨센서스', 성평등이나 빈곤해결을 위한 행동을 강조하는 '멕시코 컨센서스', 에이즈, 영양실조 등 지구촌 10대 핵심과제를 내걸고 개도국 발전을 위한 정부지출 전환의 필요성을 역설하는 '코펜하겐 컨센서스' 등이 그 예들이다. 또한 좌파정권이 주도하고 있는 중남미의 쿠바, 베네수엘라, 볼리비아가 천명한 '미주를 위한 볼리바르의 대안'(ALBA)도 미국 중심의 경제원칙에 반대하는 연대가 가시화되고 있음을 시사하는 것이다. 그러나 이러한 대안적 원칙들이 정책적 실효성을 지니기에는 자체역량이나 국가들의 참여도에 있어 부족한 측면들이 있다.

반면 사회주의적 시장경제를 주창해온 중국의 경제발전 모델은 정치적 자유화를 강요하지 않으면서 시장경제 요소를 최대한 도입한다는 소위 '베이징 컨센서스'(Beijing Consensus)를 형성하여, 여러 개도국들에게 상당한 매력을 주고 있다. 전(前) 『타임』지 편집장이자 현 칭화(淸華)대 교수인 라모(Joshua Cooper Ramo)에 의해 명명된 이 원칙은 개개 국가들이 독자적 가치를 존중하고 기존 삶의 방식을 유지하는 가운데 세계정치 체제에 편입되어야 한다는 입장으로, 미국 주도의 세계질서 형성에 분명한 반대 의사를 표명한다. 이러한 중국의 입장은 경제발전을 위한 이념적 배경을 필요로 하는 개발도상국들에게 신자유주의적 원칙을 거부하는 논리를 제공해준다. 또한 아프리카와 남미 등지의 개도국에 대한 중국의 물질적 지원은 이 지역의 국가들이 중국의 입장을 지지하는 계기가 되고 있다.

6 대처리즘과 레이거노믹스

1. 대처리즘

① **대처리즘**: 1970년대 불황 이후 계속된 경제위기를 극복하라는 대중적 요구에 힘입어 1979년 영국에서는 대처가 집권했는데 대처의 통치를 대처리즘이라 함

② **대처의 집권 배경**

㉠ 대처의 집권은 1970년대 석유파동 이후 나타난 경제위기를 배경으로 이루어짐

㉡ 경제위기 속에서도 복지국가를 유지하기 위해 세금을 많이 거두어야 했으므로 부유층과 중산층의 불만이 커짐

③ **대처리즘의 주요 내용**

㉠ 대처는 영국 경제를 몰락하게 만든 장본인이 노동조합과 국가라고 주장함

㉡ 대처는 국영기업을 전면적으로 민영화했으며, 통신 부문을 필두로 다음에는 가스, 전력을 차례로 민영화함

㉢ 대처 정부는 긴축재정을 시행하고, 교육과 의료 등 공공분야의 예산은 대폭 삭감했으며, 기업에 대한 규제를 완화하고, 노동조합 활동과 파업을 제한했으며 실업자에게는 사회보장을 줄임

㉣ 대처의 사회·경제 정책은 케인스 식 총수요 관리 정책의 포기와 공공지출 삭감, 조세 감축, 통화량 조절, 사유화, 탈규제, 투자 유인 확보, 관료와 노조 권한의 감축 등 요컨대 경제와 사회(복지)에서 국가의 전면적 후퇴를 그 주요 내용으로 함

2. 레이거노믹스

① **레이건의 집권** : 1980년 레이건이 대통령에 당선됨

② **레이거노믹스의 내용** : 대처와 같은 맥락의 정책

  ㉠ 레이건은 취임하면서 인플레이션과 생산성 정체 그리고 국제경쟁력 상실이라는 미국 경제의 상황을 타개할 방책으로 규제 완화, 감세, 노동시장 유연화 등으로 표현되는 경제정책을 수용함

  ㉡ 감세와 저인플레, 정부 지출 축소, 규제 완화 등 이른바 '레이거노믹스로 표현되는 일련의 정책에 대한 아이디어는 시카고 대학교의 밀턴 프리드먼이 제공함

③ **미국 레이건 행정부 시절의 국가 정책 목표** : '강한 달러'와 '강한 미국'

7 국제통상과 외교에 관한 이론

1. 정치(안보)적 시각

① **패권안정 이론** : 세계경제는 자유무역체제를 유지하기 위하여 그 중심부에 패권국을 필요로 한다는 주장

② **안보통상연계 이론** : 국가 간 쌍무적인 정치군사적 협력과 갈등이 양자 간 무역관계에 관련되어 있다는 입장으로 안보적인 고려가 통상관계에 작용한다는 주장

③ **선거주기 이론** : 전반적 경제 상황이 정치적 선거와 맞추어 순환한다는 것으로, 국내정치적으로 선거를 치르게 되는 당해 연도에 있어 일국 정부는 득표를 위해 외국과의 통상마찰을 어느 정도 감내하면서도 유권자에 이로운 통상정책을 쓰게 된다는 주장

2. 경제적 시각

① **잉여능력 이론** : 잉여능력이 자유국제무역을 약화시키며, 개별 국가는 잉여생산에 의한 경제불황의 시기에 보호무역정책을 취하고, 경제호황의 시기에 무역자유화로 나가려는 경향이 있다는 주장

② **경기순환 이론** : 맥키온은 불경기 하에서 기업은 보호주의 무역정책을 정부에 요구하고 정부는 이에 보호주의 통상정책을 취하게 되며 호경기 하에서 정부는 보다 자유로운 통상정책을 취한다고 주장함

③ **수입침투 이론** : 통상분쟁은 증가된 수입침투로 인한 악화된 무역수지 적자에 의해 야기된 보호주의적인 국내적 요구에 근거한다는 주장

미국 통상외교의 정책적 변화

① 1930년의 관세법(Smoot-Hawley Act) : 2만 개 이상의 품목에 대하여 사상 최고의 관세율을 규정한 보호무역주의 색채가 가장 강한 법률

② 1934년의 호혜통상협정법(Reciprocal Trade Agreements Act) : 미국 정부에게 호혜적인 관세인하를 위한 쌍무적인 협정을 맺도록 권한을 위임한 법률

③ 1962년의 통상확대법(Trade Expansion Act) : 대통령에게 케네디라운드의 통상협상권을 위임하고 통상 조정 지원프로그램 설정과 긴급수입규제조항 적용 요건 강화를 주요 내용으로 한 법

④ 1974년의 통상법(Trade Act) : 관세 및 비관세 장벽을 낮추기 위한 국제협상인 도쿄라운드의 협상권을 대통령에게 위임하고 반덤핑·상계 관세·긴급수입제한 등에 관한 조항을 수정하며, 저개발국에게 일반특혜관세 GSP제도를 실시하는 규정을 담고 있는 법

⑤ 1979년의 통상협정법(Trade Agreements Act) : 도쿄라운드에서 합의된 통상협정을 승인·시행하고, 비관세장벽협정을 협상하는 대통령의 권한을 확대하는 것을 핵심 내용으로 하는 법

⑥ 1984년의 통상관세법(Trade and Tariff Act) : 대통령에게 쌍무적인 자유무역협정 협상권 등 통상 관련 권한을 확대 부여하고 상호주의 및 보복조치 조항을 강화한 법

⑦ 1988년의 종합통상법(Omnibus Trade and Competitiveness Act) : 최초의 종합통상법안으로 불공정무역관행에 관한 보복조치 의무를 강화하고 미국통상대표부, 즉 USTR의 권한을 강화하며 반덤핑 및 상계 관세·긴급수입제한조치·지적소유권보호를 강화한 법

8 국제 거래

1. 국제 거래의 특징

① 노동, 자본, 기술 등 생산 요소의 이동이 국내와는 달리 국제 거래는 자유롭지 않음

② 화폐 제도, 통화 단위의 차이로 인해 거래의 불편함이 있음

③ 부존자원의 차이, 기술 수준, 생산 요소의 양적·질적 차이로 인해 국가 간의 생산비 차이가 발생함

2. 무역 특화와 국제 경쟁력

(1) 절대우위 이론 - 애덤 스미스(Smith. A.)

① **절대우위** : 타국에 비해 생산비가 적거나 생산성이 더 높은 재화를 절대우위의 재화라고 함

② **자유무역** : 각 국가는 절대우위의 재화는 생산, 수출하고 절대열위의 재화는 수입, 소비하면 무역이익이 발생

③ **의의**

㉠ 자유무역 이론의 창시자 : 애덤 스미스

ⓒ 이론적 한계 : 절대우위가 없는 나라도 무역하는 현상을 설명할 수 없음

(2) 비교우위 이론 - 리카르도(Ricardo. D.) 2011년 출제

① **비교우위** : 한 나라가 다른 나라에 비해 어떤 상품을 생산하는 데 상대적으로 더 효율적인 재화를 비교우위의 재화라고 함. 또는 절대우위의 정도가 더 크거나 절대열위의 정도가 더 작은 재화를 비교열위라고 함

② **비교우위의 발생 원인** 2011년 출제

㉠ 부존자원의 차이
- 노동 풍부국 → 노동집약적 재화에 비교우위
- 자본 풍부국 → 자본집약적 재화에 비교우위

ⓒ 기술 수준의 차이

③ **특화와 학습 효과**

㉠ 특화란 한 나라의 산업 구조나 수출 구성에 있어서 특정 상품이 상대적으로 큰 비중을 차지하고 있는 상황

ⓒ 특화된 상품을 오랫동안 생산하여 남보다 더 잘 만들 수 있는 것이 학습 효과임

헥셔-오린 정리 2017년, 2020년 출제

비교우위의 원인을 각국의 생산요소 부존량의 차이에서 설명하고, 또한 생산요소의 상대가격이 국제 간에 균등화하는 경향이 있다는 일련의 이론을 말한다. 이 정리에는 두 가지 명제가 있다.

①제1명제 : 무역 당사국 간에 생산요소와 부존량의 차이가 있고, 생산물마다 요소집약도가 다르기 때문에 비교생산비에 차이가 발생하여 무역이 일어난다.

②제2명제 : 생산요소가 국가 간에 이동되지 않더라도 상품무역에 의하여 생산요소의 상대가격이 국제 간에 균등화하는 경향이 있다.

스톨퍼-사무엘슨 정리

무역은 생산요소의 가격을 변동시키고 생산요소 간에 소득배분을 변동시키는 경향이 있어 국가 간의 임금 수준이 같아진다는 W. F. Stolper와 P.A. Samuelson이 주장한 이론이다. 따라서 이들은 미국 노동자의 임금 저하를 방지하기 위해서는 보호무역정책이 유리하며 이를 위해서는 보호관세제도가 필요하다고 하였다.

요소가격균등화 정리

Samuelson은 헥셔·오린 정리에 대한 실증적 검토 결과, 요소가격균등화 정리를 도출하였다. 이 정리는 무역이 자유롭게 이루어진다면 노동과 자본 등의 생산요소 가격은 국제적으로 균등화하는 경향이 있다는 것이다.

먼델-플레밍 모델 2017년 출제

먼델 - 플레밍 모델은 개방경제하에서 정책당국의 재정정책과 통화정책의 효과에 대한 이론이다. 한마디로 변동환율제에서는 경기부양을 위한 재정확대정책의 효과가 없고 통화확대정책은 효과가 있다는 것이 결론이다.

경기부양을 위한 재정확대는 총수요를 증가시켜 이자율을 상승시키고 이는 국제자금의 유입을 촉진시키고 통화가치를 높이는 결과를 낳는다. 따라서 수출경쟁력이 떨어져 국제수지가 악화되고 경기상승에도 부정적인 영향을 끼치게 된다.

변동환율제에서 통화확대정책이 시행된 경우에는 통화량 증가로 이자율이 하락하여 자본 유출이 일어나 국제수지 적자 상태가 된다. 하지만 자본 유출로 인해 환율이 상승하고 순수출이 증가하여 국민소득이 증가한다.

3. 환율 및 환율 변동

① **환율의 의미** : 자국 화폐와 외국 화폐의 교환 비율로 외국 화폐를 구매하기 위해 지불해야 하는 자국 화폐의 수량

② **환율의 표시 - 지급 환율(원/$)**

  ㉠ 환율의 인상(1,000원/$ → 1,500원/$) : 원화의 가치가 하락하고(평가절하), 달러의 가치는 상승(평가절상)

  ㉡ 환율의 인하(1,000원/$ → 500원/$) : 원화의 가치가 상승하고(평가절상), 달러의 가치는 하락(평가절하)

4. 환율의 결정 - 수요와 공급에 의한 결정

(1) 외화의 수요

① **외화의 수요** : 외환시장에서 외화를 구매하는 것으로 국제수지표상의 외화 지급을 유발하는 거래

② **외화의 수요 결정 요인**

  ㉠ 상품 및 서비스에 대한 수입 수요

  ㉡ 외국에 대한 소득의 지급

  ㉢ 대외 자산의 증가 등

③ **환율과 외화 수요의 관계 - 반비례**

  ㉠ 환율 상승 → 수입 상품의 원화 표시 가격의 상승 → 상품 수입 수요의 감소 → 외화 수요의 감소

  ㉡ 환율 하락 → 수입 상품의 원화 표시 가격의 하락 → 상품 수입 수요의 증가 → 외화 수요의 증가

(2) 외화의 공급

① **외화의 공급** : 외화의 공급은 외환시장에서 외화를 판매하는 것으로 국제수지표상의 외화 수입을 유발하는 거래

② 외환 공급의 결정 요인
  ㉠ 상품 및 서비스의 수출, 공급
  ㉡ 외국으로부터의 소득 수취
  ㉢ 대외 부채의 증가(자본의 유입)

③ 환율과 외환 공급과의 관계 - 비례
  ㉠ 환율 상승 → 수출품의 달러 표시 가격의 하락 → 수출 증가 → 외화 공급 증가
  ㉡ 환율 하락 → 수출품의 달러 표시 가격의 상승 → 수출의 감소 → 외화 공급 감소

(3) 환율의 결정
외화의 수요와 공급이 일치하는 균형에서 결정

제 2 절 국제무역질서의 전개와 변화

1 전후 국제무역질서의 확립

① 세계무역질서에 대한 구상
  ㉠ 2차대전 진행 중 선진국의 지도자들은 1930년대에 나타난 국가들의 보호무역주의가 세계경제의 파국과 세계대전의 한 원인이 되었다는 데에 인식을 같이함
  ㉡ 미국을 비롯한 선진국은 전후에 자유무역질서를 확립하는 것이 각국의 경제적 번영과 장래, 전쟁의 재발을 방지하는 데 필수적이라는 인식을 함

② 국제무역기구(ITO)
  ㉠ 제2차 세계대전의 종전과 더불어 미국은 신국제무역체제 확립을 위한 다자간 통상회의를 제안함
  ㉡ 미국은 관세, 특혜, 양적 규제, 정부 보조, 국가 무역 및 국제 상품협정 등 국제무역의 모든 문제를 다룰 규칙의 제정과 운영을 위한 국제무역기구의 창설을 건의함
  ㉢ 협상 과정 : 국제무역기구 창설을 위한 하바나 헌장을 협상하는 과정에서 각 국가는 자국의 이익을 추구했는데, 영국은 영연방에 대한 특혜를 인정하는 대영제국특혜제도를 주장했으며, 저개발국가들은 그들의 경제개발을 위한 특혜조치가 하바나 헌장에 삽입될 것을 주장함
  ㉣ 결과 : ITO의 실패, 결정적인 원인은 하바나 헌장이 미국 의회에서 비준을 받는 데 실패했기 때문임

2 GATT 체제의 탄생 2010년, 2014년, 2021년 출제

1. 배경

    ① GATT는 국제무역기구가 창설될 때까지 한시적으로 국제무역의 제반 절차와 관세의 인하를 위한 잠정적 성격의 협정으로 탄생함

    ② GATT는 가맹국 간의 상행위에 관해서 법적 구속력을 가진 규칙을 조문화해 놓은 협정임

    ③ 국제무역기구의 창설이 무산되자 국제무역을 감시하고 국제무역을 위한 협상의 장으로서 상설기구와 같은 역할을 대행함

2. GATT의 원칙 2010년, 2011년 출제

    ① **최혜국대우 원칙** : 동종물품의 수출입 시 일국에 부여한 우대조치를 모든 체약국에 부여해야 한다는 원칙

    ② **내국민대우 원칙** : 수입이 완료된 동종물품에 대해 자국물품보다 불리한 대우를 해서는 안 된다는 원칙

    ③ **GATT의 기본원칙에 대한 예외규정**

    ㉠ 공공정책 시행을 위한 GATT 기본원칙으로부터의 일반적 예외(제20조)

    ㉡ 전시 또는 긴급할 때 특별조치를 취할 수 있도록 허용하는 안전보장을 위한 예외(제21조)

    ㉢ 지역협정 구성 국가와 비구성 국가 간 상이한 대우 인정(제24조)

3 GATT의 성과와 위기 2021년 출제

1. 케네디라운드

    관세율의 인하가 품목별로 단행된 것과는 달리 농산품을 제외한 모든 관세부과가 가능한 공산품에 선형관세 인하방식을 도입하여 관세율을 일괄적으로 1/3 인하하는 데 합의함

2. 도쿄라운드

    ① 1960년대 말부터 그리고 석유파동 이후 세계경제가 악화되기 시작하면서 각국에서는 중상주의적 신보호주의가 등장하기 시작함

    ② 도쿄라운드는 보호주의가 다시 등장하는 시점에서 자유무역체제를 재확립하고 새로운 강력한 다자간 운영체제를 위한 무역협상으로서 추진됨

③ **도쿄라운드의 중요한 의제** : 자유무역에 큰 위협이 되어왔던 비관세장벽의 철폐, 시장질서유지협정과 수출자율규제와 같은 새로운 보호무역주의 제도들에 대한 처리 문제였음

④ **결과**

- ㉠ 도쿄라운드에서는 비관세장벽에 대한 규약을 마련했지만 대부분 저개발국가들이 도쿄라운드에 서명을 거부했기에 그 효과는 미미했음
- ㉡ 새로운 보호무역장치에 대해서는 별다른 성과를 거두지 못했으며, 주요 의제였던 농산물 교역의 자유화 문제도 각국의 이해가 엇갈려 해결점을 찾지 못함

3. 미국의 보호무역정책

① **미국의 보호무역정책의 배경**

- ㉠ 미국 경제는 1960년대 말부터 심각한 위기 조짐을 보였으며, 무역적자가 누적되기 시작하고 철강, 섬유, 전자 등 주요 산업의 경쟁력이 약화되었음
- ㉡ 미국은 자국의 무역적자가 독일을 비롯한 서구와 일본을 비롯한 아시아 국가들의 신중상주의적 무역정책의 결과라고 인식함

② **신경제정책(New Economic Policy)** 2010년, 2013년 출제

- ㉠ 닉슨 행정부는 의회의 보호무역에 대한 압력을 무마시키고 미국의 국제수지 균형을 호전시키기 위한 두 가지 목적으로 새로운 경제정책을 구상함
- ㉡ 내용
  - 제품수입에 대한 10%의 임시 수입부가관세
  - 달러화의 10% 평가절하
  - 달러화의 금태환 정지 등

③ **1980년대 미국의 보호주의적 무역정책**

- ㉠ 1988년 종합무역경쟁법 탄생 : 기본적으로 자유무역 기조는 유지했으나, 무역상대국에 일방적 압력조치를 가할 수 있는 조항을 포함함
- ㉡ 미국은 공정무역이라는 개념을 통해 공정한 무역만이 자유무역질서를 유지·발전시킬 수 있고 불공정 무역행위는 제재의 대상임을 주장함
- ㉢ 특정 수입시장이 폐쇄적인 것도 불공정 무역행위에 해당한다고 주장하며, 상대국의 시장을 개방시키기 위한 통상 압력은 자유무역을 위해 합당하다는 주장을 함
- ㉣ 슈퍼 301조의 주요 내용
  - 행정부는 1990년까지 불공정무역국으로 지목되는 협상의 우선 국가를 지정함
  - 이들 국가가 미국과의 18개월 기간 내의 무역협상에도 불공정하다고 생각되는 무역장벽을 제거하지 않을 경우, 미국은 이들 국가의 상품에 100%까지 보복관세를 부과함

4. 우루과이라운드의 출범

① 배경
- ㉠ GATT는 1980년대에 들어와 새로운 세계경제의 문제들을 해결할 능력을 상실함
- ㉡ GATT 창설 당시에 존재하지 않았던 새로운 형태의 교역들이 세계교역의 중요한 위치를 차지하기 시작했는데 서비스 교역 문제, 지적재산권 문제, 투자 문제 등이 이에 해당함
- ㉢ 농산물에 대한 보호무역조치에 대해 GATT가 효과적으로 대응하지 못함

② 우루과이라운드의 출범
- ㉠ 농산물 교역에 관한 미국과 유럽공동체 간의 갈등과 자율규제 합의라는 형태를 통해 공공연하게 이루어지는 수량 규제 등 세계무역체제의 균열이 심해지면서 레이건 행정부는 1986년 9월 우루과이에서 GATT 특별총회를 열고 우루과이라운드를 정식으로 출범시킴
- ㉡ UR 협상은 농산물 시장 개방 문제를 두고 수출국인 미국과 케언즈 그룹(농산물 수출국 중에서 농산물 수출 보조금을 지급하지 않는 나라들의 모임), 그리고 수입국인 유럽공동체와 한국, 일본 등이 입장 차이가 커서 갈등이 지속됨
- ㉢ 미국, 일본, 유럽공동체 및 캐나다 등 협상의 주요 대표들이 회담을 재개하고 극적인 합의를 통해 갈등을 해결함으로써 UR이 타결됨

③ 협상 대상
- ㉠ 관세 인하와 긴급수입제한 조치
- ㉡ 농산물에 대한 정부보조 문제
- ㉢ 금융 및 통신과 같은 서비스 분야와 지적소유권 문제
- ㉣ 무역관계 투자 문제

④ 우루과이라운드 타결의 의의
- ㉠ GATT 체제가 우루과이라운드 협상에 참여한 국가들의 국제무역관계를 더욱 효과적으로 담당할 수 있는 세계무역기구의 창설에 합의함으로써 더 많은 역할과 기능과 권한을 가진 국제기구가 출범하는 계기 마련함
- ㉡ 자유롭고 공정한 무역관행을 정착시키기 위해 큰 폭의 관세율 인하와 여러 형태의 비관세장벽의 축소 및 철폐에 국가들이 동의하여 국제통상이 증대할 수 있는 계기를 마련함
- ㉢ 우루과이라운드는 GATT 체제가 다루지 못했던 부분들에 대한 조항들을 포함시킴으로써 GATT 체제를 보완하는 계기가 됨

---

4 WTO 체제의 출범과 활동 2015년 출제

① WTO의 특징
- ㉠ WTO는 정식 국제기구로서 법적 제재를 갖추고 회원국의 무역관계를 관할함

- ⓒ WTO는 무역정책검토기구를 설치 및 운영하여 각 회원국들은 무역규모에 따라 정해진 일정 주기마다 자국의 무역정책과 관련된 제도에 대해 검토를 받음
- ⓒ WTO의 무역정책 검토제도의 역할 : 회원국들의 무역정책에 대한 투명성을 재고시킴으로써 다자간 무역체제를 강화하는 데에 중요한 역할을 함
- ⓔ 서비스 교역, 무역관련 투자조치, 그리고 지적재산권보호 등이 다자간 무역체제의 영역 내로 포함됨

② **법적 구속력이 강화된 분쟁 해결 제도의 정립**
- ⓙ 새로운 분쟁 해결 절차는 각 절차를 명료하게 하고 시한을 설정하여 패널 보고서의 채택을 용이하게 하는 등 신속한 절차 규정을 설정, 법적 구속력을 제고시킴
- ⓛ 강화된 분쟁 해결 절차의 핵심은 패널 구성과 패널 최종보고서의 채택을 거부할 수 있는 조건을 매우 까다롭게 함

③ WTO는 명실상부하게 전 세계를 포괄하는 국제기구로서 세계무역의 90%를 포괄하는 규모가 됨

---

5 뉴라운드의 출범 : 도하개발 아젠다(DDA) 〈2009년, 2021년 출제〉

① **DDA** : Doha Development Agenda의 줄임말로서 2001년 11월 9일부터 6일 동안 142개 세계무역기구 WTO 회원국이 참석한 가운데 카타르의 도하에서 개최된 세계무역기구 제4차 각료회의에서 채택된 9번째 다자간 무역협상 즉, 뉴라운드를 일컫는 말임

② 이는 상품 위주로 범위가 제한된 기존 우루과이라운드(UR)와는 달리 상품, 서비스, 지적재산권 등을 포괄하고 이행 강제력도 더 높음

③ 세계무역기구는 우루과이라운드 이후의 새로운 다자간 무역협상을 명명하면서, 개도국들의 주장을 받아들여 라운드라는 이름 대신, '도하개발 아젠다'라고 부르기로 하였는데 이는 '라운드'가 과거 GATT 체제하의 용어로서, WTO 체제에서 열리게 되는 다자간 무역협상에서는 동 용어를 사용하지 않기로 회원국 간 양해된 데 비롯됨

④ **도하개발 아젠다의 주요 쟁점**
- ⓙ 서비스 시장 전면 개방 : 법률, 교육, 의료시장과 더불어 유통, 통신, 건설, 에너지 등이 망라됨
- ⓛ 농산물 관세와 보조금을 줄이는 문제
- ⓒ 임산물, 수산물도 공산품처럼 관세를 낮추는 문제
- ⓔ 반덤핑조치의 남용을 막기 위한 기존 협정의 개정 문제
- ⓜ 환경보호 정책을 통한 무역규제

⑤ DDA 협상은 1995년 WTO 체제 출범 이후 최초의 대규모 다자간 무역협상이며, 2002년부터 3년간 협상을 진행하여 2004년 12월까지 종료하기로 하였지만 합의에 이르지 못해 타결 시한을 넘김

⑥ DDA의 협상 방식은 모든 분야의 협상 결과를 모든 회원국들이 일괄적으로 수락하는 일괄타결

방식으로 진행되고 있음

⑦ DDA 협상을 총괄하기 위한 협상감독기구로서 무역협상위원회가 설치되었으며, 그 아래 각 분야의 협상그룹이 설치되어 협상을 실제적으로 진행하고 있음

제3절 국제통화·금융체제의 전개와 변화

1 국제통화체제의 역사적 전개

1. **브레턴우즈 이전의 국제통화체제**

    ① **국제통화체제의 시초**

    ㉠ 1870년경 영국의 파운드화를 기초로 한 금본위제가 확립됨

    ㉡ 세계의 중요 통화가 고정률로 금에 연동된 고전적 금본위제가 유지됨

    ㉢ 영국의 파운드화가 영국의 경제적 힘에 의해 뒷받침되고 모든 국제무역과 지불에 있어서 사용되는 금·파운드화 본위제였음

    ② **벤저민 코헨(Cohen)의 평가**: 국가의 독립 추구와 안정적인 국제적 지불수단 확보라는 초국가적 목표가 영국이라는 패권자에 의해 조화롭게 추구되던 시기였음

    ③ **1차대전의 발발과 그 영향**

    ㉠ 고전적 금본위제가 소멸되고 금의 부족을 해결하기 위해 금 교환 본위제가 시도됨

    ㉡ 금은 제도적으로 런던과 같은 금융 중심지에 집중되었고, 다른 국가들은 파운드화 같이 금태환성이 있는 통화를 사고파는 방법으로 자국의 환율을 유지함

    ㉢ 1930년대에는 자국의 실업과 적자를 해결하기 위해 경쟁적인 평가절하를 단행함으로써 국제통화체제는 실패하게 됨

2. **브레턴우즈체제** 2009년, 2015년, 2017년, 2018년, 2020년 출제

    ① **새로운 국제통화체제의 수립**

    ㉠ 1930년대의 경제적 민족주의, 즉 경쟁적 평가절하, 경쟁적 통화블록의 형성, 국제적 협력의 부재 등이 경제적 파국뿐만 아니라 전쟁의 원인이 되었다는 데 인식을 공유함

ⓒ 국제통화관계를 시장 기능에 맡기는 것이 아니라 각 국가의 정부들이 협력해서 공식적으로 국제통화체제를 관리하기로 결정함
② **브레턴우즈체제의 두 기둥** : 국제통화기금(IMF)과 국제부흥개발은행(IBRD)이 국제체제의 중앙은행 역할을 수행함
③ **IMF**
　　㉠ 1944년 44개국이 88억 달러를 각국의 능력에 따라 출자함으로써 성립함
　　ⓒ 가맹국은 국제수지의 조정을 위해 할당액의 125% 한도에서 대출을 받을 수 있음
　　ⓒ IMF은 할당액에 따라 투표수가 늘어나는 가중투표방식을 채택하고 있음
　　㉢ 전체 할당액의 약 17%를 차지하고 있는 미국의 영향력이 절대적임
④ **IBRD**
　　㉠ 세계은행은 신속한 전후 복구를 위해 창설되었음
　　ⓒ 세계은행은 채권을 발행하거나 민간대출에 보증을 서는 등의 활동을 통해 전후 복구를 지원했음
　　ⓒ 세계은행은 IMF와 연계하여 세계은행이 경제발전을 위해 바람직하다고 생각되는 정책들을 채택하도록 제3세계 정부들을 설득하는 활동을 수행했음
⑤ **브레턴우즈체제의 핵심** : 고정환율제도
　　㉠ 국제통화기구에 가입한 회원국들은 자국의 통화를 달러화에 대한 상대적 가치로 평가함으로써 고정환율제를 채택함
　　ⓒ 금 1온스당 35달러로 미국 달러화의 가치를 정하고 달러의 금태환성을 보장함
　　ⓒ 달러화를 기축통화로 하는 금본위제도로서의 고정환율제를 채택하여 각국의 통화가 안정된 환율로 언제나 교환될 수 있고 달러화를 통해 항상 금태환이 가능하도록 함
⑥ **미국과 국제통화체제**
　　㉠ 미국의 도움에 의지하고 있던 IMF와 IBRD는 유럽의 막대한 재정적자 문제를 해결할 수 없었고, 미국의 일방적인 지도력에 의지하는 달러본위제의 새로운 국제통화체제가 등장함
　　ⓒ 1947년 이후부터 미국은 국제통화의 유동성 문제와 국제통화체제에서 생기는 문제 등을 해결하는 기능을 본격적으로 수행하기 시작함
　　ⓒ 미국은 강력한 경제력을 바탕으로 달러화의 금태환성을 보장함으로써 국제경제체제의 유동성 문제를 해결했는데, 이로 인해 미국이 엄청난 재정 흑자를 통해 보유하고 있던 보유금이 미국 밖으로 나가 국제화폐로써 사용됨
　　㉢ 미국은 유동성을 제공하는 것 외에 자국의 국제수지 적자를 용인하고 유럽 및 일본의 재정적자 문제를 해결하는 조정 역할을 수행함

2 브레턴우즈체제의 위기와 몰락

1. 브레턴우즈체제의 변화 : 미국 주도에서 다자간 협력체제로

① **배경** : 브레턴우즈체제는 미국의 패권적 역할을 기초로 했기 때문에 시작부터 문제를 내포하고 있었으며, 미국의 국제수지 적자정책에 의존한 국제통화체제의 운용은 언젠가 문제에 직면할 수 밖에 없었음

② **문제의 발생**

㉠ 1960년에 달러화의 해외 보유고가 사상 처음 미국의 금 보유고를 초과하게 됨으로써 달러화의 금태환 능력에 대한 신뢰가 무너지기 시작함

㉡ 1960년 국제 환 딜러들이 달러화를 금으로 교환하면서 달러화의 기피현상이 발생했으며, 미국이 단독으로 국제통화체제를 이끌어갈 수 없다는 인식이 확산됨

㉢ 서방 각국들은 달러화의 신뢰도가 떨어지는 상황에 대해 우려를 표시하며 미국의 재정적자를 개선함으로써 달러화의 신뢰를 회복하도록 미국에 요구하기 시작함

③ **미국의 조치**

㉠ 달러화의 해외유출에 제동을 걸고 존슨 행정부는 미국의 대외투자에 제한을 가하는 조치를 취함

㉡ 미국을 비롯한 서방 각국은 유동성 문제에 대해 우려하기 시작했으며, 미국이 자국의 재정적자 문제를 해결하려고 할 때 그 결과로서 유동성 부족 문제, 즉 트리핀 딜레마가 대두될 것이라는 예상을 하게 됨

> **트리핀 딜레마(Triffin's Dilemma)** [58] 2011년, 2013년, 2017년, 2020년 출제
>
> 1960년 예일 대학교의 경제학 교수인 로버트 트리핀은 그의 저서 '금과 달러의 위기'(Gold and the Dollar Crisis)에서 달러교환제도의 중요한 결함을 지적했다. 그는 브레턴우즈체제의 달러교환제는 기축통화의 기본 요소인 유동성과 신용성 사이에 근본적인 모순을 야기한다고 주장했다. 국제적 유동성을 제공하기 위해서는 미국이 달러화의 해외유입을 최소한 묵인 혹은 방조해야만 하는데, 이는 미국에 만성적 국제수지적자를 초래하게 된다. 나아가 미국의 지속적인 국제수지적자는 미국의 금재고량을 초과하는 달러화의 해외과잉보유 현상을 초래하게 되고, 이는 결국 달러화에 대한 국제적인 신용을 훼손하게 된다. 이 경우 미국이 금 1온스당 35달러의 교환 비율을 방어할 수 없게 되거나 혹은 자국의 경제를 보호하기 위해 기존의 정책으로부터 후퇴하게 된다면, 달러의 신용성은 궁극적으로 붕괴될 것이고 각종 금융투기와 통화 불안정이 증폭될 것이라는 주장이다.

④ **특별인출권(SDR : Special Drawing Rights)** 2013년, 2016년, 2017년 출제

㉠ 1961년부터 5년여 기간에 걸친 선진 10개국(미국, 프랑스, 독일, 영국, 일본, 캐나다, 이탈리아, 스웨덴, 네덜란드, 벨기에 – 1964년부터 스위스 참여)의 통화관계회의에서는 다자간의 합의로 운영될 수 있는 새로운 국제준비자산(international reserve assets)을 창출하기로 합의하고 종이로 된 금(paper gold)이라고 할 수 있는 특별인출권(SDR : Special Drawing Rights)을 창설하여 각국의 중앙은행 간 금융계정결제에 사용할 수 있도록 함

㉡ 특별인출권(Special Drawing Rights) : 금과 달러화 그리고 다른 주요 국제통화가 세계경제의 유

---

58 세계의 정치와 경제(2008), 한국방송통신대학교 출판부, 99면

동성에 대한 수요를 충족시킬 수 없을 때 이를 해결하기 위해 만들어진 것으로 각국의 중앙은행 간의 금융계정을 결제하는 데 사용될 수 있도록 함

ⓒ 특별인출권의 등장 의미
- 국제통화체제가 위기를 극복할 수 있는 자생력을 갖추었다는 것을 보여주는 것인 동시에 달러를 중심으로 안정적으로 운영되어 왔던 국제통화체제에 균열이 생기기 시작했음을 보여줌
- SDR의 창출로 미국은 유동성 문제를 일으키지 않은 채 국제수지 적자 문제를 어느 정도 시정할 수 있었으나, 이는 달러화의 기축통화로서의 위치를 후퇴시킴과 동시에 기축통화국으로서 미국이 누려 온 특권과 지배적 위치가 약화되는 상반된 결과를 가져옴

2. 브레턴우즈체제의 붕괴

① 국제통화체제의 위기
ⓐ 브레턴우즈체제의 붕괴는 미국이 국제통화체제에서 지도력을 행사할 경제적 여력을 상실한 게 주원인이었음
ⓑ 1971년 미국이 결국 무역수지 적자국으로 전락함으로써 문제가 발생했음
ⓒ 닉슨 행정부의 조치
- 해외보유 달러화에 대한 대량 금태환 요구의 위험성과 달러화 기피 현상을 사전에 방지하기 위해 신경제정책을 발표함
- 달러의 금태환을 중지하고 우방국가의 통화가치 재평가를 위한 압력수단으로 관세부가대상 수입품에 대한 10%의 부가관세를 부과함

② 스미소니언 협정(Smithsonian Agreements) - 스미소니언체제
ⓐ 스미소니언 협정(1971) : 닉슨 행정부의 요청으로 1971년 12월 서방선진국들이 워싱턴에서 회동하여 체결된 협정
ⓑ 주요 내용
- 주요 통화의 평가절하와 환율변동의 허가 폭 확대
- 주요 국가들이 자국 보유 달러의 금태환 요구를 일정 기간 하지 않기로 하는 한편, 미국은 그 대신 수입상품에 대한 10%의 부가관세를 취소하기로 함
- 환율변경 허가폭을 ±1%에서 ±2.25%로 조정하는 데 합의
ⓒ 스미소니언 협정은 몰락하고 있는 달러화의 가치와 역할을 미국의 정치·안보적 영향력으로 방어한 마지막 조처였으며, 국제통화질서의 혼란을 잠시 방지한 잠정적 조치
ⓓ 1973년에는 제1차 석유파동 등으로 달러화가 또 다시 10%가 평가절하됨으로써 주요 통화 간의 고정 환율이 실질적으로 무너졌고, 각국의 통화는 통화국의 경제력과 국제시장에서의 수요에 따라 환율이 유동적으로 바뀌는 변동환율이 이루어짐

③ 킹스턴체제(Kingstern System)
ⓐ 경과
- 1972년 9월 IMF 연차총회에서 서방 10개국과 개발도상국 10개국으로 구성된 20개국 위원회

(The Committee of Twenty)는 SDR의 세계화폐로서의 역할 증대와 달러화를 비롯한 다른 통화들의 역할 축소, 그리고 특정 경우에 변동환율을 인정하는 등의 환율의 유연성 증대 등에 합의함
- 1973년의 제1차 석유파동에서 석유수출기구(OPEC) 유가의 갑작스러운 대폭 인상은 국제수지와 국제금융시장에 심각한 장애를 초래했고, 그 결과 경제 강국들은 다시 한 번 자국의 통화들을 재조정할 필요성이 대두됨

ⓒ 자메이카 협정
- 1976년 자메이카의 수도 킹스턴(Kingston)에서 열린 IMF 회의는 국제통화체제의 다자간 관리로의 전환을 모색함
- 자메이카 협정 : 1975년 5대 통화강대국이 모여 국제통화질서의 개편을 논의한 결과 체결되었는데 그 핵심은 변동환율제를 공식화하고 금 - 달러 본위를 특별지출권(SDR)본위로 전환시킨다는 IMF 규약의 2차 개정
- SDR을 시장바스켓(market basket)에 연결시켜 가치를 안정시키고, 각국의 할당액을 증액하여 국제통화로서 기능하게 한다는 제2차 수정안에 대한 합의에도 불구하고 이 회의는 국제유동성 문제와 달러화에 대한 의존 문제를 해결하지 못함

ⓒ 결과 : 자메이카 협정으로 킹스턴체제(Kingstern System)가 출범함

3. 1980년대 국제통화체제를 위한 다자간협력

(1) 1980년대의 상황
① 1970년대 후반부터 1980년대의 국제통화질서는 국제유동성의 극단적 팽창으로 특징지어짐
② 만성적인 미국의 국제수지적자와 이에 따른 달러화의 대량 해외유출
③ OPEC 산유국들의 흑자에 따른 석유달러의 유럽금융시장으로의 유입
④ 유럽통화시장(European currency market)에서 민간은행에 의한 대정부차관의 성행 등

(2) 미국의 정책 변화
① 레이건 대통령은 일방주의적 정책수렴(policy convergence)이라는 정책에서 탈피하여 다자간협력이라는 방향으로 정책을 수정함
② 플라자협정(Plaza Accord) 2015년 출제
  ㉠ 정책선회는 세계경제의 회복, 국제통화체제의 안정, 특히 적정선의 환율유지 등을 위한 1985년 9월 G5(미국, 일본, 독일, 영국, 프랑스)의 플라자협정(Plaza Accord)으로 이어짐
  ㉡ 주요 내용
  - 엔화와 마르크화에 대비하여 1/3 달러화를 평가절하함
  - 환율을 시장 기능에만 맡겨 두지 않고 통화 강대국의 중앙은행이 상호협조와 조정하에 환율시장

에 개입한다는 다자간 운영방식을 구체화했음을 의미함
- ⓒ 의미
  - 환율을 시장 기능에 맡겨두지 않고 안정을 위해 서방선진 7개국의 중앙은행이 상호협조와 조정을 통해 환율시장에 개입한다는 다자간 운영방식을 구체화했다는 의미가 있음
  - 이 협정은 일본이 최초로 국제경제 운영에 본격적으로 참여했다는 의미가 있음

(3) 1986년 도쿄 G7 정상회담

① 레이건 행정부는 국제통화체제를 관리된 변동환율(managed floats)체제로 전환시키려 시도함

② **타국가들의 반응** : 다른 나라들은 관리통화체제로의 전환은 그들의 경제가 그간 지속적으로 불안정한 변동폭을 보여 왔던 미국의 달러화와 밀접한 관계를 맺는 것이었기에, 불안전한 미국경제의 여파가 자국 시장에 미칠 것을 경계함

③ **강화된 감독(enhanced surveillance)**
  - ⓐ G7 국가들은 강화된 감독(enhanced surveillance)이라는 타협을 통해 환율의 변동에 대한 고정된 규칙을 제정하자는 미국의 희망과 자유재량권에 대한 그 동맹국들의 희망을 절충함
  - ⓑ G7 국가들은 환율의 급격한 변동을 저지하고 합의된 변동폭 내에서 통화들을 재조정하기 위해 경제정책을 상호 긴밀한 협의 아래 지속적으로 조정하기로 약속함

(4) 루브르협정(Louvre Agreements)

① 1987년 10월의 통화위기 이전(2월)에 서방선진 7개국은 파리의 루브르에서 회동하여 G-7 중앙은행에 의한 환율시장 개입 등에 합의함

② **10월 위기 발생과 국제통화 위기 극복 노력** : 미국은 정부의 재정적자를, 독일은 이자율의 인하를, 일본은 내수 확대를 통한 경기진작 정책을 상호협조와 조정하에 단행하기로 결정함

③ **루브르협정의 의의** : 루브르협정은 환율변동의 목표 범위를 설정하는 한편, 정기적 모임을 통해 거시경제의 구조조정을 다자적으로 결의하고 실천한다는 위기관리 능력을 제고시켰다는 데에 그 의미가 있음

4. 1990년대의 국제통화체제 : 국제통화질서의 위기와 개혁

(1) 국제통화질서의 위기

① **현 시기 국제통화 위기의 주요 요인** : 미국과 일본 간의 국제수지 문제와 관련된 국제적 순환 문제와 변동환율제가 파생하는 문제로 나누어 볼 수 있음

② **변동환율제의 문제** : 변동환율제는 환율이라는 가격변수가 시장에서 결정되는 시장 의존적인 통화제도를 말하나, 현재는 금융투자가들의 국제적인 금융투자가 시장보다 더욱 중요한 역할을 함으로써, 환율이 시장이라는 가격기구에 의해 결정되기보다는 국제적인 투기자본에 의해 환율이 인위적으로 결정되고 있음

(2) 국제통화제도의 개혁안

① 국제통화제도의 개혁안

- ㉠ 현재의 변동환율제를 개선해야 한다는 입장 : 브레턴우즈 위원회가 제안하고 있는 목표환율대, 매키넌(Ronald McKinnon)이 주장하고 있는 복수기축통화제, 그리고 쿠퍼(Richard Cooper)에 의해 주장되는 세계단일통화구상 등이 있음
- ㉡ 환율의 급변성을 야기하는 국제자본이동에 대한 규제 : 토빈(James Tobin)의 외환거래세

② 쿠퍼(Richard Cooper)의 세계단일통화 안

- ㉠ 세계단일통화 안은 세계적 규모에서 단일한 공동통화를 계산단위, 지불수단 그리고 가치저장수단으로서 사용하고 세계중앙은행을 설립하여 공동통화를 관리하자는 개혁안임
- ㉡ 국가의 경제정책의 자율성과 국제통화체제의 안정에 대한 처방 : 각국의 화폐 주권을 초국가적인 세계중앙은행에 양도하고 금융정책은 세계경제의 경기를 안정시키고 인플레를 통제하는 데만 사용하고, 대내균형 유지는 재정정책을 통해서 하도록 제안함
- ㉢ 평가 : 세계시장이라는 자본운동의 원활성을 보장하나 환율을 통한 대내균형이 불가능해지고 재정정책을 통해서만 대내균형을 이루어야 한다는 부담이 있음

③ 매키넌(Ronald McKinnon)의 복수기축통화제

- ㉠ 매키넌은 달러, 유로, 위안화의 3국 통화를 국제무역제 바스켓에 연동시켜 엄격한 고정환율제를 도입할 것을 주장함
- ㉡ 복수기축통화제는 금본위제하의 엄격한 금융체제를 유지하지만 금의 화폐로서의 기능은 폐지한 '금 없는 금본위제'를 의미함

④ 토빈(James Tobin)의 외환거래세 안 : 변동환율제의 순기능을 살리는 방향으로 통화제도를 보완하자는 입장으로서 국제통화위기를 국제적 과잉자본의 과도한 운동으로 보고 이를 적절히 규제하는 것이 최상의 방법이라는 주장임

⑤ 목표환율대 방안

- ㉠ 현재 국제통화위기의 원인이 환율의 급변성과 선진국들의 경직적인 금융정책에 있다고 보고, 환율의 급변성 및 경직적인 금융정책이라는 변동환율제와 고정환율제의 결점을 제거하고 양자의 장점을 최대한 활용하자는 제안임
- ㉡ 목표환율대에서 추구하는 환율은 기초적 균형환율로서 국내적으로는 인플레이션과 실업 간의 최적 조합 달성하고, 대외적으로는 자본이동과 조화로운 경상수지 균형을 실현시킬 수 있는 환율을 말함
- ㉢ 이 제도는 고정환율제가 가지고 있는 안정성을 유지할 수 있을 뿐만 아니라 각국의 대내균형을 확보할 수 있는 정책의 유연성도 가지고 있음

3 IMF와 아시아 경제위기

1. 아시아 금융위기

(1) 아시아 금융위기의 전개

① 위기의 시작
- ㉠ 1997년 6월 말 태국의 재무장관 타농 비다야는 취임 직후 태국의 외환보유액과 금융시스템에 심각한 문제가 있다는 것을 인식함
- ㉡ 외환보유액은 발표된 300억 달러가 아닌 11억 4,000만 달러였으며, 금융기관들은 중앙은행으로부터 엄청난 돈을 차입하고 있었음
- ㉢ 태국은 16개 금융기관의 영업정지 조치를 취하고 최대의 금융기관인 파이낸스원을 폐쇄하자 외국인 투자자들은 일제히 태국에 대한 국가 신뢰도 평가를 낮추기 시작함
- ㉣ 결과적으로 바트화는 수직하락했으며 이것이 아시아 금융위기의 도화선이 됨

② 위기의 확산
- ㉠ 태국의 바트화 위기는 필리핀, 인도네시아, 말레이시아로 확산됨
- ㉡ 10월에는 대만과 홍콩으로 파급되었고, 11월에는 한국과 일본을 강타함

(2) 아시아 경제위기의 구조적 배경

① 서구 자본의 아시아 침투
- ㉠ 1990년대에 들어와서 서방 자본의 아시아 침투가 급속도로 증가함
- ㉡ 동남아시아 지역은 1985년 플라자합의 이후 일본 자본이 급속도로 침투함
- ㉢ 동남아시아 국가의 지도자들과 정책당국자들은 대거 유입되는 외국 자본을 최대한 활용하여 빠른 경제성장을 이룸

② 아시아 국가들의 자본자유화 정책
- ㉠ 자본자유화는 선진국 시장의 투자수익률 하락세에 따라 수익성 높은 투자자를 찾고 있었던 선진국 자본의 이해와 새로운 금융환경에서 자본자유화를 적극 추구하기 시작한 선진국, 싼 외국자본을 들여와 경제성장을 추구하려는 국내 지배블록, 싼 자본을 들여오려는 국내기업들의 이해관계가 맞아떨어진 결과임
- ㉡ 1980년대 후반부터 개도국으로 이동하는 선진국 자본 규모는 급증하기 시작함

③ 자본자유화 정책의 문제점
- ㉠ 아시아 경제의 외자 의존형 경제성장에서 기인하는 것으로 외국으로부터의 자본 유입은 국내소비의 증가와 환율의 고평가에 의한 무역수지 악화를 초래, 경상수지 구조를 취약하게 만듦
- ㉡ 문제의 심화 : 외국자본의 성격이 점점 더 단기화되었는데, 단기자본의 경우 수출산업 쪽에서 생산적으로 활용되기보다는 국내 통화량 증가를 통해 소비지출을 늘리는 쪽의 효과를 내기 때문에 평가절상과 거품경제를 유발했음

(3) 일본 버블경제의 수출

① 엔화의 급속한 평가절상

㉠ 1993~1995년 중반 엔화의 급속한 평가절상으로 엔고에 따른 경쟁력 약화를 가져와 일본 국내 경기가 침체됨
　　　㉡ 일본 정부의 금리인하는 일본 자본의 동아시아 개도국으로의 진출을 촉진하였으며, 일본의 금융기관들은 고수익을 쫓아 동아시아 개도국들에 대한 여신 비중을 높임
　　　㉢ 동아시아 국가들도 일본과 같은 버블경제를 경험하기 시작함
　　　㉣ 실물경제와 관계없이 투자가 늘어나고 돈이 넘쳐나는 경제호황을 누리기 시작함
　　　㉤ 투자증대, 소비증대는 자산 가격을 상승시켜 대내적으로 거품이 형성되기 시작하고 외부로부터의 자본 유입에 의해 통화의 평가절상이 일어나면서 경상수지 적자를 악화시킴
　　② **미국의 달러·엔 환율에 대한 개입**
　　　㉠ 미국의 달러·엔 환율에 대한 개입으로 1995년 중반부터 엔저로 반전되기 시작함
　　　㉡ 엔저는 동아시아 국가들에 수출 감소, 과잉투자 문제, 부실투자 문제와 함께 국내경기의 침체를 유발하고 일본계 자금은 국내적 금융위기로 인해 자본을 회수하기 시작함
　　　㉢ 외국자본의 동아시아 탈출이 동반되면서 동아시아 국가들의 금융 및 외환위기가 시작됨

2. 위기의 극복

(1) 한국

① 한국은 IMF에 구제금융을 공식요청해 1997년 12월 총 195억 달러의 긴급구제금융을 지원받음

② 한국은 IMF의 자금지원을 받는 조건으로 대기성자금지원협약을 맺었고, 지원조건으로는 통화·재정정책의 긴축적 운용과 금융산업의 구조조정 및 무역 및 자본 자유화, 그리고 노동시장의 유연화 등 구조조정 프로그램 등에 합의함

③ IMF의 자금지원에도 불구하고 외환위기가 진정되지 않자, 한국 정부는 IMF와 재협상을 시도하여 같은 해 12월 콜금리(call rate)의 대폭 인상, 일일 환율변동폭의 폐지, 부실 금융기관의 인수합병 및 폐쇄, 그리고 정리해고제의 도입과 같은 IMF의 권고사항을 수용한 제2차 의향서를 IMF에 보냈고, 이를 계기로 IMF와 13개 선진자본주의국가들의 조기자금지원이 결정되면서 한국의 원화는 안정되기 시작함

④ 한국의 경제성장은 1998년을 경과하면서 급성장해 2001년 상반기 GDP 실질성장률이 10%대를 넘어서 금융외환위기 이전 수준으로 회복함

⑤ 1999년 9월 단기성 고금리 차입금이 보충준비금융(SRF) 135억 달러를 상환하였고, 이어 2001년 8월 23일 현재 1억 4000만 달러의 대기성 차관을 상환함으로써 60억 달러의 대기성 차관을 모두 갚아 IMF 체제에서 벗어남

(2) 말레이시아

① 말레이시아는 1998년 7월 IMF의 지원을 거부하고 일종의 '반(反) IMF 실험'을 강행함

② 말레이시아는 우선 IMF의 경제안정화정책의 한 요소인 통화의 평가절하에 반하여 자국 통화인

링깃화를 달러당 3.8에 고정하여 종전의 달러당 4.2링깃에 비해 약 10.5% 평가절상함

③ IMF의 재정축소정책과는 반대로 약 12억 달러 규모의 대형 건설프로젝트를 추진하였고, 그간 유지하던 재정긴축·물가안정·고금리정책을 포기하고 적극적인 경기부양에 나섬

④ 말레이시아는 투기성 해외자본의 유입을 막고 민간 소비촉진과 투자확대 등에 주력하는 한편, 아시아 지역 내 무역증가와 투자회복으로 자율성장의 기반을 확충함

⑤ 말레이시아는 1998년 5.6%의 경제성장을, 그리고 2001년 현재까지 연간 8~9%의 경제성장을 기록함

3. **IMF**

① **주요 기능** : 환율에 관한 협약을 준수하도록 하는 것과 국제수지 적자 등으로 부도의 위기를 맞이한 회원국에게 유동성을 공급하는 역할

② **IMF 회원국의 의무**

㉠ 자국에게 배정된 할당액을 출자할 의무 : 25%는 IMF가 지정하는 국가의 통화인 달러화로 납입하고 나머지 75%는 자국 통화로 납입함

㉡ IMF로부터 지원받을 수 있는 자금 규모는 각 회원국의 할당액에 의해 제한되는데 그 한도는 할당액의 125%, 달러화로 납입한 부분의 500%임

③ **대기성 차관협정**

㉠ 회원국이 일정한 내용의 경제안정화 프로그램과 구조조정 프로그램을 이행할 것을 명기한 비공개 협정을 IMF와 체결하는 방식

㉡ 자금지원을 받는 경우도 자금 전액을 일시에 인출하는 것이 아니라 일정 기간 분기별로 협정상의 조건 이행 여부를 평가받고, 그 결과에 따라 자금을 부분적으로 인출할 수 있음

④ **경제안정화 프로그램**

㉠ 경제의 자유화 조치 : 외환과 무역의 자유화, 규제 철폐, 평가절하, 인플레이션 억제를 위한 고금리, 지급준비율 인상, 국가 재정적자의 축소, 세금 인상, 노동시장의 유연성 재고를 위한 정책을 말함

㉡ 문제점 : 해당 국가의 정치, 경제, 사회에 심각한 영향을 주며, 정부재정지출의 축소로 인한 빈곤층의 고통, 사회복지 수준의 심각한 퇴보 등으로 인한 계층간 불평등 및 양극화 현상이 심화됨

㉢ 구조조정 프로그램은 해당국 경제의 대외종속을 심화시키는 결과를 초래하며, 경제 구조조정 과정에서 상당수 기업의 주인이 외국인으로 교체됨

㉣ IMF의 구제금융을 받기 위해 노력하는 가장 큰 이유는 IMF가 제공하는 자금 자체보다 IMF의 자금지원이 일종의 보증서 역할을 하기 때문

⑤ **제3세계 국가**

㉠ IMF 차관 조건의 완화와 차관액의 증액 등을 계속 요구함

㉡ 개발도상국이 IMF의 의사결정에서 발언권을 더 행사할 수 있도록 IMF의 개혁을 요구함

⑥ IMF 개혁

㉠ 2010년 신흥국 경제성장을 대폭 반영한 종합적 쿼터와 지배구조 개혁안이 마련되고 2016년에 발효됨

㉡ 주요 내용
- 쿼터 규모를 두 배로 확충해 선진국에서 신흥개도국으로 쿼터를 6% 포인트 이전함
- 지명이사제를 폐지하고 유럽의 이사직을 2석 축소함
- 한국의 쿼터는 1.41%에서 1.8%(16위)로 상향 조정되었고, 중국은 전체 쿼터의 6.394%(투표권 6.071%)를 보유하고 쿼터 순위도 6위에서 3위로 상승함(1위는 미국, 2위는 일본)
- BRICS 중 남아프리카공화국을 제외한 브라질, 러시아, 인도, 중국이 10대 쿼터 보유국에 진입함

㉢ 2015년 11월 30일 IMF 집행이사회는 중국 위안화를 SDR 바스켓에 포함하고 이 새로운 SDR 바스켓을 2016년 10월 1일부터 발효시키기로 결정함
- 바스켓에서 위안화의 비중은 10.92%로 달러화, 유로화에 이어 세 번째로 높게 배정됨

4 미국발 금융위기

① 2007년 여름 미국에서는 서브 프라임 모기지 사태가 발생함

② 전개 과정

㉠ 미국은 저금리로 인해 돈이 풀리면서 주택에 대한 투기 수요가 늘어나는 상황이 발생함

㉡ 돈을 빌려 부동산에 투자하는 행태가 만연했고 신용 상태가 좋지 않은 사람은 높은 이자로 돈을 빌려 부동산에 투자함

㉢ 경기가 후퇴하면서 돈을 빌려 집을 산 사람들이 이자를 내지 못하는 상황이 발생하게 됨

㉣ 이러한 상황은 돈을 빌려준 금융기관의 부실로 이어지고 미국의 금융시스템의 위기가 오는 상황으로 발전함

㉤ 서브프라임 모기지 사태로 인해 2008년이 되면서 미국의 제5위 투자회사인 베어스턴스 파산과 9월의 리먼브라더스 파산보호 신청과 함께 대형 금융기관의 파산 가능성에 대한 우려가 커지면서 은행 간 대출 시장이 경색되고, 결과적으로 자금 중개 기능이 마비되어 기업금융이 얼어붙는 금융위기가 발생함

㉥ 이러한 미국발 위기는 곧바로 세계적인 주식시장의 급락으로 나타나게 되었고, 투자자들이 주식을 팔고 안전자산인 달러를 보유하려는 행태로 인해 주식시장이 급락하고 경제위기에 취약한 나라의 통화들은 그 가치가 폭락하게 됨

㉦ 금융위기는 곧바로 실물경제의 위기로 연결되어 세계적으로 소비의 감소, 수출의 감소, 실업률의 증가로 이어짐

5 유로화의 출범

① 1970년대 달러화의 불안지속으로 인한 유럽외환시장의 동요와 이에 따른 역내 경제의 혼란을 방지하기 위하여 유럽은 경제의존도가 높은 국가들 간의 통화 통합을 추진함

② 유럽공동체(EC : European Community)는 1972년 바젤협정을 통해 역내 통화 간 달러화 대비 환율변동폭을 ±1.125%로 제한하는 것을 주 내용으로 하는 EC 스네이크제도(snake system)를 출범시킴

③ **유럽통화제도(EMS : European Monetary System)의 창설(1979년)**
   ㉠ EMS는 역내 교역의 불확실성을 최소화하고 역내 통화의 교환성을 최대한 보장해 줌으로써 회원국 간 경제정책상의 협력을 도모하는 한편, 국제통화의 변동에 안정적으로 대처할 수 있는 통화제도 수립을 의도함
   ㉡ EMS는 유럽통화단위(ECU : European Currency Unit)와 환율조정기구(Exchange Rate Mechanism)의 창설, 상호결제 및 신용제도의 확충 등을 핵심적인 내용으로 함

④ EC 국가들은 1988년 완전한 통화 통합 방안을 검토하기 위하여 경제·통화동맹위원회(일명 Delors Committee)를 구성하고 1991년 12월 들로르 보고서(Delors Report)의 기본추진계획을 바탕으로 실행계획을 법제화한 유럽연합조약(일명 마스트리흐트조약)에 합의함

⑤ 1999년 1월 유럽연합(EU) 15개국 중 11개국이 참여한 유럽통화동맹(European Monetary Union)이 공식출범하였고, 이와 동시에 유럽중앙은행(ECB)이 설립되고 단일통화인 유로(Euro)화가 도입됨

⑥ 유로화는 일차적으로 공공 및 금융기관간 거래 등 장부상 화폐로서 비현금 거래에만 사용되다가 2002년 7월부터 모든 거래에 사용되기 시작함

> **한국의 FTA 체결 순서** 2009년 출제 　　　　　　　　　　　　　　　참고
>
> ① 한-칠레 FTA : 2004. 4. 1 발효
> ② 한-싱가포르 FTA : 2006. 3. 2 발효
> ③ 한-EFTA FTA : 2006. 9. 1 발효
> ④ 한-ASEAN FTA : 상품 – 2007. 6. 1 발효, 서비스 – 2009. 5. 1 발효, 투자 – 200. 9. 1 발효
> ⑤ 한-인도 CEPA : 2010. 1. 1 발효
> ⑥ 한-EU FTA : 2011. 7. 1 발효
> ⑦ 한-페루 FTA : 2011. 8. 1 발효
> ⑧ 한-미 FTA : 2012. 3. 15 발효
> ⑨ 터키 (기본협정·상품무역협정) : 2013. 5. 1 발효
> ⑩ 호주 : 2014. 12. 12 발효
> ⑪ 캐나다 : 2015. 1. 1 발효
> ⑫ 중국 : 2015. 12. 20 발효
> ⑬ 뉴질랜드 : 2015. 12. 20 발효
> ⑭ 베트남 : 2015. 12. 20 발효
> ⑮ 콜롬비아 : 2016. 7. 15 발효
> ⑯ 중미(5개국-파나마, 코스타리카, 온두라스, 엘살바도르, 니카라과) : 2021.03.01 전체 발효
> ⑰ 영국 : 2021. 1. 1 발효
> ⑱ RCEP : 2022. 2. 1 발효
> ⑲ 이스라엘 : 2022. 12. 01 발효
> ⑳ 캄보디아 : 2022. 12. 01 발효

6 탈달러화 시도와 전망

① **탈달러화의 의미**

　㉠ 국제거래에서 달러를 사용하지 않는 거래의 비중이 점차로 증가하는 현상

　㉡ 미국은 거래 비중이 높은 달러화로 거래를 하지 못하게 하는 방법으로 경제제재를 취해왔는데 탈달러화가 진행되면 미국은 더 이상 달러를 통한 경제제재를 하지 못하게 됨

② **탈달러화 시도 세력**

　㉠ 중국과 러시아

- 중국과 러시아는 2008년 미국발 금융위기 이후 달러화의 신뢰가 약화되었다고 인식하고 있으며 달러가 전 세계 무역거래의 40% 이상, 그리고 전 세계 외환 보유고의 60% 이상인 상황으로 생기는 미국의 통화권력을 견제해야 한다고 주장함
- 중국과 러시아는 무역거래에서 달러 대신 자국 화폐를 사용하고 있으며 BRICS는 자체 결제 시

스템을 만들어 달러화에 대한 의존을 줄이기 위한 시도를 하고 있음
- 중국은 위안화의 국제결제를 가능하게 하기 위해 2015년 '중국 국제결제체제(CIPS)'를 설립함
- 중국은 페트로위안(Petroyuan)을 발판으로 위안의 국제화를 이루겠다는 계획 추진

ⓒ EU는 무역과 에너지 거래에서 유로화 결제를 늘리기 위한 노력을 강화하고 있음
- 유럽은 유로화 결제 시스템인 인스텍스(INSTEX)를 강화하고 있는데 이는 EU가 2019년 1월 역내 기업들이 미국의 이란 제재를 우회해 이란과 거래를 할 수 있도록 만든 기구임
- 미국이 2018년 5월 이란 핵 합의를 파기하고 다시 이란 제재에 나서자 이란과 계속 교역하고 싶어 하는 영국, 프랑스, 독일이 중심이 되어 인스텍스를 만들었음
- 벨기에, 덴마크, 핀란드, 네덜란드, 노르웨이, 스웨덴도 인스텍스 동참 의사를 밝힘

③ **에너지 시장에서의 탈달러화 움직임** : 베네수엘라, 이란, 이라크 등 석유수출기구(OPEC) 회원국이 원유대금 결제에서 달러를 배제하겠다고 선언함

④ 결과적으로 패권이 통화의 국제화를 촉진하고 통화의 국제화가 패권을 강화하는 상호작용적인 관계에 있음

제 4 절 G20 정상회의 _{2010년, 2011년 출제}

1. G20 정상회의 출범 배경

① 미국 서브프라임 사태 및 대형금융기관 파산으로 시작된 미국발 금융위기가 전 세계로 확산되면서 금융위기 상황과 관련된 제반 문제를 검토하고 새로운 국제금융·통화질서(이른바 'BRETTON WOODS II' 체제) 수립 논의 필요성이 대두됨

② 프랑스(2008년 EU 의장국) 사르코지 대통령은 2008년 9월 EU 총회 참석 계기에 2008년 11월 중 세계지도자와 국제금융기관이 참석하는 세계경제회의 개최를 제안

③ 2008년 10월 18일 Camp David에서 개최된 미국-프랑스-EU 정상회의에서 세계 금융정상회의 개최에 합의

④ 미국은 G7, 한국, 호주 등 주요 국가와 참석 국가 범위를 협의하였으며, 국제경제에서 신흥국들의 비중을 감안하여 신흥경제국을 포함한 G20 정상회의 개최를 2008년 10월 발표

2. 회원국

구분	국가
G7	미국, 일본, 영국, 프랑스, 독일, 캐나다, 이탈리아
아시아·대양주	한국, 중국, 인도, 인도네시아, 사우디아라비아, 호주
라틴아메리카	아르헨티나, 브라질, 멕시코
유럽	러시아, 터키, EU 의장(집행위+상임위)
아프리카	남아프리카공화국

3. 운영체제

셰르파체제, 재무장관·중앙은행총재 회의, 각종 각료급 회의 및 실무그룹 회의

4. 제5차 서울 G20 정상회의 합의 사항

(1) 강하고 지속 가능한 균형성장 협력체계(G20 Framework)

① 통화·환율

㉠ 선진국과 신흥국 간의 공동노력을 강조하는 '환율관련 정책공조에 관한 3대 원칙'(경주 합의사항)을 재확인

- 경제 펀더멘탈을 잘 반영하도록 시장결정적인 환율제도로 전환하고 환율 유연성을 제고
- 경쟁적 평가절하(devaluation)를 자제
- 준비통화(reserve currency) 발행국가를 포함한 선진국들은 환율의 과도한 변동성과 무질서한 움직임에 유의하기로 약속
- ⓛ 신흥국으로의 자본유입 급증으로 인한 자본 변동성 위험을 고려하여 제한된 요건 하에 거시건전성 규제를 인정

② **무역·개발** : 보호주의 배격 및 개도국 성장 저해요인 해소

③ **재정** : 선진국은 재정건전화 계획을 수립·이행하되, 동시다발적인 이행 또는 미이행으로 인한 경기 리스크에도 유념함

④ **금융** : 은행 자본규제 등 새로운 국제기준의 완전한 집행과 향후 추가적인 개혁 노력을 약속

⑤ **구조개혁** : 수요증대, 일자리 창출, 글로벌 리밸런싱 및 성장잠재력을 확충하기 위해 나라별로 특화된 구조개혁 추진

⑥ **리밸런싱** : 정상 차원에서 과도한 불균형의 평가를 위한 예시적 가이드라인에 대한 논의를 진전시킴

(2) 국제금융기구 개혁

① **쿼터 개혁**
- ㉠ 과다에서 과소 대표국(6.2%), 역동적 신흥개도국(6.0%)으로 6% 이상 쿼터 이전(피츠버그 합의 사항인 5% 초과달성)
- ㉡ IMF 설립 이후 최대 규모인 100% 쿼터 증액
- ㉢ 쿼터 공식을 2013년 1월까지 개선키로 하고, 차기(제15차) 쿼터 검토를 2014년 1월까지 실시하기로 합의

② **지배구조 개혁**
- ㉠ 현 이사 수(24석)를 유지하되, 선진 유럽국의 이사직 2석을 축소하여 신흥개도국으로 이전
- ㉡ 지명 이사제*를 폐지하여 모든 이사들을 반드시 투표를 통해 선출토록 합의

*현재 5개국(미, 일, 독, 영, 프) 이사는 투표 없이 지명절차를 통해 임명

(3) 글로벌 금융안전망

① IMF의 선제적 신용라인 개설제도 강화 등 그간 성과를 인정

② 치앙마이 이니셔티브(CMI)와 같은 지역안전망과 IMF의 협력을 확대하고, 지역안전망의 위기예방 역량을 강화해 나가기로 합의함

(4) 금융규제 개혁

① 은행 자본·유동성 규제(BaselⅢ) 및 체제적으로 중요한 금융기관 SIFI 규제를 채택하고, 기 합의 사항의 완전한 이행에 합의

② 거시건전성, 신흥국 관점의 규제개혁 등 새로운 이슈에 대해 구체적인 논의범위를 설정하고, 국제

기구에 임무를 부여함

(5) 무역

① DDA 협상의 조속한 타결을 위해 모든 분야에 걸친 협상을 가속화도록 협상자들에게 지시하고, 막바지 협상의 종결 필요성 공감

② 2013년까지 새로운 무역·투자 장벽 설치 또는 수출제한 조치를 동결하기로 한 약속을 재확인하고 보호주의 조치 원상회복 등 모든 형태의 보호주의를 배격하기로 합의

③ 최빈개도국에 대한 무관세 무쿼터 대우, 무역을 위한 원조, 무역금융 등 저소득국 무역역량 제고 노력 합의

(6) 개발

① 개도국의 빈곤 해소와 개발격차 해소를 위한 개발의제 추진 필요성을 인식하고 '서울 개발 컨센서스'에 합의

② 성장과 직접 연계된 핵심 분야별로 구체적이며 실질적인 '다년간 개발 행동계획' 채택

③ 개발 실무그룹을 통한 공약 이행 모니터링 및 '서울 컨센서스'의 지속성 강조

(7) 금융소외계층 포용

금융소외계층 포용 관련 유기적 네트워크인 글로벌 파트너십을 신설하고, '중소기업 자금 지원 경진 대회'의 수상사례 등의 확산을 지원하기 위해 '중소기업 자금지원 혁신기금' 마련

(8) 에너지, 기후변화, 반부패

① **에너지** : 화석연료 보조금, 에너지 가격 변동성, 해양환경보호 3개 에너지 분야 향후 추진과제에 합의

② **기후변화 및 녹색성장** : 기후변화협상에 대한 G20의 적극적 참여 의지를 재확인

③ **반부패** : 반부패 국제공조를 위한 행동계획에 합의

(9) 비즈니스 서밋(Business Summit)

① 비즈니스 서밋 개최를 환영하고, 향후 정상회의에서 지속 개최되기를 기대

② 참석 기업인들은 그간 작업 결과를 토대로 무역투자, 금융, 녹색성장, 및 기업의 사회적 책임에 대한 권고사항이 포함된 공동선언문(Joint Statement)을 발표

(10) 우리나라 주도의 신규 의제

① **글로벌 금융안전망** : 외부충격으로 인한 급격한 자본 유출입 변동성에 대응하기 위한 실용적인 제도를 마련

　㉠ 개방경제 모델을 통한 성장을 추구하는 신흥개도국을 지원하기 위해 적극 추진

　㉡ 새로운 과제를 제시하여 G20 차원의 주요 의제로 계속 논의될 수 있는 기반 마련

② **개발** : 처음으로 개발 의제를 G20의 주요 아젠다로 논의
  ㉠ 개도국의 빈곤해소와 개발격차 해소를 위한 새로운 추진방향과 원칙을 제시
  ㉡ 다년간 행동계획을 채택함으로서 개발 문제가 지속적으로 논의될 수 있는 기반 마련
③ **비즈니스 서밋** : G20 정상회의 프로세스에 민간부문의 목소리를 대변할 채널을 구축
④ **아웃리치** : G20의 외연을 확대함으로써 신뢰성과 대표성을 제고
  ㉠ 국제기구 등과의 협의 절차를 체계화하여 건설적 파트너십을 구축
  ㉡ 비회원국 초청원칙의 투명성을 강화하여 G20 제도화 진전에 기여

5. G20 재무장관 및 중앙은행총재 회의

① **출범 배경**
  ㉠ 1997년 아시아 외환위기 이후, 국제금융시장의 안정을 위한 협의체 필요성 대두
  ㉡ 1999년 9월 IMF 연차총회 당시 개최된 G7재무장관회의에서 G7 국가와 주요 신흥시장국이 참여하는 G20 창설에 합의하고 1999년 12월 독일 베를린에서 제1차 회의 개최
  ㉢ 중앙은행은 국제금융시장 안정을 위한 통화정책의 담당자로 참가
② **설립 목적** : 세계경제체제에 있어 중요한 국가 간에 경제 및 금융정책 현안에 관한 대화를 확대하고 안정적이며 지속가능한 세계경제 성장을 위한 협력을 증대(1999년 9월 G7 정상회담 성명서)
③ **참가국(기구)** : G7, 러시아, 한국, 중국, 인도, 인도네시아, 호주, 브라질, 멕시코, 아르헨티나, 남아공, 사우디, 터키, EU 의장국 IMF, IBRD, 유럽중앙은행, 국제통화금융위원회(IMFC) 등
④ **개최 주기** : 재무장관 회의는 연 1회 개최
⑤ **사무국** : 별도의 사무국이 없으며, 의장국이 임기(1년) 동안 사무국 역할
⑥ **G20 Management Troika**
  ㉠ G20 의장국은 의장국 수임년도 전후 1년씩 G20 Management Troika의 일원으로 의장국의 자문단 역할
  ㉡ 회의 의제 및 발표자·토론자 선정, 커뮤니케 작성, Study 그룹 활동 등과 관련하여 별도 회의 참석 등 의장국과 긴밀히 협의, 전/후임 의장국은 각종 회의 시 의장국과 Co-Chair 역할 수행

제 5 절　제3세계

1　제3세계

① 의의

제3세계란 미국을 비롯한 서방선진국과 공산진영에 속한 사회주의국가들을 제외하고 아시아, 아프리카, 남미 등지에서 경제적 후진국들을 의미함

② 제3세계의 활동

㉠ 제3세계는 현대적 공업발전 수준이 미약하고, 경제적·사회적 발전이 낙후되어 있는 대부분의 국가들을 총칭하며 제3세계국가들은 그들이 당면하고 있는 정치적 독립과 경제발전을 달성하기 위하여 집단적인 노력을 기울이고 있음

㉡ 1955년 제3세계 국가들은 국제정세의 변화에 맞추어 그들만의 최초 국제회의가 된 반둥회의를 개최하였고, 더불어 비동맹 운동을 출범시켰으며, 1960년대 초에는 국제연합 무역개발회의를 창설했고, 1970년대에는 신국제경제질서를 창안하는 등 다양한 활동을 전개함

㉢ 1985년부터 국제사회가 화해와 협조의 시대를 맞이하여 냉전적 대결구조가 완화되자 제3세계는 그동안 전개해온 투쟁적인 움직임을 자제하고, 효과적인 경제발전을 위한 개별적인 노력을 기울이게 됨

2　비동맹정책 운동

1. 비동맹정책 운동의 개념

① **비동맹정책(non-alignment policy)** : 비동맹정책이란 동서 대결 구도의 어느 쪽에도 가담하지 않고 독자적이고 중립적인 외교정책을 취함으로써 자국의 독립을 유지하려는 외교정향을 말함

② **비동맹정책(비동맹 운동)의 출발**

㉠ 운동으로서 비동맹정책(비동맹 운동)의 출발은 1948년 소련의 영향으로부터 이탈한 유고의 티토가 티토주의로 불리는 독자적인 대외정책을 천명하면서 비롯됨

㉡ 1950년 인도의 네루의 연설('인도를 분쟁에 휘말리게 할 어떠한 군사블록에도 개입하지 않을 것')에서 비동맹(non-align)이라는 용어가 적극 사용되기 시작함

③ **비동맹회원국의 자격 조건** : 베오그라드 비동맹정상회의(1961)에서 정식 채택됨

㉠ 자주적 정책을 가진 국가

㉡ 민족독립운동의 지지국

ⓒ 다자군사동맹의 비가입국

ⓔ 쌍무군사동맹이나 지역적 집단방위조약의 비가입국

ⓜ 군사기지를 타국에 제공하지 않는 국가

2. 비동맹 운동의 생성과 전개

(1) 비동맹 운동의 형성

① 아시아 관계회의(Asian Relations Conference)

ⓐ 1947년 3월에 인도의 뉴델리에서 아시아 관계회의가 열려 아프가니스탄을 비롯한 28개국, 팔레스타인 유대인조직, 그리고 옵서버로 참가한 아랍연맹 7개국이 참가함

ⓑ 이 회의에서 민족독립운동, 인종 문제, 아시아 내의 이민, 식민지경제로부터 민족경제로의 이행, 농지개혁 등의 5개 항목이 선언되었고, 아시아 관계기구의 창설이 결의됨

② 네루 외교(Nehru Diplomacy)

ⓐ 운동으로서 비동맹정책의 효시로 불리는 네루 외교가 초기의 소극적인 태도에서 벗어나게 된 계기는 한국전쟁의 발발(1950)임

ⓑ 인도의 네루(Nehru, 1889~1964) 수상은 한국전쟁의 휴전협정 시 휴전위원회와 동포송환위원회의 의장국으로 역할하면서 적극적 중립을 주장함

ⓒ 네루는 1953년 2월 동서양 진영에 구애받지 않고 평화를 위해 노력하며 협력하는 지역을 확대하는 것이 세계 평화유지의 길이며, 그것은 또한 인도 외교의 원칙이라는 '제3지역론'을 제창함

ⓓ 1954년 6월 인도를 방문한 주언라이(周恩來) 중국 수상은 네루 수상과 회담하고 평화 5원칙을 채택함

- 영토보전과 주권의 존중, 상호불가침, 내정불간섭, 평등·호혜, 평화공존 2013년 출제

③ 콜롬보회의(1954)

ⓐ 콜롬보 그룹 : 1954년 콜롬보에서는 미얀마, 실론, 인도, 인도네시아, 파키스탄 등의 5개국이 공동선언을 통해 콜롬보 그룹을 탄생시킴

ⓑ 공동선언 : 인도지나전쟁의 정전과 인도지나 3국의 완전독립, 핵무기의 금지, 중공의 승인, 식민지주의의 반대 등

ⓒ 공동선언이 미국의 구상과 상치하자 미국은 1954년 9월에 동남아조약기구(SEATO)라는 군사동맹을 결성함

ⓓ 콜롬보 그룹은 미국의 대응에 대해 '아시아·아프리카회의' 개최를 결정함

④ 반둥회의(Bandung Conference, 1955)

ⓐ 반둥회의라 불리는 아시아·아프리카회의(Afro-Asian Conference)는 24개국(옵서버 3국 별도 참석)이 참가한 '인류역사상 양 대륙에 걸친 최초의 유색인종회의(인도네시아 수카르노의 개막연설)'임

ⓑ 평화 10원칙(반둥원칙)

- 모든 국가의 주권과 영토보존의 존중
- 영토보전 또는 정치적 독립에 대한 어떠한 침략행위나 위협 혹은 무력사용의 금지
- 타국의 내정불간섭
- 상호이익과 협력증진
- 모든 국제적 분쟁은 UN 헌장에 의거 교섭·중재·조정 혹은 법적 해결 등의 평화적 수단 및 당사국이 택하는 다른 평화적 수단에 의한 해결
- 어떤 강대국의 특정 이익에 봉사하기 위한 집단적 방위협정의 불이용
- 모든 인종의 평등과 대소를 불문한 모든 국가의 평등승인
- 정의와 국제의무의 존중
- 기본적 인권의 존중과 UN 헌장의 목적 및 원칙의 존중
- UN 헌장에 의거한 개별적·집단적 자위권의 존중 등

ⓒ 후진국의 경제발전 및 국제경제적 자본의 제공, 자원 수출국의 이익 보장 등 제3세계의 경제적 권익 보호를 주창함

(2) 비동맹 운동의 전개

① 1961년부터 비동맹 운동은 3년마다 정상회의와 외상회의를 개최하게 되었고, 미·소의 냉전 틈바구니에서 자신들의 이익을 보호할 수 있도록 공동의 노력을 전개하였음

② 1976년 스리랑카의 콜롬보에서 개최된 제5차 비동맹회의에서는 '신국제경제질서'라는 새로운 경제선언을 발표함
- 후진국의 경제발전을 위하여 자원 민족주의 원칙을 인정하고, 국제적 경제협력을 확대하며, 대폭적인 기술의 이전, 국제무역구조의 혁명적 개편을 포함하는 새로운 국제경제질서 개념을 제시함

③ 1980년대 비동맹회의는 제국주의적 침략을 비난한다거나 경제적 종속이론을 주장하는 강경일변도 자세에서 탈피하고 국제사회에서 실현 가능한 현실적인 사항을 추구하는 보다 온건한 방향으로 전환됨

④ 탈냉전시대의 비동맹 운동
ⓘ 1990년대 비동맹 운동의 자세는 더욱 완화되어 현실적인 측면에서 경제적·정치적 실리를 찾는 방향으로 전환함
ⓒ 탈냉전시대에 비동맹회의는 강대국에 의한 제국주의적 침략이나 신식민주의적 침탈을 비난하는 일은 약화된 반면, 경제발전 문제나 환경 문제 등 제3세계 국가가 공통적으로 직면하고 있는 문제들에 대한 집단적인 의견을 정립하는 데 이용되고 있음

> **신국제경제질서(New International Economic Order) 주요 요구 내용** [59] 2012년 출제   참고
>
> ① 상품통합 프로그램(Integrated Program for Commodities)을 창설하여 1차상품의 과잉공급 혹은 공급 부족 사태에 대비한 가격안정화를 위해 재고를 확보하는 장치를 마련할 것
> ② 일반특혜제도(General System of Preferences: GSPs)를 확대하고 자유화할 것
> ③ UN을 비롯한 IMF, 세계은행 등 주요 국제기구의 정책결정 과정을 수정하여 이들에 대한 선진산업국의 통제를 완화시키고 대신 저개발국들의 발언권을 강화할 것
> ④ 저개발국들의 경제주권을 보장해줄 것. 여기에는 저개발국들이 자신들의 천연자원에 대한 권리를 가질 것과 선진 테크놀로지에 대해 접근할 수 있는 통로의 확보, 초국적기업의 통제 및 무역 특혜제도에 의한 선진국시장으로의 진출 등이 포함

3 남북문제

① 남북문제(South - North problems)
  ㉠ 국제정치에서 남북문제란 주로 지구의 남쪽에 위치하는 개발도상국과 대체로 북쪽에 위치한 선진국 간의 현격한 경제격차를 가리킴
  ㉡ 남북문제의 심각성이 인식되기 시작한 것은 제2차대전 이후로, 북의 식민지였던 남이 정치적 독립에도 불구하고 경제적으로 종속되어 있다는 자각에서부터 비롯됨

② 남북 간의 대립
  ㉠ 북의 선진국들은 GATT 체제를 중심으로 한 자유무역질서를 내세우면서도 관세장벽과 보호정책을 추구하여 적도를 중심으로 북위 30도와 남위 30도 사이에 위치한 남의 후진국들의 개방과 착취를 강요함
  ㉡ 남북 간의 불평등한 국제경제질서에 대한 인식의 최초 결과가 UN 개발 10년 안이며, 보다 구체적인 재조정을 요구하고 나선 것이 유엔무역개발회의(United Nations Conference on Trade and Development : UNCTAD)의 발전임

4 남북문제의 진전과 기본 쟁점

1. UN 개발 10년(UN Development Decade)
   ① 제1차 UN 개발 10년

---
59 국제정세의 이해(2018, 제5판), 363 · 364면

㉠ 1961년 제16차 UN 총회에서 케네디 미대통령의 제안에 따라 1960년대의 10년간을 'UN 개발 10년'이라 부르기로 하고, 1970년까지 10년 동안 저개발국의 GNP 연평균 성장률을 최저 5%만큼 달성할 것을 그 목표의 하나로 삼음

㉡ UN 개발 10년의 목표는 결과적으로 달성되었으나 남북 간의 경제격차는 오히려 확대됨

② **제2차 UN 개발 10년**

㉠ UN은 1970년 10월 제25차 UN 총회에서 1970년대를 제2차 UN 개발 10년으로 정하고 그 실행계획인 국제개발전략을 채택함

㉡ 주요 내용 : 저개발국의 연평균 GNP 성장률 제고(6%), 농업(4%) 및 제조업(8%) 생산 증대, 수입 억제와 수출 증대(각각 7%) 등

③ 1970년대 제2차 UN 개발계획은 선진국의 비협조로 공적 개발원조가 평균 0.35% 정도에서 맴돌아 소기의 성과를 달성하지 못함

2. 남북문제에 관한 국제적 논의

① **프레비시 보고서(Prebisch Report)**

㉠ 제1차 프레비시 보고서

- 1964. 2
- 주요 내용 : GATT의 호혜주의와 무차별주의에 대한 비판, 개도국의 유치산업 보호를 위한 선진국의 양보, 즉 1차산품의 수출증대와 특혜관세제도 등을 주장함

㉡ 제2차 프레비시 보고서

- 1968. 3
- 주요 내용 : 선진국의 개도국 원조 확대, 개도국의 1차산품 가격 안정을 위한 완충재고(buffer stock) 융자제도, IMF의 SDR과 개발원조의 연계 등

② **피어슨 보고서(Pearson Report)**

- 1969. 9
- 주요 내용 : 원조액의 증대, 국제기관을 통한 원조, 개발 채무 조건의 완화(soft loan) 등

③ **틴버겐 보고서(Tinbergen Report)**

- 1970. 1
- 보고서는 선진국의 공적 자금에 의한 개발원조의 중요성을 강조하는 한편, 세계공동체 이념에 입각하여 사회주의 제국의 협력 의무를 강조함

④ **브란트 보고서(Brandt Report)**

- 1980. 2
- 선진국의 발전기금 증대
- 산유국의 석유 안정과 대체 에너지 개발을 위한 투자 촉진
- 금융 및 무역제도의 개선

5 유엔 무역개발회의(UNCTAD)의 성립과 활동 2010년 출제

① **설립 배경**
- ㉠ 유엔무역개발회의(UNCTAD)는 1964년 개발도상국의 산업화와 국제무역을 지원하고, 심화된 남북문제 해결을 목적으로 설치됨
- ㉡ 무역, 개발, 금융, 투자, 기술 등 경제개발 이슈와 관련하여 유엔 내 구심점(focal point) 역할을 수행하고 있음

② **회원국** : 총 195개국 (우리나라는 1964년 3월 가입)

③ **UNCTAD 3대 기능**
- ㉠ 무역, 투자, 금융, 개발 등 분야에서의 정책 분석 및 연구
- ㉡ 회원국 간 컨센서스 형성
- ㉢ 개도국 기술 지원 제공

④ **주요 국가 그룹**
- ㉠ 그룹 A : 아시아, 아프리카
- ㉡ 그룹 B : 선진국
- ㉢ 그룹 C : 중남미
- ㉣ 그룹 D : 러시아, 동구

⑤ **협상 그룹**
- ㉠ UNCTAD에는 그룹 A·B·C·D와 별개로 G77, EU, 유라시아경제공동체(EAEU), 쥬스칸스(JUSSCANNZ) 등의 협상 그룹이 있음
- ㉡ 그룹 A·B·C·D가 지리적·사회경제적 기준으로 나뉜 그룹이라면, G77 및 쥬스칸스 등의 협상 그룹은 주요 사안에 대한 입장 간 유사성을 바탕으로 형성된 그룹임
- ㉢ G77은 1964년 제1차 UNCTAD 총회에서 77개 개도국이 결성한 UNCTAD 내 최대 협상 그룹으로서 오늘날 회원국 수는 130개가 넘으나, 역사적 상징성을 감안해 G77이라는 이름을 그대로 사용하고 있음. 그룹 A 및 그룹 C 국가들로 구성된 G77은 UNCTAD에서 지금도 가장 큰 영향력을 행사하고 있음
- ㉣ 쥬스칸스는 호주, 일본, 미국, 스위스, 캐나다, 노르웨이, 뉴질랜드, 터키 등으로 구성된 비EU 유사입장국 그룹이며, 이들은 모두 그룹 B에 속해 있고, 우리나라는 2021년 1월에 쥬스칸스의 정식 일원이 됨
- ㉤ 유라시아경제공동체 그룹은 러시아가 주도하고 있으며, 쥬스칸스 또는 EU보다는 G77에 근접한 입장을 취해 오고 있음

⑥ **UNCTAD 협상 진행** : EU, 유사입장국 그룹의 쥬스칸스, G77+중국, EAEU(유라시아 경제연합), 영국, 교황청 등 정치그룹 중심으로 협상이 진행됨

㉠ 총회 : 4년마다 개최되며 전 회원국이 참석하는 최고 의사결정회의로서 향후 4년간 UNCTAD의 임무를 설정하는 결과 문서 채택

㉡ 무역개발이사회(Trade and Development Board) : 총회 결정사항의 이행 검토, 각 위원회 및 작업반 논의 결과를 매년 유엔 총회에 보고, 매년 1회 정례회의 개최

㉢ 2개 위원회 : 무역개발위원회 및 투자·기업·개발위원회

- 매년 1회 정례회의를 개최하고, 논의 결과는 연례 TDB에 보고함

⑧ **우리나라의 활동**

㉠ 우리나라는 가입 당시 G77에 속하였으나 1996년 OECD 가입 후 G77 탈퇴함

㉡ 2021년 1월 유사입장국 그룹인 JZ에 정식 참여하여 활동 중

㉢ 제68차 연례 무역개발이사회 마지막 날인 2021년 7월 2일에 기존 그룹 A에서 선진국 그룹인 그룹 B로 이동했는데 이는 UNCTAD 창설 이래 첫 선진국 그룹으로의 변경 사례임. 그룹 간 이동 시 195개 회원국 중 한 국가만이라도 이에 반대하면 이동 자체가 불가능함

㉣ 우리나라는 UNCTAD에서 실시되는 각종 사업을 후원하고, UNCTAD가 주관하는 개도국간 특혜무역제도(GSTP) 신탁기금에 분담금을 납부하며, 우리 공무원을 파견하여 UNCTAD 기술협력 사업에 기여하고 있음

제5장
외교와 외교정책

제1절 외교[60]

1 외교의 방법 및 원칙

1. 외교의 방법(F. Hartman)

① **설득(persuasion)**
  ㉠ 설득은 자국의 입장을 설명하여 상대국이 충분히 이해하게 하고, 나아가 자국의 요구를 받아들이도록 하는 평화적 외교수단임
  ㉡ 보통 동맹조약이나 통상협정 체결 과정에서 중요한 역할을 함

② **타협(compromise)**
  ㉠ 타협은 자국과 상대국이 일정 정도 입장을 양보함으로써 양국의 갈등을 해결하는 방법임
  ㉡ 타협에는 일방만이 새로운 것을 스스로 제시하는 양보(concession)와 쌍방이 상호 새로운 것을 제시하는 거래(give-and-take)가 있음

③ **위협(threat of force)** : 위협은 일국이 상대국으로 하여금 당초에 요구한 대상물이나 조건을 변경시키기 위해 실력행사로 위협함으로써 자국의 주장·요구를 관철시키려는 행위임

2. 외교의 9원칙(H. J. Morgenthau)

① 외교는 십자군 정신(이데올로기)에서 탈피해야 한다.
② 외교는 국가이익의 관점에서 정의되고 적당한 힘으로 뒷받침되어야 한다.
③ 외교정책은 타국의 입장을 고려한 가운데 입안되어야 한다.
④ 외교에 있어서 자국에 사활적 문제가 아니면 타협하여야 한다.
⑤ 실질적 이익(정치적 이익)을 위해 무가치한 권리(법적 권리)를 포기할 수 있어야 한다.
⑥ 철수하면 국가적 체면을 잃고, 커다란 모험(전쟁)을 해야만 전진할 수 있는 외교정책의 딜레마에 빠지지 말아야 한다(예 미국의 베트남전 개입).
⑦ 약한 동맹국이 자국의 참전 결정권을 갖지 않게 한다(예 1853년 크리미아전쟁 전야에 터키가 영·불을 러시아와 전쟁하도록 이끌어간 경우).
⑧ 군대는 외교정책의 주인이 아니라 도구이다. 민간정부가 군부를 복속시키고 외교 임무를 책임져야 한다.
⑨ 정부는 외교정책에 있어 여론의 노예가 아닌 여론의 지도자가 되어야 한다. 정치가는 대중적 열망에 복종하거나 무시하는 대신 역량을 발휘해 이끌고 나가야 한다.

---

[60] 박현모, 국제정치학(2003), 인간사랑, 322~328면

2 외교의 여러 형태(H. Nicolson)

1. **구식(old) 외교와 신식(new) 외교**

   ① **구식외교의 특징**
   - ㉠ 유럽을 세계의 중심으로 보는 관념이 성행함
   - ㉡ 유럽협조체제를 구성하는 강대국이 약소국보다 더 중요하다고 인식함
   - ㉢ 약소국 간의 평화유지에 강대국이 공동책임을 지는 것으로 간주함
   - ㉣ 각국의 외교관들은 동질적인 세계관과 공통적 행동기준에 따라 움직임
   - ㉤ 외교교섭은 지속적인 비밀외교를 통해 이루어졌음

   ② **신식외교의 특징**
   - ㉠ 각국 평등의 원칙
   - ㉡ 공개의 원칙
   - ㉢ 민족자결의 원칙
   - ㉣ 단시일 내에 체결하는 특징

2. **비밀(secret) 외교와 공개(open) 외교**

   ① **비밀외교의 논거**
   - ㉠ 중요한 외교교섭일수록 공개적으로 행하기 곤란함
   - ㉡ 협상의 결과가 외부에 알려지면 당사국의 내부나 이해관계를 갖는 타국의 반대를 낳게 할 수 있음
   - ㉢ 국민에게 유익한 것과 인기 있는 것은 다를 수 있음
   - ㉣ 워튼(Sir Henry Wotton) : "대사란 자국 이익을 위해 거짓말을 하도록 해외에 파견된 사람이다."

   ② **공개외교의 논거**
   - ㉠ 비밀외교는 국가 간 불신·불협화음을 초래할 가능성이 있음
   - ㉡ 비밀외교는 국민 여론의 압력을 회피하고, 특정 계급의 이익을 반영할 위험성이 있음
   - ㉢ 공개외교는 외교정책 과정을 민주적으로 통제할 수 있음
   - ㉣ 공개외교는 국가 간 불신과 갈등을 완충할 수 있음

3. **무사형(warrior) 외교와 상인형(mercantile) 외교**

   ① **무사형 외교**
   - ㉠ 무사형 외교는 화려하고 투쟁적이며 역동적인 것을 특징으로 하며, 제로섬 게임 사고방식에 입각해 이루어지는 외교임
   - ㉡ 무사형 외교는 독일의 외교에서 전형적인 예를 찾을 수 있는 데 '외교란 다른 수단에 의한 전

쟁'(diplomacy is war by other means)으로 표현되듯이 협상의 목적은 승리에 있으며, 완전한 승리를 부인한다는 것은 곧 패배를 의미하는 것으로 간주함
- ⓒ 무사형 외교는 전격외교(sudden diplomacy) 방식이 중심을 이룸

② 상인형 외교

- ㉠ 상인형 외교는 신중하고 평화적이며 합리적인 것을 특징으로 하며, 논 제로섬 게임의 사고방식에 입각해 이루어지는 외교임
- ㉡ 상인형 외교는 영국의 외교에서 전형을 찾을 수 있는 데 '외교란 평화적인 거래의 보조수단'(diplomacy as an aid to peaceful commerce)에 해당하는 것으로 간주함
- ㉢ 상인형 외교는 경쟁자 사이의 타협이 상대방의 완전 괴멸보다는 유익하다는 것과, 협상은 사활을 건 투쟁의 한 단계가 아니라 어떤 지속성 있는 이해와 합의에 도달하기 위해 노력하는 상호 양보의 과정이라는 신념에 입각해 있음
- ㉣ 상인형 외교는 인간의 이성에 대한 신뢰, 절제와 타협, 거래와 신용 등이 중심을 이룸

4. 현대외교 2017년 출제

① 현대외교의 특징

- ㉠ 2차대전 이후 교통·통신망의 발전, 외교 사안의 복잡화·전문화 등에 따라 외교관의 재량권이 과거에 비해 많이 위축되었음
- ㉡ 과거의 외교관들은 본국과 멀리 떨어져 있어서 독자적인 권위로 협상에 임하고 결정을 내렸으나, 현대의 외교관들은 자국 정부의 결정사항과 의사를 전달하는 단순대리인(delegate)에 불과한 경우가 많음
- ㉢ 현대 각국의 외교관들이 자주 이용하는 방식의 하나인 회의외교는 전통적 외교와 달리 통상 사전협의를 거쳐 본 협상에 들어가게 되며, 공개원칙에 입각한 다자간 협상(Round)의 형식과 다수결 방식에 따라 이루어짐
- ㉣ 현대외교에서는 외교의 주체가 외교관에 국한되지 않으며, 다양한 사회집단도 외교적 협상의 과정에 참여하며, 특정한 의사절차나 합의방식, 장소에 국한 받지 않고 있음

구분	전통외교	회의외교
참가자 수	주로 2개국 쌍무회담	3국국 이상(다자간 회의)
회의 절차	비공개 원칙	공개 원칙
의결 방법	전원 합의(consensus)	다수결(majority)
협상 유형	상인형	변호사형

② 연합외교(coalition)

- ㉠ 각국은 외교관이라는 공식적인 협상담당자 뿐만 아니라 이해관계를 함께 하는 국가들이 자국의 정당이나 이익단체들과 연합하여 협상에 임하고 있음
- ㉡ 각국은 유엔이나 다자간협상(Round)에 있어서 지역협력체 등을 형성하여 영향력을 행사함

③ **이중외교(two-tired)**
  ㉠ 각국은 동일 문제에 대하여 비밀회의와 공개회의를 동시에 개최하여 쌍방의 이견을 조율하는 한편 대외적인 명분도 살리는 의사절차를 취함
  ㉡ 베트남전 종결을 위한 미국과 남·북 베트남 간의 3자회의에서 미국은 남·북 베트남 양측과 공개회의를 하는 한편 다른 한편에서 북베트남과 비밀 협상을 하였음

④ **혼합외교(mixed)** : 혼합외교는 각국이 협상 효과의 극대화를 위해 비밀회의에서 합의에 도달한 사항을 공개회의에서 형식적으로 다수결이나 만장일치로 통과시키는 방식임

⑤ **왕복외교(shuttle)** : 왕복외교는 각국이 협상을 함에 있어서 특정한 장소에 국한하지 않고 상대국이나 관련 국가를 방문하면서 교섭하거나, 양자회담이나 다자간협상의 형식을 취하는 방식을 말함

5. **정상외교(Summit diplomacy : Summit conference)**

  ① **정상외교의 배경(D. Acheson)**
    ㉠ 교통수단의 발달
    ㉡ 국제관계의 상호의존도 증가
    ㉢ 국제정치의 다원화
    ㉣ 국제 분쟁의 신속한 타결의 필요성 증대

  ② **정상외교의 목적**
    ㉠ 정상외교는 단시일 내에 타국과 외교관계를 수립하는 데 있어서나, 중대한 국제적 분쟁에 대한 신속한 대응 또는 각국의 경제적 실리를 위해서 이루어지고 있음
    ㉡ 정상외교는 정상 자신의 정치적 지도력 과시나 사교를 위해서도 자주 이용됨

  ③ **정상외교의 한계**
    ㉠ 정상외교는 대중의 반응이나 평가를 의식한 정치가가 졸속으로 협상을 진행시킬 위험성이 있음
    ㉡ 정상외교는 최고결정권자의 무지나 비전문가의 잘못된 조언(대통령 비서실 등)으로 인한 일관성 없는 결정을 할 가능성이 있음
    ㉢ 정상외교는 형식적 외교절차와 많은 수행원 동반으로 인한 과다한 외교비용지출 등의 위험성을 가지고 있음

3 중견국 외교정책 2021년 출제

출처: 김상배, 중견국 외교안보 전략의 이론

1. 각 패러다임별 중견국 구분 기준

① 현실주의 시각 – 물질적 능력(인구, 영토, 군사력, 경제력 등)을 잣대로 해서 일정한 중간 구간에 속하는 나라를 중견국으로 이해함(Holbraad)

② 자유주의 시각 – 주로 '중견국 스타일(middlepowermanship)'이라고 불리는, 외교 문제에 대처하는 내재적 기질 또는 국제분쟁의 다자적이고 평화적인 해결을 선호하는 행태적 경향에 의거해서 중견국을 이해함(Cooper)

③ 구성주의시각 – 객관적 지표나 주관적 기질보다는 중견국으로서의 자기 성찰적 인식이나 의도 및 정체성 등과 같은 간(間)주관적 변수를 중심으로 중견국을 이해함

2. 중견국 구분

① **제1세대 중견국**

   ㉠ 캐나다, 호주, 스웨덴, 노르웨이 등

   ㉡ 1980년대와 1990년대 초에 냉전 종식과 미국의 패권 쇠퇴라고 하는 국제정치의 변화를 배경으로 하여 적극적인 외교적 역할을 타진한 국가들

② **제2세대 중견국**

   ㉠ 브라질, 아르헨티나, 남아공, 나이지리아, 말레이시아 등

   ㉡ 1990년대와 2000년대 초중반 권위주의적 국내 체제를 지닌 지역 강국으로서의 면모를 보이며 국제적 쟁점에 대해서 목소리를 내기 시작한 신흥국가들

③ **한국** : 제3세대 중견국

   • 1980년대와 1990년대보다 훨씬 복잡한 지구화, 정보화, 민주화의 시대를 맞이한 세계정치 환경 속에서 중견국의 국력을 갖추게 됨

3. 중견국의 구조와 위치

① 네트워크 시각에서 말하는 구조는 행위자들 간의 관계구도(relational configuration) 또는 상호작용 자체의 패턴으로서의 구조(Tilly, Goddard)로서 네트워크는 행위자들 간의 관계가 반영된 일종의 구조임(Wellman and Berkowitz)

② 네트워크 이론의 시각에서 본 구조의 개념은, 신현실주의의 거시적 구조 개념에 비해서, 중범위 시각에서 파악된 것임

③ 중견국의 외교적 역할과 기회는 그 나라가 지닌 '속성' 이외에도 그 나라가 이러한 구조에서 차지하는 '위치'로부터 생성되며, 더 나아가 그러한 위치를 활용하여 그 나라가 다른 국가들과 관계를 맺어 가는 과정에서 생성됨

국제정치에서 중견국은 글로벌 어젠다를 이슈화하는 촉매자(catalyst), 의제를 설정하고 지지 세력을 모아 구상을 추진하는 촉진자(facilitator), 규범을 형성하고 제도화를 돕는 관리자(manager)의 역할을 수행함

④ **틈새외교**(niche diplomacy)

㉠ 이는 중견국이 글로벌 이슈 구조의 전 영역에 걸쳐 행동하는 것이 아니라 상대적으로 자신의 진가를 발휘할 수 있는 특정 영역을 선택하여 집중하는 외교 전략을 의미함

㉡ 이익구조이자 규범 구조의 빈틈을 공략하는 중견국 외교의 대표적인 사례는 환경, 평화, 개발협력 등의 영역에서 벌어진 북유럽의 국가들의 외교에서 발견되는데, 스웨덴의 규범외교, 노르웨이의 인간안보 외교, 네덜란드의 환경외교 등이 그 대표적 사례로 거론됨

4. 중견국 외교의 열린 국가이익론

중견국은 세 가지 차원에서 이해하는 '네트워크 국가이익' 또는 '열린 국가이익'을 추구함

① 국가이익을 추구하는 방법이라는 점에서 볼 때, 열린 국가이익론은 종전보다 좀 더 '부드럽게' 국가이익을 추구하는 것을 의미함

- 군사력, 경제력 등과 같은 물질적 권력자원을 바탕으로 상대방을 밀어붙이는 힘, 즉 하드 파워(hard power)에 기반을 두고 국가이익을 추구하는 강대국 식의 패턴에서 탈피하여 지식, 이념, 외교와 같은 비물질적 자원을 바탕으로 하여 상대방을 설득하고 유인하고 회유하여 끌어당기는 힘, 즉 소프트 파워(soft power)를 활용하여 국가이익을 추구하는 것임

② 국가이익을 추구하는 원칙이라는 측면에서 열린 국가이익론은 기본적으로 상대국가와 공유할 수 있는 이익을 추구하는 것을 의미함

- 무역이나 금융, 비전통 안보 분야에서 출현한 소위 동류국가들(like-minded countries)의 연대전략이 그 사례임

③ 국가이익을 추구하는 목표라는 측면에서 열린 국가이익론은 규범적이고 도덕적으로 타당한 국가이익을 추구하는 것을 의미함

- 관련 당사자들의 이해관계를 초월하여 존재하는 보편적 규범을 염두에 두고 이에 부합하는 방향으로 개별 국가들의 국가이익이 설정되어야 함을 의미함

5. 중견국의 외교적 역할

중견국은 강대국들 사이에서 중개자(broker), 약소국들과 함께하는 소집자(convener), 시스템의 하위 설계자(programmer)의 역할을 추구할 필요가 있음

① **중개자**(broker)

㉠ 네트워크상에서 자기를 통하지 않고는 소통이 되지 않는 요충지를 차지하고 '통(通)'하는 과정을 통제하는 중개자(broker)의 권력 또는 중개권력(brokerage power)을 말함

㉡ 중견국의 네트워크 외교 전략은 네트워크의 구조에서 차지하는 '위치'를 파악하고 이를 활용하는

능력을 바탕으로 해야 함

② 소집자(convener)
- 중견국의 네트워크 외교 전략은 '세(勢)를 모으는 능력'에 의존한다는 점에서 집합권력(collective power)이라고 부를 수 있음

③ 설계자(programmer)
- 중견국의 네트워크 외교는 네트워크 전체의 판세를 읽고 프레임을 짜는 능력을 필요로 하는 데 이러한 능력은 네트워크 권력게임이 시작되기 전에 네트워크의 형세(形勢, configuration) 자체를 짜는 능력, 즉 설계권력(programming power)이라고 부를 수 있음

6. 중견국의 네트워크 외교 전략

행위자-네트워크 이론가인 미셸 칼롱(Michel Callon)의 '번역(translation)'의 네 단계를 중견국의 외교에 대입한 전략 : 프레임 짜기, 맺고 끊기, 내 편 모으기, 표준 세우기

① 프레임 짜기 : 네트워크의 전반적인 구조를 파악하고 네트워크 게임에 참여하는 행위자들의 성격과 이해관계를 파악하여 이해당사자가 되는 행위자들이 누구인지, 그리고 이들의 관계구도가 어떻게 설정되어 있는지를 파악하고, 이를 바탕으로 이들의 이해관계를 네트워크 전체의 맥락에서 엮어서 보는 틀을 만드는 단계

② 맺고 끊기 : 네트워크상에서 벌어지는 행위자들 간의 비대칭적 관계를 능숙하게 조정하여 한편으로는 기존의 관계를 끊고 다른 한편으로 새로운 관계를 수립하는 단계

③ 내 편 모으기 : 생각과 이익을 공유하는 동류국가들을 가능한 한 많이 모으는 단계로서 강대국의 네트워크 전략이 혼자서 거미줄을 치는 거미의 전략에 비유된다면, 중견국의 네트워크 전략은 여럿이 함께 벌집을 짓는 꿀벌들의 전략에 비유됨

④ 표준 세우기 : 이미 수립된 네트워크를 강화하고, 이를 지속 가능하게 하고, 더 나아가 모든 참여자들이 보편적인 표준으로서 수용하게 만드는 단계

7. 한국의 네트워크 외교 전략의 과제

① 동북아의 지정학 구조나 글로벌 이슈 구조 속에서 구조적 공백을 찾음으로써 네트워크 내에서 그 위치를 설정할 수 있어야 함

② 동북아의 네트워크 구조에서 중개자의 역할을 인식함으로써 네트워킹 파트너 간에 벌어지는 비대칭적 게임을 조율하는 데 익숙해져야 함

③ 중견국의 중개자로서의 역할이 갖는 한계를 정확히 인식함으로써 가능한 한 많은 동류국가들을 모으고 끌어들이려는 노력을 벌여야 함

④ 강대국들이 설계한 플랫폼 위에 적절한 역할을 상정함으로써 약소국과 중견국에 우호적인 네트워크 구조를 만들기 위한 보완책과 더 나아가 개선책을 강구하는 것도 소홀히 해서는 안 됨

제 2 절 미국의 외교안보 정책

1 미국 외교의 이념적 원형 [61] 2012년 출제

1. 해밀턴주의

① **해밀턴**(Alexander Hamilton) : 미국의 국가적 위대성과 민족적 우월성을 실현하는 것을 목표로 한 대표적 정치인

② 해밀턴주의자들(The Hamiltonians)은 북미대륙에서 강력한 연방을 구성하고, 해외에서의 미국 국력의 효과적 실행을 주창함

③ 해밀턴주의는 당시 친영주의적 경향을 띠고 있었으며, 오늘날 관점에서 볼 때 상대적으로 현실주의의 경향을 농후하게 보여줌

④ 미국 국내나 해외에서 미국의 상업적, 기업적 이익을 추구하는 것이 미국 외교의 핵심이어야 한다고 주장했던 해밀턴주의적 이념이 19세기 후반기에 이르러 제국주의적 정책으로 표현되었고, 20세기 미국의 외교정책이 적극적 국제주의로 나아가게 되었을 때 그 이념적 원형으로 작동함

2. 제퍼슨주의

① 해밀턴과 같은 팽창주의적 경향이 공화주의적 이상과 일치하지 않는다고 봄

② 미국의 일차적 목표는 국민들의 복리증진, 민주주의의 완성과 보호라는 것에 두어져야 하며 미국 가치의 보전이 가장 중요한 목표여야 한다고 주장함

③ 미국에 있어서는 제국건설과 자유의 획득이 양립할 수 없는 목표라는 점을 강조함

④ 제퍼슨주의자들(The Jeffersonians)은 상대적으로 친불주의적 입장이고 그 이후 고립주의적 성향 및 미국적 이상주의의 이념적 토대가 됨

3. 윌슨주의(Wilson school)

① 윌슨주의는 미국이 가지고 있는 가치를 세계에 전파해야 하는 것이 미국의 의무라고 믿는 신념임

② 세계질서의 법적, 도덕적 관점을 중시하는 한편, 다른 국가들로 하여금 미국이 신봉하는 가치를 수용하도록 유도하는 것이 미국 외교의 이익이라고 믿는 것이 윌슨주의의 핵심이라 할 수 있음

4. 잭슨주의(Jacksonian school)

---

[61] 미국의 외교성색(2009, 개정판), 박영사, 38~39면

① 잭슨주의는 명예, 독립, 용기, 군사주의적 자긍심 등에 관한 미국 지도자들의 신념을 말함

② 애국심을 강조하고 국가를 위해 헌신 봉사하는 것이 중요한 가치라는 신념이 미국 외교를 움직여 왔던 이념의 하나라는 입장

③ 잭슨주의는 미국 대중들에게 호소력을 가지면서 미국 국내정치와의 관련성에서 미국 외교를 움직여 왔음

> **미드(Walter R. Mead)** 참고
>
> 해밀턴주의는 상공업을 중시하는 전통으로 미국의 경제적 국익을 최우선하는 전통이다. 잭슨주의는 미국의 이해와 명예를 지키는 일에 최우선을 두고 미국을 반대하는 세력들을 신속하고 철저하게 응징하는 일을 기본 외교목표로 두고 있다. 제퍼슨주의는 최소 정부 전통으로 외교무대에서 중립을 지켜 타국의 일에 개입하기를 원치 않는 전통이다. 윌슨주의는 미국의 민주주의 가치를 세계에 전파하고 평화를 위한 세계 각국의 책임과 국제적 협력을 강조하는 전통이다.

2 미국 외교의 이념적 유형 [62] 2010년, 2017년, 2020년 출제

1. 고립주의 대 국제주의

① 타국과의 관계에서 미국의 이상과 이익을 어떻게 추진하느냐와 관련된 논쟁

② 미국 외교사에 있어서 고립주의와 국제주의는 시대적 상황에 따라 다양한 표현 방법으로 표출됨

2. 고립주의

① **의미**: 국제관계의 진행에 미국의 개입범위를 줄이고 대신 미국의 가치를 공고화하는 것에 치중하자는 입장

② 먼로 독트린, 신고립주의로 등으로 나타남

③ **고립주의 이념의 역사적 뿌리**

  ㉠ 페인(Thomas Paine)은 1776년 "유럽은 우리의 시장이기 때문에 우리는 유럽의 어느 국가와도 부분적 관계를 맺어서는 안 된다"고 주장함

  ㉡ 워싱턴 대통령의 이임사

  • 미국이 유럽의 세력균형 정치판에 뛰어들어 간여하게 된다면 대외적으로는 위험이, 국내적으로는 민주주의적 자유가 실종될 것이라고 경고함

---

62 미국의 외교정책(2009, 개정판), 박영사, 43~50면

- 1796년 미국의 초대 대통령인 조지 워싱턴(George Wasington)은 자신의 고별연설을 통해 해외 교역을 제외한 여하한 형태의 해외연루를 피할 것을 경고함
  - ⓒ 1823년 먼로 독트린으로 계승
- ④ 19세기 후반기까지 미국의 고립주의는 서반구에서 유럽 세력의 영향력 배제 및 미국 영향력의 배타적 확보라는 목표와 동전의 양면을 구축함
- ⑤ 고립주의는 미국이 처해 있었던 국내외적 환경에 대응하기 위한 생존법의 일환이었다고 볼 수 있음
  - 산업화 이전 단계의 취약한 국력, 유럽국가에 대한 상대적 열세, 미주지역 주변국들의 국력 열세, 유럽지역과 대서양을 사이에 두고 있는 지리적 조건 등의 환경 때문에 미국은 대외적 적극성보다는 내적 성장에 치중해야 했고, 그렇게 할 수 있게 만든 정책적 보호막이 고립주의였음
- ⑥ 국제연맹조약이 미국 상원의 비준을 얻는 데 실패한 이후 미국의 대외정책은 다시 고립주의의 경향을 나타냄
- ⑦ **1930년대 미국 외교정책**: 대공황으로 인한 국내경제 위기의 가중, 1931년 만주사변 이후 안보위기의 증가 등의 변화는 미국의 정책을 국내문제에 집중토록 만드는 이른바 '고립주의의 승리' 시대로 만듦
- ⑧ **신고립주의(Neo-Isolationism)**: 베트남전 개입 이후 미국 외교정책문화에서 제기됨

3. 국제주의

① **의미**: 국제관계에 있어 미국의 지도적 역할 규정과 적극적 국익의 추구를 주창하는 입장

② 팽창주의, 제국주의, 개입주의, 문호개방정책, 달러외교, 신보수주의 등으로 표현됨

③ 1898년 미국은 스페인과의 전쟁을 벌여 승리하여 쿠바를 영향권에 넣고 필리핀, 괌 등을 식민지로 얻게 되었으며, 하와이도 전쟁 중에 병합하여 아시아 진출의 교두보를 확보함
  - 개입주의(Intervention), 또는 간섭주의(Paternalism)는 특히 카리브해의 국가들이나 중남미 국가들이 미국의 영향권 내에 있으며, 따라서 이들 국가들을 간섭할 의무가 미국에게 있다는 인식에서 비롯됨

④ **루스벨트(Theodore Roosevelt) 대통령의 제국주의 정책 또는 개입주의 정책**
  - 1904년 루스벨트(Theodore Roosevelt) 대통령은 루스벨트 추론(Roosevelt Corollary)이라고 불리는 새로운 중남미정책을 추진하여 중남미지역 내정에 대한 미국의 개입을 정당화함

⑤ 1차대전의 참전은 한편으로는 '민주주의를 수호하기 위한' 참전이라는 미국적 이상주의의 논변이었고, 다른 한편 미국적 예외주의에 기반한 적극적 국제주의의 한 상징
  - 1917년 민주주의 수호를 위해 1차 세계대전에 참전을 결정했고, 1차 세계대전을 계기로 미국 대외정책의 기조가 국제주의의 방향으로 전환됨

⑥ 국제주의 이념은 2차대전 이후 미국 외교의 중심축으로 등장함

⑦ 1947년 5월 그리스와 터키에 대한 원조제공을 골자로 하는 트루먼 독트린은 냉전 초기 미국 국제주의 이념의 중요한 표상이었음

⑧ 전 세계의 각 전선에(On every front) 미국은 소련의 팽창주의를 저지하고, 국제공산주의의 확산을 제어하겠다는 의사를 명백히 표현함

4. 네 가지 이념 유형

① 네 가지 이념 유형

현실주의적 고립주의	미국이 국익추구를 위하여 강력한 군사력을 유지하는 것은 반대하지 않으나 국제평화에 대한 과도한 책임의 자임은 미국 자원의 낭비를 가져온다는 입장
자유주의적 고립주의	과도한 군사개입을 반대하며 다자주의에 대한 최소한의 지원만으로도 미국의 안보 이익이 충족될 것으로 간주함
현실주의적 국제주의	미국에 유리한 세력균형의 유지를 선호하며 국제문제에 대하여 미국 중심의 주도적 해결을 위하여 적극적 개입을 강조하며 그 주요 수단으로 군사력의 중요성을 강조함
자유주의적 국제주의	미국의 국제정치적 역할을 강조하며, 미국의 국제적 리더십을 확보하고 보강하는 방법으로 군사력 및 양자간 동맹관계 뿐 아니라 다자주의적 협력과 대화의 중요성을 강조하는 입장

② **오늘날 미국 외교에서 국제주의** : 고립주의 간 대립성의 주요 논점은 국제문제에 있어 미국이 적극적 개입을 유지해야 할 책무를 지니고 있다는 주장과 그러한 국제정치적 역할 증대는 미국에 부담을 주는 것이라는 것이 논쟁의 핵심임

---

3 미국 의회와 행정부의 권한

1. 미국 의회의 행정부 견제와 도전

(1) 배경

1960년대 후반 미국의 베트남전쟁 참전과 그에 따른 희생이 과연 의미 있는 것이었는가에 대한 비판과 자성의 목소리가 커지면서 외교정책에서의 대통령과 행정부 주도적 역할에 대한 합의가 붕괴됨

(2) 내용

① 전쟁 관련 권한

㉠ 대통령이 군통수권자로서 전쟁수행권을 가지고 있지만 전쟁선포권은 대통령이 아니라 의회의 고유권한임

㉡ 1973년 전쟁권한법(War Power Act)
- 의회는 이 법을 통해 대통령의 전쟁 수행에 제동을 걸 수 있는 권한을 확보함
- 대통령은 군대를 교전 지역에 투입하기 전에 의회와 협의해야 하고, 군대투입 후 48시간 이내에 의회에 보고해야 하며 의회가 전쟁선포나 합동결의를 통해 군사 행동을 승인하지 않을 경우 60일

이내, 또는 특별한 경우 최대 90일 이내에 군대를 철수시켜야 함
② **통상 관련 권한** : 연방헌법은 관세를 부과하고 대외교역을 규제할 수 있는 권한을 의회에 부과하고 있음
③ **공무원 임명과 조약에 관한 권한**
  ㉠ 대통령이 임명한 고위직 공무원은 상원의 인준을 얻어야 함
  ㉡ 행정부가 체결한 국제조약도 상원의 비준을 받아야 하는데, 이를 위해서는 출석의석 3분의 2 이상의 찬성이 필요함
  - 1919년 윌슨(Woodrow Wilson) 대통령의 주도로 체결된 국제연맹(League of Nations)에 대한 행정부의 비준 요청안을 상원이 부결함으로서, 미국이 국제연맹에 참가하지 못하게 되었던 사례는 유명함
  - 1999년 공화당이 다수를 차지하고 있던 의회에서 민주당의 클린턴 행정부가 제출한 포괄적핵실험금지조약(Comprehensive Test Ban Treaty)에 대한 비준 동의안이 부결된 사례도 있음
④ **예산권에 관한 권한**
  - 행정부는 매년 의회에 대외원조액 및 국방비와 같이 외교정책을 추진하기 위해 필요한 예산을 산정하여 제출함
  - 의회는 예산안을 심의하여 배정하게 되는데 이 과정에서 의회는 예산을 삭감하는 등 강력한 권한 행사 가능
⑤ **정책 관련 권한**
  ㉠ 의회는 위원회(committee)와 그 산하의 소위원회(subcommittee)를 통하여 법안심의 및 청문회 개최 등과 같은 정책관련 활동을 수행함
  ㉡ 외교정책과 관련하여서는 상원의 외교관계위원회와 하원의 외무위원회가 있음
⑥ **정보 관련 권한** . 베트남 전쟁 이후 대통령의 독주와 권한 남용에 대한 비판적 분위기에서 의회는 의회예산국과 의회조사국을 설립하여 자체적인 정보제공 및 분석기능을 갖게 됨 `2020년 출제`

의회의 행정부 권한 제한 [63]

1. **1972년 케이스 자블로키법(Case-Zablocki Act)** `2019년 출제`
   모든 국제협약이 발효한 지 60일 이내에 대통령이 의회에 보고하는 것을 의무화했다.

2. **1973년 전쟁권한 결의안(War Powers Resolution)**
   대통령은 미군 파병을 의회에 보고해야 하고 의원 다수가 파병에 반대하면 의회가 60일 이내에 군대를 자국에 복귀시키도록 명령할 수 있는 권한을 갖는다.

3. **1974년 대외원조법(Foreign Assistant Act)을 개정한 넬슨 빙엄 수정안(Nelson-Bingham Amendment)**
   2,500만 달러 이상의 해외 무기판매에 대하여 의회가 조사할 수 있는 권한과 양원의 결의안을 통해 그러한 판매를 중지시킬 수 있는 권한을 의회에 부여했다.

4. **1974년 무역법에 대한 잭슨 배닉 수정안(Jackson-Vanik Amendment)**
   대통령이 국민의 이민을 금지시키는 해외 국가들에 대해 최혜국대우를 부여하는 것을 금지했다.

5. **1980년 정보감시법(Intelligence Oversight Act)** `2019년 출제`
   하원과 상원에게 미국 정보국의 활동을 감시할 수 있는 권한을 부여하고, 대통령이 외국에서 수행 중인 비밀작전에 대하여 의회에 보고할 의무를 규정했다.

2. 미국 대통령의 권한 `2016년 출제`

(1) 미국 대통령의 권한에 대한 견해

① **해밀턴(Alexander Hamilton)**: 국제정치라는 예측 불가능하고 때로는 위험하기도 한 영역에서 미국을 이끌어가려면 강력한 대통령이 필요하다는 입장

② **매디슨(James Madison)**: 몽테스키외(Baron de Montesquieu)의 영향을 받은 매디슨은 행정부와 입법부가 권력을 나눠 가져야 하며 개인의 행동뿐 아니라 정부의 행동도 법치를 따르도록 하기 위해서는 독립된 사법부가 설립되어야 한다는 입장

③ **루스벨트(Theodore Roosevelt)의 청지기 이론**

   ㉠ 전시나 평시를 막론하고 강력한 대통령의 권한을 옹호하는 입장

   ㉡ 청지기 이론: 테오도르 루스벨트는 대통령이 홀로 국가 전체를 섬기는 국민의 '청지기'이어야 한다고 믿었다. 청지기로 행동하기 위해서 대통령은 의회나 사법부의 간섭 없이 권한을 이행할 광범위한 권위를 가져야 한다. 정치학자 넬슨(Michael Nelson)에 의하면 루스벨트의 청지기 이론은 "대통령은 헌법이나 법률이 명시적으로 금지하지 않는 모든 것을 할 수 있다"는 것을 전제로 하고 있으며, 대통령 권한에 관한 이러한 견해는 19세기 대부분 대통령의 견해와는 극적으로 대조되고 있다.

(2) 외교정책에 대한 대통령의 권한

---

63 미국외교정책(2014), 명인문화사, 125면

① **전쟁 수행 지휘** : 미연방 헌법은 전쟁 권한을 의회와 대통령에게 분할하고 있는데 전쟁 선포권은 의회에 있고 의회가 선전포고를 하고 나면 최고사령관으로서 대통령에게 전쟁을 재량껏 지휘할 자유가 주어져 있음

② **조약과 국제협약에 대한 협상과 서명**

㉠ 대통령과 의회는 외국 정부와의 조약을 체결하는 권한을 분점하고 있는데 행정부서가 조약을 협상하는 반면, 미국 상원은 의원의 3분의 2를 넘는 압도적 다수 표결로 이를 승인하고 있음

㉡ 1939년에서 2000년 사이에 체결된 국제협정 중의 90% 이상이 상원의 비준을 필요로 하지 않는 행정협정(executive agreements)의 형식이었음

③ **내각 장관과 대사의 임명** : 헌법에 따라 대통령은 외교정책 분야의 고위 관료들 후보자를 선택하여 의회에 제출하고 상원은 조약과 마찬가지로 대통령이 지명한 사람들을 승인하고 있음

④ **외교의 수행** : 대통령은 대외관계에 있어서 미국을 대표하고 대통령은 일상적인 외교 기능을 수행해나가기 위하여 국무부와 전 세계에서 활동하는 대사들과 외교관들을 지휘함

(3) 대통령의 경영 방식에 대한 모델 : 대통령과 보좌관 체제

① **형식주의 모델(formalistic model)**

㉠ 질서정연하고 위계질서가 확실

㉡ 조언자들은 한정된 역할만 수행하고 그들의 조언을 백악관의 문지기를 통해 전달함

㉢ 사례 : 닉슨, 부시(George W. Bush)

② **경쟁적 모델(competitive model)**

㉠ 보좌진들 사이의 개방된 토론과 갈등을 장려하는 모델

㉡ 사례 : 루스벨트(Franklin Roosevelt), 아이젠하워, 오바마

③ **합의제 모델(collegial model)**

㉠ 공통 분모를 찾기 위해 경쟁적 모델과 같은 개방성을 가지지만 그와는 달리 보좌관들 사이의 의견 차이를 협상하여 의견일치를 조성하도록 장려함

㉡ 형식주의 모델과는 달리 이 모델은 직위와 상관없이 개방된 논쟁을 장려함

㉢ 사례 : 클린턴

외교정책에서의 사법부의 개입 - 외교 문제에 관한 대법원의 주요 판결 [64]

1. 1920년 미주리 대 홀란드(Missour v. Holland) : 조약 승인에 주정부보다 연방정부에 우선권이 있음을 판결함
2. 1936년 미국 대 커티스 라이트 수출 회사(United States v. Curtiss-Wright Export Corporation) : 대통령의 외교정책 권한을 확증

---

[64] 미국외교정책(2014), 명인문화사, 110면

- 이 사건에서 대법원은 의회가 이전에 승인하였던 무기 거래의 통상금지를 집행한 루스벨트의 권한을 옹호해주었다.
- 법원은 외교정책은 국제관계의 영역에서 연방정부의 단독 기관으로서 대통령이 지니는 아주 미묘하고 완전한 배타적 권한이라고 판결했다.
- 법원은 또한 연방정부의 대외적 주권을 확인하였으며, 이 경우에 당면한 문제가 국내 정치가 아니라 외교 문제였기 때문에 법원은 권한이 의회에서 대통령에게 위임된 것이 적절하다고 판결하였다.

3. 1937년 미국 대 벨몬트(United States v. Belmont) : 대통령의 행정협정 권한 확인
4. 1952년 영스타운 시트 앤드 튜브사 대 소여(Youngstown Sheet and Tube Company v. Sawyer) : 국가안보 명목으로 개인의 재산을 압류하는 대통령의 권한을 제한
   - 법원은 트루먼이 한국전을 치르는 동안 전국적 파업을 못 하게 하기 위해 제강공장을 장악한 일은 헌법에 위배된다고 판결함
5. 1971년 뉴욕타임스 대 미국(펜타곤 페이퍼)(New York Times v. United States (Pentagon Papers)) : 수정 제1조 언론자유가 국가안보에 대한 대통령의 요구보다 중요하다고 판결
   - 법원은 닉슨이 뉴욕타임스가 가진 미국의 베트남 참전에 대한 잘못된 정보가 국가안보 차원에서 발간이 금지돼야 한다고 한 주장을 기각함
6. 1979년 골드워터 외 대 카터(Goldwater et al. v. Carter) : 조약을 종료할 수 있는 대통령의 권한을 확인, 대법원은 카터 대통령이 타이완과의 상호방어조약을 종료할 권리가 있음을 확인함
7. 1983년 이민국 대 차다(INS v. Chadha) : 의회의 비토권이 헌법 위배라고 판결
8. 1983년 크로켓 대 레이건(Crockett v Reagan), 1985년 코니어 대 레이건(Conyers v. Reagan), 1987년 로리 대 레이건(Lowry v. Reagan), 1990년 델럼스 대 부시(Dellums v. Bush)
   - 대통령의 전쟁 권한을 확인
   - 법원은 대통령이 군대를 해외의 분쟁 지역에 배치하는 것이 헌법에 보장된 자신의 권한을 벗어난 것이라는 의회의 주장이 정치적이라는 이유로 기각함
9. 1993년 세일 대 아이티인 센터 위원회(Sale v. Haitian Centers Council) : 대통령이 공해에서 외국인을 본국으로 돌려보낼 수 있는 권한이 있음을 확인
   - 대법원은 공해상에서 표류하던 아이티 난민들이 미국의 보호시설을 찾기 전에 본국으로 돌려보낸 클린턴 대통령의 정책을 지지함
10. 2000년 크로스비 대 국가대외무역위원회(Crosby v. National Foreign Trade Council) : 국제 제재에 있어서 연방정부가 주정부에 우선함을 확인
    - 법원은 억압적인 미얀마 정부에 대한 연방정부의 제재가 이후에 매사추세츠주가 부과한 제재를 대체, 즉 무효화한다고 판결함
11. 2004년 라술 대 부시(Rasul v. Bush), 2004년 함디 대 럼스펠드(Handi v. Rumsfeld), 2006년 함단 대 럼스펠드(Hamdan v. Rumsteld), 2008년 보메딘 대 부시(Bouzmediene v. Bush) : 테러와의 전쟁에서 수감자가 미국 법원에 항소할 수 있는 권리를 확정함
12. 2012년 애리조나 대 미국(Arizona v. United States) : 이민 규제에 관해 연방 정부가 주정부에 우선함을 확인
    - 법원은 연방정부의 이미자 지위 강제권에 대한 워싱턴의 권위가 주법을 무효화시킨다고 판결함

> **'미합중국 대 커티스사 사건'의 판결** 2019년 출제
>
> 1930년대 초반 볼리비아와 파라과이의 전쟁에서 양국 모두에게 무기를 수출하려던 커티스-라이트사를 연방정부가 개입하여 중지시키고, 커티스사가 이에 불복하여 연방정부를 상대로 낸 소송에서 대법원이 연방정부의 손을 들어 준 사건이었다. 특기할만한 점은 첫째, 외교 문제에 관한 대통령의 권한이 헌법에 명기한 권한에 제약되지 않는다는 것과 둘째, 미국의 대외적 주권은 독립혁명의 결과 영국 왕으로부터 이양받았기 때문에 대통령의 외교와 내정은 본질적으로 같은 성질의 것이 아니라는 것, 그리고 마지막으로 외교 문제에 있어서만큼은 미국을 대표하는 자가 대통령이라는 논지였다.

> **전쟁권한법(戰爭權限法, War Powers Act)** 2014년, 2019년, 2022년 출제
>
> 미 대통령의 전쟁권한에 일정한 제한을 가하는 법으로 1973년에 성립됐다. 내용은 '합중국 대통령이 의회의 승인 없이 미국군대를 동원할 수 있는 일수를 60일로 한정하며 철수 기타에 의해 일수가 필요하다고 의회가 인정한 경우에 한해 다시 30일의 연기가 가능하다'고 돼 있다. 미국헌법에 선전포고는 의회의 권한이라 규정돼 있다. 따라서 한국전쟁(1950~53년)이나 베트남전쟁(1961~75년)은 선전포고 없이 대통령이 3군 총사령관의 자격으로 행한 전쟁행위이며 헌법에 저촉되지 않는다. 그러나 1983년 그레나다 침공 때는 이 법의 발동에 의해 미군은 50일 만에 철수했다.

4 9·11테러의 충격과 대테러전쟁

1. 부시 행정부

(1) 테러와의 전쟁 2020년 출제

① 9·11테러 이후 부시 대통령은 테러와의 전쟁을 선언하고 즉각적 대응에 나섰으며 테러리즘의 위협을 일소하기 위한 미국의 대응을 성전(crusade)이라 부름

② 9·11테러 이후 미국에서는 애국주의 정서가 확산되면서 테러리즘을 분쇄하기 위한 전쟁과 해외 개입 주장이 확대됨

- 2001년 10월 애국법으로 불리는 테러방지법이 제정됨

③ 2001년 10월 7일 미국은 영국과 함께 아프가니스탄에 대한 공격을 개시했으며 12월 초, 아프가니스탄의 이슬람 근본주의 세력인 탈레반의 정권은 붕괴됨

④ **부시대통령의 2002년 1월 29일 시정연설**

㉠ 대테러 전쟁의 확대 의사 표명 : 하마스, 헤즈볼라 등과 같은 이슬람 테러단체와 '불량국가'(rogue state)이며 '악의 축'(axis of evil)인 이란, 이라크, 북한의 위협 제거를 선언함

㉡ 부시 행정부는 테러리즘과 대량살상무기의 결합이 가져올 수 있는 최악의 가능성에 대비하기 위

해 선제공격(preemptive strike) 개념을 도입함

(2) 포괄적 위협 대처

① 해외주둔 미군의 재배치

- ㉠ 미 부시 행정부는 반테러 반확산 정책의 효과적인 추진을 위해 테러 및 WMD 확산 가능성이 높은 지역으로 해외주둔 미군 재배치를 진행함
- ㉡ 서유럽 중심의 전통적 동맹체제로부터 동유럽, 중앙아시아, 중동지역을 중심으로 한 새로운 동맹체제로의 변화를 의미함
- ㉢ 중·동유럽 : 미군기지의 집중적 배치
- 소규모의 작전기지를 여러 곳에 두어 기동성을 제고하는 (물 위에 떠 있는) 'lily-pad(수련잎)' 같은 성격을 지님
- 미국은 중·동유럽으로부터 발칸 지역 및 흑해 연안에 이르는 '초승달' 지역에 미군을 주둔시킴으로써 독일·프랑스·러시아 등과 같은 전통적 강대국들 간의 세력균형을 도모하고 중동 및 중앙아시아로부터 야기되는 비전통적 안보위협(테러, 마약, 무기 및 인간밀매)에 동시에 대처하는 전략을 추진함

② 전진배치를 통한 신속 대응력 강화

- ㉠ 국가안보전략 차원에서 진행 중인 미군 재배치는 효율적 군 운용을 통해 아태지역의 안보질서를 유지하겠다는 일관된 의지의 확인임
- ㉡ 신속 대응력 강화의 추진
  - 한반도 : 주한미군 병력을 통폐합하고, 한강 이남 2개 허브기지로의 재배치를 추진 중임
  - 주일미군 : 오키나와 미군기지 이전 및 축소를 검토하고 해군, 해병대 항공부대 간 통합운용 및 육군사령부의 일본 이전 등을 추진함
  - 태평양 사령부 : 괌에 공격형 핵잠수함 세 척을 배치한 데 이어 폭격기 및 무인정찰기 등을 투입할 예정임
  - 하와이 : 스트라이커 여단 및 C-17 수송기를 공동 배치함으로써 유사시 신속 대응 능력 제고를 추진할 것으로 전망됨

③ 전략적 유연성

- ㉠ 미국은 한국의 특수한 입장을 이해하면서도 전략적 유연성 개념이 새로운 미 군사전략 패러다임의 핵심이라는 점에 대해 한국의 이해를 촉구하고 있음
- ㉡ 한미 양국은 '사전협의를 전제로 한 전략적 유연성 인정'이라는 방식으로 문제 해결을 도모하고 있음

④ 작전계획 5029 문제

- ㉠ 미국은 북한이 급변할 시 북한 내 WMD 관련 시설의 통제를 'WMD 비확산'이라는 사활적 국익이 걸린 문제로 인식하고 있음
- ㉡ 미국은 한국이 이 문제를 전·평시 '주권' 또는 '지휘권 문제'로 보기보다는 효율적인 북한 내 질서 유지 및 WMD 물질·시설통제를 위한 한미 간 '역할분담' 차원의 문제로 접근함

⑤ 군사변환의 추구
  ㉠ 첨단정보과학기술을 활용한 군의 정보화와 군사작전의 효율성의 극대화 도모
  ㉡ 지상군, 해군, 공군의 다양한 전력이 통신네트워크에 접속하여 자유롭게 정보를 교환함으로써 통합적이고 유기적인 전력 운용을 가능케 함
  ㉢ 전력의 양적 증강보다는 테러리즘에 대비한 소수정예화와 기동성 제고
  ㉣ 동맹전략에 있어서 대규모 거점기지의 확보를 탈피한 초국가적 연결과 네트워크의 중요성 강조
⑥ 2002년 국가안보전략보고서 : 자유와 민주주의의 확산을 미국의 목표로 천명함

변환외교

① 부시 행정부의 대외정책 기조 : 9·11 이후 반테러 및 반확산에 초점이 맞춰져 있었으나, 집권 2기에 들어와 자유의 확산 및 민주주의 증진을 외교정책의 핵심 기조로 강조함
② 미국 외교의 핵심 목표 : 민주주의 확산을 통한 평화의 실현
  - 북한, 남아시아, 중앙아시아, 중동, 코카서스, 동아프리카, 카리브해 등 경제적으로 궁핍하고 테러의 온상이 되어 있거나 될 가능성이 큰 지역, 이른바 '불안정 호'의 정치체제를 바꾸지 않고서는 반테러 전쟁에서 승리할 수 없다는 중장기적 전략을 추구함
③ 변환외교 : 부시 2기 행정부 출범 이후 미국 외교는 기존의 반테러와 반확산 정책 기조를 유지하되 테러 및 확산과 직간접적으로 연결되는 비민주정권의 '행태'를 바꿔나가는 외교를 추진함

---

⑦ 부시 행정부의 일방주의(unilateralism)
  ㉠ 교토의정서와 국제형사재판소의 창설, 포괄적 핵실험금지조약에 반대함
  ㉡ 미사일방어망 구축을 위해 1972년 소련과 체결한 탄도탄요격미사일제한조약(Anti-Ballistic Missile Treaty) 탈퇴
  ㉢ 유엔의 동의 없이 이라크를 공격하는 일방주의는 국제적으로 반미주의의 역풍을 불러일으킴

신보수주의 65 2012년 출제

신보수주의는 1960년대의 신좌파적 반문화기류에 대응하여 나타난 정치운동을 지칭한다. 아이러니하게도 신보수주의자는 자유주의로부터 기원했다. 일군의 자유주의 지식인들이 1960년대에 발생한 자유주의의 급진화를 비판하면서 신보수주의 정치운동을 시작하게 된 것이다. 즉 신보수주의의 등장은 좌경화된 자유주의에 반기를 든 자유주의자들의 보수정치운동으로 파악할 수 있다. 그러나 신보수주의가 미국 외교와 관련하여 본격적으로 인구에 회자되게 된 것은 비교적 최근 일이다. 탈냉전 이후 신보수주의자들은 대외적으로 미국적 가치를 위협하는 세력에 대한 공격적 접근을 주장하여 왔으며, 특히 9·11 테러 이후 이라크 공격의 감행 등 부시 행정부의 주요 외교정책 결정에 강한 영향력을 행사했던 것으로 알려져 있다.

---

65 현대외교정책론(2017, 제3판), 명인문화사, 319면

2. 오바마 행정부

(1) 테러와의 전쟁

① 2008년 11월 미국 대통령선거에서 버락 오바마(Barack H. Obama) 민주당 후보가 승리하고 이듬해 대통령에 취임한 이후 부시 행정부와 마찬가지로 테러리즘을 중대한 위협으로 인식함

② 오바마는 테러리즘, 특히 핵무기와 결합한 테러리즘의 위협을 매우 심각하게 인식하고 이에 대한 대응에 있어서 양보가 없을 것임을 명백히 함

③ 오바마 행정부는 2011년 5월 파키스탄 북부지역에 은신 중이던 오사마 빈라덴을 사살했으며 미국의 압박으로 알카에다와 같은 국제 테러조직은 상당히 약화됨

④ **아프가니스탄 전쟁과 이라크 전쟁에 대한 입장**
  ㉠ 오바마 행정부는 이라크전쟁을 선택의 전쟁(war of choice), 즉 꼭 필수적이지는 않았음에도 불구하고 미국의 선택으로 행하게 된 전쟁이라는 인식 아래 이라크 철군을 추진하여 2011년 12월 이를 완료함
  ㉡ 오바마 행정부는 아프가니스탄이 국제테러리즘의 온상이라고 인식하여 아프가니스탄전쟁을 필요에 의한 전쟁(war of necessity)이라고 보고, 일정 기간 미군 병력을 유지하려 했으며 2014년 12월을 기해 군사작전 종료를 공식 선언하고 철수를 시작함

⑤ 2008년 경제 위기 여파로 미국 연방정부 예산에 상당한 제약이 발생하자 예산 긴축 상황에서 균형 잡힌 힘을 갖추고 사용하고자 함
  ㉠ 오바마 행정부는 하드파워와 소프트파워를 적절히 배합하여 사용한다는 의미에서의 스마트파워(smart power)를 강조함
  ㉡ 미국 대외정책의 수단으로 방위(defense), 외교(diplomacy), 개발(development)을 강조
  ㉢ 오바마 행정부는 다른 국가와 국제조직의 힘을 끌어내서 사용하고자 시도함
  • 2011년 리비아 개입 시 군사작전을 주도한 국가는 영국과 프랑스이고 미국은 이를 지원함

(2) 오바마 행정부의 정책

① **오바마 독트린** : 2009년 9월 23일 유엔총회 연설
  ㉠ 핵 없는 세계, 팔레스타인과 이스라엘 간 갈등 등 아랍 세계의 분쟁 해결, 기후변화에 대한 대처, 경제·금융위기 극복, UN의 기능회복 등의 과제는 미국 혼자만의 노력으로는 성취할 수 없으며, 미국을 포함한 세계의 모든 개별국가가 공동으로 책임을 지면서 해결해 나가야 할 문제라고 역설
  ㉡ 외교를 통한 미국의 적극적 관여정책 유지, 상호의존적 세계에서 글로벌한 도전에 대한 글로벌한 대응의 필요성, 이를 위한 세계 각국의 공동책임을 촉구함

② **오바마 행정부의 국가안전보장회의 조직개편**
  ㉠ 미국의 경우 안보정책 결정은 대통령을 정책결정권자로 하여 국가안전보장회의, 국방부 그리고 국무부 등을 중심으로 작성되고 이행됨
  ㉡ 부시 대통령의 안보정책결정의 특징

- 부시 대통령은 국가안전보장회의와 같은 정부 간 조정기구를 통해서 반대의견의 청취 및 취사선택을 포함한 충분한 정책 조율을 마친 후 최종 결정에 도달하는 것이 아니라, 자신이 신임하는 특정한 관료의 의견을 선별적으로 수용하여 정책을 결정하고 이를 실행하는 단선적인 방식을 취함
- 부시 대통령은 각료들 간의 갈등이 발생한 경우 이를 적극적으로 중재하기보다는 갈등 당사자 중에서 자신의 '코드(정책 성향)'와 맞는 각료의 의견을 선택하여 정책 결정과 실행을 전적으로 위임(delegation)하는 성향을 보임

③ 오바마 대통령의 국가안전보장회의의 전면적인 개혁 및 강화작업 추진

  ㉠ 오바마 대통령은 미국 안보정책의 작성 및 수행에 있어서 국가안전보장회의를 명실상부한 최고정책결정기구로 만들기 위해서 노력함
  ㉡ 미국 국가안보의 차원이 단지 전통적인 군사 분야 중심의 안보를 넘어서 기후, 재정, 금융, 환경 등 다양한 분야를 포함하게 됨에 따라 이러한 요구에 부응할 수 있는 방식으로 국가안전보장회의가 변화하게 됨
  ㉢ 국가안전보장회의는 다양한 인원의 참여를 통해서 투명하고 탄력적이면서 소수의 의견이 적극적으로 개진되고 수용되는 명실상부한 안보정책조정기구로 재편됨

(3) 핵비확산 및 핵감축 : 미국과 러시아의 협력

① 오바마 대통령은 '핵무기 없는 세계'를 위해 핵군축(nuclear disarmament), 핵비확산(nonproliferation), 그리고 핵에너지의 평화적 사용(peaceful uses of nuclear energy)을 세 개의 축으로 하는 세계적 공조체제를 구축하려고 노력함

② 부시 행정부 당시 민주주의 확산론, 동유럽에 대한 미사일 방어체제(Missile Defense System) ; MD 구축 문제, 러시아의 그루지야 침략, 유럽에 대한 러시아의 천연가스 공급 중단위협, 러시아의 권위주의로의 회귀로 인해 미국과 러시아와 관계가 악화됨

③ 이란의 핵개발 문제로 인해 중동지역이 심각한 안보위협에 지면한 미국은 이란의 부셰르(Bushehr)에 핵발전소 건설과 이란의 대미사일 방공망 구축을 적극적으로 지원해 온 러시아의 협조 없이는 이 문제를 효과적으로 풀어갈 수 없는 점을 정확하게 인식함

④ 비핵확산과 핵군축을 위한 미국의 대러시아의 관여정책은 '리셋'(rest), 즉 미국과 러시아의 '관계 재설정'이란 단어로 함축됨

⑤ 2009년 3월 6일 제네바에서 진행된 클린턴(Hillary Clinton) 미국 국무부 장관과 러시아의 라브로프(Sergei Lavrov) 외상 간의 회담을 통해 2009년 말에 종식되는 전략무기감축협정, 즉 START Ⅰ(핵탄두 수를 6000으로 제한)을 대체할 새로운 협정인 'START Ⅱ'를 위한 협상을 재개하기로 합의하고 2010년에 NEW START를 체결함

⑥ 러시아와의 일련의 화해 조치와 이를 통한 핵비확산 및 양국 간 새로운 전략무기감축협상으로 인해 이란의 핵개발에 대한 러시아의 협조를 암묵적으로 얻어낸 오바마 행정부는 러시아의 협조에 대한 상응조치로서 부시 행정부 당시 체코와 폴란드에 구축하기로 했던 미사일 방어체제를 폐기함

(4) 핵비확산의 제도화 노력

① 기존의 핵비확산 기구인 핵확산방지조약(Nuclear Non-Proliferation Treaty : NPT)과 핵물질 감

시기구인 국제원자력기구(International Atomic Energy Agency : IAEA)의 강화를 위해 노력함

② 2009년 오바마 대통령 주도로 유엔 안보리 결의안 1887을 채택하여 NPT의 핵비확산 노력의 보편성을 지지하고 모든 국가들이 NPT 탈퇴 의사를 통고한 경우 안보리가 이에 대해서 즉각적으로 대처할 의사가 있음을 명백히 밝혔고, NPT 자체도 이러한 탈퇴 통고에 대해서 집단으로 대응할 수 있는 메커니즘을 만드는 검토작업을 하고 있음에 주목함

③ 오바마 행정부는 핵물질의 확산을 방지하기 위한 확산방지구상(Proliferation Strategic Initiative : PSI)의 제도화와 현재 75개 국가가 참여하는 글로벌 핵테러 방지구상(Global Initiative to Combat Nuclear Terrorism)의 촉진을 위해서도 노력하고 있음

④ 전 세계의 핵물질을 안전하게 결집하기 위한 노력의 하나로서 핵안보 글로벌 정상회담(Global Summit on Nuclear Security)을 미국이 주도하여 2010년에 개최함

5 21세기 미국의 동아시아 및 한반도 정책

(1) 대중국 정책 2020년 출제

① **클린턴 행정부** : 중국의 부상에 건설적 관여(constructive engagement) 정책으로 대응

㉠ 중국과의 교역증진과 중국의 경제적 자유화 진전이 미국에 대한 위협감소로 이어질 수 있다고 생각함

㉡ 중국의 WTO 참여 허용

② **부시 행정부** : 중국을 전략적 경쟁자(strategic competitor)로 인식하고 대응함

㉠ 대만에 대한 무기수출 증대로 중국의 반발을 유발함

㉡ 2001년 4월 미군의 EP-3 정찰기가 중국해안 상공에서 중국 전투기와 충돌하여 대결함
  • 미국의 중국영공 침범 사과와 억류된 승무원 귀환으로 문제가 해결됨

㉢ 9·11테러와 미국의 대테러전쟁은 미·중 간의 협력이 강화되는 계기가 됨

③ **오바마 행정부** : 긍정적, 협력적, 포괄적 관계 추구 2021년 출제

㉠ 미국은 스스로를 태평양국가(Pacific nation)로 인식하고 2010년부터 소위 '아시아로의 회귀'(Pivot to Asia) 또는 '재균형'(rebalancing) 전략을 취하면서 미국의 아태지역에서의 전략적 역할을 강화함

㉡ 2009년 11월 오바마 대통령의 중국 방문과 2011년 1월 후진타오 주석의 미국 방문, 시진핑 주석의 2013년 6월과 2015년 9월의 미국 방문이 이루어짐

㉢ 2009년부터 최고위급 미·중전략 및 경제대화(Strategic and Economic Dialogue)가 연례적으로 개최됨

㉣ 2011년 전략 및 경제 대화에서 외교 및 국방 관련 고위급이 참여하는 전략안보대화(SSD)를 신설하여 추진하기로 합의함

④ 트럼프 정부의 인도-태평양 전략
  ㉠ 2016년 8월 아프리카개발회의에서 일본의 아베 총리가 '자유롭고 개방된 인도-태평양 전략'이라는 용어를 처음으로 사용함
  ㉡ 트럼프 대통령은 2017년 다낭 APEC 정상회의에서 '자유롭고 개방된 인도-태평양 비전'을 주제로 연설하면서 이 지역에서의 안보위협을 방지하고 번영을 이루기 위해 법의 지배, 개인의 권리, 항해와 비행의 자유라는 세 가지 원칙을 제시함
  ㉢ 성격 : 일대일로를 통해 해상에서의 영향력 확대를 추구하는 중국에 대한 견제 정책으로서 오바마 행정부의 피벗 투 아시아(pivot to Asia)의 연속선상에서 중국의 공세적 영향력 확대에 대응하는 전략
  ㉣ 미국은 2018년 5월 30일 태평양 사령부를 인도-태평양 사령부로 개편하고 2018년까지 미국이 독자적으로 수행하던 '항행의 자유 작전(Freedom of Navigation Operation)'을 다국적 작전을 확대하여 수행하기 시작함
  ㉤ 트럼프 대통령은 2018년 12월 31일에 '아시아 안심 법안(Asia Reassurance Act)'에 서명함
  • 인도-태평양 지역에 미국의 존재를 증진시키기 위해 향후 5년간 매년 5억 달러 사용
  • 최대한의 압박과 개입에 의거한 북한의 평화로운 비핵화를 위한 정책 목표 수립
  • 대만에 대한 무기 판매를 지원하며 미국과 대만 간 외교 국방 관계 증진
  • 인도-태평양 국가들과의 양자 및 다자 무역협상 승인 및 미국의 수출을 촉진시키고 지적 재산 문제를 해결하고 에너지 수출 등을 촉진함
  • 민주주의, 법의 지배, 시민사회에 대한 지원을 향후 5년간 매면 1억 5,000만 달러를 사용. 여기에는 북한에서의 정보의 자유를 지원하기 위한 연 1,000만 달러의 지원이 포함됨
  ㉥ 트럼프가 2018년 8월 서명한 '2019~2020 국방수권법(National Defence Authorization Act)'에는 인도-태평양 지역에서 중국의 군사-안보적 영향력 확대를 견제하고 중국의 환태평양 해군 합동 연습 참여를 금지시키고 있음
  ㉦ 인도-태평양 전략의 핵심 요소
  • 준비 태세 : 동맹국과 파트너 국가가 포함된 통합군의 준비 태세를 향상시키기 위한 노력
  • 파트너십 : 미일동맹, 한미동맹, 대만관의 관계 강화
  • 지역의 네트워크 촉진 : 미국이 이 지역에서 동맹국가 파트너 국가들과의 네트워크를 확대하여 소다자주의를 확립하는 것

(2) 일본과의 관계

① 미국과 일본의 전략적 동맹 파트너십은 냉전 이후 꾸준히 강화됨
② 2001년 등장한 부시 행정부는 전통적 동맹국인 일본과의 전략적 파트너십을 동아시아정책의 중심축으로 삼았으며 일본의 고이즈미 내각도 이러한 미국의 일본중시정책에 적극적으로 호응함
③ 미국과 일본은 자유와 민주주의라는 공동의 가치를 기반으로 하는 가치의 동맹으로 양국관계를 발전시킴
④ 2012년 말 아베 내각의 출범 이후 일본은 미국과의 동맹을 강화해오고 있으며, 미·일동맹의 안

에서 소위 '집단적 자위권'의 확보, 즉 재무장도 강력히 추진하고 있으며 미국도 일본의 군사력 확대를 지지하고 있음

(3) 한반도 정책

① 클린턴 행정부
㉠ 임기 말에 북한에 대한 관여(engagement) 정책을 적극적으로 추진함

㉡ 2000년 10월 조명록 북한 국방위원회 부위원장의 미국 방문과 올브라이트 국무장관의 평양 방문이 이루어짐

② 부시 행정부
㉠ 클린턴 행정부의 정책이 북한의 핵계획을 중단시키는 데 실패했다고 인식함

㉡ 북한은 신뢰할 수 없는 존재이며 악의 축으로 지목하고 북한과의 거래를 고려하지 않음

㉢ 북한과의 직접 협상을 피한 채 6자회담을 통해 북핵문제 해결을 모색함

㉣ 2003년부터 확산방지구상(PSI)을 통해 대량살상무기 관련 물자의 북한 이동을 제한하고자 함

㉤ 대테러전의 일환으로 금융수단을 본격적으로 활용하기 시작한 미국은 북한의 불법자금에 대한 금융제재도 강화함

③ 오바마 행정부
㉠ 오바마 행정부 출범 이후 한·미 양국은 철저한 정책 공조를 유지함

㉡ 2010년에 천안함 공격과 연평도 포격 사건 이후 오바마 행정부는 한반도에서의 긴장을 관리하면서도 한국과의 정책공조 강화를 통해 북한이 비핵화를 위한 의지를 먼저 보여줘야 한다는 메시지를 일관되게 전달함

㉢ 오바마 행정부의 '전략적 인내' 정책은 실질적 효과를 발휘하지 못함

④ 트럼프 행정부
㉠ 트럼프 대통령은 집권 후 미국 우선주의의 기치 아래 대외관계의 조정을 시작함

㉡ 트럼프는 해외 주둔 미군에 대한 부정적인 인식을 바탕으로 미군 주둔 비용 분담 문제와 주둔 자체에 대한 재검토를 시작함

㉢ 한국에게는 주한미군 주둔 비용을 더 분담하라는 압박을 가하여 2019년에 비해 8.2% 증가한 1조 3,000억을 부담하게 됨

미국 예외주의

① 의미 : 미국 예외주의(American exceptionalism)란 미국을 다른 나라들과 다른 독특하고 예외적인 나라라고 인식하는 태도를 말하며, 미국을 자유의 나라라고 인식하는 자기정체성을 의미함
② 전개
　㉠ 17세기 영국의 청교도들이 미국으로 건너와 종교의 자유를 추구함
　㉡ 미국은 18세기 후반 정치적·경제적 자유를 위해 영국과 전쟁을 벌여 독립을 쟁취함
　㉢ 1787년 제정된 헌법을 통해 세계 최초의 근대적 민주주의 국가를 건설함
③ 내용
　㉠ 개인의 자유, 평등, 민주주의, 법치주의 등과 같은 자유주의적 가치를 중시함
　㉡ 미국이 예외적 나라라는 믿음은 미국인들의 우월의식을 보여줌
　㉢ 명백한 운명(manifest destiny)이나 백인의 의무(whiteman's burden) 등과 같은 표현은 선교사적 소명의식과 인종주의에 입각한 우월의식을 동시에 담고 있음

미국의 인도·태평양전략

2019년 6월 1일, 미 국방부는 '인도-태평양전략' 보고서를 발표하였다.

미국은 전 세계를 인도-태평양, 북부(북미), 남부(중남미), 유럽, 중동, 그리고 아프리카로 구분하여 6개의 지역사령부를 배치하고 있는데 인도-태평양을 제외한 다른 지역은 보고서 형태의 구체적인 '전략' 공개가 없었다는 점에서 한국과 한반도가 속한 이 지역을 미국이 얼마나 중요하게 생각하는지 알 수 있다.

미국은 인도-태평양지역의 지속적인 안정과 번영이 미국의 이익에 대단히 중요하며 21세기에 들어와 이 지역에서 부상하고 있는 중국이 미국에 가장 큰 위협이 된다고 생각한다. 미국은 중국을 이 지역의 패권(regional power)과 미국의 세계패권(global preeminence)에 도전하는 '수정주의 세력'(Revisionist Power)로 간주한다. 미국의 국가안보전략에 따르면 '수정주의 세력'은 미국의 가치와 이익에 정반대되는 세계를 추구하는 나라이다.

이 지역에서 미국의 영향력을 유지하기 위한 미 국방부의 세부전략은 첫째, 미군의 전투태세 준비(Preparedness)를 완비하는 것이다. 미국 국가안보전략의 핵심원칙 중 하나는 '힘을 통한 평화'(Preserve peace through strength)이다. 이 전략의 목적은 전투태세가 완비된 군을 전진배치하고 필요 시 무력도 사용함으로써 경쟁국이 군사력으로는 원하는 목표를 얻는 것이 곤란하다는 사실을 받아들이게 하는 데 있다. 이러한 점에서 중국에 가장 가까이 주둔하고 있고 세계 최대의 해외미군기지를 보유한 주한미군과 한반도 후방의 주일미군은 미국에게 대단히 매력적인 존재이다.

둘째, 미국과 개별국과의 관계(Partnership)를 강화하는 것이다. 이 전략의 원칙은 '부담 분담'(burden Sharing)으로 미국의 부담을 줄이는 대신 동맹국의 역할을 강화하는 것이다. 공동의 위협에 서로 책임을 분담하여 대항하면 안보에 대한 짐을 덜고 비용을 절감할 수 있다는 논리이다. 최근에 이슈화되고 있는 미국의 '호르무즈해협 파병' 요청은 한국의 안보가 한반도를 벗어난 이슈(중동 석유수송로 안전)와도 연관되어 있으니, 한국에 대해 동맹국으로서 '책임 분담'(Responsibility Sharing)을 요구하는 것이라고 할 수 있다. 한국 해군의 '대양해군비전'은 이러한 '동맹 강화' 요구에 편승한 것이다. '2018 국방백서'를 보면 해군은 제7기동전단을 기동함대사령부로 확대 개편할 장기계획을 가지고 있다.

셋째, 미국과 개별국 간의 양자관계들을 연결하여 3자, 다자간의 관계로 확장(Promoting a Networked Region)하겠다는 것이다. 북한의 해상환적을 감시하기 위해 일본 요코스카 해군기지의 미 제7함대 지휘함에 만들어진 8개국 50여 명 규모의 '단속협조팀'(ECC : Enforcement Coordination Cell)이 이에 해당한다.

궁극적으로 미국은 이 지역에 미국 주도의 '집단안보체제'(Networked Security Architecture)를 만들려고 하기 때문에 인도·태평양 지역의 안보와 평화에서 '대단히 중요'(critical)하다고 생각하는 한·미·일 삼각관계를 안보협력을 통해 강화하고 발전시키려 한다.

공공외교 2016년 출제

공공외교(Public Diplomacy)란 정부 대 정부의 관계에 초점을 맞추고 주로 대사나 외교사절이 국가 간의 관계를 조정·관리해나가는 전통적 외교에서 벗어나 상대국가의 국민을 포함한 광범위한 비정부행위자를 상대로 자국의 이해를 알리고 설득하며 여론 형성에 영향력을 행사하기 위한 다양한 활동을 의미한다. 외교의 대상이 정부가 아닌 상대국, 나아가 국제사회의 대중이 되는 외교를 의미한다.

미국 정보국(USIA)의 정의에 따르면 공공외교는 "외국의 국민을 이해시키고 정보를 제공하며, 그들에게 영향력을 행사하고, 미국 시민/기관과 상대국 시민/기관과의 대화를 확대함으로써 미국의 국가이익과 국가안보를 증진하는" 것이다.

이러한 국가 대 상대국 국민 간의 관계를 강조하고 독점적 국가이익을 강조하는 미국적 공공외교의 개념은 국제관계가 국가 간의 관계를 넘어서서 비국가행위자들로 구성된 지구시민사회라는 지구적 공적 영역이 확대되는 상황에서는 현실을 충분히 반영하지 못하는 듯하다. 미국에서는 이라크 전쟁 이후의 국제정치 상황으로 인해 공공외교에 대한 관심이 커졌다. 이라크 전쟁에 대한 국내외적 비판과 전쟁을 통한 중동문제의 해결이라는 해법의 부작용이 명백히 드러나면서 미국은 부시 집권 2기에 들어와서는 민주주의와 자유의 확산이라는 외교 목표를 수립하고 비민주주의적 정권의 행태를 바꾸기 위한 외교적 노력을 기울이기 시작했다.

미국에서 공공외교 개념의 기원과 전개 2019년 출제

① 제1차 세계대전 당시 윌슨(Woodrow Wilson) 대통령은 제1차 세계대전 발발 직후 미국 정부선전국을 설치함
② 1917년 미국정부선전국은 '공보위원회'로 개칭되어 활동하다가 제1차 세계대전 종전 1년 후인 1919년에 폐지됨
③ 제2차 세계대전 중이던 1941년 루스벨트 대통령은 해외 정보선전기관을 설립함
④ 1948년 스미스 - 문트법(Smith - Munt Act) 제정 : 공공외교를 최초로 명문화
⑤ 한국에서는 6·25전쟁 정전협정이 조인된 직후인 1953년 8월 1일(아이젠하워 대통령) 미국 해외공보처(USIA : U. S. Information Agency)가 설립됨
⑥ 1998년 대외업무조정개혁법(Foreign Affairs Restructuring and Reform Act)에 의해 USIA는 1999년 10월 1일부로 국무부로 흡수되어 국무부 산하 국제공보프로그램 IIP으로 이어짐
⑦ 미국은 클린턴 행정부 시절인 1999년 국무부 내에 공공외교 담당 차관직을 신설함
⑧ 2001년 9·11테러 이후 이슬람문명권에 대한 외교적 노력의 중요성이 강조되면서 공공외교의 중요성은 증대됨

이란 핵협상

1. 연혁
① 2015년 7월 14일, 이란과 주요 6개국(유엔 안전보장이사회 5개 상임이사국 + 독일), 유럽연합(EU)이 역사적인 이란 핵협상을 최종 타결함
② 이로써 2002년 8월 이란의 반정부단체가 비밀 우라늄 농축 시설 존재를 폭로하면서 시작된 이란 핵위기가 외교적 협상으로 13년 만에 해결됨

2. 내용
① 최대 쟁점 중 하나였던 이란 핵활동·시설 사찰 문제는 국제원자력기구(IAEA)가 군사 시설을 포함해 의심되는 시설을 모두 접근할 수 있지만 일방적이 아닌 이란과 주요 6개국이 함께 구성한 중재 기구의 협의를 거치도록 함
② 신형 원심분리기를 중심으로 한 이란의 핵기술 연구·개발(R & D)은 나탄즈 시설로 한정하고 이란이 공개하지 않았던 포르도 농축 시설에선 농축·연구·핵물질 저장을 금지하기로 함
③ 이란은 합의안 이행 직후부터 10년간 나탄즈에서 신형 원심분리기(IR-4, IR-5, IR-6, IR-7, IR-8)의 연구를 계속하되 우라늄 농축은 할 수 없고 다단계(cascade) 방식이 아닌 최고 2단계까지의 기계적 실험이 허용됨
④ 이란의 핵활동을 제한하는 조건으로 이란에 대한 미국과 EU의 경제·금융 제재는 IAEA 사찰 결과가 나온 뒤 이르면 2016년 초 해제될 예정임
⑤ 핵활동 제한과 관련한 협상안을 이란이 이행하지 않을 경우 65일 안에 제재가 복원(snapback)될 수 있도록 하고 유엔의 무기 금수조치는 5년간, 탄도미사일 제재는 8년간 유지하기로 함
⑥ 또한 이란과 주요 6개국은 최소 2년마다 한 차례 만나 타결안 이행 상황을 공동으로 점검하기로 함
⑦ 이러한 내용을 담은 최종 타결안은 유엔 안보리가 결의안을 채택해 보증키로 함

3. 이스라엘의 입장
핵협상을 반대해 온 네타냐후 이스라엘 총리는 "전 세계에 대한 역사적 실수"라며 "이란의 핵무장을 막을 수 있었던 모든 분야에서 타협이 이뤄졌다"고 비난함

4. 트럼프 행정부
① 트럼프는 집권 이후 오바마 정부의 이란 핵협상을 비판하며 2018년 8월 이란과의 핵 합의에서 탈퇴하고 이란에 대한 제재 조치들을 재개한다고 선언
② 이란은 계속 핵 합의에 남아있겠다는 입장을 발표했으나 2019년 5월 8일부터 60일 간격으로 핵 합의 이행 수준을 줄였으며 2020년 1월 5일 미국과의 핵 합의에서 정한 우라늄 농축용 원심분리 수량 제한을 지키지 않을 것이라고 선언함

---

6 오바마 행정부의 스마트외교 전략

1. 스마트외교 : 연성권력과 균형력 [2015년 출제]

① 오바마 행정부는 소프트파워와 스마트외교를 강조함

② **미국이 처한 국제한경**

- ㉠ 기존 외교의 중심이던 국가뿐 아니라 개인이나 기업, 비정부단체, 종교단체, 초국가 네트워크 등 다양한 형태의 비국가행위자가 국제정치의 새로운 주역으로 떠오르고 있음
- ㉡ 동시에 중국이나 인도와 같은 신흥강대국의 도전과 더불어 이라크와 아프가니스탄에서의 재건과 민주주의 건설, 중동분쟁, 핵 확산, 지구적 차원의 기근(기아)과 전염병, 빈부격차, 기후변화, 극단주의와 테러리즘 등을 상대해야 하는 미국 외교의 과제는 그야말로 복합적임

③ **스마트외교 인식의 출발점** : 미국 대외정책의 가장 중요한 수단인 힘의 속성과 사용에 대한 재검토에서 시작됨
- ㉠ 21세기 국제정치의 복잡성에 효과적으로 대응하기에는 군사력으로 상징되는 경성권력보다 문화나 제도로 상징되는 연성권력이 보다 중요하고 효과적일 수 있다는 것을 인식함
- ㉡ 부시 행정부에서 과도한 군사개입과 일방주의정책에 의해 초래된 미국 대외정책의 문제점과 불균형을 해소하기 위해서는 군사력을 보완 혹은 심지어 대체할 수 있는 외교의 역할이 강조됨

④ **외교 4개년 보고서(QDDR)를 처음으로 발간함**
- ㉠ 클린턴 독트린으로도 불리는 이 보고서는 클린턴 국무장관이 미 국방부의 4개년 국방검토 보고서에 착안하여 야심 차게 작성한 계획서
- ㉡ 문민외교에 중점을 둔 스마트외교를 통해 21세기 미국의 리더십을 국제사회에서 발휘하는 데 기본 목적이 있음

⑤ **오바마 행정부의 스마트외교는 다섯 개 분야에 중점을 두고 있음**
- ㉠ 기존의 동맹과 파트너 국가들과의 협력을 강화한다.
- ㉡ 미국에 적대적이거나 비우호적인 국가와도 원칙이 있는 관여정책을 편다.
- ㉢ 개발 아젠다를 미국 외교의 새로운 축으로 삼는다.
- ㉣ 분쟁지역에서 민간과 군사 노력을 종합적으로 추구한다.
- ㉤ 경제력과 미국의 모범적 사례 등 미국 연성외교의 핵심 요소를 활용한다.
- ※ 한 국가가 가진 연성권력의 세 가지 요소로 보편적 정치체제, 모범이 되는 외교정책, 매력적인 문화가 있다.

⑥ **외교개혁의 기본방향**
- ㉠ 급변하는 국제사회에서 더 앞서 나가기 위해서는 문민력(민간역량)을 더 키워야 한다고 강조한다.
- ㉡ 국무부가 그 중심에서 전략적 틀을 제공해 미국의 민간역량이 충분히 발휘되도록 한다.
- ㉢ 이전 부시 행정부의 변환외교에서 중시된 개발과 해외원조의 중요성을 더욱 강조해 이를 전통 외교 및 군사 부분과 더불어, 미국 대외정책의 3대 축으로 삼는다.

⑦ **구체적 조치**
- ㉠ 성공적인 문민외교의 시행을 위해 대사의 최고경영자로서의 권한과 책임을 강조한다.
- ㉡ 초국경 이슈들을 보다 효율적으로 다루기 위해 새로운 부서를 신설, 확대, 통합했다.
- ㉢ 다양한 비국가행위자들과 적극적으로 소통하고 이들에 대한 공공외교를 외교의 핵심 업무로 강화한다.
- ㉣ 개발 아젠다와 해외원조의 중요성을 미국 외교의 새로운 전략 핵심으로 각인하기 위해 해외원조청과 그 역할을 대폭 강화한다.

ⓜ 스마트외교 인력의 개발과 스마트한 업무수행을 위해 외교업무의 계획, 조달, 인재관리에 걸쳐 광범위한 개혁을 추진한다.

⑧ **오바마 행정부의 스마트외교와 부시 행정부의 변환외교와의 차이**

㉠ 외교를 이전 군사위주 정책의 한계를 보완하는 수단에서 그 역할을 미국 대외정책의 가장 중요한 수단으로 새로이 인식하기 시작함

㉡ 지금까지 미국 대외정책의 가장 중요한 수단이었던 군사력의 역할을 축소하고 대신 민간에 의해 주도되는 연성외교의 중요성을 강조함

㉢ 외교의 새로운 분야로 개발원조가 주요한 수단이자 목적으로 부각됨

㉣ 미국 외교는 앞으로 어느 한쪽에 치우치지 않고 모든 요소를 종합적, 유기적으로 결합하는 균형력 개념에 기반을 둔 스마트외교를 펼쳐야 한다고 역설함

㉤ 미국 대외정책의 세 가지 요소인 3D, 즉 군사(defense), 외교(diplomacy), 개발(development)의 요소를 통합적으로 적용하는 것으로 이해됨

2. 아시아 시대

① **오바마 행정부의 아시아정책**

㉠ 미국 외교의 중심축을 60여 년 만에 유럽에서 아시아로 새로이 설정함

㉡ 클린턴 장관은 취임 초기 연설에서 미국의 미래가 아시아에 달려있다고 선언하면서 미국이 대서양 국가이면서 동시에 '태평양 국가'임을 강조함

② **아시아 국가와의 관계**

㉠ 전반기 외교 현안이었던 이라크에서의 철군이 완료되고 아프가니스탄의 상황도 안정되면서 미국 외교의 중심이 본격적으로 아시아로 넘어오기 시작함

㉡ 클린턴 국무장관은 "아시아의 성장 동력을 어떻게 활용할 것인가는 미국의 국가적 이익이 걸린 중대한 문제이기 때문에 현 오바마 행정부의 핵심 과제"라고 상소함

- "지난 60년간 미국이 유럽에 관여했듯 향후 60년간은 아시아에 집중 관여할 것"

㉢ 경제적으로 부흥하는 아시아 지역에서의 새로운 시장 확보, 그리고 투자와 무역 증대는 미국의 경제적 이익과 직접적으로 연관됨

㉣ 무역과 항해를 위한 지역의 해상교통로를 보장하는 것 역시 중요한 문제로 부각됨

- 인도양과 남중국해를 지나는 해상교역량이 세계 전체의 절반 이상을 차지한다는 사실을 고려할 때, 이 지역 해상에서의 자유롭고 안전한 항해를 보장하는 것은 미국뿐 아니라 전 세계의 이익이 걸린 문제에 해당함

③ **전략적 재균형(Strategic Rebalancing) 정책**

㉠ 군사적 차원에서 군사배치 태세의 변화

- 군사적 차원에서 재균형정책의 핵심은 해군력과 공군력의 아태지역으로의 이동임
- 지리적으로 분산된 미군은 괌, 호주, 오키나와, 필리핀, 싱가포르 등지에 순환배치되며, 한국이나 일본 등지의 대규모 영구 기지에 의존하는 대신 다양한 형태의 순환배치를 통해 임무를 수행함으로써 더욱 증대된 전략적 유연성을 보유하게 됨

- ⓒ 외교적 차원에서 미국의 기존 양자 및 다자 외교 활동을 강화하고 미중관계의 안정적 관리에 중점을 두고 있음
- 아시아에 대한 미국 외교의 기본접근은 기존의 양자 동맹관계의 강화에 더하여 싱가포르, 인도네시아, 인도 등 역내 파트너 국가들과의 관계를 강화하고 아세안지역포럼(ARF), 동아시아정상회의(EAS), APEC 등 역내 다자협력제도에 대한 협력관계를 강화하고 있음
- ⓒ 경제적 차원에서 아태 재균형정책은 여러 가지 경제적 이니셔티브도 포함하고 있음
- 경제와 관련해 오바마 행정부가 강조한 것은 환태평양동반자협정(Tran-Pacific Partnership : TPP) 체결이었음
- TPP는 미국과 일본, 캐나다, 멕시코 등 12개국이 협상을 진행하다가 트럼프 행정부가 출범하면서 미국은 탈퇴를 선언한 상태임

7 트럼프 정부의 미국 우선주의(America First)

1. 미국 우선주의

① 미국 우선주의는 자국 이익을 앞세우는 민족주의의 한 유형으로 미국 예외주의 및 일방주의와 성격이 유사함

② 미국 우선주의는 기존 동맹 관계와 다자간 질서를 재편성하는데 적용되며, 그 목적은 미국의 이익을 극대화하려는데 있음

③ 미국은 양자 간 관계에서 자신의 우위를 활용해 상대방에게서 양보를 얻어내어 상대방과의 '윈-윈'(Win-Win)이 아닌, 승자독식 체제를 지향함

④ 기존 동맹국들은 자국 방위에 필요한 비용을 더 지출하든지 아니면 미국에 경제적 편익을 제공해야 함

⑤ 트럼프는 자유무역주의를 준수하는 미국을 다른 국가들이 이용한다고 믿으며 자유무역체제를 해체하는 게 도리어 미 국익에 부합한다고 생각함

2. 국방력 증강 : "힘을 통한 평화"

① 트럼프 정부는 오바마의 국방예산 감축 조치가 미 국방력을 훼손했기 때문에 군비를 다시 증가해야 한다고 주장함

② **재래식 전력 강화**

  ⊙ 2013년 오바마 정부가 강제한 5천억 달러 수준의 국방예산 강제 감축 조치를 사실상 폐지함

  ⓒ 미 육군 병력은 48만에서 54만으로 증원되고, 미 해군은 현 272척인 함대 규모에 78척의 새로운 전투함과 잠수함을 추가하고 미 공군은 전투기를 100대 이상 추가로 늘릴 계획

③ **미국의 핵전력 증강**

- ㉠ 향후 강화될 미사일 방어체제와 함께 미 핵전략의 첨단화는 러시아를 압박하고 상대적으로 약한 핵전력을 보유한 중국의 핵억지력을 붕괴시킬 수 있음
- ㉡ '핵 없는 세상'을 주장했던 오바마와는 달리 트럼프는 미 핵전력의 절대 우위를 강조함
- ㉢ 미 핵자산 현대화의 일환으로 냉전 이후부터 거의 투자가 이뤄지지 않던 미국의 육해공 공격 수단인 핵 트라이어드(triad), 즉 대륙간 탄도탄(ICBM), 전략폭격기, 그리고 잠수함 발사 탄도 미사일(SLBM)의 첨단화를 계획함
- ㉣ 핵 모호성(nuclear ambiguity) 방침을 유지할 예정
  - 핵 모호성은 미국이 생화학 무기 등으로 공격을 받았을 때 핵사용 및 선제 핵공격을 배제하지 않겠다는 방침임

3. 이론적 기반

① **미어샤이머(J.J. Mearsheimer)** : '역외균형 전략 예시-미국의 대전략'(The Case for Offshore Balancing: A Grand Strategy)

② **'역외균형 전략'의 목표** : 서반구에서 미국의 패권을 공고히 하고 여타 지역에서는 미국의 '우월적'(dominant) 지위를 유지하는 것

③ **역외균형 전략**

- ㉠ 서반구 이외의 3개 지역(유럽·아시아·중동)에서 장차 미국의 패권에 도전할 가능성이 있는 지역 패권국(regional hegemony)의 등장을 차단해야 함
- ㉡ 미국은 이들 지역에 대한 개입을 삼가하고 해당 지역 국가들이 상호 세력균형을 통해 역내 패권국의 등장을 막도록 만들어야 함
- ㉢ 어느 한 국가가 역내 지배력을 행사할 정도로 강대해지고 나머지 국가들이 자력으로 균형을 유지하기 어려울 경우에는 동맹형성 및 군사력 전진배치 등으로 개입하여 역내 세력균형을 유지함

④ **미어샤이머의 주장**

- ㉠ 핵심 주장 : '유럽과 중동문제에 관여하지 말고 중국견제에 집중하라'
- ㉡ 러시아는 과거와 같은 강대국이 아니므로 미국이 아닌 유럽 국가들 스스로 견제하도록 함
- ㉢ 우크라이나와 시리아 분쟁들은 미국의 핵심국익에 미치는 영향이 거의 없으므로 유럽과 러시아가 해결해야 할 문제들임
- ㉣ 친(親)러시아 정책을 추진하여 러시아와 중국이 밀착하는 상황을 차단해야 함
- ㉤ 이란과 북한에 대한 제재와 압박은 이들의 핵보유 의지를 부추기고 중국과 밀착하도록 만드는 정책이므로 폐기해야 함
- ㉥ 아시아 국가들은 중국을 견제할 능력이 없으므로 미국이 개입하여 역내 균형을 유지하며 중국의 부상을 차단해야 함

4. **미국 우선주의를 위한 구체적 정책 실행 사례**
   - 멕시코 국경장벽 설치
   - 환태평양동반자협정(TPP) 탈퇴
   - 북미자유무역협정(NAFTA) 개정 추진
   - 오바마의 친환경 에너지정책과 의료정책 폐기
   - 파리기후협정 공식 탈퇴
   - 미·북 정상회담
   - 중국과 전례 없는 수준의 무역전쟁 시행
   - 예루살렘으로의 미 대사관 이전
   - 이란 핵합의 탈퇴
   - 대만에 대한 13억 달러 무기판매 승인 및 미 해병대 파견 추진
   - 대만 여행법 승인
   - 인도 - 태평양 사령부 명명
   - 항행의 자유 작전(FONOPs) 강화
   - 키스톤 XL 송유관 건설 등 셰일가스 개발과 판매 인프라 확대
   - 37년 만의 최대 규모 감세법안 시행
   - 나토 회원국들에 대한 방위비 분담 압박
   - EU의 대미수출품에 대한 관세부과

5. **미중 무역전쟁**
   ① **배경**
   ㉠ 트럼트는 시진핑의 대국굴기, 일대일로, 중국제조 2025를 미국을 대체하는 패권추구로 이해함
   ㉡ 트럼프의 미국우선주의는 오바마 정부와는 다른 중국에 대한 공격적인 정책 추구 형태로 나타남

   ② **트럼프의 중국에 대한 압박**
   ㉠ 경제 압박
   - 2018년 7월 340억 달러의 중국산 제품에 25% 추가 관세 부과 - 중국도 보복 관세 부과
   - 트럼프는 Make America Great Again이라는 기치 아래 중국이 미국의 기술을 도둑질해 간다고 언급하면서 중국 IT 기업들에 대한 제재 시작
   - 2019년 5월 '정보통신기술 및 서비스 공급망 확보에 관한 행정명령' 발동으로 구글은 화웨이에 공급하던 안드로이드 운영체제 계약을 철회, 퀄컴과 인텔도 화웨이에 부품공급 중단
   - 2019년 8월 중국을 환율 조작국으로 지정하고 환율전쟁 시작

- 2020년 4월 반중국 경제블록인 경제번영네트워크 구상 발표

> **경제번영네트워크(Economic Prosperity Network)**
>
> 중국에 지나치게 의존적인 글로벌 공급망을 대체하기 위한 일환으로 보이는 산업공급망 구축 전략이다. 한국과 일본, 호주, 인도, 뉴질랜드, 베트남 등에 참여를 요구하고 있다. 미중 분리(decoupling)의 구체적인 모습이고 한국에게는 중국 의존적인 교역구조로부터의 이탈을 의미하기 때문에 한국의 대외경제정책에서 미국이냐 중국이냐를 선택해야 하는 것으로 인식되고 있다.
>
> 출처: 유현석, 국제정세의 이해

- 미국은 중국의 기술패권 추구를 반드시 좌절시켜야 하며 화웨이 문제는 미국의 사활이 걸린 문제라고 보고 대응함

ⓒ 정치–사회 압박
- 2019년 6월 인도–태평양 전략보고서에서 1979년 수교 이후 처음으로 대만을 국가로 지칭함
- 2019년 11월에는 홍콩인권법에 서명했는데 홍콩에서 인권침해를 저지르는 사람들에 대한 미국의 제재를 주요 내용으로 하고 있음
- 홍콩 국가보안법 통과 이후 홍콩에 제공한 관세, 무역, 투자, 비자발급 등에 대한 특혜를 제공하는 특별 지위를 박탈함
- 미국의 지적재산권을 도둑질하는 소굴이라 주장하며 주휴스턴 중국 영사관 폐쇄

미국외교정책 연표

1. 냉전 시기 [66]
1. 1945 – 승전국들이 얄타회담으로 전후 세계질서 구축 합의
2. 1946 – 냉전이 시작되자 조지 케넌이 봉쇄전략을 입안
3. 1947 – 트루먼 독트린과 마샬플랜으로 미국이 동맹국들에게 원조 제공 : 국가안보법을 통해 미국 외교정책의 새로운 구조 정립
4. 1949 – 미국과 그 외 11개 국가가 NATO를 창설
5. 1950 – 북한이 남한을 침공하여 UN이 군사적으로 개입
6. 1953 – 한국전쟁 종전. CIA가 이란 정부 전복을 지원
7. 1954 – CIA가 과테말라 정부 전복을 지원
8. 1959 – 쿠바 반군이 미국이 후원하는 바티스타 정권을 타도
9. 1962 – 쿠바 미사일 위기로 인해 소련과 미국이 군사적, 외교적으로 대치
10. 1964 – 의회가 미국의 베트남 참전을 승인
11. 1968 – 베트남의 구정 공세(Tet offensive)가 미국의 반전운동을 촉발함
12. 1970 – 닉슨, 캄보디아 폭격을 명령, 오하이오 켄트주립대 학생 시위대 4명 사망
13. 1972 – 닉슨, 소련과 중국을 방문하고 데탕트 전략을 시작 : 소련과 탄도탄요격미사일조약에 서명

14. 1979 – 이란 무장단체가 테헤란의 미국 대사관을 점령하여 444일 동안의 인질극 시작, 니카라과혁명 발발, 소련은 아프가니스탄을 침공함
15. 1981 – 냉전이 가열되자 레이건이 주요 군사력 강화에 착수함
16. 1986 – 레이건과 고르바초프가 핵무기 감축에 동의하고 첫 번째 전략무기감축조약(START) 비준, 미국이 비밀리에 니카라과 콘트라 반군을 지원한 것이 이란 – 콘트라 스캔들로 확산됨
17. 1989 – 헝가리가 오스트리아와의 국경을 개방, 냉전시대 종식의 시작을 알림
18. 1990 – 러시아와 우크라이나가 소련으로부터 독립을 선언, 독일 통일
19. 1991 – 소련이 해체되고 냉전이 종식됨

2. 냉전 이후 [67]

1. 1991 – 미국이 주도하는 UN 연합군에 의해 이라크가 쿠웨이트에서 강제 철수함
2. 1992 – 구 유고슬라비아 내전 격화, 미국, 브라질에서 열린 지구 정상회의에 마지못해 참가
3. 1993 – 소말리아에서 미군이 사망하면서 철수, 의회가 북미자유무역협정(NAFTA) 비준
4. 1994 – 세계무역기구(WTO) 창설안 승인
5. 1946 – 소말리아에서의 실패를 기억하며, 미국이 후투족의 인종청소로 투치족 80만 명 이상이 학살된 르완다의 대량학살에 개입을 자제함
6. 1956 – 미국의 데이튼 평화협정(Dayton Peace Accords) 중재로 보스니아 – 헤르체고비나 내전 종식
7. 1996 – 클린턴, 포괄적 핵실험금지조약(CTBT : Comprehensive Test Ban Treaty) 서명
8. 1997 – 체코공화국, 헝가리, 폴란드 NATO 가입
9. 1998 – 알카에다 테러조직이 케냐와 탄자니아에 있는 미국 대사관에 폭탄테러, 세계 경제위기가 동아시아에서부터 러시아와 라틴 아메리카까지 확산됨
10. 1999 – 유고 정부에 의한 인종청소를 종식시키기 위해 NATO군 개입, 의회 CTBT 비준 거부
11. 2000 – 테러집단의 USS 콜(Cole) 폭탄테러로 17명 사망, 37명 부상
12. 2001 – 부시 대통령이 지구온난화에 관한 교토의정서를 포기, 이슬람 테러집단이 민간여객기를 세계무역센터와 펜타곤에 충돌, 9·11사태와 관련하여 미국이 아프가니스탄을 침공하여 탈레반 정권 타도, 미국, 1972년 소련과 맺은 ABM 조약에서 탈퇴함
13. 2002 – 부시가 이란, 이라크, 북한을 테러를 부추기는 '악의 축'으로 선언하는 부시 독트린 발표하여 미국의 적들을 선제공격으로 위협함
14. 2003 – 미국이 주도하는 의지 연합이 이라크를 침공하여 사담 후세인 정권을 타도, 이라크 점령 후 침공을 촉발한 대량살상무기를 발견하는 데 실패함으로 위협
15. 2004 – 미국, 이라크 통제권을 이라크 과도정부에 위임, 폭동이 증가하고 미군의 아부그라브 수용소 수감자 학대 사실이 밝혀지면서 이라크 재건은 교착상태에 봉착, 인도양에서 발생한 강력한 쓰나미가 발생해 남아시아와 오세아니아의 마을들을 파괴함
16. 2005 – 서반구 지도자들의 정상회의에서 미주자유무역(Free Trade of the Americas) 조약 합의 실패, 지속되는 정치 폭력 와중에서도 이라크 선거에서 의회 구성, 헌법 승인
17. 2006 – 중간 선거에서 민주당이 의회 장악, 이는 이라크전에 대한 대중들의 생각을 반영하는 것으로 국방장관 럼스펠트가 선거 다음 날 사임
18. 2007 – 이라크의 당파적 폭력 진압을 위해 부시, 미군 증강 발표
19. 2008 – 경제위기 와중에 오바마(Barack Obama) 대통령에 당선, 오바마는 미국의 위엄과 신뢰를 회복할 수 있는 외교정책의 전환을 천명

20. 2009 - 오바마, 미국 외교정책을 변화시킨 공로로 노벨 평화상 수상, 대통령은 후에 아프간 반군과 탈레반의 승세를 꺾기 위해 3만 명 증파를 결정함
21. 2010 - 미국, 아이티 지진 참화 구조활동의 선도적 역할을 자임
22. 2011 - 북아프리카와 중동지역에서 독재 정권에 항거하는 민중 봉기 발생 '아랍의 봄'(Arab Spring)으로 불린 이 사태로 지역 세력균형 변화, 미국은 다른 나라들과 함께 카다피(Muammar Qaddafi) 정권을 전복시킨 리비아 반군을 지원함

제 7 절 중국의 안전보장제도와 정책

1 중국의 안보환경 인식 및 정책의 변화

① 중국 안보정책의 변화

㉠ 배경 : 다극화와 세계화, 9·11테러는 중국의 안보관에 커다란 영향을 미치는 요인이 됨

㉡ 내용
- 중국이 최상위에 두었던 '주권안보'와 함께, '협력안보'의 중요성을 새로이 인식함
- 기존 중국의 안보정책이 '방어적'이고 소극적인 경향을 띤 것이었다면, 최근에는 국제사회에 대한 '적극적'이고 주도적인 태도를 보이기 시작함

---

66 미국외교정책(2014), 명인문화사, 40면
67 미국외교성책(2014), 녕인분화사, 54면

	1970년대 말 이전	1970년대 말~ 1990년대 초	1990년대 중반 이후	2000년대 이후
주요 지도자	마오쩌둥	덩샤오핑, 장쩌민	장쩌민	후진타오
안보환경 인식	전쟁과 혁명의 시대	전쟁가피론	평화와 발전의 시대 • 다극화와 세계화 • 과학기수의 진보	• 9·11테러 • 자국(중국)의 부상
안보위협 요인	미·소의 군사적 침략	패권과 강권정치	• 패권과 강권정치 • 비전통 안보위협 요인 증대	• 패권과 강권정치 • 비전통 안보위협 요인 증대
안보정책	동맹정책	독립자주 비동맹정책	신안보관	조화 세계 건설
정책 내용	• 인민의 전쟁 • 이데올로기 중시 • 주적 개념	• 전방위 외교 • 분쟁의 평화적 해결 • 국가이익 중시	• 주권안보 우선 • 포괄안보 및 협력안보 중시 • 동반자 외교 • 다자주의	• 주권안보 우선 • 포괄안보 및 협력안보 중시 • 적극적 다자주의

※ 중국의 안보환경 인식 및 안보정책의 변화(출처: 중국의 안전보장제도와 정책, 2010 - 김예경)

② 1970년대 말 개혁개방 이전까지 중국의 안보 인식과 전략

㉠ 마오쩌둥을 중심으로 하는 중국의 지도부는 국제 안보환경을 '전쟁과 혁명'(戰爭與革命)의 시대로 인식함

㉡ 중국의 지도부는 제국주의가 존재하는 한 전쟁은 불가피하며, 군사력 증강을 통해 전쟁에 대비하는 것을 주요 안보 과제로 명명함

㉢ 국가주권과 영토의 완정(完整)을 수호하는 것을 주요 목표함

㉣ 중국은 '주적'(主敵) 개념을 통해 최대의 안보위협국을 상정함 2012년, 2014년 출제

- 1950년대는 미국을 최대 안보위협국으로 규정하고, 소련에 의존하는 안보정책을 전개함
- 1960년대는 소련과의 이념 갈등이 심화되면서, 미국과 소련 모두를 위협국으로 상정하고 반제반수(反帝反修)의 '두 개의 통일전선 정책'을 전개함
- 1970년대는 소련을 최대 위협국으로 간주하고, 반패권의 '하나의 통일전선 정책'을 전개함

③ 1980년대 - 덩샤오핑 시대

㉠ 중국은 '평화와 발전'(平和與發展)이라는 시대적 규정을 통해, 전쟁은 피할 수 있는 것이고, 현존 국제질서가 중국의 안보에 커다란 위협이 되지 않는다고 평가함

㉡ 중국은 대내적으로는 개혁개방정책을 실시하였고, 대외적으로는 독립자주의 비동맹주의 안보전략을 수립함

㉢ 중국은 국가이익을 중시하는 현실주의적 입장에서 이데올로기를 떠나 선진국의 자본과 기술을 이전받기 위한 전방위외교를 표방함

㉣ 주변국과의 영토분쟁에서 평화적 해결 원칙을 천명하였고, 대만 문제에도 일국양제(一國兩制)의

원칙을 제시하며, 무력을 통한 해결이 아닌 평화적 해결을 시사함

④ **1990년대 중반 이후 - 장쩌민 국가주석과 후진타오 국가주석**

㉠ 장쩌민, 후진타오 국가주석은 덩샤오핑의 '평화와 발전'의 시대적 정신을 계승함

㉡ 1990년대 중반 이후, 국제환경의 변화에 따라 과거에 없었거나 파급력이 적었던 비전통 안보위협 요인이 증대함

㉢ 1995년 장쩌민 국가주석은 달라진 국제정세와 국제사회에서의 중국의 역할을 인식하면서, 처음으로 '신안보관'(新安保觀)을 언급하였고, 1998년 국방백서(中國的國防)를 통해 구체적인 개념을 설명함

㉣ 전통적 안보 개념이 '냉전적 사유'(冷戰思惟)에 기초한 현실주의 국제정치적 관점에 바탕을 두고 있다면, 중국의 신안보관은 주권안보(主權安保), 포괄안보(包括安保), 협력안보(協力安保)의 강조를 통해 군사적 안보 영역 이외에 정치, 경제, 사회 등 다양한 안보 영역에 대한 관심과 국제사회의 공동이익에 대한 국제협력을 핵심 내용으로 함

㉤ 지역적 혹은 지구적 차원의 다자주의에 적극적으로 참여하고 있는 것은 변화된 안보전략의 새로운 양상을 반영한 것임

㉥ 신안보관의 핵심 개념 : '상호신뢰(瓦信), 상호이익(瓦利), 주권평등(平等), 협력(協作)' 안보의 중요성을 강조

㉦ 중국의 협력안보 원칙 : 양자협력은 제3자를 겨냥해서는 안 되며 내정불간섭의 원칙을 견지하고 국제범죄 문제, 생태환경 문제, 난민 문제, 양식 문제, 에너지 문제, 테러리즘의 문제 등으로 국제협력이 절실해지고 있는 상황에서, 사회제도나 이데올로기를 강조하기보다는 각국의 공동이익의 중요성을 강조해야 한다는 것을 내용으로 함

㉧ 주권안보와 협력안보는 상호보완적이기는 하지만 여전히 주권안보가 협력안보보다 더욱 중요한 위치에 있음

중국의 핵심이익 개념

① 의의 : 중국의 핵심이익 개념은 중국의 대외정책의 지향점이나 방향 등과 관련됨

② 전개
  ㉠ 2009년 다이빙궈 국무위원이 제1차 미중전략경제대화에서 핵심국가이익을 구체적으로 정의하면서 사용되기 시작함
   • 중국 기본제도의 유지 및 국가안보
   • 영토 및 주권 보호
   • 지속적인 경제 및 사회의 안정발전을 3대 중국의 핵심이익으로 제시함
  ㉡ 2011년 시진핑 중국 주석은 바이든 부통령 방중 시 중국의 핵심이익은 발전이익과 대만 및 신장 문제라고 축소하여 규정함
  ㉢ 량광례 국방장관은 대만, 티베트, 신장 위구르 자치구, 남중국해를 중국의 핵심이익이라고 규정함

③ 중국 내부에서도 핵심국가이익에 대한 합의가 존재하지 않음

2 시대 인식과 외교정책

1. 시대 인식 2013년 출제

① 마오쩌둥 시대 외교정책결정자들이 국제정치체제를 보는 기본적인 시각은 세계를 3대 진영(자본주의 진영, 사회주의 진영, 제3세계 진영)으로 구분하는 '3개 세계론'이었음

② 1978년 이후 덩샤오핑의 개혁개방정책은 혁명 1·2세대와는 다른 성격의 엘리트 그룹을 형성함

③ 현재 중국의 외교정책은 장쩌민과 주룽지로 대표되는 제3세대를 거쳐 후진타오와 원자바오의 제4세대, 그리고 시진핑의 제5세대 엘리트들이 주도하고 있음

④ 중국 제4세대와 제5세대 엘리트 그룹의 외교정책에 대한 인식

　㉠ 개방적이고 실용적인 태도
- 전문적인 과학기술 지식을 배경으로 자신들의 경력을 쌓아온 점에서 제3세대와 같은 테크노크라트(technocreat)이지만, 제4세대 그룹은 1941~1956년 사이에 태어나서 1966~1976년 기간의 문화대혁명의 폐해를 직간접으로 경험했으므로, 급진적인 대중운동과 이데올로기에 대해 비판적인 생각을 가짐

　㉡ 탁월한 정치력
- 문화대혁명 기간의 생존을 위한 투쟁 경험은 제4세대와 제5세대 지도자가 탁월한 정치적 능력을 갖추는 계기가 됨
- 타이즈(태자당) 출신의 제4세대 지도자들은 권력정치 과정에서 협상과 타협을 통해 제휴를 구축하는 역할을 수행할 수 있을 것으로 평가됨

　㉢ 집단지도체제
- 특정 정파가 정치권력을 독점할 수 없는 집단지도체제는 권력의 분산과 협의의 통치를 통해 중국 정치과정의 제도화와 엘리트 민주주의를 더욱 촉진시킬 것으로 여겨짐

2. 외교정책

① 장쩌민의 제3세대 그룹은 천안문사건 이후 등장해서 미·중관계, 중-유럽관계 등 중국의 대외관계를 복원하고 세계무역기구 가입 등 중국이 국제정치경제 질서의 규칙과 규범들을 수용하고 대외적인 이미지를 제고하는 정책을 추진함

② 제4, 5세대 그룹도 이전 세대의 외교정책을 계승 발전시키고 있음

③ **외교정책 인식**

　㉠ 중국은 국제사회에 편입하여 국제체제에 순응하는 국가임을 지속적으로 표명함

　㉡ 미·중관계는 중국외교전략의 핵심적인 과제이기에 우호적인 미중관계를 유지하는 것이 중국의 가장 중요한 전략적 과제로 인식함

　㉢ 대만, 티베트, 신장의 분리 독립 움직임 등 중국의 영토 및 주권 문제와 관련하여 이전 세대와 인

식을 공유함
- 영토와 주권 문제는 중국의 국내 문제라 생각하며, 제3국의 간섭을 배제하고 차단하려고 시도하고 있음
- 대만 문제에서 미국의 개입은 용납할 수 없으며, 평화적인 대만 문제 해결이 불가능하다면 무력의 사용 역시 선택될 수 있는 대안 중의 하나로 간주함

3. 경제외교

① **중국의 경제발전 전략** : 연안 지역을 우선적으로 경제특구의 형태로 개방하여 외국의 자본과 기술을 유입하는 것

② 중국은 세계경제에 편입되면서 수출주도의 발전전략을 택함

③ 최근에 중국은 '일대일로'(一帶一路) 발전전략을 추진하고 다자주의 은행인 아시아인프라투자은행(AIIB) 창설을 주도함

㉠ 중국 중서부에서 중앙아시아와 유럽으로 이어지는 육상 실크로드(일대)와 중국 남부 해상과 동남아, 인도양, 지중해로 이어지는 해상 실크로드(일로)를 구축함으로서 글로벌한 차원의 경제적 네트워크를 구축하고자 함

㉡ 개혁개방 이후 세계경제권에 편입되어 온 중국이 스스로 자국 중심의 경제적 상호의존성을 증대시키려는 노력을 추진하는 것을 의미함

㉢ AIIB는 중국이 아시안 국가들에 취약한 인프라 투자를 위한 자본을 통해서 공공재를 제공하고 중국과의 경제적 상호의존성을 심화시키고자 하는 것임

4. 중국 외교의 정책 목표

① **대내적으로 천명된 외교원칙**
- 영토의 보전과 주권의 상호존중, 상호불가침, 상호내정불간섭, 평등호혜, 평화공존 등의 '평화공존 5원칙'
- 국제분쟁의 평화적 해결(무력사용 반대), 공정하고 합리적인 국제 정치경제질서 수립, 모든 국가의 평등한 국제사회 참여, 패권주의와 강권정치 반대, 제3세계 국가의 단결 등

② **중국 외교정책의 기본 방향을 규정하는 대전략(grand strategy)**
- 마오쩌둥 시대의 '양대진영론'과 '3개 세계론'이나 덩샤오핑의 '도광양회(韜光養晦): 실력을 감추고 힘을 길러 때를 기다린다'와 후진타오의 '유소작위(有所作爲): 필요할 때 적극 행동한다'가 그러한 사례임

③ **외교정책의 목표는 외교정책 원칙의 틀 내에서 설정됨**

㉠ 중국의 현대화와 경제발전에 유리한 평화롭고 안정적인 국제환경을 조성하는 것

㉡ 미국을 중심으로 한 서구 세력의 봉쇄정책을 저지하고 국제적 영향력을 확대하는 것

㉢ 평화와 발전시대에 중국의 외교정책이 추구하는 것은 경제발전을 통해 현실 문제를 해결하고, 오

랜 현대화의 숙원인 중국식 사회주의 건설을 통해 강대국의 위상을 되찾는 것
- 2002년 공산당 16차 당대회에서 후진타오와 원자바오는 경제발전을 통해 '전면적 소강사회'(小康社會)를 건설한다는 국가계획을 제시
- 2012년 공산당 18차 당대회에서 시진핑은 '중국의 꿈'(中國夢)이 현실화되고 있음을 강조한 바가 있음

3 국제적 환경

1. 냉전기

① 냉전체제에서 중국은 미국과 소련의 두 강대국 사이에서 '전략적 삼각체제'(strategic triangle)을 형성함

② 1949년 중화인민공화국 수립 이후 1950년대 소련에 의존하였고, 1960년대 중소분쟁이 발발하자 1970년대에는 미국과의 관계 정상화를 추진함

③ 미국과 소련의 경쟁이 격화되었던 쿠바 미사일 위기와 베트남전쟁 시기 등에는 어느 한쪽으로의 경사를 거부하는 고립주의 정책을 추진함

④ **덩샤오핑의 중국**
　㉠ 1979년 이후 '독립자주외교'로 표현된 등거리 정책 추진
　㉡ 미국과 소련 두 강대국과 제3세계 국가들에게 전방위적인 외교정책을 추진함
　㉢ 중국의 경제발전과 4개 현대화의 성패는 홍콩 및 서구의 자본과 기술유입에 달려 있으며, 미국과의 관계개선은 필요불가결한 조건이었음
　㉣ 중국은 1979년 미국과의 국교 정상화를 통해 무역, 투자, 관광, 교육 등 다양한 분야에서 양국의 교류를 확대 발전시키기 시작함
　㉤ 중국은 고르바초프의 개혁정책으로 소련과의 관계도 개선함
　㉥ '독립자주외교' 정책의 중요한 다른 축은 제3세계 국가들에 대한 정책으로 중국은 강대국들의 반대에도 불구하고 제3세계 국가들에게 무기수출과 대량살상무기 기술 이전 등의 군사적인 지원을 함

2. 탈냉전기

① 탈냉전 이후 미국이 주도하는 국제정치질서 속에서 미·중관계가 가장 중요한 정책 방향으로 설정되었고, 외교정책의 다른 과제들은 미·중관계라는 상위목표의 틀 안에서 다루어짐

② 다른 한편으로 중국은 미국의 영향권 밖에서 다자외교 혹은 주변국 외교 등의 수단을 통하여 자국의 영향력을 대외적으로 확대하는 노력을 지속적으로 수행함

③ G2 또는 Chimerica
  ㉠ 중국은 2000년대 중반 이후 강대국의 지위를 확보함에 따라 국제체제에서 G2의 위상을 갖는 국가로 변모함
  ㉡ 미·중 간에는 전략경제대화가 2006년부터 정례화됨
  ㉢ 2012년 시진핑은 정치보고서에서 처음으로 '책임대국'이란 표현을 명기하였고, 이후 '신형대국관계'(新型大國關係)라는 표현을 미·중관계에서 사용하기 시작함
  • 신형대국관계는 미국의 '아시아로의 회귀'(pivot to Asia) 전략에 대한 대응으로서 의미를 가짐
  • 오바마 행정부는 2011년 10월 '아시아로의 회귀' 정책을 채택했는데, 종래 중동 지역의 전쟁수행 과정에서 아시아-태평양 지역의 중요성을 간과했음을 인정하고 아시아지역에서의 재균형(rebalancing)이 필요하다는 점을 강조함
  • 미국은 동북아에서는 한·미·일 3국 공조체제, 동남아에서는 아세안 국가들, 특히 현재 남중국해에서 중국과 영토분쟁 중인 필리핀과 베트남과의 군사협력을 확대해 나가겠다는 입장임
  • 신형대국관계는 새로운 미·중 간의 대국관계를 규정하면서 미국의 재균형 전략에 맞서는 동시에 내용적으로는 중국의 핵심이익의 보전을 요구하는 점에서 향후 공세적인 외교정책을 알리는 신호탄으로 해석됨
④ 중국의 핵심 이익은 국가주권, 국가안보, 영토보전, 국가통일, 중국헌법을 통해 확립된 국가정치제도, 사회의 안정과 경제의 지속 가능한 발전 보장 등 6가지로 표방함

4 중국의 안보위협 인식

1. **전통적 안보위협 인식**

   ① 중국의 지도부는 9·11테러 이후, 이라크전쟁과 미국의 세계전략 변화로 인해 중국의 안보환경의 불확실성이 증가했다고 인식하고 있음
   ② 세계적인 금융위기 또한 중국의 국가이익을 확대하는 데 도전이 되고 있음
   ③ 미국의 내정간섭과 봉쇄정책, 대만 및 티베트, 신강 등 분리독립주의와 영토분쟁, 불안정한 주변환경 요인을 전통적인 안보위협으로 인식함
   ④ **미국의 내정간섭과 봉쇄로 인한 위협**
      ㉠ 중국은 자국이 언제나 미국의 '평화적 전이'(peaceful evolution) 전략과 봉쇄정책의 대상이 되고 있다고 인식하고 있음
      ㉡ 미국은 줄곧 인권과 종교자유를 명분으로 '티베트'나 '신강' 분리독립주의 문제를 통해 내정에 간섭하고 있고, 또한 인민폐 환율과 금융개혁 등 경제무역 문제 등에서도 압력을 가하고 있다고 인식함
      ㉢ 군사적으로 미국의 포위정책은 중국의 안보를 위협하고 있음

- 9·11테러 이후 미국은 서태평양 지역의 군사력을 강화시켜 왔으며, 이미 북쪽을 제외한 중국의 동, 서, 남쪽 지역에 군사기지가 형성됨
- 미-일본, 미-한국, 미-태국, 미-필리핀, 미-호주 간 군사동맹을 강화하고 있고, 태평양함대의 군사력과 오키나와 기지를 강화하고 있음

⑤ **대만 및 티베트, 신강 등 분리독립주의, 그리고 영토분쟁으로 인한 국가 영토주권에 대한 위협**

㉠ 중국은 영토주권을 국가 안보의 핵심적 사안으로 간주함

㉡ 대만 문제의 핵심은 미국의 개입 : 중국은 미국이 '하나의 중국 원칙'을 천명하면서도, 다른 한편으로는 대만에 무기를 판매하는 등 실질적인 군사적 관계를 맺고 있는 것이 궁극적으로 '대만을 통한 중국 억제'에 목적이 있는 것으로 간주함

⑥ **국가안보에 대한 주변 환경의 불안정**

㉠ 일본 등 몇몇 국가들의 중국에 대한 정책이 안보에 위협적이라고 인식함

㉡ 북핵 등 한반도 문제는 중국의 안보에 위협적이라고 인식함

㉢ 일본의 군사 대국화와 미국의 반테러리즘이 중국의 안보를 위협한다고 간주함

2. 비전통적 안보위협 인식

① 비전통 안보 개념은 전통안보의 상대적인 의미이며, 군사, 정치, 외교적인 문제 이외에 주권국가와 인류의 생존과 발전에 위협이 되는 요소를 의미함

② 1997년 아시아 금융위기와 2001년 9·11테러 이후, 중국은 경제안보, 인간안보, 환경안보, 해양안보, 에너지안보, 사이버안보 등 새로운 안보(비전통안보) 문제에 더욱 관심을 가지게 되었고, 이에 대한 대비로 포괄안보와 협력안보의 중요성을 강조하고 있음

③ 전통적 안보위협과 비전통 안보위협 요인이 상호 교차되면서, 테러리즘의 위협도 상승하고 있음

④ 민족 및 종교적 갈등, 그리고 영토분쟁으로 인한 국지전의 가능성도 상존하고 있으며 남북 간의 격차도 확대되고 있음

⑤ 경제안보 측면에서는 금융위기와 주요 에너지 자원 부족 문제를 위협적으로 인식함

⑥ 환경안보 측면에서는 현재 중국의 환경오염과 생태 악화를 심각한 문제로 인식함

⑦ 경제발전 과정에서 나타나는 일련의 사회문제인 빈부격차의 심화와 부패 문제, 정치적 민주화 문제 등을 원만히 해결하지 못하면 중국의 안보를 위협할 것으로 인식하고 있음

3. 경제 안보위협

① **경제발전 목표**

㉠ 덩샤오핑 집권 이래 중국은 대내 경제건설을 최우선적 국가정책 목표로 설정하고 있음

㉡ 국가이익에 입각하여 대외관계를 설정하면서, 미국을 비롯한 서방 선진국과 외교 관계를 개선하고, 러시아와 '전략적 협력 동반자관계'를 구축하고, 주변국과 선린우호관계를 강화하고 있음

ⓒ 경제발전을 국가 핵심목표로 설정하게 됨으로써 경제안보가 중국의 국가안보의 중점 영역으로 부상하고 있음

② 경제 안보위협 요인

㉠ 에너지 문제
- 중국은 1993년부터 원유를 해외시장에 의존하기 시작했는데 국제 원유가격이 천정부지로 치솟고, 국가 간 원유확보를 위한 경쟁이 점차 심화되고 있다는 사실은 중국경제의 지속성장을 위협하는 요인이 될 것이라는 점을 시사하고 있음
- 현재 중국의 해외 원유도입의 50% 정도를 중동 지역에 의존하고 있고 20% 가까이를 동남아에 의존하고 있다는 점에서, 미국의 중동 지역 장악과 동남아와 중앙아시아 진출 강화는 중국의 에너지 안보에 결정적 타격을 미칠 수 있음
- 중국은 기존의 원유도입선을 유지하기 위해 석유 수송로의 안전을 보호해야만 하는 필요성을 가지고 있다는 점에서, 남사군도 지역과 대만해협에 대한 중국해군의 제해권을 강화해야 하는 상황임

㉡ 식량 문제
- 중국은 세계 총경작면적 7%의 농지에서 세계 총인구의 20% 이상을 먹여 살려야 하는 나라이기 때문에, 중국의 지도자들은 항상 식량안보를 중시함
- 도농 간 빈부격차의 확대로 수많은 농촌 지역의 젊은이들이 도시로 상경하여 늙은이들이 농업에 종사하는 경향에 있고, 난개발로 인하여 곡식을 심어야 할 많은 농지가 사라지고 있는 현실임

㉢ 보건위생 문제
- 2003년 초에 발생한 사스(SARS) 사태와 같은 보건위생 문제도 중국의 경제·사회적 위협 요인으로 재연될 가능성이 있음

4. 군사 안보위협

① 기본 인식

㉠ 개혁·개방기 중국은 경제발전을 최우선시하고 있지만, 군사력이 국가안보를 유지하는 최후의 보루라는 시각을 견지하고 있음

㉡ 중국의 지도자들은 외국의 군사적 위협으로부터 국가주권을 보호하고 대만을 통합해야 한다는 인식을 공유하고 있음

② 미국으로 인한 안보위협

㉠ 현재 중국이 느끼는 군사 안보위협은 세계 유일 강대국인 미국과의 안보전략상의 대립으로 인해 제기되고 있음

㉡ 미국은 유럽에서는 북대서양조약기구(NATO)와의 동맹관계를 통해서, 그리고 동아시아에서는 미일동맹과 한미동맹 등 양자동맹을 통해 세계안보 질서를 지배하고 있는 반면, 중국은 동맹을 통한 안보개념을 냉전시대의 안보개념으로 비판하고, 협력안보로 대변되는 '신안보' 개념을 제기하고 있음

㉢ 미국이 세계패권을 추구하는 반면, 중국은 국제질서의 다극화를 주장함으로써 미국의 패권을

견제하려 하고 있음

- ② 중국은 미국이 미사일방어(MD) 체제를 구축하려는 궁극적 의도가 중국의 핵전력을 무력화하려는 데 있는 것으로 우려하고 있으며, 필리핀, 파키스탄, 인도, 몽골, 베트남 등 중국의 주변 지역 국가와 군사관계를 강화하고 키르기스스탄과 타지키스탄 등 중앙아시아에 1만 명 가까이에 이르는 미군병력을 주둔시키고 있는 것도 중국 견제를 목적으로 하고 있다고 인식하고 있음
- ③ 미국이 필리핀과 베트남 등 동남아 국가와 군사관계를 강화하고 있는 이유는 남사군도 문제에 대한 중국의 입지를 약화시키고, 중국의 석유 수송로에 위협을 가하려는 의도를 가지고 있는 것으로 판단하고 있음

③ **미일동맹으로 인한 안보위협** : 일본은 미국의 대테러전 지원을 구실로 자위대 함정을 인도양과 중동 지역으로까지 파견하고, 2004년 2월 자위대를 이라크에 파병하여 미국을 지원하고 있는데, 중국은 일본이 미일동맹 강화를 자위대병력 강화와 해외파병을 일상화하는 기회로 이용하고 있는 것으로 보고 있음

④ **대만으로 인한 안보위협** : 2000년 민진당 집권 이후 대만에서 독립움직임이 거세게 일고 있고, 미국이 대만에 대해 첨단 군사무기 판매정책을 지속하고 있다는 점도 중국에 심대한 안보위협을 주고 있음

5. 정치 안보위협

① 중국은 개혁·개방 이후 나타나고 있는 내부 불안정 요인과 신장과 시짱 민족분리주의 운동, 그리고 세계화와 정보화에 따른 비전통적 안보위협 및 미국의 중국에 대한 인권개선과 민주화 압력 등에 직면해 있음

② 다양한 민족이 공존하고 있는 중국에서는 신장과 시짱 지역의 분리주의 움직임이 잠복해 있음

③ 신장 지역은 중국 전체면적의 6분의 1에 달하고 카자흐스탄 등 중앙아시아 8개국과 5,600km에 이르는 국경을 접하고 있어 안보상 중요한 요충지이며, 위구르족 분리주의자들이 동투르키스탄 공화국 수립 명분 아래 테러활동을 벌여 중국의 중대한 안보위협 요인이 되고 있음

④ 파룬궁과 같은 불법 종교단체와 지하교회의 선교활동, 그리고 정치민주화 요구들이 개혁기 중국의 안보위협으로 새로이 부각되고 있음

6. 문화 안보위협

① 중국은 소련과 동유럽 사회주의 국가해체의 중요한 이유 중 하나가 서방국가의 문화적 침투를 막아내지 못했기 때문이라고 인식하고 있음

② 중국은 서방의 중국에 대한 '화평연변(和平演變)' 위협을 저지하기 위해 정신적 안보 의식을 강화하고 있으며, 사회주의에 대한 신념을 강화하고, 민족주의와 애국주의를 고취하고 있음

③ 중국 내 인권 문제와 종교 문제에 대한 미국의 끊임없는 간섭은 종국적으로 중국의 체제변화를 유도하려는 데에 목적을 두고 있다고 경계하고 있음

④ 중국은 대만의 분리 독립주의자들이 대만에서 '대만의식'(臺灣意識)을 강조하고 있는 것에도 위협을 느끼고 있음

⑤ 대외개방의 심화로 황금만능주의와 부녀자 인신매매 등 서방 자본주의 문화의 부정적인 요소들이 여과 없이 중국에 유입됨으로써 중국의 사회와 문화의 안정을 해치게 될 것이라는 점도 중국 국가안보의 중대과제로 인식되고 있음

5 중국의 외교안보전략 조정

① 외교안보전략의 재조정
- ㉠ 1980년대 말 동유럽과 소련 사회주의체제 붕괴 그리고 천안문사건은 중국의 외교안보전략을 새롭게 재정의하는 계기가 됨
- ㉡ 덩샤오핑은 "시국을 냉정하게 관찰하고, 동요하지 않고 침착하게 대응하면서 국력을 배양한 후 필요한 행동을 취할 것"을 주요 내용으로 하는 외교안보전략 지침을 하달함
- ㉢ 덩샤오핑은 1990년대에 줄곧 중국 지도자들에게 국제사회에서 주도권 쟁탈전에 말려들지 말고, 중국이 부담하기 어려운 책임을 떠맡지 말 것을 강조함

② 안보질서에 대한 새로운 인식
- ㉠ 21세기에 접어들어 중국은 안보질서를 새롭게 인식하고, 새로운 외교안보 위협에 대응하기 위한 새로운 안보전략을 마련하여 추진하고 있음
- ㉡ 1990년대 중국의 외교안보전략 기조가 경제발전을 통한 국력증강에 역점을 두는 '도광양회'(韜光養晦) 전략이었다면, 21세기에는 신장된 경제력과 정치외교적 영향력을 바탕으로 필요할 때 중국의 목소리를 낸다는 '유소작위'(有所作爲) 전략으로 변화를 시도하고 있음
- ㉢ 후진타오 - 원자바오(溫家寶) 지도부는 경제발전과 국가주권 보호 등 기존의 외교안보전략 목표를 중시하면서 동시에 '책임강대국'으로서의 역할행사를 강조하고 있음

③ 외교안보전략의 목표
- ㉠ 21세기 중국의 외교안보전략 목표로 기존의 경제발전과 국가주권 보호 이외에 '책임강대국' 지위 강화가 새롭게 제시되고 있음
- ㉡ 세계무대에서 영향력을 강화하고 세계 평화유지와 공동번영에 기여하는 건설적 국가로서의 이미지 구축에 나서고 있음

④ 책임강대국
- ㉠ 중국이 '책임강대국' 이미지 구축 노력을 강조하기 시작한 것은 1997년 동아시아 금융위기 당시 지역강대국으로서의 리더십을 발휘하면서부터임
- ㉡ 중국은 태국과 인도네시아 등 동남아 국가들이 통화가치 평가절하를 단행하여 중국이 수출상품의 경쟁력 강화를 위해 인민폐 평가절하 필요성이 있었음에도 불구하고, 통화가치를 유지하는 책임있는 행동을 통해 동남아 경제가 더 악화되지 않도록 함

ⓒ 1997년 장쩌민은 동남아국가연합 지도자들과 정상회담을 개최하여 영원히 동남아 국가의 좋은 친구가 될 것이라는 점을 강조함

ⓔ 중국은 9·11 사건을 계기로 미국의 반테러 전에 적극 협력함으로써 대미관계를 개선하고 동투르키스탄을 비롯한 내부 분리독립 세력에 타격을 가하고자 하였으며, 중국은 테러를 국제사회에 대한 도전으로 규정하고 유엔 등 국제무대에서 미국의 반테러전을 지지함

ⓕ 중국의 이러한 태도는 중국이 국제질서 타파를 추구하는 국가가 아니라 현상유지를 지향하는 안정지향 세력이라는 점을 더욱 고양시키는 계기가 됨

ⓗ 중국은 자국의 국익에 반하지만 않는다면 대담하게 참여하며 국제사회에서 개방적이고 투명하고 협력적인 국가로서의 이미지를 부각시키려 하고 있음

⑤ **화평굴기전략**

ⓐ 2003년 후진타오 - 원자바오(溫家寶) 체제 등장 이후 중국은 '화평굴기'(和平崛起) 전략을 제시하고 있는데, 이 전략개념도 '책임강대국' 추구 전략의 연장으로 볼 수 있음

ⓑ 세계에서 가장 역동적인 경제성장률을 기록하고 군사력을 강화하고 있어 주변국뿐만 아니라 미국과 일본까지도 중국의 발전에 따른 부작용을 우려하고 있는 상황에서, 중국은 중국의 부상이 결코 세계평화와 공동번영에 장애가 되지 않을 것이라는 점을 강조할 필요성에 직면해 있음

---

6 중국의 지역안보전략

1. 대미전략

① **기본 인식**

ⓐ 미국이 중국 주변 지역인 동북아, 동남아, 중앙아시아 지역에 군사력을 주둔시키고 있는 것도 궁극적으로는 중국을 군사적으로 포위하려는 전략 의도에 따른 것으로 인식하고 있음

ⓑ 중국은 2020년까지 '전면적 소강사회' 건설을 위해 경제발전에 중점을 기울여야 하는 상황이기 때문에 불가피한 경우를 제외하고는 세계 유일 패권국인 미국에 정면 대항하는 정책을 가능한 회피할 것으로 보임

ⓒ 중국의 대미전략은 미국과의 구조적 모순을 평화적으로 해결하고 양국 간 공동의 이익을 확대하는 '도광양회'(韜光養晦) 전략을 견지한다는 것임

② **다극화 외교전략**

ⓐ 중국은 미국의 동맹을 통한 세계패권정책을 견제하는 외교안보전략을 전개해 나갈 것으로 보이며, 미국에 의한 단극질서 구축전략에 대처하기 위해 중국은 다극화 외교전략을 지속할 것으로 예상됨

ⓑ 중국은 미국의 패권정책을 견제하는 데 도움이 될 수 있는 국가들과의 전략적 협력을 강화하는 데 외교의 중점을 두고 있음

ⓒ 유럽국가들과의 관계강화는 미국이 추진하는 북대서양조약기구의 동유럽 확대정책에 대한 현실

적인 외교 대응으로 볼 수 있음

③ **다자외교전략**

　㉠ 다자외교는 미국의 동맹외교에 대한 대응 전략 차원에서 전개되고 있음

　㉡ 중국은 유엔안보리가 국제분쟁 해결에 주도적인 역할을 해야 한다는 입장을 강조함으로써 미국의 일방주의 정책을 견제하고자 함

　㉢ 중국은 지역 다자기구에 적극적으로 참여하고 있는데, 이는 지역 다자기구가 미국의 주도하에 기능하는 것을 예방하고 역내 국가들의 중국위협 인식을 완화하는 데에 활용하기 위한 것임

　㉣ 중국이 아세안 지역 포럼, 상하이 협력기구 그리고 북핵 6자회담에 적극 참여하는 것도 미국의 아시아 지배권 강화를 견제하고 역내에서 중국의 발언권을 확대하려는 의도 하에서 이루어지고 있음

2. 한반도전략

① **기본 입장**

　㉠ 중국은 한반도를 중국 안보에 대한 완충지대로 간주하고 있으며, 한반도에서 안정과 평화가 유지되기를 바라고, 북한 사회주의체제가 붕괴되지 않도록 북한을 지원해 왔음

　㉡ 중국은 한국과 경제교류·협력 강화를 바라면서 북한과 전통우호관계를 지속함으로써 한반도에서 최대한의 국익을 확보하고자 함

② **한반도전략**: 한반도에 대한 미·중·일의 이해관계로 인하여 한반도에서 대규모 혼란이 발생하게 될 경우 중국과 미·일간 군사적 충돌이 일어날 수 있고, 북한의 수많은 난민들이 중국 동북지역에 유입될 우려가 있기 때문에, 중국은 한반도 문제가 가능한 대화를 통해 평화적으로 해결되도록 협력할 가능성이 높음

③ **영향력 강화**

　㉠ 중국은 점차 한반도 안보 문제에 적극적으로 개입하여 한반도에 대한 영향력 강화를 시도하고 있음

　㉡ 북핵 6자회담 구도가 계속 유지되도록 외교 노력을 기울임으로써 북핵 문제 해결 과정이 중국의 국익에 부합되는 방향으로 전개되도록 하고, 향후 한반도 평화체제 구축 과정에도 당사자로 참여하고자 함

　㉢ 중국이 북핵 6자회담 구도를 동북아 다자안보대화기구로 격상시키는 구상에 대해서 긍정적인 견해를 보이는 것은 6자회담이 중국 주도하에 추진되고 있기 때문에 중국에 불리하게 작용하지 않을 것이라는 확신 때문임

④ **남북과의 관계**

　㉠ 중국은 북한과 전통우호관계를 유지하면서 한국과 경제 및 정치협력을 점차 강화하는 '2개의 한국' 정책을 통해 한반도에 대한 발언권을 강화해 나갈 것으로 예상됨

　㉡ 중국은 북한과 우호관계를 지속함으로써 북한에 대한 영향력을 유지하고 이를 미국, 일본, 한국에 대한 외교적 지렛대로 활용하고자 함

　㉢ 중국은 한국과 협력을 강화함으로써 미국, 일본, 러시아의 한반도 정책을 견제하고자 함

하방(下放) 68

중국 공산당 정권 수립 이후 문화대혁명 기간에 이르기까지 당원, 국가 공무원, 도시 학교 학생들을 농촌과 공장에 보내 노동에 종사하게 한 국가 차원의 운동. 정신노동자와 육체노동자의 경계를 허물고 지식인 집단으로 하여금 낙후된 변경지방의 농촌 근대화에 참여하고 관료제의 폐단을 극복하기 위하여 독려하였다. 그러나 전문적인 지식인 계층의 부재를 야기하여 중국 현대화의 커다란 장애로 작용하였다.

천안문 사건 69

1989년 6월 4일 새벽에 민주화를 요구하며 베이징의 천안문광장에서 연좌시위를 벌이던 학생, 노동자, 시민들을 중국공산당이 계엄군을 동원하여 탱크와 장갑차로 해산시키면서 발포하여 많은 사상자를 낸 사건. 당시 중소정상회담을 취재하러 왔던 많은 외국 기자와 CNN 방송을 통해서 해외로 알려지면서 중국은 국제사회의 비난에 직면하고, 미국과 서구로부터 경제제재를 받게 되었다. 정치적으로는 자오쯔양이 물러나고, 당시 상해시 당서기였던 장쩌민이 발탁되는 계기가 되었다.

문화대혁명 70

1966년부터 1976년까지 10년간 중국의 최고지도자 마오쩌둥에 의해 주도된 극좌 사회주의운동. 사회주의에 계급투쟁을 강조하는 대중운동을 일으키고, 그 힘을 빌려 중국공산당 내부의 반대파들을 제거한 일종의 권력투쟁이었지만, 중국의 정치, 경제, 사회, 문화, 심리 전반에 커다란 영향을 미쳤다. 마오쩌둥 사망 이후 개혁개방을 추진하면서 중국공산당은 문화대혁명에 대하여 '극좌적 오류'였다는 공식적 평가를 내렸다.

남경대학살 71

1937년 12월부터 1938년 1월까지 중국의 수도 난징과 그 주변에서 일본의 중지파견군 사령관 마쓰이 이와네 휘하의 일본이 자행한 중국인 포로와 일반 시민 학살사건. 일본군은 중국 만주에서 난징 진격 중 약 30만 명을 살해하였고, 난징 점령 후세도 약 4만 2,000명을 살해하였다. 전후 극동군사재판에 제출된 자료에 따르면, 2개의 자선단체가 난징에서 매장한 유기시체만도 15만 5,337구(그중 어린이가 859구, 부녀자가 2,127구)였고, 그밖에 양쯔강에도 대량의 시체가 버려졌다.

4개 현대화 72 2011년 출제

중국의 농업, 공업, 국방, 과학기술 분야의 현대화 계획. 1964년 저우언라이 총리가 제2기 전국 인민대표회의에서 처음으로 제기하였지만, 4개 현대화의 추진은 마오쩌둥 사망 이후 1979년 덩샤오핑의 집권으로 본격화되었다.

> **전면적 소강사회** 73
>
> '소강'(小康)이란 공자의 예기(禮記) 예운(藝運)편에 나오는 개념으로 '온포'(溫飽)(먹고 사는 수준의 사회)와 '대동'(大同)(천하위공의 수준에 도달하는 이상사회) 개념과 서로 연관되고 대응되는 중간단계의 현실적 사회형태를 말한다. 정치가 비교적 명쾌하고 생활이 비교적 안락한 사회적 국면을 의미한다. 대동과 소강의 개념은 추상적인 개념으로 널리 사용되다가 1979년 덩샤오핑이 개혁개방의 목표로서 중국식 현대화를 상징하는 개념으로 사용하였다. 1999년 공산당 15차 대회에서 당 중앙이 공식적으로 국가발전의 목표로 제기하였고, 소강사회의 경제지표로 1인당 GDP가 1,000달러, 전면적 소강사회(2020년)는 1인당 GDP가 3,000달러가 제시되었다.

7 중국의 안보정책

1. 군사력 증강

① 중국군은 변화된 국제정세 속에서 국가목표를 고려하고 현대전의 특징을 반영하여 첨단기술이 적용되는 국지전에 대비하는 전략을 수립함

② 2000년 국방백서에는 '첨단기술 조건하 방위작전 전개' 전략을 명시하고 2002년 국방백서에는 '첨단기술 조건하 국지전 승리', 2004년 국방백서에는 '정보화 조건하 국지전 승리' 전략을 명시함

③ 중국의 군사력 증강 및 군 현대화의 핵심은 힘의 투사력에 있음

　㉠ 힘의 투사력이란 한 국가가 정치, 경제, 군사 및 정보력 등을 이용하여 자국 이익이 광범위한 지역에 군대를 파견, 주둔시킴으로써 위기에 대처하고, 전쟁 억지력을 행사하며 지역 안정에 기여하는 능력을 의미함

　㉡ 군사 투사력을 증강하기 위해 중국이 역점을 두고 있는 것이 해·공군력과 핵전력 증강

④ 중국은 자국의 광범위한 해양 전략을 해군력 강화를 통해 뒷받침하려 하고 있으며, 지역 내에서 자국의 군사적 리더십을 확고히 하고, 해상 영토분쟁에서 유리한 위치를 선점하며, 해상교통로의 안전을 보장하는 것을 장기적인 목표로 설정함

---

68 현대외교정책론(2017, 제3판), 명인문화사, 381면
69 현대외교정책론(2017, 제3판), 명인문화사, 381면
70 현대외교정책론(2017, 제3판), 명인문화사, 384면
71 현대외교정책론(2017, 제3판), 명인문화사, 385면
72 현대외교정책론(2017, 제3판), 명인문화사, 390면
73 현대외교정책론(2017, 제3판), 명인문화사, 405면

2. 동맹

① 1980년대 이후, 중국은 어떤 강대국과도 동맹이나 전략적 관계를 맺지 않는 비동맹주의를 표방함

② 1982년 중공 제12차 전대에서는 이미 독립자주 외교정책을 표명한 바 있고, 2002년 16차 당대회에서도 재확인함

③ 중국이 맺은 동맹의 대표적 형태는 소련, 북한과 맺은 군사적 동맹

④ 1950년에 맺은 '중소 우호동맹 및 상호원조 조약(이하 중소조약)'과 1961년 북한과 맺은 '중조 우호협력 및 상호원조 조약(이하 중조조약)'은 그 내용으로 볼 때, 모두 군사동맹 가운데서도 구속력이 매우 강한 방위조약의 성격을 띰

⑤ 중소조약은 '조약 체결 30년 후 폐기 원칙'에 따라 이미 폐기됨

⑥ 북한과 체결한 중조조약은 그 의무가 여전히 남아 있는 상태

3. 다자안보

① 냉전 시기 중국은 미, 소 강대국들의 패권주의로 인해 국제사회가 불평등하다고 인식해 왔고, 따라서 국제체제 참여를 거부함

② 냉전이 종식되고, 국제사회에서 고립될 가능성이 커지자 현 국제질서에 적극적으로 편입하였고, 국가 이미지를 높이는 것은 물론 강대국으로서 위상을 제고하기 위해 노력함

③ 냉전의 종식은 중국의 정세 인식에 영향을 미쳤고, 1990년대 이래 중국의 대외전략사상도 점차 변화함

- 중국은 1980년대 독립자주전략에서 1990년대 '평화로운 환경' 전략, 즉 국가발전과 국가이익을 핵심으로 하는 평화로운 국제환경을 창조하는 것으로 전략의 핵심 내용을 변경함

④ **중국 안보전략의 주요 내용** : '공동발전과 협력' 지향

　㉠ 중국은 최근 양자 혹은 다자 차원의 외교에 적극적 노력

　㉡ 1949년부터 1978년까지 중국 지도부는 다자외교활동에 단 6차례 참여했으나, 2005년 한 해에만 13차례로서 지난 30여 년간의 두 배가 넘는 다자외교활동을 수행함

　㉢ 중국은 개혁개방 이전까지는 UN 평화유지활동(PKO)을 미국의 외교정책 수단으로 인식하여 일체 참여하지 않음

　㉣ 개혁개방 이후 PKO에 선택적으로 참여하였고, 냉전 이후 PKO의 참여는 중국의 책임 있는 대국 이미지를 효과적으로 국제사회에 인식시키는 주요 수단이 됨

　㉤ 상하이협력기구는 중국의 다자안보외교의 대표적인 사례

참여 유형	비주도국		주도국	
시기	소극적 참여	적극적 참여	일반적 주도	적극적 주도
기본 인식	1970~1980년대	1990년대 초반	1990년대 중반 이후	2000년대 이후
주요 화법	국제경제기구에 제한적 참여	정치, 안보, 사회 분야 국제기구 참여	새로운 규범과 원칙 제시	단계적인 국제질서 주도국 지향
	유엔 역할 긍정 (1985)	적극적 참여(1992)	건설적 역할(1992)	적극적 다자주의 (2005)
참여 내역	• 유엔 가입(1971) • 세계은행, IMF 가입(1980) • GATT 가입 신청 (1986)	• PKO 군사고문단 파견(1990) • ARF 참여	CTBT 조약 서명 (1996)	• 안보리 정상회담 제의(2000) • 유엔개혁문건 (2005) • 인권A규약 국내비준(2001)

※ 중국의 다자주의 참여도(출처 : 중국의 안전보장제도와 정책, 2010 - 김예경)

4. 군축과 군비통제

① 개혁개방 이전 국제 군축과 군비통제 레짐에 대해 중국은 '불참여' 입장 고수
- 중국은 1963년 부분핵실험금지조약(Partial Test Ban Treaty : PTBT)과 1968년 핵확산 금지조약(Non-Proliferation Treaty : NPT) 가입을 거부함

② 개혁개방 이후, 국제정세의 변화와 그에 따른 평화와 발전의 안보인식이 수립되면서, 중국의 군축과 군비통제에도 정책적 변화가 일어남
- ㉠ 1980년대 중국은 신중하고, 점진적인 '선택적 참여'의 방식으로 국제 군축 레짐에 참여하기 시작
- ㉡ 중국은 1978년 처음으로 제1차 유엔군축특별회에 참여하였고, 1980년 정식으로 군축 회의(Conference on Disarmament : CD)에 가입함
- ㉢ 1984년 39회 유엔총회에서 처음으로 자발적으로 군축 관련 외기권군비경쟁방지협약(Prevention of an armsrace in outer space : PAROS) 결의 초안을 제기함

③ 냉전 이후, 중국은 군축과 군비통제 레짐에 더욱 적극적이고 '주동적으로 참여'하고 있음

중국의 외교정책 | 2013년, 2021년 출제

- **도광양회(韜光養晦)** – 1990년대의 전략으로서 중국이 경제 성장과 군사 실력을 기르면서 미국에 대항하지 않고 때를 기다린다는 의미이다.
- **유소작위(有所作爲)** – 주변국과 국제사회에 적극적 참여를 의미하는 전략으로서 대외적으로 세계질서의 다극화를 추구하고 동아시아에서의 리더십을 추구하려는 전략이다.
- **화평굴기(和平崛起)** – 평화적인 부상을 의미하는 전략으로서 중국의 부상이 결코 세계평화와 공동번영에 장애가 되지 않을 것임을 강조하는 전략이다.
- **화자위선(和字爲先)** – 유연하고 현상유지적인 외교전략으로서 중국의 대회정책은 갈등보다 화합을 우선시한다는 전략이다.
- **돌돌핍인(咄咄逼人)** – 기세등등하게 호통치며 상대방을 윽박지른다.

일대일로 추진 경과

시기	주요 이정표
2013. 9	실크로드 구상 최초 발표 - 시진핑 주석이 '실크로드경제벨트' 丝绸之路经济带 제안 - 10월에는 아세안에서 공동 건설 제의
2013. 12	실크로드 구상의 구체화 - 중앙경제공작회의에서 실크로드 추진을 공식화 및 구체화
2014. 3	일대일로 구상의 구체화 - 2014년 정부공작보고에서 일대일로 추진 공식화
2014. 11	일대일로 구상의 재정적 토대가 될 AIIB 설립 구상 발표 - APEC에서 약 400억 달러 규모의 AIIB 설립 구상 발표
2015. 3	일대일로 추진 계획 발표 - 육상 실크로드와 해상 실크로드의 건설 목표와 방향 등 정립
2015. 12	AIIB 설립 - 중국과 57개국이 공동으로 약 800억 달러 규모의 아시아인프라투자은행(AIIB) 설립
2017. 5	일대일로 추진을 위한 국제협력 정상회의 - 글로벌 협력 강화를 통한 일대상생이라는 주제로 29개국 정상을 포함한 130여 개국이 참여

※ 자료 : 중국일대일로망

일대일로(一帶一路, One belt, One road) 2019년, 2022년 출제

1. 의미
중앙아시아와 유럽을 잇는 육상 실크로드(일대)와 동남아시아와 유럽, 아프리카를 연결하는 해상 실크로드(일로)를 뜻하는 말로, 시진핑(習近平) 중국 국가주석이 2013년 9~10월 중앙아시아 및 동남아시아 순방에서 처음 제시한 전략

2. 내용
① 중국이 태평양 쪽의 미국을 피해 육상 실크로드는 서쪽, 해상 실크로드는 남쪽으로 확대하기 위하여 600년 전 명나라 정화(鄭和)의 남해 원정대가 개척한 남중국-인도양-아프리카를 잇는 바닷길을 장악하는 것이 목표임
② 육상 실크로드는 신장자치구에서 시작해 칭하이성-산시성-네이멍구-동북지방 지린성-헤이룽장성까지 이어지며, 해상 실크로드는 광저우-선전-상하이-칭다오-다롄 등 동남부 연안 도시를 연결함
③ 중국과 중앙아시아, 남아시아, 서아시아를 연결하는 핵심적 거점으로는 신장자치구가 개발되며 동남아로 나가기 위한 창구로는 윈난성이, 극동으로 뻗어 나가기 위해 동북 3성이, 내륙 개발을 위해서는 시안이 각각 거점으로 활용됨
④ 중국과 아시아를 연결하는 해상 실크로드의 거점으로는 푸젠성이 개발됨
⑤ 중국 내 일대일로 거점 지역은 2개 핵심, 18개 성, 7개 고지, 15개 항구, 2개 국제 거점을 포괄함
  ㉠ 2개 국내 핵심은 신장과 푸젠이며, 18개 성은 서북 6성, 동북 3성, 서남 3성, 연해 5성, 내륙의 충칭임
  ㉡ 7개 고지는 시닝, 청두, 정저우, 우한, 창사, 난창, 허베이이며, 15개 항구는 다롄, 톈진, 칭다오, 상하이, 닝보, 푸저우, 샤먼, 광저우, 산야 등
  ㉢ 2개 국제 거점은 상하이와 광저우를 의미함

구분	일대일로 신로드맵
일대	중국 → 중앙아시아 → 러시아 → 유럽
일대	중국 → 중앙아시아 → 서아시아 → 페르시아만 → 지중해
일대	중국 → 동남아시아 → 남아시아 → 인도양
일로	중국 연해 → 남중국해 → 인도양 → 유럽
일로	중국 → 남중국해 → 남태평양

3. 세부 방안 : 정책소통, 시설연통, 무역창통, 자금융통, 민심상통 등 5통
① 정책소통 : 각 정부 간 전략, 대책 교류 및 협력 강화
② 시설연통 : 도로, 철도 등 교통망과 통신망, 에너지 운송 및 저장을 위한 기초시설 연결
③ 무역창통 : 자유무역지대 및 투자무역협력대상 확대(투자 및 무역 장벽 제거)
④ 자금융통 : 위안화 국제화, AIIB와 브릭스(BRICS)개발은행 설립 추진
⑤ 민심상통 : 민간의 문화교류 강화

아시아인프라투자은행(The Asian Infrastructure Investment Bank) 2018년 출제

1. **의미** : 아시아 국가들의 사회간접자본 건설지원을 위해 중국 주도로 설립된 국제금융기구

2. **성격** : 미국과 일본 주도의 세계은행과 아시아개발은행(ADB)을 견제하려는 성격이 강함

3. **설립**
   ① 2013년 10월 시진핑(習近平) 중국 국가주석이 창설 제안하였고, 1년 후인 2014년 10월 24일 아시아 21개국이 500억 달러 규모의 아시아인프라투자은행(AIIB) 설립을 위한 양해각서(MOU)에 서명했으며 2016년 1월 16일 공식 출범식을 가짐
   ② AIIB의 창립회원국은 57개국이고 수권자본금은 1000억 달러(120조 원)이며 한국은 57개국 중 5위의 지분율(3.81%)에 해당하는 37억 4000만 달러를 배분받음
   ③ 2014년 10월 당시 MOU 참여 국가는 중국, 인도, 파키스탄, 몽골, 스리랑카, 우즈베키스탄, 카자흐스탄, 네팔, 방글라데시, 오만, 쿠웨이트, 카타르 및 인도네시아를 제외한 아세안(동남아국가연합) 9개국 등 총 21개국이었으며, 이후 2015년 3월 18일까지 MOU를 체결한 국가 수는 28개국으로 늘어남
   ④ 서방국가 중에는 2015년 3월 12일 영국이 주요 7개국 G7 가운데 처음으로 중국이 주도하는 AIIB 가입을 공식 선언했고 이후 프랑스, 독일, 이탈리아, 스위스, 룩셈부르크, 한국 등이 추가로 가입 의사를 밝힘으로써 신청 마감일인 2015년 3월 31일까지 AIIB 가입신청서를 제출한 국가는 48개국에 달함
   ⑤ 이후 창립 희망 가입 국가가 지속적으로 늘어 2015년 4월 15일 현재 AIIB 창립 회원국은 총 57개국으로 늘어났고 2019년 현재 100개국에 달함
   ⑥ 한국은 2015년 3월 26일 AIIB에 공식으로 참여 의사를 밝힘

1970년대 미중 관계의 전개 양상 참고

① 미국과 중국은 1972년 '상하이 공동 코뮤니케'를 통해 양국은 아시아·태평양 지역에서의 지배권을 갖지 않으며, 제3국의 지배권 확립에도 반대한다고 합의했다.
② 미국은 1970년대 아시아 지역에서 소련의 군사·외교적 팽창을 저지하고, 베트남전쟁으로부터 탈출전략을 마련하고자 중국과의 관계에 있어 새로운 돌파구를 모색했다.
③ 중국은 1970년대 말 농업, 과학기술, 국방 등 '4개 현대화'와 경제발전을 위해 미국과 일본, 그리고 서유럽으로부터 자본과 기술을 도입해야 한다는 인식 하에 미국과의 관계개선에 적극적으로 나서게 되었다.

5. **중국의 군사전략 : 접근차단(A2 : anti-access)과 지역거부(AD : area-denial) 전략**

   ① **배경** : 중국의 방어전략이 연안방어를 중심으로 하던 연해방어전략에서 보다 먼 수역을 대상으로 하는 '적극적 근해방어전략'으로 변화하면서 접근차단 전략에 대한 중요성이 커짐

   ② **접근차단(A2 : anti-access)**
      ㉠ 접근차단은 3,000km급 장거리 미사일을 통해 중국을 중심으로 한 원해 접근을 차단하는 전략
      ㉡ 애초에 작전지역으로 들어오지 못하게 막기 위한 것으로, 미국의 해상 전력이 한반도 근해와 일본 동쪽과 남쪽 태평양에 접근하지 못하게 막는다는 전략

   ③ **지역거부(AD : area-denial)**

㉠ 지역거부는 1500km급 중단거리 미사일로 중국의 근해 진입을 막는다는 전략

㉡ 적의 접근을 막는 것이 아니라 작전 지역에서 적의 작전을 제한하는 것을 목적으로 함

④ 중국은 일차적으로는 접근차단 전략을 구사하고 그 다음에는 지역거부 전략을 구사하려는 군사전략을 가지고 있음

⑤ 이러한 전략은 중국과 대만과의 양안관계 악화 시 미국의 개입을 차단하고자 하는 것이며 한반도 유사 시 미국의 접근을 봉쇄하고자 하는 전략임

⑥ **A2/AD 전략을 수행하려면 기술적 뒷받침 필요**

㉠ 수천 기의 정확한 탄도미사일, 순항미사일, 대함미사일 장착, 최신 제트기와 잠수함, 장거리 레이더와 감시 위성 그리고 사이버 무기와 우주 무기 배치 계획

㉡ A2/AD 전략의 대표적인 무기는 DF-21 D 대함탄도미사일

8 시진핑 시대의 미중관계 2022년 출제

1. 미중관계의 전개

미중관계는 2차 세계대전이 종료된 이래 지금까지 세 번의 '세기적인 만남'을 통해 새로운 질서를 수립함

① **미중안보협력시대(中美安保協力時代)**

㉠ 냉전시대 좌우 이념대립이 한창이던 1972년 미국의 닉슨 대통령이 베이징을 방문하여 마오쩌둥(毛澤東)과 저우언라이(周恩來)를 만나 미중관계 정상화를 논의함

㉡ 이 미중정상회담은 미중 양국이 공동으로 소련에 대항하는 소위 '미중안보협력시대'를 열게 됨

㉢ 사회주의 건설이라는 동질의 이념을 가진 소련에 대해 노선 차이를 이유로 적으로 돌리고, 적이었던 자본주의 국가인 미국과 손을 잡은 마오쩌둥의 선택은 전 세계에 엄청난 충격을 주었음

② **미중경제협력시대(中美經濟協力時代)**

㉠ 1978년 12월, 개혁개방(改革開放)을 선포한 덩샤오핑(鄧小平)은 실질적인 중국의 지도자로서 1979년 1월 1일 미중수교와 함께 1월 28일 미국을 방문하여 카터 대통령과 두 번째의 미중 세기의 정상회담을 가짐

㉡ 미중 간의 '경제협력시대'가 열림 : 덩샤오핑의 흑묘백묘론(黑猫白猫論)과 개혁개방 정책의 선택 역시 세계를 놀라게 하는 충격적인 사건

③ **미중패권협력시대(中美霸權協力時代)**

㉠ 시진핑과 오바마는 신형대국관계(新型大國關係)에 대한 공동 인식을 통하여 전통 패권국과 신흥 패권국 간의 대립과 갈등이라는 기존의 역사적 패턴을 부정하고, 협력과 공조에 기반한 새로운 패권질서를 선포함

㉡ 미중 양국의 세 번째 '세기적 선택'이 '패권협력'(霸權協力)의 형태로 개막됨

2. 신형대국관계 2016년, 2021년 출제

① 중국이 주장하는 신형대국관계(新型大國關係)는 불충돌, 불대항, 상호존중, 협력상생이 핵심 내용

② 미중 정상회담에서 시진핑이 강조한 '태평양 분할론'(太平洋分割論)은 패권분할에 대한 의지를 미국과 전 세계에 표시한 것임

③ 중국의 궁극적인 의도는 과거 강대국 간의 대립과 갈등구조의 패턴에서 벗어나 미중 양국 간에 협력공생의 새로운 대국관계를 정립하자는 것이고, 이를 위해 중국의 지역 패권에 대한 미국의 승인과 미국의 세계패권에 대한 중국의 협력을 서로 교환하자는 것

- 좀더 구체적으로 표현하자면, 지역별과 분야별로 미중 간의 '공동이익'(共同利益)·'협력이익'(協力利益)·'갈등이익'(葛藤利益)을 구분하고, 이를 미중 신형대국관계라는 새롭고 평등한 협력체제를 통해 미중 간 분쟁 소지를 사전에 없애며, 냉전시대에 공동으로 소련에 대항하던 응집력을 다시 회복하자는 의도임

시진핑의 신시대 사상 – 중국몽(中國夢)을 위한 전략 2022년 출제

5위 일체·4개 전면·4개 의식·4개 자신감 내세워 일당체제 정당성 강조

중국 공산당 당장(黨章·당헌)에 삽입되는 '시진핑 신시대 중국 특색의 사회주의 사상'에는 시진핑 주석이 집권 1기 기간에 역점을 둔 국정운영 방침이 녹여져 있다. 19차 당대회 결의문에는 "'5위 일체'(五位一體)의 총체적 배치를 통일적으로 추진하고 '4개 전면'(四個全面)의 전략적 배치를 조화롭게 추진하는 한편 '4개 의식'(四個意識)을 증강하고 '4개 자신감'(四個自信)을 확고히 할 것"을 요구했다.

5위 일체는 샤오캉(小康(모든 국민이 편안하고 풍족한 생활을 누림)) 사회 건설, 사회주의 현대화 추진, 중화민족의 위대한 부흥 실현 과정에서 경제, 정치, 문화, 사회, 생태문명 건설을 통일적으로 추진하자는 뜻이다. 과거의 경제 현대화 전략으로부터 경제·정치·문화건설의 3위 일체, 사회건설을 얹은 4위 일체에 이어 다시 생태문명 건설을 포함시킨 전략 목표다. 이 5개 분야에서 성과가 있어야 목표를 실현한 것으로 인정할 수 있다는 의미다. 이 목표추진 과정에서 시 주석은 샤오캉 사회 건설, 개혁 심화, 의법치국(법치주의), 종엄치당(從嚴治黨(엄격한 당 관리)) 등 4개 지침을 전면에 내세울 것을 주문했다.

'시진핑 신시대 사상'은 시진핑 주석이 항상 강조해온 정치·대국(大局)·핵심·일치(간치 看齊) 4개 의식을 담고 있다. 일선의 당원 간부들이 사회주의 이념에 따라 전세계 형세를 아우르는 '큰 그림'을 보라는 의미로 이중에서도 핵심 의식과 일치 의식은 당을 지휘하는 핵심인 시진핑 주석에게 절대 복종을 요구하는 내용이다. 시진핑 주석은 이와 함께 당원들이 '초심을 잃지 않고 사명감을 되새기기 위해' 중국 특색의 사회주의 노선, 이론, 제도, 문화에 대한 '4개 자신감'을 굳건히 가질 것을 요구했다. 이에 따라 '중화민족 위대한 부흥'이라는 위대한 꿈을 실현하기 위해 위대한 투쟁, 위대한 공정, 위대한 사업을 추진하라는 '4개 위대' 전략도 함께 제시했다.

대만관계법 2011년 출제

미국이 중국과 1979년 수교하면서 대만과 맺고 있던 공동방위조약을 폐기하고 이를 대체하기 위해 그해 4월 제정·발효된 미 국내법이다. 대만에 대한 안전보장 조항을 담고 있으며 필요에 따라 대만에 병력을 투입하도록 허용하고 있다.

1969년 1월에 출범한 닉슨 행정부는 중·소 분쟁을 기회로 삼아 중국과의 대화 채널을 열고, '핑퐁외교'를 시작하게 되었다. 이후 1971년 6월 닉슨 대통령은 대중국 금수(禁輸) 조치를 해제하고, 1972년 2월 중국 상해에서 중국 지도자들과 상해공동성명을 발표하게 되는데, 이 성명에서 대만과 중국의 문제는 중국인 스스로가 외부의 간섭 없이 해결해야 하며, 대만은 중국의 한 일부분이라는 것을 인정한다고 하였다. 닉슨 정부의 중국에 대한 유화정책은 1979년에 대만과 국교를 단절하고 대만주둔 미군을 철수시키게 만들었다. 아울러 미국 의회에서는 '대만관계법'이 제정되고 미·대만 공동방위조약이 정식 폐기되었다.

대만관계법은 대만의 합법적인 방위욕구 충족과 대만 문제의 평화적 해결이라는 목적으로 제정됐으며, 유사시 미국의 자동개입 조항과 함께 중국이 대만을 침공하거나 군사적 위협을 가하면 대만에 의무적으로 무기를 판매하도록 하고 있다. 즉, 대만관계법은 비평화적인 방식으로 대만 해협의 현상을 변경하려는 모든 시도를 미국의 큰 관심사로 규정, 유사시 미국이 개입할 수 있는 여지를 마련했으며 대만의 안보를 위해 무기를 공급한다고 명시하고 있다.

이 법은 그 뒤 상호대표부 설치와 대만에 대한 미제무기 판매, 고위관리 교류 등의 토대가 됐으나, 중국은 이에 대해 '하나의 중국' 원칙을 저버린 채 실질적으로 두 개의 중국을 용인한 이중적인 태도라며 비난해 왔다. 중국 측의 항의에 따라 1982년 발표된 양국 공동성명에서 미국은 대만에 대한 무기 판매량을 점차 줄여나가기로 합의했으나, 이후에도 미국은 대만에 대한 무기 판매를 지속해 왔다.

2012년 미국은 중국의 점증하는 군사적 위협을 고려해 대만에 방어용 무기를 계속 판매해야 한다고 대만 국방부가 밝혔고, 같은 해 4월 미국 행정부는 대만의 노후한 공군력을 현대화하고 중국의 점증하는 군사적 위협에 대응할 수 있도록 대만에 F-16C/D 전투기 판매를 고려할 것이라고 밝힌 바 있다.

중국의 양회(中國兩會)

1. 의미 : 중국의 전국정치협상회의(정협)와 전국인민대표대회(전인대)를 통칭하는 말로, 한 해 중국 정부의 경제·정치 운영 방침이 정해지는 최대의 정치행사임

2. 전국인민대표대회(전인대)

1954년 출범한 전인대는 우리나라 국회와 비슷한 것으로 31개 성·시(省·市)와 인민해방군 대표 2,900여 명이 모여 주요 국정을 심의하고 법률을 의결한다. 중국 공산당 주도로 1년에 한 번 열리고 있으며(3월), 이 회의에서 그 해 중국 정부의 경제·정치 운영방침이 정해진다.

전인대는 중국에서 최고의 법적인 지위와 의사결정의 권한을 갖고 있는 최고권력기관(국회격)이지만 실제로는 공산당 산하다. 전인대는 헌법개정 및 헌법 집행 감독, 기본법률 제·개정 임무를 담당하는 것을 비롯 국가주석·국가부주석·국무원총리 등의 선출 및 파면에 권한을 가지고 있으며 국가예산과 예산집행 상황 심의·비준 등의 역할을 맡고 있다.

3. 전국정치협상회의(정협)

정책자문기구인 정협은 중국 최고의 정책자문기구로 1949년 신중국이 설립됨과 동시에 중국공산당의 제의에 따라 성립됐다. 1954년 전인대가 구성되기 전까지는 국회 역할을 수행했으나 이후 고유한 정책 자문 역할을 수행하게 됐다.

정협은 크게 전인대 이틀 전에 개최되는 전국위원회와 상설기구인 상무위원회로 구분된다. 공산당을 비롯한 8개 민주당파, 인민단체, 소수민족, 홍콩과 마카오 교포 등 각계각층 인사로 구성돼 있으며 이들의 임기는 전인대 대표와 같은 5년이다. 정협은 국정방침에 관한 토의에 참여해 제안하고 비판하는 등의 역할을 수행하고 있는데, 정책결정기구가 아니기 때문에 영향력은 전인대보다는 떨어지지만 공산당이 영도하는 다당협력제를 표방하고 있는 중국에서는 독특한 의미를 지니고 있다.

제 8 절　일본의 안전보장제도와 정책

1 일본 외교정책에 대한 개관

1. 목표

① **패전 후 연합국에 의한 점령기** : 주권의 회복(국가 위신의 회복)이 최우선 목표

② **주권회복 후의 냉전 시기** : 안전보장과 경제이익의 확보

2. 외교정책 목표의 달성 수단

① **경제력 중시**

　㉠ 평화헌법체제 하에서 군사력 동원 불가능

　㉡ 경제원조 제공은 경제대국으로 부상한 일본이 상대적으로 쉽게 동원할 수 있는 수단이었음

② 일본은 외교력 강화의 방법으로 개발도상국을 상대로 한 정부개발원조(ODA) 정책에 주력함

3. 외교정책의 대상

① 전후 일본 외교의 접근 대상으로서는 유엔, 미국 외에도 중국, 한반도, 동남아시아 등 아시아 지역이 상대적으로 중시됨

② **일본 외교의 3원칙**

- 국제연합 중심, 자유주의 국가들과의 협조, 아시아의 일원으로서의 입장 견지
- 일본은 미국과의 긴밀한 관계 즉, '대미기축(基軸) 외교를 유엔 외교나 아시아 외교보다 우선함

---

2 일본 외교정책의 방향

1. 전후 일본 외교 : 소극적이고 환경 순응적 외교

① 평화주의, 경제중심주의, 국제환경에의 수동적 협조에 치우침

② 강화조약을 통해 주권을 회복한 일본이 국가전력의 최우선 목표로 삼은 것은 경제부흥과 번영임

③ 일본은 자국의 안전보장은 미국에 의존하면서 국가의 모든 역량을 경제성장에 집중하는 길을 선택하였고, 외교는 이를 위한 수단으로 간주함

④ 1980년대 일본은 국제사회로부터 '경제적인 거인이면서 정치적으로는 피그미'라 불림

⑤ 일본은 국제사회의 규범 형성에 적극적으로 관여하려 하지 않고, 기존의 국제질서에 순응하는 역할에 만족하는 '외압 반응형 국가'(reactive state)로 인식됨

2. 탈냉전기 일본 외교

① 배경

   ㉠ 국내적 상황 : '잃어버린 10년'으로 상징되는 장기불황과 위기의식의 확산은 기존의 경제중심주의 노선을 보완·대체할 새로운 국가전략의 필요성을 제기함

   ㉡ 국제적 상황 : 냉전 구조의 붕괴, 걸프사태의 발발, 북한의 핵·미사일 문제(북한위협론), 대만해협 위기와 중국경제의 부상(중국위협론) 등 국제정세가 급변함

② 내용

   ㉠ 냉전 구조가 해체되면서 일본은 국제정치 현실에 맞는 새로운 외교전략을 모색하였고, 그 결과 일본 외교는 적극적이고 주체적인(proactive) 방향으로 전환함

   ㉡ 1990년대 이후 하드파워(hard power), 즉 군사력 면에서의 잠재적인 역량을 보유한 채 문화면에서의 소프트파워(soft power)를 통한 총체적인 국익 추구에 더욱 집중함

   ㉢ 탈냉전 이후 일본은 방위력의 정비와 함께 지역적 안보 역할의 확대 및 국제공헌의 강화를 목표로 '군사적 보통국가화'를 추구하고 있음

3 일본 외교정책의 주요 내용

1. 냉전기 : 경제중심 외교

(1) 패전외교

① 1945년 9월 일본의 항복문서 조인과 점령군의 진주로 시작된 연합국의 점령 통치는 1952년 4월 샌프란시스코 강화조약의 발효까지 계속됨

② 요시다의 기본 입장 : 요시다 독트린 [2011년 출제]

   ㉠ 일본의 군비 지출을 억제하고 경제발전에 집중한다는 선언 발표

   ㉡ 헌법 9조의 비무장 원칙을 유지한 채, 일본을 동아시아의 공산주의 봉쇄정책의 보루로 삼고자 하는 미국의 냉전전략에 협력함으로써 일본의 독립과 안전보장을 확보하고자 시도함

③ 1950년 한국전쟁의 발발을 계기로 강화조약 교섭이 진행됨

   ㉠ 미국은 일본에 대해서 배상 조건을 완화하고 경제부흥을 지원하는 대신에 적극적인 재군비를 요구함

ⓒ 일본은 미·일 안보조약의 체결과 기지의 존속 및 미군의 주둔을 인정하면서도 재군비에는 반대함
　　ⓒ 양국은 강화 후의 점진적인 방위력 증강이라는 선에서 타협
　　ⓔ 1951년 9월 소련과 중국 등이 서명에 불참한 가운데 강화조약이 체결되어 1952년 4월 발효와 함께 일본의 주권은 회복됨

(2) 안전보장 외교

① 전력(戰力) 보유의 포기 및 교전권의 부인을 명시한 일본의 '평화헌법'(제9조)은 미일 양국의 쌍무(雙務)적인 집단적 자위체제(상호방위조약)의 구축을 제약함

② 일본은 미국에 군사기지를 제공하고 미국은 일본의 방위를 보장하는 일방적인 안보체제가 성립함

③ **일본의 안보정책**: 미·일 안보조약을 근간으로 하는 일본의 안보정책은 일본의 독자적인 방위정책과 미국과의 협력방안이라는 두 요소로 구성됨

　ⓐ 일본의 독자적인 방위정책
- 한국전쟁 발발을 계기로 경찰 예비대가 창설되어 1952년 보안대(保安隊)로 개조되었고, 1954년 자위대와 방위청이 발족하여 실질적인 군사력을 보유하게 됨
- 1976년 '방위계획대강'으로 구체화 : 핵심내용은 자위(自衛)를 위한 최소한의 방위력 보유와 소극적 방위를 특징으로 하는 '전수방위'(專守防衛)라는 개념으로 요약됨
- 1980년대 초 '총합'(總合)안전보장 : 안전보장의 범위를 외부로부터의 침략에 대한 방위를 넘어 자유로운 국제질서, 에너지, 식량의 확보 및 자연재해 대비 등으로 확대함

　ⓑ 미·일 안보조약 하의 양국의 역할
- 1976년 방위계획대강에 의하면, 소규모의 제한적인 공격에 대해서는 일본이 자체적으로 방어하고 대규모 외부 공격은 미국에 의존한다고 규정함
- 미·일 안보조약은 한국, 대만, 필리핀과의 상호방위조약, 동남아시아조약기구(SEATO), 미·호주·뉴질랜드 안보조약(ANZUS) 등으로 구성된, 미국을 중심으로 해서 사방으로 펼쳐진 '허브 앤드 스포크'(hub and spokes) 체제의 '중심축'(lynchpin)으로 기능함

> **평화헌법** 2021년 출제
>
> ① 1946년 점령군 최고사령관 맥아더의 '맥아더 초안'
>   ㉠ 맥아더는 일본에서 정치, 경제, 사회 모든 면에서 군국주의의 뿌리를 뽑을 수 있도록 할 것을 지시했으며 이는 헌법 9조에 반영됨
>   ㉡ 헌법 제9조의 내용 : 전쟁의 포기와 전력의 불보유, 그리고 교전권의 부인을 명시하게 되었고, 그것은 이후 일본의 방위전략에서 전수방위(專守防衛) 전략과 집단적 자위권의 부정으로 나타남
> ② 아시다 히토시의 맥아더 초안 수정
>   ㉠ 국제분쟁을 해결하기 위한 수단으로서의 전력이 아니라면, 즉 자신을 방어하기 위한 전력이라면 주권국가로서 그것을 보유하는 것은 가능
>   ㉡ 장차 평화협정이 체결되면 유엔의 일원으로서 참여·활동하는 데 제약이 없을 것이며 유엔군 활동에도 참여할 수 있음
> ③ 헌법에 문민 통제 명시 : 헌법 제66조에 수상을 비롯한 모든 내각의 대신들은 민간인이어야 함을 규정함
>
> **제2장 전쟁의 포기**
>
> 제9조
> 1. 일본 국민은 정의와 질서를 기조로 하는 국제 평화를 성실하게 희망하며 갈구하고 있다. 그래서 일본은 국제 분쟁을 해결하기 위한 수단으로서의 선전포고와 무력에 의한 위협 행위, 무력의 행사 등을 영구적으로 포기한다.
> 2. 전항의 목적을 이루기 위해, 일본은 육해공군 및 그 외의 전력을 보유하지 않는다. 국가의 교전권을 인정하지 않는다.

(3) 경제외교

① **55년 체제의 등장** : 자유당과 민주당이 합당한 자민당을 여당으로 하고 사회당을 제1야당으로 하는 체제를 말함

② 자민당 장기집권 하에서 요시다 수상이 기초를 닦은 '친미·친서방 지향의 경무장 경제국가' 노선이 국가전략의 기조로 정착됨

③ 외교는 '통상국가' 혹은 '무역입국'을 실현하기 위한 중요한 수단으로 간주함

④ 냉전기

㉠ 냉전의 발생으로 점령정책의 실세였던 미국의 일본에 대한 태도는 일본의 경제재건에 우호적으로 바뀜

㉡ 1950년대 이후 : 일본의 비약적인 대미수출 증가

- 한국전쟁의 특수(特需)는 결과적으로 일본의 재정압박을 완화하는 데 크게 기여

㉢ 1960년대 : 요시다의 직계인 이케다 수상의 재임기간 동안 '경제국가'의 원형이 완성됨

㉣ 1970년대 : 경제환경의 급변

- 1969년 일본경제는 국민총생산(GNP) 규모에서 서독을 제치고 자유진영 제2위의 지위에 도달하였고, 미국을 비롯한 다른 선진국과의 무역 마찰이 구조화됨
- 국제질서에서 압도적 우위를 상실한 미국은 1971년 신경제정책을 선언했으며 두 차례의 석유 위

기가 발생함
- 중동·공산권과의 외교다변화, 에너지·식량 등 경제안전보장의 강화, 기술혁신 등을 통해 일본이 1980년대에 경제대국으로 재부상하는 요인으로 작용함

⑩ 1980년대 : 일본경제의 절정기
- 일본의 GNP는 세계 전체의 10%를 차지하면서 미국과의 무역마찰이 심화됨
- 1985년에는 미국의 대일 무역적자를 줄이기 위한 방안으로 엔화의 가치를 절상하는 조치(이른바 플라자 합의)가 취해짐
- 국내 불황을 염려한 일본 정부는 저금리 정책을 도입함 : 이후 거품 경제(Bubble Economy)를 불러오는 원인이 됨
- 일본기업의 해외직접투자 증가에 따른 동아시아지역에서의 경제적 상호의존관계가 심화됨

2. **탈냉전기** 2012년 출제

① **1991년 걸프전** : 미국과 유럽 국가들의 인적 기여 요구
  ㉠ 일본은 130억 달러에 달하는 전비를 부담함 – 자위대 해외 파병의 법적 근거 미비
  ㉡ 인적 공헌 없이 돈으로만 해결하려는 '수표 외교'(check - book diplomacy)적 행태라는 국제사회로부터의 비판이 제기됨
  ㉢ 일본인의 인식 변화 : 국제사회의 일본 신뢰에 대한 증거로 인식
  - 일본에서는 경제대국의 지위에 어울리는 적극적인 국제공헌을 요구하는 주장이 분출함

② **1992년 국제평화협력법(이른바 PKO 협력법) 제정**
  ㉠ 자위대의 해외 파병에 대한 법적 근거 마련의 의미
  ㉡ 유엔캄보디아잠정정부기구(UNTAC)에 참가, 1994년의 유엔모잠비크평화유지활동, 1996년에는 유엔골란고원정전감시단, 동티모르의 유엔잠정정부기구에 자위대 및 일본인 요원을 파견함

③ **지역주의 참여**
  ㉠ 탈냉전 이후 구미의 지역주의 움직임을 견제하고 무역자유화를 추진하기 위해서 아시아 국가들과의 지역협력을 강화하고 있음
  ㉡ 아시아태평양경제협력(APEC)을 비롯한 동남아국가연합(ASEAN+3), 동아시아공동체, 아시아유럽회의(ASEM) 등의 지역기구의 논의 내지는 설립에 참여함

④ **중국에 대한 견제**
  ㉠ 오바마 정부의 TPP 전략이 제시되자 일본 정부는 참가를 결정하였고, 미일 양국의 주도 하에 2015년에 TPP 타결됨
  ㉡ 아베 내각의 TPP 참가 결정은 경제적 효용 외에도 중국 견제를 위해 미국과의 연대를 우선하겠다는 전략적 판단이 작용한 결과임
  ㉢ 정치안보 분야
  - 일본의 안보전략은 미일동맹 중심의 양자주의를 기본으로 하고 있음

- 2000년대 중반 이후 일본이 호주, 인도, 미국 등과의 소다자주의적인 협력을 적극 추진하고 있는 것도 미일동맹을 보완하고 중국의 해양진출에 대비하기 위한 안보협력을 추구한 결과임

3. 9·11테러 이후의 방위정책 2012년 출제

(1) 테러대책 특별조치법

① 9·11테러 직후인 2001년 9월 27일 시작된 임시국회에서 테러대책 특별조치법을 논의하여 11월에 시행함

② 테러대책 특별조치법의 의미
  ㉠ 목적에 있어서 "우리나라가 국제적인 테러리즘의 방지와 근절을 위한 국제사회의 움직임에 적극적이고도 주체적으로 기여하기 위해서……"라고 명시하여 그 적극성을 드러냄
  ㉡ 지리적으로 주변사태법에서 외국 영역으로 규정하는 필리핀 북쪽 해상에서 인도양, 디에고가르시아 섬, 인도양 연안에 이르는 지역까지 함선에 의한 보급과 수송이 가능해짐
  ㉢ 물품 수송 시 외국 영역에서의 탄약을 포함한 무기의 육상운송은 포함하지 않는다고 명시함
  ㉣ 제2차 세계대전 이후 최대 규모의 부대와 장비를 장기간 인도양 연안 지역까지 파견함
  ㉤ 일본 정부가 집단적 자위권의 행사를 인정하지 않으면서, 동시에 무력행사가 아닌 방법으로 미국의 동맹국으로서 군사적 행동에 협력한다는 조치를 취함

③ 2003년 7월 말에는 이라크인도부흥지원 특별조치법(이라크특조법)이 성립됨
  ㉠ 이라크전쟁 후의 이라크 내 비전투 지역에서 적극적인 인도적 부흥 지원 활동을 수행하기 위해 만든 특별조치법
  ㉡ 대응조치는 크게 인도적 부흥 지원 활동과 안전확보 지원 활동으로 나뉘며 각 분야의 업무를 위한 의료와 수송, 보급을 수행함
  ㉢ 2007년 2년 기한으로 활동 연장이 이루어졌으며 2009년 7월 기한 만료와 함께 자위대는 철수함

(2) 확산방지구상(PSI)에 대한 일본의 참가

① 9·11테러 발생 후인 2002년 12월 미국은 '대량살상무기에 대항하기 위한 국가전략'을 발표함
② 부시 대통령은 그 전략의 핵심 정책으로 2003년 5월 PSI를 선언하고 일본을 포함한 10개국에 참가를 요청함
③ 2004년에는 사가미만 인근 해역과 요코스카항 내에서 일본에서는 처음으로 거행된 PSI 해상저지훈련을 주최함
④ 2007년 10월에는 두 번째로 PSI 해상저지훈련을 개최함
⑤ 2008년에는 뉴질랜드에서 개최한 훈련에 해상자위대의 P-3C를 참가시킴

(3) 방위청에서 방위성으로 승격

① 2007년 1월 방위청이 수상 사무처인 내각부의 외국 소속에서 내각 직속의 방위성으로 승격됨

② 승격 이유로는 자위관의 사기 향상이나 다른 나라의 국방조직들과의 균형에 대한 고려 이외에도 자위대의 단순 관리 기관이 아니라 정책관청으로서 역할을 수행할 필요성 등이 고려됨

③ **성으로 승격했을 때 나타날 수 있는 문제**: 자위대의 역할이 자위 이상으로 확대될 가능성에 대한 우려와 자위대가 자위군으로 승격될 가능성, 제복조의 영향력 확대로 문민통제 원칙이 약화될 수 있다는 우려, 그리고 주변국들이 일본이 군국주의로 회귀하려 한다고 오해할 가능성에 대한 우려

(4) BMD와 미일안전보장체제의 강화

① 안전보장회의와 내각은 2003년 12월 탄도미사일방어체계(BMD) 체계 구축을 결정하고 2004년부터 준비에 돌입하였으며 2005년에는 자위대법을 개정함

② 2007년과 2008년에는 이지스 구축함 콩고와 초카이에서 발사된 SM-3미사일의 발사실험이 각각 성공적으로 이루어졌고, 2008년에는 항공자위대의 페트리엇 미사일(PAC-3)이 모의요격시험을 통과함

③ 일본의 BMD 체계는 미국의 미사일방어(MD) 체계와 긴밀한 협조체제를 이루고 있으며 MD 체계의 일부가 일본에 배치되어 운용되고 있음

4. 보통국가화 외교 2011년 출제

(1) 전수방위에서 적극 방위로

① **1995년 방위계획대강**: 자위대의 활동 범위는 본토 방위를 넘어 주변 지역의 유사(有事)사태에 대한 대응으로까지 확대되었을 뿐만 아니라 자위대의 해외파견 길이 열림

② 1996년의 미일안전보장 공동선언을 통해 양국은 미일안보체제가 21세기 아시아-태평양 지역의 안전과 번영을 유지하기 위한 근간임을 확인

- 미일동맹의 대응 범위를 '필리핀 이북의 극동'에서 '아시아-태평양' 지역으로 확대

③ 1997년에는 미일 간의 구체적인 협력 강화 방안을 규정한 신미일방위협력지침(신가이드라인)이 확정됨

④ 1999년 일본 주변 지역에서 유사 사태가 발생하는 경우를 상정하여 자위대의 역할을 규정한 주변사태법이 제정됨

⑤ 9·11테러 이후 테러대책 특별조치법, 유사법제, 이라크지원 특별조치법 등이 제정됨

⑥ **2004년판 방위계획대강**: 방위정책의 기본 목표로서 일본의 방위 외에 국제적 안보환경의 개선을 추가함으로써, 자위대의 임무를 일본방위 및 주변 지역 활동을 넘어 국제무대로까지 확대할 수 있는 근거를 마련함

⑦ 2010년대 들어 미중 간의 경쟁 구도가 가시화되고 중일 간 전략적 이해관계가 충돌하면서 미일 간에 중국 견제를 염두에 둔 안보협력이 가속화

(2) 방위안보정책의 변화

① **배경** : 일본 방위안보정책의 변화 배경에는 역내 동맹국에게 아시아-태평양 지역의 안보비용의 부담을 요구하는 미국의 '아시아 재균형' 정책과 보통의 국가로 거듭나려는 아베 내각의 '적극적 평화주의' 간에 일치하는 이해관계 때문

② **내용** 2021년 출제

㉠ 일본 방위안보정책의 기본인 '전수방위' 원칙에 대한 근본적인 수정을 의미함

㉡ 2013년에 채택된「국가안전보장전략」문서는 일본의 안보과제와 관련해서 아시아-태평양 지역에서의 중국과 북한, 특히 중국의 위협을 강조하고 있음

㉢ 2014년 7월에 일본 정부는 각의결정을 통해 집단적 자위권을 용인하는 헌법해석 변경(해석개헌)을 단행함

㉣ 2015년 4월 말에 미일 양국은 미일방위협력지침(가이드라인) 개정함

- 일본에 의한 집단적 자위권 행사를 전제로 미군과 자위대 간의 역할 분담을 재조정

㉤ 2015년 9월에는 집단적 자위권의 행사를 전제로 하는 11개의 안보 관련 법안이 성립됨

- 무력공격사태법 개정안은 제3국에 대한 무력 공격일지라도 '일본의 존립이 위협받고 국민의 권리가 근저로부터 뒤집힐 명백한 위협이 있는 경우'를 '존립위기 사태'로 규정해 자위대가 무력행사를 할 수 있도록 하는 내용을 담고 있음

㉥ 아베 총리는 안보법제의 개정과 국가안전보장위원회 신설, 종전의 무기 수출 3원칙을 방위장비 이전 3원칙으로 개정해 무기 수출을 가능케 함

㉦ 아베 총리는 기존의 주변사태법을 개정한 '중요영향사태법'에서 자국의 평화와 안전 등에 중대한 영향을 미칠 수 있는 사태가 발생했을 경우에는 미국뿐 아니라 다른 외국군에도 탄약, 유류 제공 등 후방 지원을 할 수 있도록 함

---

4 아베 내각 2022년 출제

① **1차 아베 내각** : 2006년 9월~2007년 8월

② **2차 아베 내각** : 2012년 12월 이후 등장한 2차 아베 내각은 1차 아베 내각에 대한 반성과 민주당 정권(2009년 9월~2012년 12월)의 실정에 대한 반발로 높은 국민적 지지를 바탕으로 등장함

③ **정책**

㉠ 대내적으로는 헌법개정과 애국심 고취를 위한 교육개혁, 자위대의 군대화, 국가위기관리체제의 강화를 추구

- 아베 정권에게 있어 헌법개정은 전후체제의 극복을 위한 핵심과제이자 자위대의 군대화 및 집단적 자위권의 확보를 통한 보통국가화의 제도적 완성이라는 의미를 가짐
- 아베는 침략에 대한 반성과 사죄를 기본으로 하는 전후체제적인 역사 인식을 해체하고, 일본인 스스로 긍지와 자부심을 가질 수 있도록 재구성하고자 시도함

㉡ 대외적으로는 집단적 자위권 행사의 확보를 통한 미일동맹의 강화, 자위대의 해외 파견 및 '주장

하는 외교'에 의한 '강한 일본'의 건설을 주장함
- 일본이 과거 전쟁에 대한 반성에서 전수방위(專守防衛)와 비핵 3원칙 등을 내걸고 평화국가로서의 길을 걸어왔다고 평가하고, 향후에는 이러한 평화국가로서의 행보를 견지하면서 적극적 평화주의의 입장에서 국제사회의 평화와 번영에 적극적 참여 의지를 표명함
- 일본 정부는 최근 '인도–태평양' 지역 개념에 대해 높은 관심을 보이고 있는바, 이 개념은 향후 아태지역의 안보질서 구축에 새로운 프레임을 제공할 가능성이 있음

전수방위(專守防衛) [74]

전후 일본 군사전략의 기본개념으로 수비(守備)에만 주력한다는 의미이다. 즉, 상대국에 대한 선제공격 및 전략공격을 금지하여 외부의 공격을 받은 후에만 전력을 행사하며, 그 정도는 자위를 위해 필요한 최소한도에 그치며, '미즈기와', 즉 자국 영토나 그 주변에서만 작전한다는 지극히 수동적인 전략이다. 이에 따라 종래에는 탄도미사일, 장거리 전략폭격기, 미사일 탑재 원자력잠수함, 항공모함 등 공격형 무기를 자위대가 보유하는 것은 금지되어 있다고 보는 것이 통설이었으나, 탈냉전 이후 일본의 안보 역할 확대에 따라 전수방위원칙이 점차 유명무실해지고 있다.

점령정책과 역코스 [75]

당초 연합국의 점령정책은 일본의 국가체제를 근본적으로 개혁함으로써 다시는 일본이 군국주의로 흐르지 못하게 하는 데 초점이 맞추어졌다. 이를 위해서 새로운 헌법이 제정되어 비군사화와 민주화를 목적으로 하는 정치, 경제, 사회 전반에 걸친 제도개혁이 추진되었다. 그러나 동서냉전의 본격화에 따라 미국의 일본관은 제2차 세계대전의 적국에서 대소 냉전의 협력자로 비중이 옮겨갔다. 그리하여 민주화와 비군사화라는 당초의 점령정책의 취지는 퇴색하고 미국은 일본의 경제 회복과 재군비를 지원·유도하게 되는데, 이러한 점령정책의 방향 전환을 흔히 '역(逆)코스(Reverse Course)라고 부른다.

---

74 현대외교정책론(2017, 제3판), 명인문화사, 354면
75 현대외교정책론(2017, 제3판), 명인문화사, 352면

미일안보조약과 집단적 자위권

집단적 자위권이란 동맹국에 대한 외부로부터의 침략을 자국에 대한 침략으로 간주하여 물리력을 동원해서 대응해 나설 수 있는 권리이다. 국가 간의 관계에서 자위권(自衛權, right of self-defense)이란 국내법의 '정당방위'에 해당하는 것으로, 자위권은 자국에 대한 침략에 대응하는 개별적(individual) 자위권과 동맹국에 대한 침략에 대응하는 집단적(collective) 자위권으로 나눌 수 있다. 유엔헌장 제51조는 모든 국가에 대해 이두 가지 권리를 보장하고 있다.

일본의 평화헌법 제9조 1항은 전쟁의 포기, 동 2항은 전력 보유의 포기 및 교전권의 부인을 규정하고 있다. 자위권과 관련하여 일본 정부는 자위대의 보유와 지위를 위한 최소한도의 범위 내의 무력 사용(자국에 가해진 외부침략을 배제하기 위한 무력 사용 즉, 개별적 자위권의 행사)은 가능한 반면, 동맹국에 대한 외부의 침략을 자국에 대한 침략으로 간주하여 침략의 배제에 필요한 행동에 나서는 것(집단적 자위권의 행사)은 전수방위의 입장에서 헌법상 인정되지 않는다고 해석했다. 동맹관계에 있는 국가는 집단적 자위권의 사용을 전제로 하는 것이 일반적인데, 일본정부가 이를 부인함에 따라 미일안보조약이 쌍무(雙務)적이고 평등한 동맹관계로 발전하는 데 한계로 지적되었다.

일본 정부는 2014년에 현행 헌법을 그대로 두면서 집단적 자위권을 용인하는 방향으로 헌법 해석을 변경하고, 2015년에 집단적 자위권 행사를 전제로 미일가이드라인을 개정하고, 안보 관련 법규를 정비하였다. 이로써 일본은 자국이 공격받지 않더라도 제3국을 지원하기 위해 자위대를 파견하는 등 무력을 사용할 수 있게 되었다.

---

5 중국의 부상과 중일 간의 갈등

① 중국이 부상하자 일본은 호주와의 접근을 강화하여 2007년 3월 도쿄에서 양국간 정상회의를 통해 '안전보장협력에 관한 공동선언'을 발표함
  - ㉠ 양국은 핵과 미사일 등 대량살상무기 차단과 테러에 대한 공동 대응, 초국경 범죄예방 공조 등에 합의함
  - ㉡ 일본 자위대와 호주군의 공동훈련, 양국의 외무·국방장관이 참석하는 안전보방협의 위원회(2+2) 설립에 합의함
  - ㉢ 이 선언 이후 미국, 일본, 호주는 태평양 해상에서 첫 3국 공동군사훈련에 합의함

② 2005년 미국 하원 중국위원회에서 중국이 군사적·외교적·경제적 목적을 가지고 투자, 항만건설, 외교 수단으로 해상 루트를 확보하려는 진주 목걸이 정책(the string of pearls strategy)을 추진하고 있다고 발표
  - ㉠ 중국의 남중국해, 인도양, 아랍해, 페르시아만 등으로 세력 확대를 위한 정책으로 인식됨
  - ㉡ 중국은 인도 동쪽의 미얀마, 서쪽의 파키스탄, 남쪽의 스리랑카에 항만 시설을 건설하기 시작하였고 네팔, 방글라데시에 대한 접근을 강화하고 있었음

③ 아베는 중국의 진주 목걸이 정책에 대한 대응으로 미국, 일본, 호주, 인도를 연결하는 다이아몬드 형태의 안보협력인 아시아의 민주주의 다이아몬드를 주장함

④ 2014년 일본과 인도는 특별한 전략적 파트너십을 합의했고, 일본과 호주 간에도 특별한 전략적 파트너십을 합의함

⑤ 미국과 일본은 인도를 중국 견제에 끌어들이기 위해 노력했으며, 미국은 인도와 전략적 파트너십의 강화를 언급하며 인도의 동방정책(Act East Policy)과 미국의 재균형 정책에는 전략적 일치가 있다고 언급함

⑥ 2016년 미국과 인도는 '군수지원협정'을 마침내 체결함

6 방위정책 노선 [76]

1. 비무장 중립주의

① 이 노선은 태평양전쟁에서의 경험, 즉 패전과 피폭에 대한 철저한 반성에서 출발함

② 사회당과 공산당, 공명당 등 '55년 체제'에서 야당과 시민단체, 언론인, 지식인 등의 진보 세력들이 견지해 온 입장

③ 일본은 소련과 미국 사이에서 선택해야 할 정도로 어느 한쪽과 적대적 입장에 있지 않으며 평화주의 정책을 견지한다면 소련의 공격을 받을 염려가 없다는 주장

④ 일본은 미일동맹에서 벗어나야 하며 미군은 철수해야 한다고 주장

⑤ 자위대 존재는 헌법에 위배되는 만큼 축소 혹은 폐지하거나 경찰력으로 재편되어야 한다는 입장

⑥ 비핵 3원칙, 무기수출 3원칙, 세계적인 핵 군축 정책 지지

2. 정치적 현실주의

① 국제사회의 힘의 분포와 그에 따른 국제정치의 역학을 인정하는 현실주의적인 입장을 견지하나 그에 대한 대처는 정치적인 수단에 의존함

② 요시다 독트린을 견지하면서 전후 일본 정치를 주도해 온 자유당과 자민당의 핵심 인물들을 중심으로 한 정치 세력이며 냉전기 자민당 정치의 주류를 형성해 온 집단들의 입장

③ 지속적인 경제발전을 통해 국제평화와 국제경제 발전에 기여함으로써 국제사회에서 인정을 받는 것을 국가 목표로 함

④ 세계적인 양극체제와 미소 간의 분쟁 상황에서 미일동맹은 일본으로서는 피할 수 없는 선택이며 태평양전쟁에서 군국주의의 오명을 얻은 일본으로서는 경제발전에 매달리는 것만이 국제사회로 복귀할 수 있는 유일한 방법이라는 입장

---

[76] 안전보장과 국제정치학(2010), 사회평론, 393~397면

3. 군사적 현실주의

① 국제정세에 대한 현실주의적인 판단에 기초하고 있으나 그 정책에서는 '군사적' 대응이 더 적절한 것이라는 입장

② 소련의 아프가니스탄 침공 이후 2차 냉전이 시작된 국제환경과 1980년대 일본 내의 보수주의 경향을 배경으로 하고 있으며, 나카소네 내각이 이 노선에서 주도적 역할을 함

③ 미일동맹에서 이탈하거나 일본의 독자적인 군비 증강에는 반대하는 입장

④ 소련 극동군은 정치적인 위협뿐만 아니라 군사적인 위협이기도 한 것으로 인식

⑤ 동아시아의 현실이 미국과의 연대를 필수적인 것으로 만들고 있으며 필요한 경우 법령의 재해석과 개정도 가능하다는 입장

4. 일본 우익

① 이 노선은 민족적 자부심의 회복과 미국으로부터의 독립을 목표로 함

② 미일동맹은 처음부터 미국의 이익을 위한 것으로 불평등한 상황에서 이루어졌으며, 상황이 미국의 이익에 반하면 미군이 언제든 철수할 것으로 여김

③ 미일안보조약은 미국과 일본이 동등한 지위를 가질 수 있도록 개정해야 한다는 입장

④ 궁극적으로 일본의 독립을 위해서는 평화헌법을 개정해야 할 뿐 아니라 방위정책에 대한 모든 제도적 제약을 철폐해야 한다고 강조함

유사법제(有事法制)

① 일본이 타국의 무력 공격 등 국가 비상사태가 발생할 경우 자위대와 정부의 대응방침 등을 명시한 법규

② 특별한 법의 명칭은 아니고, 일본이 외부의 무력 공격을 받을 경우 자위대의 출동 등 정부의 대응 방침을 명시한 일련의 법제를 말함
  - 여기서 유사(有事)는 전쟁을 뜻하는 말로, 1977년 당시 후쿠다 다케오(福田赳夫) 총리 때부터 연구라는 명목으로 검토하기 시작함

③ 한국·북한·중국 등 주변국과 자국 내의 반대 여론에 밀려 계속 연기되었고, '어떠한 경우든 전쟁을 하지 않는다'는 전수방위(專守防衛)의 원칙에 따라 2000년 이전까지만 해도 유사법제는 논의 자체가 금기시됨

④ 2003년 6월 일본 중의원에서 90%에 가까운 찬성률로 유사법제 관련 3개 법안이 통과됨

  ㉠ 무력공격사태 대처 법안
  - 외국의 무력공격 징후가 있을 경우 진지구축 등을 위한 민간인 토지의 수용, 실제 무력 공격을 당할 경우 방위를 위한 자위대의 직접 출동 등을 규정하고 있음

  ㉡ 자위대법 개정안
  - 유사시 자위대의 활동을 원활하게 하기 위한 것으로, 민간인 토지 수용 절차의 간소화, 물자 보관 명령에 따르지 않는 민간인의 처벌 등을 규정하고 있음

  ㉢ 안전보장회의 설치법 개정안
  - 유사시 일본 정부의 대응을 강화하는 내용

샌프란시스코 평화조약(平和條約) 2009년, 2017년 출제

1. 정의 : 1951년 제2차 세계대전의 종결을 위해 일본과 연합국 48개국이 맺은 평화조약

2. 제정 경위 및 목적

① 샌프란시스코 평화조약(Treaty of Peace with Japan)은 1951년 미국을 비롯한 2차 세계대전의 전승국들인 연합국 48개국이 일본과 전후처리 방안에 대해 합의하고 이를 통해 항구적 평화를 달성하기 위해 체결한 조약임

② 1951년 9월 4일에 시작되어 9월 8일에 끝난 이 평화조약의 협상 주체는 명목상 52개 연합국과 패전국 일본의 양 당사자로 되어 있으나, 실제로는 미국과 영국이 주도

③ 중국의 대표권에 대해서는 미국과 영국 간에 의견이 일치하지 않아 타이완이나 중화인민공화국은 회의에 초청받지 못함

④ 인도·미얀마·유고슬라비아는 초청을 받았지만 참가하지 않았고 소련·폴란드·체코슬로바키아는 참가했지만 이 조약에 서명하지 않았음

⑤ 이 조약에는 49개국이 최종적으로 서명하였으며 일본에서는 요시다 시게루 수상이 서명함

⑥ 일본은 이 조약에 참가하지 않은 국가들과 1952~1958년 '2국 평화조약', 혹은 그에 대신하는 문서를 체결하여 국교를 회복하였음

⑦ 한편 이 조약은 1951년 9월 8일 미국 샌프란시스코에서 조인되었으나 1952년 4월 8일 발효된 것으로 대일강화조약이라고도 함

⑧ 특히 이 조약은 한반도의 독립을 승인하고 대만과 사할린 남부 등에 대한 일본의 모든 권리와 청구권을 포기한다는 내용 등을 담고 있음

3. 내용

① 영토 처리 문제에 대해서는 한반도의 독립 승인, 타이완과 펑후(澎湖)제도, 지시마(千島) 열도, 남사할린 등에 대한 일본의 모든 권리와 청구권을 포기하고 남태평양 제도의 구 위임 통치 지역을 미국의 단독 시정권(施政權)으로 신탁 통치한다는 내용의 협정에 승인하였음

② 또한 오키나와(沖繩)와 오가사와라(小笠原) 제도(諸島)를 신탁 통치 예정 지역으로 삼고, 그동안 미국에 의한 시정권 행사 및 일본의 잠재주권의 유지 등을 규정하였음

③ 배상 문제에 대해서는 일본의 채무 이행 능력에 대한 한계의 시인, 해외 일본 자산의 차압과 유치, 역무 배상 원칙의 확정, 일본의 조약 체결국에 대한 모든 청구권의 포기를 규정하였음

④ 또한 안전 보장에 대해서는 일본이 「국제연합헌장 제51조」의 개별적·집단적 자위권을 갖는다는 점을 승인하는 등의 내용을 규정하고 있음

4. 의의와 평가

① 샌프란시스코 평화조약에서 획정된 국경이 이후에도 큰 변화 없이 지속되어 왔을 정도로 국제사회에서 그 구속력을 인정받게 됨에 따라, 일본은 이 조약 내용에서 독도가 한국 땅이라는 명문 규정이 없다는 근거 하에 독도에 대한 영유권을 계속 주장해왔음

② 미국 국립문서기록관리국에서 샌프란시스코 평화조약 준비 과정에서 유일하게 작성된 지도가 발견되었는데, 이 지도의 발견으로 이 조약 어디에도 독도를 한국령으로 규정하고 있는 조항이 없다는 일본 측의 주장을 반박할 수 있게 되었으며, 이 지도는 샌프란시스코 평화회담 당시 미국 측 전권대사였던 존 포스터 덜레스(John Foster Dulles)의 대일평화조약 문서철에서 완벽한 상태(가로 82cm, 세로 69cm)로 발견되었음

일본의 방위정책

1. 일본의 자주국방 5원칙

① 1960년대 말 소련 극동 해군의 팽창으로 일본 열도의 안전과 해로(sea lane) 안전 확보에 대한 관심이 고조되고 유사시 미국이 일본의 안전에 얼마나 신속하고 확실하게 개입할 수 있는가에 대한 의문이 대두되었음

② 이에 따라 일본내 자주국방 개념이 부각되기 시작하여 사토 에이사쿠(佐藤 榮作) 내각이 자주 국방 5원칙을 채택하여 1970년 3월 23일 나카소네 야스히로(中曾根 康弘) 방위청장관이 발표하였으며 자주국방 5원칙은 다음과 같음

첫째, 헌법을 수호하고 국토방위에 철저히 한다.

둘째, 방위와 외교의 일체화로 여러 나라 사이의 조화를 도모한다.

셋째, 문민통치를 고수한다.

넷째, 핵무기를 생산하지 않고, 보유하지 않으며, 반입(搬入)하지 않는다는 비핵(非核) 3원칙을 견지한다.

다섯째, 일본의 방위는 자주방위를 위주로 하고, 미·일 안보조약으로 이를 보완한다.

2. 일본의 무기수출 3원칙

① 1967년 사토 에이사쿠(佐藤 榮作) 총리가 무기수출 3원칙을 발표함

첫째, 공산권 국가에 무기수출을 금지한다.

둘째, 국제연합(UN, United Nations)에서 결의한 무기수출 금지국가에 무기수출을 금지한다.

셋째, 국제분쟁 당사국 또는 그러한 우려가 있는 국가에 대한 무기(기술) 수출을 금지한다는 것이다.

② 1976년 미키 다케오(三木 武夫) 내각 당시 3원칙 대상 국가 외에도 무기의 수출을 삼간다는 정부방침을 제시하였고, 외국과의 무기 공동개발 및 기술제공과 무기제조, 외국회사에 대한 투자 등도 금지하였음

③ 1983년 나카소네 야스히로(中曾根 康弘) 총리가 미국에 대한 무기기술 제공을 예외적으로 허용하였음

3. 일본의 비핵 3원칙

① 1968년 11월 사토 에이사쿠(佐藤 榮作) 내각은 "일본은 원칙적으로 핵무기의 보유·제조·반입을 일체 하지 않는다"라고 선언하고 이를 국시(國是)로 견지할 것을 결정하였음

② 또한, 일본 현행법 중에는 1955년 12월 19일에 제정된 '원자력기본법'에서 핵무기의 제조·보유금지를 규정하고 있음

4. 일본 자위대의 문민통제 제도

① 일본은 자위대의 정원, 조직, 예산 등 주요 사항을 국회에서 의결하게 하고 방위 출동도 국회의 승인을 거치도록 하고 있음

② 이 외에 국방 관련 사무를 일반 행정사무로서 내각의 행정권에 귀속시켜 자위대의 최고 지휘·감독권을 갖는 총리는 물론 총리의 지휘·감독하에 자위대 업무를 총괄하는 방위대신도 민간인을 임명하고 있음

③ 또한, 내각에는 국방에 관한 중요 사항의 심의기관으로서 안전보장회의를 설치하였음

일본 가이드라인(Japan guideline)

1. 의미
① 1960년 체결한 미국과 일본의 상호협력 및 안전보장조약을 근거로 주일미군과 일본의 유사시 협력 내용을 다룬 미국·일본 방위협력지침

② 미국과 일본은 1960년 양국의 상호협력 및 안전보장조약을 체결하고, 이를 근거로 1978년 일본이 외부로부터 직접적인 무력 공격을 받았을 경우를 상정, 주일 미군과 일본 자위대의 공동작전을 내용으로 하는 미일 방위협력지침을 정했는데, 이것이 일본가이드라인임

2. 내용
① 미국·일본 안전보장조약의 시행령으로, 이 지침을 구(舊) 가이드라인이라고 하며, 미·소 냉전체제 하에서 소련군에 의한 일본 침공이 있을 경우, 즉 일본이 직접적인 무력 공격을 받을 경우에 대비한 미국·일본 군사협력을 주요 내용으로 하고 있음

② 그러나 소련의 붕괴와 냉전 종식으로 일본이 직접 공격을 받을 가능성이 거의 없어지고, 대신 한반도 문제 등 지역 분쟁의 가능성이 높아지자 1996년 미국·일본 양국은 다시 안보공동선언을 채택하고, 아시아 태평양 지역의 평화와 안정 유지를 위해 신가이드라인을 만들기로 합의하였음

③ 1997년 9월, 드디어 신(新) 가이드라인을 발표한 뒤 1999년 5월 24일 중의원(衆議院)에서 관련 법안을 통과시킴

④ 이 법안이 구 가이드라인과 다른 점은 주변사태법안, 자위대법 개정안, 미국·일본 물품역무 상호제공협정 등인데, 특히 주변사태법안이 한국·중국 등 주변국의 심한 반발을 사고 있음

⑤ 신 가이드라인에 따르면, 주변사태가 발생해 미군이 출동할 경우 일본 자위대가 미군에 대한 후방지역 지원, 즉 물품과 용역을 제공할 수 있도록 되어 있음

⑥ 그렇지만 애매한 후방지역 지원, 일본 활동 영역의 최대한 확보, 무기 사용권, 군사행동 사후승인, 북한·중국을 겨냥한 안보체제라는 점 등으로 인해 일본의 재무장과 군사대국화가 다시 고개를 들고 있다는 평가와 함께 한반도를 비롯한 주변국에 위협으로 작용하고 있다는 견해가 거세게 일고 있음

일본 내각의 역대 전쟁 범죄 인정 사례 2020년 출제

① 1993년 - 고노 담화 : 위안부 강제동원 인정과 사죄
② 1995년 - 무라야마 담화 : 일본의 전쟁범죄 인정과 사죄 + 식민지 지배 사죄
③ 1998년 - 김대중·오부치 게이조 선언 : 식민지 지배의 가해책임 인정 + 식민지 지배 사죄
④ 2005년 - 고이즈미 담화 : 무라야마 담화 재확인 및 계승 의지 천명
⑤ 2010년 - 간 담화 : 한일병합의 강제성 + 일제강점기 식민지 지배의 폭력성 인정과 사죄

제 9 절 러시아의 외교정책

1 정체성 논쟁

(1) 정체성 논쟁

소련의 붕괴를 전후하여 러시아는 '정체성 위기'(identity crisis)에 직면함

① **서구주의**
   ㉠ 자유민주주의와 자본주의 시장경제 및 다원적 시민사회 등을 강조하면서 새로운 러시아의 국가성을 정초(定礎)하려는 입장
   ㉡ 서구적 근대화이론에 따라 국가를 서구화하려는 전략

② **유라시아주의**
   ㉠ 위대한 유라시아제국 정체성 및 강대국의 위신 회복을 지향하는 입장
   ㉡ 서구의 성과를 인정하면서 동시에 고유의 역사·문화적 전통을 기반으로 독자적 발전노선 및 특수한 문명화적 발전 모델을 형성하려는 전략

(2) 외교적 지향성 논쟁

① **친서방주의 경향**: 서구의 발전노선이 인류 보편적인 모델을 제공하고 있다는 인식 하에 러시아의 대외정책 목표를 러시아가 서구적 발전의 성과를 신속히 습득하고, 발전된 서구세계에 정치·경제적으로 통합되는 것으로 파악하는 입장

② **애국·민족주의 경향**: 친서방주의 경향에 반대하여 서구적 발전모델의 일방적 수용을 거부하며, 러시아가 제정러시아 이후로 지녀온 패권성, 즉 제국 내지는 강력한 국가의 전통을 회복하고 러시아 문명의 독특성을 기반으로 하는 국가발전의 모델을 지속적으로 추구하여야 한다는 입장

③ **지정학적 실용주의 경향**: 친서방주의 경향과 애국·민족주의 경향을 절충하여 러시아의 이익을 극대화하는 온건적 보수주의의 성향을 말함

---

2 러시아 외교의 지전략적 중심 이동

① 서향 대안(W-options)을 추구한 고르바초프의 '신사고외교'는 친서방주의(pro-westernism)적 정책을 추구한 것으로 규정할 수 있음

② 옐친 1기 외교도 '친서방주의'

③ 중향 대안(C-options)은 옐친 1기 후반부에 벌어진 외교정책 노선을 둘러싼 논쟁 과정에서 친서방주의를 대체할 매력적인 대안으로 제시됨

④ 동향 대안들(E-options)에 대한 지전략은 서향 대안들에 대한 실망과 한계에 따라서 중향, 동향과 함께 러시아가 적극적으로 고려하게 된 러시아 외교의 주요한 지향성 중의 하나
- 푸틴 및 메드베데프 정부를 거쳐 최근까지 계속되고 있음

3 러시아 외교의 전개

1. 첫 번째 시기 : 탈냉전 이후 미국의 패권이 확산되는 시기

① 러시아는 친서방적 자유주의적 국제정치관에 입각하여 대외정책을 추진함

② 체제 전환에 따른 러시아의 혼란과 국력 약화, 이에 따른 서구의 러시아에 대한 불신으로 서방에 대한 반감이 급속하게 확산됨

③ **공세적 NATO의 확장과 러시아의 수세적 대응** : 서방의 의도에 대한 의심은 보스니아-코소보 사태를 계기로 강화되어 NATO의 확장은 러시아 안보상의 심각한 도전으로 받아들여짐

④ 러시아가 강대국 균형화 정책을 추구할 수 밖에 없다는 프리마코프 독트린이 입안됨

2. 두 번째 시기 : 푸틴의 대통령 취임

① 러시아의 국가이익과 외교적 지향성이 안정화된 시기

② 모든 쟁점 영역과 모든 지역에서의 러시아 국익을 극대화하는 '실용주의적 전방위 외교' 전개됨

③ 세계 패권을 유지하려는 미국과 새로운 잠재적 패권자로 기대되는 중국, 이웃한 거대 통합 유럽이라는 주요 행위자들에 대해 사안에 따라 협력과 견제를 혼용하는 정책으로 구현됨

④ **푸틴 등장 이후 발표된 러시아 안보전략**

  ㉠ 강대국 지위의 회복, 미국 중심의 단극질서 배제 및 다극적 세계질서의 창출, UN과 OSCE의 역할 확대, 국제평화유지활동에 대한 적극적인 참여, 핵무기 등 대량살상무기의 확산방지, CIS 통합 노력 및 CIS 내의 자국민의 보호, 러시아연방의 일체성 보존과 분리주의 방지 등

  ㉡ 군사적 실천은 방어에서 공세적으로, 국가의 군사활동 및 계획수립도 수동적 입장에서 적극적 입장으로 바뀌게 되었고, '축소지향형'의 핵(核)전략을 청산하고 공세적인 '확대지향형' 핵전략으로 전환

  ㉢ 국제사회의 다극화를 목표로 중국과 실질 협력도 강화하고 SCO를 결성

  ㉣ 유라시아 지역에서의 실력을 배양하기 위해 CIS 국가들과의 양자관계 및 역내 소지역협력도 강화함으로써 유라시아경제공동체(EurAsEC, 2001. 5.) 및 집단안보조약기구(CSTO, 2003. 4.)를 결성하고 활성화

⑤ '색깔혁명'의 전개

㉠ 러시아의 안보 및 위협의식과 관련된 전략의 심각한 변화를 가져온 계기로써 2003년부터 시작됨

㉡ 2004년경에는 유라시아 역내 세력균형의 변동을 미국이 주도함

㉢ 미국의 역내 국가들에 대한 민주화 지원정책은 2003년 그루지야의 '장미혁명', 2004년 우크라이나의 '오렌지혁명', 2005년 키르기스스탄의 '레몬혁명', 2005년 우즈베키스탄 시민들의 '그린혁명' 전개

3. 세 번째 시기 : 2005년 러시아와 중국이 SCO 정상회담에서 "21세기 세계질서에 관한 러중 공동선언"을 발표한 시기

① 러시아와 중국을 중심으로 유라시아 국가들은 미국의 일방주의에 대한 반대 의사를 분명히 하면서 세계 다극질서체제가 강화되어야 할 필요성과 구체적인 다극적 지역안보질서 구축에 대한 강한 의지를 표명함

② SCO 참여국 영토 내에 비회원국의 군대가 주둔하는 것에 대해 반대하고 중앙아시아에 주둔하는 미군의 철수를 강력히 요구함

③ 그루지야, 몰도바 그리고 우크라이나에 대한 3차 NATO 확대 추진 시도와 미국의 동유럽 MD 체계 설치에 강하게 반발함

4. 네 번째 시기 : 메드베데프의 등장

① 새로운 러시아의 안보인식을 반영하는 안보 관련 문건 발표

• 러시아는 미국의 패권적 일방주의에 의하여 훼손된 국제질서를 집단 지도력과 다자주의에 기초한 건전한 질서로 회복하는 일에 대해 적극적인 역할을 할 수 있다고 저시한

② 블록정치의 척결과 문명적 다양성에 기초한 전방위 균형화 외교를 강조

③ 위협의 문화적 요인에 대한 인식과 다자주의에 대한 기대 그리고 전통적 정치·군사동맹을 대체할 유연한 네트워크 외교의 중요성 등에 대한 강조

④ 2010년 2월 새로운 '군사 독트린' 발표

㉠ 비확산문제를 글로벌 안보 이슈로 지적하면서 해결을 위한 국제적 협력의 중요성 강조

㉡ 신전략무기감축협정(New START)을 2010년 4월에 체결함

5. 다섯 번째 시기 : 푸틴 대통령직 복귀

① 적극적 강대국주의의 발현과 공세적 국익 방어의 실현을 추구함

② 2008년 그루지야(조지아)전쟁, 2013년 시리아 사태, 2014년 크리미아 반도 병합 및 우크라이나 동남부내전 등으로 러시아와 미국이 대립함

③ 우크라이나 사태로 인해 러시아와 서방과의 관계가 무너지게 되었고 G8에서 러시아는 축출됨

④ 유엔 및 국제통화기금(IMF) 개혁이나 유럽안보협력기구(OSCE)에서 러시아의 영향력이 제한됨

⑤ **푸틴식의 강대국 외교 추구 전략**

　㉠ 러시아는 2000년대 고유가 시대를 통해 축적된 국부를 바탕으로 군사력을 강화함

　㉡ 쿠바, 베트남, 베네수엘라 등지에서 해군기지를 다시 운용하기 시작함

　㉢ 전략폭격기의 해외 순찰 활동 재개

　㉣ 핵잠수함 및 전략 핵전력을 다시 강화하기 시작함

　㉤ 태평양함대의 핵전력을 재가동하여 아태지역에서의 러시아 군사력의 존재를 재확인함

⑥ **대외적 연대 네트워크 강화 추구**

　㉠ 글로벌 수준에서 브릭스(BRICS)와의 협력 강화

　㉡ 인도, 이란, 몽골, 파키스탄 등을 상하이협력기구의 새 회원국으로 맞이함

　㉢ 중앙유라시아 지역에서 유라시아경제연합(EAEU) 창설에 합의하여 2015년에 출범함

---

4 신동방 정책

1. **러시아의 아·태정책 : '아시아적 정체성'에서 비롯된 것이 아님** 2012년 출제

   ① **배경** : 유럽에서 악화된 러시아의 위상을 아시아에서 보상받으려는 현실정치적 동기에서 비롯됨

   ② **특징** : 푸틴 대통령 이후 러시아의 외교는 전략적 관심 영역이 확장되고 아·태지역의 전략적 가치가 더욱 중시되어 아시아에 대한 전략과 정책이 강화되고 있음

   ③ 미국은 러시아의 전략 대안 중에서 대서양주의 대안에 기초한 대미협력을 유도하려는 정책을 선호하고 있음

   ④ 중국은 충분한 힘을 보유하게 되기까지 미국에 대한 견제가 필요하기 때문에 러시아의 강성 유라시아 대안 2를 지지함

   ⑤ 러시아는 미국의 압력에 대응하기 위해서 강성 유라시아주의 대안으로 이해될 수 있는 강성 유라시아주의 대안 1과 강성 유라시아 대안 2를 선택할 가능성을 항상 유지하고 있음

   ⑥ 동북아의 유화국면에서는 연성 유라시아주의 대안 1과 연성 유라시아주의 2와 아시아주의 대안의 추진으로 이 지역에서의 영향력을 확대하고 경제적 실리를 추구하며 동시에 잠재적 경쟁국으로서의 중국을 견제하는 부수적 효과까지도 노리는 다중적 전략 추구 가능

2. **러시아의 동북아에서의 지위 회복을 위한 노력** 2012년 출제

   ① 소련이 중소분쟁으로 상실한 중국과의 전략적 협력 관계를 러시아가 2000년대 들어와 회복함

   ② 1990년대 상실한 북한과의 협력의 고리를 2000년대 들어와 회복, 남한 및 일본과의 관계 개선

및 경제적 협력을 모색함
③ 메드베데프 대통령 시기에는 러시아를 '유라시아 국가'라 부르기보다 '유로·태평양국가'로 규정함
  ㉠ 정체성의 재규정은 러시아의 국가이익을 다층적으로 재구성하는 작업과 관련됨
  ㉡ 글로벌 수준에서 아태지역에서의 러시아의 위상 강화를 시도함
  ㉢ 지역 수준에서는 동북아에서의 전략적 행위자로서 위상을 재(再)확보하고자 함
④ 국내정치 수준
  ㉠ 신(新)동방정책 : 낙후된 러시아의 동시베리아와 극동지역 개발을 통해 동북아 지역과의 안정적 연계성을 강화함으로써 안보적 및 경제적 안정과 발전을 꾀하려는 다층적 목표를 지닌 정책
  ㉡ 푸틴 시기 이후 러시아는 동북아에서의 전략적 균형화를 위하여 중국과의 협력을 강화함
  ㉢ 지역협력 및 통합의 움직임에 자국의 극동·시베리아 개발을 연동시킬 수 있는 계기를 마련하기 위하여 노력함
  ㉣ 우크라이나 사태 이후 악화되어 가는 미-러 관계
    • 러시아는 중국과의 전략적 협력을 더욱 강화해 나가면서 중국의 주니어 파트너로서 미국에 대항하는 구도의 정책적 틀을 지속하고 있음
⑤ 한반도정책은 '남북한 등거리정책'에 입각하여 한반도 내 영향력을 확보함으로써 동북아에서 이해(利害) 당사자로서의 위치를 지키려는 정책을 지속하고 있음
⑥ 북핵 문제 해결에 있어서 북한과 미국 또는 남한과 북한 사이의 '정직한 중개자'(honest broker)로서의 입지를 추구하고 있음
  • 러시아는 동북아 군비경쟁을 가속화할 북한의 핵 보유에 반대하지만 미국에 의한 강압적 해결이 가져올 동북아의 불안정도 반대함
⑦ **러시아의 대북 접근**
  ㉠ 러시아는 한국의 북한에 대한 개입정책(engagement policy)을 유지하는 것이 향후 중·장기적으로 북한을 변화시키는 데 매우 중요하다고 판단하고 있으며, 한국의 대북 포용정책이 지속되기를 희망하고 있음
  ㉡ 2011년 김정일 위원장의 러시아 방문 : 러-북-남 가스관 연결 사업과 철도 연결 사업 등에 대한 러시아의 강력한 추진 의지를 천명함
  ㉢ 2012년 러시아의 대북한 채무탕감 조치 이후 더욱 발전하여 2014년 양국은 러시아가 북한의 철도를 개보수하고 북한의 자원을 개발하는 '승리 프로젝트'를 추진하는 등 구체화함
⑧ **남한과의 관계**
  • 1990년 9월에 수교한 이래로 한-러 관계는 상대방에 대한 과도한 기대에 기반한 '과열기'(노태우 정권 시기), 상대에 대한 실망에 따른 급속한 '냉각기'(김영삼 정권 시기), 소강상태의 '관리기'(김대중 정권 시기), 안정적인 '발전기'(노무현 정권 시기), 이명박 정부 이후 맺어진 '전략적 동반자관계' 시기로 구분 가능

5 러시아연방의 안보위협에 대한 대응

1. CIS 국가와의 연합

① 집단안전보장조약
- ㉠ 1992년 5월 우즈베키스탄의 수도 타슈켄트에서 개최된 CIS 정상회담에서 러시아, 아르메니아, 카자흐스탄, 키르기스스탄, 우즈베키스탄, 타지키스탄 6개국에 의해 집단안전보장조약이 조인됨
- ㉡ 이 조약은 가입국의 안보 문제를 '집단안전보장회의'를 통해 해결하고, 제3국이 가입국을 침략할 경우 집단으로 대처한다고 명시하고 있음
- ㉢ 1993년 8월 CIS 국방장관회의에서 집단안전보장조약에 명시된 '집단안전보장회의' 창설이 결정되었고, 1994년 7월 CIS 국방장관회의에서는 CIS의 향후 집단 안보 시스템을 구상하는 계획을 포함하는 '집단안전보장 개념'이 채택됨

② 합동평화유지군
- ㉠ 집단안보체제의 확립 움직임과 더불어 CIS 평화유지 기능의 확립 강화를 지향하는 움직임도 활발해졌으며, 1992년 7월 모스크바에서 개최된 CIS 정상회담에서 '합동평화유지군'의 창설이 합의됨
- ㉡ CIS 평화유지군은 CIS 역내 각종 분규에 직접 참여하며 분쟁 해결에 노력하고 있음
- ㉢ 러시아는 친선관계에 있는 벨로루시, 카자흐스탄, 흑해함대를 공유하고 있는 우크라이나를 제외한 CIS 분쟁지역에 적극 개입하고 있음

③ CIS 통합군
: 우크라이나, 몰도바, 투르크메니스탄을 제외한 CIS 참여 9개국에서 군사대표를 파견하고 있으며, 운영예산의 절반은 러시아가, 나머지는 군사대표를 파견한 8개국이 분담하고 있는 가운데 독립적으로 운영되고 있음

④ CIS에 대한 영향력 확대
- ㉠ 러시아는 자국 주도하에 CIS 재통합 수준은 아니더라도 CIS 제국에 대한 영향력을 확보하기 위해 노력하고 있는데 이는 이 지역 국가들에 대한 미국의 접근으로 인해 자국의 안보가 위협받을 수 있다고 인식하기 때문임
- ㉡ 러시아는 CIS 국가들을 자국의 세력권 밑에 묶어 두려는 의도하에 대 CIS 관계를 대외정책의 최우선순위로 결정하여 경제통합 노력과 함께, 카프카스 분쟁 지역에 러시아군을 중심으로 한 CIS 평화유지군을 파견하고, CIS를 NATO에 대응하는 군사동맹체로 발전시키려 노력하면서, 에너지 자원의 보고인 카스피해 인접 국가들의 대서방 경제협력 확대 움직임에 대해 견제를 강화하고 있음

2. 군사적 대응

(1) 핵선제 공격

① 신군사 독트린

- ㉠ 러시아연방의 군사교리 및 전략·전술을 담고 있는 신군사 독트린은 오늘날 세계대전의 위협이 현저하게 감소한 것은 사실이나, 지역 전쟁이나 충돌이 평화와 안정에 대한 주요 위협이라는 전제에서 출발함
- ㉡ 러시아연방의 군사전략은 새로운 안보위협에 적절히 대응하기 위해서는 대규모 공세 작전을 허용하고 있으며, 수세적인 전략을 포기하고 자국 이외 영토에서의 전쟁 수행을 상정하고 있음
- ㉢ 소연방이 붕괴된 현시점에서도 쌍무적·다자적 안보동맹을 맺고 있는 우방은 물론, 자국의 인근국가에 대한 침략행위도 자국 안보에 대한 위협으로 간주하면서 적이 재래식 무기를 사용하더라도 전략적 요충지에 대한 공격에 대응하기 위해서는 핵 선제공격도 불사하겠다는 각오를 밝히고 있음
- ㉣ 신군사 독트린은 핵무기가 더 이상 전쟁방지수단만이 아니라 전쟁수단임을 분명히 선언하고 있음
- ㉤ 러시아는 향후 자국을 비롯한 독립국가연합 가맹국들의 주권이나 영토가 침공당할 경우, 이에 대응할 수 있는 준비를 갖추어야 한다고 '군사 독트린'에 명시하고 있음

② 핵무기 선제사용 조건과 그 범위

- ㉠ 러시아연방 또는 러시아연방의 동맹국들이 핵무기나 대량살상무기 공격을 받았을 경우
- ㉡ 러시아연방이 국가안보 위기상황 하에서 대규모 재래식 무기로 공격을 받을 징후가 나타날 경우
- ㉢ NPT에 가입한 핵무기 비보유국가라 할지라도, 이들이 핵무기 보유국가와 합동으로 군사동맹 관계가 있는 상태에서 러시아연방이나 러시아연방의 동맹국 또는 러시아가 안보적 의무를 지니고 있는 국가들을 공격할 경우

③ 핵전쟁에 대한 대비

- ㉠ 러시아는 저강도 무력충돌이나 지역분쟁 역시 일정한 여건이 충족된다면 대규모 전면전으로 전화할 수 있다고 인식하고 있으며, 대규모의 재래식 전쟁이 장기화될 경우 핵전쟁으로 이어질 수 있다고 평가함
- ㉡ 러시아연방의 '군사 독트린'은 핵전쟁이 발발할 수 있는 모든 가능성에 대한 적극적이고도 능동적인 대응 방안으로 선제 핵사용을 허용하고 있음

(2) 군개혁을 통한 군사력 강화

① 군사력 강화

- ㉠ 푸틴 정권은 첨단 장비의 개발과 핵전력의 발전을 통한 군사력 건설에 매진하고 있다고 평가되며 '강력한 군사력 건설'을 지향하고 있음
- ㉡ "강력한 군사력 없이는 위대한 러시아를 재건할 수 없다"는 푸틴의 정책은 대선에서 압도적 지지를 받음

② 군개혁 추진 상황

- ㉠ 추진 방향은 러시아연방의 국가경제규모 및 안보환경에 부합하는 규모와 신속기동군 성격의 군사력 보유를 목표로 하고 있음
- ㉡ 군개혁의 핵심은 핵전력 유지, 그리고 기동성 있는 현대 장비로 무장된 효율적 군사력 보유라고 할 수 있음
- ㉢ 전력증강 방향은 국가경제규모 및 안보환경에 부합한 적정 규모의 군사력 보유를 추진한다는 것이며 기동성 있는 첨단 재래식 무기를 실전 배치하고, 전쟁억지력에 가장 효과가 있는 핵전력을 유지하는 것이라 할 수 있음
- ㉣ 세부적인 실천 계획으로 러시아연방은 경제발전에 치중하는 가운데 2008년까지는 차세대무기를 개발하면서 현 보유 무기의 정비 및 성능 개량에 치중하고 경제발전의 효과가 가시적으로 나타나는 2008~2015년까지 무기 및 장비를 신형으로 대폭 교체하는 목표를 세우고 있음

③ 러시아군의 개혁 전망

- ㉠ 더욱 공격적인 방어 내용과 함께 군사력 건설이 추가될 것으로 평가되며 러시아연방의 군사전략은 공세적 방어전략을 주장하면서 핵선제공격을 지향하고 있음
- ㉡ 러시아군은 NATO의 공격적 군사동맹체제를 의식하여 핵전략의 수정과 함께 국익을 위해 핵선제공격의 범위를 확대하는 내용이 포함될 가능성이 높음

---

6 러시아연방의 대동북아 및 한반도 정책

1. 대동북아 정책 : 자원을 통한 영향력 확대 노력

① 에너지자원의 활용

- ㉠ 동북아에서 러시아는 중국과 일본의 군비증강에 발맞추어 또 다시 군비증강에 힘을 쏟지는 않을 것으로 분석됨
- ㉡ 러시아는 가장 효율적인 방법으로 동북아에서 자국의 영향력 확보를 위해 군사력의 증강 및 사용보다는 에너지자원을 무기로 자국의 입지를 확보하려고 노력할 것으로 보임

② 동북아 국가들의 에너지 확보 경쟁

- ㉠ 현재 에너지 소비 최대 증가율을 보이고 있는 동북아 국가들이 부족한 천연자원을 러시아에서 획득하려는 정책을 수행하고 있으며, 러시아는 이를 안보 문제와 연결하여 해결하는 방안을 모색하고 있음
- ㉡ 한국을 비롯한 동북아 3국(중국, 일본)은 에너지자원의 소비량이 급격히 증가하고 있으며 앞으로도 지속적인 경제발전을 위해 엄청난 양의 에너지자원을 필요로 하고 있음
- ㉢ 이들 국가에게 가장 좋은 대안은 러시아의 에너지자원을 활용하는 것이며, 이를 러시아는 동북아에서 영향력 확대를 위한 지렛대로 활용하려 함
- ㉣ 러시아는 화석연료의 공급과 파이프라인과 같은 수송로 건설에 대한 문제를 단순히 경제적인 측면에서 고려하고 있는 것이 아니라 안보적 측면에서 적극적으로 고려하고 있음

2. 러시아 대북정책

① 6자회담 참여

㉠ 러시아가 북한 핵문제 해결을 위한 '6자회담'에 참여하면서 러시아의 6자회담에서의 역할과 문제 해결 과정에서의 행보가 주목되고 있음

㉡ 북한의 요청에 의해 6자회담에 참여하게 된 러시아는 당초 예상과 달리 소극적인 중재자의 역할을 뛰어넘어 6자회담에서 적극적인 역할을 수행하고 있음

② 러시아가 적극적으로 6자회담에 참여하고 있는 이유

㉠ 러시아는 6자회담을 동북아와 한반도에서 자국의 영향력 확대를 위한 장으로 보고 있음

㉡ 러시아는 북한 핵문제 해결을 위한 6자회담에 참여함으로써 북한 핵문제가 종결되었을 때 자국이 한반도에서 획득 가능한 경제적 실익을 담보하고자 함

- 한반도를 관통하는 가스파이프라인 건설과 유전연결사업 등은 북한 핵문제가 종결된 이후 철도 건설과 함께 러시아가 가장 관심을 갖고 있는 분야임

③ 6자회담에서 러시아는 현재 중국과의 정책 공조를 통해 '포괄적 협상안'을 제안하는 가운데 중재자의 역할에 머무르고 있으나, 향후 6자회담에서는 북한 및 중국과의 정책 공조보다는 자신의 목소리를 낼 가능성을 배제할 수 없음

※ 러시아의 동북아 정책은 '아시아적 정체성'에서 비롯된 것이 아니라, 아시아를 유럽과의 관계 속에서 조망하고 유럽에서 약화된 위상을 아시아에서 보상받으려는 현실적 동기가 주된 배경을 이루었다.

※ 러시아는 북핵 문제 해결에 있어서 6자회담은 형식이고 중요한 본질은 북·미 합의라는 판단에 따라 북한과 미국 사이의 정직한 중재자(honest broker)의 역할을 수행하고자 하였다.

유라시아주의(Eurasianism) [77]

러시아는 동양이나 서양 어느 한 편에 속한 것이 아니라 두 문명권 사이에 위치한 독특한 '유라시아'라는 문명권을 형성하였으며, 따라서 러시아의 발전은 독특한 문명 공간으로서 유라시아의 역사적 발전의 리듬과 특성을 따라야 한다는 주장이다. 특히 러시아가 유럽과 동화되어야 한다고 주장하는 서구주의(Westernism)에 반대하여 독자적 러시아 외교 지향성의 이념적 기초들을 제공하고 있다.

나토(NATO)의 동진(東進) [78]

냉전 시기 서방세계의 안보동맹체였던 나토는 냉전이 끝난 뒤에도 해체되지 않고 도리어 미국을 중심으로 강화되었다. 문제는 나토가 새로 독립한 폴란드, 체크, 헝가리 등의 동구 국가들을 회원국으로 받아들이면서 그 세력권을 점차 동쪽으로 확장하였고, 러시아는 이를 심각한 위협으로 받아들여 강력히 반발하였다. 이후 '나토+러시아' 위원회가 결성되어 이 문제를 조율하고 있지만 러시아는 나토의 동진을 커다란 안보위협으로 인식하고 있다. 특히 새롭게 나토에 가입한 폴란드 등지에 미국이 미사일방어체계(MD)를 배치하려는 계획에 깊은 우려를 표한 바 있다. 이같은 나토의 동진을 결국 우크라이나 사태가 발발한 원인 중의 하나로 이해할 수 있다.

유라시아경제연합(EAEU) [79]

러시아는 기존의 유라시아경제공동체(EurAsEC) 및 관세동맹을 발전적으로 재구성하여 무역과 투자는 물론 노동과 자본 시장 등의 경제 제(諸) 부문에서 높은 수준의 통합을 지향하는 유라시아경제연합(EAEU)을 2015년 1월에 출범시켰다. 현재 러시아, 카자흐스탄, 벨로루시, 아르메니아, 키르기스가 참여하고 있으나, 우크라이나와 우즈베키스탄 등 역내 주요 국가들이 참여하지 않고 있는 상황은 유라시아경제연합의 주요한 약점으로 지적되고 있다.

---

77 현대외교정책론(2017, 제3판), 명인문화사, 418면
78 현대외교정책론(2017, 제3판), 명인문화사, 423면
79 현대외교정책론(2017, 제3판), 명인문화사, 428면

독립국가연합(Commonwealth of Independent States, 獨立國家聯合) [참고]

1991년 12월 31일 소련(소비에트사회주의공화국연방; USSR)이 소멸되면서 구성 공화국 중 11개국이 결성한 정치공동체를 가리킨다. 2008년 조지아(그루지야), 2014년 우크라이나가 탈퇴하여 2015년 현재 9개 회원국으로 구성되어 있으며, 투르크메니스탄이 준회원국으로 참가하고 있다.

결성 당시의 11개국은 러시아·우크라이나·벨라루스·몰도바·카자흐스탄·우즈베키스탄·투르크메니스탄·타지키스탄·키르기스스탄·아르메니아·아제르바이잔공화국이다. 아제르바이잔은 1992년 10월 연합을 탈퇴하였다가 1993년 9월 복귀하였다. 조지아는 1993년 10월 가입하였다가 2008년 러시아와의 전쟁 후 탈퇴하였고 투르크메니스탄은 2005년 탈퇴한 후로 준회원국으로 참가한다. 우크라이나는 2014년 3월 러시아의 내정개입에 반발하면서 탈퇴하였다. 2015년 현재 9개 공화국으로 구성되어 있다.

독립국가연합은 1991년 12월 21일 알마아타에서 출범식을 갖고, 1992년 2월 14일 민스크에서 제3차 정상회담을 개최, 우크라이나·몰도바·아제르바이잔을 제외한 8개국이 통합군을 편성하기로 합의하였다. 또한 10월 9일 키르기스스탄 정상회담에서는 루블화공동은행 창설과 공동 텔레비전·라디오 설립 등에 합의하였다. 러시아를 비롯한 7개 가맹국은 1993년 1월 22일 민스크 정상회담에서 경제 유대를 강화하는 대신 군사적·정치적 관계는 더 느슨한 형태를 띠도록 하는 독립국가연합 헌법을 채택하였다. 그러나 우크라이나·몰도바·투르크메니스탄 3개국은 서명을 거부하였다.

우크라이나는 연합의 창설에 주도적인 역할을 하였으나 연합 내 주도권을 놓고 러시아와 계속 대립하였다. 그해 12월 아슈하바트 정상회담에서는 독립국가연합 창설 2주년을 맞아 유럽안보협력회의(CSCE)를 따라 가맹국 간의 '협력 및 신뢰 구축에 관한 공동선언'을 채택하였다.

1995년 2월 10일 알마아타 정상회담에서는 집단안보체제의 구축에 합의하는 한편, 평화·안정증진협정을 포함한 일련의 상호협력협정을 채택하였다. 그러나 아직도 독립국가연합에 가입하지 않은 국가들과 공동국경방위체제를 수립하는 문제 등에 관해서는 합의에 도달하지 못하고 있다. 독립국가연합의 조직은 최고협의기구인 국가원수평의회(정상회담)와 그 산하에 총리협의체, 그리고 가맹국의 해당 장관들로 구성되어 실무를 담당하는 각료위원회로 구성되어 있다. 정상회담은 연 2회 이상 개최하고, 협력체제의 효율적 확립을 위하여 6개월 임기의 순회의장제를 도입하였다. 총리협의체는 연 2회, 각료위원회는 연 4회 이상 열도록 되어 있다.

제 10 절 중동의 외교정책 [80]

1 중동 지역의 분쟁

1. 이스라엘 - 팔레스타인 분쟁

① 냉전 종식 후 미국의 중재로 양자 간 역사적인 오슬로평화협정(Oslo Peace Accord, 1993)을 체결하고 팔레스타인 분리독립의 가능성을 열었으나 여전히 상황은 불안정하고 양자는 적대적

② **오슬로협정** : '양 국가 해법'(two states solution)
- 서안지구(West Bank)와 가자지구(Gaza Strip)를 영토로 팔레스타인은 독립하고, 이스라엘과 공존한다는 방안

③ 이-팔분쟁은 유대-기독교 문명을 상징하는 시온주의에 반대하는 범아랍, 범이슬람권의 분노가 결집된 싸움

2. 수니파 - 시아파 종파분쟁

① 이슬람 공동체를 이끌었던 선지자 무함마드(Muhammad)가 632년 사망하자, 권력승계를 둘러싸고 분기된 수니(Sunni)파와 시아(Shiite)파 간의 갈등

② 수니파 사우디아라비아와 시아파 이란 간의 갈등 심화

③ 이슬람권에서 수니파는 인구비례상 압도적 다수인 85%를 점유
- 아랍권은 물론 중앙아시아, 동남아 및 아프리카 이슬람권 대다수가 수니파 국가

④ 13~14% 내외의 시아파는 이란, 이라크, 바레인 및 아제르바이잔 4개국에서만 인구의 다수를 점유

3. 내전과 테러리즘

① 폭력적 극단주의(violent extremism), 테러리즘의 만연

② 이슬람 교조주의에 근거한 중동의 폭력적 극단주의는 알카에다의 확산 및 변환 과정에서 더욱 심화됨

③ 2011년 아랍 정치변동과 함께 독재정권이 붕괴되자 공권력도 함께 무너지면서 테러리즘이 급속도로 폭증함

④ 시리아 내전이 지속되면서 기존의 알카에다보다 더욱 극단적인 이념과 행태를 나타내는 IS가 국가수립을 선포, 국제사회에 대한 테러 공포를 가중시키고 있음

---

[80] 현대외교정책론(2017, 제3판), 명인문화사, 522~536면

2 다양한 정부 형태

① **왕정체제** : 사우디아라비아와 오만의 절대왕정체제(absolute monarchy)와 상대적으로 헌법적 지배의 영역을 인정하는 입헌왕정(constitutional monarchy) 등

② **공화정**
  ㉠ 권위주의의 잔재가 살아남아 명목상의 공화국을 유지하는 권위주의 독재공화국 : 이집트, 리비아, 예멘 등
  ㉡ 민주적 정치체제가 제도화되어 있는 실질적인 민주공화국 : 이스라엘, 튀니지, 터키 등

③ **신정치체제**
  ㉠ 사우디아라비아(신정주의 절대왕정) : 이슬람의 절대적 가치를 수호하는 통치이념을 명시
  ㉡ 이란 : 이슬람공화주의를 설파하며 독특한 '이슬람 법학자 통치'(Velayat-i-faqih)를 통해 신이 다스리는 공화국 추구

3 미국의 중동정책

① **미국** : 중동 국제관계에 있어서 중요한 역외균형자(offshore balancer) 역할 수행

② 냉전기에는 바그다드조약을 통해 소비에트 봉쇄함

③ 냉전 종식 후 문명담론이 부상하면서 미국은 중동에서 기독교 문명권을 대표하고 균형자 역할을 하는 존재로 인식되기 시작함

④ **미국 중동정책의 핵심은 두 가지** : 이스라엘-팔레스타인 평화협상 + 걸프지역 안보
  ㉠ 미국은 역내 최대 우방국인 이스라엘 및 사우디아라비아의 안보를 책임지고 있음
  ㉡ 다자외교 무대에서 미국은 이스라엘에 대한 부단하고 일방적인 지지 입장을 표명
  ㉢ 사우디에 대한 군사적 지원 및 밀접한 외교관계 유지

4 중동의 다자외교

1. 개관

① **아싸비야(Assabiyyah)(연대의식, 집단의식)** : 중동 아랍 지역의 집단적 문화

② 아싸비야를 통하여 외부 세력의 위협을 이겨내고 내부 결속을 유지함

③ **아싸비야의 형태** : 부족 단위의 그룹인 까빌리야(Qabilliyaah), 아랍대의(Arab cause)를 추구하는

까우미야(Qawmiyyah), 종교(이슬람) 정체성을 준거로 삼는 움마(Ummah) 등

2. **부족(까빌리야) 기반 외교 : 사우디 주도의 걸프협력회의 - GCC**
   ① 부족 정체성 외교는 주로 아라비아반도의 걸프왕정을 중심으로 나타남
   ② 사막 지역의 유목전통은 생존에 필수적인 수원(水源)을 중심으로 이루어짐에 따라 오아시스를 중심으로 한 수장국가(首長國家), Sheikhdom 또는 족장국가 전통 계승
   ③ 부족장을 중심으로 한 엄격한 위계질서를 구축
      ㉠ 국민국가의 전통보다는 부족의 외연이 확장된 형태로서의 국가개념
      ㉡ 혈연을 근거로 한 연대이므로 결속력은 아랍 내 그 어느 정체성보다 강함
   ④ 부족이 주도하는 국가는 주로 아라비아 반도에 위치한 절대왕정국가들
      ㉠ 사우디아라비아를 위시한 걸프 연안의 산유국가들이며 이들 국가들은 걸프협력회의(GCC : Gulf Cooperation Council)를 결성, 부족 왕정의 연합체 차원에서의 대외정책을 펼치고 있음
      ㉡ 부족을 중심으로 한 왕정의 외교 형태는 권력 집중적이며 위계적
   ⑤ GCC 국가들의 외교는 주로 왕실에서 직접 내밀하게 결정하고 집행함

3. **아랍(까우미야) 기반 외교 : 이집트 주도의 아랍연맹 - AL**
   ① 전체 아랍 22개국의 공동이익 달성을 목표로 1945년 3월 22일에 설립
   ② 까우미야는 언어적, 문화적 동질성을 지닌 '아랍' 전체와 연관된 연대의식을 의미함
   ③ 아랍민족주의는 일반적으로 까우미야 정체성에 근거함
   ④ 까우미야는 '아랍'이라고 하는 언어적, 문화적 동일성에 귀속되는 정체성의 개념
   ⑤ 아랍정체성, 즉 까우미야의 근저에는 박탈감과 피해의식이 자리 잡고 있음
      ㉠ 전후 처리 과정에서 단일 아랍국가가 형성되지 못하고, 자의적 국경획정에 따라 사분오열되면서 생겨난 현재의 분쟁과 갈등 구도에 대한 박탈감
      ㉡ 박탈감을 극복하고 새로운 대안을 마련하기 위한 정치적 사조가 바로 낫세리즘(Nasserism)과 바티즘(Baathism)으로 대별되는 아랍민족주의

4. **종교(움마) 기반 외교 : 사우디 주도의 이슬람협력기구 - OIC**
   ① 이슬람에 귀의하고 가르침에 복종하는 모든 구성원은 자동적으로 움마 공동체의 구성원이 됨
   ② 절대다수가 무슬림인 아랍인들에게 움마 공동체는 명실상부한 이상으로서의 궁극적 공동체가 됨
   ③ 이슬람의 궁극적 목표는 움마 공동체의 확장이며, 신성한 이슬람법 샤리아에 의해 통치되는 국가체제 및 외교관계를 상정함

④ 가장 폭넓은 정체성의 축인 이슬람 종교공동체(Ummah)의 이익을 위한 중동 내 외교행위자는 이슬람협력기구(OIC : Organization of Islamic Cooperation)임

⑤ **이슬람 이분법적 세계관**
  ㉠ 이슬람의 영역(Dar al - Islam) 개념 : 움마 공동체의 건설이 되어 있고 알라의 신성한 가르침에 의한 신정통치가 이루어지는 곳
  ㉡ 전쟁의 영역(Dar al - Harb) 개념 : 이슬람의 가르침이 받아들여지지 않는 모든 전쟁의 영역은 선교(dawa)와 투쟁(Jihad)의 대상이 됨

5 중동국가들의 외교

1. 사우디아라비아 : 현상 유지

① 걸프왕정 및 이슬람권에서 선두 국가 위상을 유지해 온 사우디아라비아의 외교 목표는 역내 패권의 유지에 있음

② **사우디의 위상은 크게 3가지 힘에 기반함**
  ㉠ 이슬람의 양대 성지를 관할하는 소프트파워
  ㉡ 막대한 석유 수입을 바탕으로 한 재정 능력
  ㉢ 미국과의 견고한 안보동맹

③ 사우디는 미국과의 고전적 우호관계 구축을 통해 중동지역 내에서 외교적 주도권을 유지하는 데 역점을 두고 있음

2. 이란 : 지역 패권 추구

① 1979년 호메이니(Khomeini)혁명 이후 미국과의 관계 단절 및 2002년 핵개발 의혹으로 인한 유엔 안보리, 유럽연합의 경제제재를 받았던 이란은 최근 정상적인 외교관계를 추구하는 국가로의 전환을 목표로 하고 있음

② 이란은 페르시아의 후예라는 자존감을 계승하고 있으며 일반 대중의 교육 수준도 높은 편

③ 걸프와 카스피해를 아우르는 원유 매장량과 천연가스 부존량으로 자원 강국임

④ 자국의 고유한 정치체제인 '이슬람 법학자의 통치' 구조를 전 이슬람권에 확장시키려 시도하고 있음
  • 신정주의와 공화주의를 결합한, 즉 신과 인간을 동시에 만족시키는 이란만의 고유한 정치체제를 범 이슬람권에 수출하는 목표

⑤ 미국이나 유럽에 경도되는 것을 피하고 독자적 외교노선 또는 러시아와 연대하는 구도를 선호

3. 터키 : 조정자 역할

① 국가 정체성은 유럽으로 설정하되, 외교활동 주 무대는 중동 이슬람권에 무게 중심을 두는 상황

- 터키판 '동방정책'(Look East policy)을 통해 중동 - 이슬람권과의 연계를 점차 강화하고 있음

② 터키는 중동 지역 내의 중재자 역할 및 동서양의 문명 교류의 허브 역할 외교를 천명

㉠ 터키는 수니파 국가임에도 이란과의 경제관계가 돈독한 편이며, 팔레스타인 문제에도 깊이 관여하여 중동 내의 존재감이 높은 편

㉡ 유럽과 아시아를 아우르는 지정학적 입지를 활용하여, 기독교 문명권과 이슬람 문명권을 화해시키는 조정자적 역할에 대한 외교 목표 추구

4. 이스라엘 : 고립탈피와 평화 협상 추구

① 이스라엘이 당면한 외교 쟁점은 어떻게 팔레스타인 자치정부를 분리독립시킬 것인가의 문제

② 이스라엘은 자신들이 점령한 서안지구와 가자지구에서 팔레스타인을 주권국가로 분리, 독립국가로 전환하는 원칙에 동의한 적이 있으나 팔레스타인과 협상은 진척–퇴보–교착을 반복하고 있음

③ 양자 협상에서 난민 귀환, 동예루살렘 영유권, 정착촌 철수 문제 등 난제를 어떻게 정리할 것인가가 관건임

④ 대외적으로는 미국과의 우호관계 유지를 축으로 중동지역 내 일부국가들과 우호관계를 맺는 데 관심

⑤ 이집트, 요르단, 터키와 수교를 맺고 있으나 이 범위를 확장시키며 외교적 외연을 확장하려는 노력을 기울이고 있음

제 11 절 한국의 안전보장제도와 정책[81]

1 이승만 정부

1. 안보위협 대상
① 북한 김일성 정권과 소련 및 중국 등 공산주의를 위협의 대상으로 인식함
② 일본 군국주의의 부활 가능성을 우려함

2. 안전보장제도
① **정부 조직법을 제정하여 외무부와 국방부 설치**
  ㉠ 외무부에 제시한 과제 : 대미외교 적극화, 유엔 및 개별 회원국과 교섭하여 정부 승인 확대할 것 등
  ㉡ 대미외교에서 주요 과제는 한국군 증가에 필요한 무기원조 요청 및 북한 공산집단에 대한 정보수집이었음
② **병역제도** : 정부 수립 초기에 지원병제 구상이 제출되었으나, 이승만 대통령이 국민개병제를 강력히 주장하여 징병제를 채택함

3. 안전보장정책 2017년 출제
① **군사력 증강**
  ㉠ 한국전쟁 이후 한국군의 병력은 70만 명 수준에 도달함
  ㉡ 빈약한 경제기반과 산업 수준으로 장비의 대부분은 미국에 의존함
② **한미동맹**
  ㉠ 1949년 5월, 주한미군의 철수 완료 후 이승만 대통령은 담화를 발표하여 아시아 전역에 대한 공산주의의 위협을 해결하는 대책을 제시함
  • 대서양 조약과 같은 태평양 조약 체결
  • 한국과 미국 간 침략자에 대한 상호방위협정 체결
  • 재통일된 민주 독립 한국을 미국이 방위한다는 서약을 미국이 선언해 줄 것
  ㉡ 한국전쟁 종전 협상 중인 1953년 5월 이승만 대통령은 아이젠하워 대통령에게 서한을 보내, 한미 간 상호방위조약을 맺는다는 전제조건 하에 공산군과 유엔군의 동시 철군을 제안함
  ㉢ 아이젠하워 대통령은 휴전협정이 종결되면 필리핀, 호주, 뉴질랜드와 체결한 방위조약에 준해

---

[81] 안전보상과 국세성치악(2010), 사외평론, 518~559면

한미 간의 방위조약 협상을 진행할 용의가 있음을 알려 왔고 1953년 10월 1일, 한미상호방위조약에 서명함
- ③ **외교정책** : 이승만 대통령은 정부 수립 직후부터 임기 말까지 일본을 배제한 태평양 국가 간의 반공동맹 결성을 시도함
- ④ **통일정책**
  - ㉠ 취임 초기부터 1950년대 후반까지 북진 무력통일의 입장을 유지함
  - ㉡ 이승만의 북진통일론, 무력통일론은 미국으로부터 더 많은 경제적, 군사적 원조를 얻어내기 위한 전술이었다는 분석도 있음

---

2 박정희 정부

1. 안보위협 대상

- ① 아시아 지역에서 공산 세력의 침략과 위협이 가중되고 있었으며, 휴전선에서는 침범 사건이 더욱 빈번히 발생하고 있는 상황에서 북한 공산주의에 대한 위협인식을 가짐
- ② **일본에 대한 인식**
  - ㉠ 일본은 자유세계의 일원(一員)일 뿐 아니라, 상호 국교를 정상화할 경우 공유하는 이익이 많다는 현실적인 판단하에 "당면한 내외 정세에 한국에 협조만 한다면, 과거사를 재론하지 않고 국교 정상화를 추진하겠다"는 인식을 분명히 함
  - ㉡ 일본과의 국교 정상화는 한국의 외교적 고립을 벗어나게 하고 태평양 지역 자유국가들과의 연계를 도모할 수 있는 계기로 여김

2. 안전보장제도

- ① 정부조직 개편으로 대통령 직속기관인 중앙정보부, 국가안전보장회의와 같은 안보기관이 신설됨
- ② 중앙정보부는 미국의 CIA를 모델로 만들어진 것으로, 국가안보와 관련된 국내외 정보를 대통령에게 신속하게 보고하여 정확한 정책을 결정하도록 보좌하는 역할을 수행함
- ③ 국가안전보장회의는 영역별 안보 문제를 대통령 수준에서 계획, 조정, 감독하도록 보좌하는 역할을 수행함

3. 안전보장정책

- ① **자주국방정책**
  - ㉠ 1968년 불안해진 안보 정세에 대응하기 위해 250만 규모의 향토예비군을 창설함

- ⓒ 1970년 250만 향토예비군을 무장시킬 수 있는 무기 공장 건설을 지시함
- ⓒ 1972년부터 단계적으로 소총, 기관총, 포탄, 소형 헬기, 곡사포, 탱크 등을 양산하게 됨
- ⓔ 1978년 9월 국산 유도탄 발사에 성공함

② **한미동맹정책**

- ⓐ 1964년 베트남전쟁이 격화되면서 미국의 존슨 행정부는 박정희 대통령에게 국군의 베트남 파병을 요청함
- 1965년 2월에 공병부대를 파병한 데 이어, 같은 해 10월에는 청룡과 맹호부대 등 전투부대를 파병함
- ⓑ 1965년 3월, 존슨 대통령과의 회담 및 다음 해의 브라운 각서를 통해 전투병력 파병의 대가로 한국군의 현대화 및 파월 한국군의 장비 교체, 베트남 주둔 연합군 군수물자 및 용역에 한국 상품 우선 제공, 차관 제공 등을 보장받음
- ⓒ 1969년 7월, 미국은 닉슨 독트린을 발표하고, 1970년 이후 주한미군에서 제7사단을 철수시킴
- ⓔ 1977년 카터 행정부 등장 이후 1978년부터 주한미군 3,000명을 철수시킴
- ⓕ 박정희 대통령은 1978년 한미연합사령부(CFC)를 창설하여 유엔사령관이 갖고 있던 작전통제권을 주한미군 사령관을 겸임하는 한미연합사령관이 모두 관장하도록 하여 한미연합 지휘체제 강화라는 방식으로 대응함

③ **외교정책**

- ⓐ 박정희 정부는 군사 쿠데타에 대한 국제적 지지를 넓히고 북한과의 외교경쟁에서 우위를 확보하며 수출시장을 개척하기 위해 세계 각국과 수교관계를 확대함
- ⓑ 한일 국교 정상화를 통해 한·미·일 간 공동의 안보 대응을 추구함
- ⓒ 1966년 6월, 한국을 비롯하여 일본, 필리핀, 말레이시아, 호주, 뉴질랜드, 대만, 베트남, 라오스 등 10개국이 참가한 가운데, 아시아태평양각료이사회(ASPAC)가 창설됨
- 아시아 태평양 지역 국가들을 대상으로 역내의 정치, 경제, 사회, 문화 등의 분야에 관한 대화와 협의의 장을 한국이 주도하여 제공하는 최초의 국제기구로서의 성격을 가짐
- ⓔ 경제성장을 통해 국력이 상승하자, 대외관계를 반공국가들에 국한시키지 않고 공산주의 국가들에게까지 문호를 확대하기 위해 1973년 6·23선언을 발표함 2017년 출제
- ⓕ 1975년 비동맹운동에 가입하려 했으나 실패함, 북한은 가입함

④ **통일정책**

- ⓐ 1960년대 : 선건설 후통일 주장
- ⓑ 1970년대
- 1971년 9월부터 적십자사에 남북이산가족찾기 사업을 실시하도록 함
- 1972년 7월 4일에는 7·4 남북공동성명을 북한과의 합의하에 발표함
- ⓒ 통일관 : 한국의 실력 양성 → 국력 우위에 기반한 남북한 대화와 교류 협력 심화 → 상호 불가침 협정 → 통일 실현

3 전두환, 노태우, 김영삼 정부

1. 안보위협 대상

① **북한에 의한 위협 인식**

② **국방백서 1989** : 북한의 무력적화통일 전략에 의한 군사적 도발 위협이 상존하고, 북한 선전선동 및 한국 내의 내부 붕괴 음모를 중단하지 않고 있기 때문에 동북아 4강의 화해 정책이 한반도의 평화를 근본적으로 보장할 수는 없음

2. 안전보장제도

① **전두환, 노태우 정부** : 기본적으로 박정희 정부 시기에 구축된 안전보장제도의 틀을 유지함

② **김영삼 정부** : 제1차 북핵 위기에 신속히 대응하기 위해 1994년 4월, 통일안보정책 조정회의를 설치하여 운영함

3. 안전보장정책 2017년, 2019년 출제

(1) 국방 및 동맹정책

① 레이건 행정부는 소련과의 신냉전적 대립을 위해 세계 각 지역의 동맹체제를 강화하는 정책으로 선회함

  ㉠ 카터 행정부 시기 입안된 주한미군 철수계획은 백지화됨

  ㉡ 전두환 정부는 취약한 정권의 정통성을 보완하려는 차원에서 공고한 한미동맹관계를 유지하려 함

  ㉢ 박정희 대통령 시대에 자주국방 정책의 일부로 추진된 미사일 국산화 같은 사업들이 미국 측 요구에 의해 축소되거나 중단됨

② 미국은 주한미군 철수계획을 백지화하는 대신 주한미군에 대한 방위비 분담 요구를 강화하기 시작함

③ 1990년대 이후 냉전체제가 해체되면서 미국은 전 세계적으로 미군의 규모를 감축하기 시작함

  ㉠ 1990~1992년간 한국에서 육군 5,000명, 공군 2,000명 등이 철수함

  ㉡ 1991년 9월, 미국은 전 세계에 배치된 전술핵무기 철수 및 폐기를 선언하였고, 한국에 배치된 핵무기를 철수함

④ 1994년 12월 평시 작전통제권이 한국군의 합참의장에게 이양됨

(2) 외교정책 2017년 출제

① 1981년 9월 30일, 바덴바덴에서 열린 국제올림픽 총회에서 1988년 제24회 올림픽의 서울 개최가 결정됨 - 한국 외교정책의 반경 확대를 요청하는 강력한 계기가 됨

② 한국 정부는 미수교 공산권 국가들과 외교관계를 수립하기 위한 정책으로서 북방정책을 추진함

　㉠ 1988년 7월 7일, 노태우 대통령은 민족자존과 번영을 위한 특별선언을 발표하면서 북한과의 공존관계를 모색하고, 그 실천 방안의 하나로서 모든 공산권 국가와 관계를 개선하는 북방외교를 추진하겠다고 밝힘

　㉡ 헝가리(1989. 2), 폴란드(1989. 11), 유고(1989. 12), 알제리(1990. 1), 체코(1990. 3), 불가리아(1990. 3), 몽고(1990. 3), 루마니아(1990. 3) 등 공산권 및 비동맹 국가들과 국교관계를 수립

　㉢ 1990년 9월에는 소련과 공동코뮤니케를 발표하면서 수교하였고, 1992년 8월에는 중국과 국교를 수립함

　㉣ 1991년 9월 17일, 제46차 유엔총회에서 남북한은 회원국의 승인을 얻어 각자 유엔에 가입함

(3) 통일정책

① 전두환 대통령

　㉠ 1981년 1월 12일, 국정연설을 통해 남북한 최고당국자의 상호방문과 김일성 북한 주석의 조건 없는 서울 방문을 제안함

　㉡ 1985년 두 차례의 비밀회담을 개최하여 상호 특사의 방문을 주고받음

② 노태우 대통령

　㉠ 1988년 8·15 경축사에서 김일성 북한 주석에게 조속히 남북한 최고책임자 회담을 갖자고 제의함

　㉡ 1989년 9월 11일에는 한민족공동체 통일방안을 발표하여, 자주, 평화, 민주의 3원칙에 입각한 '신뢰 구축 및 협력 → 남북연합 → 단일 민족국가'로 이어지는 3단계 통일방안을 제시함

　㉢ 1991년 12월에 개최된 제5차 남북고위급회담에서 남북 사이의 화해와 불가침 및 기본협력에 관한 합의서를 채택하여 상대방 체제의 인정, 무력 불사용 및 불가침, 군사적 신뢰 조성, 내정 불간섭, 국제무대에서의 협력 등을 합의함

　㉣ 1991년 12월31일에는 한반도 비핵화 공동선언이 채택되어, 남과 북이 핵 에너지를 오로지 평화적 목적에만 사용하고, 핵무기의 시험, 제조, 생산, 접수, 보유, 저장, 배비, 사용을 하지 않기로 합의함

③ 김영삼 대통령

　㉠ 취임 초기인 1993년 8월 15일 '남북한 화해협력 → 남북연합 제도화 → 법적 완전 통일'의 3단계로 이어지는 민족공동체통일방안을 주장함

　㉡ 김일성 주석과의 정상회담을 추진하였으나 김일성 주석의 갑작스러운 사망으로 정상회담이 무산되고 1994년 이후 북한 핵개발 의혹이 커짐에 따라 다시 대결적인 대북정책으로 전환하기 시작함

4 김대중·노무현 정부 2019년 출제

1. 안보위협 대상

(1) 위협인식

① 핵개발을 추진하고 있는 북한이 가장 경계해야 할 안보위협 요인이었지만, 그 외에도 테러리즘의 확산, 동아시아 지역의 세력 대립 가능성 등이 새로운 안보위협 요인으로 대두됨

② **2004년 노무현 정부가 발간한 국가안보의 기본전략서**
   - 국가와 국민의 안전을 위협하는 요소로서 국가 간 전통적 위협과 국제테러, 대량살상무기 확산을 들면서, 경제, 에너지, 환경, 보건 등 비군사적 영역의 안보문제가 새롭게 부각되고 있다고 지적함

2. 안전보장제도

① **김대중 대통령** : 통일부 장관, 외무부 장관, 국방부 장관, 안전기획부장, 외교안보수석으로 구성되는 국가안전보장회의 상임위원회를 신설함

② **노무현 대통령** : 국가안전보장회의의 역할과 조직이 강화됨

3. 안전보장정책

① **국방 및 동맹정책**

   ㉠ 2005년 9월 국방개혁 2020 발표
   - 2020년까지 군병력을 총 50만 명 수준으로 감축하고 육·해·공군 간 균형발전을 도모하여 육·해·공군 비율을 2:1:1로 조정하도록 함
   - 국방비를 늘려 독자적 감시정찰능력, 지휘통제체제, 종심타격능력, 전술 및 전략타격능력 등의 핵심적 군사력을 점진적으로 증강시키도록 함

   ㉡ 한미 간에는 전략적 유연성을 합의하여 한미동맹의 신축적인 변화를 모색함

   ㉢ 한미 간에 미래한미동맹정책구상(FOTA)라는 협의기구를 만들어 미 제2사단 및 용산기지를 평택으로 이전하기로 합의함

   ㉣ 노무현 정부는 한미 국방장관 회담을 통해 2012년 4월까지 전시작전권을 한국 측에 반환하기로 합의함

② **외교정책**

   ㉠ 국가안보의 위협 요인을 전통적인 군사적 위협 뿐만 아니라 테러리즘과 지역 내 군비경쟁 가능성, 환경과 에너지 안보 등 비군사적 위협 요인을 포함한 복합적인 것으로 인식함

   ㉡ 외교 활동은 양자 간 외교는 물론 지역 내 다자간 외교의 활성화 등 중층적인 차원에서 전개를 시도함

   ㉢ 김대중 대통령
   - 한반도 평화체제 구축, 남북 간 군사적 신뢰 구축, 미북관계 정상화 등을 내용으로 하는 포괄적 접근전략을 채택함

   ㉣ 노무현 대통령

- 주변 4강 및 동북아 지역 내의 다자간 안보협력에 노력을 기울였으며, 2003년부터 가동되기 시작한 6자회담 체제에 적극 참가하였고, 2005년 9·19 공동성명을 작성하는 과정 등에서 주도적 역할을 담당함

③ **통일정책**

㉠ 김대중 대통령

- 남북한 간의 국력 격차를 기반으로 북한의 최고당국자를 설득하여 북한을 위로부터 변화시키고, 인도적 지원과 교류를 늘려 아래로부터 주민들의 의식을 변화시켜 점진적, 평화적으로 북한의 변화를 유도하겠다는 대북정책을 추진함
- 2000년 6월 15일, 평양에서 역사적인 남북정상회담(2000. 6. 13~15)을 통해 남북공동선언이 발표됨

㉡ 노무현 대통령

- 2007년 10월, 노무현 대통령과 김정일 국방위원장이 평양에서 정상회담을 하고, 10·4 공동선언문을 발표함

제6장
남북관계와 통일

제1절 한반도 안보질서의 변환과 한국 안보

1 북한 핵문제와 한국 안보

1. 북한 핵위기의 근원

① **북한 핵위기의 근원**
- ㉠ 냉전시기 북한은 소련과 중국에 자국의 안보를 상당 부분 의존하면서 한반도 세력균형을 추구했으나 냉전종식 이후 두 강대국 동맹이 남한에 대한 기존의 적대정책을 포기함으로써 북한은 더 이상 소련과 중국의 핵우산을 신뢰할 수 없게 됨
- ㉡ 체제 위기에 직면한 북한은 자체적인 핵 프로그램에 의한 강력한 억지력의 필요성을 느끼게 되어 핵개발을 실시하게 되었다고 주장함

② **북한과 국제사회의 갈등**
- ㉠ 북한의 핵 프로그램은 대량살상무기의 확산을 방지하려는 국제사회에서 용인될 수 없었으며 북한 핵위기는 탈냉전시기 북한의 생존전략과 국제사회의 확산방지 노력의 충돌에서 비롯됨
- ㉡ 북한과 국제사회의 평행선을 좁혀보려는 기나긴 노력의 과정이 1994년 제네바합의문과 2005년 9·19 공동성명(제4차 6자회담)과 2007년 2·13 합의로 나타나게 됨
- ㉢ 북한은 모든 협상과 합의문에서 안전보장을 지속적으로 요구하고 있고, 국제사회는 핵 프로그램의 포기를 강조하고 있음

③ **평화적 해결에 대한 기대**
- ㉠ 북한의 핵 프로그램이 안보 불안에 의한 방어적인 의도에서 시작되었다는 인식은 북한 핵위기의 평화적 해결에 대한 기대를 갖게 함
- ㉡ 협상을 통해 북한의 안보를 보장해 줄 때 북한의 자발적인 핵포기를 유도할 수 있다는 낙관론은 햇볕정책의 이론적 기반이 됨
- ㉢ 낙관론은 국제사회가 북한의 안보를 보장해 주고 핵 프로그램 포기에 대한 적절한 경제적 보상을 한다면 북한이 핵 프로그램을 포기하도록 설득할 수 있다는 협상과 보상에 의한 평화적 해결 논리에 기반하고 있음

④ **낙관론에 대한 비판**
- ㉠ 낙관론에 대한 비판은 북한 핵정책은 이전과는 달리 상호성의 원칙에 입각해 당근에는 당근으로, 채찍에는 채찍으로 대응하는 맞대응 전략을 보이고 있다는 인식에 근거하고 있음
  - 1차 핵위기를 해소한 1994년 제네바합의, 2000년 조명록 국방위원회 부위원장의 백악관 방문, 매들린 올브라이트 미 국무장관의 평양 방문 등 클린턴 행정부 때 이루어졌던 북·미관계의 진전은 이러한 상호성의 원칙에 따랐다는 설명
- ㉡ 낙관론은 북한의 핵의도를 오해하고 북한의 핵무기 보유가 한반도와 동아시아, 더 나아가 세계안

보질서에 미치는 영향을 과소평가하는 문제점을 보이고 있음

ⓒ 북한의 핵무기 보유는 한국·일본·대만 등 여타 동아시아 국가들의 연쇄적인 핵확산 가능성을 증가시키고, 다른 불량국가들이나 테러집단들의 핵무기개발 욕구와 가능성을 높여줄 수 있으며, 최악의 경우 북한이 이들에게 핵물질을 직접 유출시킬 가능성도 있음

⑤ **1990년 이후의 상황**

㉠ 북한 핵위기가 촉발된 1990년대 초반 이후 한반도 주변의 상황은 낙관론과 비관론이 교차하는 모습을 보임

㉡ 군사적 충돌 위기가 전개되던 1994년 6월 김일성-카터의 극적인 핵합의나, 1990년대 말 이후 북·미관계가 진전되다가 부시 행정부의 등장 이후 다시 악화되는 모습, 2002년 가을 이후 제네바합의가 파기되는 모습은 북핵 위기의 구조적 어려움을 잘 보여줌

㉢ 9·19 베이징공동성명 이후 북·미 간의 교착상태, 2006년 7월 미사일 시험발사와 10월 핵실험 이후 위기국면의 전개, 그리고 2·13 합의 이후의 긴장관계가 반복되고 있음

2. 북한 핵문제와 한국의 대북정책

① **대북압박정책**

㉠ 1980년대 후반의 노태우 정부부터 1990년대 전반 1차 핵위기 당시 김영삼 정부까지 추진되었던 대북정책은 북한의 일탈 행위에 대해서 엄벌하며 강경하게 대응하는 것이었음

㉡ 대북압박정책은 미국 등 국제사회와의 긴밀한 조정 과정 속에서 이루어질 경우 커다란 효과를 발휘할 가능성이 있음

㉢ 위기국면을 의도적으로 형성하기 위해 미국이나 한국이 시종일관 대북압박정책을 통해 북한을 벼랑 끝으로 내모는 것은 결코 바람직한 정책이 아님. 이는 북한의 위협 인식을 증가시켜 북한 스스로 더 큰 위험을 감수한 도박을 감행할 가능성을 높일 수 있음

㉣ 2006년 10월 북한의 핵실험 이후 UN 안전보장이사회의 제재결의 등 북한에 대한 국제사회의 공동대응 노력은 국제사회의 공조를 통한 북한 문제 해결 가능성의 단초를 제시해 주었고 부분적으로 2·13 합의에 영향을 줌

② **대북포용정책**

㉠ 김대중 정부 이후의 햇볕정책으로 대표되는 대북포용정책은 남북관계를 개선하여 북한의 협력을 일정 부분 유도한 측면이 있으며 북한의 대외적 상황인식을 개선시켰다는 점에서 긴장완화 효과를 보임

㉡ 2000년 6월의 남북정상회담 이후 지속적으로 진행된 대북포용정책으로 남북관계가 이전과는 질적으로 다른 모습으로 발전할 수 있다는 사실을 보여줌

㉢ 햇볕정책은 북한에 대한 국제사회의 지원과 포용정책을 전제로 하는데, 북한이 국내정치적 고려 때문에 반드시 상호성의 원칙에서 유화적인 맞대응 전략을 펼치지 않을 수도 있다는 문제점이 있음

㉣ 포용정책이 일정 기간 내에 북한의 일관된 협력을 이끌어내지 못하면 여론의 속성상 장기간 지속되기 어려운 문제점이 있음

3. 남북관계

① 남북 간 상대적 국력이 북한에 유리했던 1960년대까지 북한은 대남정책을 공세적으로 전개하였고 남한은 한·미동맹에 의지하여 이에 수세적으로 대응함

② 남북한 국력이 균형을 이루어 남한에 유리해지는 전환점인 1970년, 박정희 대통령은 남북 간 선의의 경쟁을 제안했고, 이후 남한은 북한에 대하여 공세적인 외교정책을 구사함

③ 1970년대에는 남북이 가능한 많은 제3세계 우호국을 확보하기 위해 열띤 경쟁을 벌인 결과 남북한 국력차와 양측의 우방국 수는 세월이 갈수록 남한에 유리한 쪽으로 점점 더 벌어짐

④ 남한의 자신감은 노태우 정부 시절 북방정책으로 나타났으며 소련 및 중국 같은 친북 국가들과도 협력을 도모함으로써 북한을 전략적으로 포위하려는 정책을 시도함

⑤ 김대중 정부 출범 이후 한국의 대북정책은 상호체제인정과 공존을 통한 화해·협력을 모색했으며 북한의 체제를 인정하고 상호비방을 자제함

⑥ 2008년 집권한 이명박 정부는 '비핵·개방·3000' 구상을 대북정책의 지침으로 삼았으며 이는 남북관계를 사실상 북핵 문제와 연계시킨 것으로 북한이 핵을 포기하고 개방정책을 추진한다면 1인당 국민소득을 3,000달러로 증대하는 것을 지원하겠다는 주장
- 2008년 7월 금강산 관광객이 북한 초병지역에게 피살되어 금강산 관광사업이 중단되었고 2010년 북한의 천안함 폭침과 연평도 포격으로 인해 개성공단 사업을 제외한 모든 남북관계가 중단됨

⑦ 박근혜 정부는 한반도 신뢰 프로세스를 대북정책의 기조로 내세우고 '통일은 대박'이라는 인식하에 통일준비위원회를 설립하는 한편, 보다 적극적으로 통일을 준비하는 방향의 대내외정책을 구사함
- 2015년 8월 북한의 목함지뢰 도발 이후 한국군이 대북확성기 방송을 재개하고 북한이 포사격 도발을 감행하자 한국군이 대응 사격을 가한 뒤 남북 간에 정면 군사 충돌이 발생할 위기에 지면했으나 다행히 남북간고위급회담을 통해 위기를 수습함
- 2016년 초 북한의 핵실험과 장거리 미사일 발사, 박근혜 정부의 개성공단 전면 중단 조치로 남북관계는 대립국면으로 전환됨

북한의 개방 시도 [82]

시기		환경	추진 방향	결과
1차	1984년	• 냉전대립기 • 중국의 개방 성공 • 공산주의 국가들의 경제적 모순점 나타나기 시작	• 합영법 제정	• 선진서방국들의 기술 및 자본투자유치 실패
2차	1990년대 초반	• 세계질서의 변화(탈냉전) • 동유럽 공산주의권의 붕괴 • 북한의 체제위기 등장(경제난)	• 나진·선봉 자유무역지대(특구) 선정 • 미국·일본과의 관계 개선 추진 • 개방관련 법체계 정비 (합영법 개정 등)	• 1993년 3월 NPT 탈퇴선언과 함께 중단
3차	2000년대 초반	• 남한의 포용정책 및 남북한정상회담 개최 • 김정일정권의 공고화 • 마이너스 경제성장 탈피	• 김정일의 상해 포둥지구 방문 • 신의주 경제특구 지정, 행정장관(양빈) 임명 • 남한과의 개성공단 추진 • 전방위외교추진(자본주의 국가들과의 수교행진)	• 양빈의 구금 등 중국의 비협조 • 미국 부시정권의 등장으로 관계 악화 • 2002년 제2차 핵위기로 개방정책 중단 • 개성공단사업만 지속됨

남북 사이의 화해와 불가침 및 교류·협력에 관한 합의서 2021년 출제 참고 1

남과 북은 분단된 조국의 평화적 통일을 염원하는 온 겨레의 뜻에 따라, 7·4 남북공동성명에서 천명된 조국통일 3대원칙을 재확인하고, 정치 군사적 대결상태를 해소하여 민족적 화해를 이룩하고, 무력에 의한 침략과 충돌을 막고 긴장 완화와 평화를 보장하며, 다각적인 교류·협력을 실현하여 민족공동의 이익과 번영을 도모하며, 쌍방 사이의 관계가 나라와 나라 사이의 관계가 아닌 통일을 지향하는 과정에서 잠정적으로 형성되는 특수관계라는 것을 인정하고, 평화 통일을 성취하기 위한 공동의 노력을 경주할 것을 다짐하면서, 다음과 같이 합의하였다.

제1장 남북 화해

제1조   남과 북은 서로 상대방의 체제를 인정하고 존중한다.
제2조   남과 북은 상대방의 내부문제에 간섭하지 아니한다.
제3조   남과 북은 상대방에 대한 비방 중상을 하지 아니한다.
제4조   남과 북은 상대방을 파괴·전복하려는 일체 행위를 하지 아니한다.
제5조   남과 북은 현 정전상태를 남북 사이의 공고한 평화상태로 전환시키기 위하여 공동으로 노력하며 이러한 평화상태가 이룩될 때까지 현 군사정전협정을 준수한다.

---

[82] 현대외교정책론(2017, 제3판), 명인문화사, 428면, 271면

제6조　남과 북은 국제무대에서 대결과 경쟁을 중지하고 서로 협력하며 민족의 존엄과 이익을 위하여 공동으로 노력한다.

제7조　남과 북은 서로의 긴밀한 연락과 협의를 위하여 이 합의서 발효 후 3개월 안에 판문점에 남북연락사무소를 설치·운영한다.

제8조　남과 북은 이 합의서 발효 후 1개월 안에 본회담 테두리 안에서 남북정치분과위원회를 구성하여 남북화해에 관한 합의의 이행과 준수를 위한 구체적 대책을 협의한다.

제2장 남북 불가침

제9조　남과 북은 상대방에 대하여 무력을 사용하지 않으며 상대방을 무력으로 침략하지 아니한다.

제10조　남과 북은 의견대립과 분쟁문제들을 대화와 협상을 통하여 평화적으로 해결한다.

제11조　남과 북의 불가침 경계선과 구역은 1953년 7월 27일자 군사정전에 관한 협정에 규정된 군사분계선과 지금까지 쌍방이 관할하여 온 구역으로 한다.

제12조　남과 북은 불가침의 이행과 보장을 위하여 이 합의서 발효 후 3개월 안에 남북군사공동위원회를 구성·운영한다. 남북군사공동위원회에서는 대규모 부대이동과 군사연습의 통보 및 통제문제, 비무장지대의 평화적 이용문제, 군인사교류 및 정보교환문제, 대량살상무기와 공격능력의 제거를 비롯한 단계적 군축실현문제, 검증문제 등 군사적 신뢰조성과 군축을 실현하기 위한 문제를 협의·추진한다.

제13조　남과 북은 우발적인 무력충돌과 그 확대를 방지하기 위하여 쌍방 군사 당국자 사이에 직통전화를 설치·운영한다.

제14조　남과 북은 이 합의서 발효 후 1개월 안에 본회담 테두리 안에서 남북군사분과위원회를 구성하여 불가침에 관한 합의의 이행과 준수 및 군사적 대결상태를 해소하기 위한 구체적 대책을 협의한다.

제3장 남북 교류·협력

제15조　남과 북은 민족경제의 통일적이며 균형적인 발전과 민족전체의 복리향상을 도모하기 위하여 자원의 공동개발, 민족 내부 교류로서의 물자교류, 합작투자 등 경제 교류와 협력을 실시한다.

제16조　남과 북은 과학 기술, 교육, 문학예술, 보건, 체육, 환경과 신문, 라디오, TV 및 출판물을 비롯한 출판·보도 등 여러 분야에서 교류와 협력을 실시한다.

제17조　남과 북은 민족구성원들의 자유로운 왕래와 접촉을 실현한다.

제18조　남과 북은 흩어진 가족·친척들의 자유로운 서신거래와 왕래와 상봉 및 방문을 실시하고 자유의사에 의한 재결합을 실현하며, 기타 인도적으로 해결할 문제에 대한 대책을 강구한다.

제19조　남과 북은 끊어진 철도와 도로를 연결하고 해로, 항로를 개설한다.

제20조　남과 북은 우편과 전기통신교류에 필요한 시설을 설치 및 연결하며, 우편·전기통신 교류의 비밀을 보장한다.

제21조　남과 북은 국제무대에서 경제와 문화 등 여러 분야에서 서로 협력하며 대외에 공동으로 진출한다.

제22조　남과 북은 경제와 문화 등 각 분야의 교류와 협력을 실현하기 위한 합의의 이행을 위하여 이 합의서 발효 후 3개월 안에 남북경제교류·협력공동위원회를 비롯한 부문별 공동위원회들을 구성·운영한다.

제23조　남과 북은 이 합의서 발효 후 1개월 안에 본회담 테두리 안에서 남북교류·협력분과위원회를 구성하여 남북교류·협력에 관한 합의의 이행과 준수를 위한 구체적 대책을 협의한다.

제4장 수정 및 발효

제24조　이 합의서는 쌍방의 합의에 의하여 수정·보충할 수 있다.

제25조 이 합의서는 남과 북이 각기 발효에 필요한 절차를 거쳐 그 문본을 서로 교환한 날부터 효력을 발생한다.

1991년 12월 13일

남북고위급회담 남측대표단 수석대표 대한민국 국무총리 정원식
북남고위급회담 북측대표단 단장 조선민주주의 인민공화국 정무원 총리 연형묵

남북 사이의 화해와 불가침 및 교류·협력에 관한 합의서의 제2장 남북 불가침의 이행과 준수를 위한 부속 합의서

남과 북은 '남북 사이의 화해와 불가침 및 교류·협력에 관한 합의서'의 '제2장 남북불가침'의 이행과 준수 및 군사적 대결상태를 해소하기 위한 구체적 대책을 협의한 데 따라 다음과 같이 합의하였다.

제1장 무력불사용

제1조 남과 북은 군사분계선 일대를 포함하여 자기 측 관할 구역 밖에 있는 상대방의 인원, 물자, 차량, 선박, 함정, 비행기 등에 대하여 총격, 포격, 폭격, 습격, 파괴를 비롯한 모든 형태의 무력사용행위를 금지하며 상대방에 대하여 피해를 주는 일체 무력도발행위를 하지 않는다.

제2조 남과 북은 무력으로 상대방의 관할구역을 침입 또는 공격하거나 그의 일부, 또는 전부를 일시라도 점령하는 행위를 하지 않는다. 남과 북은 어떠한 수단과 방법으로도 상대방 관할 구역에 정규무력이나 비정규무력을 침입시키지 않는다.

제3조 남과 북은 쌍방의 합의에 따라 남북 사이에 오가는 상대방의 인원과 물자·수송 수단들을 공격, 모의공격하거나 그 진로를 방해하는 일체 적대 행위를 하지 않는다. 이 밖에 남과 북은 북측이 제기한 군사분계선 일대에 무력을 증강하지 않는 문제, 상대방에 대한 정찰활동을 하지 않는 문제, 상대방의 영해·영공을 봉쇄하지 않는 문제와 남측이 제기한 서울지역과 평양지역의 안전보장 문제를 남북군사공동위원회에서 계속 협의한다.

제4조 남과 북은 상대방의 계획적이라고 인정되는 무력침공 징후를 발견하였을 경우 즉시 상대측에 경고하고 해명을 요구할 수 있으며 그것이 무력충돌로 확대되지 않도록 필요한 사전 대책을 세운다. 남과 북은 쌍방의 오해나 오인, 실수 또는 불가피한 사고로 인하여 우발적 무력충돌이나 우발적 침범 가능성을 발견하였을 경우 쌍방이 합의한 신호규정에 따라 상대측에 즉시 통보하며 이를 방지하기 위한 사전 대책을 세운다.

제2장 분쟁의 평화적 해결 및 우발적 무력충돌 방지

제4조 남과 북은 상대방의 계획적이라고 인정되는 무력침공 징후를 발견하였을 경우 즉시 상대측에 경고하고 해명을 요구할 수 있으며 그것이 무력충돌로 확대되지 않도록 필요한 사전 대책을 세운다. 남과 북은 쌍방의 오해나 오인, 실수 또는 불가피한 사고로 인하여 우발적 무력충돌이나 우발적 침범 가능성을 발견하였을 경우 쌍방이 합의한 신호규정에 따라 상대측에 즉시 통보하며 이를 방지하기 위한 사전 대책을 세운다.

제5조 남과 북은 어느 일방의 무력집단이나 개별적인 인원과 차량, 선박, 함정, 비행기 등이 자연재해나 항로미실과 같은 불가피한 사정으로 상대측 관할구역을 침범하였을 경우 침범측은 상대측에 그 사유와 적대의사가 없음을 즉시 알리고 상대측의 지시에 따라야 하며 상대측은 그를 긴급 확인한 후 그의 대피를 보장하고 빠른 시일 안에 돌려보내기 위한 조치를 취한다. 돌려보내는 기간은 1개월 이내로 하며 그 이상 걸릴 수도 있다.

제6조 남과 북 사이에 우발적인 침범이나 우발적인 무력충돌과 같은 분쟁문제가 발생하였을 경우 쌍방의 군사당국자는 즉각 자기 측 무장집단의 적대 행위를 중지시키고 군사직통전화를 비롯한 빠른 수단과 방법으로 상대측 군사당국자에게 즉시 통보한다.

제7조 남과 북은 군사 분야의 모든 의견대립과 분쟁문제들을 쌍방 군사당국자가 합의하는 기구를 통하여 협의 해결한다.

제8조 남과 북은 어느 일방이 불가침의 이행과 준수를 위한 이 합의서를 위반하는 경우 공동조사를 하여야 하며 위반사건에 대한 책임을 규명하고 재발방지대책을 강구한다.

제3장 불가침 경계선 및 구역

제9조 남과 북의 지상불가침 경계선과 구역은 군사정전에 관한 협정에 규정한 군사분계선과 지금까지 쌍방이 관할하여온 구역으로 한다.

제10조 남과 북의 해상불가침 경계선은 앞으로 계속 협의한다. 해상불가침구역은 해상 불가침 경계선이 확정될 때까지 쌍방이 지금까지 관할하여온 구역으로 한다.

제11조 남과 북의 공중불가침 경계선과 구역은 지상 및 해상 불가침 경계선과 관할구역의 상공으로 한다.

제4장 군사직통전화의 설치·운영

제12조 남과 북은 우발적 무력충돌과 확대를 방지하기 위하여 남측 국방부장관과 북측 인민무력부장 사이에 군사직통전화를 설치·운영한다.

제13조 군사직통전화의 운영은 쌍방이 합의하는 통신수단으로 문서통신을 하는 방법 또는 전화문을 교환하는 방법으로 하며 필요한 경우 쌍방 군사당국자들이 직접 통화할 수 있다.

제14조 군사직통전화의 설치·운영과 관련하여 제기되는 기술실무적 문제들은 이 합의서가 발효된 후 빠른 시일 안에 남북 각기 5명으로 구성되는 통신실무자접촉에서 협의 해결한다.

제15조 남과 북은 이 합의서 발효 후 50일 이내에 군사직통전화를 개통한다.

제5장 협의·이행기구

제16조 남북군사공동위원회는 남북합의서 제12조와 '남북군사공동위원회 구성·운영에 관한 합의서' 제2조에 따르는 임무와 기능을 수행한다.

제17조 남북군사분과위원회는 불가침의 이행과 준수 및 군사적 대결상태를 해소하기 위하여 더 필요하다고 서로 합의하는 문제들에 대하여 협의하고 구체적인 대책을 세운다.

제6장 수정 및 발효

제18조 이 합의서는 쌍방의 합의에 따라 수정·보충할 수 있다.

제19조 이 합의서는 쌍방이 서명하여 교환한 날부터 효력을 발생한다.

1991년 12월 13일
남북고위급회담 남측대표단 수석대표 대한민국 국무총리 정원식
북남고위급회담 북측대표단 단장 조선민주주의 인민공화국 정무원 총리 연형묵

한반도 비핵화에 관한 공동선언 [2012년 출제]

참고 2

남과 북은 한반도를 비핵화함으로써 핵전쟁 위험을 제거하고 우리나라의 평화와 평화통일에 유리한 조건과 환경을 조성하며 아시아와 세계의 평화와 안전에 이바지하기 위하여 다음과 같이 선언한다.

1. 남과 북은 핵무기의 시험, 제조, 생산, 접수, 보유, 저장, 배비, 사용을 하지 아니한다.
2. 남과 북은 핵 에너지를 오직 평화적 목적에만 이용한다.
3. 남과 북은 핵 재처리시설과 우라늄 농축시설을 보유하지 아니한다.
4. 남과 북은 한반도의 비핵화를 검증하기 위하여 상대측이 선정하고 쌍방이 합의하는 대상들에 대하여 남북핵통제공동위원회가 규정하는 절차와 방법으로 사찰을 실시한다.
5. 남과 북은 이 공동선언의 이행을 위하여 공동선언이 발효된 후 1개월 안에 남북핵통제공동위원회를 구성·운영한다.
6. 이 공동선언은 남과 북이 각기 발효에 필요한 절차를 거쳐 그 문본을 교환한 날부터 효력을 발생한다.

1992년 1월 20일
남북고위급회담 남측대표단 수석대표 대한민국 국무총리 정원식
북남고위급회담 북측대표단 단장 조선민주주의 인민공화국 정무원 총리 연형묵

제네바합의문

참고 3

미·북한 제네바합의

미합중국(이하 미국으로 호칭) 대표단과 조선민주주의인민공화국(이하 북한으로 호칭) 대표단은 1994년 9월 23일부터 10월 21일까지 제네바에서 한반도 핵문제의 전반적 해결을 위한 협상을 가졌다. 양측은 핵이 없는 한반도의 평화와 안전을 확보하기 위해서는 1994년 8월 12일 미국과 북한 간의 합의 발표문에 포함된 목표의 달성과 1993년 6월 11일 미국과 북한 간 공동발표문상의 원칙 준수가 중요함을 재확인하였다. 양측은 핵문제 해결을 위해 다음과 같은 조치들을 취하기로 결정하였다.

1. 양측은 북한의 흑연감속 원자로 및 관련 시설을 경수로 원자로 발전소로 대체하기 위해 협력한다.

1) 미국 대통령의 1994년 10월 20일자 보장서한에 의거하여, 미국은 2003년을 목표시한으로 총 발전용량 약 2,000MWe의 경수로를 북한에 제공하기 위한 조치를 취할 책임을 진다.
   - 미국은 북한에 제공할 경수로의 재원조달 및 공급을 담당할 국제컨소시엄을 미국의 주도하에 구성한다. 미국은 동 컨소시엄을 대표하여 경수로 사업을 위한 북한과의 주접촉선 역할을 수행한다.
   - 미국은 국제컨소시엄을 대표하여 본 합의문 서명 후 6개월 내에 북한과 경수로 제공을 위한 공급 계약을 체결할 수 있도록 최선을 다한다. 계약관련 협의는 본 합의문 서명 후 가능한 조속한 시일 내에 개시한다.
   - 필요한 경우 미국과 북한의 핵에너지의 평화적 이용 분야에 있어서 협력을 위한 양자 협정을 체결한다.

2) 1994년 10월 20일자 대체에너지 제공 관련 미국 대통령의 보장서한에 의거, 미국은 국제컨소시엄을 대표하여 북한의 흑연감속 원자로 동결에 따라 상실될 에너지를 1호 경수로 완공 때까지 보전하기 위한 조치를 주선한다.
   - 대체에너지는 난방과 전력 생산을 위해 중유로 공급한다.

- 중유의 공급은 본 합의문 서명 후 3개월 내에 개시되고 양측 간 합의된 공급일정에 따라 연간 50만톤 규모까지 공급한다.
3) 경수로 및 대체에너지 제공에 대한 보장서한 접수 즉시 북한은 흑연감속 원자로 및 관련 시설을 동결하고, 궁극적으로 이를 해체한다.
- 북한의 흑연감속 원자로 및 관련 시설의 동결은 본 합의문 서명 후 1개월 내에 완전 이행된다. 동 1개월 동안 및 전체 동결 기간 중 국제원자력기구(IAEA)가 이러한 동결상태를 감시하는 것이 허용되며, 이를 위해 북한은 국제원자력기구에 대해 전적인 협력을 제공한다.
- 북한의 흑연감속 원자로 및 관련 시설의 해체는 경수로 사업이 종료될 때 완료된다.
- 미국과 북한은 5MWe 실험용 원자로에서 추출된 폐연료봉을 경수로 건설기간 동안 안전하게 보관하고, 북한 내에서 재처리하지 않는 안전한 방법으로 동 연료가 처리될 수 있는 방안을 강구하기 위해 상호 협력한다.
4) 본 합의 후 가능한 조속한 시일 내에 미국과 북한의 전문가들은 두 종류의 전문가 협의를 가진다.
- 한쪽의 협의에서 전문가들은 대체에너지와 흑연감속 원자로의 경수로 대체와 관련된 문제를 협의한다.
- 다른 한쪽의 협의에서 전문가들은 폐연료 보관 및 궁극적 처리를 위한 구체적 조치를 협의한다.

2. 양측은 정치적, 경제적 관계의 완전 정상화를 추구한다.
1) 합의 후 3개월 내에 양측은 통신 및 금융거래에 대한 제한을 포함한 무역 및 투자제한을 완화시켜 나간다.
2) 양측은 전문가급 협의를 통해 영사 및 여타 기술적 문제가 해결된 후에 쌍방의 수도에 연락사무소를 개설한다.
3) 미국과 북한은 상호 관심 사항에 대한 진전이 이루어짐에 따라 양국 관계를 대사급으로까지 격상시켜 나간다.

3. 양측은 핵이 없는 한반도 평화와 안전을 위해 함께 노력한다.
1) 미국은 북한에 대한 핵무기 불위협 또는 불사용에 관한 공식보장을 제공한다.
2) 북한은 한반도 비핵화공동선언을 이행하기 위한 조치를 일관성 있게 취한다.
3) 본 합의문이 대화를 촉진하는 분위기를 조성해 나가는 데 도움을 줄 것이기 때문에 북한은 남북대화에 착수한다.

4. 양측은 국제적 핵확산금지 체제 강화를 위해 함께 노력한다.
1) 북한은 핵확산금지조약(NPT) 당사국으로 잔류하며 동 조약상의 안전조치협정 이행을 허용한다.
2) 경수로제공을 위한 공급 계약 체결 즉시, 동결대상이 아닌 시설에 대하여 북한과 국제원자력기구 간 안전조치협정에 따라 임시 및 일반사찰이 재개된다. 경수로 공급계약 체결시까지, 안전조치의 연속성을 위해 국제원자력기구가 요청하는 사찰은 동결대상이 아닌 시설에서 계속된다.
3) 경수로사업의 상당 부분이 완료된 다음, 그리고 주요 핵관련 부품이 인도되기 전에 북한은 북한의 모든 핵물질에 관한 최초보고서의 정확성과 안전성을 검증하는 것과 관련하여 국제원자력기구와의 협의를 거쳐 국제원자력기구가 필요하다고 판단하는 모든 조치를 취하는 것을 포함하여 국제원자력기구 안전조치협정(INFCIRC/403)을 완전히 이행한다.

남북 공동선언 전문

참고 4

조국의 평화적 통일을 염원하는 온 겨레의 숭고한 뜻에 따라 대한민국 김대중 대통령과 조선민주주의 인민공화국 김정일 국방위원장은 2000년 6월 13일부터 6월 15일까지 평양에서 역사적인 상봉을 하였으며 정상회담을 가졌다.

남북 정상들은 분단 역사상 처음으로 열린 이번 상봉과 회담이 서로 이해를 증진시키고 남북관계를 발전시키며 평화통일을 실현하는 데 중대한 의의를 갖는다고 평가하고 다음과 같이 선언한다.

1. 남과 북은 나라의 통일문제를 그 주인인 우리 민족끼리 서로 힘을 합쳐 자주적으로 해결해 나가기로 하였다.
2. 남과 북은 나라의 통일을 위한 남측의 연합제 안과 북측의 낮은 단계의 연방제 안이 서로 공통성이 있다고 인정하고 앞으로 이 방향에서 통일을 지향시켜 나가기로 하였다.
3. 남과 북은 올해 8·15에 즈음하여 흩어진 가족, 친척방문단을 교환하며 비전향 장기수 문제를 해결하는 등 인도적 문제를 조속히 풀어나가기로 하였다.
4. 남과 북은 경제협력을 통하여 민족 경제를 균형적으로 발전시키고, 사회·문화·체육·보건·환경 등 제반 분야의 협력과 교류를 활성화하여 서로의 신뢰를 다져나가기로 하였다.
5. 남과 북은 이상과 같은 합의 사항을 조속히 실천에 옮기기 위하여 빠른 시일 안에 당국 간의 대화를 개최하기로 하였다.

김대중 대통령은 김정일 국방위원장이 서울을 방문하도록 정중히 초청하였으며 김정일 국방위원장은 적절한 시기에 서울을 방문하기로 하였다.

2000년 6월 15일
대한민국 대통령 김대중
조선민주주의인민공화국 국방위원장 김정일

9·19 공동성명 2011년 출제

제4차 6자회담 공동성명(Joint Statement)

제4차 6자회담이 베이징에서 중화인민공화국, 조선민주주의인민공화국, 일본, 대한민국, 러시아연방, 미합중국이 참석한 가운데 2005년 7월 26일부터 8월 7일까지, 그리고 9월 13일부터 19일까지 개최되었다.

우다웨이 중화인민공화국 외교부 부부장, 김계관 조선민주주의인민공화국 외무성 부상, 사사에 켄이치로 일본 외무성 아시아대양주 국장, 송민순 대한민국 외교통상부 차관보, 알렉세예프 러시아 외무부 차관, 그리고 크리스토퍼 힐 미합중국 국무부 동아태 차관보가 각 대표단의 수석대표로 동 회담에 참석했다. 우다웨이 부부장은 동 회담의 의장을 맡았다.

한반도와 동북 아시아 전반의 평화와 안정이라는 대의를 위해, 6자는 상호존중과 평등의 정신하에, 지난 3회에 걸친 회담에서 이루어진 공동의 이해를 기반으로, 한반도의 비핵화에 대해 진지하면서도 실질적인 회담을 가졌으며, 이러한 맥락에서 다음과 같이 합의했다.

1. 6자는 6자회담의 목표가 한반도의 검증가능한 비핵화를 평화적인 방법으로 달성하는 것을 만장일치로 재확인했다.

    조선민주주의인민공화국은 모든 핵무기와 현존하는 핵계획을 포기할 것과 조속한 시일 내에 핵확산금지조약(NPT)과 국제원자력기구(IAEA)의 안전조치에 복귀할 것을 공약했다.

    미합중국은 한반도에 핵무기를 갖고 있지 않으며, 핵무기 또는 재래식 무기로 조선민주주의인민공화국을 공격 또는 침공할 의사가 없다는 것을 확인했다.

    대한민국은 자국 영토 내에 핵무기가 존재하지 않는다는 것을 확인하면서, 1992년도 '한반도의 비핵화에 관한 남·북 공동선언'에 따라, 핵무기를 접수 또는 배비하지 않겠다는 공약을 재확인했다.

    1992년도 '한반도의 비핵화에 관한 남·북공동선언'은 준수, 이행되어야 한다.

    조선민주주의인민공화국은 핵에너지의 평화적 이용에 관한 권리를 가지고 있다고 밝혔다. 여타 당사국들은 이에 대한 존중을 표명했고, 적절한 시기에 조선민주주의인민공화국에 대한 경수로 제공 문제에 대해 논의하는 데 동의했다.

2. 6자는 상호관계에 있어 UN헌장의 목적과 원칙 및 국제관계에서 인정된 규범을 준수할 것을 약속했다.

    조선민주주의인민공화국과 미합중국은 상호주권을 존중하고, 평화적으로 공존하며, 각자의 정책에 따라 관계정상화를 위한 조치를 취할 것을 약속했다.

    조선민주주의인민공화국과 일본은 평양선언에 따라 불행했던 과거와 현안사항의 해결을 기초로 하여 관계정상화를 위한 조치를 취할 것을 약속했다.

3. 6자는 에너지, 교역 및 투자 분야에서의 경제협력을 양자 및 다자적으로 증진시킬 것을 약속했다.

    중화인민공화국, 일본, 대한민국, 러시아연방 및 미합중국은 조선민주주의인민공화국에 대해 에너지 지원을 제공할 용의를 표명했다.

    대한민국은 조선민주주의인민공화국에 대한 200만 킬로와트의 전력공급에 관한 2005년 7월 12일자 제안을 재확인했다.

4. 6자는 동북아시아의 항구적인 평화와 안정을 위해 공동 노력할 것을 공약했다.

    직접 관련 당사국들은 적절한 별도 포럼에서 한반도의 항구적 평화체제에 관한 협상을 가질 것이다.

    6자는 동북아시아에서의 안보협력 증진을 위한 방안과 수단을 모색하기로 합의했다.

5. 6자는 '공약 대 공약', '행동 대 행동' 원칙에 입각하여 단계적 방식으로 상기 합의의 이행을 위해 상호조율된 조치를 취할 것을 합의했다.

6. 6자는 제5차 6자회담을 11월초 베이징에서 협의를 통해 결정되는 일자에 개최하기로 합의했다.

2·13 합의 [2007년, 2008년 출제] 참고 6

9·19 공동성명 이행을 위한 초기조치(최종)

2007. 2. 13

제5차 6자회담 3단계 회의가 베이징에서 중화인민공화국, 조선민주주의인민공화국, 일본, 대한민국, 러시아연방, 미합중국이 참석한 가운데, 2007년 2월 8일부터 13일까지 개최되었다.

우다웨이 중화인민공화국 외교부 부부장, 김계관 조선민주주의인민공화국 외무성 부상, 사사에 켄이치로 일본 외무성 아시아대양주 국장, 천영우 대한민국 외교통상부 한반도평화교섭 본부장, 알렉산더 로슈코프 러시아 외무부 차관, 그리고 크리스토퍼 힐 미합중국 국무부 동아태 차관보가 각 대표단의 수석대표로 동 회담에 참석했다.

우다웨이 부부장은 동 회담의 의장을 맡았다.

I. 참가국들은 2005년 9월 19일 공동성명의 이행을 위해 초기단계에서 각국이 취해야 할 조치에 관하여 진지하고 생산적인 협의를 했다. 참가국들은 한반도 비핵화를 조기에 평화적으로 달성하기 위한 공동의 목표와 의지를 재확인했으며, 공동성명상의 공약을 성실히 이행할 것이라는 점을 재확인했다. 참가국들은 '행동 대 행동'의 원칙에 따라 단계적으로 공동성명을 이행하기 위해 상호조율된 조치를 취하기로 합의했다.

II. 참가국들은 초기단계에 다음과 같은 조치를 병렬적으로 취하기로 합의했다.

1. 조선민주주의인민공화국은 궁극적인 포기를 목적으로 재처리시설을 포함한 영변 핵시설을 폐쇄·봉인하고 IAEA와의 합의에 따라 모든 필요한 감시 및 검증활동을 수행하기 위해 IAEA 요원을 복귀토록 초청한다.

2. 조선민주주의인민공화국은 9·19 공동성명에 따라 포기하도록 되어 있는, 사용 후 연료봉으로부터 추출된 플루토늄을 포함한 공동성명에 명기된 모든 핵 프로그램의 목록을 여타 참가국들과 협의한다.

3. 조선민주주의인민공화국과 미합중국은 양자간 현안을 해결하고 전면적 외교관계로 나아가기 위한 양자대화를 개시한다. 미합중국은 조선민주주의인민공화국을 테러지원국 지정으로부터 해제하기 위한 과정을 개시하고, 조선민주주의인민공화국에 대한 대적성국 교역법 적용을 종료시키기 위한 과정을 진전시켜 나간다.

4. 조선민주주의인민공화국과 일본은 불행한 과거와 미결 관심사안의 해결을 기반으로, 평양선언에 따라 양국관계 정상화를 취해 나가는 것을 목표로 양자대화를 개시한다.

5. 참가국들은 2005년 9월 19일 공동성명의 1조와 3조를 상기하면서, 조선민주주의인민공화국에 대한 경제·에너지·인도적 지원에 협력하기로 합의했다. 이와 관련, 참가국들은 초기단계에서 조선민주주의인민공화국에 긴급 에너지 지원을 제공하기로 합의했다. 중유 5만톤 상당의 긴급 에너지 지원의 최초 운송은 60일 이내에 개시된다.

참가국들은 상기 초기조치들이 향후 60일 이내에 이행되며, 이러한 목표를 향하여 상호조율된 조치를 취한다는 데 합의했다.

Ⅲ. 참가국들은 초기조치를 이행하고 공동성명의 완전한 이행을 목표로 다음과 같은 실무그룹(W/G)을 설치하는 데 합의했다.

1. 한반도 비핵화
2. 미·북관계 정상화
3. 일·북관계 정상화
4. 경제 및 에너지 협력
5. 동북아 평화·안보체제

실무그룹들은 각자의 분야에서 9·19 공동성명의 이행을 위한 구체적인 계획을 협의하고 수립한다. 실무그룹들은 각각의 작업진전에 관해 6자회담 수석대표회의에 보고한다. 원칙적으로 한 실무그룹의 진전은 다른 실무그룹의 진전에 영향을 주지 않는다. 5개 실무그룹에서 만들어진 계획은 상호조율된 방식으로 전체적으로 이행될 것이다.

참가국들은 모든 실무그룹회의를 향후 30일 이내에 개최하는 데 합의했다.

Ⅳ. 초기조치 기간 및 조선민주주의인민공화국의 모든 핵 프로그램에 대한 완전한 신고와 흑연감속로 및 재처리시설을 포함하는 모든 현존하는 핵시설의 불능화를 포함하는 다음 단계 기간 중, 조선민주주의인민공화국에 최초 선적분인 중유 5만 톤 상당의 지원을 포함한 중유 100만 톤 상당의 경제·에너지·인도적 지원이 제공된다.

상기 지원에 대한 세부사항은 경제 및 에너지 협력 실무그룹의 협의와 적절한 평가를 통해 결정된다.

Ⅴ. 초기조치가 이행되는 대로 6자는 9·19공동성명의 이행을 확인하고 동북아 안보협력 증진방안 모색을 위한 장관급 회담을 신속하게 개최한다.

Ⅵ. 참가국들은 상호신뢰를 증진시키기 위한 긍정적인 조치를 취하고 동북아에서의 지속적인 평화와 안정을 위한 공동노력을 할 것을 재확인했다. 직접 관련 당사국들은 적절한 별도 포럼에서 한반도의 항구적 평화체제에 관한 협상을 갖는다.

Ⅶ. 참가국들은 실무그룹의 보고를 청취하고 다음 단계 행동에 관한 협의를 위해 제6차 6자회담을 2007년 3월 19일에 개최하기로 합의했다.

1994년 제네바합의와 2007년 2·13 합의 비교

참고 7

분류	1994년 제네바합의	2007년 2·13 합의
북한 이행 시한	합의문 서명 후 1개월 내 5개 영변 핵시설 동결	60일 내 핵시설 폐쇄
상응조치 및 방식	동결만으로도 연간 50만 톤 중유 공급	성과 시스템 구축 : 동결 등 초기조치 머물면 5만 톤의 중유 공급, 제한불능화 조치 등 추가 행동 시 100만 톤 공급
지원 국가	한국 협상 참가 못 한 채 경수로 건설비용 70% 분담	일본 제외한 6자회담 참가국 4국의 균등 분담

10·4 남북공동선언 (남북관계 발전과 평화번영을 위한 선언) 2009년 출제

참고 8

노무현 대통령과 김정일 국방위원장은 2007년 10월 4일 오후 1시 백화원 영빈관에서 두 차례에 걸쳐 이뤄진 정상회담의 합의사항을 선언문 형식으로 발표하였다.

1. 남과 북은 6.15 공동선언을 고수하고 적극 구현해 나간다. 남과 북은 우리민족끼리 정신에 따라 통일문제를 자주적으로 해결해 나가며 민족의 존엄과 이익을 중시하고 모든 것을 이에 지향시켜 나가기로 하였다. 남과 북은 6.15 공동선언을 변함없이 이행해 나가려는 의지를 반영하여 6월 15일을 기념하는 방안을 강구하기로 하였다.

2. 남과 북은 사상과 제도의 차이를 초월하여 남북관계를 상호존중과 신뢰 관계로 확고히 전환시켜 나가기로 하였다. 남과 북은 내부문제에 간섭하지 않으며 남북관계 문제들을 화해와 협력, 통일에 부합되게 해결해 나가기로 하였다. 남과 북은 남북관계를 통일 지향적으로 발전시켜 나가기 위하여 각기 법률적·제도적 장치들을 정비해 나가기로 하였다. 남과 북은 남북관계 확대와 발전을 위한 문제들을 민족의 염원에 맞게 해결하기 위해 양측 의회 등 각 분야의 대화와 접촉을 적극 추진해 나가기로 하였다.

3. 남과 북은 군사적 적대관계를 종식시키고 한반도에서 긴장완화와 평화를 보장하기 위해 긴밀히 협력하기로 하였다. 남과 북은 서로 적대시하지 않고 군사적 긴장을 완화하며 분쟁문제들을 대화와 협상을 통하여 해결하기로 하였다. 남과 북은 한반도에서 어떤 전쟁도 반대하며 불가침의무를 확고히 준수하기로 하였다. 남과 북은 서해에서의 우발적 충돌방지를 위해 공동어로수역을 지정하고 이 수역을 평화수역으로 만들기 위한 방안과 각종 협력사업에 대한 군사적 보장조치 문제 등 군사적 신뢰구축조치를 협의하기 위하여 남측 국방부 장관과 북측 인민무력부 부장간 회담을 금년 11월중에 평양에서 개최하기로 하였다.

4. 남과 북은 현 정전체제를 종식시키고 항구적인 평화체제를 구축해 나가야 한다는데 인식을 같이하고 직접 관련된 3자 또는 4자 정상들이 한반도지역에서 만나 종전을 선언하는 문제를 추진하기 위해 협력해 나가기로 하였다. 남과 북은 한반도 핵문제 해결을 위해 6자회담 9.19 공동성명과 2.13 합의가 순조롭게 이행되도록 공동으로 노력하기로 하였다.

5. 남과 북은 민족경제의 균형적 발전과 공동의 번영을 위해 경제협력사업을 공리공영과 유무상통의 원칙에서 적극 활성화하고 지속적으로 확대 발전시켜 나가기로 하였다. 남과 북은 경제협력을 위한 투자를 장려하고 기반시설 확충과 자원개발을 적극 추진하며 민족내부협력사업의 특수성에 맞게 각종 우대조건과 특혜를 우선적으로 부여하기로 하였다. 남과 북은 해주지역과 주변해역을 포괄하는 서해평화협력특별지대를 설치하고 공동어로구역과 평화수역 설정, 경제특구건설과 해주항 활용, 민간선박의 해주직항로 통과, 한강하구 공동이용 등을 적극 추진해 나가기로 하였다. 남과 북은 개성공업지구 1단계 건설을 빠른 시일안에 완공하고 2단계 개발에 착수하며 문산-봉동간 철도화물수송을 시작하고, 통행·통신·통관 문제를 비롯한 제반 제도적 보장조치들을 조속히 완비해 나가기로 하였다. 남과 북은 개성-신의주 철도와 개성-평양 고속도로를 공동으로 이용하기 위해 개보수 문제를 협의·추진해 가기로 하였다. 남과 북은 안변과 남포에 조선협력단지를 건설하며 농업, 보건의료, 환경보호 등 여러 분야에서의 협력사업을 진행해 나가기로 하였다. 남과 북은 남북 경제협력사업의 원활한 추진을 위해 현재의 남북경제협력추진위원회를 부총리급 남북경제협력공동위원회로 격상하기로 하였다.

6. 남과 북은 민족의 유구한 역사와 우수한 문화를 빛내기 위해 역사, 언어, 교육, 과학기술, 문화예술, 체육 등 사회문화 분야의 교류와 협력을 발전시켜 나가기로 하였다. 남과 북은 백두산관광을 실시하며 이를 위해 백두산-서울 직항로를 개설하기로 하였다. 남과 북은 2008년 북경 올림픽경기대회에 남북응원단이 경의선 열차를 처음으로 이용하여 참가하기로 하였다.

7. 남과 북은 인도주의 협력사업을 적극 추진해 나가기로 하였다. 남과 북은 흩어진 가족과 친척들의 상봉을 확대하며 영상 편지 교환사업을 추진하기로 하였다. 이를 위해 금강산면회소가 완공되는데 따라 쌍방 대표를 상주시키고 흩어진 가족과 친척의 상봉을 상시적으로 진행 하기로 하였다. 남과 북은 자연재해를 비롯하여 재난이 발생하는 경우 동포애와 인도주의, 상부상조의 원칙에 따라 적극 협력해 나가기로 하였다.

8. 남과 북은 국제무대에서 민족의 이익과 해외 동포들의 권리와 이익을 위한 협력을 강화해 나가기로 하였다 남과 북은 이 선언의 이행을 위하여 남북총리회담을 개최하기로 하고, 제 1차회의를 금년 11월중 서울에서 갖기로 하였다. 남과 북은 남북관계 발전을 위해 정상들이 수시로 만나 현안 문제들을 협의하기로 하였다.

2007년 10월 4일
평 양

대한민국 대통령 노무현
조선민주주의인민공화국 국방위원장 김정일

대북 제재결의(1874호) 2012년 출제   참고 9

1. **추진 배경** : 유엔 안전보장이사회는 2009년 6월 12일(현지시간), 북한의 2차 핵실험에 대한 대응으로 대북 제재결의(1874호)를 만장일치로 채택함

2. 2006년 10월에 채택된 기존의 대북 제재결의안(1718호)보다 제재범위 및 수위에 있어서 훨씬 강력한 내용을 담고 있음

3. 1874호 주요 제재 내용

   1) 무기금수 및 수출통제
      ① 북한의 모든 무기 관련물자(all arms and related material) 대외수출 금지(op.9)
      ② 회원국들의 북한에 대한 모든 종류의 무기(소형무기 제외) 및 관련물자 이전·수출 금지(op.10)
      ③ 핵관련 통제품목 리스트를 2007년 11월 기준 NSG 리스트로 업데이트(op.23)

   2) 화물 검색
      ① 금지 물품을 적재하고 있다고 믿을 합리적 근거가 있을 경우 국내, 국제법에 따라 항구 및 공항 등 자국 영토 내에서 북한행·발 화물 검색(op.11)
      ② 기국의 동의하에 공해상에서 의심선박 검색/기국이 동의하지 않을 경우 적절한 항구로 유도시켜 검색(op.12-13)
      ③ 금지품목 발견 시 안보리 결의 등 국제법에 따라 압류·처분(op.14)
      ④ 검색·화물압류·처분, 검색 불응 등 관련사항의 제재위 보고(op.15-16)
      ⑤ 의심선박에 대한 연료공급 등 지원 서비스(bunkering service) 금지(op.17)

3) 금융·경제 제재
   ① WMD·미사일 프로그램·활동에 기여할 수 있는 금융·자산·재원 동결을 포함한 금융거래 금지 (op.18)
   ② 무상원조, 금융 지원, 양허성 차관의 신규 계약 금지 및 기존 계약 감축 노력(op.19)
      - 인도·개발·비핵화 촉진 목적 예외
   ③ WMD·미사일 프로그램·활동에 기여할 수 있는 대북무역에 대한 공적 금융지원 금지(op.20)

4) 기타 제재조치
   ① 제재위원회에 추가 제재대상 품목, 단체, 개인 지정 지시(direct) (op.24)
      - 결의 채택 후 30일 이내 조정 작업 완료 및 안보리 보고
      - 동 기한 내 완료 불가 시 안보리가 위원회 보고서 접수 후 7일 내 조정조치 완료
   ② 북한인 대상 확산 민감 핵활동 등에 관한 특수교육, 훈련 제공 금지 및 관련 주의(op.28)

5) 국별 이행보고 : 결의 채택 후 45일 이내 제재 이행 조치 현황에 관한 이행보고서 안보리 제출(op.22)
   – 이후 제재위 요청에 따라 제출

6) 제재위원회 등 제재 이행 메커니즘
   ① 제재위원회는 1718호 및 동 결의 등의 완전 이행을 위한 노력 강화(op.25)
      - 아웃리치, 대화, 지원·협력 관련 활동계획을 7월 15일까지 안보리 제출
      - 회원국이 제출한 보고서 검토
   ② 1년 임기의 전문가 그룹(7인) 설치(op.26)
      - 위원회 활동 지원
      - 회원국으로부터의 정보 수집·검토·분석(특히 불이행 사건 관련)
      - 제재위원회에 권고
      - 30일 내 최초보고서, 활동 종료 30일 이전 최종보고서 제재위 제출

7) 기타 주요 내용(제재 이외의 사항) - 1718호에 추가된 내용
   ① 북한 및 회원국에 대한 결의 1718호 완전 이행 요구(op.4, op.7)
   ② 북한에 대한 CTBT 가입 촉구(op. 29)

유엔 안보리결의 1874호와 1718호의 주요내용 비교

구분	1874호	1718호
화물검색	• 무기 금수대상 확대 - 북한의 모든 무기 관련 물자의 대외수출 금지 (단, 소형무기 제외) - 회원국들의 북한 무기수출 및 이전 금지	북한행·북한발 화물 검색에 대한 협조 조치를 요구하는 수준
무기금수 및 수출통제	• 재래식 무기까지 검색 대상에 포함시키는 등 무기 금수 품목 증가 • 무기금수 대상이 핵과 미사일 등 대량살상무기(WMD)와 중화기에서 사실상 모든 무기로 확대 • 북한에 대한 수출입 품목을 싣고 있는 선박의 소속국가 동의 시 공해에서도 검색 가능	• 재래식 무기는 검색대상에 미포함 • 선박에 대한 검색 관련 조항 부재 • 무기금수 대상이 핵과 미사일 등 대량살상무기(WMD)와 중화기에 국한
금융 및 경제제재	• 무기 활동에 흘러 들어갈 수 있는 금융거래 전면 차단 • 기존의 경제 제재 범위에 대북 금융지원, 무상원조, 차관 신규 계약금지, 기존 계약 감축 노력 등을 포함	• 북한의 핵, 대량살상무기, 탄도미사일관련 프로그램을 지원하는 자국 내 자금과 기타 금융자산, 경제적 자원 정도만 동결

한반도의 평화와 번영, 통일을 위한 판문점 선언(4·27선언)

참고 10

1. 남과 북은 남북 관계의 전면적이며 획기적인 개선과 발전을 이룩함으로써 끊어진 민족의 혈맥을 잇고 공동번영과 자주통일의 미래를 앞당겨 나갈 것이다. 남북관계를 개선하고 발전시키는 것은 온 겨레의 한결같은 소망이며 더 이상 미룰 수 없는 시대의 절박한 요구이다.

   ① 남과 북은 우리 민족의 운명은 우리 스스로 결정한다는 민족 자주의 원칙을 확인하였으며 이미 채택된 남북 선언들과 모든 합의들을 철저히 이행함으로써 관계 개선과 발전의 전환적 국면을 열어나가기로 하였다.
   ② 남과 북은 고위급 회담을 비롯한 각 분야의 대화와 협상을 빠른 시일 안에 개최하여 정상회담에서 합의된 문제들을 실천하기 위한 적극적인 대책을 세워나가기로 하였다.
   ③ 남과 북은 당국 간 협의를 긴밀히 하고 민간교류와 협력을 원만히 보장하기 위하여 쌍방 당국자가 상주하는 남북공동연락사무소를 개성지역에 설치하기로 하였다.
   ④ 남과 북은 민족적 화해와 단합의 분위기를 고조시켜 나가기 위하여 각계각층의 다방면적인 협력과 교류 왕래와 접촉을 활성화하기로 하였다. 안으로는 6.15를 비롯하여 남과 북에 다 같이 의의가 있는 날들을 계기로 당국과 국회, 정당, 지방자치단체, 민간단체 등 각계각층이 참가하는 민족공동행사를 적극 추진하여 화해와 협력의 분위기를 고조시키며, 밖으로는 2018년 아시아경기대회를 비롯한 국제경기들에 공동으로 진출하여 민족의 슬기와 재능, 단합된 모습을 전 세계에 과시하기로 하였다.
   ⑤ 남과 북은 민족 분단으로 발생된 인도적 문제를 시급히 해결하기 위하여 노력하며, 남북 적십자회담을 개최하여 이산가족·친척상봉을 비롯한 제반 문제들을 협의 해결해 나가기로 하였다. 당면하여 오는 8.15를 계기로 이산가족·친척 상봉을 진행하기로 하였다.
   ⑥ 남과 북은 민족경제의 균형적 발전과 공동번영을 이룩하기 위하여 10.4 선언에서 합의된 사업들을 적극 추진해 나가며 1차적으로 동해선 및 경의선 철도와 도로들을 연결하고 현대화하여 활용하기 위한 실천적 대책들을 취해나가기로 하였다.

2. 남과 북은 한반도에서 첨예한 군사적 긴장상태를 완화하고 전쟁 위험을 실질적으로 해소하기 위하여 공동으로 노력해 나갈 것이다. 한반도의 군사적 긴장상태를 완화하고 전쟁위험을 해소하는 것은 민족의 운명과 관련되는 매우 중대한 문제이며 우리 겨레의 평화롭고 안정된 삶을 보장하기 위한 관건적인 문제이다.

   ① 남과 북은 지상과 해상, 공중을 비롯한 모든 공간에서 군사적 긴장과 충돌의 근원으로 되는 상대방에 대한 일체의 적대행위를 전면 중지하기로 하였다.
   당면하여 5월 1일부터 군사분계선 일대에서 확성기 방송과 전단살포를 비롯한 모든 대 행위들을 중지하고 그 수단을 철폐하며 앞으로 비무장지대를 실질적인 평화지대로 만들어 나가기로 하였다.
   ② 남과 북은 서해 북방한계선 일대를 평화수역으로 만들어 우발적인 군사적 충돌을 방지하고 안전한 어로 활동을 보장하기 위한 실제적인 대책을 세워나가기로 하였다.
   ③ 남과 북은 상호협력과 교류, 왕래와 접촉이 활성화 되는 데 따른 여러 가지 군사적 보장대책을 취하기로 하였다. 남과 북은 쌍방 사이에 제기되는 군사적 문제를 지체 없이 협의 해결하기 위하여 국방부장관회담을 비롯한 군사당국자회담을 자주개최하며 5월 중에 먼저 장성급 군사회담을 열기로 하였다.

3. 남과 북은 한반도의 항구적이며 공고한 평화체제 구축을 위하여 적극 협력해 나갈 것이다. 한반도에서 비정상적인 현재의 정전상태를 종식시키고 확고한 평화체제를 수립하는 것은 더 이상 미룰 수 없는 역사적 과제이다.

① 남과 북은 그 어떤 형태의 무력도 서로 사용하지 않는 데 대한 불가침 합의를 재확인하고 엄격히 준수해 나가기로 하였다.
② 남과 북은 군사적 긴장이 해소되고 서로의 군사적 신뢰가 실질적으로 구축되는 데 따라 단계적으로 군축을 실현해 나가기로 하였다.
③ 남과 북은 정전협정체결 65년이 되는 올해에 종전을 선언하고 정전협정을 평화협정으로 전환하며 항구적이고 공고한 평화체제 구축을 위한 남·북·미 3자 또는 남·북·미·중 4자회담 개최를 적극 추진해 나가기로 하였다.
④ 남과 북은 완전한 비핵화를 통해 핵 없는 한반도를 실현한다는 공동의 목표를 확인하였다.

남과 북은 북측이 취하고 있는 주동적인 조치들이 한반도 비핵화를 위해 대단히 의의 있고 중대한 조치라는 데 인식을 같이 하고 앞으로 각기 자기의 책임과 역할을 다하기로 하였다.

남과 북은 한반도 비핵화를 위한 국제사회의 지지와 협력을 위해 적극 노력하기로 하였다.

양 정상은 정기적인 회담과 직통전화를 통하여 민족의 중대사를 수시로 진지하게 논의하고 신뢰를 굳건히 하며, 남북관계의 지속적인 발전과 한반도의 평화와 번영, 통일을 향한 좋은 흐름을 더욱 확대해 나가기 위하여 함께 노력하기로 하였다.

당면하여 문재인 대통령은 올해 가을 평양을 방문하기로 하였다.

대북미 6·12 합의

참고 11

1. 미합중국과 조선민주주의인민공화국은 양국 국민들의 평화와 번영을 향한 염원에 부합하면서 새로운 북미관계를 수립하기로 약속하였다.
2. 미합중국과 조선민주주의인민공화국은 지속적이고 안정적인 평화체제를 한반도 내에서 구축하기 위한 노력에 협력하기로 하였다.
3. 2018년 4월 27일 발표된 판문점 선언의 구체적 실행을 재확인하며, 조선민주주의인민공화국은 한반도에서의 완전한 비핵화를 위해 노력하기로 약속하였다.
4. 미합중국과 조선민주주의인민공화국은 전쟁포로(POW; Prisoner of War)와 전시행방불명자(MIA; Missing in Action)에 대한 유해발굴과 신원 기확인자(이미 확인된 사람)에 대한 즉각적인 유해송환을 추진하기로 합의하였다.

9·19 평양공동선언

참고 12

대한민국 문재인 대통령과 조선민주주의인민공화국 김정은 국무위원장은 2018년 9월 18일부터 20일까지 평양에서 남북정상회담을 진행하였다.

양 정상은 역사적인 판문점선언 이후 남북 당국간 긴밀한 대화와 소통, 다방면적 민간교류와 협력이 진행되고, 군사적 긴장완화를 위한 획기적인 조치들이 취해지는 등 훌륭한 성과들이 있었다고 평가하였다.

양 정상은 민족자주와 민족자결의 원칙을 재확인하고, 남북관계를 민족적 화해와 협력, 확고한 평화와 공동번영을 위해 일관되고 지속적으로 발전시켜 나가기로 하였으며, 현재의 남북관계 발전을 통일로 이어갈 것을 바라는 온 겨레의 지향과 여망을 정책적으로 실현하기 위하여 노력해 나가기로 하였다.

양 정상은 판문점선언을 철저히 이행하여 남북관계를 새로운 높은 단계로 진전시켜 나가기 위한 제반 문제들과 실천적 대책들을 허심탄회하고 심도있게 논의하였으며, 이번 평양정상회담이 중요한 역사적 전기가 될 것이라는 데 인식을 같이 하고 다음과 같이 선언하였다.

1. 남과 북은 비무장지대를 비롯한 대치지역에서의 군사적 적대관계 종식을 한반도 전 지역에서의 실질적인 전쟁위험 제거와 근본적인 적대관계 해소로 이어나가기로 하였다.
    ① 남과 북은 이번 평양정상회담을 계기로 체결한 〈판문점선언 군사분야 이행합의서〉를 평양공동선언의 부속합의서로 채택하고 이를 철저히 준수하고 성실히 이행하며, 한반도를 항구적인 평화지대로 만들기 위한 실천적 조치들을 적극 취해나가기로 하였다.
    ② 남과 북은 남북군사공동위원회를 조속히 가동하여 군사분야 합의서의 이행실태를 점검하고 우발적 무력충돌 방지를 위한 상시적 소통과 긴밀한 협의를 진행하기로 하였다.

2. 남과 북은 상호호혜와 공리공영의 바탕위에서 교류와 협력을 더욱 증대시키고, 민족경제를 균형적으로 발전시키기 위한 실질적인 대책들을 강구해나가기로 하였다.
    ① 남과 북은 금년내 동, 서해선 철도 및 도로 연결을 위한 착공식을 갖기로 하였다.
    ② 남과 북은 조건이 마련되는 데 따라 개성공단과 금강산관광 사업을 우선 정상화하고, 서해경제공동특구 및 동해관광공동특구를 조성하는 문제를 협의해나가기로 하였다.
    ③ 남과 북은 자연생태계의 보호 및 복원을 위한 남북 환경협력을 적극 추진하기로 하였으며, 우선적으로 현재 진행 중인 산림분야 협력의 실천적 성과를 위해 노력하기로 하였다.
    ④ 남과 북은 전염성 질병의 유입 및 확산 방지를 위한 긴급조치를 비롯한 방역 및 보건·의료 분야의 협력을 강화하기로 하였다.

3. 남과 북은 이산가족 문제를 근본적으로 해결하기 위한 인도적 협력을 더욱 강화해나가기로 하였다.
    ① 남과 북은 금강산 지역의 이산가족 상설면회소를 빠른 시일내 개소하기로 하였으며, 이를 위해 면회소 시설을 조속히 복구하기로 하였다.
    ② 남과 북은 적십자 회담을 통해 이산가족의 화상상봉과 영상편지 교환 문제를 우선적으로 해결해나가기로 하였다.

4. 남과 북은 화해와 단합의 분위기를 고조시키고 우리 민족의 기개를 내외에 과시하기 위해 다양한 분야의 협력과 교류를 적극 추진하기로 하였다.
    ① 남과 북은 문화 및 예술분야의 교류를 더욱 증진시켜 나가기로 하였으며, 우선적으로 10월 중에 평양 예술단의 서울공연을 진행하기로 하였다.

② 남과 북은 2020년 하계올림픽경기대회를 비롯한 국제경기들에 공동으로 적극 진출하며, 2032년 하계올림픽의 남북공동개최를 유치하는 데 협력하기로 하였다.

③ 남과 북은 10.4 선언 11주년을 뜻깊게 기념하기 위한 행사들을 의의있게 개최하며, 3·1운동 100주년을 남북이 공동으로 기념하기로 하고, 그를 위한 실무적인 방안을 협의해나가기로 하였다.

5. 남과 북은 한반도를 핵무기와 핵위협이 없는 평화의 터전으로 만들어나가야 하며 이를 위해 필요한 실질적인 진전을 조속히 이루어나가야 한다는 데 인식을 같이 하였다.
① 북측은 동창리 엔진시험장과 미사일 발사대를 유관국 전문가들의 참관 하에 우선 영구적으로 폐기하기로 하였다.
② 북측은 미국이 6.12 북미공동성명의 정신에 따라 상응조치를 취하면 영변 핵시설의 영구적 폐기와 같은 추가적인 조치를 계속 취해나갈 용의가 있음을 표명하였다.
③ 남과 북은 한반도의 완전한 비핵화를 추진해나가는 과정에서 함께 긴밀히 협력해나 가기로 하였다.

6. 김정은 국무위원장은 문재인 대통령의 초청에 따라 가까운 시일 내로 서울을 방문하기로 하였다.

2 대량살상무기확산 방지구상(PSI)

① PSI는 WMD 및 운반수단(미사일)의 불법적인 거래를 막기 위해 참여국들이 자발적으로 협력해 여러 활동을 하는 협의체

② PSI는 지난 2003년 5월 미국의 주도 아래 11개국의 참여로 출발했으며, 현재는 한국과 미국, 일본, 러시아, 유럽연합 전 회원국(27개국), 호주, 뉴질랜드, 싱가포르 등 95개국이 정식 참여하고 있음. 한국은 2009년 북한의 제2차 핵실험 이후 참여함

③ 중국, 인도네시아, 파키스탄, 이집트 등은 불참하고 있음

④ PSI는 특정 국가를 대상으로 하는 것이 아니라 WMD 및 운반수단이 대상이며 불법적으로 WMD 및 운반수단을 거래하는 국가나 개인은 누구라도 대상이 됨

⑤ 참여국들은 평소에 전문가 회의, 합동훈련 등을 통해 정보교류 및 합동 대응 능력을 배양함

⑥ 대량파괴무기 및 운반수단의 불법적인 거래가 의심되는 상황이 발생했을 때는 다른 참여국과의 협조 아래 그러한 거래를 막기 위해 승선검색 등 적절한 조치를 취하게 됨

⑦ PSI는 새로운 법체계를 설립하는 것이 아니라 기존의 국제법과 국내법에 따라 활동하는 것이며, 이에 따라 국내법이 적용되지 않은 공해에서는 일반 국제법만이 적용되므로 특별히 예외적인 경우를 제외하고는 선박 국적국의 동의 없이 승선 또는 검색하는 것이 현실적으로 불가능함

⑧ 정부는 2005년부터 PSI 8개항 중 옵서버 자격으로 가능한 5개항(한·미 군사훈련에 WMD 차단훈련 포함, PSI 활동 전반에 걸쳐 브리핑 청취, PSI 차단훈련 브리핑 청취, 역내 차단 훈련 때 참관단 파견)에 참여함

⑨ 남북관계를 고려해 역외 차단훈련 물적 지원(선박 항공기) 제공, 역내 차단훈련 물적 지원 제공, PSI 정식 참여 등 3개항의 가입은 유보해왔으며, 정부의 전면 참여는 나머지 3개항에 참여한다는 것을 의미함

PSI 차단 원칙

① 단독 혹은 참가국 공동으로 WMD 이전/수송 차단을 위한 효과적 조치 수행
② 신속한 관련정보 교환 절차 확립
③ 관련 국내외 법령체계 강화를 위해 노력
④ WMD 관련 화물 수송 혐의가 있는 경우, 국내법·국제법에 따라 다음과 같은 조치 시행
　㉠ 확산 우려국/행위자의 WMD 관련 물자 수송/지원 금지
　㉡ 자체적으로 또는 타국의 요청에 따라 합리적인 혐의가 있을 경우, 영·공해 불문, 자국적 선박에 대해 승선·검색하고 사실로 확인 시 압류
　㉢ 타국 정부에 의한 자국적 선박의 승선·검색·압류에 동의함을 진지하게 고려
　㉣ 자국 내수/영해/접속수역에서 WMD·미사일 관련물자 수송 혐의 선박이 있을 경우, 동 선박에 대한 정선·검색·압류 조치 시행
　　- 동 조치가 시행될 수 있도록 미리 관련 조치 마련
　㉤ 자체적으로 또는 타국의 요청에 따라, WMD·미사일 관련물자 수송 혐의 항공기의 영공 경유/통과 시 착륙유도·검색·압류 실시
　　- 충분한 근거가 있을 경우 자국 영공 통과의 사전 거부
　㉥ 자국 항만·공항에서의 WMD 관련 환적·선적 시 관련물자 검색·압류

제 2 절　북핵 문제와 6자회담

1 제2차 북핵위기 발단과 전개 과정

1. 제2차 북핵위기의 발단

① 부시 행정부의 대북정책

　㉠ 부시 행정부는 대북정책을 전면 재검토하여 제네바합의는 북한의 완전한 핵포기를 얻지도 못하면서 경수로를 건설해주고 대북압박을 포기한 것이므로 현명하지 않다는 결론을 내림

- ⓛ 미국은 북한에 대해 경수로 핵심부품 인도 전 특별사찰의 조기 실시, 미사일 개발·시험발사·수출 포기, 재래식 병력의 일방 감축, 휴전선 인근에 배치된 군사력의 후방이동 배치 등을 요구함

② **북한과 미국의 갈등**
- ㉠ 북한은 미국의 압박에 대응하기 위해 중국과의 동맹적 우의를 강화하고 러시아와의 관계 정상화를 모색하면서 또 하나의 탈출구로써, 대북포용정책을 펼치고 있는 남한과의 경제협력을 모색함
- ㉡ 미국은 '선 핵포기, 후 대화' 노선을 견지하면서 관련국들을 동원하여 대북압박 수위를 높여갔고, 북한은 '핵포기와 불가침조약 동시 교환' 선까지 후퇴하면서 북미 직접 협상을 요구하는 동시에 긴장고조 조치를 단계적으로 취함
- ㉢ 미국이 2002년 11월 대북 중유공급을 중단하자, 북한은 미국이 제네바 핵합의를 사실상 파기하였다고 비난함
- ㉣ 미 해군이 2002년 12월 인도양 공해상에서 스커드 미사일을 선적한 북한 화물선을 국제법적 근거 없이 나포한 뒤 풀어주자, 북한은 12월 12일 핵동결 해제 및 핵시설 재가동을 선언하였고, 8천여 개의 폐연료봉 저장시설에 대한 봉인과 감시 카메라를 제거하였으며 IAEA 사찰단원을 추방하고, 2003년 1월에 NPT 탈퇴를 선언함

2. 3자·6자회담 개시에서 9.19 공동성명 도출까지

① **3자회담** : 2003년 4월 미·북·중 3자회담에서 북한은 이미 핵을 보유하고 있고 폐연료봉의 핵재처리도 진행 중이며, 미국이 북한의 체제를 보장해준다면 이미 개발한 핵무기를 양도하고 진행 중인 계획을 포기할 수 있으나, 그렇지 않으면 더 이상의 대화가 필요하지 않다는 벼랑 끝 전술을 구사함

② **6자회담**
- ㉠ 3자회담 직후 미국은 한국과 일본의 참여를 주장하고, 북한은 러시아의 참여를 주장하여 6자회담의 형태를 갖추게 됨
- ㉡ 2003년 8월 1차 6자회담에서 북핵 문제의 평화적·포괄적 해결, 한반도 비핵화, 북한 안보 우려 해소, 6자회담 지속 등 기본 원칙을 확인함
- ㉢ 2004년 6월 개최된 3차 6자회담에서 미국은 북한 핵폐기를 조건으로 대북 연료 지원과 안전보장을 제의함

③ **상황의 변화**
- ㉠ 부시 대통령은 재선에 성공한 후 북한 정권의 교체(regime change)나 전환(regime transformation)을 공언함
- ㉡ 미국의 선의를 믿기 어렵게 된 북한은 미국의 대북강경책 지속을 지적하면서 2005년 2월 핵보유를 선언함
- ㉢ 참여정부의 역할 : 참여정부는 한미 정상회담에서 북핵 문제의 외교적 해결방안을 재확인하고 200kw의 전력을 북에 공급할 수 있다는 대북 중대제안으로 북한의 6자회담 복귀라는 돌파구를 마련함

④ 9.19 합의
  ㉠ 한국 대표단은 북미가 견해차를 좁히고 접점을 찾도록 협상장에서 외교력을 발휘함
  ㉡ 중국은 북한에 경수로 제공을 제의하고, 경수로 자체에 반대하던 미국이 '적절한 시기'라는 문구 삽입을 전제로 경수로 제공을 수락함으로써 9.19 공동성명이 합의됨

⑤ 9.19 합의의 의의
  ㉠ 9.19 합의로 한반도 안보 상황은 대립, 갈등 국면에서 화해, 협력 쪽으로 방향을 전환했으며, 북핵문제의 평화적 해결 발판을 마련함
  ㉡ 이 합의는 남북한과 주변 4강국이 1953년 휴전 협정 이후 처음으로 한반도 안보 문제에 대해 다자 국제문서로 합의했다는 역사적 의의를 가짐
  ㉢ 미국이 북한과 평화공존을 약속하고 한반도평화체제를 논의하기로 하는 등 북한의 생존을 전제로 동북아 질서를 구상하고 있다는 점도 의미가 있음

3. 2.13 합의 도출

① 북미 간의 갈등
  ㉠ 미국은 북한의 불법자금 세탁을 문제 삼아 중국 방코델타아시아은행(BDA)의 북한 계좌에 대한 제재를 가하였고, 9.19 공동성명 합의 직후 경수로 제공조항에 대한 유보 입장을 밝힘
  ㉡ 북한은 대북 금융제재가 미국의 대북 적대시 정책의 지속을 입증한다며, 이것이 철회되지 않는 한 6자회담 복귀를 거부한다는 입장을 보임
  ㉢ 미국은 양자회담을 거부하면서 대량살상무기확산방지구상PSI의 대북적용 등 대북제재를 강화함

② 상황의 악화
  ㉠ 2006년 7월 북한은 미사일 7기를 시험 발사하였고, 유엔 안보리는 대북제재결의안을 채택하였으며, 미국과 일본은 대북압박과 제재를 강화함
  ㉡ 참여정부 역시 유엔 안보리 결의안을 지지하고 인도적 지원을 중단하는 동시에 외교적 노력도 강화함
  ㉢ 북한은 10월 지하 핵실험을 감행하였고, 유엔 안보리는 만장일치로 대북제재결의안을 채택함

③ 상황의 변화
  ㉠ 미 중간선거 이후 부시 행정부는 대북정책 기조를 북한 정권에 대한 도덕적 평가에 입각한 체제전환 도모와 압박에서 실용적 현실주의와 협상으로 전환함
  ㉡ 미국은 북한과의 직접 대화와 협상을 시도하고 단계적으로 주고받는 방식의 합의를 모색하며 '선 핵폐기' 강요를 접고 '행동 대 행동'의 교환을 받아들이게 됨
  ㉢ 북한은 200만KW의 전력지원을 요구하다 연간 중유 100만 톤 지원으로 입장을 바꾸었으며, 한국은 100만 톤을 받으려면 동결 이상의 조치가 필요함을 설득함
  ㉣ 2월 13일 9.19 공동성명의 초기 이행조치로서 북한의 핵폐쇄를 거쳐 불능화 단계까지의 상호행동 기본구도에 대한 6자 합의가 도출됨

4. 2·13 합의 내용

① 북한 핵문제
- ㉠ 북핵 문제와 관련해서는 60일 이내에 핵시설을 폐쇄 및 봉인하고 IAEA 요원을 복귀시키며, 모든 핵 프로그램의 목록 작성을 위한 협의를 시작함
- ㉡ 60일 이내에 중유 5만 톤 상당의 긴급 에너지를 지원함

② 관계 정상화
- ㉠ 미국 및 일본은 60일 이내에 북한과 관계 정상화를 위한 양자 대화를 개시함
- ㉡ 미측은 테러지원국 목록에서 북한을 삭제하고, 적성국 교역법 적용 종료 과정을 개시함

③ 대북지원
- ㉠ 북한이 모든 핵계획을 완전 신고하고 모든 현존하는 핵시설을 불능화(disablement) 하는 기간 중에 중유 95만 톤을 지원함
- ㉡ 지원 부담은 한국, 미국, 중국, 러시아가 균등 및 형평의 원칙에 따라 분담함

④ 실무회의 등
- ㉠ 6자회담 내에서 5개 실무그룹을 30일 이내에 구성함
- ㉡ 실무그룹은 한반도 비핵화, 미·북 관계 정상화, 일·북 관계 정상화, 경제·에너지 협력, 동북아 평화·안보체제를 각각 다룸
- ㉢ 초기 단계 조치 이행 완료 이후, 6자 장관급 회담을 개최함
- ㉣ 또한, 직접 관련 당사국 간 적절한 별도 포럼에서 한반도 평화체제 협상을 개시함

⑤ 2.13 합의의 의의
- ㉠ 2.13 합의는 9.19 공동성명 이후 최초의 구체적인 이행 합의로, 핵폐기 과정을 개시함으로써 향후 공동성명 이행의 기반을 마련함
- ㉡ 한국은 '행동으로 바로 실천 가능한 합의'를 주장하여 결국 대북지원 부담 균분 조항을 합의의사록에 명시하는 데 성공함
- ㉢ 2.13 합의는 한반도평화체제에 대한 협상 개최를 규정하였고, 동북아 다자안보 협력을 논의하도록 하는 등 한반도 및 동북아의 냉전구조 해체 및 항구적인 평화협력 구축 과정의 개시를 규정함

5. 10.3 합의와 제2차 남북정상회담

① **10.3 합의** : 9.19 공동성명 이행을 위한 2단계 조치에 대한 합의
- 북한은 핵시설의 연내 불능화와 핵 프로그램의 완전하고 정확한 신고를 약속하였고 미국은 정치, 안보적 보상조치로서 테러지원국 지정해제와 대적성국 교역법 적용 종료를 약속함

② 10월 4일 남북 정상들은 남북관계 발전과 평화번영을 위한 선언을 통해 9.19 공동선언과 2.13 합의 이행을 위해 공동으로 노력하고 한반도 평화체제 구축작업 착수를 위한 3자 또는 4자 정상들의 종전선언을 추진하기로 합의함

2 향후 전망 : 중장기 전망 시나리오

① **파국** : 이라크 사례

- 협상이 깨지고 북한이 핵과 장거리 미사일 개발을 지속하며 핵확산 의혹이 커지는 등 미국이 인내할 수 있는 한계를 넘어서는 태도와 행동을 보임으로써 결국 미국이 대북 군사행동에 나서는 경우

② **핵보유** : 파키스탄 사례

- 미국과 팽팽한 신경전을 벌이다가 미국이 어느 정도 지친 상태에서 북한이 핵확산은 안 하기로 공언하면서 사실상 핵능력을 보유하게 되는 경우

③ **그럭저럭 버티기(muddling through)**

- ㉠ 북한이 핵불능화는 하더라도 이미 추출한 핵물질에 대해서는 계속 전략적 모호성을 유지하면서 미국의 압박에 그럭저럭 버텨가는 양상
- ㉡ 명확히 핵능력을 갖추려는 노력은 자제하여 미국의 예봉은 피하되 그렇다고 핵포기를 하지도 않는 경우

④ **핵포기** : 리비아와 우크라이나 사례

- ㉠ 리비아 사례 : 이는 북한이 일방적으로 핵을 포기하고 그 진행 상황을 보아 미국과 여타 국가들이 상응하는 보상을 주는 경우
- ㉡ 우크라이나 사례 : 넌 – 루가 프로그램(Nunn-Lugar Program)에 따라 우크라이나는 자국 내에 배치된 구소련 핵무기를 러시아로 이전하면서 핵 과학자 및 기술자 교육과 재취업, 상당한 금전적 보상, 그리고 러시아로부터 안보보장 등을 미국에게서 얻어냄

제 3 절 한국의 대북전략

1 민족공동체 통일방안

① **기본 방향**

- ㉠ 민족공동체 통일방안은 '선 평화, 후 통일'의 논리에 근거를 두고 있으며 기본적으로 방어적이고 예방적인 의미가 있음

ⓒ 비정치적 측면에서부터 교류를 시작하고 점차 군사적·정치적 분야에 이르기까지 협상을 함으로써 과거 반세기 동안 굳어진 이질적 사회체제 간의 간격을 좁혀나간다는 원칙임

② **기본 원칙과 철학**

㉠ 민족공동체 통일방안은 자유민주주의 이념을 구현하는 통일을 지향함

ⓒ 민족공동체 통일방안이 지향하는 통일의 원칙은 자주, 평화, 민주통일
- 자주 : 통일을 우리 민족의 뜻에 따라 우리 민족의 역량에 의해 자주적으로 성취하는 것
- 평화 : 통일을 전쟁이나 상대방 체제의 전복을 통해서가 아니라 대화에 의한 평화적인 방법으로 성취하는 것
- 민주 : 민족 구성원 모두의 자유와 권리를 바탕으로 민주적인 방법에 의한 통일이어야 함

③ **과정** : 통일과정은 적대와 대립관계를 화해협력 단계로 전환한 다음, 경제·사회 공동체를 형성, 발전시키는 남북연합단계를 거쳐, 1민족 1국가의 통일국가를 완성하는 것임

④ **평가**

㉠ 긍정적 평가 : 민족공동체 통일방안은 통일까지의 단계별 과정을 제시하고 논리성을 확보한 점과 북한의 입장을 수용하려고 했다는 점에서 긍정적 평가를 받고 있음

ⓒ 부정적 평가 : 구체적인 실천적 측면에서는 북한의 실정과 남북관계의 현실을 도외시한 이론적 구상에 지나지 않는 것으로 평가되고 있음

2 대북 포용정책

1. 국민의 정부의 대북전략 : 햇볕정책

① **기본 입장** : 햇볕정책은 분단 상황의 평화적 관리, 교류와 협력을 통한 관계개선, 상호이익 및 민족 전체의 복리증진 등을 추구하며 궁극적으로는 민족의 염원인 평화통일의 달성을 그 기조로 함

② **목표** : 국민의 정부는 평화, 화해, 협력의 실현을 통한 남북관계 개선을 대북정책의 목표로 설정함

③ **원칙**

㉠ 북한의 어떠한 무력도발도 결코 용납하지 않음
- 전쟁 억제를 위한 확고한 안보태세를 유지하면서 무력도발에 대해서는 상응한 대응조치를 하겠다는 것을 분명히 함으로써 북한이 무력에 의존하는 대남전략, 전술을 포기하도록 하는 것임

ⓒ 북한을 해치거나 흡수할 의사가 없다는 것을 명백히 함
- 북한의 붕괴를 촉진하기보다는 남북 간의 평화공존을 통해 남북연합을 실현할 수 있는 여건을 조성해 나간다는 것임

ⓒ 남북 사이의 화해와 협력이 가능한 분야부터 적극 추진함

④ **추진전략**

㉠ 남북 간 대화를 통한 남북기본합의서를 이행, 실천함
　　　• 남북기본합의서는 남북한 당국이 분단 47년 만에 처음으로 화해와 불가침, 교류, 협력에 대해 합의한 것으로서 남북문제 해결의 기초가 되는 문건임
　　　㉡ 정경분리원칙에 입각한 남북경협을 활성화시킴
　　　• 남북경협은 경제 논리에 따라 기업의 자율적 판단을 존중하는 방향에서 추진함
　　　㉢ 남북이산가족 문제를 우선 해결함
　　　• 특히 이산가족 1세대의 고령화를 감안하여 남북이산가족 문제의 해결을 최우선적과제로 추진함
　　　㉣ 북한 식량문제 해결을 위하여 대북지원을 탄력적으로 제공함
　　　• 극심한 식량난을 겪고 있는 북한 동포를 돕기 위해 인도적 차원의 대북식량지원을 계속 추진함
　　　㉤ 한반도에 평화환경을 조성함
　　　• 주변국 및 국제사회와의 긴밀한 협력체제를 갖춤으로서 한반도 평화체제 구축 노력을 주도해 나감과 동시에, 동북아의 평화와 협력을 위해 주변국이 참여하는 지역안보협력체 구성도 추진해 나감

⑤ **평가**
　　　㉠ 국민의 정부는 평화, 화해, 협력의 실현을 통한 남북관계개선을 대북정책의 목표로 설정함
　　　㉡ 당장 실현 불가능한 통일보다는 평화정착을 통해 남북 간의 평화공존을 이루어 남북 간에 화해를 도모하고 협력을 추진함
　　　㉢ 안보보다는 포용에 역점을 두어 실질적으로 북한의 무력도발에 대해서는 단호한 태도를 보여주지 못했다는 평가가 있음
　　　㉣ 햇볕정책에 집착하여 북한의 핵개발 의혹과 간첩선 출몰 등에 적절히 대응하지 못함

2. 참여정부의 대북전략 : 평화번영정책

① **기본 입장**
　　　㉠ 주변 국가와 협력하여 당면한 북한 핵문제를 평화적으로 해결함
　　　㉡ 남북의 실질 협력 증진과 군사적 신뢰 구축을 실현하는 한편, 북미, 북일관계 정상화를 지원하는 등 국제적 환경을 조성함으로써 한반도 평화체제를 구축함
　　　㉢ 남북 공동번영을 추구하며 평화통일의 실질적 기반을 조성하고 동북아 경제중심 국가의 토대를 마련함

② **목표** : 한반도 평화증진과 남북한 공동번영 실현 및 동북아 공동번영 추구를 설정함

③ **원칙**
　　　㉠ 대화를 통한 문제 해결
　　　㉡ 상호신뢰우선과 호혜주의
　　　㉢ 남북 당사자 원칙에 기초한 국제협력
　　　㉣ 국민과 함께하는 정책 추진

④ **추진 전략** : 단기적으로 북한 핵문제 해결, 중기적으로 한반도 평화체제 구축, 장기적으로 동북아 경제중심국가 건설이라는 전략에 기반하고 있음

⑤ **평가**

- ㉠ 참여정부의 평화번영정책은 정책추진 원년인 2003년부터 대화를 통한 북핵문제의 평화적 해결을 최우선 과제로 설정하고 이를 위한 여건 조성에 주력하였음
- ㉡ 금강산 관광, 개성공단, 철도·도로 연결 사업 등 이른바 3대 경협사업을 축으로 남북관계를 진전시켜왔다고 평가할 수 있음
- ㉢ 북핵 문제의 평화적 해결과 한반도 평화정책의 토대를 마련하기 위한 9.19 공동성명 채택과 남북관계 개선 노력에도 불구하고 북한의 핵실험으로 인해 한반도 상황 및 남북관계는 다시 경색되었음

3 이명박 정부의 대북전략

① **기본 입장** : 실용주의 및 상호주의

- 국익 중심의 실용외교, 이념이 아닌 국익을 바탕으로 하는 실리외교, 정략적 고려가 아닌 국민적 합의에 기초한 외교를 대북정책의 기조로 하고 있으며, 이는 지난 10년간의 대북정책이 나라의 안보가 위협받는 상황에서 대북 유화정책에만 매달렸기 때문에 결과적으로 대북 포용정책은 성공하지 못했다는 인식에 기초하고 있음

② **전략** : 비핵, 개방, 3000 – 북한의 핵 포기와 경제지원의 연계

- 비핵, 개방, 3000이란 핵문제와 경제지원을 연계 시켜 북한이 핵 포기를 하면 한국은 대규모의 경제협력을 통해 북한의 1인당 국민소득을 3,000달러로 만들어준다는 구상

③ **목표** : 남북경협, 비핵화 및 북한의 개방

- 비핵, 개방, 3000을 통해 남북경협을 대북정책의 주요 목표로 상정하면서도, 비핵화와 북한의 개방이 최우선 정책 목표임을 분명히 하고 있음

④ **원칙** : 대북경협 추진 4원칙으로 제시한 북핵 문제의 진전, 경제성, 재정부담능력과 가치, 국민적 합의는 대북정책의 방향을 구체화한 원칙이라고 할 수 있음

⑤ **대북정책 방향**

- ㉠ 이명박 정부는 남북관계를 민족 간 특수 관계의 시각에서 보기보다는 좀 더 정상적관계로 접근하고 있음
- ㉡ 대북정책 방향도 기존의 포용 기조는 유지하되 무조건적인 지원이 아니라 북한의 변화를 촉진하는 데 초점을 맞추고 있음

4 박근혜 정부의 대북전략 : 한반도 신뢰 프로세스

1. 한반도 신뢰 프로세스의 의의

1) 한반도 신뢰 프로세스의 개념

① 한반도 신뢰 프로세스는 튼튼한 안보를 바탕으로 남북 간 신뢰를 형성함으로써 남북관계를 발전시키고, 한반도에 평화를 정착시키며, 나아가서 통일기반을 구축하려는 정책

② 북한의 무력도발을 용인하지 않는 튼튼한 안보태세를 구축함으로써 평화를 지키고, 나아가 북한이 신뢰 형성의 길로 나오게 함으로써 평화를 만들어 감

③ 남북 간의 신뢰 형성을 최우선으로 추진하면서, 신뢰 형성과 남북관계 발전, 한반도 평화정착, 통일기반 구축과의 선순환 모색

2) 추진 배경

① 악순환을 단절하고, 북한을 국제사회의 책임 있는 일원으로 견인
  ㉠ 북한의 도발 → 위기 → 타협 → 보상 → 도발의 악순환이 반복됨으로써 불안정한 평화와 대결 구도가 지속되는 남북관계 타파
  ㉡ 도발에는 강력히 대응하고, 국제적 기준과 모든 합의를 준수하는 관행을 만들어 지속가능한 평화를 구축

② 북한 핵문제 등 한반도 안보위기의 근원적 해결
  ㉠ 지난 20여 년간 우리 정부와 국제사회의 노력에도 불구하고 악화된 북한 핵문제 해결 필요성 증대
  ㉡ 신뢰 부재 상황에서의 일시적 해법으로는 북한 핵문제의 해결이 어려운 만큼 신뢰를 형성하여 근원적 해결을 추구

③ 과거 대북정책의 장점을 수용, 통합적 접근 모색
  ㉠ 대화·교류 중심의 포용정책과 원칙 중심의 대북정책 모두 북한의 의미 있는 변화를 이끌지 못했으며, 핵개발 및 도발 저지에 한계
  ㉡ 기존 대북정책의 한계를 극복하기 위해 새로운 접근법을 구사해야 할 시점이며, 이는 대북정책을 둘러싼 갈등 해소에도 기여

2. 한반도 신뢰 프로세스의 목표

① 남북관계 발전
  - 상식과 국제규범이 통하는 새로운 남북관계 정립
  - 호혜적 교류·협력과 남북 간 공동이익의 확대를 통해 경제·사회문화 공동체 건설 추구

② 한반도 평화정착
  - 남북협력과 국제협력의 균형을 통해 북한의 비핵화 달성

- 남북 간 정치·군사적 신뢰를 증진시켜 지속가능한 평화 정착

③ 통일기반 구축
- 통일을 주도적으로 이끌 수 있고, 실질적으로 대비할 수 있는 우리 사회의 역량 확충
- 한반도 통일 과정이 국제사회와의 협력을 통해 이뤄지는 것이며, 한반도와 국제사회 모두 윈–윈(win-win)하는 것임을 실감할 수 있게 함

3. 한반도 신뢰 프로세스의 추진 원칙

① 균형 있는 접근 : '안보와 교류·협력', '남북협력과 국제공조'의 균형적인 추진
- 유연할 때 더 유연하고, 단호할 때는 더욱 단호하게 정책의 중요 요소들을 긴밀히 조율하여 추진

② 진화하는 대북정책
- 북한의 올바른 선택을 유도하고, 남북 간 공동발전을 구현하는 방향으로 대북정책의 지속적 보완·발전·전개되는 상황에 맞춰 대북정책을 변화시킴으로써 한반도 상황을 능동적으로 관리

③ 국제사회와의 협력
- 국제사회와의 긴밀한 협의와 협력을 통해 한반도 안보위기를 해결
- 한반도 문제 해결과 동북아 평화협력 증진의 선순환 추구

4. 한반도 신뢰 프로세스의 추진 기조

① 튼튼한 안보에 기초한 정책 추진
- 강력한 억지력을 토대로 북한의 도발을 억지하고, 도발에 대해서는 응분의 대가를 치르도록 단호히 대응
- 다른 한편, 대화와 교류·협력의 창을 열어두고 남북관계를 발전시키려는 노력을 지속

② 합의 이행을 통한 신뢰 쌓기
- 남북 및 국제사회와의 기존 합의를 존중하고, 이행하는 것으로부터 신뢰 축적
- 실천할 수 있는 내용에 합의하고, 합의된 내용은 반드시 이행함으로써 신뢰 다지기

③ 북한의 '올바른' 선택 여건 조성
- 북한이 핵을 포기하고 국제규범과 의무를 준수하도록 견인
- 남북 간 신뢰에 기반한 대화와 교류·협력을 통해 북한의 변화 여건 조성

④ 국민적 신뢰와 국제사회와의 신뢰에 기반
- 시민사회로부터의 의견수렴 및 투명한 정보 공개와 정책 추진을 통해 국민적 공감대 강화
- 국제사회와의 긴밀한 협력을 통해 정책의 실효성 및 북한의 수용성 제고

5. 추진 과제

① 신뢰 형성을 통한 남북관계 정상화
- 인도적 문제 지속적 해결 추구
- 대화 채널 구축·기존 합의 정신 실천
- 호혜적 교류 협력 확대 및 심화
- 「비전 코리아 프로젝트」 추진

② 한반도의 지속가능한 평화 추구
- 확고한 안보태세 완비
- 북핵 문제 해결을 위한 다각적 노력
- DMZ 세계평화공원 조성
- 정치·군사적 신뢰 구축 추진

③ 통일 인프라 강화
- 「민족공동체통일방안」 발전적 계승
- 국민과 함께 하는 통일 추진
- 북한 주민의 삶의 질 개선 추구

④ 한반도 평화통일과 동북아 평화협력의 선순환 모색
- 통일에 대한 국제사회의 지지 확대
- 동북아의 지속가능한 평화와 발전 추구를 통해
- 궁극적으로 북한 문제 해결에 기여
- 북방 3각 협력 추진

5 문재인 정부의 대북정책 및 신남방·신북방 정책

1. 대북정책

1) 정책 비전

① **평화 공존** : 평화 공존은 남과 북 주민 모두가 핵과 전쟁의 공포에서 벗어나 온전한 일상이 보장되고 지속되는 것을 의미하며 평화 공존은 그 자체가 평화통일로 다가가는 과정임

② **공동 번영** : 함께 번영하는 한반도를 넘어 동북아 이웃 국가로 확장한 공동 번영 추구

2) 3대 목표

① **북핵 문제 해결 및 항구적 평화 정착** : 북핵 문제를 평화적으로 해결하고 불안정한 정전체제를 항구적 평화체제로 전환함

② **지속 가능한 남북관계 발전** : 상호 존중·화해 협력·신뢰 증진 등 남북 간 합의의 기본정신을 바탕으로 지속적으로 발전할 수 있는 남북관계 토대 마련

③ **한반도 신경제공동체 구현** : 남북이 공존·공영하는 하나의 시장을 형성하고, 3대 경제벨트 구축을 통한 한반도 신경제지도 완성

> **3대 경제벨트**
> ① 환동해권 : 원산·함흥, 항 단천, 나선, 러시아를 연결하는 에너지 자원벨트
> ② 환서해권 : 수도권, 개성·해주, 평양·남포, 신의주, 중국을 연결하는 교통·물류·산업벨트
> ③ 접경지역 : DMZ, 생태평화안보관광지구, 통일경제특구를 연결하는 환경·관광벨트

3) 4대 전략

① **단계적·포괄적 접근** : 북핵 문제는 제제, 압박과 대화를 병행해 나가면서, 단계적인 접근을 통한 평화적 해결 시도

② **남북관계와 북핵 문제 병행 진전** : 북핵 문제 해결과 남북관계 개선은 선후 또는 양자 택일의 문제가 아닌 상호 보완이 필요한 문제

③ **제도화를 통한 지속 가능성 화보** : 남북 간 합의의 법제화와 남북 간 기본협정 및 한반도 평화협정 체결을 통한 견고한 평화 구조 정착

④ **호혜적 협력을 통한 평화적 통일기반 조성** : 다양한 교류 협력을 확대하여 남북 공동체를 만들고 남북 모든 구성원들이 합의하는 평화적·민주적 방식의 통일을 지향함

4) 5대 원칙

① 우리 주도의 한반도 문제 해결

② 강한 안보를 통한 평화 유지

③ 상호 존중에 기초한 남북관계 발전

④ 국민과의 소통과 합의 중시

⑤ 국제사회와의 협력을 통한 정책 추진

2. 신남방정책 2020년 출제

1) 신남방정책의 의의

① 아세안과 인도 등 신남방 국가들과 정치·경제·사회·문화 등 폭넓은 분야에서 주변 4강(미국·중국·일본·러시아)과 유사한 수준으로 관계를 강화해 한반도를 넘어 동아시아, 전 세계 공동번영과 평화를 실현하고자 하는 문재인 정부 핵심 외교정책을 말함

② 사람(People)·평화(Peace)·상생번영(Prosperity) 공동체를 핵심 개념으로 하며, 2017년 11월에 '한-인도네시아 비즈니스포럼' 기조연설을 통해 공식 천명됨

③ 문재인 정부는 동북아플러스 책임공동체 형성을 국정과제로 삼아 평화의 기반을 확대하는 '평화의 축'으로서 동북아 평화협력 플랫폼을 구축하고, 동북아를 넘어서는 남방·북방 지역을 '번영의 축'으로 삼는 신남방정책과 신북방정책을 목표로 제시함

④ 신남방정책은 러시아, 몽골 등 유라시아 협력 강화를 위한 대륙전략인 '신북방정책'과 함께, '평화번영의 한반도'와 '신경제지도' 완성을 위한 핵심임

2) 필요성

① 신남방·신북방·한반도의 연계로 평화와 번영의 축 완성
- 유라시아 지역과의 경제협력(신북방정책)과 함께 '한반도 신경제지도'와 유기적 연계

② 새로운 세계 경제의 성장엔진
  ㉠ 평균연령 30세, 20억 인구(GDP 5.4조 달러)의 젊고 역동적인 성장 지역
  ㉡ 소비시장 연평균(CAGR) 15% 성장
  ㉢ 주 소비층인 중산층 인구의 지속적인 증가(2030년 5배 증가)

3) 신남방정책의 추진 전략

신남방정책의 본격적인 추진 체계로서 대통령 직속 정책기획위원회 산하의 '신남방정책특별위원회'를 설치함

4) 신남방정책의 비전과 3대 목표

① **비전** : 한-아세안 미래공동체 구현 - 사람 중심의 평화와 번영의 공동체

② **3대 목표**
  ㉠ 사람공동체 : 교류 증대를 통한 상호 이해 증진
  ㉡ 상생번영 공동체 : 호혜적, 미래지향적인 상생의 경제협력 기반 구축
  ㉢ 평화 공동체 : 평화롭고 안전한 역내 안보 환경 구축

5) 주요 추진 과제

① **사람공동체(People)**
  ㉠ 상호 방문객 확대
  ㉡ 쌍방향 문화교류 확대
  ㉢ 학생·교원·공무원 등 인적자원 역량 강화 지원
  ㉣ 공공행정 역량 강화 지원, 거버넌스 증진 기여
  ㉤ 상호 간 체류 국민의 권익 보호·증진
  ㉥ 삶의 질 개선 지원

② **상생번영 공동체(Prosperity)**

⊙ 무역·투자 증진을 위한 제도적 기반 강화

ⓒ 연계성 증진을 위한 인프라 개발 참여

ⓒ 중소기업 등 시장진출 지원

ⓔ 신산업과 스마트 협력을 통한 혁신 성장역량 제고

ⓜ 국가별 맞춤형 협력모델 개발

③ **평화공동체(Peace)**

⊙ 정상과 고위급 교류 활성화

ⓒ 한반도 평화 번영을 위한 협력 강화

ⓒ 국방·방산 협력 확대

ⓔ 역내 테러·사이버·해양 안보 공동대응

ⓜ 역내 긴급사태 대응 역량 강화

3. 신북방정책

(1) 신북방정책의 의의

① 문재인 정부는 평화의 기반을 확대하는 '평화의 축'으로서 동북아 평화협력 플랫폼을 구축하고, 동북아를 넘어서는 남방·북방 지역을 '번영의 축'으로 삼는 신남방정책과 신북방정책을 추진하고 있음

② 신북방정책은 평화를 기반으로 유라시아 국가와의 협력을 강화하는 대륙전략임

- 남·북·러 3각 협력(나진-하산 물류사업, 철도, 전력망 등) 추진기반을 마련하고 한·EAEU(유라시아경제연합) 간 FTA 추진과 중국 '일대일로' 구상 참여 등을 통해 동북아 주요국 간 다자협력을 제도화하고 나아가 한반도·유라시아 지역을 연계해 나가는 정책을 말함

③ 문재인 대통령은 2017년 9월 제3회 동방경제포럼에서 북방국가들과의 경제협력 확대, 특히 극동개발에 대한 적극적 참여에 중점을 둔 신북방정책을 발표함

(2) 신북방정책의 비전

1) 비전과 4대 목표

① **비전 : 평화와 번영의 북방경제공동체**

⊙ 해양과 대륙을 잇는 가교 국가 정체성 회복

ⓒ 새로운 경제 공간과 기회를 확장

ⓒ 동북아-한반도 평화 정착

ⓔ 동북아 책임공동체-한반도 신경제구상 실현

② **4대 목표**

⊙ 소다자협력 활성화로 동북아 평화기반 구축

ⓛ 통합네트워크 구축을 통한 전략적 이익 공유
　　ⓒ 산업협력 고도화를 통한 신성장동력 창출
　　② 인적-문화교류 확대로 상호 이해 증진

> **신북방 대상 국가**
>
> 러시아, 몰도바, 몽골, 벨라루스, 아르메니아, 아제르바이잔, 우즈베키스탄, 우크라이나, 조지아, 중국(동북3성), 카자흐스탄, 키르기스스탄, 타지키스탄, 투르크메니스탄

(3) 신북방정책 추진 내용

1) **북방경제협력위원회 출범(2017. 8)** : '평화와 번영의 북방경제공동체'를 비전으로 대통령 직속의 '북방경제협력위원회'가 출범함

2) **북방경제협력의 비전과 추진 방향 제시(2017. 12)**

　① 러시아 극동개발 협력을 위한 9-BRIDGE 전략 추진

> **9-BRIDGE**
>
> 1. 수산 – 어항·물류·가공시설 조성
> 2. 농업 – 연해주 농업기지 구축, 곡물저장시설 설치(사일로)
> 3. 전력 – 한·중·몽·일·러 광역전력망인 동북아 수퍼그리드 구축
> 4. 철도 – 시베리아횡단철도(TSR) 운송 활성화 및 TSR과 남북철도(TKR) 연결
> 5. 북극항로 – 북극항로 상업 이용 활성화 및 북극해 시장선도
> 6. 가스 – LNG 등 가스 협력 확대, 향후 남·북·러 가스관 연결
> 7. 조선 – 극지이동 쇄빙 LNG 운반선 건조 및 조선소 건설
> 8. 항만 – 극동지역 항만 건설/현대화
> 9. 산업단지 – 연해주 공단 조성 등

　② 유라시아 경제권의 3대 권역 구분과 지역별 차별화된 전략 추진
　　⊙ 동부권역(러시아 극동, 중국 동북3성 지역) : 한·러 협력을 통해 극동개발 협력 사업 추진
　　ⓛ 중부권역(중앙아시아, 몽골) : 성장잠재력이 큰 자원개발, 인프라 분야 협력 지속 강화
　　ⓒ 서부권역(러시아 서부, 우크라이나, 벨라루스 등) : 대학, 연구소 및 공공기관 등 연구기반을 활용한 기술협력 및 공동투자
　③ 유라시아 국가와 경협확대를 위한 제도·금융 인프라 구축
　④ 문화·인력 등 다양한 분야로 협력 및 교류 확대

⑤ 기업 애로사항 해소 지원

3) **신북방정책 로드맵 발표(2018.6)** : 소다자 협력 활성화로 동북아 평화기반 구축 - 북한 비핵화 진전과 대북제재 완화 등 여건 조성 시 북·중·러 접경 지역에서 소다자 협력사업 활성화로 남·북 경제협력의 안정적 여건과 동북아 평화기반 구축

① 초국경 경제협력

② 환동해 관광협력

- **통합 네트워크 구축을 통한 전략적 이익 공유** : 북방경제권과 물류·에너지 측면에서 연결망을 구축해 성장잠재력을 확대하고 호혜적 이익 창출

③ 유라시아 복합물류망 구축

④ 동북아 수퍼그리드 구축

⑤ 한-러 천연가스 협력

⑥ 북극항로 진출

- **산업협력 고도화를 통한 신성장동력 창출** : 4차 산업혁명 대응과 산업구조 다각화를 지원하기 위한 협력플랫폼 구축, 주민의 삶의 질 향상을 위해 환경·의료·ICT 등에서 우리의 발전 경험 공유

⑦ 한-러 혁신 플랫폼 구축

⑧ 인프라·환경 협력 확대

⑨ 4차 산업혁명 대응 산업협력 강화

⑩ 금융 접근성 강화

⑪ 보건의료 및 헬스케어 산업협력 확대

⑫ 농수산 분야 신출 활성화

- **인적·문화교류 확대로 상호 이해 증진** : 코리아 프리미엄 창출을 위하여 문화·체육·관광 교류를 확대하고 지속가능한 경제협력이 가능하도록 지역전문가 양성

⑬ 문화·체육·관광 협력 확대

⑭ 대학·청년·학술단체 교류 및 인력 양성

제 4 절 남북통일방안

1 주변 국가의 한반도 정책

1. 미국

① 미국의 한반도 정책은 기본적으로 한반도에서의 전쟁 발발을 억제하고 안정을 유지하는 데 초점을 두고 한미동맹과 전진배치 전략을 근간으로 추진되어 왔음

② 탈냉전 이후 미국은 한미동맹 관계가 미국의 동북아 정책에서 근간을 이루고 있다는 점을 강조하면서 동북아 지역에서의 한국의 역할을 중시하고 있으며, 한미동맹의 지역동맹화를 추진하면서 주한미군의 역할을 재조정하고, 한반도에서의 비핵화정책과 핵우산정책을 병행 추진하고 있음

2. 일본

① 일본의 한반도에 대한 정책 목표는 한반도의 위기 상황을 방지하는 가운데 정치, 경제적 영향력을 확보하는 것으로 요약될 수 있음

② 일본은 안보 차원에서 한반도의 평화, 안정이 동북아의 안정에 중요하며 북한이 한국에 대해 위협요인으로 존재하는 한 일본에 대해서도 잠재적인 위협요인이 된다는 인식하에 한일 우호협력 강화를 한반도 정책 기조로 삼고 있음

3. 중국

중국의 한반도 정책은 자국 중심의 새로운 동북아 질서 형성이라는 목표 하에 한반도의 안정, 현상 유지, 한국과 경제교류·협력 강화, 한반도 문제에 대한 영향력 확대, 대북지원을 통한 유리한 안보 환경 조성 등을 주요한 한반도 정책으로 삼고 있음

4. 러시아

러시아의 한반도 정책의 목표는 한반도의 평화와 안정 유지, 한국과의 경제 교류를 통한 실익 추구, 북한에 대한 영향력 복원, 한반도에 대한 영향력 확대 등임

2 평화 번영을 위한 대북정책

1. 한국의 통일방안

(1) 통일정책의 기조

민주적 절차에 의한 통일과 민족 성원 모두의 자유와 인권 및 민족의 번영이 보장되는 통일 추진 등

(2) 통일방안의 변천과 정책발전 과정

① **평화통일 3대 기본 원칙(1974. 8. 15)** : 선 평화, 후 통일론
　　㉠ 평화통일을 위해서 한반도의 평화정착, 남북대화 및 교류가 필수적임
　　㉡ 남북 총선거를 위해서 남북 간의 신뢰 조성과 동질화가 촉진되어야 함
　　㉢ 총선거 실시는 공정한 선거관리와 감시하에 이루어져야 함

② **민족화합 민주 통일방안(1982. 1. 22)** : 5 공화국 정부는 통일은 민족자결의 원칙에 의거하여 겨레 전체의 의사가 골고루 반영되는 민주적 절차와 방법에 의해 성취되어야 한다고 하였음

③ **한민족공동체 통일방안(1989. 9. 11)** : 6 공화국 정부는 남북 간의 교류와 협력을 통해 먼저 민족공동체를 회복 발전시키고 이를 바탕으로 정치적 통일이 이루어질 수 있는 상황을 만들어나가야 한다는 요지의 한민족공동체 통일방안을 발표하였음

④ **민족공동체 통일방안(1994. 8. 15)** : 화해협력단계, 남북연합단계, 1민족 1국가의 통일완성단계로 이어지는 통일의 3단계 과정을 제시하였음

⑤ **민족통일방안의 계승과 화해협력정책** : 1998년 출범한 국민의 정부와 2003년 출범한 참여정부는 1989년 공식적인 통일방안으로 제시된 한민족공동체 통일방안과 1994년에 이를 재확인한 민족공동체 통일방안을 대한민국의 통일방안으로 계승하였음

(3) 평가

한국의 통일방안은 점진적 접근 방법만이 통일을 가져올 수 있다는 전제하에 선 평화 정착, 후 평화 통일의 입장을 체계화한 것으로서 기능주의적 시각에 기초한 통일방안이라고 평가할 수 있음

2. 북한의 통일방안

(1) 북한의 대남전략 기조

하나의 조선이라는 통일관에 기초한 남조선 혁명을 대남 전략의 기조로 하고 있음

(2) 북한의 통일방안 변천 과정

① **고려민주연방공화국 창립방안** : 북한은 1980년 10월 기존의 통일방안과 제안들을 다시 정리한 고려민주연방공화국 창립방안을 제시하였는데 그 내용은 자주적 평화통일을 위한 선결조건, 연방제의 구성원칙과 운영원칙, 10대 시정방침 등으로 나눌 수 있음

② **1민족 1국가 2제도 2정부에 기초한 연방제** : 통일국가의 형태는 남북 두 정부가 동등하게 참가하는 연방국가이며, 제도통일은 후대에 일임하자는 것임

③ **6.15 남북공동선언 이후의 낮은 단계의 연방제 안** : 1민족 1국가 2제도 2정부의 원칙에 기초하되 남북

의 현 정부가 정치, 군사, 외교권을 비롯한 현재의 기능과 권한을 그대로 보유한 채 그 위에 민족 통일기구를 구성하자는 것임

(3) 평가

북한의 통일전략은 선 남조선 혁명, 후 공산화 통일 노선으로 체계화하여 전개되어 왔고, 김일성 주체사상이 북한체제 내에서 유지되는 한 사회주의 체제에 의한 조국통일이라는 북한의 전략이 쉽게 변하기는 어려울 것으로 생각됨

---

3 통일 과정

① 화해 협력
- ㉠ **남북관계의 안정적 발전** : 남북 간의 대화, 교류, 협력의 다양화·활성화, 군사적 신뢰 구축, 북핵 문제의 해결 방향 합의 등에 의해 남북관계가 향후 안정적으로 발전할 수 있는 여건을 조성해야 함
- ㉡ **평화·협력 강화** : 남북 간의 대화, 교류, 협력이 심화·발전되고 군사적 신뢰 구축 조치가 본격적으로 추진되며 북핵 문제에 대한 합의가 이행됨
- ㉢ **평화·협력 정착** : 남북 간의 대화, 교류, 협력이 일상·제도화되고 평화협정 체결 및 이행, 이를 국제적으로 보장할 평화관리기구가 운영되며 북핵문제가 완전히 해결됨

② 남북연합헌장 채택 : 남북 간에 남북연합헌장이 채택되어 남북연합이 형성되는 단계로 이행됨

③ 남북연합
- ㉠ **연합체제 형성** : 남북이 각기 대외적 주권을 유지하면서 남북정상회의(최고 의결 기구), 각료회의(행정), 평의회(입법) 등을 통해 남북 간 제반 문제를 협의·해결하며 단계적 군축이 추진됨
- ㉡ **경제·사회 공동체 실현** : 남북 공동시장을 형성하여 남북 간 경제력 격차를 축소하고 다방면에 걸친 대북투자의 확대 및 재정·금융정책의 조정을 통해 화폐·금융통합의 기반을 조성하고, 남북 공동생활권을 형성함으로써 사실상의 통일 상태를 실현하는 단계임
- ㉢ **제도적 통일 준비** : 남북한의 상이한 체제가 점차 동질화되면서 하나의 국가로 통합될 수 있는 여건이 마련되며, 통일헌법안과 통일국가의 정부와 국회 형태, 총선거 실시 방법·시기·절차 등을 마련하고 법적·제도적인 통일을 준비하는 단계임

④ 총선거에 의한 통일헌법 채택 : 남북 총선거에 의해 통일헌법이 채택되면 한반도에 법적·제도적으로 통일국가가 나타나게 됨

⑤ 통일 실현 : 통일정부와 통일국회를 형성하여 1민족 1국가 1체제 1정부를 실현하고 나아가 정치, 군사, 경제, 사회, 문화 등 부문별 조직과 통합을 완성하는 단계임

제7장
최신 쟁점

제 1 절 세계화

1 세계화의 개념

> **세계화의 의미** [83]
>
> - 근대세계체제를 구성하고 있는 국가들과 사회들 사이의 연계 linkages와 상호연관의 다양성을 일컫는 것으로, 세계 한 부분의 사건, 결심, 활동이 멀리 떨어진 세계의 다른 부분에 있는 개인들과 공동체에 중대한 결과를 가져오는 과정(앤서니 맥그루, Anthony McGrew)
> - 국가경제에서 세계적인 경제로의 통합과정(헬렌 밀너, Helen Milner)
> - 세계의 압축과 전체로서의 세계에 대한 의식의 강화(롤런드 로버트슨, Roland Robertson)
> - 한 지역에서 발생하는 일들이 멀리 떨어진 다른 지역에서 발생한 일들에 의하며 규정되는 방식으로 먼 지역들을 연계시켜 주는 범세계적 사회관계들의 강화(앤서니 기든스, Anthony Giddens)

① 세계화를 하나의 현상으로 보는 경우
  ㉠ 경제활동(생산이나 교환)이 국경을 넘어서 자유롭게 이루어지고 있는 현상, 정보사회의 출현과 그로 인한 문화와 의식의 지구화, 전 지구적 쟁점의 등장 등의 현상을 총칭하는 개념
  ㉡ 세계가 하나의 규범과 기준, 나아가 이념·기호·가치관 등을 갖게 되는 현상

② 세계화를 하나의 전략으로 보는 경우
  ㉠ 무한경쟁시대에서 생존하기 위한 국가들의 생존전략을 의미함
  ㉡ 세계화는 국정의 목표이며 국가의 생존전략에 해당함

2 세계화의 양상 2007년 출제

1. 생산과 판매의 세계화

① **생산의 세계화**: 생산이 전 세계적인 수준에서 일어나고 있으며, 가격경쟁에서 승리하기 위해 생산거점을 임금이 싼 국가로 옮기고, 비핵심부품은 아웃소싱을 통해 해외에서 조달해 오는 추세임

② **다국적기업의 비중 증대**
  ㉠ 다국적기업의 해외지사 매출은 전 세계 경제의 1/5을 차지

---

[83] 세계의 정치와 의미(2008), 한국방송통신대학교출판부, 207면

ⓒ 다국적기업의 내부거래는 전 세계무역의 1/3을 차지

ⓒ 제품의 개발과 기획 등의 핵심활동은 모국에서 하고, 생산은 인건비가 싼 국가에서 하도록 하는 등 기업 활동의 무대는 국경을 넘어 전 세계가 대상이 되고 있음

2. 금융의 세계화

① **국제금융거래의 양적 증가** : 1일 외환 거래량이 1조 달러, 1일 주식 거래량은 1조 5,000억 달러에 육박함

② **자본의 국제적 흐름 가속화**

ⓐ 해외투자가 전 세계적으로 급격히 증가함

ⓑ 자본 이동에 대한 국가 통제의 완화 : 과거 자본의 이동이 국가에 의해 철저히 통제되던 것과 비교하면 혁명적인 변화임

③ **1990년대 이후 금융의 세계화가 나타나게 된 이유**

ⓐ 1980년대부터 주요 선진국에서 나타난 금융 및 자본의 자유화

ⓑ 은행들이 전통적인 여·수신업무에서 증권이나 보험 등의 업무까지 진출하게 되고, 금융기관에 의한 해외증권발행과 국제적 거래도 증가하고 있음

ⓒ 1970년대부터 선진국에서 진행된 자본시장의 자유화가 1990년대에 들어와서 개발도상국에서도 급속히 진행됨

ⓓ 정보통신 분야에서의 혁명적 기술발전은 국제적 금융거래를 가능케 함

④ **초국적 자본의 등장**

ⓐ 거대한 투기성 자본이 좀 더 높은 이윤을 찾아 전 세계로 이동하고 있음

ⓑ 초국적 투기자본의 존재는 안정적 국제금융질서에 커다란 위협이 되고 있음

ⓒ 1997년의 아시아 금융위기, 1998년 러시아 금융위기, 그리고 1999년 브라질 금융위기는 금융의 세계화의 부정적 결과가 현실화된 사건임

⑤ **투기자본에 대한 대응 방식**

ⓐ 자본의 이동을 통제하는 방안 : 통제의 방법은 다양한데, 자국에 들어온 자본에 대해서 일정 기간 이동을 금지하는 방안이나 자본이 이동할 때마다 세금을 부과함으로써 단기 이동을 억제시키는 방안이 있음

ⓑ 국제금융을 관리하는 체제를 만드는 방안 : 금융의 세계화에 대비하여 위험을 최소화시키는 국제적 체제를 마련해야 한다는 입장

3. 문화의 세계화

① **통신매체의 혁명적 발전**

ⓐ 전 세계의 인구가 유사한 관심, 기호, 문화를 공유할 수 있게 하는 기반을 제공함

ⓑ 지구적 차원의 문화적 공간대가 형성될 수 있는 시대이 도래

ⓒ 문화의 세계화에서 핵심적 역할을 하는 것은 다국적 미디어들임

　ⓔ 문화의 세계화는 기호, 소비유형, 가치관의 동질화 현상을 초래하고 있음

③ **문제**

　㉠ 문화의 세계화가 미국과 같은 강대국의 주도로 이루어지면서 문화제국주의로 불리는 문화의 종속현상으로 나타나고 있음

　㉡ 문화의 세계화는 콘텐츠를 생산하는 강대국의 영향력을 강화시키며 강대국의 가치관, 규범, 기준들이 문화적 약소국에 강요되는 부작용을 가져옴

> **문화다양성협약(Convention on the Protection of the Diversity of Cultural Contents)** 　참고
>
> **1. 채택 과정**
> ① 세계문화부장관회의(INCP)와 문화 다양성을 위한 국제네트워크(INCD)는 2002년 10월 남아공에서 열린 INCD-INCP 총회에서 '국제문화협정' 초안을 마련함
> ② 3년에 걸친 논쟁을 거쳐 2005년 10월에 유네스코는 문화다양성협약(Convention on the Protection of the Diversity of Cultural Contents)을 채택함
>
> **2. 주요 내용**
> ① 문화다양성협약에서는 문화를 상품이나 소비재로 취급해서는 안 된다는 것을 강조하며, 특히 개발 과정에 있는 사회가 문화적 표현의 다양성을 보호하고 증진하기 위한 역량을 키울 수 있도록 지구적 공동 협력으로 국제적 연대를 강화하는 것을 목적으로 함
> ② 문화다양성협약에 따르면, 국가는 유엔헌장과 국제법의 원칙에 따라 자국 영토 내에서 문화적 표현의 다양성을 보호하고 증진하기 위한 조치와 정책을 채택하는 주권을 지님
> ③ 국가는 문화 활동, 상품 및 서비스에 사용되는 언어에 대한 조치를 포함해, 당사국 영토 내의 모든 문화 활동, 서비스 및 상품 가운데 자국의 것이 창조, 생산, 보급, 배포 및 향유되도록 적절한 조치를 취할 수 있음
> ④ 한국을 비롯한 148개국이 찬성하고 미국과 이스라엘은 반대함 : 미국 영화산업이 세계시장의 85%를 점유하고 있기 때문에 미국이나 실력자 그룹인 유대인은 반대함
>
> **3. 의의**
> ① 이 협약은 초강대국이나 초국적 미디어 기업이 세계문화시장을 점령함으로써 각국의 고유문화가 쇠락해 가는 현실에 대한 걱정에서 나왔으며, 문화가 교역이 아니라 교류의 대상이라는 것을 확인함으로써 문화는 사적 재화가 아니라 공공재라는 것을 선언함
> ② 문화를 전적으로 시장경쟁력과 같은 자유 시장 논리로만 접근하는 것은 적절하지 않다는 입장이 국제법적 보호를 받게 됨

3 세계화의 정치적 영향

① **경제적 측면**
  ㉠ 경제의 개방화를 근간으로 하는 세계화는 국가경제가 보호막 없이 외부의 충격에 노출된다는 것을 의미함
  ㉡ 후진국들은 세계경제의 주기에 국내경기가 크게 좌우되고 경제주권을 행사하기 어려운 경우들을 경험함

② **국가에 대한 도전**
  ㉠ 세계화는 국가라는 존재에 대한 중요한 위협으로 부상함
  ㉡ 범지구적 수준의 상호종속 증대는 국가가 담당했던 국경 내 활동을 통제할 수 있게 해주던 정책수단을 무력화시킴
  ㉢ 초국적자본의 흐름은 전통적으로 국가경제를 운용하던 효과적 수단인 환율, 물가정책 등에 관한 정부정책의 효과를 크게 감소시킴

③ **새로운 행위자의 등장** : 국제비정부기구, 초국적기업, 국제기구 등의 역할이 증가하고 환경이나 국제적 범죄, 문화 등 범지구적 쟁점이 등장함

④ **사회적·정치적 측면**
  ㉠ 세계화는 시장논리를 신봉하고 경쟁력을 지상의 목표를 삼는 신자유주의적 이데올로기를 근간으로 함
  ㉡ 신자유주의적 경제정책은 사회적 불평등, 실업, 사회적 안전망이 사라진 잔인한 사회를 초래함
  ㉢ 경제의 세계화는 결과적으로 거대한 하층 계급을 양산하고 있음

⑤ **민주주의에 대한 영향**
  ㉠ 세계화가 주권국가의 영향력을 감소시킴으로써 권력의 국가 집중을 완화하고 사회세력의 영향력을 증대시킴으로써 민주주의에 긍정적인 영향을 미칠 것이라는 견해가 있음
  ㉡ 일반적인 견해 : 경제적으로 시장의 우월성과 시장논리의 신봉을 바탕으로 하는 세계화는 민주주의에 중대한 도전이 되고 있다는 입장임
    • 세계화는 국제자본의 영향력을 강화시키면서 반대급부로서 시민들의 권리를 위협하고 있음
    • 시장원리의 신봉에 따라 사회적·경제적 약자에 대한 국가의 보호가 점차 사라지면서 정치·경제적 불평등이 심화되고 있음
    • 국가의 보호기능의 약화와 초국적 행위자의 이익을 보호하는 국가의 행위는 필연적으로 사회적 약자들의 저항을 초래할 것임

⑥ **세계화와 안보 - 골든 아치(Golden Arch) 이론**
  ㉠ 토머스 L. 프리드먼 (Thomas L. Friedman)은 그의 저서 '렉서스와 올리브나무(The Lexus and the Olive Tree)'에서 맥도날드 로고인 골든 아치가 있는 국가끼리는 전쟁을 하지 않는다고 주장함
  ㉡ 맥도날드 매장이 있다는 것은 시장이 개방되어 있다는 것이고, 이들 국가 간에는 상업적 교류가

형성되어 있기 때문에 해당 국민들은 전쟁을 원치 않아 전쟁 위험이 줄어든다고 주장함

⑦ **세계와의 역전 가능성**
- ㉠ 코로나의 확산으로 인간 이동의 제한과 글로벌 공급망의 타격과 제한, 국내 생산화(reshoring)가 진행되고 있음
- ㉡ 토머스 L. 프리드먼(Thomas L. Friedman)은 'Before Corona 19와 After Corona 19'라는 논의를 통해 코로나 19 이후의 세계는 코로나 19 이전의 세계와 다를 것이라고 주장
- ㉢ 스티븐 왈트(Stephen Walt)는 향후의 세계는 '덜 개방화되고, 덜 번영하며, 덜 자유로워질 가능성이 커졌다'고 주장함
- ㉣ 트럼프의 TPP 탈퇴, 파리협약 탈퇴, 리쇼어링, 중상주의적 무역정책 등도 미국의 탈세계화 현상의 하나라고 주장되기도 함

제 2 절 사이버 전쟁과 드론

1 사이버 전쟁의 전개 과정

① **사이버 전쟁의 1단계 공격**
- ㉠ 컴퓨터 바이러스를 적성국의 전화국에 침투시키는 일로부터 시작됨
  - 컴퓨터 바이러스에 감염된 전화교환기의 잦은 불통 또는 고장으로 기간통신망이 기능을 상실하게 됨
- ㉡ 다음 단계로는 컴퓨터 논리폭탄(logic bomb)과 전자펄스폭탄을 사용하여 주요 정부기관의 컴퓨터 시스템을 파괴함
  - 논리폭탄으로 상대 국가의 항공교통 관제시스템과 철도노선 배정시스템의 컴퓨터를 마비시키면 비행기들은 엉뚱한 공항에 착륙하고 군수물자를 실은 화물열차들은 엉뚱한 행선지로 달리는 사태가 야기됨
  - 적성국의 수도에 침입한 특공대원들이 손가방 크기의 전자펄스(EMP) 폭탄을 중앙은행 근처에 놓아두게 하면 그 건물에 있는 모든 전자부품을 녹여 버리기 때문에 금융·전산 시스템의 기능이 무력화됨

② **사이버 전쟁의 2단계 공격 : 심리전**
- ㉠ 심리전은 공군과 육군에 의해 수행됨

ⓒ 먼저 공군이 전파 방해를 하여 상대방 육군의 통신장비를 무용지물로 만듦
　　ⓒ 육군은 사이버 전쟁의 승리를 담보하기 위해 국영 텔레비전 방송국의 전파를 방해하여 가짜 프로그램을 방송시킴

③ **사례**

- ㉠ 달빛 미로(Moonlight Maze) 사건 : 1998~99년, 미국 국방부(펜타곤)와 항공우주국(NASA) 컴퓨터가 1년 넘게 해킹당해 핵무기 정보가 유출됨
- ㉡ 1999년 3월부터 6월까지 나토군이 코소보를 폭격하자 유럽의 해커들이 나토 컴퓨터에 디도스(DDoS), 곧 분산 서비스 거부(Distributed Denial of Service) 공격을 가함
  - 디도스는 해커가 고의로 불특정 다수의 컴퓨터를 악성 코드(바이러스)로 감염시킨 뒤 이 컴퓨터를 원격 조종하여 악성 코드가 지정한 시간에 특정 웹사이트에 동시다발적으로 접속을 시도하게 함으로써 특정 사이트가 과부하로 접속 불능 상태가 되어 서비스를 하지 못하게끔 공격하는 사이버 테러 행위임
- ㉢ 1999년 8월, 중국의 해커가 대만 정부의 웹사이트에 중국 국기를 내걸고 중국 영토라고 선포하자 격분한 대만 해커들이 중국 정부기관 웹사이트를 공격함
- ㉣ 2000년 10월, 이스라엘과 팔레스타인의 해커들이 4개월간 상대국 주요 기관의 웹사이트를 무차별 공격함
- ㉤ 2001년, 미국 정찰기와 중국 전투기가 충돌한 사건을 빌미로 해커들이 나서서 상대 국가를 공격함
- ㉥ 2007년 4월, 에스토니아 공화국의 정부, 언론, 방송, 은행의 전산망이 일제히 디도스 공격을 받음
- ㉦ 2008년 8월, 러시아 탱크가 그루지야공화국을 침공할 때 러시아 해커들은 그루지야의 정부와 금융 사이트에 디도스 공격을 가해 사회를 마비시킴
- ㉧ 2009년 1월, 러시아 해커들은 키르기스스탄에 있는 미국 공군기지 사이트를 공격함
- ㉨ 2009년 7월 7일, 디도스 공격으로 청와대, 조선일보, 신한은행 등 국내 주요 기관과 백악관, 국무부, 야후 등 미국 사이트가 피해를 입음
- ㉩ 이란에 대한 사이버 공격 : 2010년 이란 핵시설에 대한 스틱스넷 공격은 미국과 이스라엘이 이란의 핵 개발을 저지하기 위해 감행한 사이버 작전으로 알려짐
- ㉪ 3.20 APT 공격 : 2013년 한국의 KBS, MBC, YTN 3개 방송사와 신한, 농협, 제주은행 3곳 등 6곳에 대한 사이버 공격으로 총 3만2천여 대의 컴퓨터 시스템이 악성코드에 감염되었고, 1만6천2백여 대의 CD/ATM이 손상되었으며 저장된 데이터가 파괴됨
- ㉫ 한수원 해킹 : 2014년 12월부터 약 3개월간 한수원 자회사와 한수원 은퇴자 모임에 대한 해킹을 통해 발전소의 설계도, 한수원 직원 이메일 주소와 패스워드, 그리고 전화번호부가 포함된 94개의 파일을 수집한 후, 악성코드 'KIMSUKY'를 포함한 피싱 이메일을 한수원 직원 3,571명에게 발송하여 PC의 하드디스크를 파괴함
- ㉬ 워너크라이 공격 : 2017년 5월 12일 랜섬웨어 'WANNACRY'가 전 세계를 강타했는데 공격자는 웜을 대상 컴퓨터에 감염시킨 후, 파일을 암호화하여 감염 컴퓨터당 미화 300달러에 상당하는 비트코인을 요구함

2 사이버안전을 위한 국제적 협력 [84]

1. UN Group of Governmental Experts(GGE)

① GGE는 사이버 공간에서 국제평화와 안보 문제를 다루기 위해 1998년 러시아의 제안으로 시작됨

② UN 산하 제1군축위원회의 소속으로 5개 상임이사국을 포함하며 대륙 간 분배에 따라 처음에는 15개국으로 구성되었으나 최근에는 25개국으로 확대됨

③ **활동 내용**

 ㉠ 2013년 제3차 회의에서 회원국은 UN 헌장이 사이버 공간에서도 유효함을 합의함

 ㉡ 제4차 회의에서는 현 국제법과 국제규범의 기본 원칙인 국가주권, 주권평등, 분쟁의 평화적 해결, 무력사용금지, 국내문제 불간섭, 인권과 기본적 자유의 존중 등의 사이버 공간 적용을 재확인함

 ㉢ 국가주권, 국가대응범위, 국제인도법을 사이버공간에 구체적으로 적용하기 위한 원칙과 규칙의 제정을 둘러싸고 논쟁 중임

2. Shanghai Cooperation Organization(SCO)

① SCO는 현재 사이버 거버넌스와 국제 사이버 안전협력논의에서 비서방국가들의 구심점이 되기 위해 노력하고 있음

② SCO 회원국들은 이집트 등 북아프리카와 중동에서 권위주의 정권에 대한 민주화 요구 후 국가체제를 위협하는 정보유통에 대한 단속을 강화하고 있음

③ 테러리즘, 극단주의, 분리주의를 경계하고, 이를 위해 국가주권이 사이버공간에서도 적용될 것을 주장하고 있으며, 사이버공간의 군사화를 반대하고 있음

3. 탈린매뉴얼(Tallinn Manual) [2019년 출제]

① NATO의 CCDCOE(Cooperative Cyber Defense Centre of Excellence)가 20여 개국의 학자들을 초정하여 2013년과 2017년 두 차례에 걸쳐 탈린매뉴얼을 만듦

② 탈린매뉴얼은 UN 헌장, 국가책임법, 제네바와 헤이그조약 등 현재의 국제규범을 언제 어떻게 사이버 공간에 적용해야 하는지를 재해석하여 만든 사이버 분쟁에 관한 지침서임

③ 탈린매뉴얼 초판(2013)은 국가 간의 사이버 분쟁에 현재의 국제법을 적용하였으나, 개정판인 탈린매뉴얼 2.0은 무력사용의 수준에 이르지 않는 사이버 공격이 발생할 경우 각국이 어떤 대응조치를 할 수 있는 지까지도 규정하고 있음

④ 회원국이 합의한 것이 아니므로 구속력이 없으며, 서구의 시각으로 쓰인 것으로 비판을 받고 있음

---

[84] 국가안보에 대한 사이버 위협과 새로운 국제 사이버안전규범의 제안 - 신영웅

4. Council of Europe Convention on Cybercrime(CECC)

① 유럽범죄조약 또는 부다페스트범죄조약으로 알려진 세계 최초의 범죄조약으로 2004년 효력이 발생됨

② 2017년 현재 약 57개국이 회원국이며, 회원국에 대한 강제조항을 가지고 있고, 조약의 규정에 따라 회원국은 자국의 실체법과 절차법을 마련해야 함

③ CECC는 사이버 범죄에 대한 정의는 물론, 사이버 범죄가 증거를 파괴하거나 조작하기 쉽다는 점, 국내법만으로는 초국가적 범죄해결이 불가한 점 등 초국가적 범죄의 특징을 반영하여 국제공조의 모델을 확립함

④ 네트워크 공조를 통한 실시간 증거수집·보존 및 기소와 관할 국가에 범죄인을 인도할 것등을 규정한 것은 사이버 범죄 예방과 처벌을 위해 가장 중요한 조항이며, "형사실체법과 전자증거의 압수 수색 절차와 관할권 규정을 포함한 절차법적 규정을 포괄했다는 점"은 사이버 범죄 수사에 가장 크게 기여한 것으로 평가되고 있음

5. 글로벌 인터넷 거버넌스(GIG)

① 정보사회세계정상회의(WSIS)는 인터넷 거버넌스를 '정부, 민간영역, 시민사회가 인터넷의 발전과 사용을 위해 서로 공유하는 정책, 규범, 규칙, 의사결정과정, 프로그램을 발전시키고 적용하는 것'으로 정의하고 있음

② **사이버안전(cybersecurity)을 위한 방안** `2019년 출제`

  ㉠ 다중이해당사자주의(Multistakeholderism) : 인터넷의 개발 취지와 특성을 반영하여 모든 관련자와 단체에게 참여를 개방하는 방안

  ㉡ 다자주의(Multilateralism) : 위험관리의 국제적 필요성과 인터넷의 초국가성, 사용자의 증가, 익명성 악용에 대한 국가 중심의 문제 해결을 강조하는 입장

③ 2013년에는 미국의 무차별 도감청에 대한 스노든의 폭로와 이에 대한 각국의 비난으로 다중이해당사자주의의 영향력이 강화됨

④ 사이버 범죄와 국가주도 사이버 공격 등 사이버안전 문제가 증가함에 따라 사이버안전을 달성하기 위해서는 다양한 의견과 참여를 반영하는 다중이해당사자주의와 국가 중심의 문제 해결과 안전을 강조하는 다자주의 두 가지 이론의 장점 융합이 필요함

3 첨단기술전술 : 드론

① 2001년 9월 테러공격에 대한 부시(George W. Bush) 대통령의 대응에는 무인 항공드론의 역할 증대도 포함되었는데, 드론은 1990년대의 발칸전쟁 중에 감시 기능에서부터 테러와의 전쟁을 위한 폭격까지 수행함

② 미국 정부가 운영하는 두 가지의 공격용 드론 프로그램
  ㉠ 국방부가 운영하고 일반에게 알려진 것으로 이라크와 아프가니스탄에서 항공 공격용으로 사용된 것
  ㉡ CIA가 관리하는 비밀 프로그램으로, 용의가 있는 알카에다의 지도자들과 파키스탄, 예멘, 소말리아 등에 있는 다른 적대적 집단을 '표적사살'하는 일을 수행하는 것

③ 드론 운영
  ㉠ 프레데터(Predator)와 리퍼(Reaper)는 위성 추적장치와 커뮤니케이션 시스템, 감시 카메라, 레이저 유도 공대지 미사일을 탑재하고 있음
  ㉡ 드론은 멀리 떨어진 미국 공군기지에서 이륙하고 미국 내의 조종사들의 안내를 받아서 표적을 찾음

④ 드론 사용에 대한 비판
  ㉠ 드론 공격은 미국과 전쟁 중에 있지 않은 나라에서 사용되거나 해당 국가의 정부 동의 없이 사용되는 경우에는 국제법 위반임
  ㉡ 드론 공격에 의한 표적사살은 특히 포드(Gerald Ford) 대통령이 1979년에 발의한 행정명령인 정치적 암살 금지를 위반한 국내법 위반임
  ㉢ 드론 공격은 표적인 테러분자와 다른 적의 첩보원 뿐만 아니라 민간인 사상자들을 냄
  ㉣ 미국의 드론 공격은 투명성이 부족하고 대부분 일반 대중들과 의원들을 포함한 정부관료들에게 거의 알려지지 않음

⑤ 드론 폭격기는 현재 중국, 프랑스, 영국, 이태리, 이란, 이스라엘, 러시아, 한국, 터키를 포함하여 거의 100여 개국에서 운용하는 전쟁 무기임

정보전의 무기 [85] 참고

① 치핑(chipping) : 시스템의 하드웨어 설계 시 칩의 일부분에 고의로 특정 코드를 삽입시켰다가 시스템을 공격할 때 사용하는 방법
② 나노머신(nano machine) : 적의 정보센터 등에 살포하여 컴퓨터의 하드웨어를 파괴하는 개미보다 작은 초미세형 로봇
③ 고출력전자총(High Energy Radio Frequency Gun : HERF Gun) : 고출력 전자파를 발생시켜 전자장비를 마비 또는 파괴시키는 무기. 소프트웨어 공격용 무기로는 컴퓨터 바이러스가 있음
④ 논리폭탄(logic bomb) : 일종의 컴퓨터 바이러스로 컴퓨터에 침투하여 잠복하다가 시한폭탄처럼 특정 조건이 조성되면 공격을 개시하여 데이터를 파괴함
⑤ 이동사이버무기(Autonomous Mobile Cyber Weapon : AMCW) : 외부의 조종이나 도움 없이 스스로 네트워크를 따라 목표를 찾아 돌아다니며 바이러스 기술을 이용하여 적의 컴퓨터나 네트워크 시스템을 파괴하거나 정보를 조작하는 무기로서 마치 지능을 갖춘 순항미사일에 비교할 수 있음

---

85 국제정세의 이해(2006, 제2개정판), 한울아카데미, 250면

제3절 환경 문제와 국제정치

1 국제환경조약의 기본 원칙

① 지속가능 개발, 통합과 상호의존성 원칙

㉠ 지속 가능 개발은 미래 세대의 욕구 충족 능력을 저해하지 않으면서 현재의 욕구를 충족시키는 방식의 개발을 의미하며, 1987년 「브룬틀란트 보고서」(Our Common Future)에서 제시되어 리우회의에서 채택된 개념임

㉡ 리우선언에서는 "지속 가능 개발을 달성하기 위해서는 환경보호가 개발 과정의 주된 요소로 통합되어야 하며, 양자가 별개의 사안이 되어서는 안 된다는 것"(원칙 4), 그리고 "평화, 개발 및 환경보호는 상호의존적이며 분리될 수 없다는 것"(원칙 25)을 명확히 하고 있음

> **그린 GDP**
>
> 환경오염이나 자원고갈 등 사회적 비용을 반영한 국내총생산 개념이다. 그린 GDP는 경제활동에서 발생한 환경손실을 화폐액으로 평가하여 이를 국민소득에서 차감한 지표이다. 한국은행은 그린 GDP를 계산하기 위해 환경오염방지지출 통계를 매년 발표하고 있다. 환경오염방지지출 통계는 환경오염문제를 예방·해결하기 위해 정부나 기업, 가계가 부담한 지출액을 조사한 것이다.
>
> 출처: 유현석, 국제정세의 이해

② 세대 간 및 세대 내 형평성 원칙

㉠ 리우선언 원칙 3 : 개발에 대한 권리는 현재 세대와 미래 세대의 개발 및 환경 욕구를 균형있게 충족할 수 있도록 행사되어야 함을 규정함

㉡ 리우선언 원칙 5 : 모든 국가와 인류는 지속 가능 개발의 필수 요소인 빈곤 퇴치를 위해 협력해야 하며 생활 수준의 불평등을 감소시키고 대다수 사람의 욕구가 더 잘 충족될 수 있도록 협력해야 함을 명시하고 있음

③ 초국경적 피해에 대한 책임 원칙(= 영역 사용의 관리책임 원칙)

- 스톡홀름선언 원칙 21 : 국가는 자신의 환경정책 추구를 위해 자체 자원을 활용할 주권을 지니며, 자국 내에서의 활동이나 규제가 타국이나 자국 밖의 영역에 해악을 끼치지 않도록 할 의무가 있음을 명시하고 있으며, 이 원칙은 리우선언 원칙 2에도 그대로 반영되었음

④ 투명성의 원칙 - 정보와 처방책에 대한 대중의 참여 및 접근 허용

- 리우선언 원칙 10 : 국가는 정보 제공을 통해 대중의 인식과 참여가 촉진될 수 있도록 해야 하며, 치유 및 처방책을 포함한 제반 사법적 및 행정적 과정에 효과적 접근이 부여되어야 함을 명시하고 있음

⑤ 공동의, 그러나 차별적 책임 원칙 2011년 출제

- 리우선언 원칙 7 : 국가들은 지구생태계의 건강과 통합성을 보호 및 회복하기 위한 지구적 파트너십 정신에 입각하여 협력해야 하며, 지구 환경 파괴에 미친 상이한 영향을 감안하여 국가들은 공동의, 그러나 차별화된 책임을 진다는 점을 명시하고 있음

⑥ **사전 조치의 원칙**
- ㉠ 리우선언 원칙 15 : 심각하거나 불가역적인 위협이 존재하는 경우라면, 과학적 불확실성이 존재한다는 이유로 환경 파괴를 예방할 수 있는 비용 효과적인 수단 사용을 지연시켜서는 안 된다고 규정하고 있음
- ㉡ 사전 조치의 정확한 의미를 두고 이견이 존재하며 보호무역주의에 악용될 우려가 있어 가장 논쟁적인 원칙임

⑦ **사전 예방 원칙**
- 환경문제는 비가역성, 광범위성, 불확실성 등을 특징으로 하기 때문에 한번 발생하면 돌이키기 어렵고 돌이킬 수 있다 해도 천문학적 비용을 수반하므로 문제가 발생하기 전에 예방하는 것이 가장 비용 효과적인 수단으로 인식되어 있음

⑧ **오염자 비용 부담 원칙**
- 리우선언 원칙 16 : 국가기관은 오염자가 원칙적으로 오염 비용을 부담해야 한다는 접근에 입각하여 환경 비용의 내부화와 경제적 수단의 이용을 증진시키도록 노력해야 하며 공공의 이익을 적절히 고려하고 국제 무역과 투자를 왜곡시키지 않아야 한다고 규정하고 있음

2 환경 문제 해결을 위한 국제적 노력

1. 국제환경법의 생성과 발전

(1) 1970년대 이전
특정한 분야의 환경보호를 위한 개별 국제조약들이 체결되었는데 주로 야생동물보호, 국제하천의 오염방지, 해양오염의 규제 등의 분야의 법전화가 이루어짐

(2) UN과 국제환경법의 발전
① 1970년대 이후 UN의 주도하에 두 차례에 걸쳐 대규모의 국제환경회의가 개최됨
② 1차 회의 : UN 인간환경회의(스톡홀름, 1972. 6)
③ 2차 회의 : UN 환경 및 개발회의(리우, 1992. 6)

(3) UN 인간환경회의(스톡홀름 회의)
1) 회의의 개최 : 1968년 UN 총회의 인간환경회의 소집결의에 따라 1972년 스톡홀름에서 개최되었으며 이 회의에서는 인간환경선언과 109건의 권고를 포함한 행동계획을 채택하고 UN환경계획기구(UNEP)의 설립, 세계환경일 지정(6월 5일), 제2차 UN 인간환경회의 개최, 핵실험금지 등의 4개 결

의를 채택함

2) 인간환경선언

① 전문과 26개 원칙으로 구성되어 있으며 법적 구속력이 없는 '선언'에 불과하지만 국제환경법의 이념과 기본원칙을 천명하고 있음

② 특히 원칙 21~26은 국제환경법이 일반 국제관습에 근거하고 있음을 선언하고 국제환경법 발전을 위해 국가들이 협력해야 한다고 규정함

3) 인간환경행동계획 : 환경 분야에서의 장래에 대한 행동지침으로서 5개 분야에 109개의 항목의 구체적 권리로 구성되어 있음

① 제1분야 : 인간거주환경의 계획·관리

② 제2분야 : 환경적 측면에서의 천연자원관리

③ 제3분야 : 국제적 오염물질의 파악과 규제

④ 제4분야 : 교육·정보·사회·문화적 측면에서의 환경보호

⑤ 제5분야 : 환경정책의 개발저해 방지

4) UN 환경계획기구(UNEP) : 스톡홀름회의에 의거하고 제27차 UN총회의 결의로 1972년 설립된 기구로서 인간환경행동계획의 권고를 실천하는 것을 목적으로 하고 있음

(4) UN 환경 및 개발회의(리우회의) 2020년 출제

1) 개최

1992년 6월 브라질의 리우데 자네이로에서 개최된 역사상 최대규모의 국제환경회의로서 동 회의의 결과 '리우선언'과 그 실행계획이라고 할 '의제 21'(Agenda 21) 그리고 열대림보호를 위한 '산림보호원칙'을 채택하였고 회의기간에 서명을 위해 개방된 '기후변화협약'과 '생물다양성협약'도 제출됨

2) 주요 내용

① 리우선언(환경과 개발에 관한 리우데 자네이로 선언)

㉠ 리우선언은 환경문제에 관한 행위 및 국제사회의 행위를 규율하는 전문과 27개의 원칙으로 구성되어 있으며 비록 법적 구속력은 없으나 선진국과 개도국 간의 합의를 통해 이루어지다 보니 형식적으로는 스톡홀름선언의 정신을 승계했으나 내용 면으로는 매우 다른 개념과 환경 및 개발에 관한 포괄적 원칙을 도입하고 있음

㉡ 리우선언 : 동반자 인식하에 환경과 개발의 조화, 지속적 개발을 위한 정치적·철학적 지침 제공, 특정 분야별 행동지침은 의제 21에 위임하고 있음

② 의제 21(Agenda 21)

- 리우선언의 실천을 위한 구체적인 행동지침으로서 스톡홀름회의의 행동계획에 비해 환경과 개발 분야의 현황·목표·이해방안을 구체적으로 확정하여 이행상황을 정기적으로 감시할 수 있도록 제도화한 것이 특징이며 지속적 개발위원회(CSD)의 설치 결정함

③ 산림의 부존과 개발에 대한 산림원칙(Principles on Forest)

㉠ 선진국과 개도국 간의 첨예한 대립을 절충한 합의로써 향후 체결될 산림에 관한 국제협약의 기초 역할을 하고 있음
　　㉡ 선진국 입장 : 산림보존 측면 강조, 산림원칙선언의 법적 구속력 주장
　　㉢ 개도국 입장 : 자국산림의 주권적 개발권리 강조, 산림원칙의 법규범화 반대

④ **기후변화협약(1994년 3월 발효)**
　　㉠ 지구온난화의 주범인 이산화탄소의 배출량을 규제하기 위해 채택된 협약으로서 국가 간의 이해관계의 상충으로 인해 CO_2의 배출규제방법 및 시기 등 핵심적 사항을 규정하지 못하고 단지 기후변화방지에 노력한다는 일반원칙을 도출하는 데 그침(전문과 26개 조문으로 구성)
　　㉡ 협약의 원칙 : 차별적인 공동책임 원칙
　　・기후체계의 보호와 선진국의 선도적 역할 강조
　　・개도국의 특별 시행의무 부여
　　・예방적 조치의 시행의무 부여
　　・지속적 개발의 권리·의무 부여
　　㉢ 주요 내용
　　・선진국은 온난화가스의 배출량을 제한하고 기후변화의 완화를 위한 국가정책을 채택하고 그에 상응한 조치를 취해야 함
　　・온난화가스의 배출량을 1990년 수준으로 동결하며 이를 위해 협약발효일로부터 6개월 이내 및 그 후 정기적으로 각국이 취한 정책조치와 온난화가스 배출량에 대한 정보를 교환해야 함
　　・선진국은 타당사국, 특히 협약 시행을 위해 개도국에게 환경적으로 건전한 기술을 이전하고 재정지원을 해야 함

⑤ **생물다양성 협약**
　　㉠ 의의 : 인간의 활동으로 인한 생물종과 생태계의 파괴현상을 방지하기 위해 체결된 협약으로서 전문과 42개조 및 2개의 부속서로 구성됨
　　㉡ 목적 및 원칙 : 생물종의 다양성을 보존하고 유전자원을 지속 가능하게 이용하여 그 이익을 공평하게 분배하는 것이 목적이며 국가는 환경정책에 따라 자국 자원을 개발할 주권적 권리와 그 개발활동이 타국환경을 손상시키지 않을 책임을 짐
　　㉢ 주요 내용
　　・당사국은 생물종 다양성의 보존 및 지속가능한 이용을 위한 국가적 전략과 계획을 발전시켜야 함
　　・당사국은 생물종 다양성의 요소개발 및 생물다양성에 영향을 미치는 활동을 조사하고 감시해야 함
　　・당사국은 보호구역을 설치하는 등 제반조치로서 현지보존을 해야 하고, 유전학적 기원국 내에서 생물 다양성 요소의 현지외보존을 위한 보존조치 및 보존시설 등을 설치·관리해야 함
　　・유전물질에 대한 접근 결정은 각국 정부에 귀속되며 국내입법에 의해 규정됨
　　㉣ 문제점 : 협약에서 강제적인 의무로서 표현되어 있는 부분은 기술이전과 재정지원에 관해서이고 정작 생물다양성의 보존에 대하여는 강제적 의무조항이 없기 때문에 과연 동 협약이 생물다양성을 보존할 수 있느냐는 의문시 되고 있음

2. 오존층 보호 분야 [2009년 출제]

(1) 오존층 보호를 위한 협약(1985년, 비엔나)

UNEP의 주도로 오존층의 변화를 초래하거나 그럴 가능성이 있는 인간활동에 의한 환경파괴를 방지하기 위해 채택한 조약으로서 미국과 EC 간에 첨예한 대립으로 인해 오존층파괴물질의 생산·소비에 관한 규제조치에는 합의하지 못하고 일반적 규정에만 합의함으로써 선언적인 골격 협약에 그침

(2) 오존층 파괴 물질에 관한 의정서(1987년, 몬트리올 의정서)

① 특성 및 내용

  ㉠ 몬트리올 의정서는 오존층 파괴로 인한 미래의 피해를 방지하기 위한 예방원칙에 입각하여 오존층 파괴물질을 규제함으로써 미래세대를 보호한다는 이른바 '세대 간 형평' 개념을 반영하고 있으며 규제조치를 별도의 개정 절차 없이 당사국회의에서 수시로 '조정'할 수 있는 탄력적인 체제를 갖춤

  ㉡ 동 의정서는 환경문제와 산림·경제 및 무역문제를 직접 연계시킨 최초의 환경협약이며 CFCS(염화불화탄소, 프레온가스)와 할론(halons)의 생산 및 소비의 단계적 감축, 비가입국에 대한 통상제재, 규제수단의 재평가 등을 규정함

② 몬트리올 의정서의 조정과 개정

  ㉠ 런던 조정·개정(1990년, 런던회의) : 몬트리올 의정서에 규정된 대상물질의 감축 시기를 앞당기도록 합의(1995년까지 50%, 1997년까지 85%, 2000년까지 완전생산 금지)하고, 기술이전과 재정지원에 관한 조항이 개도국에 우호적으로 개정됨

  ㉡ 코펜하겐 조정·개정(1992년, 코펜하겐회의) : CFCs의 생산·사용을 1996년 1월 1일부터 전면적으로 금지하는 내용의 의정서 개정안이 채택(단, 개도국 공급을 위해 1986년 수준의 15% 내에서 초과생산 허용)됨

  ㉢ 비인 조정(1995년, 비인회의) : 몬트리올 의정서와 런던 및 코펜하겐 조정·개정에 규정된 오존층 파괴물질의 규제일정을 더욱 강화함

---

3 기후변화협약과 교토의정서

1. 기후변화협약

① 모든 당사국이 이행해야 할 공동 의무사항(제4조 1항)

  ㉠ 온실가스 배출저감 정책의 자체적 수립 및 시행

  ㉡ 온실가스 통계 및 정책이행 등 국가보고서 작성 및 제출

② 선진국들(Annex I, II 국가)의 특정 의무사항(제4조 2항)

  ㉠ Annex I 국가 : 2000년에 온실가스 배출량을 1990년 수준으로 안정화시켜야 함(비구속적 의무)

ⓒ Annex II 국가 : 온실가스 감축 노력과 함께 개도국에 대한 재정 및 기술이전 의무 부담

2. **교토의정서** 2007년, 2013년, 2020년 출제

① **채택 및 발효**

㉠ 교토의정서(Kyoto Protocol)는 기후변화협약의 구체적 이행방안으로 선진국의 의무적인 온실가스 감축 목표치를 규정한 것으로, 1997년 12월 제3차 당사국 총회 때 채택

㉡ 가입 : 2009년 8월 현재 183개국(EC 포함), 한국은 2002년 11월 비준

㉢ 발효 : 2005년 2월 발효, 미국은 미비준

② **교토의정서는 Annex A에서 6종류의 온실가스를 정의** : 이산화탄소(CO_2), 메탄(CH_4), 아산화질소(N_2O), 수소불화탄소(HFCs), 과불화탄소(PFCs), 육불화황(SF6)

③ 온실가스를 효과적으로 감축하고 개도국의 지속가능 발전을 지원하기 위해 신축성 메커니즘(교토메커니즘)인 공동이행제도(6조), 청정개발체제(12조), 배출권거래제(17조)를 도입

---

4 나고야의정서(유전자원 접근 및 이익공유(ABS) 의정서)

1. **주요 추진 경과**

① 1992년 생물다양성협약(CBD)이 채택되면서 생물유전자원을 포함한 자국의 생물자원에 대한 주권적 권리 인정

㉠ 동 협약 1조는 '유전자원 이용으로 발생한 이익에 대한 공정한 공유'를 협약의 3대 목표 중 하나로 규정

㉡ 생물다양성협약에 우리나라는 1994. 10. 3 가입, 1995. 1. 1 발효

② 2002년 유전자원의 접근 및 이익공유에 관한 지침서인 '본 가이드라인'이 채택되었으나, 이는 구속력이 없다는 자원 보유국들의 반발로 2005년부터 CBD 내에서 ABS 국제레짐 설립을 위한 협상 시작

③ 이후 협상은 특허이익과 바이오산업에 미치는 부정적 영향을 우려하는 선진국과 유전자원 제공에 대한 이익공유를 주장하는 개도국 간에 첨예하게 대립

2. **의정서 주요 내용**

① 유전자원을 이용하려는 국가는 그 자원을 제공하는 원산국에 사전통보 후 승인절차 필요

• 생물자원은 의약품, 화장품 등 전 세계적으로 약 700조의 가치를 가진 것으로 추정

② 유전자원의 이용으로부터 발생한 이익에 대해서는 상호 합의된 계약 조건에 따라 공유하며, 금전

적/비금전적 이익에 대해 로얄티, 기술이전 등 원산국에 대한 이익공유 의무 발생
- 생물유전자원의 특성을 지닌 전통지식 이용 시 이를 보유한 토착지역사회와 이익공유

③ 2011년 2월부터 1년 동안 각국의 서명을 거쳐 50개국이 비준서를 유엔사무총장에게 기탁하면 90일 뒤 발효 예정이었으며, 2014년에 발효됨

3. 의의 및 평가

① 각국의 생물주권 강화로 인해 국제 생물자원의 이용, 생물 유전자원의 금전적/비금전적 이익 공유를 위한 국제체제 형성의 기반 마련
② 선진-개도국 간 첨예하게 대립되었던 주요 쟁점 사항들이 삭제되거나 자원 이용국의 입장을 고려하여 완화
- 적용 범위에서 개도국들은 유전자원의 파생물(derivatives) 포함을 주장해 왔으나 금번 협상 과정에서 제외(즉, 의정서의 적용 범위가 축소)

③ 우리나라의 경우, 의정서 채택이 10만여 종으로 추정되는 국내 생물자원의 체계적인 관리 및 유전자원에 대한 접근·계약 시스템 도입을 통한 생물주권 강화에 기여할 것으로 기대

---

5 바이오 안전성에 관한 카르타헤나(Cartagena Protocol on Biosafety)의정서

① 2000년 채택되어 2003년 발효됨
② **배경** : 카르타헤나의정서는 유전자 변형 생물체(Living Modified Organisms : LMOs)로 인해 초래될 생태계 및 인간 건강에 대한 위험을 관리·예방함으로써 LMOs의 국가 간 이동을 용이하게 하고 환경 방출로 인한 생태계 위해를 규제할 목적으로 탄생함
③ **내용**
  ㉠ LMOs는 유전물질이 생명공학 기술에 의해 자연 상태에서 인위적으로 변형된 생물체를 의미하며 WHO 등 다른 국제기구에서 다루는 인체 의약품은 포함하지 않음
  ㉡ LMOs의 구분
  - **환경 방출용 및 기타 유전자 변형 생물체** : 농산물 종자, 미생물 농약, 환경 정화용 미생물 등이 포함되며 수입국의 환경에 직접 방출되어 생태계를 교란하는 등 직접적 위해를 가할 수 있는 것들로서 사전통보 합의를 통한 수입국의 사전승인을 필요로 하며 취급 운송 포장 시에도 LMOs를 명기하고 안전조치를 취하는 등 가장 엄격한 절차를 요구하고 있음
  - **식용·사료용·가공용** : LMOs의 대부분을 차지하고 있으며 수입국의 국내법에 따라 사전통보 합의에 준하는 절차를 취할 수 있음
  - **밀폐 사용 LMOs** : 연구 목적으로 사용되고 환경 방출 가능성이 가장 적으며 수입 시 사전통보 합의 절차가 적용되지 않음

6 신기후변화체제 : 파리 협정(Paris Agreement) 2015년 출제

1. 장기 목표

① 국제사회 공동의 장기 목표로 산업화 이전 대비 지구 평균기온 상승을 2℃ 보다 상당히 낮은 수준으로 유지하는 것으로 하고, 온도 상승을 1.5℃ 이하로 제한하기 위해 노력함

② 또한 글로벌 차원의 조속한 온실가스 배출정점 도달을 목표로 하되, 개도국은 정점 도달에 시간이 더욱 걸림을 인정

③ 다만, 목표를 달성함에 있어 각국의 다양한 여건을 감안하고, 공통의 그러나 차별화된 책임과 각국의 상이한 역량을 고려하도록 함

2. 감축

① 국가별 기여방안(NDC)은 스스로 정하는 방식을 채택하여, 5년마다 상향된 목표를 제출하되 공통의 차별화된 책임 및 국별 여건을 감안할 수 있도록 함

② 모든 국가가 차기 감축목표 제출 시 이전 수준보다 진전된 목표를 제시하고, 최고 의욕 수준을 반영해야 한다는 진전 원칙을 규정

③ 감축목표 유형과 관련, 선진국은 절대량 방식을 유지하며, 개도국에게는 국별 여건을 감안하되, 부문별 감축 목표가 아닌 경제 전반을 포괄하는 감축 목표를 점진적으로 채택하도록 함

④ 또한 모든 국가가 장기 저탄소 개발 전략을 마련하고, 이를 2020년까지 제출하도록 함

3. 탄소시장

온실가스 감축목표의 효과적 달성을 위해 UN 기후변화협약 중심의 시장 이외에도 당사국 간의 자발적인 협력도 인정하는 등 다양한 형태의 국제 탄소시장 메커니즘 설립에 합의

4. 이행점검

① 5년 단위로 파리협정 이행 전반에 대한 국제사회 공동 차원의 종합적인 이행점검(Global Stocktaking)을 도입하여 2023년에 이를 처음 실시할 예정임

② 이행 점검을 위하여 국가 온실가스 인벤토리, 감축목표 달성 경과 등에 대한 보고가 의무화됨

③ 보고내용에 대해 전문가 검토와 다자협의를 거치도록 하여 각국의 이행을 투명하게 관리하는 절차를 강화하되, 개도국에게는 일정 정도 유연성을 허용함

5. 적응

① 온실가스 감축 뿐 아니라 기후변화에 대한 적응의 중요성에 주목하고, 기후변화의 역효과로 인한

'손실과 피해' 문제를 별도 조항으로 규정

② 모든 국가는 국가적응계획을 수립하고, 이러한 적응계획과 이행내용 등에 대한 보고서를 제출하여 각국의 적응 정책, 이행사례 등에 대한 정보를 공유할 것을 명시함

6. 재원

① 개도국의 이행지원을 위한 기후재원과 관련하여 선진국의 재원공급 의무를 규정하고, 선진국 이외 국가들의 자발적 기여를 장려

② 한편, 공공기금을 포함한 다양한 분야로부터의 재원조성에서 선진국의 선도적인 노력을 강조하고, 이전보다 진전된 재원조성 노력이 필요하다고 규정

③ 공공재원 공급 관련 사전·사후적 정보제공에 대한 선진국의 의무를 규정하고, 개도국들의 자발적 정보제공을 장려

7. 기술

① 신기후체제에서 개도국이 감축 의무에 동참하는 것은 이에 필요한 기후기술 지원을 전제하고 있는 바, 기술의 개발 및 이전에 관한 국가들 간의 협력이 확대, 강화되도록 규정

② 특히 이러한 기술 협력이 기술메커니즘에 의해 이루어짐이 명문화되었으며, 기술 협력에 대한 재정 지원 및 혁신을 촉진하기 위한 R&D 협력과 기술 접근 강화에 합의

8. 발효 요건

① 파리 협정은 55개국 이상, 글로벌 온실가스 배출량의 총합 비중이 55% 이상에 해당하는 국가가 비준하는 두 가지 기준을 충족하면 발효됨

② 2016년 11월 4일 발효됨

9. 탈퇴

2016년 11월 4일 발효된 파리협정의 당사국이 탈퇴하기 위해서는 협정 발효한 지 3년 이후에 탈퇴의사를 유엔사무총장에게 서면으로 기탁해야 하며, 탈퇴의사 기탁 후 1년이 경과한 이후 탈퇴의 국제법적 효력이 발생함. 또한 모(母)협정인 유엔기후변화협약을 탈퇴하는 당사국은 파리협정에서도 탈퇴한 것으로 간주되며 이는 1년의 기간이 소요됨

파리협정(Paris Agreement) 의의 및 특징

1. **모두가 참여하는 포괄적(Universal and Comprehensive)체제**
   ① 교토체제하에서는 감축 의무 부담국가가 40여 개국, 전 세계 온실가스 배출량의 22%에 불과한 반면, 파리협정 체제하에서는 197개국, 전세계 배출량의 95.7%(INDC 제출 161개국 기준)
   ② 교토의정서는 주로 온실가스 배출량 감축에 집중한 반면, 파리협정은 감축 뿐만 아니라 적응, 재원, 기술이전, 투명성 등 다양한 분야를 포괄

2. **온도목표 합의**
   ① 기후변화협약(1992년)의 목표는 온실가스가 기후 체계에 위험한 영향을 미치지 않을 수준으로 대기 중 온실가스 농도를 안정화시키는 것이 목표였던 반면, 파리협정은 온도 목표를 구체화
   ② 파리협정 제2조는 지구 평균 온도 상승을 2℃ 보다 훨씬 아래(well below)로 유지해야 하고, 1.5℃까지 제한하도록 노력한다고 규정

3. **자발적 감축 목표 설정**
   ① 교토의정서는 개별 국가에 온실가스 감축 목표를 할당하는 방식(Top-down)이었던 반면, 파리협정은 각 당사국이 스스로 온실가스 감축 목표 NDC를 설정(Bottom-up)하도록 규정
   ② NDC(Nationally Determined Contribution)는 각 당사국이 감축, 적응, 재원, 기술, 역량배양, 투명성 등 분야에서 취할 노력을 스스로 결정하여 제출한 목표를 의미

4. **선진국과 개도국 간 구분 非 목록화**
   ① 교토체제는 의무를 부담하는 부속서 1국가(선진국)과 감축 의무를 부담하지 않는 비부속서 1국가(개도국)를 명시적으로 목록화하여 구분하고 있는 반면, 파리협정은 목록화하지 않음
   ② 선진 당사국과 개발도상 당사국으로 구분하고 있으나 별도의 국가별 구분 목록은 없음

5. **주기적 점검 및 지속적 목표 강화 체제**
   ① 교토의정서에 규정되지 않은 요소로서 파리협정상 국가들은 감축 목표를 지속적·점진적으로 강화하는 체제
   ② 5년마다 국제사회 차원에서 종합적 이행 상황을 점검(Global Stocktake)하고, 차기 NDC는 이전 NDC 보다 강화되어야 한다는 진전원칙(Progression) 적용

---

7 폐기물 해양 투기 관련 국제협약

1. **1972년 런던협약**

    ① 1972년 채택되어 1975년 발효됨

    ② **내용**

    ㉠ 폐기물 해양 투기는 육상에서 발생한 폐기물 및 기타 물질을 선박이나 항공기로 해양에 버리는 것을 말함

    ⓒ 런던협약은 내수면(internal waters) 이원에 있는 모든 해양지역에 각종 폐기물을 투기하는 것을 방지함으로써 해양오염을 막기 위한 목적에서 채택됨
    ⓒ 협약은 해양 투기 문제를 전 지구적 차원에서 규율하는 최초의 다자협약이라는 데에 의의가 있으며, 많은 국가로부터 광범위한 지지를 받아 왔음
    ⓔ 협약은 폐기물의 해양 투기를 절대적으로 금지하는 것은 아니며, 최소한의 국제 기준을 설정하고 각 국가들이 이를 이행하도록 하되 더 엄격한 국내 기준을 채택할 수 있도록 함으로써 더 많은 국가가 해양 투기를 억제하도록 권장하고 있음

2. 1996년 런던의정서

① 배경
ⓐ 런던의정서는 1972년에 체결된 런던협약을 1996년 전면 개정한 새로운 조약임
ⓑ 런던협약은 부속서 1에 열거된 품목(black list)의 투기가 금지되고 그 밖의 물질은 일반 허가를 취득한 후에 투기 허가증을 발급받도록 하는 방식이었음

② 내용
ⓐ 1996년 런던의정서는 투기 허용 물질을 구체적으로 열거하고 그 밖의 물질 투기는 금지하는 선별 등재 방식을 채택함
ⓑ 런던협약과 런던의정서의 비교

	1972년 런던협약	1996년 런던의정서
규제 방식	해양 투기를 허용하되 특정 물질만 금지	해양 투기를 금지하되 특정 물질만 허용
적용 범위	내수면 적용 배제	해양 투기 및 해양 소각 규제를 내수면에도 적용
목적	해양 투기 통제	모든 오염원으로부터 해양환경 보호, 해상 소각 금지

8 유엔 사막화방지협약

① 1994년 채택되어 1996년 발효됨

② 구성

유엔 사막화방지협약은 사막화 방지를 위한 광범위한 행동강령을 제시하는 기본 협약과 전 세계를 아프리카, 아시아, 남미와 카리브해, 북지중해 지역, 중동부 유럽의 5개 지역으로 분류하고 그 지역의 특수한 사막화 문제를 다루기 위한 5개의 부속서로 구성됨

③ 내용

㉠ 사막화의 의미 : 유엔환경계획(UNEP)은 사막화를 건조, 반건조 지역에서 인간 활동의 부정적 영향에 따른 토지 손상으로 토지의 생물학적 잠재력이 감소 또는 파괴됨으로써 점차 사막과 같은 상태로 변해가는 것으로 정의하고 있음

㉡ 유엔 사막화방지협약은 회원국의 사막화 방지 대응계획 수립을 지원하고, 사막화 피해국의 문제 해결 능력 배양, 기술 및 재정적 지원 모색, 지식과 기술 교환, 협약 이행의 주기적인 모니터링 및 그에 따른 정책적 조치를 권고하는 등의 내용을 규정하고 있음

㉢ 모든 당사국은 사막화 방지를 위한 자료 수집, 정보와 기술 교환, 가뭄 피해 완화 및 사막화 퇴치를 위한 프로그램의 이행에 필요한 재정적 지원에 협력해야 함

㉣ 사막화의 직접적인 영향을 받고 있는 국가들의 경우 국가행동계획을 수립하고 조정 및 이행을 담당할 국가조정기관을 설치하여 각국의 상황과 사막화방지협약을 연계하는 책임자를 두어야 함

9 습지보호협약(Ramsar Convention Wetlands)

① 1972년 채택하고 1975년 발효됨

② **습지의 기능**

㉠ 오염물질의 정화 : 습지는 물을 흡수하고 저장하며, 배출하면서 수질을 향상시킴

㉡ 생산적 기능 : 수많은 어패류의 산란장이며, 각종 포유동물, 어류, 조류 등의 서식지임

㉢ 홍수 및 폭풍 방지 : 습지는 홍수와 가뭄을 조절하는 스펀지 역할을 함

㉣ 지하수의 충전 : 습지는 오염물질과 유해한 침전물을 걸러내는 필터 작용을 통해 지하수를 충전하기도 함

㉤ 기후 조절의 기능 : 습지의 토양은 간헐적으로 물이 넘치거나, 물이 빠지거나 혹은 건조한 상태를 반복하면서 다양한 미생물 군집이 이산화탄소, 아산화질소, 메탄의 생성과 제거를 담당하게 됨

㉥ 여가적·관광적·문화적 기능 : 습지는 문화 또는 자연유산으로서의 가치, 그리고 연구나 교육의 장으로서 중요한 역할을 수행함

③ **람사르협약의 주요 내용**

㉠ 람사르협약은 전문에서 "생태·사회·경제·문화적으로 커다란 가치를 지니고 있는 습지를 보전하고 현명한 이용을 유도함으로써 자연생태계로서의 습지를 범국가적 수준에서 체계적으로 보전하고자 함"을 가장 큰 목표로 하고 있음을 규정함

㉡ 습지의 의미 : 람사르협약에서는 식생과 토양보다는 수문학적 관점에서 2m~6m 수심까지 습지의 범위를 확대해 정의하고 있으며, 이러한 정의는 강, 호수, 연못, 연안 지역, 늪, 삼각주, 산호초 등을 포함하며 운하, 저수지, 농업용 연못 등과 인공적인 습지를 포함함

㉢ 습지 목록 : 람사르협약 당사국은 협약 가입 시 자국 영역 내에 1곳 이상의 적절한 습지를 지정하여 국제적으로 중요한 습지 목록에 의무적으로 등록해야 하며, 정확한 구획 및 지도상의 경계가 표시되어야 함

- 우리나라는 협약 가입 시 원시 생태계의 보고로 대표적 고층 습지인 강원도 양구군의 대암산 용늪을 람사르습지로 선정했음
ⓔ 람사르협약은 국제적으로 중요한 습지 선정 시 당사국이 지정한 장소에 대한 심사 없이 그대로 인정함
ⓜ 람사르협약은 당사국에게 습지 목록에 등록된 습지를 보호하기 위한 특별한 법적 의무를 부과하고 있지 않음
ⓑ 람사르협약은 당사국에 습지 보호를 위한 국가계획의 수립 및 이행을 요구하고 있지만, 구체적인 의무를 부과하지 않고 있으며, 관련 기준을 제시하지 않음
ⓢ **자연보호구의 설치** : 당사국은 습지 목록 포함 여부에 관계없이 국내 습지에 자연보호구(nature reserves)를 설치함으로써 습지 및 물새를 보존해야 함

탄소세 [참고]

1. 개념 : 지구의 온난화 방지를 위해 이산화탄소를 배출하는 석유·석탄 등 각종 화석에너지 사용량에 따라 부과하는 세금

2. 의의
① 교토 3대 메커니즘이 시장주의적 방안으로서 탄소를 시장에서 거래하는 상품으로 취급했다면, 탄소세 방식은 시장에 개입하는 국가의 역할이 강조됨
② 탄소세를 처음 시작한 곳은 북유럽 국가 핀란드이며, 핀란드는 1990년에 세계 최초로 탄소세를 도입했고, 이를 산업계, 교통 부문, 개인 가정에까지 널리 적용함

3. 탄소세의 기능
① 기후변화에 대응하기 위해 사람들의 행동과 습관을 적절하게 변화시키는 수단이 됨
② 이산화탄소를 배출하는 대상에게 징벌적 성격을 띠며, 이산화탄소 배출을 줄이려고 노력하는 대상에게는 세제 혜택이라는 인센티브를 주는 방식임

4. 탄소세의 활용
① 세금으로 거둔 수입의 전체나 일부는 환경 보전을 위해 다시 사용함
② 경제적 관점에서 탄소세의 핵심은 환경에 관한 외부 비용을 완전히 배제하려는 데 있음
③ 오염 원인을 제공한 이에게 세금 부담을 지우고, 이를 통해 확보된 자원을 국가가 환경보전에 투여함으로써, 좋은 것을 많이 생산하고 나쁜 것을 적게 생산하도록 유도함

그린피스(Greenpeace)

핵실험 반대와 자연보호운동 등의 활동을 펼치고 있는 대표적인 비정부기구(NGO)로서 전 세계 350여만 명의 회원에 40개 지부를 두고 있다. 녹색의 지구와 평화를 결합한 그린피스라는 명칭은 1971년 미국 알래스카의 암치카섬으로 핵실험 반대 시위를 떠나는 과정에서 지어진 것이다. 1971년 캐나다 밴쿠버에서 창설되었으며, 네덜란드 암스테르담에 본부가 있다. 동아시아에는 서울, 베이징, 홍콩, 타이페이에 지부가 있다. 그린피스는 기후변화, 삼림과 생물다양성 보호, 원자력발전 반대, 환경오염 등의 환경이슈를 중점적으로 다룬다. 또 핵실험에 반대하고 고래보호에 적극적으로 나서고 있으며, 비폭력 행동주의를 표방한다.

그린피스의 대표 조사탐사선에는 레인보우워리어호, 아틱선라이즈호, 에스페란자호가 있다. 레인보우워리어(Rainbow Warrior)호는 1955년 건조되어 영국 정부 소유의 어선으로 활동하다가 1978년 4월 29일 그린피스를 대표하는 환경감시선이 되었다. 고래와 회색바다표범 등의 동물 보호, 방사성 폐기물의 바다 투기를 막는 등의 활동을 펼치다 1985년 7월 10일 프랑스 정보기관의 공작으로 뉴질랜드 오클랜드항에 정박하던 중 폭파·침몰되었다.

4년 뒤인 1989년 제2의 레인보우워리어호가 건조되어 활동하기 시작하였고, 환경감시선으로 활동한 지 20여 년이 지난 2012년 현재 새로운 레인보우워리어호가 건조 중에 있다. 그리고 '북극의 일출'이라는 뜻의 아틱선라이즈(Arctic Sunrise)호는 1996년부터 전 세계의 수심이 얕은 강이나 빙하로 뒤덮인 남극이나 북극에서 주로 활동한 쇄빙선이다. 스페인어로 '희망'이라는 뜻의 에스페란자(Esperanza)호는 그린피스 선박 중 가장 최신이자 최대이며 빠른 속도를 자랑하며 2002년 2월부터 활동하고 있다.

지구의 벗(Friends of Earth)

1969년 9월 시에라클럽의 데이비드 블로워(David Brower)가 미국 샌프란시스코에서 설립하였다. 1971년 프랑스·스웨덴·영국·미국 등 4개국의 지구의 벗 조직에 의해 국제 지구의 벗(FoEI : Friends of Earth International)이 결성된 후로 세계 각지에 네트워크가 확산되면서, 그린피스·세계자연보호기금과 더불어 세계 3대 민간환경단체가 되었다.

2004년 3월 현재 세계 38개국에 지부를 두고 있다. 그밖에 52개국에서 '지구의 벗'이라는 명칭을 사용하는 단체가 있다. 이들은 팩스·텔렉스·전자우편 등을 통해 협력관계를 유지하고는 있지만, 활동은 독자적으로 한다.

지구의 벗은 지속가능한 사회를 지향하여, 환경보호를 위한 조사·연구·제안·해외지원·정보제공 등의 활동을 벌이고 있으며, 세계 각지에서 지구온난화 방지, 삼림보존, 오존층의 보호, 생물다양성의 보존, 기타 현실적 문제로 떠오른 여러 분야의 환경문제에 대처하고 있다.

세계자연보전연맹(International Union for Conservation of Nature) [참고]

전 세계 자원 및 자연보호를 위하여 국제연합(UN)의 지원을 받아 1948년에 국제기구로 설립하였으며 IUCN이라고도 한다.

1911년 미국·캐나다·러시아·일본을 중심으로 보호회의(ICBP)를 창설하였고, 1928년에 국제자연보존연맹을 결성하였으며, 그 산하에 국제자연보호사무국을 설치하였다. 제2차 세계대전으로 자연환경의 파괴가 심각한 문제로 대두되자 세계 각국은 파리회담을 열고 UN의 지원으로 1948년 국제기구로 정식 발족하였다.

자원과 자연의 관리 및 동식물 멸종방지를 위한 국제협력증진을 도모하며, 야생동물과 야생식물의 서식지나 자생지 또는 학술적 연구 대상이 되는 자연을 보호하기 위해 자연보호 전략을 마련하여 회원국에 배포하고 있다.

총회·이사회·위원회로 조직되어 있다. 총회는 3년마다 개최하며, 매년 1회 이사회를 열어 프로그램의 집행 상태를 결정하고 당면 과제와 문제점을 논의한다. 위원회에서는 프로그램을 개발·실시하는데 종보존위원회를 비롯해 6개가 있다. 종보존위원회 수달분과에서는 2001년 1월 남아메리카 칠레에서 제8차 IUCN 국제수달심포지엄을 개최하고 전 세계 각 대륙의 수달 연구결과 및 보호활동에 관한 대책을 마련하였다.

그 밖에 1961년 스위스 취리히에서 조직된 야생생물보호기금재단과 자매관계를 맺고 있으며 자연자원 보존에 관한 주요 국제협약을 체결하는 데 주도적인 역할을 담당하고 있다. 예컨대 1973년의 멸종 위기에 있는 동·식물의 국제거래에 관한 협약이나 1982년의 생물다양성 협약을 기초하였고, UN총회가 채택한 세계자연헌장(World Charter for Nature)의 제1초안을 작성하였다.

2002년 현재 76개국에서 104개 정부기관과 720개 민간단체가 가입하였고 한국은 환경부와 5개 단체가 회원으로 가입해 있다. IUCN에서는 가입국과 민간단체를 지원한다. 본부는 스위스 글란트에 있다.

시에라클럽(Sierra Club) [참고]

가장 오래된 환경운동단체의 하나로, 미국에서 금광개발로 서부의 산림지대가 훼손되자 이를 지키기 위해 1892년 미국 국내조직으로 설립한 비영리 단체이다. 박물학자 존 뮤어(John Muir)가 초대 회장을 맡았으며 1972년에 국제적 조직으로 발전하였다. 미국 그랜드캐니언 댐 건설 저지로 유명해졌으며 북아메리카 지역뿐만 아니라 전 세계의 환경을 보전하기 위해 공공정책 결정, 입법, 행정, 사법, 선거 등을 통한 활동으로 영향력을 발휘하고 있다.

미국의 국립공원 및 자연보존지역의 지정과 보호운동을 활발히 벌여왔고, 야생지역의 보호, 지구 생태계 및 자원의 책임 있는 이용 등을 위해 활동한다. 또 일반인들에게 환경문제에 관한 교육을 한다. 1960년 활발한 활동을 위해 시에라클럽재단을 설립하고, 1961년에는 알래스카에서 핵폭발 실험하는 것에 반대하는 등 생태계 보존에 노력하였다.

1963년 워싱턴에 사무실을 개설하였고, 1964년 이 단체의 노력으로 의회에서 야생보호법을 통과시킴으로써 세계 최초의 야생보호법이 탄생하였다. 1984년 680만 에이커의 숲과 140만 에이커의 공원을 보호구역으로 지정하는 데 성공하였다.

1989년에는 IBRD(International Bank for Reconstruction and Development)(국제부흥개발은행 또는 세계은행)에서 500만 달러를 대출받아 브라질 아마존의 환경보호에 사용하였다. 1993년에는 10년 가까이 끌어오던 콜로라도 야생보호법을 통과시켰고, 1994년에는 이 단체에서 주도한 캘리포니아사막 보호법이 제정되었다.

1995년 환경보호 법안을 위한 100만 명 서명운동을 벌였다. 1998년에는 스모그와 매연투성이 환경에서 인간의 건강을 보호하기 위해 '우리 아이들을 위한 깨끗한 공기 만들기' 캠페인을 벌였다. 회원 수는 1956년 10,000명, 1982년 32,000명이던 것이 2000년 현재 미국과 캐나다에서 60개의 지역조직과 60만 명의 회원으로 늘어났다. 미국 샌프란시스코에 본부가 있다.

3

국제정치 역사 (외교사)

제1장 유럽협조체제
제2장 비스마르크동맹체제
제3장 베르사이유체제
제4장 동양 외교사
제5장 조선 외교사

제1장
유럽협조 체제

30년 전쟁과 베스트팔렌조약 2018년 출제

1. **30년 전쟁**: 30년 전쟁의 발단은 가톨릭을 신봉하는 신성 로마 황제 페르디난트 3세와 보헤미아, 작센, 라인란트의 프로테스탄트 독일 제후와 선제후(중세 독일에서 황제 선거의 자격을 가진 제후) 사이의 종교적이고 정치적인 자유를 둔 분쟁이었음

2. **베스트팔렌조약** 2014년 출제
   ① 근대 외교조약의 효시로 불리는 베스트팔렌조약은 다섯 달의 간격을 두고 두 차례에 걸쳐 맺어졌으며, 오스나브뤼크 조약(5월 15일)과 뮌스터 조약(10월 24일)이었음
   ② 이 조약의 결과 독일의 30년전쟁과 스페인과 네덜란드 간의 80년 전쟁이 종결되었으며, 프랑스는 영토를 확장하였음
   ③ 이 조약을 통해서 가톨릭, 루터파, 칼뱅파에게 모두 신앙의 자유가 허용되었고, 역사에서 처음으로 프로이센이 왕국으로 등장함
   - 베스트팔렌조약은 독일 군주들에게 자기 영지의 종교를 결정할 수 있는 권리를 돌려주었고, 루터주의뿐만 아니라 칼뱅주의도 인정하여, 영지 내의 소수 종파에도 종교의 자유를 보장함
   ④ 아울러 네덜란드와 스위스는 독립을 인정받았으며, 프랑스는 이 전쟁으로 영토를 확장함
   - 이 조약을 통해 다른 나라의 국내 문제에 외부 세력이 개입하지 못하게 되었고, 알자스-로렌 국경 지방은 프랑스가 차지했으며 스웨덴은 독일 북부의 항구에 대한 지배권을 얻음

3. **의의**
   ① 독일 30년 전쟁을 끝마치기 위해 1648년에 체결된 베스트팔렌조약은 정치가 종교의 영향에서 벗어나 국가 간의 세력 균형으로 질서를 유지하는 새로운 체제를 가져옴
   - 이 조약은 근대 국가의 법적 기초와 근대 세계 정치의 근본적 규칙을 확립했음
   ② 베스트팔렌조약의 핵심은 유럽의 통치자들 사이에 외부 간섭 없이 자기 영토 내를 다스릴 수 있는 각자의 권한을 인정한다는 것을 내용으로 하며, 시간을 거치면서 이는 주권 국가성의 원칙으로 성문화됨
   ③ 베스트팔렌조약에 따르면, 인류는 주로 고정된 국경을 가진 배타적인 영토적(정치적) 공동체로 나누어져 있으며, 국경 내에서 국가 또는 정부는 최고의, 무조건적이며, 배타적인 정치적·법적 권위를 가지고 있음
   - 국가는 국내 영역을 외부 세계와 구분하는 고정된 국경 내에서 정치·사회·경제 행위의 자율적 담지자
   ④ 당시 교황이었던 이노센트는 베스트팔렌조약을 "영원히 구속력 없는, 타락한, 의미 없는 것"이라고 언급하였으나, 베스트팔렌조약은 이후 4세기 동안 근대 세계 질서의 규범적 구조를 형성함
   - 이 조약을 통해 민족 단위의 독자적인 주권 국가가 등장하였고, 오늘날과 같은 국제 질서가 형성되었다는 점에서 베스트팔렌 조약은 근대적 국제 사회가 형성된 계기로 손꼽힘

제1절 유럽협조체제의 형성

1 유럽협조체제의 의미 2012년, 2019년, 2020년 출제

1. 유럽협조체제(비엔나체제)

① **의미** : 유럽협조체제란 나폴레옹 이후의 새로운 국제질서를 편성하기 위한 비엔나회의에서 합의한 모든 조약과 체제를 보장하기 위해 형성된 유럽의 안보제도를 말함

② **목적** : 유럽협조체제는 유럽대륙에서 전쟁의 발생을 막고 하나의 대륙체제를 창출하기 위한 체제로서, 평화가 위협을 받을 때는 열강들이 상호협의하고 양보를 통하여 비엔나회의 결과 형성된 유럽의 질서를 보존하는 것을 목적으로 함

2. 유럽협조체제 하의 국제질서와 원칙 : 세력균형 원칙과 정통주의 원칙

① **세력균형 원칙** : 나폴레옹이 세계패권을 차지함으로써 유럽대륙의 힘의 균형이 파괴된 이후 유럽대륙에 다시 힘의 균형을 회복시키기 위한 것으로서, 이 원칙에 따라 나폴레옹의 군사 정복으로 사라졌던 국경을 새로 책정함

② **정통주의 원칙** : 프랑스 정복전쟁 과정에서 점령지역에 파급된 자유주의나 민족자결주의를 인정하지 않고 나폴레옹 전쟁으로 퇴위당한 기존의 왕조들을 복귀시키는 것을 의미함

③ 세력균형 원칙과 정통주의 원칙은 민족국가 형성의 기초가 되는 민족주의와 국민주의를 완전히 무시하여 진행되었고, 공통의 역사적 전통이나 동일한 언어를 가진 민족을 무시한 국경책정은 후에 비엔나체제로 형성된 유럽질서에 직접적인 위협으로 대두됨

2 유럽협조체제의 형성 : 전후처리 문제와 비엔나회의

1. 비엔나회의의 연원

(1) 쇼몽조약(1814년 3월 1일)

① **쇼몽조약의 의의**

㉠ 나폴레옹과의 전쟁 중에 영국, 러시아, 오스트리아, 프로이센 4국 간 동맹관계를 공고히 하기 위해 체결한 조약으로서 4국동맹의 모체가 됨

㉡ 쇼몽조약은 조약의 전문에 세력균형을 최초로 성문화했으며, 유럽의 운명을 결정하는 원동력으로 기능했던 유럽협조체제의 기원이 된 조약임

② 쇼몽조약의 내용
  ㉠ 프랑스가 강화조건에 동의하지 않을 경우, 4국은 나폴레옹과의 전쟁을 계속함
  ㉡ 각국은 단독으로 적과 협의하거나 강화조약을 체결하지 않음
  ㉢ 평화가 달성된 후 프랑스가 다시 동맹국을 공격하면 상호원조함

(2) 제1차 파리평화조약(1814년 5월 30일)
① 쇼몽조약으로 나폴레옹을 패배시킨 열강은 전쟁을 마무리짓기 위해 제1차 파리조약을 체결함
② 내용 및 특징
  ㉠ 제1차 파리조약에서는 열강의 공동정책이었던 프랑스 봉쇄라는 목표는 약화되고 프랑스에 관대한 내용을 포함함
  ㉡ 프랑스는 1792년의 국경을 회복함과 동시에 정통왕조인 루이 18세를 복위시킴
  ㉢ 열강은 그들의 정통정권의 회복만을 목표로 하였기 때문에 독립권의 존중 아래 프랑스에 대한 영토적인 분할을 하지 않음
③ 조약 달성을 위한 두 가지 조치
  ㉠ 만약 프랑스가 다시 유럽질서에 위협을 가할 때는 쇼몽조약의 동맹관계를 재확인함
  ㉡ 조약 제32조에서 조약 처리를 위한 비엔나회의를 개최할 것을 규정함

2. 유럽협조체제의 형성

(1) 제2차 파리평화조약(1815년 11월 20일)
① 배경 : 비엔나 회의가 진행되는 도중 나폴레옹이 엘바섬을 탈출하여 재기를 도모하는 일이 발생함
② 전개
  ㉠ 나폴레옹은 워털루 전투에서 패하고 세인트헬레나 섬으로 격리됨
  ㉡ 나폴레옹의 재기 위협은 프랑스에 관대했던 제1차 파리조약과는 달리 프랑스에 혹독한 제재를 가한 제2차 파리조약으로 대체되는 결과를 야기함
③ 조약 내용
  ㉠ 프랑스의 국경은 1790년의 국경으로 되돌아간다.
  ㉡ 프랑스는 배상금 7억 프랑을 지불한다.
  ㉢ 이의 이행을 보장하기 위해 15만의 연합국 군대가 5년 기한부로 프랑스를 점령하고 3년이 지난 후에는 그 기간을 단축시킬 수도 있다.
④ 의의 : 제2차 파리조약은 1차와는 달리 프랑스의 국경을 1792년의 국경에서 1790년의 국경으로 후퇴하게 했으며, 프랑스에 대한 배상금을 부과하고 보장점령을 행함

(2) 비엔나회의(1814년 9월~1815년 6월)

① **목적** : 나폴레옹전쟁에 대한 종전처리와 새로운 유럽의 정치질서를 구축하기 위한 회의

② **러시아**

　㉠ 러시아는 1815년 나폴레옹이 패망한 이후 가장 중요한 대륙의 강력한 국가로 등장함

　㉡ 러시아의 팽창정책

- **중부유럽** : 러시아의 알렉산더 1세는 유럽의 해방자로 자처했으며, 폴란드 왕국의 부활을 통해 폴란드를 러시아의 속국으로 함으로써 중부유럽으로의 진출을 기도함
- **지중해** : 약화되는 오토만제국을 돌파하여 보스포루스와 다아다넬즈 해협의 통과권을 획득하여, 러시아에서 생산되는 밀의 수출과 러시아 해운의 지중해 진출이라는 전략적 이익을 추구함
- **북태평양** : 캘리포니아 해안의 보데가 만에 상업기지를 확보하고, 밴쿠버에 이르는 영역으로 확대할 움직임을 보임

② **영국**

　㉠ 산업에 필요한 원료의 수입과 유럽 내외의 영국 시장을 확보해야 했기 때문에 해양 항로에 대한 자유항해를 확보하는 것이 중요한 관심사였음

　㉡ 영국은 대륙에서의 패권 수립을 저지하기 위해서 대륙 문제에 개입해야 할 입장이었기 때문에 프랑스의 복수나 재기의 위험도 중요하였지만, 보다 크게는 러시아의 패권적 세력을 두려워함

　㉢ **이중장벽전략** : 복수와 재기의 위험이 있는 프랑스를 견제하고 러시아의 중서부 유럽을 견제케 하는 전략으로서, 오스트리아와 프로이센의 강화를 도모함

③ **오스트리아**

　㉠ **현상유지정책** : 오스트리아는 비엔나조약에서 독일연방이라는 틀 속에서 우세한 입장을 확보하고 있었고, 이탈리아 도시국가들에 절대적인 영향을 주는 입장에 있었기 때문에 만족함

　㉡ 메테르니히는 대륙에 있어서 열강 간의 세력균형 형성에 최대 관심을 가지고 있었는데, 이는 민족주의적 요구를 억제하지 못할 경우 다민족으로 구성된 오스트리아 제국이 분해될 가능성이 있었기 때문에 오스트리아로서는 유럽의 현상유지가 절대적 이익이라고 판단하였음

④ **프로이센**

　㉠ 프로이센은 당시 다른 열강에 비해 1천 1백만의 인구를 가진 데 불과한 3등 국가였기에 비엔나회의에서 획득한 영토병합에 만족함

　㉡ 프로이센은 라인지역의 영토병합을 소화하기 위해서는 당분간 조용한 입장을 취하는 것이 최선의 길이라는 입장이었음

⑤ **프랑스**

　㉠ 탈레랑은 나폴레옹과 함께 몰락한 프랑스의 국가적 지위와 위신의 회복을 추구함

　㉡ 탈레랑은 프랑스가 다른 전승국들과 동등한 위치에서 유럽협조체제에 참여하도록 하는 것을 목표로 삼았으며, 이를 위해 정통주의원칙을 주장하며 정복에 의해서는 영토를 병합할 수 없으며, 또 왕권의 박탈도 있을 수 없다는 이론으로 열강을 설득함

3 신성동맹과 4국동맹

1. **신성동맹**(1815년 9월 26일)

    ① 신성동맹은 알렉산더 1세의 주장을 기초로 하여, 러시아 황제, 오스트리아 황제 및 프로이센 군주 간에 개인적으로 조인된 정신적 외교문서임

    ② **내용** : 전문과 3개 조항으로 구성
    - 전문 : 유럽은 기독교의 가르침에 따라 지배되어야 한다.
    - 제1조 : 세 군주들은 형제애로 결속되어있음을 인정하고 어떤 경우에든지 상호원조할 것을 약속한다.
    - 제2조 : 세 국가는 신이 통치하는 한 나라의 세 분파를 형성하고 있는 것임을 인정하고 신이 가르치는 원칙과 의무를 성실히 이행할 것을 선언한다.

    ③ **성격**

    ㉠ 왕권신수설이나 절대군주제의 전통과 신념에서 세 군주가 국제평화 유지를 위해 협력할 것을 서약한 군주들의 선언문

    ㉡ 러시아의 계산된 조약
    - 기독교적 공동체라는 이름을 빙자하여 기독교국 군주들의 단결을 호소함으로써 러시아는 유럽동맹으로부터 오토만제국을 제외함
    - 러시아의 야심인 지중해로 통하는 출구인 터키해협으로 진출함으로써 외교적으로 유리한 입장을 확보하려는 의도를 내비침

2. **4국동맹**(1815년 11월 20일)

    ① 영국 외상 캐슬리는 영국의 이익을 위해 나폴레옹 전쟁의 전승국들의 집단적 유대를 구상함

    ② **영국의 목적** : 영국은 프랑스의 복수전쟁을 차단하고, 러시아의 야심을 억제하기 위해 러시아를 일정한 동맹체제의 테두리 안에 묶어 두고자 4국동맹조약을 제의함

    ③ **4국동맹의 내용**

    ㉠ 4대국은 제2차 파리조약의 준수를 위하여 영원한 연맹을 형성함

    ㉡ 나폴레옹 왕조의 부활이나 프랑스에 혁명이 재발하여 유럽제국의 안녕과 질서를 파괴할 경우에는 상호 협의할 것을 약속함

    ㉢ 4대국의 원수들이나 사절들이 정기적으로 회합하여 공동의 큰 이해를 협의하고, 국민의 안녕과 번영을 도모함

    ④ **의의** : 비엔나회의에서 설정된 유럽의 국제질서는 4국동맹을 기초로 하여 비엔나체제를 옹호하여 유럽의 평화를 유지하는 것이었으며, 유럽에서 국제분쟁이 발생하면 열강이 국제회의를 개최하여

분쟁의 평화적 해결을 도모하며, 전쟁을 방지하지는 못한다 하더라도 이를 국지화시키거나 파급 확대를 방지함으로써 평화유지에 기여하고자 함

4 유럽협조체제와 회의외교

1. 엑스·라·샤펠회의(1818년)

(1) 외국군대의 철수 문제

① 프랑스의 리슐리외는 프랑스에 대한 외국군의 주둔은 프랑스 국민에게 정신적이며 물질적인 제약을 가함으로써 점령군에 대한 불만이 고조되고 혁명적인 기운을 자극한다는 논리로 외국군의 철수를 주장함

② 프랑스 내의 외국군의 철수 문제에 대해 열강은 조사단을 파견하여 사실을 확인하고, 프랑스 국내 정세상 더 이상 주둔군이 불필요하다는 것에 합의하여 철군을 결정함

(2) 프랑스의 유럽협조체제 참여 문제

① 러시아는 프랑스를 유럽협조체제에 가담시킴으로써 영국이나 오스트리아를 견제하려는 의도를 가지고 프랑스의 유럽협조체제 가담을 주장했으며, 영국은 러시아와 프랑스 간의 접근이나 동맹관계를 우려하여 프랑스의 참가를 반대함

② **양국 간의 타협**: 러시아 정부는 4국동맹의 기본성격이 대프랑스동맹임을 견지한다는 데 동의하고, 영국은 제2차 파리조약에 규정된 회의외교에 프랑스를 참가시킨다고 양보하여 프랑스는 유럽 4개국과 동등한 입장에서 유럽협조체제에 참가하게 됨

(3) 러시아와 영국 간의 대립

① 영국은 유럽 이외의 지역에서는 단독으로 행동한다는 것이 기본정책이었으며, 엄격히 4국동맹 체제를 유지하면서 유럽국가들이 유럽대륙 이외의 문제에 대하여 간섭하지 못하도록 하는 것을 정책 목표로 함

② 러시아는 오토만제국 문제, 즉 지중해 문제나 신대륙 문제인 미국 문제도 유럽협조체제의 열강 간에 논의하여 처리할 수 있다는 것을 주장했으며, 동맹체제에 모든 유럽 국가를 포함시켜야 한다고 주장함

③ **메테르니히의 주도권 장악**: 회의외교에서 영국과 러시아 간의 대립이 심화되는 와중에 메테르니히는 엑스·라·샤펠회의에서 주도권을 장악했으며, 유럽협조체제의 운용이 메테르니히의 손에 들어감으로써 자유주의와 민족주의를 탄압하는 수단으로 이용됨

2. 트로파우회의(1820년)

(1) 배경

① **나폴리 왕국의 국내반란** : 나폴리왕 페르디난트 7세는 나폴레옹전쟁 이후 나폴리에 복귀하여 헌법을 다시 폐기하고 반동적인 정치를 시작하였으며, 이에 대항하여 자유주의를 주장하는 비밀 결사단체였던 카르보나리 등이 이탈리아의 민족통일운동을 전개함

② **오스트리아의 회의 소집 요구** : 이탈리아 반도를 지배하고 있던 오스트리아는 엑스·라·샤펠회의 의정서에 따라서 5개국 열강회의를 개최하여 서로 협조할 것을 제의함

(2) 회의 개최

① **참가국** : 오스트리아, 러시아, 프로이센의 세 황제가 참석했으며, 영국, 프랑스는 대표 파견 반대하고 옵서버만 파견함

② 간섭주의에 찬성하는 러시아, 오스트리아, 프로이센 등 3국은 예비의정서에 조인하여 간섭 원칙을 천명함

　㉠ 반란에 의한 정치변혁으로 타국에게 위험을 초래하면 동맹국의 개입으로 중지시킴

　㉡ 동맹국은 불법적 방법에 의한 정치변혁을 승인해서는 안 됨

　㉢ 인접국에 위험을 파급할 우려가 있을 경우 동맹국은 호의적 요청을 행하고, 부득이한 경우에는 공동의 군사개입을 실행함

③ 트로파우의정서는 간섭주의와 보수반동에 철저했던 외교문서의 성격을 가짐

3. 라이바하회의(1821년)

(1) 성격

라이바하회의는 트로파우회의에서 천명된 간섭주의에 대한 실천을 위한 회의

(2) 전개

① 러시아, 오스트리아, 프로이센 등 3국은 나폴리 왕국과 스페인에 대한 직접적인 간섭을 할 의사를 표명함

② 트로파우 의정서에 따라 오스트리아군의 출동 명령이 내려졌으며, 오스트리아군은 나폴리 시를 점령하고 혁명정부를 폐지하고 전제군주제를 회복함

③ **공동선언** : 러시아 황제와 오스트리아 황제는 공동선언을 발표하여, 혁명을 부인하고 열강의 간섭주의를 다시 강조함

4. 베로나회의(1822년)

(1) 성격

베로나회의는 스페인에 대한 간섭 문제를 다루기 위한 회의였으나, 간섭 문제를 중심으로 영국의 불간섭주의와 러시아의 간섭주의 간의 결정적인 대립과 협조체제의 분열을 초래한 회의로서의 성격을 가짐

(2) 영국과 러시아의 대립

① **러시아의 간섭주의** : 러시아의 알렉산더 1세는 스페인 왕을 지원하여 왕권을 회복시킬 것을 주장했으며, 프랑스가 이에 가담할 것을 요구했고, 프랑스의 힘이 부족할 경우 러시아도 지원군을 파견할 것을 선언함

② **영국의 불간섭주의** : 영국은 열강의 협조체제의 간섭형식이 스페인의 식민지에까지 확장될 것을 우려함

③ **프랑스** : 프랑스는 러시아의 입장을 지지하여 스페인에 대한 간섭을 주장했는데, 이는 몰락한 프랑스의 위신을 회복하겠다는 의도가 깔려 있었음

(3) 의의

① 트로파우회의를 계기로 분열의 조짐을 보인 유럽협조체제는 베로나회의를 거치면서 와해되기 시작함

② 유럽 열강 간에 선포되었던 협조체제 양식은 베로나회의에서 러시아와 영국 간의 결정적인 대립으로 단절되었으며, 유럽협조체제의 테두리 안에서 협의한다는 것은 불가능해짐

제 2 절 유럽협조체제의 위기

1 먼로 독트린과 남미의 독립

1. 비엔나체제와 남미의 독립

(1) 남미의 독립

① 남미는 나폴레옹전쟁 중 종주국이었던 스페인이나 포르투갈의 통제에서 벗어나면서 남미 지역

전역에서 독립운동이 확대됨

② **스페인 문제에 대한 열강의 대립**

    ㉠ 간섭주의를 지지하는 국가들은 스페인에 대한 무력간섭을 강행하여 독립을 선언한 남미제국에까지 간섭을 확대할 것을 주장했으며, 이는 남미국가를 스페인 지배하의 식민지로 복귀시키려는 의도를 가지고 있었음

    ㉡ 영국은 무력간섭에 반대함으로써 유럽협조체제 국가 간에 분열이 발생했음

(2) 열강의 정책

① **영국**

    ㉠ 영국은 나폴레옹전쟁 기간에 남미 식민지와의 무역권을 스페인 정부로부터 획득했기 때문에 남미 시장을 어떻게 계속 확보할 것인가가 최대 관심사였음

    ㉡ 영국이 남미 시장을 계속 확보하는 방법은 해양에 대한 제패가 그 관건이었으며, 이는 제해권의 장악을 의미함

② **미국** : 미국과 남미와의 경제관계는 단순히 1차 상품을 수출하여 경제적 이익을 남기는 데 불과했으나, 미국은 영국이 상업상의 독점권을 이용하여 남미에 대한 정치적 패권까지도 장악하지 않을까 우려함

③ **프랑스**

    ㉠ 프랑스는 베로나회의에서 스페인에 대한 군사개입을 결정하여 이를 실행하였으며 스페인 식민지에 대한 개입도 정책적으로 고려함

    ㉡ 프랑스 정부는 스페인 정부에 약간의 군사원조를 제공하고, 그 대가로 남미제국과의 무역권을 얻어내려는 개입정책을 전개함

    ㉢ 스페인 식민지에 대한 프랑스의 개입은 영국의 강경한 반대로 실패함

2. 먼로 독트린의 선언과 영미협상

(1) 미국

① **미국의 기본 정책** : 미국은 식민지에 대한 스페인의 종주권을 회복시키기 위해서 유럽 국가들이 남미에 개입하는 것을 반대했으나, 유럽대륙에 비해 군사적으로 열세였기 때문에 신중하게 대처하는 정책을 추진함

② **스페인의 반란과 미국 정부의 태도 변화** : 1821년 먼로 대통령은 남미제국들이 다시 스페인의 세력 아래에 들어가지는 않을 것이라는 확신을 의회에서 피력했으며, 스페인의 식민지로부터 벗어난 남미의 신생독립국들을 승인할 것을 천명함

③ **베로나회의와 미국** : 미국은 프랑스의 스페인에 대한 군사개입을 결정한 베로나회의로 인해 프랑스의 남미에 대한 군사개입을 우려했으며, 군사적 수단이 없었던 미국은 영국과의 외교적 협조를 구하는 정책을 추진함

(2) 영미협상

① 영국의 캐닝(Canning)은 유럽국가가 미주대륙에 개입할 경우 공동대처를 위한 협상을 미국에 제의했으나, 미국이 영국에게 식민지국가에 대한 외교적 승인을 요구하자 이를 보류함

② 영국은 프랑스가 남미에 개입할 때에는 즉각 남미식민지를 승인하겠다고 프랑스에게 외교적으로 위협하였고, 프랑스 측은 이에 대하여 남미에 개입할 의사가 없음을 영국에 통고함

③ 미국은 남미의 신생국가에 대해 군사개입을 할 때 영국의 군사력에 의존한다는 전제하에서 1823년 12월 2일 단독으로 의회교서를 통하여 먼로선언을 하게 됨

(3) 먼로 독트린의 세 가지 외교원칙

① **비식민지화의 원칙**

㉠ 이미 취득하였거나 유지되고 있는 남북미대륙의 자유롭고 독립적인 지위는 유럽제국들이 이를 보장하고 식민지영토로 생각해서는 안 되며, 이는 미합중국의 권리 및 이익에 관한 것임

㉡ 이 원칙은 새로운 식민지화에 반대하는 것이지, 유럽제국이 현재 소유한 식민지나 속국에 대해서는 적용되지 않음

② **불간섭의 원칙** : 이미 독립한 나라에 대해 이를 억압하고 통제할 목적으로 유럽제국이 간섭하는 것은 미합중국에 대해 비우호적인 태도로 간주함

③ **고립의 원칙** : 미합중국은 유럽제국 문제에 관한 유럽전쟁에 참가한 일이 없으며, 참가한다는 것은 미국에게 적절한 정책이 아님

2 프랑스의 7월혁명과 벨기에의 독립

1. 프랑스의 7월혁명(1830년)

(1) 혁명의 발발

① **원인** : 유럽 혁명운동은 비엔나체제의 정통주의와 민족주의를 무시한 세력균형이라는 원칙하에 왕권과 귀족, 승려 등에 의한 보수적 왕정복고가 주요 원인임

② **전개**

㉠ 1830년 7월혁명의 발발 : 비엔나회의로 복귀하였던 프랑스의 부르봉 왕가가 부르주아 계층을 중심으로 하는 혁명에 의해 다시 붕괴됨

㉡ 보수적인 입헌군주정의 수립 : 비엔나체제가 의미하던 정통적 왕권이 혁명에 의해 전복되었으며, 보수적인 입헌군주정이 수립되어 부르주아 층을 기초로 하는 오를레앙공이 왕으로 추대되었음

③ **결과** : 비엔나회의가 결정한 기본적 정치원칙을 뒤엎은 최초의 사건으로 비엔나체제의 원칙인 정통주의 원칙이 파괴됨

(2) 영향

① 프랑스혁명은 유럽대륙에 팽배하고 있었던 정치적 자유주의와 국민감정을 바탕으로 하는 민족주의 독립운동을 촉발시킴

② 프랑스혁명의 국제적인 영향은 제일 먼저 벨기에의 독립으로 나타났으며 이어서 독일, 이탈리아, 그리스 등에까지 파급됨

프랑스 제2공화정 성립 - 2월 혁명

프랑스의 2월 혁명은 1848년 2월 22일부터 2월 24일까지 일어났던 의회 반대파의 활동이다. 이로 인해 7월 혁명으로 성립되었던 루이 필리프의 7월 왕정이 무너지고 공화정이 성립하게 된다. 1830년 7월 혁명이 일어나면서 샤를 10세를 퇴위하고 왕위에 오른 루이 필리프는 중도적인 군주제를 선포한다. 그러나 당시의 입헌군주정은 소수의 지주층이 지배하던 체재였고 이것은 강력한 자유주의를 요구하는 국민들에게 불만을 생기게 했다. 1840년대 프랑스에서는 산업혁명이 진행되면서 노동자와 산업자본가가 새로운 사회세력으로 출현하였고 중반 이후 경제불황이 닥치자 노동자의 운동이 활발해졌고 이는 선거권 요구로까지 이어졌다. 1848년 2월 파리에서 공개토론회가 열렸는데 토론회가 정치적 시위로 변하게 되자 이를 진압하면서 사상자가 발생하게 된다.

이로 인해 루이 필리프는 영국으로 망명하고 임시정부가 구성된다. 임시정부는 공화주의파와 사회주의파가 대립하고 있었고 선거에서 사회주의자들이 낙선하며 온건 공화파가 의회를 독점하자 닝부 과격 사회주의자와 노동자들은 바스티유 광장에 모여 시위를 벌였다. 결국 보통선거로 나폴레옹의 조카인 루이 나폴레옹 보나파르트가 공화정의 대총령으로 선출되며 제2공화정이 성립했다.

2월 혁명은 7월 혁명보다 유럽사회에 미친 영향이 컸는데, 오스트리아와 독일은 3월 혁명이 일어나서 빈체제가 붕괴되었고, 벨기에는 네덜란드로부터 독립을 하게 된다. 이탈리아와 독일에서는 통일운동이 일어나 독일은 연방을 결성되었고, 이탈리아는 통일 공화국을 꿈꾸는 마치니의 청년 이탈리아당이 나타나게 된다.

---

2. 벨기에의 독립

(1) 배경

① 1815년의 비엔나회의에서 벨기에는 네덜란드에 병합되어 프랑스에 대해 영국의 방파제 역할을 하게 되었음

② 영국은 벨기에를 병합시켜 네덜란드를 확대·강화함으로써 프랑스가 북부로 팽창하지 못하도록 하는 장벽으로 사용함

③ 벨기에와 네덜란드는 2세기에 걸쳐 운명을 달리하였으며, 종교·언어·풍속 등에서 전혀 상이한 두 국가였기에 두 국민이 융화되도록 노력하였음에도 1830년의 벨기에 반란으로 네덜란드와의 병합은 붕괴되고 벨기에는 독립을 쟁취하게 됨

(2) 원인

프랑스의 7월혁명은 벨기에의 불만을 국제적 차원으로까지 전개한 직접적 요인이었으며, 부르주아층이 침묵을 깨고 항의에 참가함으로써 정치적 요구가 등장하게 되었고, 네덜란드와 벨기에 간의 행

정 및 의회의 분리를 주장하게 됨

(3) 의의

① 벨기에는 5대 강국에 의한 공동보장 하에 영세중립국이라는 국제적 지위를 획득했으며, 여하한 외국에 대하여도 중립을 지킬 의무가 부과됨

② 1815년의 비엔나회의에서 결정되었던 영토 문제가 처음으로 질서적으로 붕괴되었으며, 영국은 프랑스에 대한 방파제라는 전략적 이익과 개념을 포기하게 됨

③ 벨기에의 독립은 한편으로 보면 성공적인 유럽협조체제의 운영이자, 또 다른 한편으로는 1815년의 지도를 수정하였다는 점에서 비엔나체제의 붕괴를 의미함

3 그리스의 독립운동

① 4세기에 걸쳐 터키의 지배 하에 있었던 그리스는 언어, 종교, 역사적 전통, 민족 감정, 경제 등 여러 면에서 오토만제국과는 상이했으며, 그리스 지식인들은 오토만제국에 대해 우월의식을 가지고 있었음

② 그리스는 18세기 후반부터 러시아의 후원 하에 독립운동을 지속했으며, 1814년 러시아에 거주하는 그리스인들은 비밀결사인 헤테이리아라는 단체를 조직하여 그리스 독립 회복을 위한 활동을 개시함

③ 1821년 2월에 러시아의 영토 내에 수백 명으로 조직된 그리스군이 건립되었고, 입실란티 형제는 모레아 반도에 상륙하여 터키인을 소탕하는 반란을 일으켰으며, 1822년 1월 반란군은 모레아반도의 아르고스에 입헌정부를 수립하고 1월 27일 독립을 선언함

④ 그리스 독립운동은 비엔나회의에서 결정되었던 유럽의 정치질서에 대한 근본적 문제를 제기함

⑤ 1830년 2월 3일 그리스를 완전한 독립국가로 한다고 결의한 새로운 런던의정서의 조인으로 그리스 독립문제는 해결됨

제3절 유럽협조체제의 붕괴

1 오토만제국의 강화

1. 러시아의 남하정책과 크리미아전쟁 [2008년 출제]

(1) 러시아의 남하정책

① **러시아의 대터키 적극정책의 배경**
  ㉠ 러시아는 통상 면에서 오데사 항구를 통한 밀의 수출이 번성하고 있었기에 이 지역에서 상업의 활성화를 위해서 터키에 대해 적극 정책을 추구함
  ㉡ 카이나르지조약으로 터키령 내의 러시아정교회에 대한 보호권을 획득함으로써 종교적 간섭이 가능해짐
  ㉢ 러시아는 터키 내정에 대한 간섭을 시도함

② **러시아 팽창정책의 구체화 : 성지 문제**
  ㉠ 팔레스타인의 성지관할권을 두고 로마가톨릭과 그리스정교 간에 분쟁이 지속됨
  ㉡ 1840년 프랑스는 터키와의 조약을 통해 관할권을 장악했으나, 프랑스 정부의 관리권 등한으로 러시아의 그리스정교회가 우월권을 장악함
  ㉢ 나폴레옹 3세는 실추된 프랑스의 명예와 영광을 위해 성지관할권을 요구했으며, 터키는 프랑스의 지원을 배경으로 러시아의 위협을 제거할 목적으로 프랑스의 요구를 수용함

③ **터키와 러시아의 대립**
  ㉠ 러시아는 그리스정교에 대한 보호자로서의 러시아의 권리를 요구했으나, 영국과 프랑스는 터키로 하여금 러시아의 요구를 거부케 함
  ㉡ 러시아의 멘슈코프는 그리스도교에 대한 종교적 자유와 정치적 특권의 보장을 요구하며, 터키가 이 요구에 응하지 않을 경우 단교한다는 최후통첩을 보냄

(2) 크리미아전쟁

① 러시아는 1851년 개전을 선언하고 몰다비아와 왈라키아를 점령함
② 영국은 다아다넬즈로 함대를 파견하였고, 터키에 군사동맹을 의의함
③ 프랑스는 가톨릭에 대한 종교적 보호권 행사를 시도함

(3) 개전

① 1853년 러시아와 터키 간에 분쟁이 야기되자, 영국과 프랑스 함대는 흑해로 진입함
② 1854년에 영국과 프랑스는 러시아에 대하여 몰다비아, 왈라키아로부터의 철수를 요구하였으나

러시아가 이를 거절하자, 러시아에 대해 선전포고를 하고 해군의 주요 기지인 세바스토폴에 대한 공격을 시작함

③ 효과적인 공격지점의 선택

㉠ 오토만제국을 보호하고 동시에 흑해에서의 러시아 군사작전을 견제할 수 있으며, 러시아를 협상무대로 끌어내기 위하여 포위 작전도 가능한 크리미아반도의 세바스토폴 해군기지를 공격함

㉡ 이 지역은 러시아의 저항이 계속되는 경우 러시아 영토 내로의 진격도 가능한 이점이 있는 지역임

④ 오스트리아의 참전

㉠ 오스트리아 정부는 영·불의 강압에 못 이겨 참전 제의를 수락함으로써 오스트리아 참전이 결정됨

㉡ 영·불은 오스트리아와 러시아가 전쟁을 하게 되는 경우에 이탈리아 내란을 진압해 준다는 조건을 제시함

㉢ 오스트리아는 세바스토폴이 함락된 후, 1855년 가을 나폴레옹 3세의 추궁에 몰려 12월 6일 대러시아에 선전포고함

㉣ 오스트리아의 군사개입 선언으로 러시아의 저항은 마침내 종지부를 찍음

2. 크리미아전쟁의 종전처리와 파리회의

(1) 파리강화회의

① **참가국** : 영국, 프랑스, 오스트리아, 러시아, 터키, 사르디니아 등 6개국이 참가함

② **파리회의의 내용**

㉠ 터키의 영토 보전과 독립 보장 : 러시아는 터키 내의 그리스정교회에 대한 보호권을 규정하였던 카이나르지조약의 폐기로 터키 내정에 대한 간섭권을 잃게 됨

㉡ 러시아는 아드리아노플조약으로 획득하였던 다뉴브공국들에 대한 지배권을 포기함

㉢ 흑해의 중립화 결정 : 러시아의 대 터키 해협봉쇄 위협을 완전히 제거함

(2) 주요 결정 내용

① **스웨덴과 관련된 문제** : 스웨덴은 1855년 11월 21일 영·불과 동맹을 체결하였으나 참전은 하지 않았는데, 전쟁 중 러시아함대가 앨란드를 점령하였으므로 러시아가 앨란드에 군사시설이나 요새의 건설을 금지할 것을 결정함

② **다뉴브 강의 자유 운행** : 오스트리아의 중요 출입구인 다뉴브하구를 국제위원회의 통제 하에 두기로 함

③ **다뉴브공국들의 지위** : 두 다뉴브공국을 러시아로부터 해방시켜 터키의 세력 하에 두고 독자적인 행정체계를 갖추도록 결정함

④ 전시해양법 및 봉쇄와 전쟁행위에 대한 국제법을 제정함

(3) 크리미아 전쟁의 결과

① 크리미아전쟁은 러시아의 남진정책을 저지했다는 사실보다는 영국이 세계정책의 실현에서 강적으로 부상되었던 러시아를 굴복시킴으로써 영국의 세계적 지위에 대한 발판을 마련했다는 점에서 의미가 큼

② 러시아의 남진정책은 완전히 좌절되었을 뿐 아니라 러시아의 국제적 위신도 실추됨

③ 루이·나폴레옹은 크리미아전쟁을 통해 유럽협조체제를 파괴함으로써 프랑스의 영광과 지위확보를 달성함

④ 오토만제국은 이 전쟁의 결과로 영국의 보호 하에 자국의 영토보전과 독립을 확보, 러시아에 대한 영국의 방파제 역할을 함

⑤ 오스트리아는 국제적 위신이 저하되고 국제적으로 고립됨

⑥ 이탈리아와 독일이 통일할 수 있는 국제적 환경이 조성됨

2 이탈리아의 통일 2017년 출제

1. 이탈리아의 통일과정

(1) 카부르의 구상

① **열강의 원조**

㉠ 카부르는 이탈리아 단독의 힘으로는 통일이 불가능하다고 판단하고 영국이나 프랑스의 힘을 빌리고자 함

㉡ 영국은 해군력밖에 없기 때문에 완전한 원조는 불가능함

㉢ 프랑스는 나폴레옹 3세가 프랑스의 영광을 다시 회복하겠다는 정책을 수행하고 있었으며, 이러한 의도는 이탈리아 독립운동 지도자의 의도와 일치하는 것이었음

② 카부르는 이탈리아의 독립운동은 오직 무력으로만 실현 가능성이 있다고 판단함

③ **카부르의 이탈리아 통일에 대한 구상**: 카부르는 사르디니아를 주축으로 하면서 이를 영토적으로나 정치적으로 확대시켜 통일하려 했으며, 로마를 수도로 할 것을 준비함

(2) 나폴레옹 3세의 역할

① **나폴레옹 3세**

㉠ 나폴레옹 3세는 나폴레옹 가(家)가 이탈리아 출신이고 나폴레옹 1세가 이탈리아의 해방에 크게 공헌하고 있었다는 데에 큰 관심을 가짐

㉡ 1855년 나폴레옹 3세는 카부르를 초청하여, 사르디니아는 프랑스의 필연적 동맹국이며, 프랑스가 이탈리아의 독립을 위하여 사르디니아를 지원할 것을 약속함

ⓒ 나폴레옹 3세는 사르디니아 왕 빅토르 엠마누엘에게 사르디니아와 오스트리아 간에 전쟁이 발발할 경우 프랑스가 사르디니아왕국에게 직접 군사원조를 할 것이라고 밝힘

② **프랑스의 의도**
ⓐ 프랑스는 사르디니아를 군사 지원함으로써 오스트리아의 약화를 기도함
ⓑ 프랑스의 대 이탈리아 정책이 성공할 경우 벨기에 및 독일제국이 프랑스 산하에 들어올 것이며, 프랑스의 무력개입으로 영토적 보상을 획득할 수 있으리라고 생각함
ⓒ 나폴레옹 3세는 이탈리아의 독립이나 통일의 단일국가로서의 가능성을 배제하고, 독일연방과 같은 이탈리아연방 정도의 해결을 기대함

③ **플롱비에르회의**
ⓐ 1858년 7월 20일, 나폴레옹 3세와 카부르가 비밀회동하여 이탈리아의 통합구상에 합의함
ⓑ 나폴레옹과 카부르는 우선 피에몬테와 오스트리아의 소유령을 합친 북부 이탈리아의 형성에 합의하였으며, 중부 이탈리아왕국과 교황국 및 남부의 네아폴리스왕국은 그대로 둔 체 네 개의 이탈리아는 연방화하고 교황이 명목상의 지배자가 되나 실질적인 지배권은 북부 이탈리아가 행사하는 것에 합의함

④ 1858년 12월 10일 토리노에서 정식으로 프랑스와 사르디니아 간의 비밀군사동맹이 체결됨

(3) 독립전쟁의 개시

① 1859년 4월 21일 오스트리아 정부는 사르디니아에 대하여 3일 내에 전시 상태를 풀고 평화 상태로 회복할 것을 요구하는 최후 통첩을 발송함
② 오스트리아의 최후 통첩은 프랑스가 충분한 전쟁준비를 완료하기 전에 전쟁에 돌입하는 것이 유리하다는 판단하에 이루어졌으며, 사르디니아가 오스트리아의 최후 통첩을 거부함으로써 오스트리아는 4월 29일 기우레 장군이 지휘하는 오스트리아군으로 하여금 사르디니아에 침입하게 함
③ 사르디니아는 나폴레옹 3세의 보장과 함께 오스트리아에게 선전포고를 했으며, 프랑스는 5월 3일 선전포고를 함
④ 전쟁은 프랑스·사르디니아 동맹국의 승리로 시작했으며, 연합군은 마젠타 전투에서 승리하여 밀라노에 입성했고, 솔페리노전투에서의 승리로 오스트리아군은 사각지대의 요새지로 후퇴하게 됨

(4) 휴전협정

① 솔페리노회전을 고비로 나폴레옹 3세와 오스트리아 간의 빌라프랑카 휴전 협정이 카부르와는 아무런 협의도 없이 진행됨

② **빌라프랑카조약(1859년 7월 11일)**
ⓐ 오스트리아는 롬바르디아를 프랑스에게 양보하고 프랑스는 이를 사르디니아에 재할양함
ⓑ 베네치아는 이탈리아 연방에 들어가나 오스트리아가 계속 영유함
ⓒ 파르마, 모데나 그리고 토스카나의 왕위는 복위시킴

2. 통일 이탈리아왕국의 건설

(1) 이탈리아의 통일운동

① **북부 이탈리아의 통합** : 1860년 1월 다시 재상으로 복귀한 카부르는 외교역량과 영향력을 이용하여 다치스, 토스카나, 로마냐 등이 피에몬테에의 합병을 결의하도록 하여 북부 이탈리아를 통합함

② **중부 이탈리아의 통합**
  ㉠ 빌라프랑카조약에 대한 불만과 나폴레옹 3세의 기만적 정책에 분노한 이탈리아 국민들은 항의와 반란을 일으킴
  ㉡ 토스카, 모데나, 볼로냐 등 세 곳 주민은 각각 임시정부를 세우고 국민투표에 의해 사르디니아와 합병할 것을 시도했으며, 카부르의 지지 하에 사르디니아에 합병이 결정되어 중부 이탈리아의 통합이 달성됨

③ **남부 이탈리아와 통합과 이탈리아 통일**
  ㉠ 시실리섬에서 마치니 파들에 의해 나폴리 왕국의 지배계층인 부르봉 왕가에 대한 반란이 일어났으나 실패하자, 가리발디는 시실리 섬으로 진격을 시작하여 팔레르모를 점령해 주민들로부터 열렬한 환영을 받음
  ㉡ 가리발디는 이후 나폴리에 입성하였고 북진하여 로마와 베네치아로 진격할 태세를 취함
  ㉢ 법왕령에서 소요가 일어나 사르디니아군이 진입해 질서를 회복하였고, 사르디니아군은 남하해 나폴리 왕국 영토로 진입하여 가리발디군과 대치하게 됨
  ㉣ 가리발디는 자신의 공화국에 대한 열정보다 조국에 대한 희생으로 북진을 포기하여 로마와 그 부근, 베네치아를 제외한 이탈리아의 통일이 이루어짐

(2) 이탈리아 통일의 의의

① 이탈리아의 통일은 1815년 비엔나 국제정치 질서의 중대한 수정이자 오스트리아의 심각한 후퇴를 의미하는 것임

② 이탈리아의 통일은 크리미아전쟁으로 시작된 1815년 유럽 정치질서 해체의 완성이라고 할 수 있음

> **주세페 마치니(Giuseppe Mazzini)**
>
> 이탈리아의 정치지도자(1805~1872). 불굴의 공화주의자로 이탈리아의 통일공화국을 추구하였다. 청년이탈리아당 및 청년유럽당을 결성하고 밀라노 독립운동에도 참가하였으며 빈곤한 망명 생활을 하며 여러 차례 군사행동을 일으켰으나 전부 실패하였다.
>
> 1827년 카르보나리당(黨)에 입당하는 한편, 낭만주의문학을 연구하여 이탈리아의 도덕적 혁신의 필요성을 강조하였다. 1830년 카르보나리당의 비밀활동이 발각되어 체포되었다가 마르세유로 망명하였다. 사르데냐 왕국의 왕 카를로 알베르토에게 이탈리아 통일에 앞장서 줄 것을 요청하였고, 이 무렵에 카르보나리당을 탈당, 1831년 청년이탈리아당을 결성하여 자유·독립·통일을 표방, 이탈리아를 공화정치로 통일할 것을 호소하였다.
>
> 제네바로 가서 사보이가에 대한 무력침입을 시도하였으나 실패하였다. 빈곤한 망명 생활 속에서도 문필활동을 계속하였고, 1834년 청년유럽당을 창설하여 유럽 각 국민에게 협력을 호소하였다. 1836년 스위스에서 추방되어 이듬해 런던으로 망명하였다.
>
> 1848년 밀라노의 독립운동에 참가하였으며 사르데냐 왕국에 의한 롬바르디아 합병에 반대, 끝까지 통일공화국을 추구하였다. 밀라노에서의 운동이 실패한 후 루카노로 망명하였다. 1849년 로마로 가서 로마공화국정부의 3인위원의 위원이 되었다. 프랑스군軍의 개입에 대한 저항운동을 지도하였으나 실패하고 다시 외국으로 망명하였다.
>
> 그 후로도 여러 차례 군사행동을 일으켰으나 전부 실패하였다. 불굴의 공화주의자로, 사르데냐 왕국에 의한 통일에는 끝까지 반대하였다. 그의 계획에는 구체성이 결여되어 있었지만, 순수한 정열을 지닌 인물로 국가통일기의 초창기 청년층에게 지대한 영향을 끼쳤다.

3 독일의 통일

1. 슐레스비히·홀슈타인 공국 문제

(1) 두 공국 문제

① **1815년 비엔나조약과 독일연방조약** : 홀슈타인 공국은 덴마크왕의 영역 안에 있으면서 동시에 독일연방의 일원으로 규정되었으며, 슐레스비히는 덴마크와 독일 어느 한 쪽에도 속하지 않고 있었음

② 두 지역의 주민은 대부분 독일인이었으며, 그들은 새로운 덴마크 정부에 복종하려 하지 않았고 덴마크로부터 분리하려는 반란을 지속하고 있었음

③ 덴마크는 1858년 8월에 독일연방의 성원으로 되어 있는 홀슈타인을 독일연방으로부터 분리시키기 위한 새 헌법을 발표하였으나, 계속된 저항으로 1863년 홀슈타인에 대한 특별법을 공포하고 홀슈타인의 완전한 자치를 허용하는 대신 슐레스비히는 덴마크에 편입시킬 것을 시사함

④ **덴마크와 프로이센 간의 갈등**

㉠ 프로이센은 독일인의 민족적 열망과 프로이센의 영토확장에 대한 뜻을 만족시키기 위하여 두 주의 분리를 지지했으며, 오스트리아의 지지와 함께 연방의회에서 홀슈타인에 주둔하고 있는 덴마

크군의 철수를 요구함

ⓛ 덴마크의 홀슈타인 주둔군은 슐레스비히로 후퇴했으나 독일국민들은 홀슈타인 뿐만 아니라 슐레스비히까지도 장악하여 독일연방의 독립적 위치를 확보하려 시도함

(2) 비스마르크의 정책

① 비스마르크는 두 공국 문제에 대해 열강의 개입을 우려하여 영토적 야심이 없음을 열강에게 인식시키려 노력함

② 폴란드 반란 문제로 열강회의가 개최되고, 이를 중심하여 영국과 프랑스 간의 불화가 야기되자 비스마르크는 프랑스가 덴마크 문제에서 영국을 지원하지 않으리라고 판단하고 독일 연방의회의 간섭실행안을 지지함

③ 비스마르크는 덴마크 문제에 대한 수습을 계기로 슐레스비히·홀슈타인 두 공국을 프로이센에 합병할 것을 구상함

④ 프로이센과 오스트리아는 비밀동맹조약을 체결하고, 덴마크에 대하여 단독행동을 개시하여 슐레스비히는 양국의 연합군에 의하여 점령되었고, 연합군은 덴마크 본토까지 침입하여 듀펠 요새를 함락함

⑤ **덴마크와의 협상** : 열강의 도움을 받을 수 없었던 덴마크는 연합군과 직접 협상하여 슐레스비히와 홀슈타인을 양국이 공동관리할 것을 수용함

2. 오스트리아·프로이센 전쟁

(1) 프로이센·오스트리아 대립과 개전

① 슐레스비히와 홀슈타인 두 주의 처리 문제를 놓고 프로이센과 오스트리아는 본격적으로 대립함

② 비스마르크는 두 공국의 왕이었던 프레드릭 아우구스텐부르크왕과 군사협정을 체결하고 킬군항을 프로이센의 군항기지화하려 시도했으며, 이것은 두 공국이 실질적으로 프로이센에 예속되는 것이기에 오스트리아는 반대함

③ **가스타인협정** : 슐레스비히와 킬군항은 프로이센의 행정 하에 두고 홀슈타인은 오스트리아의 행정 하에 두기로 합의함으로써 홀슈타인이 프러시아 영토 내에 존재하게 되어 프로이센과 오스트리아 간 분쟁의 원인으로 작용함

④ **독일연방 헌법의 개정 제의** : 비스마르크는 명확한 개전 이유를 만들기 위해 오스트리아가 수락할 수 없는 내용, 즉 독일 연방 내의 패권 장악을 위해 오스트리아를 연방에서 제외하는 헌법개정안을 연방의회가 아닌 독일연방국에 제의함

⑤ 오스트리아는 연방의회에서 프로이센을 규탄하고 연방군 동원을 요구함

⑥ **개전**

㉠ 오스트리아는 프로이센에 대하여 선전포고를 하고 프로이센도 선전포고를 하게 됨

ⓛ 프로이센과 군사동맹을 맺고 있던 이탈리아가 오스트리아에 선전포고를 하면서 오스트리아는

양면전쟁이라는 약점 하에 전쟁에 돌입하게 됨
ⓒ 프로이센군과 오스트리아군은 사도와에서 격전을 치르게 되는데 여기에서 오스트리아가 완패함으로써 양국의 전쟁은 7주 간의 단기전으로 프로이센이 승리를 하게 됨

(2) 비스마르크의 전쟁준비 외교

① 폴란드의 반란 발생(1863년 1월 22일)

㉠ 폴란드에서 반란이 발생하자 비스마르크는 러시아와의 접근정책을 시도하여 러시아와 프로이센 간의 협력을 구축함

㉡ 러시아 수상 고르챠코프와 알벤슬레벤 장군 간에 조약을 맺어 폴란드 반란군에게 원조하지 않을 것과 포르이센군을 파견하여 봉쇄할 것을 합의함

② 폴란드의 반란 문제에 대해 나폴레옹 3세는 폴란드의 독립을 암시하면서 러시아와의 전쟁도 불사한다는 태도를 비침으로써, 러시아와 프랑스 간의 접근정책은 실패하게 됨

③ **프랑스와 영국 간의 외교적 불일치** : 영국은 프로이센이 킬에 군항을 건설함으로써 해군이 강화되거나 해역을 장악하는 것을 반대한다는 입장이었고, 프랑스의 나폴레옹 3세는 폴란드반란 때, 영국이 프랑스의 대 러시아 정책에서 비협조적이었다는 것을 상기시키면서 영국의 협조 요구를 거절

④ **프로이센과 이탈리아 간의 동맹** : 단기전격전으로 결정적 승리를 얻기 위해서는 오스트리아군을 남북으로 양분하여 양면으로 전선을 갖게 할 필요가 있었으므로 이탈리아와 동맹을 맺음

⑤ **프랑스의 외교와 입장**

㉠ 프랑스와 오스트리아 간의 협상 : 오스트리아와 비밀협정을 통해 오스트리아와 프로이센전쟁 이후 베네치아를 획득한다는 전제 하에 프랑스는 중립을 약속함

㉡ 프로이센과 프랑스의 협상 : 중립을 대가로 오스트리아와의 전쟁 승리 이후 독일 영역의 영토에 대한 영토 보상을 요구했으나 비스마르크는 거부함

(3) 프라그강화조약(1866년 8월 23일)

① 오스트리아는 구독일연방의 해산을 승인하고 오스트리아가 참가하지 않는 새로운 독일의 조직을 인정함

② 오스트리아 황제는 라인 강 이북으로 하는 북독일연방의 형성과 라인 강 이남으로 하는 제독일연방으로 하나의 연방을 형성한 것을 인정함

③ 슐레스비히, 홀슈타인, 프랑크푸르트 자유시는 프로이센에 병합함

④ 이탈리아에 베네치아를 귀속시킴

(4) 비스마르크의 대 프랑스 책략

① 7월 23일 사건 : 비스마르크는 프랑스의 노골적인 영토 변경안과 영토적 야심의 증거문서를 각국에게 폭로함으로써 프랑스를 장차 고립케 하는 예비외교로 활용했으며, 프랑스가 야심을 갖고 있는 지역들에 폭로함으로써 남부국가들은 프로이센과 비밀군사동맹조약을 체결함

② 또 하나의 비스마르크의 대 프랑스 책략 사건 : 베네디티와 비스마르크 간의 대상 협상에서 프랑스 측

의 협상안을 필사시켜 그 1부를 비스마르크가 간직하고 이를 영국의 런던타임스에 발표케 함으로써 비스마르크와 프랑스 간의 대상협상은 결렬되었고, 나폴레옹 3세의 외교적 위신은 완전히 추락하게 됨

4 프로이센·프랑스전쟁

1. 비스마르크의 개전외교 - 룩셈부르크 문제

(1) 룩셈부르크 문제

① 나폴레옹 3세의 입장
㉠ 나폴레옹 3세는 프로이센과의 협상을 거듭하였으나 비스마르크의 책략과 농간으로 번번이 위신이 실추됨

㉡ 나폴레옹 3세는 외교상의 성공으로 위엄을 회복하지 않는 이상 유럽에서의 지도적 위치나 국내에서의 황제 지위 유지에 위협을 느낄 정도가 됨

㉢ 나폴레옹 3세가 최후로 기대했던 것이 프랑스의 룩셈부르크 획득 문제임

② 룩셈부르크대공국
㉠ 룩셈부르크대공국은 비엔나회의 이래 네덜란드 왕의 개인적 영역인 동시에 독일 연방의 일부를 이루고 있었으며, 수도인 룩셈부르크는 유럽에서 가장 뛰어난 군사적 요새이자 독일의 3대 요새 중 하나였음

㉡ 룩셈부르크대공국은 프로이센·오스트리아전쟁 직후부터는 독일연방의 해체로 그 국제적 지위가 명확하지 않게 됨

③ 프랑스와 네덜란드 간의 협상
㉠ 프랑스와 네덜란드는 협상을 통하여 룩셈부르크의 북부인 림부르크를 포함하는 네덜란드 영토에 대한 프랑스의 보장 대신 룩셈부르크를 프랑스에 매각한다는 것을 합의함

㉡ 비스마르크는 룩셈부르크 문제를 이용하여 독일인의 민족감정을 선동으로써 프로이센을 중심으로 한 정치 강화에 이용하였는데, 1867년 3월 초부터 독일의 모든 신문들은 나폴레옹 3세가 룩셈부르크를 병합하려는 야심이 있다고 공격하고 독일인의 민족감정을 선동하기 시작함

(2) 결과
① 비스마르크를 지지하는 벤니그젠은 연설을 통해 룩셈부르크는 독일영토이며 민족상·군사상 독일의 중요한 영역이므로 이를 다른 나라에게 할양할 수 없다고 강조하고, 프랑스에 대해 모욕적인 언사를 사용하면서 전쟁도 불사할 것이라고 선언함

② 비스마르크는 국민의 여론을 무시한 해결은 있을 수 없다고 답변하고, 독일의 권리를 확보하는 입장을 표명함

③ 프로이센의 헤이그주재 공사는 룩셈부르크 할양에 반대한다는 입장을 통고하고, 여기에서 네덜란드와 프랑스 간의 룩셈부르크 문제에 관한 협상은 중단됨

④ 나폴레옹 3세는 비스마르크와의 대상 협상에서 번번이 좌절하였으며, 최후의 기대도 실패하게 됨으로써, 룩셈부르크 문제로 나폴레옹 3세의 위신은 또 한 번 땅에 떨어지고 독일의 민족감정은 비스마르크의 예상대로 격앙됨

⑤ 룩셈부르크협상은 프로이센과 프랑스의 전쟁을 피할 수 없도록 만들었으며, 양국으로 하여금 전쟁 태세를 갖추게 하는 하나의 계기가 됨

2. 스페인 왕위 계승과 개전

① **스페인 임시정부**: 반란으로 수립된 임시정부는 1868년 9월 스페인 왕위계승자로 프로이센 왕가의 레오폴드 친왕을 추대하기로 결정하고 프로이센과 교섭을 시작했으나, 나폴레옹 3세는 크게 반발하며 베네디티 대사로 하여금 비스마르크에게 설명을 요구하도록 함

② **비스마르크의 책략**: 비스마르크는 1870년 3월에 빌헬름 1세에게 레오폴드 왕을 스페인 왕으로 할 것을 수락하도록 권고했는데, 이는 프랑스와의 전쟁 시 프랑스로 하여금 스페인 국경에 상당수의 군사력을 배치해야 하는 부담을 주기 위함임

③ **외교교섭 과정과 개전**

㉠ 프랑스는 베네디티에게 훈령을 내려 엠스에 있던 빌헬름 왕과 회견토록 하여 레오폴드 왕의 스페인 왕위계승을 철회토록 요구함

㉡ 빌헬름 왕은 러시아 왕과 영국의 빅토리아여왕으로부터 스페인 왕위계승 문제를 신중히 하라는 충고로, 독일 왕의 위엄을 위해서도 레오폴드 왕의 철회를 결심함

㉢ 빌헬름 왕은 레오폴드의 부군에게 왕위사퇴를 바란다는 통고를 했으며, 레오폴드 부군이 직접 스페인에 타전하여 왕위계승을 사퇴한다는 것을 전달함

㉣ 프랑스 정부는 베네디티로 하여금 빌헬름 왕을 직접 알현하여 나폴레옹 3세에게 정식통고가 없었으니 공개적으로 왕위후보 문제를 거론하지 않겠다는 보장을 공식적으로 받을 것을 지시함

㉤ 프랑스의 외교조치는 빌헬름왕가의 위신을 해친 결과가 되었으며, 빌헬름 왕은 베네디티 대사의 접견을 거부하고 앞으로는 왕위계승 문제를 보장할 수 없다고 선언함

㉥ **비스마르크의 책략**: 비스마르크는 빌헬름 왕과 프랑스 대사 간의 사건을 설명하는 전문을 받게 되었는데, 이 전문의 내용을 일부 조작하여 프랑스대사가 빌헬름 왕에게 무례하며 부당한 요구를 했다는 도발적인 내용으로 고쳐 언론에 이를 배포함

㉦ **파리의 반응**: 강경파의 주도하에 전쟁상태로 돌입하였고, 프로이센에 선전포고함

3. 프로이센·프랑스전쟁의 종결

(1) 1차전쟁(1870년)

① 7월 19일 전쟁이 시작되자 독일군은 예정했던 대로 프랑스군을 압도함

② 몰트케의 군사작전은 신속한 단기전으로서 갈라져 전진하고 합쳐서 친다는 원칙인데, 작전의 목표는 파리에 두고 3군을 조직하여 라인지역으로 진격함

③ 1개월 후인 9월 1일 세단에서의 격전에서 프랑스군은 완전히 패배하고 2일에 나폴레옹 3세는 8만의 프랑스군과 함께 프로이센군에 항복함

④ 결과
  ㉠ 세단전투에서 프랑스군이 완패당하자 파리에서 반란이 발생함
  ㉡ 나폴레옹 정부가 타도되고 파리 방위사령관 트로슈장군을 수반으로 하는 국민방위정부가 성립됨

(2) 열강 간의 전시외교

① 이탈리아
  ㉠ 나폴레옹 3세의 호의에 대한 배려로 이탈리아는 영국에 대해 중립동맹을 제의함
  ㉡ 프랑스군이 세단전투에서 패배하자 이탈리아군은 프랑스군이 철수한 로마를 점령함

② 영국
  ㉠ 중립동맹 참가자들이 전쟁이 끝날 때까지 중립을 지킨다는 것을 열강에 제의했는데, 상호 간 외교각서 교환을 통해 약속한다는 내용임
  ㉡ 이탈리아와 러시아는 참가했으나 오스트리아는 불참함

③ 비스마르크의 강화조건
  ㉠ 알자스 전체와 로렌의 2분의 1을 요구했으나, 국민방위정부는 이를 거부함
  ㉡ 파리는 다시 독일군에 의해 포위되어 고립되었고, 제2차 전투가 시작됨
  ㉢ 국민방위정부는 전시외교를 시도하여 티에르를 열강에 파견하여 중립국들로 하여금 간섭케 하거나 동맹을 추구했으나 실패함
  ㉣ 프로이센군의 본부였던 베르사유에서 비스마르크와 담판을 재개함

④ 프랑크푸르트 강화조약(1871년)
  ㉠ 프랑스는 알자스의 전부와 로렌의 일부를 프로이센에게 할양한다.
  ㉡ 프랑스는 50억 프랑을 전쟁배상금으로 프로이센에게 지불한다.
  ㉢ 프로이센군은 파리 시내 세느강 우안으로부터 철수한다.
  ㉣ 배상금의 지불이 5억 프랑에 이를 때까지 보장점령한다.
  ㉤ 파리 수비군 약 4만을 제외한 모든 프랑스군은 세느강 이서로 철수한다.

(3) 결과

① 중부유럽에 강력한 독일제국이 형성됨

② 간접적인 결과로 이탈리아가 통일됨

③ 유럽의 전통적인 지도국으로 행세하던 프랑스의 패권은 독일로 넘어가게 되었으며, 제2차 대전까지의 국제정치사의 문제인 중부유럽의 강화가 발생하게 됨

(4) 이탈리아와 독일통일의 비교

① **공통점**
  ㉠ 프랑스혁명으로 인한 자유주의와 민족주의 영향을 받음
  ㉡ 지식층과 지배 세력에 의한 통일

② **차이점**
  ㉠ 오스트리아의 영향력 배제에 있어서 이탈리아는 무력투쟁 방법 밖에 없었으나, 프로이센은 오스트리아와 연방의회를 통한 관계조정이 가능했음
  ㉡ 외부세력의 원조 여부에 있어서 이탈리아는 프랑스의 무력에 의존했으나, 프로이센은 외부 세력의 배제와 중립을 통해 통일을 이룩함
  ㉢ 경제력의 차이 : 프로이센이 이탈리아에 비해 경제적 우위를 유지하고 있었음

제2장
비스마르크 동맹체제

제1절 비스마르크동맹체제의 형성과 전개 | 2009년 출제

1 비스마르크의 보장정책

1. 비스마르크의 외교

(1) 전기 외교

① **시기**: 빌헬름 1세에 의해서 비스마르크가 프로이센의 수상으로 등용된 1862년 9월부터 보불전쟁의 승리를 거둔 1871년까지의 시기

② **전기 외교의 특징**
  ㉠ 전 독일의 민족통일을 목표로 철혈정책으로 표현되는 전쟁수단을 통하여 유럽의 현상을 파괴하려 시도함
  ㉡ 1864년 덴마크와의 전쟁, 1866년 오스트리아와의 전쟁, 1870년부터 1871년까지의 프랑스와의 전쟁을 수행하여 독일제국을 확립시킴

(2) 후기 외교

① **시기**: 빌헬름 1세가 독일 황제로 등장한 1871년부터 빌헬름 2세와의 충돌로 인해 사임하게 되는 1890년 3월까지의 20년 간의 시기

② **후기 외교의 특징**: 독일 제국의 안전을 유지하기 위하여 평화정책을 수행했으며, 외교적 수단으로는 동맹과 협상을 이용함

③ **후기 외교의 목표**
  ㉠ 프랑스의 국제적 고립화: 프랑스의 보복전쟁은 보불전쟁 후 프랑스의 정치적 피폐로 미루어 보아 프랑스 단독으로는 불가능하다고 판단하고 프랑스의 외교적 고립을 추구함
  ㉡ 외교적 목표: 독일제국을 표적으로 하는 국제적인 동맹체제 형성의 사전 방지

2. 삼제협상(1873년)

(1) 삼제협상

① 비스마르크의 외교체제가 처음으로 형성된 것으로, 오스트리아와 러시아를 독일제국의 우방으로 끌어들여 프랑스를 고립시키려는 비스마르크의 정책임

② 삼제동맹은 두 개의 조약인 러독군사협정과 러시아와 오스트리아 간의 쉔브룬협정으로 구성됨

(2) 러독군사협정

① 만약 두 제국 중 어느 하나가 유럽의 어떤 국가에 의해서 공격을 받을 때는 다른 당사국이 조속한 기간 내에 20만의 유효병력을 동원할 것을 약속함

② 기간은 무기한이나 2년 전에 사전 통고할 때에는 협정이 폐기 가능함

③ 협정은 방어동맹적인 성격이며, 독일은 오스트리아의 가입을 조건부로 함

(3) 쉔브룬협정

① 러시아와 오스트리아 간의 협정인 쉔브룬협정은 러시아 황제 알렉산더와 오스트리아 황제 프란츠 요셉 간의 개인적인 협상에 의한 협정임

② 두 황제는 두 국가가 상호대립될 때에는 서로 협의한다는 조항과 제3국의 침략이 있을 경우에도 역시 서로 협의할 것을 조인함

③ 이 협정에 1873년 10월 22일 독일 황제가 추가로 서명함으로써 삼제동맹이 완성됨

(4) 각국의 목적

① 독일은 프랑스의 복수전쟁 정책을 약화시키기 위하여 러시아의 협력을 획득한다는 것이 목적임

② 러시아는 독일과 오스트리아 간의 지나친 접근을 차단하기 위하여 서명함

③ 오스트리아는 발칸정책의 일환으로서 독일을 활용하여 러시아를 견제할 목적을 가짐

---

2 발칸의 위기

1. 동방문제

(1) 동방문제

① **동방문제** : 발칸의 위기나 분쟁을 의미하며 터키제국의 분해과정에서 파생한 여러 문제를 가리킴

② 비스마르크의 외교체제가 진행되는 중에 유럽의 국제정치를 동요케 한 가장 중요한 국제적 대립의 하나가 바로 동방문제임

③ 러시아와 오스트리아 간의 제국주의적 대립이 중심이 됨

(2) 발칸문제

① 범슬라브주의

㉠ 범슬라브주의란 슬라브의 문화, 그리스정교회, 종교적 운동을 통한 연대성을 강화하면서 슬라브 민족의 해방을 촉진하려는 운동으로써, 보불전쟁 이후 범슬라브주의가 발칸지역에서 활발하게 전개됨

㉡ 범슬라브주의는 19세기 이래 민족주의적 조류를 타고 러시아 산하에 슬라브 연방을 수립하려는

운동으로 발전되어 감
- ⓒ 범슬라브주의는 발칸반도 슬라브 민족의 통일독립운동에 있어서 지도이념으로 자리 잡음
- ⓔ 범슬라브주의 운동의 정치적인 무기는 그리스정교의 권위였으며, 러시아 황제는 그리스정교 법황으로 군림하면서 모든 국민을 감독, 교화하는 권한을 갖고 있다고 주장함
- ⓜ 터키의 지배하에 있는 슬라브 민족을 이교도인 터키가 탄압하는 것에 대해 러시아 황제는 그리스정교의 시민에 대한 보호자로 자처했으며, 러시아가 발칸 진출에서 내세운 정책적 포석의 하나가 바로 슬라브 기독교의 창설이었음

② **반오스만 반란**
- ⓜ 1875년 7월에 헤르체고비나에서, 9월에는 마케도니아와 보스니아 등지에서 일어난 반오스만 반란은 오스트리아와 러시아의 주의를 끌기 시작함
- ⓛ 보스니아 헤르체고비나의 농민반란은 불가리아의 반란으로 확대
- ③ 보스니아·헤르체고비나로부터 불가리아로 반란이 확대되자 터키는 무자비한 탄압을 자행했고, 발칸의 반란이 확대되어 가자, 1876년 6월 30일 세르비아와 몬테네그로는 터키에 대하여 선전포고함

(3) 전개
① 러시아의 황제는 열강이 터키 정부에 대하여 강력한 항의와 개입을 공동으로 수행하지 못할 경우 단독으로 군사조치를 취할 것임을 선언함
② **열강의 대사회의 개최** : 열강의 대사들은 터키에게 불가리아와 보스니아 반란지역은 터키제국 내에서의 행정자치제를 허용할 것을 제안했으나 터키는 거부함
③ 러시아는 강력한 개입을 권고했으나 영국이 이에 반대하자, 터키는 영국의 태도로 보아 터키와 러시아가 개전할 경우에도 영국이 터키를 포기하지 않으리라는 것을 확신하게 됨
④ **러시아와 오스트리아·헝가리 간의 비밀협정**
- ⓜ 러시아와 터키 간의 전쟁 시 호의적인 중립 약속함
- ⓛ 제3국, 즉 영국의 개입을 막기 위해 모든 외교활동을 지원할 것을 약속함
- ⓒ 오스트리아·헝가리는 보스니아 헤르체고비나를 할양받으며 교전 시 발칸의 서부에서는 군사작전을 하지 않을 것을 약속함

2. 러시아·터키전쟁
① 1877년 4월 3일 런던의정서와 러시아 단독의 최후통첩이 터키 정부에 전달됨
② 터키 정부는 자국 정부가 참가하지 않은 회의의 결정에 대해 수락할 수 없다는 것과 내정간섭의 사유가 전혀 없다는 이유로 이를 거부함
③ **러시아** : 터키에 대해 선전포고함
- ⓜ 러시아군은 프레브나 요새에서 터키군을 대파하고 발칸을 횡단하여 1878년 1월에는 아드리아노

플을 점령하고, 다시 콘스탄티노플까지 진격함

ⓒ 콘스탄티노플까지 진격하자 영국과 오스트리아의 반대에 부딪힘

3. 산·스테파노조약

① 내용

㉠ 러시아는 오토만제국 영토의 흑해 동쪽 끝인 아시아령에서는 카르스시, 바야지드시, 바툼시를 병합함과 동시에 유럽 내 터키령에서는 도브루자를 병합함

㉡ 가장 중요한 내용은 마케도니아를 통하여 흑해에서 에게 해에 이르는 광활한 불가리아국의 건설과 이를 2년 동안 러시아의 관장하에 둔다는 것임

㉢ 세르비아와 몬테네그로의 영토는 확장되고 이들은 터키로부터 해방되며, 루마니아도 터키 조정과의 관계를 단절함

㉣ 보스니아와 헤르체고비나에는 오스트리아와 러시아의 감시 하에 자치를 허용함

② 조약에 대한 열강의 입장

㉠ 영국의 디즈레일리는 솔즈베리를 통하여 반대 의사를 명백히 했으며, 영국의회는 600만 파운드의 군사비를 가결하고, 인도의 말타파군에게 동원령을 내림

㉡ 오스트리아는 국제회의를 통한 산·스테파노조약의 개정을 요구함

㉢ 러시아의 양보 하에 러시아는 국제회의 개최에 동의함

4. 베를린회의(1878년 6월 13일~ 7월 13일) : 비스마르크의 주도 하에 개최

(1) 주요 내용

① 불가리아 문제

㉠ 축소된 불가리아는 자치공국의 법적 지위를 갖고 러시아군이 당분간 주둔함

㉡ 동부 루멜리아 지방은 터키 통치 밑에 두되 독립국과 종속국의 중간 정도에 해당되는 법적 지위를 가짐

㉢ 마케도니아는 터키의 영토로 함

② 보스니아·헤르체고비나는 잠정적으로 오스트리아가 점령하고 그 행정을 담당하기로 함. 오스트리아는 세르비아와 몬테네그로의 경계지역을 남북으로 가로지르는 노비바자르 지방에 군대를 주둔시킬 수 있게 되어 세르비아와 몬테네그로의 통합을 저지시키며 동시에 살로니카와 엑게 해로 진출할 수 있는 통로를 확보하게 되었음

③ 산스테파노 조약으로 세르비아와 몬테네그로가 얻게 될 영토가 축소되고 이들 양국과 루마니아는 독립국가가 되었음

④ 러시아는 바툼, 아르다한, 카르스를 획득했으나 도브루자는 루마니아에게 돌려주고 대신에 루마니아는 남부 베사라비아를 러시아에 할양함

⑤ 영국은 이미 터키와 합의해 획득한 사이프러스의 점령을 국제적으로 인정받았음

⑥ 프랑스가 장차 튀니스를 점령하는 것이 묵인되었고 그리스의 요구는 미래의 일로 미뤄짐

(2) 각국의 입장

① 오스트리아·헝가리의 협상은 성공적이었으며, 오스트리아·헝가리는 발칸반도 서부 지역에서 지배적인 위치를 확립하게 됨

② 영국은 오토만제국의 붕괴를 막을 수 있었다는 점에 크게 만족함

③ 러시아는 예상보다 적은 이익을 획득했으며, 러시아의 알렉산더 2세는 베를린회의를 주최한 비스마르크의 정직한 중개자 역할에 불만을 표시함

④ 독일의 입장

㉠ 비스마르크는 러시아의 압력이 독일 동부로부터 발칸으로 이동한 것을 기뻐할 일이었으나 이를 계기로 러시아와 오스트리아·헝가리 간의 삼제동맹이 붕괴될것을 우려함

㉡ 비스마르크는 '정직한 중개인'이라는 입장에서 열강의 의사를 존중하여 공평하게 회의를 진행했으며, 유럽의 중재자로 자처함

㉢ 영국과 오스트리아·헝가리의 이익은 증가되고, 러시아는 그렇지 못하게 되자 러시아와 독일의 친선관계가 균열되기 시작함

3 비스마르크의 신동맹체제

1. 개요

① **1차 삼제협상의 파탄**

② **동맹조약의 체결**

㉠ 독·오동맹(1879)

㉡ 2차 삼제협상(1881)

㉢ 3국동맹(1882)

③ **방계 동맹체제**

㉠ 오스트리아 – 세르비아 동맹(1881)

㉡ 오스트리아 – 루마니아 동맹(1883)

④ **재보장조약과 2차 3국동맹**

㉠ 지중해협정(1887. 2)

㉡ 2차 3국동맹(1887. 3)

㉢ 재보장조약 (1887. 6)

2. 독일·오스트리아동맹(1879년)

① 독일은 베를린회의 이후 오스트리아와 러시아 중 선택을 해야 하는 상황에 처함

② 베를린회의 이후 러시아는 독일에 대해 비우호적인 태도를 취함

③ 오스트리아는 프로이센-오스트리아 전쟁 이후 프로이센의 관대한 대우로 인해 프로이센에 대해 비적대적이었으며, 러시아의 남하를 우려하고 있었기에 독일·오스트리아 동맹 체결에 적극적인 입장을 보임

④ 비스마르크는 오스트리아와의 동맹 체결 시 러시아의 접근을 기대하고 오스트리아와의 동맹을 추진함

⑤ **독일과 오스트리아·헝가리 간의 동맹조약**

  ㉠ 이 동맹은 순수한 방어동맹이라는 점을 지적하고, 어떤 상황에서도 공격적 성격은 부가할 수 없다고 단언함

  ㉡ 조약 내용
  - 러시아가 양국 중 어느 한 쪽을 침공 시 타방은 전군을 동원하여 원조한다.
  - 타 세력(예 프랑스)이 어느 한 쪽을 공격할 때 러시아가 가담치 않는 한 오스트리아는 우호적 중립을 지킨다.
  - 조약은 비밀이며 5년간 유효하고 연장이 가능하다.

⑥ 의의 : 독일과 오스트리아·헝가리제국 간의 동맹조약은 비밀조약이었으나, 이것은 독일외교의 근간이 되는 동시에 비스마르크체제의 기초가 됨

3. 제2차 삼제협상(1881. 6. 18)

① 비스마르크는 러시아와 프랑스 간의 접근을 우려함

② 비스마르크는 영국과의 협상을 통하여 러시아의 불안을 한층 심각하게 유도함

③ 러시아의 피터 사브로프는 독일과 러시아 간의 새로운 제휴를 주장함

④ 러시아는 양국동맹을 고집했으나, 비스마르크는 오스트리아가 터키를 위협하여 중립적 위치에 설 수 있게 하는 것이 러시아에게는 이익이라고 설득하여 1881년 6월 18일 제2차 삼제협상조약이 조인됨 – 3년간 유효함을 규정

⑤ **제2차 삼제협상에 따른 각국의 이해 관계**

  ㉠ 독일 : 독일·프랑스전쟁이 발발할 경우 러시아의 중립을 보장받음, 러-오 간 전쟁 시 조정역할 가능

  ㉡ 러시아 : 영국과의 전쟁 시 독일과 오스트리아의 중립을 보장받음으로써 고립 탈피

  ㉢ 오스트리아 : 러시아와의 이해관계 조절장치 확보, 이탈리아와의 전쟁 시 러시아의 중립 확보

4. 삼국동맹(1882년)의 성립

(1) 동맹 전의 상황

① **이탈리아**
  ㉠ 베를린회의 때부터 국제적인 고립감을 면치 못한 채 동맹국을 구하고 있었음
  ㉡ 1881년 프랑스가 튀니지를 보호국화하자 큰 타격과 함께 좌절감을 느낌
  ㉢ 이탈리아는 국민적 감정을 억누르고 오스트리아와 협상을 개시함

② **오스트리아·헝가리**
  ㉠ 독일과의 전쟁이 있었던 1866년의 비스마르크와 이탈리아 간의 동맹 경험을 잊지 못함
  ㉡ 유럽의 두 적인 러시아와 이탈리아와의 대립은 매우 위험하다고 여김

③ **독일의 이탈리아에 대한 입장**
  ㉠ 독일에게 있어서 이탈리아는 프랑스에 대항하는 데 좋은 동맹국의 하나였음
  ㉡ 독일과 프랑스 간의 전쟁 시에 이탈리아가 이에 가담한다면 알프스에서의 프랑스 전선과 군사력을 약화시킬 수 있다는 이점이 있음
  ㉢ 이탈리아 영토회복운동을 우려하고 있었던 오스트리아를 설득시켜 삼국동맹을 성립시킴

(2) 삼국동맹의 내용

① 독일이 프랑스로부터 공격을 받을 때는 이탈리아가 독일을 원조함
② 이탈리아가 프랑스로부터 공격을 받을 때는 독일과 오스트리아가 이탈리아를 원조함
③ 삼국동맹 중 한 나라 혹은 두 나라가 다른 두 나라 혹은 두 나라 이상의 나라로부터 공격을 받을 때는 전조인국이 전투행위로 돌입함
④ 삼국동맹의 한 나라가 다른 대국으로부터 전쟁도발을 받을 때 다른 조약국은 중립을 유지함
⑤ 기간은 5년 동안 계속되며, 내용은 비밀로 함

(3) 결과

① **이탈리아**
  ㉠ 프랑스의 공격으로부터 독일과 오스트리아의 원조를 보장받았으며, 독일에 대하여 군사원조를 약속하게 됨
  ㉡ 프랑스가 이탈리아를 공격할 때에는 오스트리아가 이탈리아를 지원하지만 러시아가 오스트리아를 공격할 경우 이탈리아가 이를 지원할 의무를 지지 않음

② 독일은 독일의 파트너인 오스트리아의 지위를 확고하게 함으로써 독일에 유리한 결과를 조성함

③ 독일·오스트리아·이탈리아 간의 동맹을 형성함으로써 러시아가 오스트리아를 공격할 때 이탈리아로부터의 배후공격을 막을 수 있게 됨

4 삼제협상의 파탄과 비스마르크 후기체제의 재건

1. 불가리아 사태와 블랑제 운동

(1) 불가리아 사태

① 베를린회의(1878년)에서 불가리아의 3등분 결정 - 불가리아의 민족통합운동 전개

② 러시아는 불가리아와 동루메리아의 병합을 지원하고 있었으므로 1878년에 러시아는 베를린조약에 따라 불가리아 내에 러시아군대를 파견하게 됨

③ **러시아와 불가리아의 민족주의와의 충돌** : 러시아는 철도정책을 통하여 불가리아 경제를 장악하려고 시도하여 러시아의 남하정책과 상응하는 철도건설을 불가리아 정부에 강요했으나, 불가리아인들은 이에 저항함

④ 오스트리아·헝가리 측이 세르비아를 거쳐 루마니아를 동맹국으로 함으로써 발칸에서의 패권을 구축하려는 러시아의 노력과 정면 대립하게 됨

⑤ **비스마르크의 오스트리아 지지** : 1887년 12월 12일에 비스마르크는 영국, 오스트리아, 헝가리, 이탈리아로 하여금 오토만제국에게 경고하여 불가리아에 대한 러시아의 권익을 인정하지 말 것과 러시아가 위협을 가할 경우 터키를 지원할 것을 밝힘

⑥ 러시아 정부는 결국 이러한 공동압력에 굴복하고 불가리아에 대한 러시아정책을 포기함

⑦ **삼제협상의 파탄**

2. 블랑제 운동

(1) 독불관계의 변화

① 페리의 독불접근정책이 1885년 3월 페리 내각의 와해와 더불어 블랑제장군에 의해 대독복수전쟁론이 재발되는 사건이 야기됨

② 페리 내각을 이은 브리송 내각은 독불유대를 자연적으로 소멸시키면서 영국과의 접근정책으로 나아감

③ 영국에 대한 접근정책이 성공적이라고 본 프랑스는 다시 러시아에 대한 접근정책을 시도했는데 이런 가운데 프레이시네 내각이 블랑제를 육군상으로 등용하면서 프랑스 내외에 파문을 던짐

(2) 블랑제

① 블랑제는 대독 복수주의자로서 복수장군이라고 할 만큼 대독강경론자였음

② 블랑제는 프랑스군 내부에 민주적인 개혁을 단행하고, 독일 국경 지대에 군사를 강화하면서 군비를 확장하여 대독전쟁에 대비함

(3) 사건 전개

① 프레이시네 내각이 블랑제 장군을 육군상으로 등용하자 프랑스 내외에 크게 파문을 일으킴

② 1886년 독일 관헌에 의해서 프랑스 국경사관이 스파이 혐의로 체포되는 사건이 발생하자 블랑제 장군은 프랑스군의 총동원령을 내릴 것을 요구함

③ 프랑스 정부는 우익 인사의 모험적 행위로 인한 독일과의 갈등을 피하기 위해 내각의 개편을 통하여 블랑제 장군을 해임함

(4) 사건의 의의

블랑제 사건은 독일로 하여금 러시아와의 재보장조약을 재건토록 하는 계기가 됨

2. 지중해 협정(1887년 2월)

① 1886년 12월부터 비스마르크는 이탈리아로 하여금 지중해 문제에 대한 영국과의 협정체결을 권고함

② 영국은 발칸 문제에 있어서는 오스트리아를 지원하게 되고, 지중해 문제에서는 이탈리아와 타협하게 됨

③ 1887년 2월 12일 영국과 이탈리아 간에 영·이 지중해협정을 체결하여 지중해, 에게해, 아드리아해, 흑해에서 현상유지를 하며, 변경 시에는 양국 간의 합의가 필요하다는 것에 동의함

④ 오스트리아·헝가리가 영·이 지중해협정에 가담함으로써 이 협정은 한층 공고화됨

3. 제2차 삼국동맹(1887년 3월)

(1) 삼국동맹의 경과

① **이탈리아 정부의 추가 요구**

㉠ 이탈리아의 트리폴리 장악 시 지지 요구

㉡ 이탈리아는 발칸에서의 분쟁이 야기될 경우 전후타협이나 영토분할에 참여하겠다는 것을 추가 요구함

② **오스트리아**

㉠ 발칸에서 이탈리아의 일부 영향권을 인정하겠다는 조건으로 오스트리아와 러시아 간의 군사분쟁 발발 시에는 오스트리아에 군사지원을 해 줄 것을 요구함

㉡ 오스트리아와 러시아 간의 전쟁 시 비스마르크는 이탈리아가 오스트리아를 지원한다는 것을 반대했는데, 이유는 오스트리아의 러시아에 대한 태도가 강경해질 것을 우려했기 때문임

(2) 삼국동맹 조약갱신과 두 개의 추가조약

① 독일과 이탈리아 간의 추가조약으로서 프랑스의 트리폴리에 대한 세력 확장 시 독일이 군사적으

로 이탈리아를 지원한다는 것을 약속함
② 이탈리아와 오스트리아 간의 추가조약 내용은 발칸에서의 영토상의 현상유지이며, 만일 영토상의 변경이 있을 경우 이탈리아는 영토대상의 권리를 갖는다는 것이었음
③ **동맹의 성격 변화** : 삼국동맹의 기본적인 성격이 방어동맹이었던 것이 이탈리아가 프랑스를 공격할 경우를 목적으로 하게 되면서 공격적 성격을 띠게 됨

4. 재보장조약(1887년 6월)

① **1887년 6월에 삼제협상의 만기가 도래함**
② **러시아의 입장**
  ㉠ 러시아는 독일과의 2국동맹 제의 – 오스트리아 배제 의도
  ㉡ 러시아는 체제의 성격상 프랑스보다는 독일에 우호적
  ㉢ 발칸에서의 이익을 확보하기 위해서는 독일의 지지 필요
③ **독일의 입장**
  ㉠ 러시아와 오스트리아 간 충돌 방지의 필요성
  ㉡ 범슬라브주의의 확장 저지 필요성
  ㉢ 러불동맹의 방지
④ **독러비밀조약** : 재보장조약(1887년)
  ㉠ 조약체결국이 다른 강대국과 전쟁상태로 돌입할 때에는 상호중립을 유지한다.
  ㉡ 독일은 루메리아를 포함하는 불가리아에서의 러시아의 영향권에 대해 합법성을 인정한다.
  ㉢ 만일 영국함대에 의해서 위협을 받아 러시아가 흑해 입구에 대한 사전 점령의 필요가 발생할 경우에는 독일은 이에 외교적 지원을 한다.
⑤ **문제점**
  ㉠ 기존 조약과의 충돌 가능성
  • 재보장조약과 독오동맹과의 충돌 가능성
  • 러오간 전쟁 발발 시 독일의 입장 곤란
  • 재보장조약 공개 시 오의 배신감
  ㉡ 체결 목적 달성 가능성에 대한 회의
  • 재보장조약으로 인한 양국과의 관계는 우호적으로 발전하지 않음

5. 비스마르크체제의 특성[86]

---

[86] 세계외교사(2007), 박영사, 132~135면

(1) 몰이념적 기술성

① 다원적인 국제회의를 통한 합의가 불가능하기 때문에 기술적 차원의 단일체제를 구성함

② 1871년 이후 확산된 민족주의는 일국 내에서는 보수와 진보 세력의 접착제 역할을 수행했으나 민족주의의 자체 속성 상 국가 간 협력을 유도하는 기능을 수행하지는 못함
  - 비스마르크동맹체제는 이념적 동질성이 아니라 안보를 위한 목적으로 기술적인 결합에 불과함

③ 민족주의와 산업화의 진전은 제국주의화로 귀결됨 – 민족주의와 제국주의가 조화를 이룸

④ 비스마르크는 제국주의적 팽창정책을 지원했으며 제국주의의 팽창은 유럽국가 간 갈등을 촉발하는 계기가 됨

(2) 집단안전보장적 성격

비스마르크 동맹체제는 침략 세력에 대한 대비를 내용으로 하고 있으며, 잠재적 공격 세력을 동맹체제 내에 수용함으로써 집단안전보장적 성격을 가지고 있음

제 2 절 비스마르크동맹체제의 붕괴

1 러불동맹

1. 비스마르크의 실각과 프랑스의 대 러시아 접근

(1) 비스마르크의 실각

① 비스마르크와 빌헬름 2세의 대립으로 비스마르크가 실각하고, 홀슈타인이 등장함

② **홀슈타인의 등장**

  ㉠ 홀슈타인은 재보장조약은 오스트리아·헝가리와의 동맹조약 정신에 위배됨을 주장하고, 프랑스와 전쟁이 발발할 경우 러시아가 중립을 지키기로 되어 있는 조항은 가변적인 것이어서 믿을 수 없다는 입장을 보임

  ㉡ 홀슈타인은 재보장조약을 파기하더라도 러시아의 대영접근은 어렵게 되어 독일이 손해볼 것은 없다는 논리를 전개함

  ㉢ 러시아의 대 프랑스 접근 문제 : 홀슈타인의 러시아 정책 핵심은 터키해협 문제로, 프랑스가 지중해에서 영국 함대와 대결할 수 없다는 사실을 들어 재보장조약의 폐기를 주장하게 됨

(2) 프랑스의 대 러시아 접근

① 재보장조약이 폐기되자, 고립을 의식한 러시아는 프랑스 정부와의 접근정책을 시도함

② 1891년 5월 6일 삼국동맹이 갱신되고, 6월 29일 이탈리아 정부가 3국동맹의 갱신을 의회에 보고하면서 1887년의 지중해조약의 언급으로 인한 영국과 3국동맹 간의 관계가 탄로나자, 러시아는 더욱 놀라게 됨

③ **러시아의 대 프랑스 접근의 근본 원인** : 러시아의 대 프랑스 접근의 근본 원인은 독일의 러시아에 대한 재보장조약을 폐기하는 데 있었으며, 확실한 언급을 회피하던 러시아는 영국이 3국동맹에 가담하자, 프랑스와 보다 확고한 동맹관계의 수립을 시도하게 됨

2. 러불동맹의 체결

(1) 정치협정(1891년)

① 러불동맹조약은 정치조약과 군사조약의 두 단계를 거치면서 완성됨

② **협상 과정에서 프랑스 정부의 입장**
  ㉠ 만일 3국동맹국들이 총동원령을 발할 경우 프랑스와 러시아도 자동적으로 총동원할 것을 요구함
  ㉡ 러시아는 프랑스에 대하여 확실한 언질과 문서화된 동맹 보장을 회피함

③ **정치협정의 체결**
  ㉠ 양국 평화에 위협을 주는 사건이 발생할 경우 이와 관련된 모든 문제를 상호협의함
  ㉡ 이러한 조치의 즉각적 실현을 위한 양국 간의 제도적 문제 해결과 조치수단을 합의함

(2) 군사협정(1892년)

① **프랑스 정부의 입장**
  ㉠ 삼국동맹 또는 독일이 총동원령을 발할 경우 양국이 동시에 그리고 자동적으로 총동원체제에 들어갈 것을 요구함
  ㉡ 오스트리아·헝가리가 단독으로 총동원할 경우 이 협정 적용의 제외를 요구함

② **러시아 정부의 입장** : 오스트리아·헝가리가 주적이었던 러시아는 그 반대 입장을 견지함

③ **프랑스의 양보와 협상 타결**
  ㉠ 프랑스가 독일 또는 독일의 지원을 받는 이탈리아의 공격을 받는 경우, 러시아는 모든 군사력을 동원하여 독일에 공격할 것을 규정하고, 러시아가 독일 혹은 독일이 지원하는 오스트리아·헝가리의 공격을 받는 경우, 프랑스의 대독일 공격을 규정함
  ㉡ 3국동맹이나 그 중 한 나라가 총동원할 경우, 러·불 양국은 사태 초기부터 사전협의 없이 양국의 전군사력을 동원하여 가능한 한 자국국경으로 이동할 것을 규정함

④ 러불동맹으로 대륙이 양분되자, 영국은 3국동맹으로부터 이탈하여 전통적인 고립정책을 실시함

- BOP 형성 : 3국동맹 – 러불동맹 – 영국

2 영불협상과 독일

1. 영불협상(1904년)

① **영불접근**: 프랑스와 평화관계 유지를 원하는 에드워드 7세는 러시아 측의 적극적 지지 하에서 평화협상을 시도함

② **협상 배경**
   ㉠ 영독동맹의 위험을 느꼈던 프랑스는 유럽에서 확고한 자국의 위치와 3국동맹의 약화를 위해 영국과 협상의 진전을 시도함
   ㉡ 영국은 식민지 문제의 해결과 독일로부터 이탈을 위해 프랑스의 제의를 수용했으며, 독일함대의 증강과 이에 관련된 심리적 이간이 영불접근의 중요한 계기가 됨

③ **조약의 내용**
   ㉠ 영국은 이집트에 대한 정책을 변경할 의사가 없으며 프랑스는 이에 간섭치 않음
   ㉡ 프랑스는 모로코의 정치적 입장을 변경할 의사가 없으며, 영국도 모로코에서의 프랑스 행동을 지원함
   ㉢ 양국은 각각 이집트와 모로코에서 30년간 무역자유를 인정함
   ㉣ 지브롤터 해안에는 군사 요새를 구축하지 않음
   ㉤ 양국은 이 조약을 통해 외교적으로 상호지원을 약속함

④ **결과**
   ㉠ 1904년 4월 8일 영국과 프랑스 간의 이집트 문제와 모로코 문제에 대한 상호 합의를 기초로 하는 영불협상이 이루어져 기타 모든 식민지 지역에서 양국 간의 분쟁을 해결하는 계기가 마련됨
   ㉡ 3국동맹 성립 이래 대 독일 접근정책을 펴던 영국을 프랑스, 러시아와 접근시키는 주요 계기를 마련함

2. 제1차 모로코사건

(1) 전개 과정

① 1905년 2월 프랑스 사절 훼즈가 프랑스 정부의 개혁안, 즉 2,200만 프랑을 들여 경찰, 군사, 재정, 국립은행 설립 등을 포함하는 안건을 가지고 모로코 정부와 협상을 시작함

② 독일 황제가 직접 탄지에에 상륙하여 모로코에서 독일 국가이익의 증대와 이의 유지를 위해 어떤 방법의 사용도 불사하겠다는 뜻을 선언함

(2) 모로코에 대한 관심의 배경

① 모로코의 근대화를 통한 철도·항만 등의 상업적 요인

② 지중해와 대서양을 동시에 접하고 있으며 지브롤터 해협과 희망봉을 연결하는 수로를 장악하려

는 의도

③ 모로코의 안정된 식민정책을 통해 알제리에 대한 프랑스 정부의 기반조성 문제

(3) 외교전

① **영국** : 영국은 독일의 대 모로코 영토 분할 요구에 강경한 입장을 취하고 있는 프랑스를 지원함

② **프랑스**

 ㉠ 델카세는 영국 정부의 정책에 만족을 표하고, 모로코 문제에 대한 양국의 협조를 약속하여 독일과의 일전을 불사하더라도 독일의 제의를 거부하는 것이 옳다고 생각함

 ㉡ 프랑스 육군의 상황이 독일과 전쟁을 수행할 형편이 못 된다는 육군상의 발언으로 프랑스 대통령 루비에는 독일과의 타협을 결정하고, 미국의 루스벨트 대통령이 중재함

③ **'알제시라스협정'의 타결** : 미국의 중재

 ㉠ 이 회담의 관건이었던 모로코 경찰에 대한 지배권은 결국 프랑스와 스페인, 스위스 경찰장관 아래에 모로코 경찰을 두기로 결정함

 ㉡ 독일이 의도했던 모로코의 국제화는 이루어지지 않았으며, 회의 결과 모로코의 경찰권이 프랑스와 스페인에 의해 장악되고, 문호개방과 비밀외교의 배제라는 명분하에 개입한 독일은 영·불로 대표되는 열강의 식민정책 앞에 굴복함

---

3 영·러협상(1907년 8월 30일)

1. 협상 배경

① **영국의 입장**

 ㉠ 식민정책에 있어서 영국의 3C정책과 독일의 3B정책의 충돌

 ㉡ 프랑스와의 협상을 통해 독일을 견제할 필요성이 있었으며 그를 위해 러시아와의 접근이 요구됨

② **러시아의 입장** : 러불동맹을 강화시킬 필요성에서 영국과의 친선 요구됨

③ **영·러 간 외교협상의 대상**

 ㉠ 티베트 문제

 ㉡ 아프가니스탄 문제

 ㉢ 페르시아 문제

2. 영러협상의 내용

① **페르시아 문제** : 페르시아를 세 지역으로 분할하여 북부는 러시아의 세력권, 남부는 영국의 세력권, 중부는 양국이 균등한 기회를 갖는 중립지대로 할 것에 양국이 조약으로 합의함

② **아프가니스탄 문제** : 러시아는 이 지역이 자국의 세력권 밖에 있음을 인정하고 아프가니스탄과의 일체의 정치 관계를 영국 정부가 중재한다는 것과 주재관을 파견하지 않을 것을 약속함

③ **티베트 문제** : 양국은 이 지역에서 주권을 인정하면서 양국은 티베트의 영토 안전을 존중하며 내정 간섭을 일체하지 않을 것을 약속함

3. **영러협상(1907년 8월 30일) 의의**

① 영국과 러시아는 전통적으로 세계정책에 있어 전쟁과 대립을 유지하여 왔으나, 이 협상을 통하여 양국은 외교적인 협상을 광범위하게 진행시키는 기반을 마련하였다는 점에서 의의가 있음

② 러불동맹과 영불협상이 결합하여 영·불·러 간에 삼국협상이 탄생함

③ 삼국협상은 국제정치사에 있어서 독일을 중심으로 한 삼국동맹과 정면으로 대립하게 됨

④ **협상체제의 결과** : 체제 간의 균형이 성립하였으나 영국이 '영광스런 고립' 정책을 포기하고, 3국협상에 가담함으로써 과거의 세력균형체제와는 달리 제3의 협력, 즉 밸런서가 없어지는 결과를 초래함

4 보스니아와 헤르체고비나의 병합

1. **위기의 발단과 배경**

① **위기의 기원** : 1903년 세르비아 왕 암살사건

㉠ 세르비아 왕 알렉산더부처는 1882년 이래 세르비아 민족주의운동의 요구와는 달리 친오스트리아정책을 추진함

㉡ 군부의 비밀결사인 '검은 손'의 암살자에 의해서 알렉산더부처가 암살당함

㉢ 새로운 세르비아 왕은 세르비아 민족운동파에게 권력을 줌으로써 '대 세르비아 주의'라는 정책을 추진하게 되었고 이로 인해 세르비아와 오스트리아 간의 관계가 급속하게 약화됨

㉣ 오스트리아·헝가리로서는 대 세르비아 운동이 확대된다면 결국 오스트리아·헝가리제국의 해체나 분해가 필연적이었으므로 일단 세르비아인을 억압한다는 것이 오스트리아·헝가리로서는 국가의 사활문제가 됨

② **오스트리아·헝가리의 대외정책**

㉠ 에렌탈은 발칸의 제압으로 연결되는 '사로니카에로의 진출'을 추진하여 1908년 1월 27일 터키로부터 산자크·노비바자르 주를 통과하여 보스니아의 우스쿠브와 터키 철도의 종착역인 미트로비차에 이르는 철도 부설권을 획득함

㉡ 산자크철도는 오스트리아의 경제적 협력을 발칸 깊숙이 신장하는 것이었으며, 세르비아와 다른 슬라브지역을 차단함으로써 대세르비아왕국의 출현을 예방하는 것이었음

㉢ 에렌탈은 세르비아를 제압하기 위해 보스니아, 헤르체코비나 지역을 병합하기 위한 정책 추진함

⓹ 1908년 10월 1일 오스트리아 황제는 영국, 프랑스, 독일, 이태리 등 4개국에 친서를 발송하고, 오스트리아는 보스니아와 헤르체고비나 2개 주를 오스트리아 영토로 병합하겠다는 것을 통고함

③ **의의** : 러시아는 오스트리아의 행동을 사로니카까지 영토를 확장하려는 계획이라고 비난하였으며, 산자크철도 사건은 발칸에서의 러시아와 오스트리아 간의 대립을 다시 한 번 격화시킨 결과가 됨

2. 보스니아·헤르체고비나의 병합

① 에렌탈의 발칸구상에서 최대의 목표는 남슬라브 민족의 민족운동을 타파하고 남방에 안전한 경계를 확보하는 것이었으며, 이를 위해서는 보스니아, 헤르체코비나 등 양주의 병합이 우선적인 목표였음

② **러시아와 오스트리아의 양국회담**

㉠ 남부의 병합을 목적으로 하는 에렌탈 외상과 해협문제 해결을 목적으로 하는 이즈볼스키 외상 간의 회담이 이루어짐

㉡ 회담 내용

- 보스니아·헤르체고비나에 대한 오스트리아·헝가리의 병합에 대해 러시아는 우호 내지 호의적인 태도를 취할 것
- 해협 문제에 있어서는 터키의 양 해협, 즉 보스포러스 해협과 다아다넬즈 해협에 대한 러시아 군함의 통과를 개방할 것

3. 보스니아·헤르체코비나 병합의 영향

① 헝가리의 보스니아·헤르체코비나 두 주에 대한 일방적인 병합선언은 1878년의 베를린조약에 위배되는 사항이었음

② **사건 전개**

㉠ 이즈볼스키는 국제회의의 소집을 주장하였으나 영국은 러시아가 요구하는 해협 문제의 제기를 거부함

㉡ 독일은 영국 정부에게 국제회의 개최를 반대한다는 점과 오스트리아를 지지할 수밖에 없다는 점을 통고함

㉢ 프랑스는 러불동맹에도 불구하고 러시아의 치명적 이익이 위협을 받지 않는 이상 전쟁에 호소하는 데는 반대라는 점을 명백히 함

㉣ 두 주의 병합관계는 러시아와 오스트리아·헝가리 양자 간의 문제로 되돌아와서 두 나라 간의 긴장을 악화시킴

③ **세르비아의 입장** : 보스니아와 헤르체고비나에 대한 오스트리아의 병합은 세르비아가 구상하고 있었던 대 세르비아 실현에 큰 타격이라고 생각하였기 때문에 세르비아 정부는 곧 전쟁준비로 돌입함

④ **각국의 입장**

㉠ 러시아의 대부분 각료와 군수뇌는 오스트리아·세르비아전쟁이 발발하더라도 전쟁에는 개입할

　　　　수 없다는 결론에 도달함
　　ⓒ 오스트리아는 세르비아에 대한 군사 응징을 주장함
　　ⓒ 독일은 이미 독일 포위라는 목적을 갖는 3국협상을 동요시키기 위하여 오스트리아를 적극적으로 지원함
　　ⓔ 세르비아는 고립무원 상태에서 굴복하여 병합에 대한 일체의 항의 단념, 전쟁 준비의 중지, 장래의 친선을 선서한다는 것을 오스트리아에 전달함

⑤ **결과**
　　㉠ 보스니아의 위기는 오스트리아와 독일의 외교가 3국협상을 보다 단결케 하는 계기를 만들어 주었으며, 이로써 독일과 오스트리아의 고립이 명백해짐
　　ⓒ 세르비아와 오스트리아 간의 관계는 다시 화해할 수 없는 국가관계를 형성함
　　ⓒ 3국동맹과 3국협상국 간에 대립이 격화됨

5 제2차 모로코 사건 : 아가딜 위기

1. 사건 개요

① 1911년 4월 6일 모로코의 수도 페스에서 반란이 발생함

② 프랑스는 유럽인의 생명을 보호한다는 구실로 모로코 수도 페스를 점령하겠다는 의사를 다른 정부에 통지함

③ **독일의 대응**
　　㉠ 프랑스의 군사 진주는 알세시라스협정에 있어서의 프랑스 권한을 넘어서는 것이었으므로, 독일은 프랑스에 대한 점령을 인정하는 대신 모로코 항구를 대가로 요구함
　　ⓒ 독일은 모로코에서의 독일 이권을 수호한다는 구실 아래 포함 판데르를 모로코의 아가딜항으로 진입시킴으로써 새로운 모로코의 위기를 조성함

2. 영국의 개입

① 제1차 모로코사건과 같이 영국이 가장 두려워하였던 것은 독일의 해군이 모가도르나 아가딜과 같은 군사적 거점을 장악하는 것이었음

② 영국은 독일의 요구는 과도한 것이며, 만일 필요할 경우 영국이 군사적으로 개입할 것임을 독일 정부에게 통고함

③ 영국은 아가딜은 해군 거점으로서 서해안에서 최적의 항구임을 말하고 독일이 철수를 지연시킬 경우, 영국의 이익을 보호할 수단을 취할 필요성이 있게 될 것이라는 노골적인 경고를 함

3. 협상

① 독일과 프랑스 간에 영토 보상을 놓고 협상이 이루어졌으나 대상 지역에 이견을 보여 협상이 중단됨

② **독·불 외교협상의 중단과 각국의 대응**

　㉠ 독·불 외교협상이 중단되자 영국은 독일의 기습에 대비하여 임전 상태로 돌입함

　㉡ 독일은 전쟁준비가 재정적인 의미에서 불가능 상태에 있었음

　㉢ 프랑스도 독일과의 외교단절로 전쟁상태로 들어가면 치명적 이익에 관한 것이 아니기 때문에 영국이나 러시아의 지원을 받을 수 없다는 것을 인식하고 있었음

③ **모로코협정** : 독·불 간에 체결됨

　㉠ 모로코가 프랑스의 보호령으로 귀속됨을 인정하였으며, 독일은 모로코에 대한 권익을 완전히 포기함

　㉡ 독일은 프랑스령 콩고의 일부와 카메룬 국경의 일부를 수정하는 대가로 받음

4. 결과

① 프랑스와 독일 간의 대립과 감정은 다시 격화됨

② **영불 간의 결속 강화**

　㉠ 영국의 단호한 군사적 태도는 영불협정이 실력행사까지 발전할 수 있다는 것을 증명함

　㉡ 프랑스는 유럽에서 대전이 발발할 경우 영국의 군사적 지원을 받을 수 있다는 것을 확인함

6 발칸의 4국동맹과 1·2차 발칸전쟁

1. **제1차 발칸전쟁**

① **제1차 발칸전쟁** : 터키에 대항하는 발칸동맹국들이 러시아의 지원 하에 전쟁을 수행함

② **러시아 사조노프의 외교정책** : 동방문제의 해결을 외교적으로 시도하여 터키해협에 대한 러시아함대의 자유항해를 조건으로 터키와의 동맹을 제의했으나 터키와 러시아의 화해정책은 실패함

③ **새로운 정책의 추진** : 발칸제국의 동맹화를 러시아 주도 하에 추진함

　㉠ 불가리아·세르비아동맹조약(1912년 3월 13일)

　　• 터키와 오스트리아에 대항하는 방어동맹으로서 터키 내부의 혼란이 있을 경우에는 공동으로 공격한다는 대 터키 공격 동맹조항을 삽입함

　　• 모든 조약은 러시아 정부에 통고하기로 하고, 해석이나 집행 시에 상호이견이 있을 때에는 러시아 정부가 중재한 것을 내용으로 함

　㉡ 불가리아와 그리스 간에 동맹조약(5월 29일)

- 상기 동맹에 몬테네그로가 가담함으로써 발칸동맹이 완성
- ⓒ 이러한 동맹에서는 영토의 분할 문제에 상호 이견이 야기될 때에는 러시아가 중재한다는 것을 조문화함으로써 러시아가 후견인이 됨

④ 전쟁 개시
- ⊙ 불가리아와 세르비아는 군총동원령을 발령함
- ⓒ 10월 8일 몬테네그로가 터키에 선전포고를 함으로써 발칸전쟁이 발생하게 됨
- ⓒ 일반의 예측과는 반대로 전쟁은 발칸국들이 연전연승함
- ⓔ 불가리아군이 10월 말에는 아드리아노플에 도달하여 터키군을 격파하자, 결국 터키가 패하고 아드리아노플은 발칸국에게 점령됨
- ⓜ 4국동맹국들이 알바니아를 점령하려 하자 오스트리아 - 헝가리는 알바니아의 독립을 지지함

⑤ 평화회의
- ⊙ 12월 3일 불가리아·세르비아·몬테네그로의 휴전을 이끈 열강은 12월 16일 런던에서 발칸전쟁을 처리하기 위한 평화회담을 개최함
- ⓒ 회의 기간에 터키에서 정변 발생
  - 아드리아노플을 상실한 것에 분노를 느낀 청년터키당이 키아알·파샤 내각을 전복하자, 평화회의는 중단되고 차탈지아와 아드리아노플에서 전투가 재개되어, 결국 3월 26일 아드리아노플도 불가리아가 장악함
- ⓒ 터키는 다시 평화를 요청하고, 예비평화조건을 수락하고 휴전함

⑥ **결과** : 터키는 발칸전쟁으로 유럽 터키지역인 발칸지역을 상실함

2. **제2차 발칸전쟁**

① 제2차 발칸전쟁은 승리한 발칸제국끼리 터키로부터의 노획물을 놓고서 상호 간에 분쟁이 야기됨으로써, 즉 마케도니아의 분할을 놓고서 분쟁에 돌입함

② 승전국 간의 갈등
- ⊙ 세르비아 : 아드리아 해로의 영토 확장이 마음대로 되지 못하여 불만
- ⓒ 그리스 : 알바니아 남부에 대한 야심이 억압되었으므로 그 대가로 불가리아에게 마케도니아의 대부분을 할양할 것을 요구했으나 불가리아가 거부함

③ 전쟁 개시
- ⊙ 불가리아군이 마케도니아에 있는 세르비아 및 그리스 진지를 공격함으로써 제2차 발칸전쟁이 발발함
- ⓒ 루마니아는 도브로자 지역을 요구하며 참전함
- ⓒ 터키는 아드리아노플을 재탈환하기 위하여 선전포고함

④ 전개
- ⊙ 불가리아의 전세 불리 : 세르비아군에게 대패함

- ⓒ 루마니아가 참전하여 도브로자를 점령함
- ⓒ 터키가 참전하여 아드리아노플로 진격함
- ⓔ 불가리아의 휴전 요청

⑤ **부카레스트조약 체결**
- ⓐ 불가리아는 도브로자를 루마니아에게 빼앗기고, 마케도니아를 세르비아와 그리스에게 분할당하였으며 카발라를 그리스에 빼앗김
- ⓒ 터키는 아드리아노플을 다시 탈환함

⑥ **결과**
- ⓐ 제2차 발칸전쟁은 열강 간의 새로운 긴장을 조성함
- ⓒ 3국동맹이라는 중부유럽 국가군과 3국협상이라는 동맹체제 간의 대립은 더욱 심화되는 계기가 됨

제 3 절 제1차 세계대전

1 제1차 세계대전의 발발 2016년 출제

1. 대전의 발발과 전쟁의 확산

(1) 대전의 발발

① 1914년 6월 28일 오스트리아·헝가리의 황태자 프란츠 페르디난트가 보스니아의 수도 사라예보에서 암살됨

② 유고슬라비아의 민족통합운동과 발칸의 민족분쟁에서 기인한, 사라예보에서의 오스트리아 황태자 암살사건이 바로 제1차 세계대전의 직접적인 도화선임

(2) 지역분쟁

① 1914년 6월 28일 오스트리아·헝가리의 노황제인 프란츠 요셉 1세의 황태자 프린츠 페르디란트가 사라예보에서 권총 사격을 받고 사망하는 사건이 발생함

② **범인**: 오스트리아·헝가리의 지배에 항거하는 대 세르비아주의를 신봉하는 정치집단의 구성원이었음

③ 사라예보 사건에 세르비아 정부의 직접적인 책임은 없으나 음모의 지원국이 세르비아였다는 것이 계기가 되어 오스트리아와 세르비아 간의 외교관계는 급속히 악화되어 지역분쟁으로 확대됨

④ 발칸에서의 슬라브 민족의 영토 및 민족운동

　㉠ 다민족으로 구성된 오스트리아·헝가리의 와해를 전제로 한 것이었기 때문에 오스트리아·헝가리에 있어서는 치명적인 문제였음

　㉡ 민족독립운동을 진압하기 위해서는 오스트리아·헝가리는 세르비아 정부와의 결전도 불사하겠다는 것이 비엔나 정부의 기본 입장이었음

⑤ 오스트리아 수상이었던 호요스는 7월 6일 베를린에서 독일 황제 빌헬름 2세와 회담을 하고 독일의 전적인 지원 약속을 받게 되었고, 독일의 지원 하에 오스트리아 정부의 세르비아에 대한 예방전쟁을 결정함

(3) 열강의 대응

① **영국은 두 가지 안을 제시함**

　㉠ 세르비아 사건을 해결하기 위한 국제회담 개최안

　㉡ 오스트리아와 세르비아 간의 직접협상 개시안

② **독일 정부** : 군사분쟁을 지역화하여 국한시킬 수 있다고 생각하고 제3국의 개입을 반대하는 정책을 취함

③ **러시아 정부** : 비엔나 정부와 직접적인 협상을 시도하였으나 실패함

④ 모든 국제적인 노력이 수포가 되자, 오스트리아는 7월 28일 새벽을 기하여 세르비아에 선전포고함

(4) 1차대전의 시작

① 러시아는 7월 25일부터 계속적으로 오스트리아의 세르비아 압살을 묵과할 수 없다고 공언함

② 세르비아에 대한 선전포고가 있자, 러시아는 26일 부분적인 군동원령을 내려 13개 사단으로 하여금 오스트리아·헝가리에 대항하게 함으로써, 지역분쟁은 오스트리아와 러시아 간의 분쟁으로 그 규모가 확대됨

③ 러시아의 부분적인 군사동원령은 독일의 강력한 반응을 유발했으며, 영국은 만일 분쟁이 독일과 영국에까지 확대될 경우에는 분쟁에 중립을 지킬 수 없다고 선언함

④ 러시아 정부의 총동원령은 단순히 오스트리아·헝가리뿐만 아니라 독일까지 포함하게 되면서 결과적으로 오스트리아와 세르비아 간의 지역분쟁을 유럽 전체로 파급시키는 결과를 야기함

⑤ **슐리펜(Schlieffen) 플랜**

　㉠ 슐리펜플랜은 6주 내에 프랑스를 군사적으로 격파하고 정복한 다음, 즉시 그 역으로 러시아에 대한 공격을 감행한다는 작전임

　㉡ 슐리펜플랜은 러시아의 총동원이 이루어지기 전에 공격해야 한다는 시간적 촉박을 가진 군사계획으로 러시아의 총동원이 실시되고 있었던 31일, 독일은 이미 전쟁상태로 돌입함

⑥ 프랑스 정부도 총동원령을 내리고 독일에 대한 중립을 거부함

⑦ 독일이 적대적인 행위를 지나치게 적극적으로 취함으로써 독일의 국제적 지위가 약화되었으며, 독일과 단순히 방어동맹관계에 있었던 이탈리아와 루마니아는 8월 3일 중립을 선언함

⑧ **영국**
  ㉠ 대륙에서 군사분쟁이 전면적으로 확대된다면 참전하는 것으로 결정함
  ㉡ 영국의 참전 동기는 직접적으로 벨기에의 중립을 독일이 파기한 데 있었음
  ㉢ 독일이 해군력을 배경으로 영국의 안전보장을 위협할 수 있다는 것이 영국참전의 원인이 됨

2. 대전의 심층적 원인

(1) 제1차 세계대전 발발 이전의 10년 : 4회에 걸쳐 전면적인 위협 발생함

① 모로코에 진출하려는 프랑스의 팽창정책을 차단하려는 독일의 시도에서 나타난 1905년에서 1906년 사이의 제1차 모로코사건
② 1909년 2월과 3월에 걸쳐 발생한 오스트리아·헝가리의 보스니아와 헤르체고비나 병합 사건
③ 1911년 7~8월에 있었던 독일정책에 의한 제2차 모로코사건
④ 러시아와 오스트리아·헝가리 간의 2차에 걸친 발칸전쟁에서의 대립

(2) 국제적 긴장으로 인한 직접적인 결과 : 각국의 군비경쟁

① 1912년의 발칸 위기로 유럽 각국들이 재무장함
② 병력 증강이 국력의 핵심이었으므로 징집을 연장하고 개병제도를 실시함
③ 오토만제국에 대한 발칸제국들이 승리는 오스트리아·헝가리의 군사를 약하시키는 결과를 초래함
④ **독일 참모본부의 전쟁계획(슐리펜플랜)** : 전면전 발발 시 독일은 일시에 프랑스 공격에 투입하여 단기간에 프랑스를 제패하고 즉시 독일군을 러시아 전선에 역투입한다는 것을 내용으로 함
⑤ **프랑스와 러시아** : 독일의 병력증강에 즉각적으로 반응함
  ㉠ 프랑스의 참모부는 분쟁 초기부터 독일의 대대적인 공격에 직면할 지도 모른다는 것을 예견하고 병력을 증강시킬 수 있는 한도 내에서 증강시키려고 노력함
  ㉡ 러시아는 병력증강이 보다 느린 속도로 진행되었으나 1913년 말에 평화상비 병력이 120만 명에서 142만 명으로 증가함

3. 각국 정부의 정책

(1) 러시아 : 두 개의 경향이 존재함

① 러시아의 위신을 위한 정책이거나, 혹은 오토만제국을 희생하여 팽창정책을 주장하는 측으로서 유감없이 전면전을 각오하는 세력

② 분쟁의 발발 가능성에 불안을 느끼는 우익세력

(2) 프랑스 : 푸엥카레
① 대통령에 취임하면서부터 정력적인 대외정책을 표면화함
② 푸엥카레는 프랑스의 위대함을 확신하고 있었던 정치인으로서 프랑스의 권리를 수호한다는 확고한 의지를 가짐
③ 전쟁을 원하지는 않았으나, 언젠가는 독일과의 전쟁이 불가피하다고 생각함

(3) 오스트리아·헝가리
① 소수민족문제가 최대의 정치불안 요인이었음
② 장기적으로 볼 때 위기가 올 것이라는 전제 하에서 세르비아에 대한 고립정책을 결정함

(4) 독일
① 1913년 가을에 독일 황제는 조만간 실력행사의 시기가 다가올 것이라는 선언함
② 11월에는 벨기에 왕에게 프랑스는 복수전을 감행할 태세를 갖추고 있으며, 프랑스와의 전쟁은 불가피하다고 언급함

(5) 영국
① 영국은 러불동맹과 오스트리아·헝가리·독일동맹 사이에서 중재자의 입장을 고수함
② 독일과의 해군에 대한 타협이 영국의 최대 관심사였음
③ 1914년 4월 영국 국왕이 프랑스를 방문하였을 때, 프랑스 측이 영국 측에게 위기 시 영국의 군사적인 지원을 요청한 것에 대하여 영국은 여하한 영국 정부라도 프랑스가 부당하게 침략을 당할 때에는 군사적으로 해군의 지원을 주지 않을 정부는 없다고 답변함

4. 3국협상과 런던조약
① 1914년 9월 5일 영국, 프랑스 및 러시아 등 3국협상의 국가는 전쟁에 임하는 기본 입장을 약속한 런던조약을 체결함
② **주요 내용** : 전쟁 중에 독일과는 단독강화조약을 체결하지 않는다는 약속
③ **전쟁 발발 초기의 열강 입장**
  ㉠ 프랑스의 전쟁 목적 : 알사스·로렌의 해방과 일부의 정치계나 외교계에서는 중부 유럽의 발칸화를 구상하고 있었으며, 오스트리아·헝가리나 독일이 지배하고 있는 소수민족을 해방시킴으로써 오스트리아·헝가리 붕괴를 유도하고자 함
  ㉡ 러시아의 전쟁 목적 : 러시아는 보스포러스 해협과 다아다넬즈 해협을 중심으로 한 지중해의 출구를 획득하고, 오스트리아·헝가리를 분해함으로써 러시아의 발칸정책을 좌절시켰던 오스트리아·헝가리를 해체하는 것이 중요 목적임

ⓒ 영국의 전쟁 목적
- 독일이 대륙 내에서의 세력균형을 파괴하고 패권을 수립할 것이라는 경제적인 관점에서 영국의 경쟁자로서 독일을 제어하고자 함
- 영국이라는 섬의 안전보장을 직접적으로 위협하게 될지도 모르는 독일 함대의 근거지가 될 벨기에 연해의 항구지역을 안전하게 확보하고자 함

2 미국의 참전

1. **중립정책(1914. 7 ~ 1917. 4)**

   ① 미국은 대전 초기에 엄격한 중립정책을 유지함

   ② **윌슨의 입장** : 독일의 승리를 바라지 않지만, 협상국의 승리도 바라지 않음

   ㉠ 미국은 독일의 패권을 기피하는 것과 마찬가지로, 유럽대륙에서의 러시아 패권도 기피함

   ㉡ 대전이 결과적으로 '승리 없는 평화'로 끝나는 것이 윌슨 행정부의 입장임

   ③ 미국의 중립을 재촉한 또 다른 이유는 국내적인 문제로서, 윌슨 대통령은 대전에 임하는 미국 국민의 여론이 분열되는 것을 우려함

   ④ 대전 초기인 1914년 8월경 미국의 중립정책의 내용은 주로 경제적이며 재정적인 중립을 의미했음

2. **참전**

   ① **독일의 무제한 잠수함작전** : 미국의 참전 결정에 직접적 영향을 줌

   ㉠ 무제한 잠수함작전은 미국의 인명과 교역에 치명적인 타격을 가함

   ㉡ 1917년 1월 31일 미국 정부는 독일 정부로부터 중대한 외교각서를 접수했는데 그 내용은 독일이 영불 해안을 봉쇄한다는 것과 1916년 중지되었던 잠수함작전을 재개한다는 것이었음

   ㉢ 독일의 무제한 잠수함작전이 선포되자 미국의 선주들은 봉쇄된 해역에 대한 출항을 거부했고, 이에 따라 미국 정부는 독일의 잠수함작전에 대한 대항책으로 미국 상선을 무장시키기로 결정함

   ㉣ 미국과 독일 간의 무장충돌을 피하기 위해서는 독일 정부가 미국 상선에 대한 공격을 하지 말아야하나, 이는 잠수함작전의 포기를 의미하는 것이었으며, 결국 비질렌티아 호가 독일 잠수함에 의해서 격침되자 윌슨 대통령은 미국의 무장 개입을 결정함

   ② **미국 참전의 두 번째 이유**

   ㉠ 수출에 대한 금융융자 문제를 중심으로 한 미국의 중립정책 개념 자체의 문제에서 기인하는 심층적인 원인이 있었음

   ㉡ 영국과 프랑스가 미국으로부터 상품을 구매하기 위해서는 미국 수출업자의 재정적인 협조가 필

요했으며, 교전 초기 교전국가에 대한 재정융자는 중립정책에 배치되는 것으로 생각했으나, 영·불이 현금으로 상품을 구입하지 못한다는 것을 알고, 미국 정부는 이러한 원칙을 포기함
ⓒ 독일은 영불에 대한 융자에 대해 중립정책과는 배치되는 것이라고 주장하게 되었고, 미국의 중립정책의 개념은 이미 이러한 재정 문제에서부터 그 개념이 변질되고 있었음

③ 짐메르만 전문사건
㉠ 짐메르만 전문사건이란 독일 외무성이 멕시코주재 대사에게 발송한 비밀전문을 영국 첩보부가 해독하여 미국 정부에 전달한 사건을 말함
㉡ 미국이 참전한다면 독일은 멕시코와 동맹을 체결하고 1848년 미국에 병합된 영토에 대한 재탈환을 암시했으며, 동시에 멕시코 대통령에게 일본과의 접촉을 권고하는 내용이었음
ⓒ 미국 정부는 이제는 보다 자유로운 입장에서 참전할 수 있게 되었으며, 참전이 불가피한 것으로 미국민을 자연스럽게 설득함

3. 미국의 참전과 극동 문제
① 미국의 외교적 입장
㉠ 중국의 국제적 지위를 강화시켜 주는 노력과 일본 세력의 팽창을 제어하고 일본의 야심을 제한하는 시도가 미국 외교의 기본정책이었음
㉡ 중국의 제1차 세계대전 참전은 미국 외교정책상의 목표였으며, 1917년 8월 14일 중국 정부는 대독 선전포고를 함

② 중국의 상황
㉠ 중국은 내란 위기에 처하게 되고 손문은 북경 정부와 대립하여 광동에 정부를 수립함
㉡ 새로운 내란으로 돌입한 중국의 북경 정부는 손문에 대항하기 위하여 일본에 재정적인 지원을 요청함

③ 일본 정부
㉠ 일본은 미국의 대일정책을 봉쇄하고 평화회의 때 일본의 주도적인 입장을 확실히 하기 위해 노력함
㉡ 미국은 유럽전쟁의 장기화로 일본과의 불화를 피하려는 노력에서 타협 시도

④ 이시이·란싱협정
㉠ 일본 정부가 열강들의 조약에 의해서 획득된 상업적 이익을 포함하여 중국의 독립과 영토보전을 존중한다는 내용
㉡ 미국은 일본의 중국에 대한 특수이익을 인정함

3 제1차 세계대전과 중립국

1. 북유럽의 중립국

    ① **유럽에서 중립국의 중요성** : 전쟁 중 협상국과 3국 동맹국과의 군사균형이나 경제균형을 수정시킬 수 있다는 점에서 주목받음

    ② **덴마크**

    ㉠ 전략적으로 발틱 해의 입구를 장악하고 있었으므로 그들의 결정 여하에 따라 중요한 역할을 수행할 수 있는 입장

    ㉡ 덴마크 정부는 중립을 선언함

    ③ **스웨덴** : 독일에 광물을 팔아야 하고 영국함정이 들어갈 수 없는 발틱 해협에 대한 수송문제 때문에 중립 결정

2. 이탈리아의 중립

    ① 삼국동맹에도 불구하고 1914년 8월 3일 이탈리아는 중립을 선언함

    ② **전략적인 요인** : 지중해를 둘러싼 자국의 안전과 깊은 관계를 맺고 있는 것으로서 영국의 함대가 지중해를 장악하게 되면, 이탈리아의 공업지대인 해안을 위협하게 되기 때문

    ③ **이탈리아의 외교** : 이중적으로 진행함

    ㉠ 외교적으로는 오스트리아·헝가리로부터 양보를 얻어내기 위한 외교

    ㉡ 협상국으로부터 참전으로 획득할 수 있는 이익을 약속받기 위한 외교

---

4 대전의 장기화와 새로운 참전국

1. 터키의 참전

    ① 터키는 새로운 참전국 중에서 가장 먼저 참전하였는데, 청년터키 정부는 러시아에 대항할 목적으로 비밀동맹조약을 독일과 체결함

    ② **모든 상선에 대한 터키해협 폐쇄** : 터키해협 폐쇄는 러시아군으로 들어가는 전쟁물자를 차단하는 결과를 초래함

    ③ **터키의 참전 동기**

    ㉠ 러시아가 승리할 경우 닥쳐올 위협 때문

    ㉡ 러시아의 '따뜻한 바다'에 대한 접근정책은 터키의 희생 없이는 항상 불가능했기 때문에, 유럽전쟁은 이러한 러시아의 기도를 실천할 수 있는 바로 좋은 기회가 되었음

2. 이탈리아의 참전

① **이탈리아의 양면외교**

　㉠ 이탈리아가 만약 연합국 측에 가담하여 참전한다면, 이탈리아인이 거주하는 오스트리아·헝가리의 영토 획득이 가능했음

　㉡ 이탈리아는 이러한 재분배 약속을 쉽게 얻어낼 수 있었는데, 이는 연합국의 영토가 아니었기 때문에 가능했음

② 오스트리아는 이탈리아에게 중립의 대가로 트렌티노, 베네치아, 트리에스트의 일부, 알바니아와 도데카네제 및 에게 해에서의 행동의 자유를 인정한다는 것을 제시함

③ 이탈리아 정부는 대가 있는 중립만으로는 충분한 이익을 획득할 수 없다고 판단하고, 1915년 4월 26일 협상국과의 런던조약에 서명하여 참전을 약속함

3. 불가리아의 참전

① 이탈리아가 참전을 위한 국방 예산을 통과시킨 지 3일 뒤에 불가리아는 오스트리아 정부로부터 중립을 지킨다면 종전 후 세르비아령인 마케도니아를 할양받게 될 것이라는 제의를 받음

② **1915년 5월 연합국 측은 불가리아에게 확실한 약속 제시함** : 불가리아가 터키에 대항하여 준다면, 1914년에 잃었던 트라스 지역 일부와 아드리노플을 보장한다는 것을 제시함

③ **중부유럽 국가들이 제시한 조건**

　㉠ 불가리아의 참전과 동시에 세르비아·마케도니아 전지역에 대한 즉각적인 점령

　㉡ 불가리아 연해의 대폭 수정 제의

④ 1915년 여름 동부전선에서 러시아군의 완전한 패배는 결국 승산 없는 러시아군을 보여주었고 불가리아는 중부유럽국과 참전을 타결함

⑤ **불가리아의 참전외교** : 전쟁 지도에 따라서 수립된 것이며, 왕의 개인적인 의도보다는 전쟁 지도의 귀추에 따라 결정점

4. 그리스의 참전

① 불가리아의 참전과 같이 주요 동기는 군사 전략상의 문제였음

② 영국과 프랑스는 불가리아의 공격을 받고 있었던 세르비아를 구하기 위하여, 나아가서는 발칸반도에서 작전 지역을 확대하기 위하여 그리스를 참전시킴

5. 루마니아의 참전

① 루마니아의 참전은 의회를 장악하고 있었던 브라티아나 개인에 의해서 결정됨

② 루마니아의 정책에 대항하기 위해 오스트리아·헝가리 정부는 트랜실바니아에서 루마니아의 점령과 뷔코비나와 바나트에 대한 영토분할을 제의함

③ **연합국의 전시외교**: 오스트리아·헝가리의 해체를 전제로 그들이 관할하고 있던 지역을 준다는 약속을 함

---

5 제1차 세계대전의 종결

1. 러시아의 단독협상과 브레스트·리토프스크 강화

(1) 10혁명의 성공과 연합국의 간섭

① **10혁명의 성공**
- ㉠ 1917년 2월 혁명봉기에 의해 니콜라이 2세가 퇴위하여 제정은 붕괴되었으나 아직 혁명세력은 미약함
- ㉡ 1917년 4월에 독일의 도움을 받고 귀국한 레닌을 중심으로 한 볼셰비키파가 주동이 되어 10월에 사회주의 혁명에 성공함
- ㉢ 10월에 소비에트 정권은 소위 '평화에 관한 선언'을 발표하고 그 속에서 즉시 휴전을 주장함으로써 동부전선에서의 이탈을 위한 노력을 공식화함
- ㉣ 평화선언에서는 3개월 이상의 즉시 휴전 이외에 비밀조약의 폐기, 민족자결에 입각하여 무병합, 무배상의 원칙하에서 연합국에 교섭을 제의하였으나 미국을 제외하고는 독일에 대한 승리만을 공통된 전쟁목적으로 합의한 연합국 측은 이를 거부함

② **연합국의 간섭**
- ㉠ 독일과 오스트리아는 소련의 평화교섭 제의를 수락함으로써 소련은 연합국으로부터 떨어져 나와 단독으로 강화를 모색하기에 이름
- ㉡ 소련의 혁명정부는 10월의 평화에 관한 선언 속에서도 영·불·독제국의 노동자 계급에 혁명선동을 함으로써 이제까지의 국가 간 전쟁을 계급 간의 전쟁으로 유도하려고 함
- ㉢ 연합국 측은 개별국가 내에서 혁명기운을 억제해야 되는 문제와 더불어 소련이 전열에서 이탈함으로써 발생한 동방전선의 공백을 재건해야만 되는 과제를 안게 됨

(2) 브레스트-리토프스크조약과 소련의 전쟁 이탈

① 1917년 12월 15일에 휴전에 조인한 소련과 독일은 22일부터 강화담판을 시작하였으나 합의에 이르지 못하고 다시 전투에 돌입하는 상태가 됨

② 독일 정부는 소비에트 측의 무조건 항복을 강요했으며, 군부 측 견해를 채택한 빌헬름 2세는 1918년 2월 18일 전투를 재개하고, 아무런 저항 없이 진규을 계속했으며, 힘 앞에 눌린 소비에트

대표단을 브레스트·리토프스크회의에 다시 불러 평화조약의 구체적 내용에 대해 협상 없이 조인 하도록 함

③ **조약의 내용**

ㄱ 모든 선동과 도발을 중단한다.

ㄴ 소련은 핀란드, 발틱연안 국가, 폴란드, 우크라이나에 대한 주권을 포기하고 아나톨리아 지역을 터키에 반환키 위하여 최선을 다할 것을 약속한다.

ㄷ 소련은 지체없이 모든 군대를 무장해제하고 모든 함선을 소련항구에 이전시키며, 일반평화가 이루어질 때까지 그 곳에 정박시킨다.

ㄹ 소련은 우크라이나와 평화조약을 맺고 즉시 철수하고, 독일과 오스트리아가 우크라이나 정부와 맺은 화약을 승인한다.

ㅁ 양국 정부는 전쟁배상금을 상호 포기한다.

(3) 대소군사간섭

① 연합국은 반혁명세력을 지원함

② **군사간섭의 본격화**

ㄱ 영불 연합군 : 소련의 북방에 상륙함

ㄴ 일본, 미국, 영국 : 시베리아에 출병함

③ **일본의 시베리아 출병** : 미국의 제안으로 반혁명세력을 옹호함

④ **연합국의 목적**

ㄱ 소비에트 정권 타도

ㄴ 독일의 소련 진입 방지

ㄷ 소련의 중국 침략 방지

ㄹ 소련 내의 연합국 이익 보호

2. 오스트리아·헝가리의 와해

(1) 식량 위기

① **오스트리아·헝가리** : 빵과 고기 배급을 제한하고 있어 사회가 불안해지고 1918년 1월 중순부터 위협적인 양상으로 전개됨

② 노동조합 지도자들은 총파업을 진행했고, 정부는 식량수송을 위해 전선에서 30개 대대를 뽑아 후방으로 배치해야 할 형편이 됨

③ 식량 위기 대책으로 우크라이나와의 평화조약을 검토함

④ 루마니아와의 조약으로 식량 위기와 그로 인한 위협 요소를 제거했기에, 경제적 요인이 국가 와해의 결정적 원인은 아님

(2) 소수민족 문제

　① 체코의 독립운동

　　㉠ 마사리크와 베네스라는 두 지도자에 의해 독립운동이 주도되었으며, 1917년 3월 짜르정권의 몰락으로 러시아 내 키에프에 거점을 둔 체코전선, 체코연맹이 마사리크와 베네스의 정치노선에 가담함으로써 더욱 단결·강화됨

　　㉡ 1917년 5월 31일 제국회의에서 발표된 체코 대표의 선언문에서 보헤미아가 중심이 되는 국가연합으로 오스트리아·헝가리를 개선해야 된다고 주장함

　　㉢ 프라그국민회의가 해외의 독립운동노선에 가담하게 되어 국가적 독립과 민주적인 주권을 동시에 요구함

　② 유고슬라비아의 민족운동

　　㉠ 짜르정권이 몰락함으로써 그리스정교계의 세르비아 측과 카톨릭계의 크로아트와의 불화를 씻고, 1918년 3월 2일 비로소 유고슬라비아 국가 창설을 목적으로 독립운동이 활기를 띠기 시작함

　　㉡ 칼황제는 폴처·호디츠를 수반으로 하여 1917년 4월경 자치의 한도 내에서 소수민족에게 만족을 줄 수 있는 개혁안을 준비함

　　㉢ 티자 대통령을 중심으로 하는 반대 세력에 의해 개혁안은 좌절되고, 소수민족 독립운동자들은 완전독립을 요구함

　③ 서방 연합국의 입장

　　㉠ 소수민족의 독립운동을 오스트리아·헝가리의 와해와 서방측과 협상을 하도록 오스트리아·헝가리를 불안한 상태에 이르게 하는 데 이용함

　　㉡ 1918년 1월 미국의 윌슨 대통령은 14개 조항 속에서 소수민족들이 상당한 차원의 자치를 누릴 수 있어야 한다고 언급함

　　㉢ 윌슨은 5월 29일 공개적으로 유고와 체코의 자유화 내지는 민족독립운동을 지원하기로 결정·선포함

　　㉣ 9월 말 불가리아의 패전으로 독립운동가들은 오스트리아 회담에서 독립을 정식으로 요구함

　　㉤ 이탈리아군은 공세를 펴 36시간 내에 피아브 전선을 돌파하고 오스트리아·헝가리 군을 완전히 격파하였고, 이어서 체코 공화국이 선포되고, 유고슬라비아가 분리됨

　　㉥ 11월 3일 이미 오스트리아·헝가리의 와해는 기정사실화됨

3. 독일의 패전

　① 1918년 8월 초 독일의 패배는 확연해짐

　② **독일의 타협 조건** : 프랑스, 이탈리아 혹은 벨기에로부터의 철수를 제시함

　③ 6주 후인 9월 29일에는 미국 대통령에게 휴전과 평화협상에 지체 없이 응해줄 것을 호소하기로 결정하여 군사상의 패배를 인정함

　④ 미국의 입장

㉠ 독일이 다시 군사적인 적대관계를 야기시키지 않는다는 전제하에서만 휴전이 가능하다는 입장을 제시함

㉡ 미국은 윌슨이 1918년 1월 8일에 발표한 14개 조항을 기초로 하여 평화협상에 임할 것을 주장했는데, 이는 독일이 병합하였던 영토를 포기하여야 하며 폴란드 영토가 할양되어야 한다는 것을 의미함

㉢ 미국은 협상 대표의 자격을 과거의 지도자가 아니라 새로운 국민대표로 규정함

⑤ 10월 27일 독일제국은 윌슨에게 무조건 수락한다는 취지를 발송하고 무조건 항복함

⑥ 베를린에서의 노동자·민중봉기로 인해, 평화의 장애물로 간주되고 있던 빌헬름 2세가 패전의 책임을 지고 폐위함

제3장
베르사유 체제

제1절 베르사유체제의 형성

1 파리평화회의

1. 전후처리와 파리평화회의

① **파리평화회의** : 1919년 1월부터 1919년 6월에 걸쳐 제1차 세계대전에 대한 종전처리를 위하여 파리에서 개최되었으며, 전후의 새로운 국제질서를 구축하기 위한 회의였음

② **베르사유체제** : 베르사유체제란 독일과의 베르사유조약, 오스트리아와의 생·제르망조약, 헝가리와의 트리아농조약, 불가리아와의 뉴이이조약, 오스만 터키와의 쉐브르 조약 등에 의해서 수립된 전후의 새로운 국제정치질서를 말함

③ **윌슨의 14개 조항** 2008년 출제

㉠ 연합국의 군사적 승리에 결정적인 역할을 했던 미국의 대표인 우드로 윌슨은 회의에서 절대적인 위치를 차지했으며, 14개 조항이 독일과의 휴전 협상의 기초가 되었으므로 베르사유회의에서의 윌슨의 역할은 거의 절대적이었음

㉡ 14개 조항

- 비밀외교의 철폐
- 해양자유의 원칙
- 일체의 경제장벽 철폐 및 국제통상의 평등주의 확립
- 군비의 철저한 축소를 위한 충분한 보장의 실현
- 모든 식민지 요구는 원주민의 이익을 고려하여 공정히 처리할 것
- 러시아에서 철수, 러시아 문제에 있어서는 제국이 협력하여 러시아의 정치적 자주성을 보전하고, 러시아 자신이 선택한 제도를 유지하며 국제사회에 참가할 수 있도록 필요한 원조를 제공함
- 벨기에로부터의 철병과 부흥
- 프랑스의 해방과 피침지구의 복구 및 알자스와 로렌의 프랑스 복귀
- 이탈리아 국경을 민족주의원칙에 의해 개정함
- 오스트리아·헝가리 내 제민족의 자주적 발전을 확보함
- 루마니아·세르비아·몬테네그로 철군 및 피점령지구의 복구와 세르비아에 대한 바다로의 출구를 제공함
- 터키제국 내의 터키인 거주지역에 대해서는 완전한 주권을 부여하나 터키제국 내의 제민족에 대해서는 자주적 발전을 확보하며, 다다넬즈해협을 국제적으로 개방함
- 폴란드국을 창설하며, 그 범위는 폴란드인 거주지역을 포함하여 바다로의 통로를 확보하고, 그의 정치적·경제적 독립과 영토를 국제적으로 보장함
- 국제연맹을 창설하여 이에 참여하는 국가들은 각자의 정치적 독립과 영토를 상호 보장함

2. 전후처리와 열강의 태도

(1) 프랑스
① 프랑스는 독일의 복수에 대한 보장책을 파리평화회의에서 어떻게 확보하는가 하는 것이 최대의 관심사였으며, 독일의 재침략을 유발시킬지도 모르는 출발기지를 제거하기 위한 물질적 보장 확보에 주력함
② 프랑스는 만일 다시 독일과 전쟁을 하게 되었을 때 혼자서 그 부담을 지지 않기 위한 외교적 보장책의 확보에 고심함
③ 클레망소 : 평화회의를 통하여 독일을 가능한 한 무력화시키고 부활을 저지시켜 프랑스의 대독일 안전보장을 최대한 오래 유지하는 방법을 강구함

(2) 영국
① 영국은 유럽에 있어서 직접적인 영토 요구는 없었고, 근동과 아프리카에서의 영토만을 요구함
② 영국은 유럽 대륙에서 한 국가가 헤게모니를 장악하는 데서 발생하는 위험성을 사전에 배제하는 것에 관심을 가짐
③ 영국의 공업제품에 대해 대륙의 수출시장을 보전하거나 회복하는 시장확보책에도 관심을 가짐
④ 영국은 프랑스가 대륙에서 패권을 차지하는 것을 원치 않았으므로 독일의 약화, 즉 분할정책에 대해서 시종일관 반대 입장을 견지함

(3) 미국
① 윌슨의 14개 조항을 기초로 하는 민주주의와 민족자결이 세계 평화의 길이라는 입장을 보임
② 윌슨은 세력균형을 대신할 원칙으로써 모든 국민이 자유주의체제를 선택하면 전쟁은 없어진다고 확신함
③ 윌슨은 민족자결주의의 적용으로 국제평화를 강화시킬 수 있으며, 전후의 유럽 질서에 민족자결주의를 적용시켜 한 민족에게 하나의 국가를 준다는 국경책정원칙을 주장함
④ 윌슨은 국제평화를 위해 세력균형을 대신하는 집단안전보장체제를 구축하는 국제연맹 창설에 크게 기여함

3. 국제연맹의 성립
① 국제연맹의 형성은 베르사유조약에서 가장 특이하고 새로운 것으로서, 전쟁의 참화로부터 보다 새롭고 지속적인 기초 위에서 평화를 건설해야 한다는 필요에서 탄생함
② 1919년 1월 25일 평화전체회의에서는 만장일치로 국제연맹헌장을 평화조약의 일환으로 포함시킬 것을 합의하고, 윌슨을 의장으로 하여 14개국으로 특별위원회를 구성할 것을 채택함
③ 베르사유조약이 발효된 1920년 1월 20일, 독일과 다른 세 해외국의 비준을 거쳐 역사적인 국제연맹이 탄생함

2 베르사유조약과 독일 문제

1. **새로운 국경의 설정**

    ① **독일 문제** : 파리평화회의의 최우선 문제
      ㉠ 전후 독일의 정치적 지위를 포함하여 독일의 새로운 국경 문제와 군사적·외교적제보장 문제가 독일 문제의 중심을 이룸
      ㉡ 독일에 대한 보장정책은 독일에 대한 군사조치, 국경의 수정, 배상에 의한 독일의 약화 등으로 나타남

    ② **알사스 로렌 영토 문제** : 독일 서부 국경의 대폭적인 수정으로 프랑스에 반환됨

    ③ **자아르 지역 문제**
      ㉠ 자아르 지역에 대해 특수한 법적 지위를 부여하기로 합의함
      ㉡ 이 지역에 대한 통치기관은 5명으로 구성된 국제연맹 기구가 대행하되, 조약 발효 후 15년 간 통치하고 15년 후에는 이 지역의 법적 지위를 국민투표에 의해 결정하기로 합의함

    ④ 벨기에와 독일 간의 국경 수정 문제로 벨기에가 독일인 영토였던 오이펜과 말메디의 두 주를 병합함

    ⑤ **라인 국경 문제**
      ㉠ 라인 국경 문제는 동부 국경의 방위 문제와 관련하여 연합국 간의 대립을 가져온 영토 문제임
      ㉡ 프랑스는 독일의 서부 라인지역을 독일로부터 분리시키려 시도했는데, 이는 독일의 공격능력이 라인좌안의 철도망과 라인연안의 요새에 연결되기 때문임
      ㉢ 라인지역을 경계로 하는 독불 국경책정의 제의는 다른 연합국의 거부로 좌절됨

    ⑥ **독일의 북방 국경** : 슐레스비히 문제는 평화조약에 따라 국민투표로 결정하기로 함
      ㉠ 북부 슐레스비히 : 1920년 5월에 국민투표를 거쳐 덴마크에 귀속됨
      ㉡ 남부 슐레스비히 : 국민투표로 독일에 귀속됨

    ⑦ **단치히 회랑 문제**
      ㉠ 폴란드와 독일 동부의 국경 문제로서 평화조약 체결에 의해 전후 독일 국경이 가장 크게 수정된 문제임
      ㉡ 평화회의는 단치히를 자유시로 하여 국제연맹의 관할 하에 두기로 결정했는데, 단치히 시민은 순수한 독일인이나 폴란드에 바다 통로를 제공해야 한다는 것과 민족주의를 적용하여 단치히를 독일에 귀속시키는 것은 모순되는 것이었기에 절충한 입장임

    ⑧ **상·실레지아 문제**
      ㉠ 상·실레지아 지역과 동프로이센의 남부지역은 국민투표로 결정하기로 합의함
      ㉡ 독일이 합병을 시도하자 폴란드를 대표하던 고르판티가 반란을 일으킴
      ㉢ 국제연맹은 이 지역을 분할하여 서북부지역은 독일, 남부는 폴란드에 할양할 것을 결정함

    ⑨ **메멜 문제**

- ㉠ 베르사이유조약에 의해 독일은 동프로이센 극단에 위치한 메멜을 상실함
- ㉡ 국제적인 통치기구로서 단치히와 비슷한 법적 지위를 가진 프랑스의 고등판무관이 파견되어 임시적으로 이 지역을 통치하게 됨
- ⑩ **결과** : 독일의 서부, 북부 국경이 변경되어 독일은 영토의 7분의 1을 잃게 됨과 동시에 인구의 10분의 1을 잃게 됨

2. 대독 보장정책

- ① 군비제한에 의한 대독 보장책에 있어 미국을 포함한 연합국들은 독일 군국주의 파괴에 의견을 같이 했으므로 독일의 부분적인 군비제한은 쉽게 이루어짐
- ② 군사적 대독 보장책은 라인좌안과 우안을 중심으로 50km에 걸친 라인지역의 비무장화로 결정함
- ③ 군사적 보장책은 점령정책으로 나타났는데, 프랑스는 라인지역 좌안에 교두보를 확보한다는 것과 라인지역 좌안을 15년간 잠정적으로 점령하며 점령 이후 5년 간격으로 단계적으로 철수한다는 안에 동의함

---

3 유럽의 집단안전보장체제 2007년 출제

1. 로카르노조약(1925년) 2015년 출제

(1) 로카르노조약의 형성 배경

- ① 로카르노조약은 제1차대전 패전국 지위를 벗어나려는 독일의 노력과 루르 지역 점령(1923)으로 국제적 고립에 빠졌던 프랑스의 협력, 독일을 회생시킴으로써 소련과 프랑스의 발호를 억제하려는 영국의 의도가 결합되어 체결됨
- ② **독일과 프랑스 화해 분위기**
    - ㉠ 1924년에 들어서면서 독일과 프랑스는 화해를 시도했으며, 이는 독일과 프랑스뿐만 아니라 유럽 전체의 정치적 안정을 조성하였음
    - ㉡ 에리오 내각은 오랫동안의 독·불 간의 문제만이 아니라 유럽 전체의 문제였던 독일의 배상 문제를 일단 마무리 짓는 도오즈 안에 동의함
    - ㉢ 독일의 스트레제만은 수동적 저항정책을 포기하고 연합국에 대하여 이행정책을 취하기 시작함
- ③ **스트레제만의 정책**
    - ㉠ 스트레제만은 베르사유조약을 이행함으로써 연합국의 호의를 획득하고, 이를 통해 베르사유조약을 서서히 독일에 유리하도록 개정하려는 의도를 가지고 있었음
    - ㉡ 스트레제만의 정책은 즉각적으로 효과가 나타나기 시작했는데, 독일의 경제부흥에 필요한 외국자본의 유입이 스트레제만의 새로운 화해정책으로 시작되었음

ⓒ 전후 유럽의 국제정치를 때때로 험난하게 만들었던 독일의 배상 문제도 독일이 도오즈 안을 수락함으로써 일단락됨

(2) 로카르노조약 체제의 형성

① 로카르노조약 체제는 국제연맹 밖에서의 안정보장체제로서 5개국 간의 상호보장 조약과 4개의 중재재판조약, 그리고 프랑스에 의한 2개의 동맹조약으로 구성됨

② 로카르노체제의 구성

ⓐ 영국, 프랑스, 독일, 이태리, 벨기에 등 5개국 간의 라인좌안(라인란트)에 대한 현상유지정책을 확인하는 상호보장조약(로카르노조약 혹은 라인조약)

ⓑ 독일과 벨기에, 프랑스, 폴란드, 체코슬로바키아 간의 4개의 중재재판조약

ⓒ 프랑스와 폴란드, 프랑스와 체코슬로바키아 간의 상호원조조약

③ 상호보장조약

ⓐ 로카르노조약의 핵심은 프랑스, 독일, 영국, 이탈리아, 벨기에 등 5개국 간의 보장조약임

ⓑ 프랑스, 독일, 벨기에 간에는 국경의 현상유지와 상호부전을 약속하였고, 베르사유조약에 의한 라인란트 비무장조항을 독일이 승인함

ⓒ 영국과 이탈리아가 조약 내용의 준수를 보장하기로 함

④ 4개의 중재재판조약

ⓐ 독일을 일방으로 하고 프랑스와 벨기에를 각각 타방으로 한 2개의 중재재판조약과 동구의 폴란드 및 체코와도 별도로 2개의 중재재판조약이 체결됨

ⓑ 중재재판조약은 모두가 이해당사국 간의 분쟁을 평화적으로 해결하기 위하여 중재재판을 의무화한 것으로 볼 수 있음

⑤ 상호원조조약

ⓐ 독일이 동부 국경에 대한 보장을 거부함에 따라 라인협정이 조인되는 같은 날에 프랑스는 체코슬로바키아 및 폴란드와 상호원조조약을 체결함

ⓑ 상호원조조약은 프랑스가 독일의 동부국경 문제의 안전을 보장함으로써 독일을 견제하기로 한 것임

(3) 로카르노조약에 대한 각국의 입장

① 프랑스

ⓐ 프랑스는 일단 독일을 집단안전보장체제 속에 편입시킴으로써 직접적인 침략의 위협을 감소시키긴 하였으나, 독일의 동부국경 문제에 있어서는 폴란드와 체코에 대한 부담을 지게 됨

ⓑ 프랑스는 영국이나 이탈리아의 군사적인 지원 가능성이 프랑스의 이익이 되는 반면에, 그러한 보장 속에서 프랑스는 더 이상 배상 책임의 이행을 강행할 명분을 잃어버림

② 영국

ⓐ 로카르노조약은 영국이 추구하는 대륙에서의 안전과 세력균형 정책에 일치하는 것임

ⓑ 로카르노체제에서 영국의 부담은 오직 라인란트에 대한 보장뿐이었고 독일의 동부국경에 대한

보장 의무는 회피해버림으로써 독일의 동방진출을 장려했다는 비난을 받게 됨

③ **이탈리아** : 이탈리아는 오직 이 조약의 당사국으로서 보장국이 되어 명목상 국제적인 지위를 유지하는 데 도움을 얻었을 뿐임

④ **독일**

㉠ 독일에 있어서 로카르노조약은 라인라트의 보장이라는 정책하에 점령군의 조기철수를 내다 본 현실주의 정책이었음

㉡ 독일의 로카르노조약의 이행은 근본적으로 베르사이유조약체제의 효력을 약화시키고 수정하게 하는데 큰 뜻이 있었음

㉢ 독일의 국제연맹가입은 로카르노조약의 실시조건이었으므로 독일은 1926년에 정식으로 가입하여 이사회의 상임이사국이 됨으로써 국제사회에 정식으로 복귀하게 되었음

2. 브리앙·켈로그 부전조약

① **배경**

㉠ 프랑스의 에리오 내각이 물러나고 브리앙이 승계한 1925년 이래 새로운 질서의 확립을 위한 미국의 비중은 다시 높이 인식되기 시작함

㉡ 프랑스는 로카르노조약 이후에도 독일과의 화해가 어렵다고 판단하고 미국을 집단안전보장체제에 끌어들이기 위해 노력함

② **브리앙의 구상**

㉠ 1927년 미국의 참전 10주년 기념식에서 미국 국민에게 직접적으로 메시지를 발송하여 정치적 수단으로서 두 나라 간에 전쟁을 폐지한다는 상호보장조약을 제의함

㉡ 미국과 프랑스 양자 간의 전쟁 포기를 원했던 것이지 전 세계적인 전쟁 포기 조약을 체결하려는 것은 아님

㉢ 프랑스의 의도는 전쟁부채 상환 문제로 미국 국민이 프랑스 국민에게 갖고 있는 불만을 완화하기 위한 것임

③ **전개**

㉠ 프랑스 정부는 부전조약안을 미국 정부에 전달하였는데, 양 국민의 이름으로 모든 문제나 분쟁을 해결하는 데 있어서 전쟁에 호소하지 않으며 상호 간의 국가정책에 있어서 전쟁을 포기한다는 내용이었음

㉡ 미국의 켈로그는 전쟁포기협정을 권고하면서 미불 간의 양자조약이 아니라 다자조약으로 이 조약을 확대하자고 제안함

㉢ 1928년 1월 5일 프랑스 정부는 미국 정부에 대하여 무제한의 전쟁 포기 대신 침략전쟁만의 전쟁포기를 제의함

㉣ 1928년 8월 27일 '전쟁 포기에 대한 전반적 포기에 관한 협정'(부전조약)이 조인됨

④ **내용**

㉠ 전문 : "국책 수단으로서의 전쟁은 포기한다."

ⓒ 본문
- 조약국은 국제분쟁의 해결을 위해서 전쟁에 호소하지 않음
- 조약국은 그들 상호 간에 야기되는 모든 분쟁은 충돌에 있어서 그 성격 여하를 불문하고 평화적 수단 이외의 처리 또는 해결을 추구하지 않는다는 것을 약속함

⑤ 의의
ⓐ 국제연맹이라는 집단안전보장체제에 가입하지 않았던 미국과 소련이 가입함
ⓑ 국제정치사상 전쟁을 완전히 불법화함

3. 워싱턴군축회의

(1) 워싱턴체제 2011년 출제
① 베르사유체제의 조약체계는 유럽을 중심으로 이루어졌기 때문에, 베르사유체제에서 제외된 극동문제, 태평양 문제, 또는 중국 문제 등은 별도로 다루어야 할 필요성이 제기됨
② 미국 정부는 1921년 11월 12일부터 1922년 2월 6일에 이르기까지 국제회의를 개최하고, 중국 문제, 태평양 문제, 해군군축 문제 등을 다룸
③ 회의에서 체결된 극동 및 태평양 문제의 해결을 위한 제조약체제를 워싱턴체제라 함

(2) 해군군축회의와 5대국조약
① 배경
ⓐ 국제연맹 규약은 국제기구로 하여금 세계적인 일반군축의 과업을 수행하도록 하였으나 파리강화회의에서 패전국에만 일방적으로 먼저 군축을 강요한 뒤로는 일반 군축을 위해서는 어떠한 진전도 없었음
ⓑ 세계적인 불경기에도 불구하고 건함의 열기는 더해 갔으며 그 경비의 부담은 가중되었음

② 각국의 입장
ⓐ 영국 : 당시 해군의 강세를 세계에 위시하고 있었던 영국은 해군의 함정 수에 대한 각국의 비율 원칙에 대해 찬성함
ⓑ 미국 : 엄청난 해군의 경비를 어떻게 삭감할 것인가 하는 것이 최대의 문제였으며, 일본이 해군을 급속히 확장할 경우 큰 위협을 줄 것이라 예상함
ⓒ 프랑스 : 프랑스의 경우 재정적·공업적 노력은 지상전을 대비한 것이었으며, 해군 강화에는 관심이 없었음

③ 5대국조약
ⓐ 1922년 2월 6일 해군 군비제한에 대한 조약 혹은 5대국조약으로 일컬어지는 미국, 영국, 프랑스, 이탈리아, 일본 간의 해군 군비조약이 조인됨
ⓑ 향후 10년간을 기한으로 주력함 및 항공모함의 톤수를 영국과 미국은 5, 일본이 3, 프랑스와 이탈리아는 1.75의 비율로 한다는 각국의 해군 군비에 대한 비율을 정함

④ 결과

    ㉠ 영국은 프랑스와 이탈리아의 희생을 통해 지중해와 대서양에서의 해군 우위를 차지할 수 있었고, 기타 지역에서도 해군 정책상의 목적을 달성했음

    ㉡ 프랑스는 영국의 반대를 무릅쓰고 프랑스의 소규모 잠수함에 대해서는 제한하지 않는다는 것을 통과시킴

    ㉢ 일본은 태평양지역에서 현상유지에 합의함으로써 미국, 영국, 일본 간에 요새나 군사기지를 그 어느 한 나라가 확보할 수 없도록 했는데 이것은 일본으로서는 유리한 조항임

(3) 태평양 4개국조약

① 미국은 태평양에서 영국과 일본 해군의 연합을 우려했으며, 미국은 영일동맹의 연장을 저지하려 시도함

② 영국은 영일동맹을 해체하면서도 이를 대신할 광범위한 영역에서의 현상유지정책을 구상함

③ 미국은 프랑스를 끌어들여 태평양권에서의 현상유지를 구상했으며, 1921년 미·영·불·일 4국의 태평양도서에 관한 4개국조약이 체결됨

④ 4개국조약

    ㉠ 태평양에서의 각국이 지닌 속령 및 위임통치지역에 대해서는 상호 존중한다.

    ㉡ 체약국 간의 분쟁은 공동회의를 통해 결정한다.

    ㉢ 체약국 이외로부터의 침략에 대해서는 상호 원조한다.

    ㉣ 영일동맹은 폐기한다.

⑤ 의의

    ㉠ 태평양의 4대국 간 상호불가침조약으로서의 성격을 가짐

    ㉡ 미국은 의도대로 영일동맹을 일단 4대국조약으로 해체시킴

(4) 중국에 관한 9개국조약

① 워싱턴회의를 개최한 미국의 최대의 목적은 일본에 대한 견제와 중국의 보전이었음

② 중국에 관한 9개국 조약이 조인됨으로써 미국은 문호개방정책을 기초로 미국의 대중국정책을 실천에 옮길 수 있게 됨

③ 내용

    ㉠ 중국의 주권, 독립 및 영토적·행정적 보전을 존중할 것

    ㉡ 유효하며 동시에 안정된 중국 정부의 확립

    ㉢ 중국에 있어서의 상공업에 대한 문호개방과 기회균등주의를 유지할 것

    ㉣ 중국 국민의 권리를 침해하는 특별권익을 획득하지 말 것

    ㉤ 조인국은 중국 영토 내에서 특정 지역에 세력권을 창설하려 하거나 독점적 기회를 향하는 것을 막을 것

ⓑ 중국 정부는 일체의 국가나 국민에게 여하한 차별을 두지 말 것

ⓢ 중국은 중국 자신과 직접적인 관계가 없는 전쟁에 대해서는 중립을 지켜야 하며 조인국은 이 결정을 존중할 것

④ 의의

㉠ 미국은 아시아 정치에 있어서 강력한 발언권을 지니게 되었으며, 일본의 대륙 침략을 견제할 수 있게 됨

㉡ 영일동맹을 폐기하고, 미일 간의 이시이-랜싱협정을 폐기시켰으며, 또한 중일 간의 개별교섭에 의거한 21개조를 일부 방기케 하고, 일본이 자오저우만 조차지를 반환하게 함으로써 일본에 대한 제약성은 높아짐

㉢ 각국의 세력범위 설정을 부정함으로써 기회균등을 기함과 동시에 중국의 국권회수를 위한 좋은 계기가 되었음

㉣ 중국은 국제조약에서 평등권을 지니는 당사국이 되었다는 점에서 국제적인 지위가 향상됨

제 2 절 베르사유체제의 위기

1 집단안전보장체제의 붕괴 2007년 출제

1. 경제공황

① 1929년 10월 말에 야기된 미국의 금융재정 위기는 소련을 제외한 전 유럽과 극동에서 중대한 위기로 발전해 갔으며, 경제공황이 국제정치사에 미친 영향은 제2차 세계대전 전사에 있어서 중요한 역사적 동인이 됨

② 과정

㉠ 유럽의 공업 생산과 농업 생산이 1차대전 이전 1913년 수준을 회복하자, 미국의 유럽 제국에 대한 수출이 급격히 감소했고, 특히 농산물의 수출이 감소됨

㉡ 미국 정부가 이에 대한 대책으로 인플레 정책을 실시하자, 돈의 유통이 팽창되어 실제의 경제거래와는 관계없이 주식시장에서는 주가가 급격히 상승하기 시작함

㉢ 1929년 10월 24일 실물경제를 제대로 반영하지 못한 뉴욕 주식시장은 파탄되어 공황이 야기됨

③ 영향

㉠ 미국은 1차대전 이후 막대한 자금 축적으로 1929년 이래 유럽에 대대적인 투자를 하고 있었으

므로 이러한 미국경제의 혼란은 유럽에 커다란 타격을 주게 됨
ⓒ 경제적 위기는 경제 질서의 붕괴뿐만 아니라 사회적 위기로 이어졌으며, 결과적으로 개인주의와 자유경쟁주의라는 자본주의체제의 질서가 무너지게 됨으로써 경제적 현상이 정치에 깊은 영향을 끼치게 됨

2. 국수주의의 등장

(1) 경제공황의 영향

① 대내 정치에서의 강력한 국가권력의 개입과 대외정책에서의 민족주의와 자국보호정책으로 연결되어 강권적인 외교정책이 나타남

② 국가 간의 정치적 위기를 극복하기 위해서는 전쟁이라는 방법도 가능하다는 권력정치가 모든 나라의 외교정책 결정에 영향을 줌

(2) 독일 2018년, 2019년 출제

① 히틀러의 나치스당 창건

㉠ 1920년에 히틀러가 뮌헨에서 나치스당을 창건하고 베르사유체제의 타파를 주장함

ⓒ 나치스당은 독일의 생활권 확장을 위한 영토 주장과 오스트리아를 병합함으로써 대독일을 건립하자고 주장함

② 히틀러의 집권

㉠ 1930년 9월 독일 총선거에서 나치스당은 577석 중 107석을 차지했고, 1932년 7월 선거에서는 608석 중 230석을 차지했으며 1933년 1월에 히틀러의 집권이 이루어짐

ⓒ 히틀러는 통치권 강화를 위해 돌격대라는 나치스 친위대를 통한 폭력과 음모로써 공포정치를 자행하였고, 의회를 해산하고 재선거를 실시하여 의석의 과반수 이상을 차지함

ⓒ 긴급명령에 따라 민주주의적인 기본권을 말살하고 나치스당 이외의 정당과 단체를 해산했으며, 1934년 전권을 쥔 총통으로 취임함

③ 히틀러의 대외정책

㉠ 1933년 1월의 나치스당의 외교강령은 민족자결, 베르사유체제의 타파, 식민지 및 제국주의세력의 팽창을 저지시킨다는 것이었음

ⓒ 1933년 10월에는 세계군축회의와 국제연맹에서 탈퇴함으로써 공식적으로 베르사유체제를 거부하였고, 1934년 1월 폴란드와 불가침조약을 체결함으로써 프랑스의 대독 포위망의 일부를 무너뜨림

ⓒ 1935년 1월의 인민투표에서는 자아르의 독일귀속을 압도적 다수로 결정하였으며 3월에는 독일의 재군비를 선언함

㉣ 1936년 3월에는 라인란트의 재무장을 기하고 로카르노조약을 파기했으며, 11월에는 이탈리아와의 유대를 형성함

㉤ 1937년 11월에는 반소동맹인 일, 독, 이의 3국협정을 성립시킴으로써 동서양 대륙에서 바 기성

세력의 연대를 강화함

ⓑ 1938년 4월에 무솔리니의 양해하에 오스트리아를 병합하여 중부유럽과 발칸에 진출함

ⓢ 1939년 3월에는 체코를 강압하여 수데텐 지방을 탈취하고 4월에는 단치히의 반환이 폴란드에 의해서 거절되자 독일, 폴란드 불가침조약과 영독 해군협정을 파기하여 이를 이독 군사협정으로 대체함

(3) 이탈리아

① **파시스트의 정권장악과 대외정책**

㉠ 다뉴브 지역 진출 : 이미 장악하고 있는 기득권 유지나 독일계 국가의 강화를 방지하기 위함

㉡ 지중해 진출 : 영국에 의해 장악된 지중해를 마레·노스트롬이라는 이탈리아의 지중해정책으로 새롭게 함

㉢ 식민지 정책으로 리비아에 대한 재정복정책

② **무솔리니의 군사강화 정책** : 무솔리니는 새롭고 강력한 군사외교정책을 시도하여, 이탈리아 육·해·공군 강화계획을 본격적으로 추진하였으며 각급 학교에 군사교육을 강화함

(4) 일본

① 1931년 가을에 들어서면서 일본은 온건한 대외정책을 포기하고 시데하라 내각이 후퇴하면서 급격한 제국주의적 팽창정책으로 대전환함

② 일본의 경제는 미국의 경제공황으로 심한 타격을 받았으며, 특히 미국의 구매력 위축으로 일본의 대미수출의 주종이던 사치품 명주의 수출이 타격을 입음

③ 일본으로서는 중국 대륙이 진출 가능한 최대의 수출방안이었으며, 중국대륙에 대한 영토적 장악이 확실한 시장유지의 보장이라고 생각하게 됨

④ 국민 여론은 경제위기를 극복하고 사회불안을 해소시킬 수 있는 강력한 대외정책을 지지함

3. 서방 열강의 정책

(1) 프랑스

① 독일의 팽창정책에 힘으로 대항해야 한다는 주장과 독일과의 접근정책이라는 프랑스의 두 가지 주장은 1935년경부터 날카롭게 대립하기 시작함

② **독일접근주의자** : 프랑스는 현실주의자가 되어 목적을 수단에 적응시켜야 한다는 주장으로서 독일의 팽창정책 방향이 서유럽으로 돌려지지 않는다는 전제하에서 독일의 팽창정책을 인정하자는 입장임

③ **배면동맹주의자** : 프랑스의 기본정책을 포기할 경우, 독일에게 다시 유럽대륙에서의 지배적인 패권

을 확립시키는 계기를 제공하는 것이라고 주장하여 동맹체제를 강화하고 이탈리아를 중립화시킴으로써 외교수단을 강화해야 한다는 입장임

④ **대립의 심층 동인**

⊙ 경제공황이 더욱 길게 지속되고 있었으므로 더 이상 유럽의 헌병 역할을 하기에는 너무 부담이 크다는 점과 따라서 프랑스 내의 좌파세력은 히틀러의 전쟁정책에 대한 증오감에서 평화적 경향을 보임

⊙ 영국과의 긴밀한 협조가 필요하였는데, 이 당시 영국은 소극적 정책을 고수하고 있었으므로 정책보조를 같이할 수밖에 없었음

⊙ 국내외적인 분열이 프랑스의 전전 정치 상황을 지배하였기 때문에 계속적인 내각의 변화에도 불구하고 강력한 대독정책은 불가능했음

(2) 영국

① 영국은 정치의 관심이 대부분 대내 정치나 경제문제로서 경제위기 극복이 주요 관심사였음

② 영국의 정치지도자들은 1936년 3월까지 히틀러가 결정적인 영토 팽창정책을 추구하며, 유럽정책을 각오하고 있다는 생각은 아직 갖고 있지 않음

③ **유화정책** : 독일에게 약간의 양보를 한다는 입장과 프랑스에 대한 여하한 동조도 하지 않는다는 정책은 대독 동맹체제 속에 영국을 개입시키려는 프랑스의 정책에 반대한다는 것이 영국의 또 하나의 입장이었음

④ **볼드윈 내각** : 대독 유화정책을 쓰기 시작하여 독일이 요구하는 바가 적절하고, 독일이나 이탈리아가 군사적인 수단을 쓰지 않는다는 조건이라면 이를 만족시키면서 독일과 유화할 수 있다는 입장을 보이는데, 이러한 입장은 1919년의 베르사유 조약에 대한 부분적인 수정을 의미함

⑤ 영국은 1936년 3월 독일군의 라인란트 재점령 때에는 아무런 반응도 보이지 않았으며, 1938년에 들어서서 독일이 무력으로 중부유럽에 대한 강압정책을 실천할 때에야 비로소 유화정책은 동요하기 시작함

(3) 미국

① 1933년 3월 4일 민주당인 루스벨트가 새 대통령으로 당선되자, 국제연맹을 강력히 지지하는 정책을 추진함

② **미국 외교정책의 세 가지 결정 요인** : 여론, 의회, 대통령

⊙ 미국의 여론이 민주당을 지지했던 것은 공화당이 오랜 경제 위기를 극복할 정책을 갖고 있지 않기 때문이며, 유럽의 평화가 위협을 받게 되더라도 미국은 염려가 없다는 것이 미국 여론의 입장이었음

⊙ 의회는 항상 선거여론을 중시하였으므로 의회와 선거는 미국의 고립주의를 더욱 강화함

⊙ 미국 대통령인 루스벨트의 성격이나 사상은 세계문제에 대해 적극적인 관심을 갖고 있었으며, 그는 미국이 집단안전보장체제와 연결되기를 바라고 있음

(4) 소련

① 1920년과 1930년 사이 극동에서 적극적인 정책을 중국 문제에 전개하였으나 실패하였고, 유럽에 대해서는 신중한 정책을 추진함

② **소련의 신중한 외교정책의 수정**

㉠ 일본의 팽창정책으로 1931년 북만주와 동청철도에 대한 소련의 영향권을 일본이 위협하기 시작함

㉡ 히틀러의 정책은 공산주의에 대한 대항책으로서 생존공간 획득정책으로 소련을 위협하기 시작함

③ **소련의 외교정책** : 히틀러의 독일 문제를 중요시함

㉠ 소련은 국제연맹에 가입하여 집단안전보장체제의 일원으로 독일에 대항하게 됨

㉡ 독일과 일본은 같은 위협에 직면하고 있던 미국에 접근함

④ 소련은 1934년 1월 30일에 개최된 17차 당대회에서 보로실로프 원수가 천명한 재무장 계획의 원칙을 수립함

⑤ 파시스트와의 투쟁을 위해서는 민주적 부르주아와도 협력할 수 있다는 노선을 채택함으로써 본래의 노선을 수정하게 됨(인민전선전술)

---

2 일본의 만주침략

1. 만주침략의 발발과 전개

① **일본의 만주침략** : 국제연맹의 권위를 붕괴시키고 집단안전보장체제의 원칙을 파괴한 사건으로서의 성격을 가짐

② **일본의 만주침략**

㉠ 유조구 사건 : 일본군 점령 하에 있었던 남만주철도 유조구에서 폭탄이 폭발한 사건으로서 일본군은 본국 정부의 명령도 없이 군사작전을 개시함

㉡ 봉건, 장춘의 중국군을 공격하여 몇 주 후에는 전 만주를 점령함

③ 중국 정부는 일본군의 점령이 계속되는 한 모든 외교협상을 보이콧한다고 공식 발표하고 9월 28일에는 일본의 만주침략 문제를 국제연맹에 제소함

2. 리튼 보고서

① 국제연맹이사회는 문제의 조사를 위해서 리튼 경을 조사단장으로 하여 조사단을 구성할 것을 결의함

② **리튼 보고서의 내용**

㉠ 일본 관동군에 의한 만주국 설립은 국민의 의사가 아님

　　　　ⓒ 국제연맹은 만주국의 승인을 끝까지 내려서는 안 됨
　③ 임시적 해결 방안 제시
　　　　㉠ 만주 지역은 중국의 일부분으로서 행정적인 자치체제를 확립해야 함
　　　　ⓒ 임시로 만주 치안은 만주경찰에 의해서 진행시키고, 중국군과 일본군은 일단 철수시킬 것
　　　　ⓒ 철도 문제와 소작은 중일 간에 해결해야 할 문제임

3. 일본의 국제연맹 탈퇴

(1) 과정
　① 중국 정부 대표는 만주국은 괴뢰 정부이며 즉각 해체되어야 한다고 주장함
　② 국제연맹은 1933년 리튼 보고서를 승인하고 만주국을 승인할 수 없다는 것과 남만주 철수 지역 이외의 지역에서 일본이 철수해야 한다는 결의를 함
　③ 일본 정부는 칙령을 발표하고 일본의 국제연맹 탈퇴를 결정함
　④ **문제점** : 국제연맹은 1933년 6월 결의를 통해 일본에 대한 제재를 결정하는데 그 내용으로는 일본이 세운 만주국을 단지 국가로 승인하지 않겠다는 불승인정책에 불과했음

(2) 열강의 정책
　① **미국**
　　　　㉠ 만주침략에 대하여 미국이 기본정책을 강력하게 발표한 것은 1932년 1월 7일의 스팀슨 독트린 혹은 '불승인선언'임
　　　　ⓒ 스팀슨 독트린은 워싱턴에서의 9개국 조약이나 부전조약에 위반하는 수단으로 성립한 모든 사태를 인정하지 않는다는 선언임
　　　　ⓒ 만주국에 대한 불승인선언이라는 미온적인 태도를 취하는 데 그침
　② **영국**
　　　　㉠ 경제대공황으로 인해 영국은 보수당이 지배하는 거국 연립내각을 형성함
　　　　ⓒ 영국의 여론은 영국이 적극적으로 나서는 것에는 반대함
　　　　ⓒ 영국 산업계는 주로 화남과 화중에 자리잡고 있었으므로 만주문제에는 소극적 입장을 취함
　　　　㉣ 영국의회는 1925년에서 1927년 사이에 야기되었던 중국 민족주의운동의 기억으로 일본이 만주를 지배하는 것 이상으로 중국의 민족주의를 우려함
　③ **소련**
　　　　㉠ 일본 제국주의의 만주에서의 행동은 소련의 안전에 위협이 된다고 인식함
　　　　ⓒ 미국에 대하여 일본의 침략을 저지해야 한다는 것을 되풀이해서 주장함
　　　　ⓒ 미국은 일본과의 대립 이상으로 소련 공산주의를 증오하고 있었기 때문에 이를 거부함
　④ **결과**

㉠ 일본의 만주침략에서 중요한 것은 국제연맹의 열강이 범한 침략 행위에 직면하여 이에 대한 제재 조치를 실천할 수 없었고 무력하였다는 점을 증명함

㉡ 국제연맹은 일본이 침략행위를 범했다는 선언조차 기피함으로써 국제연맹이라는 집단안전보장 체제가 일본의 만주침략으로 와해될 수 있다는 것을 명백하게 밝혀준 사건이 됨

3 이탈리아의 에티오피아 침공

1. 에티오피아 침공의 발발과 전개

(1) 사건 전개

① 이탈리아령이었던 소말리랜드와 에티오피아 국경이 접하는 왈왈이라는 오아시스에서 이탈리아군과 에티오피아군 사이에 사소한 충돌 사건이 생겨 이탈리아군 약 30명이 살해되는 사건 발생함

② 무솔리니는 이 사건을 구실로 에티오피아를 침공함

③ 에티오피아는 1934년 12월 14일 이탈리아의 침략에 대해 국제연맹에 제소함

(2) 영국과의 이해관계

① **영국의 이해관계**

㉠ 이집트의 농업 경영 문제 : 하류 이집트지역의 관개는 에티오피아 원류를 갖고 있는 나일강에 의존하고 있었기 때문에 이탈리아가 이를 변경시키거나 관개를 중지할 수도 있었음

㉡ 이탈리아가 홍해의 수로에 접근하여 기지를 설치할 경우 영국이 수에즈 운하를 장악하였기에 크게 위협적이지는 않음

② 프랑스나 영국으로서는 독일에 대한 보장책으로 이탈리아를 영불의 궤도 안에 끌어들이고 지지를 얻기 위해서 이탈리아의 에티오피아 침공을 묵인할 것인가 하는 것이 문제가 됨

③ 이 시기에 독일 나치의 히틀러는 독일의 재무장을 선포하게 됨

④ **영국, 프랑스, 이탈리아 3국회의 개최**

㉠ 영불은 타협안을 제시 : 에티오피아에 대한 영불의 '신탁통치론'

㉡ 이탈리아에게 행정과 군사면에서의 우월한 지위를 주며, 에티오피아군은 이탈리아의 군사고문단을 받아들인다는 제안이었으나, 무솔리니는 이 타협안도 거절함

⑤ **영국의 정책** : 영국함대는 지중해로 이동, 집결하여 이탈리아를 위협했으나 영국의 여론은 영국은 국제연맹에 남아야 하며 제재조치는 경제적인 선에서 끝나야 한다는 것이었음

⑥ 1935년 10월 3일 이탈리아의 에티오피아 군사작전이 결국 개시됨

2. 국제연맹의 제재

① 국제연맹은 만장일치로 이탈리아의 군사행동이 국제연맹 헌장의 위반임을 선언

② **제재조치에 대한 논의** : 군사적 제재조치는 배제하고, 이탈리아에 대한 국제연맹의 제재조치는 단지 금융적이고 경제적인 선에서 끝나게 됨

③ **영국과 프랑스의 경제 제재조치**

　㉠ 이탈리아의 항공기와 함정을 마비시키기 위한 석유금수조치를 실시함

　㉡ 이탈리아에 대한 주요 석유 공급국은 미국이었으며, 미국은 국제연맹 가입국이 아니었으므로 이 제재조치에 응할 의무가 없었고, 미국은 이 제재조치를 거부함

④ 독일이 로카르노조약의 폐기를 발표함으로써 에티오피아 문제는 세계의 이목에서 벗어나기 시작하였고, 이탈리아는 에티오피아에 대해 쉽게 승리하게 됨

⑤ **의의** : 국제연맹의 집단안보는 국제적인 시련에서 좌절하게 됨

---

4 스페인내란

1. 스페인내란의 발발

① **사건의 전개**

　㉠ 1936년 2월의 총선거에서 사회주의자, 공산주의자, 무정부주의자 혹은 급진적 부르주아로 구성되는 연합세력이 승리하였는데, 이들 인민전선의 형성은 공산사회주의라는 원칙과 더불어 반 가톨릭적인 경향을 띠게 됨

　㉡ 인민전선파에 대항하는 팔랑쥬 파시스트와 개혁파운동을 중심으로 한 절대군주파들이 실력행사를 통하여 혁명을 진행시키고 있었으며 반란의 중심은 군부로서 재계인사들이 이에 재정적 지원을 보냄

　㉢ 1936년 7월 17일 프랑코 장군이 이끄는 군부 쿠데타가 발생하였으며, 프랑코 장군의 목적은 인민전선파 내각의 타도와 우익세력을 기초로 한 정권 수립이었는데, 이것이 스페인내란으로 확대됨

　㉣ 공화파는 2년 8개월 간의 저항 끝에 프랑코군에 완전히 굴복함

② **의의** : 스페인전쟁의 원인이나 사유는 순수하게 스페인적인 것이었지만, 이것이 국제정치에 미친 영향으로 유럽 열강이 대립하게 되고, 세계대전으로 유도되는 결과가 된다는 점에서 스페인전쟁은 국제적으로 중요한 사건이었음

2. 열국의 정책과 불간섭위원회

① 프랑코의 반란

② 소련은 좌파를 지원하고 독일과 이탈리아는 프랑코를 지원함

③ 프랑스는 불간섭 입장을 취하는데 이유는 프랑코는 위협적이었으며 인민전선 정부는 이념적 차이가 있었기 때문이었음

④ 영국은 파쇼와 사회주의는 바람직하지 않다는 입장을 보임

⑤ 프랑코가 승리함으로써 영불의 유화정책은 약점을 노출하게 됨

3. 스페인내란과 열강의 입장

(1) 스페인내란과 열강

① 스페인내란이 국제정치에 깊은 영향을 남긴 이유는 스페인의 지리적 위치 때문이었는데, 스페인은 지중해에서 중요한 위치를 차지하고 있었음

② 공화파나 국민파 모두 무기 조달을 열강에 의존하고 있었는데, 유럽 4대 열강은 정도의 차이는 있으나 무기 지원이나 의용병 파견이라는 형태로 각기 스페인전쟁에 참여하게 됨

③ 공화파를 지지하는 소련과 프랑스가 프랑코파를 지지하는 독일과 이탈리아와 대립하게 됨

(2) 열강의 이해관계

① **스페인내란의 이데올로기적인 성격** : 유럽 열강 정부의 대립에서 비롯되는 파시스트와 공산당과 민주주의의 대립관계가 그대로 스페인내란에 투영됨

② **전략적 관점** : 스페인이 지중해와 대서양의 요충지인 수로 장악이라는 점에서 지브롤터 해협은 중요한 전략적 이해관계가 얽혀 있는 곳임

③ **경제적인 이해관계** : 스페인의 풍부한 철광석과 황광철은 당시 유럽의 군비증강과 군수 산업에 있어 철강 산업이나 무기 제조에 중요한 일차 원료였음

(3) 열강의 정책

① 이탈리아

㉠ 이탈리아는 스페인 내의 인민전선이라는 공산주의를 저지하는 것이 지중해의 정치적 균형을 위해 필요하다는 입장

㉡ 프랑코 군에게 병력과 군비를 제공하는 대가로 정치적이고 전략적인 것을 요구함

- 해군과 공군기지를 획득하려고 시도했는데 이는 영국의 지브롤터 해군기지와 해협에 대해 압력을 가하는 동시에 스페인령 모로코를 기반으로 하여 다시 한번 모로코문제를 제기하려는 데에도 목적이 있었음

② 독일

㉠ 독일 정부가 의도하던 목적은 전반적인 유럽의 분쟁 시에 있을 수 있는 전략적이고 경제적인 이해관계임

㉡ 프랑코가 승리할 경우 스페인이 프랑스 남부 피레네 국경에 압력을 가함으로써 프랑스를 이면전선에 몰아넣어 악화시킬 수 있다는 생각을 하고 있었음

③ **영국과 프랑스**

　㉠ 양국은 19세기와 20세기에 걸친 스페인의 약화 덕분에 지중해정책에서 자유로울 수 있었으므로, 스페인에 강력한 정부가 들어서서 지중해의 현상유지가 타파될 것을 우려함

　㉡ 프랑스는 발레아레스에 이탈리아가 기지를 설치하는 결과로 이탈리아와 스페인의 협력이 낳을 프랑스와 북아프리카 간의 교통단절을 우려함

　㉢ 영국은 지브롤터 해군기지에 대한 스페인의 요구나 희망봉을 향한 해군 항로에 대한 카나리스 군도의 중요성을 우려함

④ **소련**: 파시스트 스페인의 타도가 전략적인 의도였으며, 공산당이 스페인을 장악할 경우에 소련이 대서양이나 지중해에서 강력한 행동의 발판을 구축할 수 있다는 전략적인 이해에 기반하고 있었음

4. 스페인내란과 국제정치

(1) 이탈리아 정부

① 스페인내란을 이용하여 지중해에서 영국과의 동등권을 획득함

② 이탈리아가 서부 지중해에서의 현상유지를 존중하며, 스페인의 영토보전을 준수하는 대가로 영국으로부터 에티오피아의 장악을 인정받은 것 외에 수에즈운하의 운항 자유와 지중해에서 이탈리아 함정의 자유 활동을 보장받음

(2) 영국

① 지중해에서의 헤게모니를 포기하게 됨

② 프랑코 정부가 이탈리아나 독일에게 공군·해군기지를 양보하지 않았다는 데 영국의 이익이 있었음

(3) 스페인

① 프랑코는 1939년 3월 27일 반코민테른에 가담할 것을 약속했고, 31일에는 독일과 우호 조약을 체결함

② 스페인이나 독일 중 한 나라의 이익이나 안전이 치명적인 위협을 받을 때는 상호 간 외교적 지원을 규정함

(4) 영향

스페인전쟁은 유럽제국에 '정신적인 긴장'을 낳게 하였으며, 히틀러와 무솔리니의 접근과 함께 전면전쟁을 회피하여야 한다는 점에 영국과 프랑스가 접근하여 베를린·로마 추축국에 대항하는 새로운 국제정치상의 구조를 형성시켰다는 데 그 영향력이 있음

제3절 베르사유체제의 붕괴

1 독일의 오스트리아 병합

1. 독일의 중부유럽 팽창정책

① **독일의 팽창정책** : 유럽의 근본적인 정치질서를 와해시키는 계기가 됨
  ㉠ 1937년경부터 진척되어 온 재군비정책으로 독일은 군사력에 대해 자신감을 가짐
  ㉡ 1938년 3월 13일 독일의 오스트리아 병합
  ㉢ 1938년 9월 30일 독일의 체코슬로바키아에 대한 즈데텐 지역의 병합
② 히틀러는 타국의 지배하에 있는 독일인들의 민족 감정을 논하면서 제1차 세계대전으로 잃었던 독일 식민지의 회복을 요구함

2. 독일의 오스트리아 병합 과정

① 오스트리아와 독일의 병합으로 인한 중부유럽 지역 강화를 억제하기 위해 베르사유조약과 생·제르망조약은 양국의 병합을 금지하고 있었음
② **오스트리아 수상 슈스니히와 히틀러의 회담**
  ㉠ 히틀러는 오스트리아가 독일 국경에 군사력을 강화하고 있고, 독일을 배반하고 있다고 비난하며, 프랑스의 무능력과 이탈리아와 독일의 우호관계를 과시함
  ㉡ 히틀러는 오스트리아 내부로부터의 병합을 수행할 계책의 하나로 오스트리아 내의 나치 당원인 인콰르트를 내무상으로 임명할 것을 요구함
  ㉢ 히틀러의 최후통첩에 굴복한 슈스니히 수상은 내무상에 인콰르트를 임명했으며, 오스트리아의 경찰권은 완전히 독일 나치의 수중으로 넘어가게 됨
③ **슈스니히 수상의 대항정책**
  ㉠ 슈스니히 수상은 히틀러에 대항하는 정책으로 오스트리아 독립에 관한 것을 국민투표로 결정할 것을 천명함
  ㉡ 히틀러는 국민투표의 결과를 두려워한 나머지 실력행사를 하게 됨
  ㉢ 인콰르트는 히틀러의 요구대로 국민투표의 포기를 수상에게 종용하고, 슈스니히 수상의 사임을 요구함
  ㉣ 나치는 인콰르트를 수상으로 할 것을 미클라스 오스트리아 대통령에게 요구함
④ 새로 임명된 인콰르트 수상은 국내 질서가 공산당으로부터 위협받고 있다는 구실을 들어 독일군의 오스트리아 진주를 요청했으며, 독일·오스트리아 간의 국가병합이 선언됨

2 독일의 체코침략

1. 즈데텐 문제

① 체코 내의 즈데텐 지역에는 약 3백 20만 명 가량의 독일계 주민이 거주하고 있었음

② 1935년 체코 의회의 선거 결과, 주로 콘라드 헨라인이 영도하는 즈데텐·도이치·파르타이가 주요 즈데텐 독일당으로 부상했으며 이들은 나치독일과 깊은 관계를 맺게 됨

③ **위기의 전개**

㉠ 1938년 3월 16일에는 헨라인이 즈데텐 지역의 독일인에게 자기 당에 결속할 것을 더욱 호소하기 시작했고, 헨라인의 보좌관 에른스트 쿤트는 의회에서 즈데텐지역의 완전한 자치를 요구함

㉡ 4월에는 즈데텐·도이치·파르타이당이 칼스바드에서 대회를 개최하고 독일계 국민과 체코 국민 간의 동등한 권리보장, 즈데텐 지역의 자치정부 수립, 나치운동 참가에 대한 자유, 즈데텐 지역에서의 독일 외교관 배치 등을 요구함

④ **영·불의 반응**

㉠ 프랑스는 유화주의자인 보네를 외상으로 하는 달라디에 정부에 의해 영도되고 있었는데, 체코에 대한 입장은 독일에 대하여 섣불리 저항하는 것은 위험하다는 입장을 보임

㉡ 영·불은 체코 정부 대표를 초치하여 체코 정부로 하여금 독일계 정당인 헨라인과 타협하는 방향으로 협상할 것을 권고함

2. 체코 위기의 발발

① **영국** : 영국은 대사를 통해 프랑스 정부와 접촉하고 프랑스 국경이 독일군에 의해 공격당하는 경우를 제외하고는 동부 국경을 보장할 수 없다는 각서를 전달하고, 영국은 체코 문제로 프랑스를 도와 유럽전쟁을 할 의사가 없다는 것을 명백히 함

② **프랑스**

㉠ 체코 문제를 위한 외교적 지위를 강화하기 위해 소련과의 협력을 포함하여 여러 가지 노력을 계속함

㉡ 소련군의 루마니아와 폴란드 영토의 통과를 전제로 한 체코 지원을 얻어낼 수 있었으나 폴란드와 루마니아의 소련 측 조건에 대한 거부로 협상은 결렬되었는데, 이것은 결국 독일이 체코를 침략할 경우 프랑스가 단독으로 개입해야만 한다는 것을 의미함

③ **영국의 외교적 중재**

㉠ 8월 3일 영국은 런시맨을 프라그에 파견했으나, 체코 정부와 즈데텐 대표 간의 견해차만 확인하게 됨

㉡ 체코 정부는 한 국가 내에서 즈데텐 대표를 한 국가의 대표로서 협상할 수 없다는 것이었고, 즈데텐 대표측의 입장은 연방제를 기초로 하는 완전한 체코의 재편성을 주장함

㉢ 체코 정부는 9월 5일, 칼스바드이 8개 항목 중 7개항을 수락한다는 것을 조건으로 하여 영국의

특사 런시맨에게 중재를 요청하는 전격적인 양보를 하게 됨
④ 프라그 정부가 사태를 수습할 주체가 되지 못한다는 즈데텐인의 선언으로 모라우스크·오스트라와 사건이 발생했으며 이 사건으로 인해 독일인 희생자가 발생함

3. 1938년의 제2차 체코 위기

① **히틀러와 체임벌린의 회담**
  ㉠ 독일 측은 300여 명의 사망자를 낳은 사태의 심각성을 들어 즈데텐을 독일에 병합해야 한다고 주장함
  ㉡ 영국 대표 체임벌린은 이 문제는 프랑스나 런시맨과 상의한 후에 결정할 문제라고 하면서 개인적으로는 즈데텐 지역의 분할에 반대하지 않는다는 견해를 피력함
② 달라디에와 보네는 체임벌린과 회담한 후 유럽의 평화유지를 위해서는 체코 국경을 수정해야 하며, 체코의 반은 독일에 병합되어야 한다는 영국과 프랑스의 안을 제시하게 되었고, 이에 따른 국제회의의 소집을 건의하게 됨
③ 영·불은 체코가 군사적으로 저항한다면, 이에 대하여 지원하지 않을 것이라는 내용의 최후통첩을 발송함

4. 뮌헨협정(1938년)

① 체임벌린, 달라디에, 무솔리니, 히틀러 간에 대사의 참여 없이 회의가 진행됨
② **4개국 협정의 조인**
  ㉠ 체코의 즈데텐 지역으로부터의 철수시한이 10월 1일에서 10월 10일로 연기됨
  ㉡ 체코 국경 문제는 4개국과 체코로 구성되는 국제위원회에서 결정하기로 합의함
  ㉢ 체코는 6개월간의 선택 기간을 갖게 됨
  ㉣ 영·불은 이후의 체코 국경 문제에 있어서 도발 받지 않은 외부로부터의 침략을 공동으로 책임진다는 공동성명을 발표함
③ **뮌헨회담의 성격**
  ㉠ 체코의 영토 희생을 전제로 '평화를 위하여'라는 슬로건을 내세운 유화정책에 다름 아님
  ㉡ 뮌헨회담은 당사자인 체코에는 상의하지 않고 독일의 무력행사를 저지한다는 데에만 주력하여 독일의 모든 주장을 들어준다는 병합 양보를 한 것에 지나지 않음
  ㉢ 이 회담으로 인해 프랑스의 배면동맹체제가 완전히 와해됨
④ **영·독불가침조약**
  ㉠ 영·독 관계가 두 나라와 유럽에 있어서 가장 중요한 요인이라는 것에 합의함
  ㉡ 영·독 간의 해군협정과 뮌헨회담이 양국 간 평화의 담보라는 내용에 합의함
⑤ **독·불간 불가침조약**

㉠ 유럽의 평화를 위한다는 것을 규정하고 독·불 국경 문제는 해결되었음을 합의함
㉡ 양국 간에 발생하는 문제는 협상에 의해 해결한다는 불가침의 성격을 가짐

③ 독일의 체코 병합

1. 병합 과정

① **슬로바키아의 완전한 분리 결정** : 슬로바키아가 독일의 보호국이 된다는 보호조약에 조인함
② 독일군은 보헤미아와 모라비아 지방으로 침투하였고 이 지역은 독일의 보호국으로 한다고 선포함
③ 헝가리군은 루테니아 지역을 침입함
④ 3월 22일 독일의 최후통첩으로 리투아니아 정부는 일부 영토와 함께 메멜지방을 독일에 양도함

2. 결과

① 히틀러의 체코 완전 해체는 뮌헨협정 당시 약속한 언약, 즉 독일이 요구하는 유럽의 마지막 영토는 즈데텐이라는 것이 깨져버린 결과에 해당함
② 뮌헨협정이 독일의 최후 영토적 야심이 아니라는 점이 명백해짐
③ 체코 영토의 나머지 전부였던 보헤미아와 모라비아 점령이 보도되자, 영국과 프랑스는 3월 17일 히틀러의 체코 점령은 뮌헨협정 위반이라고 항의하면서 이의 합법성을 인정할 수 없다고 주장함
④ 소련도 이 행위는 폭력적인 침략이라고 영·불의 항의에 가담함

④ 폴란드 위기

1. 영불의 대폴란드 보장

① 1939년 3월 독일의 체코슬로바키아 전체에 대한 병합과 이에 따른 실력행사는 영국의 태도가 유화정책에서 단호한 정책으로 전환되는 계기가 됨
② 어떠한 경우에도 전쟁을 회피한다는 정책 하에 동부나 중부유럽에 대해 보장을 하지 않던 영국의 기본정책은 전쟁의 가능성을 전제로 한 단호한 외교로 바뀌는 것이며, 프랑스와의 협력 하에 가장 위험한 나라에 대한 보장을 시작함

2. 폴란드 위기의 발발

① 히틀러의 요구

㉠ 히틀러는 단치히 자유시는 독일에 반환되어야 하며, 동프로이센과 독일제국은 단치히회랑을 통과하는 철도로 연결되는 동시에 독일의 치외법권이 뒤따라야 한다고 주장함

㉡ 폴란드는 단치히회랑에 독일고속도로의 건설은 허용하였으나 단치히 독일 반환은 거절함

㉢ 독일의 언론은 폴란드의 단치히에 대한 태도에 대해 애국주의라는 구실 하에 폴란드 정부의 비타협성을 신랄하게 공격함

㉣ 폴란드 언론이나 지도자들도 단치히 자유시는 폴란드 경제조직의 심장부이고, 폴란드는 경제적 심장부를 내줄 수 없다는 이유로 "단치히를 위해 싸우자"라는 기치 아래 폴란드 국민은 격앙하게 됨

② 영국과 프랑스의 태도

㉠ 독일이 폴란드를 침략하는 경우 프랑스는 자동적으로 동맹공약을 실천하여 폴란드를 지원하겠다고 독일 정부에 대해 경고함

㉡ 영국은 만일 독일이 단치히 시에 관한 문제를 일방적인 힘으로 해결하려 할 경우 영국은 무력으로 개입할 것이라고 선언함

㉢ 독일의 위협 앞에서 영국과 프랑스는 소련과의 협상을 시도하지만 영·불과 독일 간의 신경전은 결국 독소불가침조약의 체결이라는 극적인 양상으로 돌입함

③ 소련

㉠ 열강은 단치히문제로 인해 전쟁의 가능성이 높아지자, 소련과의 협상이 중요한 의미를 띠게 되었고, 따라서 서방측이나 독일이 소련을 자기편으로 끌어들이려는 노력을 하게 됨

㉡ 이탈리아·에티오피아전쟁과 독일군의 라인란트 진주, 오스트리아에 대한 독일의 병합 등에서 영·불이 취한 태도로 미루어 과연 영·불과 협력하여 독일에 대항할 수 있을까 하는 의구심을 가짐

㉢ 단독으로 대독전쟁에 말려들지 말아야 한다는 것이 소련의 안전보장상 가장 큰 문제였으며, 오히려 독일과의 협상으로 자기 안전을 도모하는 것이 최선의 정책이라고 생각하게 됨

---

5 독소협상과 독소불가침조약(1939년)

1. 독소불가침조약의 협상 과정

① 소련

㉠ 스탈린은 독일의 실력행사와 침략은 주로 서방측에 그 책임이 있으며, 소련과 독일 간에 근본적인 분쟁의 씨는 없다고 말하며 독일에 대한 접근을 시도함

㉡ 소련은 독일과 서방측 간의 분쟁에서 이득을 볼 생각이 없으며, 독·소 간의 관계를 악화시킬 하등의 이유가 없다는 것을 선언함

② **독일** : 초기에 독일은 소련이 서방과 독일 사이에서 양동작전을 하지 않을까 하는 의구심 때문에 소련과의 협상을 약간 주저했으나 당시 진행되고 있던 영·불과 소련과의 군사협정 협상 때문에 소련에 대한 접근을 서두름

3. **독소불가침조약의 체결**

   ① **불가침조약의 내용**

   ㉠ 상호 간에 침략적 행위를 하지 않는다.

   ㉡ 어느 한 나라에 적대적인 전쟁이 발발할 경우, 양국은 제3국을 지원하지 않는다.

   ㉢ 두 당사자 간의 어느 적대국에 대해서 동맹관계를 갖지 않는다.

   ㉣ 분쟁이 일어나면 우호적인 관계로 중재 또는 협의를 통해 분쟁을 해결한다.

   ② **비밀조항**

   ㉠ 정치적 영토변화가 야기될 때는 핀란드, 에스토니아, 레토니아는 소련의 영향권에 들어가고, 리투아니아는 독일의 영향권 하에 둔다는 것에 합의함

   ㉡ 폴란드에 대한 독·소 간의 영향권 분할은 나류·비스틀·상을 경계로 함

   ㉢ 독일은 소련의 베사라비아에 대한 이익을 인정하며 독일은 이 지역에 대해 정치적 이익을 갖지 않음을 합의함

---

6 전쟁선포

① 8월 20일과 21일 독일의 군사적인 행동이 더욱 격심해지자 체임벌린은 영국이 폴란드에 대한 공약을 지킬 것이라고 선언함

② 히틀러는 8월 22일 군부의 수뇌들에게 독·소조약이 체결된 직후 야음을 이용하여 폴란드를 공격하라고 명령을 내렸으나 이를 연기함

③ 영국과 폴란드를 분리하려던 정책은 폴란드와 영국 사이의 협정이 26일 조인됨에 따라 난관에 부딪힘

④ 히틀러는 독일은 프랑스를 공격하지 않을 것이나 만일 프랑스가 분쟁에 개입하면 독일은 끝까지 싸울 것이라는 말을 프랑스 대통령에게 전했지만 달라디에 대통령은 단호하게 폴란드를 지원할 것임을 밝힘

⑤ 사태의 추이는 히틀러의 의사에 따라 진행되고 있었고, 히틀러의 공식은 폴란드가 항복하거나 아니면 전쟁이라는 것이었음

⑥ 9월 1일 미명을 기하여 독일군은 폴란드에 침입하고, 단치히 시의 합병이 선포됨

⑦ 영·불은 독일에 대해 선전포고를 선언하게 됨

제 4 절 제2차 세계대전

1 유럽전선의 전개

① 영국과 프랑스는 독일의 폴란드에 대한 위협이 장차 서유럽에 어떤 군사적인 위협이 될 것인가를 고려한 끝에 참전을 결정함

② 독일은 전격전이라는 새로운 기갑부대를 중심으로 한 속공전술을 실천함

③ **영국군의 상황** : 영국군은 즉각적으로 동원될 수 있는 군으로서는 미미한 수준이었는데, 이유는 영국은 당시 군비증강을 주로 대공포와 전투기에만 주력하여 왔기 때문이었으며, 결국 서부전선에 투입될 수 있는 군사력은 프랑스군뿐이었음

④ **프랑스군의 상황**

　㉠ 동북부에 전개하고 있는 프랑스 사단은 독일군의 병력보다는 크게 우세했으나, 다만 프랑스군은 장비가 열세였음

　㉡ 프랑스군은 1개의 기갑사단만을 갖고 있었으며 현대적인 전투기는 400대에 불과하고 신식 폭격기는 거의 전무했기에 프랑스군은 극히 제한된 목적을 위한 작전을 생각하고 있었음

　㉢ 프랑스는 독소불가침조약 체결 이후 폴란드의 군사적 패배를 기정사실로 했으며, 프랑스는 폴란드와의 군사협정에서 약속했던 공세를 취할 의도가 없었음

⑤ **폴란드의 상황**

　㉠ 폴란드군은 불과 3주 안에 완전히 격파되었으며, 48시간 내에 공군이 완전 파괴되고 철도가 완파됨으로써 기동력이 마비됨

　㉡ 소련군의 폴란드 침공으로 폴란드는 더욱 어려운 상황을 맞게 됨

2 전쟁의 확산

1. 이탈리아의 참전

　① **이탈리아의 최대 약점** : 석유에서 광석, 1차 상품에 이르기까지 많은 자원을 해외에 의존하고 있었으며 교전국이 되기 전에 물자의 비축이 필요했고 따라서 가능한 한 중립을 연장하는 정책을 구사함

　② **이탈리아의 여론** : 기본적으로 전쟁불개입을 국민들이 지지함

　③ 이탈리아의 중립적 노선은 독일이 노르웨이에 대한 군사적인 승리를 한 후인 1940년 봄부터 약화되기 시작함

　④ **이탈리아의 참전**

㉠ 1940년 5월 10일 독일 대공세가 전개되면서 무솔리니는 이탈리아 참전의 불가피성을 느끼게 됨

㉡ **영·불의 봉쇄** : 이탈리아의 참전 동기 제공

㉢ 1939년 12월 초까지는 영국 정부가 해양으로 독일이 이탈리아에 공급하고 있던 석탄 수송을 인정했으나 1940년 2월에 들어서면서 그 대가를 요구함

㉣ 이탈리아 정부는 영국 정부의 이러한 조치에 항의하였으며, 곧 독일 정부가 그 대신 육로로 이탈리아에게 최소한 석탄 600만 톤을 공급할 것을 약속함으로써 이탈리아와 독일 간의 유대가 공고화됨

㉤ **이탈리아의 참전** : 히틀러는 이탈리아 정부에 서부 총공세가 임박하였다는 것을 통고하고 독일 정부가 이탈리아 정부에 대하여 군사적 개입을 요구하자, 무솔리니는 대기전술을 포기하게 됨

2. 서부전선의 붕괴

(1) 프랑스의 패배

① 1940년 5월 10일 네덜란드와 벨기에 영토를 통하여 독일군의 대공세가 행해짐

② 5월 18일 연합군은 독일군에 의해서 돌파되고 양분되었으며 벨기에군은 항복하였고, 영국원정군은 덩케르크에서 궁지에 몰림

③ 프랑스군이 황급하게 솜과 엔느에 재집결하여 방어선을 재구축하였으나 이것도 무너지게 됨

(2) 휴전

① **휴전협정**

㉠ 1940년 6월 17일 프랑스의 신내각은 독일에 대한 휴전 제의를 공표함

㉡ 1940년 6월 22일 독·불휴전협상이 성립되어 프랑스는 독일이 점령하는 파리를 포함한 군점령지역과 자유지역으로 분할됨

㉢ 6월 24일 프랑스·이탈리아 휴전협정이 성립됨

② **프랑스의 휴전 제의를 독일이 수락하게 된 배경**

㉠ 만일 독일이 휴전을 거부하면 프랑스 정부가 계속 북아프리카로 이전하였을 것이라는 점을 고려함

㉡ 프랑스 해군이 영국의 손 안에 들어갈 가능성이 예측되었기 때문인데, 독일은 휴전 조인 후에도 프랑스가 해군을 계속 장악하게 하는 것이 독일에 유리하다는 판단을 함

③ **프랑스의 드골**

㉠ 드골은 휴전을 수락할 수 없으며 해외영토방위위원회를 구성하고, 프랑스는 계속 전쟁에 임할 것을 선언함

㉡ 자유프랑스운동의 시작 : 해외 프랑스 영토의 지지를 바탕으로 게릴라전을 전개함

④ 1940년 7월 3일 영국 해군은 프랑스령인 오랑 군항 및 멜·엘·케비르 군항 등에 정박하고 있었던 유력한 프랑스 해군을 공격하고 대타격을 가함

3. 독·소전의 개시

(1) 독일과 소련 간의 세력권 싸움

① 1940년 이래 독일과 소련 간에는 각기 독소불가침조약으로 책정되었던 세력권의 분할 문제를 놓고 의견이 대립되고 있었음

② 소련 정부는 독일이 서부전선을 완전하게 그리고 신속하게 제압하자, 장차 독일과 영국 간에 세계 분할이 진행될 것이라고 판단함

③ 독일과 소련과의 갈등

　㉠ 1940년 8월 30일 독일이 소련과의 협의 없이 이탈리아와 함께 협의하고, 루마니아로부터 북부 트랜실베이니아를 할양받아 이를 도브르자와 함께 각기 헝가리와 불가리아에 넘겨줌

　㉡ 소련은 독소불가침조약에서 약속한 이 지역에 대한 협의조항을 들어 독일에게 강력하게 항의함

　㉢ 독소불가침조약에서 독소 간에는 상호 간의 이익에 영향을 주는 문제에 대하여 협의하기로 규정했으나 독일 정부는 독소조약을 사실상 무시함

　㉣ 10월과 11월간에는 히틀러가 소련과의 합의를 통해 대륙 봉쇄를 소련과 동맹하여 진행시킬 것을 검토했는데, 이는 1939년 8월 23일의 독소불가침조약의 개정을 의미함

　㉤ 독일은 독소불가침조약을 보다 강화하여 상호 간의 보다 완전한 세력권을 확실하게 하려는 의도였으나 소련은 발칸에서의 소련의 이익을 옹호할 것과 불가리아와의 상호원조조약을 통한 동맹 및 터키 해협에서의 군항 획득의 의사를 명백히 함

④ 독·소간의 협상 실패

　㉠ 독일은 영국과 발칸, 특히 그리스에서의 전투를 위해서는 발칸에서의 입지를 확실히 하는 것이 필요하다는 판단을 하게 됨

　㉡ 독일군은 1941년 1월 7일 루마니아로 진입하였고, 2월 27일에는 불가리아로 진입함

　㉢ 1941년 3월에 독일은 유고슬라비아를 침략하기 시작했는데, 소련은 이번에는 단순한 외교적 항의에만 그치는 것이 아니라 군사적인 시위를 하게 됨

　㉣ 3월 27일 유고슬라비아에서 군사 쿠데타가 야기되었고, 새로운 군사정부는 독일에 대하여 저항하기로 결정하고 소련과의 동맹우호조약을 체결을 결정함

　㉤ 이러한 결정이 있은 직후 독일군이 유고슬라비아를 침공하여 10일 만에 점령하자 소련 정부는 독일의 유고점령에 유감을 표시하고 독일의 협상 제의를 거절함

　㉥ 히틀러는 유고의 군사 쿠데타 이후 소련에 대하여 적대적인 태도를 더욱 강화하고 소련에 대한 예방전쟁이라는 생각으로 전환하게 되었는데, 히틀러는 미국이 참전할 때 독일이 양면전선을 갖게 될 것이며 이를 피하기 위해 소련을 공격해야 한다고 생각함

(2) 히틀러의 소련 침공의 다른 요인

① 히틀러는 영국을 굴복시키기 위해서는 독일 공군이 영국 본토를 공격하는 것이 최선이라고 생각하였으나, 영국 공격 시에 소련이 독일을 공격할지도 모른다는 우려를 하게 됨

② 히틀러는 영국의 군사적 저항에 대해 미국이나 소련이 앞으로 참전한다는 전제하에서만 계속된

다고 판단하고, 독일이 미국을 제거할 수는 없다고 보았으나 적어도 소련은 독일이 제거할 수 있다고 판단함

③ 히틀러는 영국으로 하여금 유럽대륙에서 다른 나라의 군사적 지원을 받을 수 있으리라는 희망을 없애기 위해서는 소련을 공격할 필요가 있다고 느낌

(3) 기타 이유

① 히틀러는 소련의 약화는 결국 태평양에서의 일본의 강화를 의미하게 되며, 그럴 경우 미국은 유럽에 대한 군사적 대비나 참전보다는 태평양으로 군사적인 힘을 돌릴 것이라고 생각함

② 히틀러는 소련을 굴복시켜 우크라이나 백러시아에 완충국들을 설립할 수 있다고 판단함

③ 경제적인 동인으로서는 소련이라는 광활한 영토를 장악함으로써 식량과 1차 자원을 획득할 수 있다고 생각을 했으며, 우크라이나의 섬유와 밀도 중요한 요소였음

(4) 소련 침공

① 독일의 대소전쟁계획은 신속하고 전면적인 승리를 전제한 것으로 약 4주 간의 집중적인 전투를 통하여 군수나 지휘체계의 우세로 승리할 수 있다는 전제 하에 계획됨

② 독일군의 소련 침공은 1941년 여름 초기에 놀라울 정도로 성공적이었음

③ 독일의 공격은 신속한 것이었고, 우크라이나와 공업지대인 도네츠, 나아가서 레닌그라드뿐 아니라 1941년 11월에는 모스크바에까지 진격함

④ 1941년 소련의 12월 4일 총반격으로 모스크바가 위기로부터 벗어났으며, 독일군은 약 100km 후퇴하게 됨

⑤ 히틀러는 소련을 굴복시킬 수 없었으며, 양면전선을 유지해야 한다는 현실에 직면하게 됨

4. 태평양전쟁의 발발과 미국의 참전 [2007년 출제]

(1) 미·일의 대립

① **일본** : 일본은 중국의 해안 지대 전역을 장악하고 독일이 네덜란드를 점령하고 다시 프랑스를 점령한 것을 기회로 동남아시아로 침략전쟁을 확대함

② **미국** : 일본의 극동에서의 절대적인 지배와 패권에 반대한다는 외교적 의사 표시

㉠ 1940년대 중반부터 시작된 미국의 대일정책은 그 후 15개월 간 경제적 압력정책을 실시함

㉡ 대일 수출 금지 조치 : 일본에 대한 철광석과 기계류의 금수조치

㉢ 중국에 대해서는 무기대여법의 혜택에 중국을 포함시키는 조치를 단행함

㉣ 일본이 인도차이나 전 영역을 점령한 1941년 7월 23일 이후 미국은 7월 26일 자로 일본에 대한 전면 금수조치를 실시하였는데 대일 석유금수조치는 일본에 치명적인 조치였음

③ **양국 간 협상**

㉠ 미국은 일본이 즉각 프랑스령 인도차이나로부터 철수할 것을 요구하고, 일본은 중국에 대한 접근을 차단하기 위해서 적어도 중일전쟁이 종료될 때까지는 인도차이나반도를 점령하기를 계속 원함

㉡ 일본은 미국의 장개석 정부에 대한 원조를 중지해줄 것을 요구했으나 미국은 중국에 대한 무기원조를 계속할 것을 견지함

㉢ 일본은 부분적으로 인도차이나반도 철수를 통해 양보할 용의가 있었으나 일본의 대중국정책은 양보할 수 없었으며, 일본은 미국에 대한 전쟁을 각오하게 됨

(2) 일본의 대외정책 : 1940년 7월부터 기본노선이 정해짐

① 일본에 있어서 중요한 문제 : 중국 문제

㉠ 중국의 장개석 정부를 완전히 굴복시키기 위해서는 중국을 외부로부터 차단해야 함

㉡ 일본은 중국을 차단하기 위해서는 프랑스령 인지반도를 점령해야 했으며, 말래카해협과 미얀마를 점령해야 했음

㉢ 점령정책은 순조로웠으나 미국의 반응이 문제가 됨

② 미국의 경제적 압력정책

㉠ 미국의 경제적 압력정책은 일본의 대내정치에 큰 파문을 일으켰으며, 1940년 7월 16일 온건하였던 요나이 내각이 사임하고, 인지반도 점령을 결정한 고노예 내각이 형성되나 고노예 내각도 강경파의 압력으로 1941년 10월 16일 사임하게 됨

㉡ 전쟁정책의 길을 터놓게 된 군사정책의 주동자인 토오죠오 히데키가 내각 수반으로 들어서게 됨

③ 일본 해군의 주장

㉠ 일본 해군은 열렬한 일본의 팽창정책을 지지하기는 하였으나 남진정책에는 어느 정도 주저하는 태도를 보임

㉡ 일본은 자원이 부족함. 특히 철광석과 석유의 부족으로 장기전을 하기에 충분한 비축이 없었던 일본으로서는 네덜란드령 인도네시아의 풍부한 자원을 필요로 함

㉢ 일본은 이를 수송할 운반 수단이 충분한가 하는 문제와 미국과의 군사분쟁으로 돌입할 때에 해상로를 보호할, 특히 미국의 잠수함이나 공군으로부터 보호할 능력이 없다는 것이 문제로 대두됨

㉣ 미국과 전쟁 개시까지 가서는 안 된다는 입장과 미국과의 전쟁을 각오하고라도 전면적인 팽창정책을 감행해야 한다는 입장이 대립하게 됨

㉤ 미국이 경제제재를 일본에 가할 때 일본 해군 참모총장은 일본 석유가 2년이면 바닥난다는 것을 이유로 들어 미국과의 전쟁은 피해야 한다는 권고안을 제출했음

④ 일본 정부와 미국과의 협상

㉠ 1941년 10월 2일 미일협상은 일본이 영국과 미국이 중국 문제 처리에 간섭하거나 방해하지 않을 것을 요구함으로써 실패하게 됨

㉡ 일본 내각 내부에서 치열한 대립이 계속되었고 10월 23일 다시 협상재개의 결정이 있었으며, 11월까지 외교협상이 성공하지 못할 경우에는 즉각 전쟁을 개시한다는 것을 결정함

㉢ 11월 29일 협상 결과로 미국이 일본 측의 요구를 수락하지 않을 것이 확실해지자 일본은 1941년

12월 1일 해군과 공군에게 공격을 명령했으며, 12월 7일 진주만을 공격함

⑤ 일본의 참전 이유

㉠ 미국의 조건이 일본의 팽창정책과 양립할 수 없다는 확신이 선 이상 미 해군이 태평양에서 더 이상 전개되기 전에, 그리고 일본의 군사 비축이라는 약점으로 인해 더 이상 시간적인 지체 없이 전쟁을 개시하는 것이 최선이라고 판단함

㉡ 독일의 리벤트롭은 일본에게 남진하여 영국의 해군기지를 공격해 줄 것을 요구하고 있었고 독일이 태평양전쟁에 가담한다는 입장을 표명함

(3) 미국의 대외정책

① 루스벨트는 미국의 태평양에서의 이익이 필리핀으로 국한되고 있기는 하였으나 대동맹이라는 시각에서 영국이 이 지역에서의 이익을 지키는 것이 미국의 이익이라는 입장을 견지함

② **미국의 방어전략**: 하나의 세계전략

㉠ 미국의 방어전략은 대동맹을 방어해야 한다는 전제 하에서 전개되며, 독일에 저항하는 영국에 대한 전쟁물자를 지원을 해야 한다는 데서 출발하게 됨

㉡ 미국의 입장: 세계 각 지역을 연결하는 통행로를 폐쇄하려는 것에 대항해야 함

㉢ 인도차이나반도에서 일본의 군사기지 설치는 세계시장의 구성에 대한 공격으로 받아들임

③ 미국의 중국 문제에 대한 입장

㉠ 미국의 중국 문제에 대한 입장은 주로 상업적이며 금융적인 이익에서 출발함

㉡ 일본이 중국을 계속 강점할 경우 미국은 근대화될 중국 시장으로부터 완전히 배제될 위험에 처하게 됨

---

3 대동맹의 형성과 전시외교 2008년, 2017년 출제

1. 연합전선의 형성

① **대동맹(Grand Alliance)**

㉠ 미국의 참전 이후 추축국에 대항하여 1941년 말 미국, 영국, 소련에 의해 형성됨

㉡ 대동맹은 미국과 영국이 주축이 되었으나 소련과 중국 등 47개국이 참여함

㉢ 대동맹은 독일, 이탈리아, 일본 등의 3국동맹보다 인적자원이나 전쟁물자에 있어서 절대적 우세를 구축하게 되었으며, 대동맹인 서방측이 우세한 군사적인 전환을 맞게 됨

② 1942년 11월 8일, 북아프리카의 영미군 상륙으로 연합국이 지중해와 유럽 공세에 대한 결정적인 교두보를 확보함

③ 히틀러의 스탈린그라드 공세 실패라는 전략적인 실패로 소련이 반격을 시작함

④ 1943년 2월 솔로몬군도에서 일본 함대의 패배로 미국이 태평양에서 반격을 가하기 시작함

⑤ 1942년을 전환점으로 연합국의 전략적 우세가 시작됨

2. 대서양헌장회담(1941년 8월)

① 1941년 8월에 루스벨트와 처칠 간의 양 거두회담에서 대서양헌장에 합의함

② **대서양 헌장의 채택**

㉠ 영토적인 확장을 포함한 모든 형태의 확장은 추구하지 않는다.

㉡ 주민의 의사에 반대되는 영토변경을 추구하지 않는다.

㉢ 모든 국민들의 정부 형태 선택권은 존중되며 박탈당한 주권을 회복하도록 한다.

㉣ 현존하는 의무들을 준수하며 모든 국가들이 무역과 천연자원을 획득하는 데 균등한 대우를 받는다.

㉤ 경제 분야에 있어서 모든 국가들은 서로 최대한 협력한다.

㉥ 나치가 멸망된 이후 평화스러운 세계를 건설한다.

㉦ 공해 자유 원칙을 준수한다.

㉧ 힘의 사용을 폐지한다.

3. 카사블랑카회담(1943년 1월)

① 소련 정부는 독일과의 전투 승리로 군사적인 여유와 함께 대외정책에서 상당한 자유를 갖게 됨

② **영국과 미국의 우려** : 소련이 연합국과의 협상에 실패할 경우 소련이 독일과 단독 평화협상을 할 가능성이 있었기 때문에 소련의 대독 단독 평화협상을 사전에 저지하기 위해 대처한 회담이 카사블랑카회담이었음

③ 1943년 1월 루스벨트와 처칠, 스탈린은 소련의 불만을 우선적으로 해소하기 위해서 카사블랑카에서 회의를 개최함

④ 카사블랑카에서 영미의 의도는 연합국이 절대로 독일과 타협하지 않는다는 의사를 명백히 함으로써 소련이 독일과 단독평화협상을 하지 못하도록 확신시키는 데 목적을 둠

⑤ 독일, 이탈리아, 일본이 무조건 항복할 때까지 전쟁을 수행하기로 함. '무조건 항복'이라는 용어 처음 사용

4. 모스크바 3상회의(1943년 10월 18일~11월 1일) : 미-영-소

① 무조건 항복의 재확인

② 국제기구의 창설 합의

③ 오스트리아의 독립 합의

④ 적당한 시기에 소련의 대일 참전 결정

⑤ 유럽 자문이사회의 설립 합의

5. **카이로회담**(1차 : 1943년 11월 22일 ~26일, 2차 : 1943년 12월 4일 ~ 6일)

① 1943년 카이로회담은 대일 전쟁 수행 문제를 다룬 전시회담임

② **루즈벨트, 처칠, 장제스에 의해 한반도 문제가 최초로 거론됨** : 카이로공동선언은 루스벨트의 신탁통치안에 따라 한국을 적당한 시기(in due course)에 독립시킬 것이라고 하여 자주독립을 잠정 유보함

③ 한국의 신탁통치안은 1943년 11월 28일 테헤란에서 열린 루스벨트, 처칠, 스탈린 사이의 테헤란 회담에서 재론됨

④ 루스벨트는 한국인이 완전한 독립을 얻기 전에 약 40년간의 수습기간을 필요로 한다고 지적하였고, 스탈린은 이에 대해 찬성을 표시함

6. **테헤란회담**(1943년 11월 28일 ~ 12월 1일)

① **테헤란회담**

㉠ 루스벨트와 처칠, 스탈린이 한 자리에 회동함

㉡ 소련의 전후처리 요구사항이 전면적으로 드러났으며, 소련의 요구도 만족을 얻게 됨

㉢ 소련은 연합국의 이탈리아 상륙에 이어서 1944년 5월에는 반드시 연합국 측이 대대적인 노르망디 상륙을 작전상 이행한다는 약속을 획득함

② **소련과 폴란드 문제**

㉠ 소련의 외교적 초점에 놓여 있었던 것은 폴란드 문제였으며, 폴란드를 '서부쪽으로 밀어내는 일'이 소련 외교가 목표하고 있었던 주제였음

㉡ 소련은 1939년 독소불가침조약으로 약속받았던 영토를 할양받는다는 것과 함께 폴란드는 그 대상(보상)으로 동프로이센 영토를 받는다는 합의를 함

㉢ 1944년 4월 소련군은 발칸반도에 진출했으며, 7월에는 폴란드를 침입하여 소련의 기치 하에 폴란드 임시위원회를 수립함

㉣ 소련은 독일과 단독평화협상에서 획득할 수 있는 모든 것을 이미 획득하게 되었으며, 서방측과 전쟁 목적을 협상할 수 있는 유리한 입장에 서게 됨

㉤ 7월에 들어서는 처칠이 테헤란회담에서 협상된 폴란드에 대한 조건을 기초로 하여 소련과 협상할 것을 폴란드 망명정부에 권고하게 됨

7. **얄타회담**(1945년 2월 4일 ~ 12일) 2010년 출제

(1) **얄타회담**

소련과의 우호적인 해결을 바라면서 유럽을 소련의 볼셰비키로부터 구해야겠다는 의도하에 열리게 된 협상임

(2) 얄타회담에서 논의된 주요 항목

① **독일 문제** : 소련, 미국, 영국 간에 나누어 점령하기로 합의했으며, 추후에 서방측 점령 지역의 일부를 프랑스도 점령한다는 것에 합의함

② **국제연합** : 1945년 샌프란시스코에서 국제연합 헌장을 채택하기 위한 회의 개최 합의

③ **터키해협 문제** : 해협 통과에 있어서 소련은 터키에 의존하지 않는다는 결론을 내림

④ **극동 문제**
  ㉠ 소련의 대일 참전 문제로서 소련은 독일이 항복할 경우 일본에 대한 참전을 할 것을 약속함
  ㉡ 소련의 참전 대가
  • 외몽고의 현상유지, 즉 몽고인민공화국을 계속 존속시킨다.
  • 1904년 일본에 양여한 권리의 복구, 즉 남부 사할린과 그 인접도서를 다시 찾고 다롄을 국제화하고 이 지역에서 소련의 우월한 이익을 보호한다. 뤼순 항은 소련에 조차하고 동청철도와 남만철도는 장차 설립될 소련·중국 합작회사가 관리한다.
  • 쿠릴 열도를 소련에 할양한다. 이 쿠릴 열도에 현재 일·소의 분쟁이 되고 있는 소위 북방 4개 섬이 포함되느냐가 현재 양국 현안이다.

⑤ **한반도 문제** : 루스벨트는 미·영·중·소로 구성된 한국 신탁통치안을 제시하였으며, 스탈린도 이에 동조함

⑥ **폴란드 문제** : 폴란드의 정부 선택은 일반, 비밀, 자유선거로 결정한다는 원칙만 합의

8. 포츠담회담(1945년 7월 17일 ~ 8월 2일) 2012년, 2018년 출제

이 회담에서는 일본의 항복 권고와 제2차 세계대전 이후의 일본에 대한 처리 문제가 논의되었고, 합의 내용은 '포츠담선언'으로 공포됨

① **독일 문제**
  ㉠ 독일은 미·영·불·소 4국이 점령하는 지역으로 분할되나 경제적으로는 하나의 공동체로 남는다는 원칙에 합의
  ㉡ 가까운 장래에 독일에는 중앙정부를 수립치 않기로 합의함
  ㉢ 독일의 완전한 군비해제와 비무장화, 나치당의 해산과 나치당원의 근절, 전범의 재판, 그리고 독일 교육의 감독 등이 결정됨

② **폴란드 영토 문제** : 동 프로이센의 북부지역은 잠정적으로 소련에 이양되고 단치히 시를 포함한 나머지 동 프로이센 지역은 장차 평화회의에서 최종 결정이 있을 때까지 폴란드에 이양하기로 합의

③ **외상 이사회의 설치** : 5개국 외상으로 구성되는 이사회를 설치해 독일의 동맹국이었던 핀란드, 루마니아, 이탈리아, 불가리아, 헝가리와의 평화조약 체결 문제를 담당토록 하였으며, 이 이사회의 설치로 유럽 자문위원회는 폐지됨

4 추축국의 패배와 전쟁의 종결

1. 이탈리아의 패전

(1) 패전

① 1943년 7월 25일 무솔리니가 실각하고, 무솔리니를 이은 바도글리오 정부는 곧 연합국과의 휴전협상을 시도함

② 1943년 9월 3일 이탈리아는 연합국과의 휴전에 조인함

(2) 패전 원인

① **독일과 이탈리아 간의 동맹에 있어서의 불화**

㉠ 무솔리니는 독일의 작전 계획에 따라서 말타섬으로의 군사작전을 개시해야 했으나 이탈리아는 거꾸로 발칸으로 진출하기 시작 – 발칸 진출에서 장애였던 그리스에 대한 공격을 감행함

㉡ 무솔리니는 이 작전의 실패로 독일과의 동맹관계에서 기본적인 균열을 낳게 됨

② **이탈리아 국민의 여론**

㉠ 초기부터 전쟁 개입에 반대했으며, 국민이 정권으로부터 이탈함

㉡ 1942년 11월에 영·미군이 북아프리카에 상륙함으로써 이탈리아에 직접적인 위협으로 나타나자 여론이 악화되기 시작함

2. 독일의 패배

(1) 독일 패전에서의 의문점

소련의 반격, 이탈리아의 항복, 제2전선의 형성, 폭격에 의한 국민사기 저하, 군수산업의 전멸에도 불구하고 전쟁을 끝까지 수행한 문제와 왜 독일 국민이 이를 방치하였는가?

(2) 전쟁의 지속적인 수행

① **신무기 개발에 대한 기대감**

㉠ 1943년 초 히틀러는 무인비행기, 혹은 미사일의 개발을 기대함

㉡ 1943년 8월 영국의 폭격으로 이 계획은 무산됨

② **단독협상의 가능성 문제**

㉠ 히틀러는 영·미군의 북아프리카 상륙 때나 혹은 러시아 전역, 즉 스탈린그라드에서의 항복에도 불구하고 단독평화협상을 고려하지 않음

㉡ 1943년 7월 말 소련에 의해서 통고된 협상안건은 1914년 국경으로의 복귀, 즉 독일의 리투아니아 포기와 1939년에 획득한 폴란드 영토에 대한 포기였으며, 다시 터키해협과 아시아에서의 행

동의 자유가 그 조건이었음

ⓒ 영국과 미국과의 단독협상 : 서방측의 무조건 항복을 기초로 협상할 수는 없었음

③ **독일의 본격적인 휴전협상**

㉠ 아르덴느에서 독일의 총공세가 실패하고 영국이 독일을 폭격한 1945년 초에 이르러야 겨우 본격적인 접촉이 시작됨

㉡ 모든 서방측 회담의 전제는 히틀러가 독일 정부 수뇌로 있는 이상 협상은 불가능하다는 것이었음

(3) 독일의 패전

① 1945년 3월 미군이 라인에 교두보를 확보하고, 3월 23일 라인을 도강하기 시작함

② 소련군이 3월 24일 엘바강에 도달하였으며, 4월 26일 미군과 소련군이 엘바강에서 상봉함

③ 4월 25일에는 소련군이 베를린을 포위하였으며 5월 1일 히틀러의 사망이 알려짐

3. 일본의 항복

① 1943년 2월 이후, 특히 솔로몬 해전 실패로 일본의 전쟁 전망이 흐려지기 시작했으며, 일본의 전쟁 물자나 원료를 공급할 수 있었던 동남아시아 보급로가 해상에서 처음으로 위협을 받게 됨

② **일본의 패전 고비**

㉠ 일본의 패전은 1944년 여름부터 시작됨

㉡ 1944년 1년 간 미국의 잠수함이나 공중 공격으로 일본 상선이 거의 배나 격침당했으며 해상 수송의 위기에 직면함

ⓒ 1944년 10월에는 필리핀 근역 해전에서 일본 함대가 완패함으로써 적어도 일본해군은 이 지역에서 공격력을 상실하게 됨

③ 1944년으로부터 1945년 사이에는 일본의 대도시들이 공중폭격으로 인해 심한 식량난을 겪고 철강 산업의 파괴로 거의 마비 상태가 됨

④ 1945년 4월 1일 미국이 오키나와 상륙에 성공함으로써 일본이 전략적으로 약화됨

⑤ **원자폭탄 사용에 대한 합의**

㉠ 일본열도 상륙작전에서 미군의 희생을 덜어야 한다는 것과 소련의 극동에 대한 정치적 개입을 사전에 완화하기 위해 원자폭탄을 사용하기로 함

㉡ 8월 6일에는 히로시마에, 8월 9일에는 나가사키에 각기 원자폭탄 투하됨

⑥ 8월 10일 일본 정부는 화평을 제의했으며, 8월 14일 미국의 항복 조건을 수락함

제4장
동양 외교사

제1절 중국의 개국

1 아편전쟁

1. **광둥 무역제도**

    ① **아편전쟁 이전의 중국 대외무역 제도**
    - ㉠ 1757년부터 아편전쟁이 일어날 때까지 외국과의 무역은 광둥성의 수도 광저우에 국한해 시행됨
    - ㉡ 외국 상인들은 광저우에 자유로이 왕래한 것이 아니라 무역 계절인 10월부터 다음 해 1월까지 일정한 외국인 거주지역(재외상관)에 국한되어 활동함

    ② **대외무역 제도**
    - ㉠ 공행상인 : 공행상인은 외국 상인들과 거래할 수 있는 특허를 맡은 중국 상인으로서 이들은 광둥 십삼행이라고 부르는 길드 조직을 이루고 있었음
    - ㉡ 공행상인은 대외무역을 독점하고 있었을 뿐 아니라 광저우 지역에 있는 외국인의 모든 행동에 대해 책임을 지고 있었으며 관세를 비롯한 각종 세금의 징수를 담당했음

    ③ **영국**
    - ㉠ 특허회사인 동인도회사가 중국무역을 독점했으며, 동인도회사의 중국무역 독점은 1834년에 종료됨
    - ㉡ 동인도회사의 독점 종료 후 영국 정부가 중국무역을 감독하기 위해 무역감독관을 파견했으며, 무역감독관은 영국을 대표하는 국가 관리라는 점에서 중국과의 관계에 새로운 문제점으로 대두됨

2. **아편무역**

    ① **영국의 무역 현황**
    - ㉠ 수입 품목은 차와 견, 수출 품목은 인도의 면화와 면직물이었는데, 이 상품에 대한 중국의 수요가 많지 않아서 동인도회사의 입장에서 보면 언제나 수입이 훨씬 많은 상태였음
    - ㉡ 중국의 입장은 수출이 수입보다 많아서 은이 유입돼 재원이 확보되는 유리한 입장이었음
    - ㉢ 영국 정부는 1784년에 차 수입세를 거의 1/10로 인하하는 조치를 시행했는데 이로 인해 중국 차 수입은 비약적으로 증가했고 차 수입 증가로 동인도회사의 은 부족 현상은 심화됨

    ② **아편무역**
    - ㉠ 영국은 은 부족 현상에 대한 돌파구를 중국에 대한 아편 판매에서 찾게 되었는데, 중국에 아편을 판매하고 중국이 그 대금으로 영국에서 면직물을 수입한다는 것이었음
    - ㉡ 면화는 1792년 이래로 중국의 최대 수입품이었으나 1832년부터는 아편이 면화보다 더 수입되기 시작함

③ 아편무역의 특징

- ㉠ 아편은 1780년대부터 중국에 수입되기 시작했으나 1790년에 그 수입이 금지됨에 따라 형식상 밀무역의 형태를 띠게 됨
- ㉡ 밀무역이었기 때문에 동인도회사나 공행상인은 아편을 취급하지 않고 지방무역 상인들이 아편무역을 취급함
- ㉢ 아편, 면화의 급격한 수입 증가로 중국은 수출보다 수입이 많게 되는 현상이 일어나 1826년부터는 중국의 은이 외국으로 유출되기 시작함

④ **중국 경제의 혼란** : 동전으로 세금을 납부하지만 납부세액은 은으로 환산되는 액수이기 때문에 은의 국외유출로 은의 가치가 상승하게 되자 농민들의 부담은 급증함

⑤ 중국의 은 수출은 영국 입장에서 보면 인도통치의 중요한 재원이었으며, 아편은 이제 단순한 상품의 차원을 넘어서 영국의 인도-중국 무역구조와 결부됨으로써, 아편무역의 금지는 곧 영국 정부와의 충돌을 의미했음

3. 린쩌쉬(임칙서)

① 아편 문제에 대한 중국의 대처

- ㉠ 중국 조정은 후광 총독 린쩌쉬를 흠차대신으로 임명해 광둥에 파견함
- ㉡ 린쩌쉬는 도착한 지 일주일 만에 외국 상인에게 아편을 인도할 것과 장차 영구히 아편을 갖지 않겠다고 서약할 것을 요구함
- ㉢ 영국의 무역감독관 엘리엇은 린쩌쉬의 강경한 태도에 굴복하여 아편 2만 상자 이상을 인도함
- ㉣ 엘리엇은 자국민을 이끌고 마카오로 퇴거하고 강압적인 재산 몰수의 부당함을 항의함

② 린웨이시 살해사건

- ㉠ 1839년 7월 7일 술에 취한 영국 선원이 중국인 린웨이시를 살해한 사건이 발생함
- ㉡ 린쩌쉬는 범인의 인도를 요구했으나 엘리엇은 이를 거절하고 영국 선박에서 영국법에 따라 재판한다는 입장을 고수하자 린쩌쉬는 12월 6일 영국과의 무역을 중단함

③ 영국의 원정군 파견

- ㉠ 영국의 당시 제2차 멜번 내각은 1840년 2~3월 사이에 중국에 원정군 파견을 결정했고 영국의 원정군은 1840년 6월에 중국 현지에 도착함
- ㉡ 영국군은 먼저 광둥을 봉쇄하고 6월 말에는 북상을 계속해 저우산 군도를 점령하고 8월에는 다구에 도착해 중국 측과 교섭을 시도함

4. 난징조약(1842년 8월 29일) `2021년 출제`

① 1841년 2월 말 전투가 재개되어 광저우가 곧 함락될 위기에 처하자 중국은 영국에게 600만 달러의 배상금 지불을 약속함으로써 광저우는 함락을 모면하게 됨

② 겨울 동안 전투가 소강상태에 있다가 1842년 봄부터 다시 시작되어 영국군은 난징 공격을 준비하

고 최후통첩을 보냄

③ **난징조약** : 중국은 영국이 요구하는 모든 것을 수락함

 ㉠ 홍콩의 할양

 ㉡ 5개 항구의 개방과 영사의 주재

 ㉢ 공행상인의 무역독점권 폐지

 ㉣ 양국 관헌의 대등한 문서교환

 ㉤ 배상금은 2,100만 달러를 1845년 말까지 지불할 것

5. **왕샤조약**(1844년 7월 3일)

 ① **미국 정부** : 미국은 난징조약이 체결되자 이와 유사한 조약의 체결이 필요하다고 생각하게 됨

 ② **왕샤조약의 체결**

  ㉠ 7월 3일 마카오 근교에 있는 한 촌락인 왕샤에서 두 나라의 수호조약인 중·미 양국간수호통상항해조약 34조가 체결됨

  ㉡ 영사재판제도가 보다 더 완비됨

  ㉢ 외국인은 중국인으로부터 서적을 구입하고 중국인을 교사로 고용할 수 있음을 승인함

  ㉣ 교섭 채널이 명백하게 규정됨

  ㉤ 아편 금지

  ㉥ 상선의 톤세는 개항 5항구 중 어느 한 항구에 납부하면 그 선박은 다른 항구에 진입하더라도 다시 톤세를 납부하지 않는다고 규정함

6. **황푸조약**(1844년 10월 24일)

 프랑스 전권대표 라그르네는 왕샤조약을 모델로 중국과의 수호조약을 치엉과 체결함

---

2 영국과 프랑스 침략

1. **애로우호 사건**(1856년 10월 8일)

 ① **영, 미, 프** : 중국과 수호조약을 체결한 직후부터 그 조약의 내용에 불만을 가짐

  ㉠ 외교 채널의 문제 : 중국은 광둥에 주재하고 있던 흠차대신으로 하여금 외국 사무를 관장시키고 있었으나 영국 정부는 베이징과의 직접 교섭을 원함

  ㉡ 개항장 선정의 불만 : 5개 개항장은 중국 내지의 산업지역과 직접 연결돼 있지 않음

 ② **애로우 호 사건**

- ㉠ 애로우 호 : 로차르 형의 중국 범선으로서 중국인의 소유였으나 선적을 홍콩에 두었고 선장은 영국인이었음
- ㉡ 중국 관헌이 애로우 호 선박의 선원 11명을 해적 용의자로 체포한 사건이 발생함
- ㉢ 영국의 주장 : 애로우 호는 홍콩에 선적을 둔 영국 선박으로서 선원을 체포한 것은 국제법 위반이고 더욱이 게양된 영국 국기를 내리게 한 것은 국가 모독에 해당한다고 주장함
- ㉣ 중국의 주장 : 애로우 호는 중국인 소유의 선박으로서 선원 체포는 정당한 것이고 영국 국기는 당시에 게양되어 있지 않았음을 주장함

③ **영국의 대응**
- ㉠ 영국 영사 팍스는 강경론자였으며 중국 주재 공사 겸 홍콩 총독 바우링도 이 기회를 이용해 여러 가지 요구를 관철하고자 함
- ㉡ 영국 해군은 10월 23일부터 광저우 공격을 시작함

2. 영국과 프랑스의 중국 침략

① **영국** : 영국은 프랑스에게 공동출병을 제의했으며, 프랑스는 크리미아전쟁 이후 영국과의 우호관계를 계속 유지하기 위해 영국 제안에 동의함

② 영국, 프랑스는 미국, 러시아에도 공동출병할 것을 제의했으나 이들은 출병에는 동의하지 않고 다만 조약개정 교섭에는 참여키로 결정함

③ 영국, 프랑스는 량광 총독 예밍천에게 최후통첩을 보냈으나, 이것이 거부되자 광둥 공격을 개시해 12월 29일에 점령하기에 이르러 이른바 점령행정이 시작되었음

3. 톈진조약의 체결(1858년 6월)

① 영국, 프랑스, 미국, 러시아 4국은 중국 정부에 공동각서를 보내 상하이에서 조약 개정 교섭회의를 개최하자고 제의함

② 중국은 영국, 프랑스, 미국 3국 대표는 광둥에서 량광 총독 황쭝한과 교섭하고, 러시아 대표는 헤이룽 강 유역으로 갈 것을 요구함

③ 영국, 프랑스 대표는 군대를 이끌고 북상해 다구에 이르러 교섭을 시도했으나 결렬되자 다구 포대를 점령하고 톈진으로 진격해 그곳에서 교섭이 재개됨

④ **톈진조약의 체결**

㉠ 외국 사절의 베이징 상주권 및 수시 왕래권
- 열강은 베이징 정부와의 직접교섭을 주장했는데 이것이 받아들여져서 외교사절은 중국 군주와 같은 지위에 있는 자국군주를 대표하고 있다고 규정함으로써 중국과 동등한 관계에서 교제함을 명백히 했음
- 외교사절은 가족이나 수행원을 동반할 수 있으며 자유로운 행동이 보장되는 외교사절의 특권과 면제에 관해 규정함

ⓛ **통상의 특권** : 조약항의 증가와 양쯔 강의 개방, 세율의 조정, 외국인 세무사 제도의 도입과 영사재판 제도를 더욱 상세하게 규정함

ⓒ **기타** : 아편무역의 공인, 이(夷)자 사용의 금지, 조약의 정문을 영문으로 할 것과 배상금 지불을 규정함

4. **아이훈조약**(1858년)

   ① **러시아의 아무르 지방 진출** : 러시아는 크림전쟁에서 패배하게 되자 중앙아시아와 극동지방으로 해외 진출 진로를 바꾸면서 더욱 박차를 가하게 됨

   ② **아이훈조약** : 이 조약으로써 러시아는 아무르 좌안을 점유하게 되어 본격적인 극동 진출의 발판을 마련하게 됨

   ③ **내용**

   ㉠ 흑룡강 좌안을 러시아령으로 할 것

   ㉡ 연해주는 양국 국경이 확정될 때까지 양국이 공유한다고 규정하여 미결상태에 둠

   ㉢ 흑룡강, 우수리강, 송화강을 러청 양국 선박에 개방하여 상호 간의 교역을 인정키로 함

5. **영국과 프랑스의 재침략**

   ① 톈진조약의 비준서를 어디에서 교환하느냐 하는 장소 문제가 제기됨

   ② **중국 정부** : 외국사절의 베이징 방문을 거부하고 상하이에서 비준서를 교환토록 발표함

   ③ **영국과 프랑스의 침략** : 영국과 프랑스 군대는 1860년 8월 초 베이탕에 상륙해 다구 포대를 후면에서 공격해 함락시키고, 곧 톈진으로 진격함

   ④ 영국과 프랑스가 10월 20일 공친왕에게 최후통첩하자 중국은 굴복하여 베이징조약을 체결함

   ⑤ **베이징조약**(1860년 10월 24일, 10월 25일)**의 내용**

   ㉠ **외국사절의 베이징 상주** : 베이징조약은 톈진조약의 모든 내용이 곧 실시돼야 한다고 규정하고 있음

   ㉡ **중국인의 해외 이주** : 원래 중국에서는 자국민의 해외 진출이 금지되고 있었으나 19세기 중반 이후 캘리포니아, 뉴질랜드, 쿠바, 페루 등지의 광산 노동자로 많은 중국인이 해외에 나가게 되었음. 이를 쿨리(coolie)무역이라고 불렀는데 이런 중국인의 해외 노동자 취업이 조약으로 규정되게 되었음

   ㉢ **톈진의 개항과 주룽의 할양** : 톈진조약에서 허용된 개항장 이외에 톈진이 다시 외국에게 개방되었으며, 영국은 홍콩과 그 인접 지역의 질서유지라는 핑계로 주룽을 할양받음

   ㉣ **배상금의 증액** : 톈진조약에서 지불토록 한 배상금을 증액함

   ㉤ 포교권 인정

3 변경의 상실

1. 일본의 류큐 병합

① 중국의 서양 국제사회 편입은 반식민지와 주권 상실로 이어짐

② 중국의 변경 상실은 같은 유교권의 변방에 속해 있던 일본의 류큐 병합으로 시작됨

③ **류큐** : 오랫동안 중국 조정과 일본의 시마츠 번에 동시에 조공을 바쳐온 이른바 양속관계를 유지하였던 지역임

④ **1871년 타이완 사건**

　㉠ 타이완에 표류한 류큐인이 타이완의 원주민에 의해 살해된 사건이 발생함

　㉡ 일본은 류큐인을 자국민으로 간주하고 중국을 차체에 응징하려고 하였고 타이완 출병을 결정함

⑤ **일본의 타이완 침략**

　㉠ 일본의 타이완 침략으로 1874년 10월 중국과 일본 사이에 조약이 체결되고 일본은 타이완으로부터 철수하지만 배상금을 받게 됨

　㉡ 조약 전문에 일본이 병력을 일으킨 것은 타이완의 생번이 일본국 소속 인민에 피해를 입혔기 때문이라는 구절을 삽입했으며, 일본은 이것으로 중국이 류큐는 일본의 영토임을 승인한 것이라고 주장함

　㉢ 1879년에 류큐 번을 폐하고 오키나와 현으로 개편했으며, 이후 류큐는 일본의 영토가 됨

2. 이리분쟁

① **중국과 러시아의 이리분쟁** : 이리분쟁은 중국의 대외 인식에 중대한 영향을 미친 사건이며, 임오군란의 발발과도 밀접한 관련이 있음

② **이리지역** : 이리는 톈산산맥의 중부 북쪽 분지에 있는 9개 도시 중 하나였으며, 농업이 번창하고 광물 자원이 풍부하며 남, 북 신장성을 연결해 전략상으로도 중요한 지역이었음

③ **리바디아조약**

　㉠ 러시아의 터키스탄 초대 총독인 카푸만이 1871년 7월 이리계곡을 점령함으로써 중국과 러시아 간의 분쟁이 시작됨

　㉡ 중국은 쩡지쩌를 러시아에 파견해 교섭을 진행하여 상트페테르부르크조약을 체결함

④ **영향**

　㉠ 이리분쟁의 결과로 중국은 영토에 관한 유럽 개념을 정확하게 인식하게 됨

　㉡ 중국은 이 분쟁으로 러시아의 위험이 그 어떤 나라보다 크다는 사실을 절감함

　㉢ 서양 공법에서 말하는 국경과 주권 개념에 입각해 러시아의 위험을 방지해야 된다는 것을 정확하게 인식하게 됨

3. 버마

① 중국과 조공관계에 있었던 버마는 19세기에 들어서면서 영국의 팽창정책의 대상이 됨

② **마가리사건**

    ㉠ 영국은 미얀마를 거쳐 중국의 윈난성으로 들어가는 통상로를 개척하기 위한 탐험대를 파견함

    ㉡ 마가리 : 마가리는 제2차 탐험대의 통역으로 선발된 자로서, 당시 상하이 영사관에 근무하고 있었음

    ㉢ 마가리 사건 : 마가리가 중국인 5명과 선발대로 출발했으나 무장한 중국인에 의해 살해된 시간이 발생함

    ㉣ **즈푸조약의 체결** : 마가리 사건에 대한 중국의 배상과 진사 이외에도 통상의 여러 이권, 외교문서의 형식, 영사재판 절차 등을 규정함

③ 버마에서 우월한 지위를 갖게 된 영국은 버마 국왕의 친 프랑스 정책을 구실로 1886년 1월에는 인도의 일부로 편입한다고 선언함

4. 마카오의 상실

① 아편전쟁을 거치면서 마카오의 포르투갈 당국은 마카오의 분리정책을 추진함

② 마카오를 자유항으로 선언한 포르투갈의 마카오 총독 아마랄이 1849년 8월 암살된 이후로는 포르투갈은 지대의 지불을 거부하고 독자적인 행동을 취함

③ 1862년 8월 중국과 텐진조약을 체결해 마카오의 포르투갈 지배를 승인받음

④ 베이징조약으로 중국은 마카오와 그 부속 지역을 영구히 포르투갈이 점유·지배하는 것에 동의함

5. 베트남

① 프랑스 해군성은 1862~1867년 사이에 코친차이나의 동부 3성과 서부 3성을 할양받고 캄보디아를 보호령으로 만듦

② 1874년 3월 프랑스는 베트남을 사실상 보호령으로 만들고 코친차이나 6성을 할양받는다는 내용의 사이공조약을 베트남 정부와 체결함

③ 1881년 7월 프랑스 의회는 통킹에 군대를 파견하는 데 필요한 예산을 승인하였고, 프랑스 군대는 1882년 4월에는 하노이에 입성

④ 1885년 6월 텐진조약의 체결로 베트남 문제는 해결

제 2 절 일본의 개국

1. 일본의 개국과 미국

    ① **일본의 개국**

   ㉠ 일본의 개국은 1854년 미국과의 화친조약을 체결함으로써 시작됨

   ㉡ 1858년 안세이 5개국 조약의 체결 : 일본은 구미 국제정치 질서에 편입하게 됨

    ② **영국의 입장** : 영국은 중국과 이미 조약을 체결해 방대한 영토와 인구를 갖고 있는 중국의 잠재적인 시장성을 과신하고, 일본의 경제적 가치에 관해서는 과소평가하여 일본을 경시함

    ③ **미국의 상황**

   ㉠ 미국의 면공업은 40년대에 들어서면서 영국 다음으로 번창했는데 면공업에 있어서 중국 시장은 미국의 입장에서 볼 때 매우 중요한 대상이었음

   ㉡ 미국이 중국과 교역하기 위해서는 태평양 횡단기선 항로의 개설이 중요한데 중국과 미국의 서부를 연결하는 이 장거리 항로에는 당시의 기술 수준으로 보아 중간 지점에 석탄 공급지가 절대적으로 필요했으며, 중간 기항지로서 일본이 지목됨

   ㉢ 미국에서는 포경업이 크게 번성했는데 선박이 난파한다든가 표류해서 일본에 기항하는 경우 당시의 막부는 이들을 모두 구속함. 미국 정부로서는 이들 포경선단의 이익을 보호하는 것이 주요한 정책과제로 대두됨

2. **가나가와조약**(1854년 3월 31일)

    ① 페리는 왕샤조약과 유사한 조약 체결을 희망함

    ② 일본의 다수 견해는 개국에 반대함

    ③ 페리는 모든 미국 함대를 나마무기 근처에 집결시켜 무력시위를 전개함

    ④ **조약 체결** : 일본으로서는 최초의 근대조약

   ㉠ 시모다, 하코네의 개항

   ㉡ 최혜국대우 조항

   ㉢ 표류, 난파 선원의 보호

   ㉣ 통상, 영사규정의 배제

3. **미일수호통상조약**(1858)

    ① 미국은 가나가와조약 제11조에 입각해 해리스를 총영사 겸 외교대표로 임명함

② 미국은 완전한 통상관계의 수립을 희망함

③ **일본의 입장**: 완전한 통상관계수립 이전의 단계로서 시한부로 인정한다든지 또 통상관계는 비록 승인하더라도 외국 공사의 에도 주재는 반대한다는 의견을 나타냄

④ **해리스의 설득**: 영국이나 프랑스가 일본에 무력으로 통상을 요구하기 이전에 미국과 평화적으로 통상조약을 체결하는 것이 유리하다는 점을 설명하고, 영국의 침략에 대처하는 길은 미국과 조속히 통상관계를 맺는 것이라고 주장함

⑤ 중국과 텐진조약을 체결한 영국과 프랑스의 일본 진출이 다가오게 되자 양국은 수호통상조약을 체결함

⑥ **미일수호통상조약의 내용**

㉠ 수도에 외교 대표를 파견하고 개항장에는 영사를 주재토록 함

㉡ 일본과 유럽 국가 사이에 분쟁이 발생하고 일본 정부의 요청이 있는 경우 미국 대통령은 화친의 중개자가 될 수 있음

㉢ 양국의 국민은 서로 자유스럽게 물품을 매매할 수 있으나 일본 정부는 쌀, 보리의 수출을 금지하고 철강은 여유가 있으면 판매할 수 있음

㉣ 영사재판권 규정

제3절 청일전쟁

1 텐진조약(1885년)과 청일전쟁의 마무리

1. 일본의 개전 음모: 동학농민전쟁

① **농민군의 전주성 함락**: 조선 조정이 중국에 원병을 요청함

㉠ 중국은 곧 조선파병을 결정하고 1885년의 텐진조약의 규정에 따라 일본 정부에 군대파견을 알리는 이른바 행문지조를 6월 6일에 전달함

㉡ 일본 정부도 군대파견을 알리는 행문지조를 6월 7일 즉각 중국정부에 전달함

② **일본**

㉠ 일본 정부는 임오군란·갑신정변 이후의 실수를 만회하기 위해 중국이 파견할 병력의 두 배에 달하는 군대를 조선에 파견해야 한다는 데 합의함

ⓛ 일본은 중국의 파병에 뒤따르는 조치에 불과하다는 명분을 얻게 되자 6월 16일 7,000~8,000명에 달하는 혼성여단을 일본에 파병함
　　　ⓒ 일본의 개전 결정은 군부, 민간 정치인 모두가 동의함

2. 일본의 개전 음모 : 구실의 모색

　① **일본 내각** : 조선의 사태가 비록 평화적으로 타결된다 하더라도 다시는 그런 일이 일어나지 않도록 근본적으로 해결해야 된다는 구실로서 조선의 내정개혁을 강요한다는 것이 결정됨
　② 개전
　　　㉠ 일본 정부는 열강의 움직임을 살피고 특히 영국의 협력을 얻는 데 주력함
　　　ⓛ 영국과 7월 16일에 조약 개정에 관한 합의가 성립되자 다음 날인 17일 어전 회의에서 개전이 결정됨
　　　ⓒ 중국군이 조선으로부터 철수하도록 할 것과 조선-중국의 조약들을 폐기할 것을 조선 정부에 요구키로 결정함
　　　ⓔ 오토리는 조선 정부에 최후통첩을 전달하고, 23일 일본군대는 왕궁을 점령하고 조선군대의 무장해제를 강행함
　　　ⓜ 25일에 중·일 양국 군함이 풍도 앞바다에서 충돌함으로써 중일전쟁이 시작됨

---

2 일본의 대륙 진출

1. 일본의 조선 침략

　① 일본의 기습작전
　　　㉠ 조선에서 일본군은 증오의 대상이어서 처음의 승전이 있어야만 했고 일본 국내 여론조작에도 승리가 필요했음
　　　ⓛ 일본은 또한 중국의 주력부대가 조선에 도착하기 전에 기선을 잡으려고 시도함
　② 전쟁의 개시
　　　㉠ 7월 25일 중국 군대를 아산만으로 수송하던 영국 선적의 상선 가오성 호가 일본군함에 의해 격침되면서 중일전쟁은 시작됨
　　　ⓛ 증원부대를 잃은 중국 군대는 29일의 성환전, 30일의 아산전에서 패퇴함
　　　ⓒ 선전포고의 조칙 발표(8월 1일) : "중국이 조선을 속방으로 여기고 내정에 간섭해 일본은 조선의 내정 개혁을 도모하고 중국 세력을 배제시킴으로써 조선의 치안과 독립을 유지코자 전쟁을 수행한다."
　③ 일본군의 연전연승

- ㉠ 8월 14일에는 평양출정을 결정하면서 조선에 대한 구체적인 정책을 결정함
- ㉡ "조선을 명목상의 독립국으로 승인하지만 일본은 직·간접으로, 영원히 또는 장기간 그 독립을 부지하여 다른 나라로부터 모욕을 받지 않게 한다."하여 조선을 보호국으로 삼겠다는 의도를 드러냄

④ **잠정합동조관과 양국맹약**

- ㉠ 잠정합동조관의 내용
  - 조선은 내정개혁이 급한 것임을 인정함
  - 경부선, 경인선의 철도부설권을 일본이 보유
  - 전라도 연안에 하나의 항구 개항
- ㉡ 양국맹약
  - 중국 군대를 조선으로부터 철퇴시키고 조선의 자주, 독립을 공고히 함을 목적으로 함
  - 조선은 일본군의 이동, 식량준비 등 모든 편의를 제공함

2. **일본의 중국본토 진격**

① **전투가 조선영토에 국한되지 않고 중국본토까지 확장됨**

② **일본의 중국침공**
- ㉠ 일본군이 랴오둥 반도에 상륙함
- ㉡ 영국은 미국, 독일, 러시아, 프랑스에 공동개입을 제의했으나, 열강이 영국의 제의에 동조하지 않자 영국 단독으로 일본 정부에 중국과의 강화를 요청함
- ㉢ 영국의 이런 움직임을 계기로 일본 정부는 강화회의에 대비할 필요성을 느낌

③ **영국의 중국에 대한 강화제의**
- ㉠ 리훙장은 영국의 간섭보다는 러시아의 개입을 희망함
- ㉡ 기르스 외상 : 러시아는 분쟁에 개입하는 것에 반대 입장을 전달함

④ **러시아의 기본 입장** : 중일의 전투가 러시아, 조선 국경 지역까지 확대되지 않고 국경 부근에 있는 조선 항구를 중일 양국이 점령하지 않겠다는 약속을 받아내는 것임

⑤ **일본군의 중국본토 공략**
- ㉠ 제1군은 10월 25일 압록강을 건넜고 같은 날 제2군은 랴오둥 반도에 상륙함
- ㉡ 미국의 중재안 : 조선의 독립, 군비 지불 등이었으나 중국 측 입장을 반영하고 있는 것이어서 일본은 거절함

⑥ **일본의 승리와 강화**
- ㉠ 11월 하순 뤼순 공략이 시작되자 중국은 일본군이 산하이관을 돌파하기 전에 강화하는 것이 유리하다고 판단함
- ㉡ 강화조건 확정 : 랴오둥 반도, 타이완, 펑후 열도 등의 할양

ⓒ 일본 정부는 남방작전이 아직 착수되지 않아서 강화는 시기상조라고 판단했기 때문에 회담을 결렬시킴

ⓔ 2월 12일에는 북양함대가 웨이하이웨이를 잃고 항복함

ⓕ 중국은 리홍장을 전권대표로 임명해 강화회담에 임함

3 강화조약과 3국 간섭

1. **강화조약(1895년 4월 17일)**

   ① **일본 정부의 강화 조건**

   ㉠ 조선의 독립

   ㉡ 영토의 할양 : 타이완과 랴오둥 반도의 할양 결정

   ㉢ 배상금의 지불 : 일본은 배상금을 받음으로써 금본위제도를 확립하고, 러시아에 대항하는 군비증강의 자금을 확보하고자 함

   ㉣ 통상특권의 획득 : 개항장의 획득, 연안무역권의 인정, 그리고 개항장에서 일본 상인이 제조업에 종사할 수 있는 권리의 보장

   ② **강화조약의 체결** `2010년, 2015년 출제`

   ㉠ 중국은 조선의 독립을 확인하고 조공전례를 폐지한다.

   ㉡ 랴오둥 반도, 타이완, 펑후 열도를 일본에 할양한다.

   ㉢ 군비배상금 2억 량을 7년에 걸쳐 지불한다.

   ㉣ 구미 열강의 조약과 같이 최혜국대우를 받는 새로운 통상조약을 체결한다.

   ㉤ 사스, 충칭, 쑤저우, 항저우에 이르는 항행권(우수 강이나 운하에 의한)을 인정한다.

   ㉥ 개항장, 개시장(開市場)에서 일본인이 제조업을 경영할 권리를 인정한다.

   ㉦ 웨이하이웨이를 보장 점령한다.

2. **열강의 개입**

   ① 러시아 주재 일본공사 니시 도쿠지로는 로바노프 외상을 방문하고 일본의 강화조건을 설명함

   ② **러시아의 입장**

   ㉠ 시베리아 횡단철도가 곧 준공될 상태에 있었고 이를 계기로 러시아는 동북아에 크게 진출할 전망이었는데 일본의 랴오둥 반도 할양은 러시아에게 큰 도전이 됨

   ㉡ 로바노프 외상 : 랴오둥 반도의 할양이 중국과 일본의 우호관계를 저해하고 동양의 평화를 위태롭게 한다는 의견을 열강들이 일본에 제시할 것을 제의함

   ③ **독일**

㉠ 중국의 현상유지를 바람 : 일본의 과다한 강화요구로 일어나게 될 중국의 분할이 독일에게는 바람직스런 것이 아니라고 판단함

　　　㉡ 브란트 : 러시아와 행동을 같이해야 한다고 인식함

　　　㉢ 정치적으로도 아시아에서 러시아와 협력함으로써 러시아의 독일에 대한 태도에 영향을 미쳐 독일에게 유리할 것으로 판단함

　　　㉣ 프랑스는 독일의 러시아 접근으로 궁지에 몰리게 될 것이고, 중국은 독일에 우호적인 입장을 갖게 돼 독일이 필요한 지역을 조차할 수 있다고 판단함

　　④ **프랑스**

　　　㉠ 프랑스는 당시 러시아와는 동맹관계였기 때문에 당초부터 러시아와 행동을 같이하기로 결정함

　　　㉡ 독일의 러시아 접근으로 더욱 러시아와 함께 행동하지 않을 수 없게 됨

　　⑤ **영국** : 일본 지지

　　　㉠ 일본이 승전을 거듭하게 되자 영국은 허약한 중국보다는 강대한 일본이 동맹국으로서 더 적합하다고 인식함

　　　㉡ 동북아에 진출하는 러시아를 견제하는 세력으로 강력한 일본이 더 바람직하다고 판단함

　　　㉢ 영국 내각은 일본의 강화조건이 공식적으로 알려지자 그 조건이 동아시아에 있어서 영국의 기본 이해를 저해하지 않기 때문에 이에 간여치 않기로 결정함

3. **3국 간섭**

　① 러시아, 독일, 프랑스 3국은 일본에 대해 일종의 외교적인 조치를 취하기로 합의하고, 일본에게 랴오둥 반도 철수를 권고하기로 합의함

　② **러시아** : 랴오둥 반도의 점령은 중국 수도에 대한 영원한 위협인 동시에 조선의 독립을 허망하게 만들 것이며 동북아시아 평화에 영원한 장애가 될 것이라고 주장함

　③ **프랑스** : 러시아와 동일 입장 표명

　④ **독일** : 일본이 3국의 권고를 받아들이지 않는 경우 필요한 조치를 취하겠다고 말하여 무력간섭을 암시함

4. **일본의 굴복**

　① **일본이 취할 수 있는 세 가지 방안**

　　㉠ 3국의 간섭을 절대적으로 거부하는 방안

　　㉡ 진저우 반도 점령지 철수 문제는 열강회의를 개최하고 그 회의에서 결정하는 방안

　　㉢ 3국의 권고를 전부 수락하는 방안

　② **일본은 비록 3국의 권고에는 따르지만 중국에게는 한 치의 양보도 하지 않는다고 결정함**

　③ **영국의 지원 모색**

㉠ 만주, 조선에 대한 러시아의 침략 의도를 강조하고 영국의 대 중국 무역에 미칠 악영향을 강조함
㉡ 영국은 이 문제로 인해서 러시아와 일전을 각오할 수는 없는 입장이어서 국외중립을 지킨다고 천명했으며, 미국도 영국과 같은 태도를 보임
④ **일본 정부** : "일본 정부는 러시아, 독일, 프랑스 3국의 우의 있는 충고에 따라 랴오둥 반도의 점령을 영구히 포기한다."
⑤ **중일전쟁의 영향** : 중일전쟁은 동북아 국제정치 질서에 일대 변혁을 가져옴
㉠ 중국제국은 열강에 의해 정치적으로 분할되고 경제적으로는 침투의 대상이 됨
㉡ 만주와 조선은 러시아와 일본의 각축장이 되어 러일전쟁을 예고함
㉢ 영국은 러시아 세력의 견제세력으로서 일본을 확고하게 지목하게 되어 동북아는 열강 권력정치의 투쟁장이 됨

4 미국의 아시아 개입 - 문호개방선언

1. **제1차 문호개방선언과 그 의미**

   ① **미국 - 아시아로의 진출 시도**
   ② **문호개방선언**
   ③ **세 개의 원칙**
      ㉠ 금후 중국에서 개별국가가 지닌 특권은 타국의 무역을 저해하는 도구로 사용되지 않을 것을 일정 불변의 정책으로 삼는다.
      ㉡ 세계무역에 개방된 중국 시장에 있어서의 현상을 개선하고 기회를 균등히 해야 한다.
      ㉢ 중국의 영토보전을 존중함으로써 국제분쟁을 방지한다.
   ④ **보장책**
      ㉠ 중국에 이미 설정된 이익 범위나 조차지, 조약 항에서의 기득권익에 대하여는 불간섭한다.
      ㉡ 모든 항구에서 중국의 관세를 적용하고 이의 징수는 중국 정부에 의하여 행한다.
      ㉢ 각국은 자국선박에 부과하는 이상의 항만료의 징수를 금지시킴으로써 모든 외국선박에 대하여 자국민과 같은 대우를 한다.
   ⑤ **각국 반응** : 긍정적, 상호주의 원칙 주장
   ⑥ **문호개방의 특징**
      ㉠ 미국에 의한 일방적인 선언
      ㉡ 중국에 대한 무역 기회균등이 주목적임
   ⑦ 먼로선언의 아시아판으로서의 성격

2. 제2차 문호개방선언

① 1차 선언
- ㉠ 중국의 영토주권 인정
- ㉡ 조차지와 개항장에서의 동등한 대우

② 2차 선언
- ㉠ 청국의 평화유지
- ㉡ 청국의 열강에 대한 권리 보장
- ㉢ 균등, 공정한 통상

제 4 절 러일전쟁

1 의화단 사건

1. 의화단 사건

① 의화단 사건
- ㉠ 1898년에서 1900년에 걸쳐 산동, 즈리, 허난, 산시 등지에서 일어난 배외운동으로서, 1900년 6~8월에는 베이징의 각국 공사관 구역을 포위 공격해 국제적인 문제를 일으킴
- ㉡ 의화단 : 백련교 계통인 팔괘교에 속하는 무예자 집단으로 농민들의 자위조직 중 하나로 상당히 오래된 조직임

② 사건의 배경
- ㉠ 의화단이 부청멸양을 부르짖는 배외무력조직으로 등장함
- ㉡ 근본 원인 : 1897년 독일의 자오저우만 조차 이후 열강의 중국진출에 대한 저항감이 원인

③ 사건 전개
- ㉠ 의화단운동은 1898년 5월 산동 성 북부지역에서 일기 시작함
- ㉡ 1899년 말 산동 순무로 부임한 위안스카이가 이 운동을 탄압하기 시작함
- ㉢ 의화단 운동은 즈리 성으로 옮겨가 더욱 강렬히 저항했으며, 철도, 교회, 전선 등 모든 외래적인 것을 파괴하기 시작했으며 교민의 학살도 자행함

② 배외운동을 당시 만인 보수파들이 정권의 연장을 위해 이용하게 되자 중국과 열강의 분쟁이라는 차원으로 바뀌게 됨
　　⑩ 1900년 4월 의화단 세력이 베이징에 나타나게 되고 보수파의 핵심 인물들은 그들을 의민으로 환영했으며 베이징은 배외열기로 가득 차게 됨
　④ **열강의 대응** : 열강의 외교관들은 회의를 거듭하고, 각국의 수병들을 베이징에 입성토록 하였고 또 다구에 있는 각국의 함대사령관에게 구원대 파견을 요청함
　⑤ **중국 정부의 대응**
　　㉠ 서태후 : 의화단 토벌을 요구하는 주장을 배척한 서태후는 중국이 믿을 수 있는 것은 오로지 인심 밖에 없으며 의화단에 의존할 수밖에 없다고 주장함
　　㉡ 정치일선에서 서태후가 물러날 것을 요구하는 각국 공사들의 조회를 받고 열강과의 결전을 결심함
　　㉢ 6월 20일~8월 14일까지 간군과 의화단의 외국공사관 지역에 대한 포위공격이 계속됨

2. **열강의 태도**

　① **일본** : 이 사건을 계기로 장차 중국진출의 교두보를 마련코자 시도함
　② **영국** : 영국은 일본에게 대병력 파견을 종용했는데 영국은 당시 보어전쟁의 와중에 있어서 대병력을 중국에 보낼 형편이 못 됨
　③ **미국** : 필리핀에서 스페인과 전쟁 중인 관계로 일본의 파병에 동조함
　④ **러시아** : 질서유지를 내세워 군대를 파견함

3. **의화단사건 최종 의정서**(베이징의정서 또는 신축조약, 1901년 9월 7일)

　① 열강의 강화조건 12개 조항이 12월 말 중국에 전달되었고 중국은 이 모든 조건을 수락함
　② **주요 내용** : 군대 주둔권과 배상금
　　㉠ 베이징에 공사관 구역을 설정하고 각국은 호위를 위해 군대를 주둔할 수 있게 됨
　　㉡ 4억 5,000만 량에 달하는 배상금을 40년에 걸쳐 분할 상환토록 합의함
　③ **영향**
　　㉠ 의화단사건은 그 후 동북아 국제정치에 큰 영향을 미쳤을 뿐 아니라 중국 국내정치에도 결정적인 영향을 미침
　　㉡ 중국 정부 내에서 보수파 세력은 그 기반을 완전히 상실하고 혁신 세력이 등장하게 됨
　　㉢ 열강에게 지불할 배상금이 중국을 경제적으로 열강에 예속시키게 됨
　　㉣ 군대 주둔권의 허용으로 열강은 언제나 군대를 증파할 수 있게 됨
　　㉤ 러시아는 만주에 진주해 철수하지 않고 계속 주둔함으로써 러시아·일본전쟁의 직접적인 도화선이 됨

2 러시아·일본의 대립

1. 러시아의 만주 점령

① **러시아의 만주 주둔**
  ㉠ 의화단사건이 만주지역으로 확산되면서 건설 중이던 동청철도가 파괴되기 시작하자 러시아는 군대를 파견하고 만주 전역을 점령함
  ㉡ 러시아는 연합군이 베이징에서 철수한 이후에도 군대를 만주에 계속 주둔시켰을 뿐 아니라 베이징에서 철수한 병력을 만주에 다시 주둔시킴

② **열강의 대응**
  ㉠ 미국은 문호개방과 영토보전을 선언하고 1900년 10월에는 영국과 독일이 협정을 체결하고 러시아에 대항하는 자세를 취함
  ㉡ 러시아가 만주 점령을 계속하자 일본이 영국과 동맹을 체결함

2. 일본의 강경론 대두

① **일본**: 중일전쟁 직후부터 러시아에 대한 전쟁준비에 착수하였으며 중일전쟁 종결 5년 후 러시아와의 전쟁을 가상하여 6개 사단을 증강하고 군사제도는 독일 제도를 대폭 수용함

② 러시아가 중국에 이른바 7개항을 요구한 직후 일본의 수뇌들은 다시 한 번 만한교환에 입각해 러시아와 절충을 벌이기로 결정함

③ 일본 국내에서는 러시아와의 전쟁을 요구하는 여론이 고조되었으며 러시아의 경우와 마찬가지로 일본에서도 전쟁을 주장하는 유력한 그룹들이 실권을 잡게 되는 형국이 됨

3. 러일교섭(1903년 8월~1904년 1월)

① 개전에 이르기까지 러·일 양국은 수차에 걸쳐 협상을 전개함

② **양국의 입장**
  ㉠ 일본: 조선을 자국의 보호령으로 하고 만주에서 러시아의 우월권은 인정하되 기회균등 원칙을 주장함
  ㉡ 러시아: 만주에서의 배타적인 권리를 요구함과 아울러 조선 북부지역에 중립 지역을 설정할 것을 요구했으며, 조선에서 일본의 정치·경제적인 우월권은 인정하되 군사적인 우월권은 인정하지 않으려는 입장을 보임

③ **고무라 외상의 제안**: 만한교환론을 더욱 분명히 하고 중국의 독립, 영토보전을 주장함

④ **러시아의 반대 제안**: 중국에 관하여는 아무런 언급이 없고 단지 조선 문제에 국한하여 39도 이북의 중립지역 설정과 조선에서 일본의 군사활동 제한을 제안함

⑤ 전쟁발발 원인

ⓐ 러일전쟁은 일본의 팽창주의 노선과 베조브라조프 일파의 모험주의 노선에 좌우된 당시 러시아의 남하정책으로 인해 발발함

ⓑ 러일전쟁 발발 원인에 관한 전통적인 의견
- 일본의 북진정책
- 러시아의 전통적인 남하정책
- 베조브라조프 일당의 모험주의 노선

ⓒ 일본 정치구조가 지니고 있는 대외팽창적인 성격과 1903년 4~5월 베조브라조프 일당의 주장에 따라 채택된 러시아의 새로운 노선이 충돌한 결과임

---

3 러일전쟁

1. 전쟁의 진전

① 1904년 1월 말 가쓰라 수상은 현안을 근본적으로 해결하기 위하여 최후의 결단을 내리도록 각료들에게 부탁하고 2월 4일에 소집된 임시각의에서는 군사행동을 취할 것을 결정함

② 2월 8일 밤 뤼순 외항에 있던 러시아 함대를 기습 공격하고, 9일에는 인천 앞바다에 있던 러시아 군함 두 척을 격침시킴

③ **전쟁의 진전** : 일본이 예상했던 것보다 성공적이었으며, 일본해군은 뤼순항 봉쇄에 성공하고 5월에는 랴오둥 반도 상륙을 시작했으며, 조선에서 북진한 부대는 압록강을 건너 만주에 진입했고, 9월에는 랴오양을 점령함

④ **일본의 곤경** : 전쟁이 장기화되면서 재정적인 어려움을 겪게 됨

⑤ 일본 정부의 입장

ⓐ 결정적인 승기를 잡은 후에 루스벨트 미국 대통령에게 중재를 부탁키로 결정함

ⓑ 결정적인 전투 : 발트 함대와의 쓰시마 해전으로 24시간 계속된 해전에서 러시아는 완전히 참패함

ⓒ 이 해전 직후 일본 정부는 미국에 중재를 의뢰하였고 미국은 6월 12일 강화알선을 발표함

2. 러시아

① 발트함대의 전멸은 러시아에게는 큰 타격이었음

② 1905년 1월 22일, 이른바 피의 일요일을 정점으로 혁명의 물결이 전국을 휩쓸게 되었고 소요는 군대까지 확산됨

③ 러시아 정부는 국내 소요에도 불구하고 주력부대가 만주 전선에 배치되면 승리할 수 있고 발트함대가 현지에 도착하면 일본 해군을 격퇴할 것이라고 희망하고 일본과의 강화 권고에 냉담한 반응을 보임

④ **발트함대의 패배** : 러시아의 모든 희망을 앗아감

3. **강화회담**(1905년 8월 9일~9월 5일)

① 러·일 양국은 6월 8일, 10일 각각 루스벨트의 평화제의를 수락함

② **러·일 양국의 대표 선정**

㉠ 양국에 화전 양파가 있었고 전투의 전망도 불투명해 그 누구도 전권대표에 임명돼 전쟁 종결에 관한 책임을 지려 하지 않음

㉡ 일본 대표 : 고무라 외상은 일본의 여론은 승전의 분위기에서 러시아로부터 엄청난 것을 요구하고 있었으나 일본의 군사력이나 러시아의 태도로 보아 일본 여론에 부응하는 것을 얻어낼 수는 없음을 인식하고 있었음

㉢ 러시아의 전권대표 : 위테

④ 양국이 전권선임에 시간을 보내고 있을 때 일본은 러시아를 압박하는 수단으로 7월 7일에 사할린 상륙을 결정하고 8월 7일에는 점령을 완료했으며 10차례의 회의를 거쳐 9월 5일 최종회의에서 역사적인 포츠머드 강화조약이 체결됨

4. **강화조약의 내용**

① 러시아는 일본이 조선에서 정치·군사·경제적인 우월권이 있음을 승인하고 조선에 대하여 지도, 감독에 필요한 조치를 취할 수 있음을 승인한다.

② 러·일 양군은 랴오둥 반도 이외의 만주 지역에서 철수하며 만주에 있어서의 중국 주권과 기회균등 원칙을 준수한다. 그리고 이란 체결된 추가약관에서 만주에 있는 각자의 철도보호를 위한 수비군의 주둔은 상호 인정하였다.

③ 러시아 정부는 중국 정부의 승인을 얻어 랴오둥 반도 조차권, 창춘-뤼순의 철도, 그 지선, 그리고 그와 관련된 모든 권리, 특권을 일본에 양도한다.

④ 양국은 만주의 철도들을 비군사적인 목적으로 경영한다. 단 랴오둥 반도 지역은 예외로 한다.

⑤ 북위 50도 이남의 사할린, 그 부속도서를 일본에 할양한다. 그러나 이 지역은 비무장 지역으로 하며, 소야, 타타르 해협의 자유항행을 보장한다.

⑥ 일본해, 오호츠크해, 베링해의 러시아령 연안의 어업권을 일본인에게 허용한다.

5. **중·일의 만주조약**(1905년 12월 22일)

① 일본은 러시아로부터 얻지 못한 것을 중국으로부터 보상받으려고 함

② 러시아를 강압해 얻지 못했다는 정신적인 열등의식을 중국을 강압해 얻음으로써 강자로서의 정신적인 보상을 받으려고 시도함

③ 포츠머드 조약 5, 6조에 규정돼 있는 랴오둥 반도 조차권을 일본에게 이양하는 것과 창춘-뤼순 철도를 일본에게 이양하는 것 등은 중국 정부의 승인을 얻어서 실시한다고 규정돼 있었음

④ 강화조약 성립 후에 일본과 단독으로 협의하여 고무라, 우치다와 칭친왕, 위안스 카이는 만주에 관한 중일조약을 체결함

6. 러일전쟁의 영향

① **일본** : 러일전쟁은 일본을 대국주의와 팽창주의의 길로 들어서게 했으며 강대국 러시아를 격파했다는 국민적인 자부심은 곧 바로 대륙침략으로 연결됨

② **일본의 본격적인 만주 진출** : 영·미 자극
  ㉠ 영·미가 일본을 지지한 근본적인 이유는 동북아에서 러·일 양국을 서로 견제하게 하여 러시아의 남하를 일본이 저지하게 하려는 의도였음
  ㉡ 러시아의 위험이 없어지고 일본의 배타적인 만주 진출이 있게 되자 일본은 곧 영·미의 반대에 부딪치게 됨

③ **러시아** : 전쟁에 패함으로써 국내 질서가 더욱 불안정해짐

④ 러일전쟁은 제1차 세계대전으로 가는 세력들의 형성을 촉진하였는데 프랑스·러시아 동맹에 영국이 접근하게 돼 독일을 포위하는 형세를 취하고, 일본은 만주 진출을 본격적으로 추진해 러시아를 발칸 반도 방향으로 축출함

제5장
조선 외교사

제1절 약탈제국주의와 조선

1 19세기와 조선

1. **영국과 러시아**

   ① **영국의 한반도정책**

   ㉠ 영국의 기본 정책은 한반도의 정치적 현상을 그대로 유지시키는 것이었으며, 결과적으로는 영국이 사대질서의 충실한 옹호자 역할을 함

   ㉡ 영국은 아편전쟁 이후 중국 시장의 구매력에 대한 기대감 속에서 동북아 정치 질서의 변경을 저지하려 시도함

   ② **러시아의 한반도정책**

   ㉠ 조선 정치사에 러시아의 존재가 정치적으로 부각되기 시작한 것은 1859년 중국과 러시아 사이의 톈진 추가조약에 의해 러시아가 연해주를 병합한 이후의 일로서, 연해주를 보유한 러시아는 이 지역에서 더 이상의 팽창을 멈추고 당분간 현상유지 정책을 취하게 됨

   ㉡ 러시아의 기다리는 정책 : 러시아는 조선이 열강에 개방되는 것을 가능한 저지하고 현상을 그대로 유지하면서 연해주 개발에 필요한 생필품을 북조선 지역으로부터 확보하는 데에 주력함

   ③ 세계를 지배하고 있던 영국과 러시아가 1880년 초까지 견지하고 있던 이런 정책은 한반도를 세계에서 고립시키는 결과를 초래함

2. **이양선의 출몰**

   ① **서유럽 세력들의 세계팽창** : 먼저 자세한 지도를 작성하고, 기독교 전파를 위한 신부와 선교사들의 잠입 및 활동 이후 동양의 경제적인 예속화 작업을 진행함

   ② **조선 연안의 측량** : 19세기에 들어서면서 빈번히 행해짐

   ③ **애머스트 호**

   ㉠ 1832년 7월부터 약 한 달 동안이나 충청도 연안에 정박

   ㉡ 구츨라프의 조선 항행 목적 : 조선 시장 조사

   ㉢ 구츨라프 : 한 손에는 성경, 다른 손에는 아편을 전파한 인물

   ④ **러시아의 접근**

   ㉠ 1860년부터 조선과 국경을 접하게 된 러시아는 새로 획득한 연해주 진출을 위해 생필품의 공급 차원에서 함경도 지방과의 교통이 절대적으로 필요했음

   ㉡ 러시아인의 육로 진출과 더불어 러시아 선박의 동해안 출현이 급증함

   ⑤ 측량, 기독교 전파, 시장 조사로 19세기 초반부터 조선 연안에는 이양선의 출현이 증가함

2 프랑스와 미국의 조선 침략

1. 제너럴 셔먼 호의 해적 행위

① **제너럴 셔먼 호** : 1866년 8월 9일 미국 소유의 선박 제너럴 셔먼 호는 중국 즈푸를 떠나 조선으로 향했는데, 조선에 온 목적은 통상이 아니라 실제로는 평양 근처 왕릉 도굴이었음

② **사건 경과**

㉠ 제너럴 셔먼 호는 8월 16일 대동강 입구에서 평양으로 가는 길목인 급수문에 도착하였고 그 후 계속 대동강을 올라갔으며, 중군 이현익을 해적선으로 유인해 그를 감금함

㉡ 해적들은 흥분한 조선인에게 총탄을 방사해 강변에 있던 조선 군민 12명이 사상당했으며, 9월 5일 조선은 화선 공격으로 해적선을 불태워버림

2. 프랑스의 침략

① **프랑스의 침략** : 조선은 1866년 초 9인의 프랑스 신부들을 처형했는데, 프랑스는 천주교 탄압에 대한 보복이라는 명분으로 침략을 자행함

② **조선의 대응** : 대원군은 러시아의 남하에 대처하는 방안으로서 프랑스, 영국과 제휴하는 것을 구상했으나, 프랑스와 영국이 러시아의 남하를 저지해 주는 대가로 조선이 종교의 자유를 허용할 것을 요구했으며, 1866년 1월 원산에 온 러시아 군함이 퇴거하자 이런 계획을 포기함

③ **사건 경과**

㉠ 대원군을 위시한 위정자들은 외침에 대비해 이들과 내통할 우려가 있는 불순분자들을 사전에 제거하는 것이 필요하다고 느끼고 프랑스 신부들을 처형함

㉡ 조선을 탈출한 리델 신부는 1866년 7월 초 즈푸에서 로즈 제독을 만나 천주교 탄압의 실상을 전달했고, 로즈는 조선에 남아 있는 신부를 구출하기 위해 조선에 원정할 것을 약속함

㉢ 1866년 프랑스의 조선 침략 : 로즈는 강화도 점령을 단행하기 위한 두 번째 원정을 실행했으며, 프랑스 군대는 강화부성 옆에 있던 외규장각 도서들을 노획함

㉣ 10월 26일에는 문수산성의 전투에서 프랑스군 3명이 사망하고 2명이 부상당했으며, 11월 9일 전투에서 올리비에르 휘하 군인 150명이 전등사에 도착하자 정족산에 매복했던 조선 포수들의 기습을 받아 30여 명의 부상자가 발생하고 로즈는 철수를 결정함

3. 미국의 침략

① 1871년 6월 1일 침략군의 탐험대는 강화해협을 측량하기 시작했으며, 강화도 손돌목 포대의 공격이 있자, 교전이 발생함

② 손돌목의 공격을 응징한다는 명분하에 로우 공사와 로저스 제독은 곧 침략적인 약탈을 자행했으며 6월 10일부터 '48시간의 전투'가 벌어져 미 해병은 초지진, 광성진, 덕진진을 함락시킴

③ 6월 12일 강화도를 자진 철수한 로우 공사와 로저스 제독은 다시 통상을 요구했으나 거절당하자 7월 3일 조선으로부터 철수함

제2절 교린질서와 조선

1 위기의 교린질서

1. **시기 구분**

   ① **사대질서의 개편**
   - ㉠ 영국과 일본 : 유교권의 사대교린질서를 개편하고 파괴하기 시작함
   - ㉡ 중국적인 사대질서의 개편은 1839년 중국 - 영국의 아편전쟁으로부터 비롯됨
   - ㉢ 조선의 교린질서는 메이지 유신이라는 일본 국내정치의 변동으로부터 그 개편이 시작됨

   ② **교린질서의 해체 과정** : 형식적으로는 1867년 12월 9일 일본에서 왕정복고가 이루어진 이후 1876년 2월 27일(음력 2월 3일) 조선과 일본이 수호조약을 체결할 때까지 지속됨

   ③ **조선과 일본의 갈등**
   - ㉠ 1868~1876년 양국관계를 파탄으로 몰고 가게 된 원인은 세계인식의 갈등과 세계관의 충돌에서 비롯됨
   - ㉡ 조선 : 일본을 교린의 대상으로 취급하려는 태도를 버리지 못함
   - ㉢ 일본의 메이지 정부 : 쓰시마가 조선과의 관계를 맡아 온 전통적인 가역을 부정하고 외교관계를 일원화하면서 조선을 한 단계 낮은 국가로 취급하려는 새로운 정책을 채택함

2. **일본의 새로운 조선 정책**

   ① **일본의 새로운 조선 정책** : 일본은 조선에 가와모토 구자에몬을 파견했으며, 기존질서 변혁의 내용을 담고 있는 서계를 지참하도록 함

   ② 쓰시마 번주의 명칭을 변경하고 일본 국왕에 관해 '황'이니 '칙'이니 하는 용어를 사용함

   ③ 장차 조선과 정식으로 교섭할 일본 측 대표로서 대수대차사를 파견하는데, 이 사절이 사용할 국서에는 조선이 교부한 도서가 아니고 새로운 도장을 사용함

3. 조선의 대응

　① **조선의 논리** : 외교문서에는 엄격한 형식이 있는 것이며 이들 형식은 협의에 의해서만 변경될 수 있다는 것은 어떠한 국제사회의 유형이건 간에 공통된 것임을 주장함

　② 조선은 현재까지 지속되어 온 국제사회의 논리에 따라서 반박하는 것이고 일본은 이 교린의 국제사회를 파괴하고 새로운 국제사회를 나름대로 상정하고 이에 입각해서 논리를 전개함으로써 양국은 합일점을 찾지 못하고 평행선을 달림

4. 강화도 사건 또는 운요 호 사건(1875년 9월)

　① 일본은 교섭이 난항에 부딪자 9월 3일 모리야마를 조선으로부터 퇴거시키기로 결정하고 무력에 호소하려는 단계에 접어듬

　② **운요 호 사건의 전개**

　　㉠ 운요 호 : 9월에 다시 조선 근해에 나타났으며, 중국 뉴좡으로 간다는 핑계로 강화도 앞에 도착함 (9월 19일)

　　㉡ 담수를 구한다는 구실로 보트로 함장 이하 수십 명이 강화도 연안을 탐색하면서 초지진에 이르자 초지진 포대가 발포함

　　㉢ 운요 호는 보복을 한다는 명분으로 초지진, 영종도를 포격하고 또 상륙해 약탈과 살육을 자행함

　③ **사건의 성격**

　　㉠ 강화도 사건은 일본의 전형적인 조선관의 발로이며, 대화나 조정을 해도 해결이 되지 않으면 곧 무력에 의존하려는 것이 일본의 오랜 조선정책의 핵심이었음

　　㉡ 메이지 정부에 들어와서 일본의 조선정책은 그들 국내사정과 밀접히 관련되어 있어 외교정책이라기보다는 국내정치의 연장에 불과했으며, 정한론이라는 것도 국내의 불평불만을 해소하고 국론의 통일을 기하기 위한 명분에 불과했음

5. 중국과 일본의 교섭 - 종주권 문제

　① **일본의 입장** : 종주국인 중국의 책임을 추궁하고 중국이 그 책임을 회피하는 경우에 조선과 직접 교섭을 해야 된다고 주장하며, 메이지 정부는 모리 아리노리 공사를 중국에 파견함

　② **중국의 입장**

　　㉠ 중국 측은 조선이 비록 속방이라 하더라도 그 정교금령(政敎禁令)은 모두 조선에 맡기고 중국은 전혀 간여하지 않는다고 주장함

　　㉡ 모리 : 중국이 책임을 질 수 없으면 조선은 독립국이라고 주장했으며, 이때부터 내치와 외국 교제는 조선의 자주에 맡긴다는 것을 중국이 인정하였다고 일본이 선전하기 시작하였고 양국은 평행선을 달리는 논쟁을 계속함

　③ **모리와 리훙장**

　　㉠ 모리 : 중국의 제일인자와 회견하여 책임 있는 답변을 얻는 것이 필요하다고 판단하고 리훙장과

회견할 것을 요청함
- ⓒ **리훙장** : 중국은 조선의 내정이나 외교 교제에는 직접 간여하지 않지만 종주국으로서 깊은 도덕적인 책임을 지고 있다는 점을 확인함
- ④ **중국의 상황** : 중국은 영국, 프랑스와 분쟁상태였으며, 조선이 일본과 수호조약을 체결한다면 전쟁에까지 이르는 사태는 방지할 수 있다고 판단하여 조선에 대해 일본의 요구를 수락하도록 권고해야 되다는 결론에 도달함

---

2 조선과 일본의 수호조약 2019년 출제

1. 교섭

① **일본 구로다의 주장**
- ㉠ 조선이 일본 사절의 접견을 거부함으로써 일본 국내의 여론이 극도로 악화되고 조선을 징벌하자는 움직임이 있으나 일본 정부가 이를 겨우 진정시키고 있다고 협박함
- ㉡ 구로다는 조약안 13개 항목을 제시하고 조약을 체결해 통상을 하자고 제안했으나 통상에 관해 조선 측은 반대함
- ㉢ 구로다는 조약을 체결해 나라 간의 관계를 수립하는 것이 만국공법의 기본임을 강조함

② **조선 조정의 입장 변화**
- ㉠ 정책 전환의 배경 : 일본의 강경한 태도와 중국의 압력도 작용했으나 박규수, 오경석, 현석운, 신헌, 강위 등으로 조성된 조약 체결 추진론자들의 주장에 의함
- ㉡ 조약 체결론자들의 주장 : 일본이 요구하는 것은 통상인데 이를 수락하지 않으면 일본이 병력을 동원할 것이니 그들의 요구를 들어줘야 되며 결코 우리가 먼저 공격이나 틈을 만들면 안 된다고 주장함
- ㉢ 조선 조정은 2월 18일 강화도에 있는 신헌에게 조약 체결을 명함

2. 조약의 내용

① **제1조(조선의 자주)** : 조선국은 자주지방으로서 일본국과 평등한 권리를 보유함
- ㉠ 자주와 독립이 함축하고 있는 의미가 충돌함
- ㉡ 조선과 일본의 세계 인식 차이
  - 조선 : 사대질서 안의 외번은 그 내정과 외국 교제를 자주에 임한다는 것이 예의 기본 명제인 것으로 해석함
  - 일본 : 자주는 곧 독립을 의미하는 것으로 서양 국제법에서 말하는 주권국가로 해석함

② **제2조(사절의 파견)** : 일본국 정부는 지금부터 15개월 후에 수시로 사신을 조선국 경성에 파견하여

예조판서와 친접하여 교제의 사무를 상의할 수 있음

㉠ 교린질서와 국제법 두 질서의 충돌

㉡ 일본은 이 조항으로 상주외교사절의 제도가 마련된 것이라고 판단하였고 조선은 교린질서의 제도가 연장된 것으로 여김

③ **제4조** : 개항장 내에서 일본인의 왕래, 통상, 가옥건조 및 임차

- 개항지에서 일본인이 왕래하고 통상하는 것을 허용한다는 것은 간단한 문제가 아니며 그들의 자유 활동 범위를 확정하는 것도 큰 문제가 됨

④ **제5조(개항장)** : 경기, 충청, 전라, 경상, 함경 등 5도의 연해 중 통상에 편리한 항구 두 곳을 택하여 지명을 지정함

- 개항장 문제는 원산이 1879년 8월에, 인천은 1883년 9월에 개항함

⑤ **제7조(해안측량)** : 영해주권을 침해하는 이 규정을 조선 측은 아무런 반대도 하지 않고 동의함

⑥ **제9조(자유무역)** : 무관세 교환각서와 함께 조선의 경제적 종속을 만들게 됨

⑦ **제10조(영사재판)**

㉠ 영사재판권의 규정으로 서양 열강이 비유럽 지역으로 팽창하는 데에 필수적인 법적 장치 마련함

㉡ 일본은 조선에게 편무적인 영사재판권을 강요해 그 주장을 관철시킴

⑧ **제11조(부록과 통상장정의 체결)** : 이 규정에 따라 8월에 수호조규 부록 11개 항목과 무역규칙 10칙이 체결됨

---

3 조선과 기타 국가들과의 조약 체결 2012년, 2019년 출제

① **조선과 미국과의 조약 체결** : 1882년 4월에 러시아와 일본의 세력이 조선에 침투하는 것을 견제하고 조선에 대한 종주권을 국제적으로 확인받기 위한 청의 알선으로 수교가 성립됨

② **조선과 영국과의 조약 체결** : 1882년 6월에 체결했으나 고율의 관세와 수입 금지문제로 비준이 지연되어 일부 내용을 수정한 뒤 1883년 11월에 정식으로 조인함

③ **조선과 러시아와의 조약 체결** : 1884년 조선 - 러시아 수호조약 체결

④ **조선과 프랑스와의 조약 체결** : 천주교 포교권 문제로 지연되었으나 조불통상조약이 1886년에 체결되어 포교의 자유가 허용됨

제 3 절 임오군란

1 임오군란의 성격

1. 개요와 의의

① **임오군란** : 임오년인 1882년 7월 19일(음력 6월 5일) 조선 병사들이 살고 있던 서울의 이태원과 왕십리 일대에서 발생한 조선 정치사에 있어서 하나의 혁명적인 사건

② **사건 개요**
   ㉠ 이태원과 왕십리 일대에 살고 있던 병사들에게 13개월 만에 봉급인 쌀이 지급됨
   ㉡ 1개월 봉급에 해당되는 쌀만 지급되었는데 쌀이 정량에 미치지 못할 뿐 아니라 돌이 섞인 것이 절반이나 되자 병사들은 흥분해 창리를 구타함
   ㉢ 사태의 확산 : 병사들은 민겸호 등을 살해하고 중신들의 집과 일본 공사관을 습격하게 됨
   ㉣ 일본 공사관원들은 스스로 공사관을 불지르고 서울을 철수하였는데 이태원과 왕십리사건은 양국의 일대 국제적인 사건으로 비화됨

③ **사건의 배경**
   ㉠ 조정의 개혁 조치들이 병사들의 처지를 더욱 악화시키는 결과 초래
   ㉡ 안기영 사건 : 형조 참의와 승지를 지낸 안기영이 1881년 대원군의 서자 이재선을 국왕으로 옹립하려던 사건이며, 이를 계기로 군사제도의 개편이 이루어짐
   ㉢ 오영을 모두 폐지하고 무위와 장어를 설치했으며, 신식 군대인 별기군 창설하여 신·구 군사제도가 병존하게 됨
   ㉣ 강화도 조약 이후 조선과 일본의 무역 구조 때문에 경제적 빈곤이 가중됐다는 막연한 확신이 민중 사이에 만연함
   ㉤ 1876~1882년 사이 조선에서 일본으로 수출하는 상품 중 80%가 쌀이었으며, 서울의 쌀값이 폭등하자 쌀을 제 때에 배급할 수 없었고 하급 관리들이 쌀의 정량이나 그 질을 속이게 됨

2 임오군란과 일본

1. 일본의 대응

① 일본 국내에서는 자유민권운동이 한창이었으며, 정부가 이를 탄압하기 위하여 집회 조례를 개정했는데 정부로서는 국내의 정치적인 불만을 해외로 돌릴 필요가 있었음

② **일본 여론** : 차제에 조선을 응징하는 전쟁을 일으켜야 한다고 떠들기까지 함

2. 제물포조약(1882년 8월 30일)

① **제1조** : 조선은 앞으로 20일 이내에 흉도를 포획하고 그 거괴를 엄구하며 (그 죄의) 무거움에 따라 징판한다.

② **제2조** : 일본 관리로서 피해를 당한 자는 조선국이 우예로 예장하여 그 종말을 후하게 한다.

③ **제3조** : 조선국은 5만원을 지불하여 피해를 받은 일본 관리의 유족 및 부상자에게 급여하여 체술에 보탠다.

④ **제4조** : 흉도 폭거로 일본국이 받은 손해와 공사를 호위한 육군, 해군의 병비 중에서 50만원을 조선국이 전보한다. 매년 10만원씩 5년간 지불을 완료한다.

⑤ **제5조** : 일본 공사관에 병원 약간을 두어 경비한다.

⑥ **제6조** : 조선국은 대관을 특파하여 국서로서 일본국에 사과한다.

3 임오군란과 중국

1. 중국의 조선정책

① 중국은 사태의 중요성을 인식하고 8월 2일에 이미 북양함대 제독 딩루창에게 출동명령을 내려놓고 있었으며 마젠종으로 하여금 조선에 나아가 사태를 해결토록 함

② 군대파견의 재가를 받은 장수성은 광둥 수사제독 우장칭을 텐진으로 불러 덩저우에 주둔하고 있는 화이군 육영 3,000명을 조선에 파견하도록 함

③ 우장칭이 이끄는 육영의 대군은 8월 17일 덩저우를 떠나 20일 아침 남양 마산포에 도착함

④ **대원군의 나포**

  ㉠ 중국의 대병력이 진군하자 군란에 앞장섰던 군인들은 아무런 저항 없이 해산함

  ㉡ 대원군은 중국 군사에 이끌리어 마산포로부터 텐진으로 압송됨

⑤ **결과** : 조선의 종속관계는 더욱 심화됨

  ㉠ 임오군란 이후 중국은 조선에 대하여 근대 국제법 질서에서 보는 종속국의 위치를 강요함

  ㉡ 조선을 동삼성에 편입시키자는 병합론까지 주장됨

  ㉢ 조선에는 임오군란이 평정된 이후에도 화이군 육영 3,000명이 계속 주둔하고 있어서 중국의 영향력은 절대적이었음

  ㉣ 화이군은 중국 - 프랑스 전쟁으로 인해 1884년 2월 삼영 1,500명이 철수함

제 4 절 갑신정변

1 갑신정변의 성격과 연구 2019년 출제

1. **사건 개요와 의의**

   ① **사건 개요**

   ㉠ 1884년 12월 4일 저녁 우정국 총판 홍영식이 건물 낙성을 축하하기 위해 초청한 국내외 인사들이 현재 안국동 네거리에 있는 우정국 연회장으로 모임

   ㉡ 만찬이 끝날 무렵 개화파 인사들에 의한 수구파들의 숙청이 시작되었으며, 개화파에 의해 정부가 수립되고 3일 동안 유지됨

   ② **사건의 배경**

   ㉠ 군사와 재정에 관한 권한을 장악한 중국 추종 세력에 개화파 인사들이 대항할 수 있는 길은, 일본으로부터 차관을 도입해 내정을 개혁하고 중국 추종 세력들을 제거하는 방안이었으나, 당시 일본 조세 수입의 거의 20분의 1에 해당되는 300만원이란 거액의 차관을 일본이 주선할 수는 없는 상황임

   ㉡ 개화파 인사들은 정치적 쿠데타라는 최후 수단에 호소할 것을 강구함

   ㉢ 개화파 인사들은 독자적인 쿠데타 계획을 수립하였는데, 이런 상황에서 일본의 조선 정책이 급선회하여 조선의 개화파 원조라는 방향으로 바뀌게 되자 개화파 인사들이 일본 정부와 손잡게 됨

2 갑신정변의 사후처리

1. **한성조약(1885년 1월 9일)**

   ① 일본 군대, 공사관원, 민간인 260명은 인천을 거쳐 12월 11일 일본으로 돌아갔으며 김옥균도 이들과 동행함

   ② **한성조약** : 김홍집과 이노우에

   ㉠ 조선국은 국서를 일본에 보내어 사의를 표명함

   ㉡ 일본국 조해 인민의 유족과 부상자를 휼급하고 상민의 화물이 훼손, 약탈된 것을 보전하기 위하여 조선국으로부터 11만원을 지급함

   ㉢ 이소바야시 대위를 살해한 흉도를 사문 나포하여 그 죄의 무거움에 따라 처벌함

   ③ **갑신정변에 대한 일본의 정책**

   ㉠ 갑신정변은 소위 독립당과 사대당의 알려에서 비롯됐다는 점을 명백히 하고 일본은 갑신정변의

주모자들과는 아무런 관련도 없다는 점을 내외에 알림
ⓒ 일본의 정책은 정변 이전의 정책과 아무런 관련도 없다는 것을 보여줄 것을 훈령함
ⓒ **결과** : 갑신정변 이후 일본 정부의 조선 정책은 임오군란 이후 취했던 기존 노선으로 회귀함

2. **톈진조약**(1885년 4월 18일)

① **일본 내각의 중국과의 교섭에 있어서의 기본 입장**
ⓐ 양국 군대의 충돌 책임을 중국에 전가시키고 그 책임자의 처벌을 요구할 것
ⓑ 금후의 수습책으로 양국 군대가 조선으로부터 동시 철군할 것을 주장할 것

② **현실적 상황**
ⓐ 중국 군대 지휘관의 처벌을 주장한다는 것은 중국을 굴욕적으로 만드는 것으로서 그만한 국력이 있어 일전을 불사하는 강경노선이 전제되어 함
ⓑ 중·일 간의 회담이 있기 이전에 월남 문제가 해결되어 중국은 유리한 입장이었음

③ **이토와 리홍장의 담판**
ⓐ 중국은 조선에 주찰한 병을 철수하고 일본국은 조선에 있는 공사관 호위 군사들을 철수한다.
ⓑ 조선 국왕에게 병사를 교련하여 치안을 스스로 충분히 보호토록 권한다.
ⓒ 장래 만일 조선국에 변란이나 중대 사건이 있어서 중일 양국 혹은 1국이 파병을 요할 때에는 먼저 문서로서 알려야 하며 그 사건이 진정된 이후에는 곧 철회하여 다시 머물러 주둔하지 않는다.

④ **결과** : 이 사건을 계기로 중국의 조선 지배는 더욱 강화되었고 조선 정부는 이런 지배에서 벗어나기 위하여 러시아에 눈길을 돌리게 됨

3. **의의**

① 갑신정변은 자주적인 근대국가 형성을 위한 최초의 정치운동이란 점에서 한국사에 있어서 큰 의의를 가짐
② 전통적인 유교 국제정치 질서의 붕괴에도 불구하고 중국과의 관계를 다시 근대 국제법 질서에서 말하는 주종관계로 설정하려는 보수·반동세력을 척결하고 구미 국제정치 질서의 세계적인 팽창에 자주적으로 대처하려는 정치운동으로서의 성격을 가짐

---

3 갑신정변 이후 조선의 국제환경

1. **중국과 일본의 조선정책**

① **일본의 조선정책**

㉠ 임오군란과 갑신정변을 거치면서 일본은 1880년의 조선정책으로 다시 회귀함
㉡ 중국과 직접적인 정치 대립은 회피하고 간접적인 경제, 문화 침투에 주력한다는 정책 노선으로 복귀함
㉢ 갑신정변 이후 한반도에는 일본을 지지하는 세력이 거의 소멸함

② **중국의 조선정책**

㉠ 중국이 조선에 대해 우월한 지배권을 행사할 수 있는 국제정치적인 여건이 형성됨
㉡ 영국은 러시아의 남하를 저지하기 위하여 중국의 조선 진출을 희망함
㉢ 러시아는 조선으로부터 계속 보호 요청을 받고 있었으나 당분간 조선 문제에 개입하지 않고 이로 인해 열강과 분쟁이 야기되는 것을 회피하려는 입장임
㉣ 1886년 10월에는 중국 - 러시아 양국 사이에 톈진 신사협정이 성립되어 러시아의 조선 진출이 일단 저지됨
㉤ 중국의 지배에 대항하는 수단으로서 조선은 러시아와 미국에 손을 뻗치게 됨

2. **영국의 거문도 점령 사건**(1885년 4월 17일~1887년 2월 27일)

① **영국과 러시아** : 당시 아프가니스탄 국경 문제로 대립하고 있었으며, 양국의 관계는 극도의 긴장 상태였음

② **영국의 거문도 점령**

㉠ 영국 해군성은 블라디보스토크의 러시아 함대가 남하하는 것을 저지한다는 명분으로 거문도를 점령해 근 2년간이나 불법 강점함
㉡ 영국은 러시아가 거문도나 조선의 다른 지역을 점령할 계획을 갖고 있기 때문에 이를 사전에 봉쇄한다는 주장을 함

③ **영국의 거문도 철수**

㉠ 러시아와 중국의 협의하에 러시아는 조선에서 보호통치 같은 것을 하지 않고 중국도 조선의 영토를 점령치 않겠다는 합의가 이루어짐
㉡ 이 합의가 이루어지자 리훙장은 중국의 이름으로 영국의 거문도 철수를 만국에 통보하였으며 1887년 2월 27일에 철수가 이루어짐

제 5 절 중일전쟁, 러일전쟁, 그리고 조선

1 중일전쟁과 조선

1. 일본차관의 유입

① **일본차관의 유입**: 중일전쟁 이후 조선에는 정치적인 성격의 일본차관이 많이 들어오게 됨

② **차관 제공과 조선의 예속화**

　㉠ 일본 차관의 일부와 이에 따른 이자를 상환한 조선 정부는 극심한 재정적인 곤란에 부딪히게 됨

　㉡ 조선은 열강에 차관 교섭을 전개했으나 모두 일본의 방해공작으로 무산됨

　㉢ 일본은 다시 차관을 공여하고 조선을 예속화시키려는 음모를 진행함

2. 일본의 정치 테러-명성황후 시해 사건

① **친러파 내각의 출범**

　㉠ 일본이 3국 간섭에 굴복하고 후퇴하게 되자 이것이 곧 조선의 국내정치 판도에 결정적인 영향을 미치게 됨

　㉡ 민씨 일파들은 친일파를 물리치고 친러파 내각을 출범시킴

　㉢ 미우라 고오로의 조선 공사 부임: 친러파의 근원이라고 할 수 있는 명성황후를 제거하는 것이 실추된 일본 세력을 만회하는 길이라고 판단하고 그 구체적인 방법을 강구함

② **명성황후 시해 사건 발생(1895년 10월 7일)**

③ **일본 정부의 대응**

　㉠ 일본 정부는 관련된 관리들을 일본에 귀환시켜야 한다는 의견을 개진해 17일에는 미우라 공사 등의 일본 귀환이 결정됨

　㉡ 이들은 모두 히로시마의 지방법원에서 재판을 받게 됐지만 예심에서 증거가 불충분하다는 이유로 모두 면소됨

④ **사건의 영향**

　㉠ 조선 각지에서는 항일운동이 크게 일어나게 되었고 일본은 다시 조선에서 후퇴하게 됨

　㉡ 이범진을 중심으로 하는 친러파 세력과 베버, 슈페이에르 두 공사들 사이에 고종의 아관파천 계획이 진행됨

3. 아관파천(1896년 2월 11일~1897년 2월 20일)

① 전국적으로 반일운동이 전개되자 베버, 슈페이에르 두 러시아 공사들이 친러파들을 이용해 아관파천을 단행함

② **전개 과정**

㉠ 고종은 이범진을 통해 러시아 공관으로 이어하겠다는 내용의 서한을 베버와 슈페이에르에게 전달하였고, 이들이 이를 수락하자 11일 새벽 고종이 러시아 공관에 이르게 됨
㉡ 이로부터 1년 동안 고종이 러시아 공관에 기거함
㉢ 조선의 모든 정무가 러시아 공관에서 이루어지게 되자 러시아 세력이 엄청나게 조선에 진출하게 됨

2 러일전쟁과 조선

1. 한일의정서(1904년 2월 23일)

① 열강의 지지를 등에 업은 일본은 러시아와 전쟁을 시작하면서 조선의 식민지화 작업에 착수함

② **한일의정서**

㉠ 조선은 제도개선에 관한 일본의 충고를 받아들인다.

㉡ 일본은 조선의 독립과 영토보전을 보증한다.

㉢ 영토보전에 위험이 있는 경우 일본은 필요한 조치를 취한다. 이 목적을 달성하기 위하여 일본은 전략상 필요한 지점을 수시로 사용할 수 있다.

2. 제1차 한일협약(1904년 8월 22일)

① **일본은 조선 보호화 작업을 급속도로 추진하게 됨**

② **제1차 한일협약**

㉠ 일본이 재정고문의 초빙

㉡ 외국인 외교고문의 초빙

㉢ 외국과의 조약 체결에 있어 일본과의 사전협의

③ **영향**

㉠ 이 조약으로 조선은 외교권과 국가재정권을 박탈당하게 됨

㉡ 외교 고문으로서는 미국인 스티븐스가 파견됨

㉢ 재정고문으로 온 메가타는 조선의 화폐제도를 먼저 개혁함으로써 경제적인 예속의 기틀을 마련함

3. 을사조약(제2차 한일협약, 1905년 11월 17일)

① **일본 내각** : 1905년 한국 보호권 확립을 의결함

㉠ 조선의 대외관계는 일본이 전담한다.

㉡ 조선은 외국과 직접 조약을 체결하지 못한다.

㉢ 조선과 열강의 기존조약의 실행은 일본이 책임을 진다.

② **일본과 열강과의 조선 문제에 관한 협의** : 7월 29일 태프트-가쓰라 각서, 8월 12일 제2차 영일동맹의 성립 등
③ 포츠머드 강화조약이 체결되자 일본 내각은 10월 하순 한국보호권 확립 실행을 의결함
④ **을사 조약** : 외무대신 박제순과 하야시 공사 사이에 체결됨
  ㉠ 조선의 외교관계는 일본이 감리·지휘하며 해외한인은 일본 외교관이 보호한다.
  ㉡ 조선과 열강 간의 현존하는 조약은 일본이 그 실행 임무를 맡으며 조선은 일본을 경유하지 않고는 국제조약을 체결하지 않는다.
  ㉢ 일본은 조선의 외교사항을 관리하기 위하여 통감을 서울에 파견한다.

4. **정미 7조약**(한일신협약 또는 제3차 한일협약, 1907년 7월 24일)
  ① **배경**
    ㉠ 을사조약을 계기로 조선에서는 의병활동이 전국으로 확산됨
    ㉡ 정부차원에서는 헐버트를 미국에 밀사로 파견해 일본의 강압에 의한 을사조약의 무효를 알리려 시도함
    ㉢ 조선은 조미수호조약 제1조에서 말하는 평화알선에 큰 기대를 함
    ㉣ 러시아 니콜라이 II세가 소집한 1907년 제2차 헤이그 평화회의에 밀사를 파견함
  ② **일본의 대응** : 네덜란드 주재 공사로부터 조선의 밀사사건을 보고받은 일본 정부는 차제에 문제를 근본적으로 해결하려 함
  ③ **정미 7조약의 체결**
    ㉠ 조선 정부는 시정개선에 관하여 통감의 지도를 받는다.
    ㉡ 조선 정부의 법령제정, 중요한 행정상의 처분은 미리 통감의 승인을 받는다.
    ㉢ 조선의 사법사무를 보통행정사무와 구별한다.
    ㉣ 조선 고등관리의 임면은 통감의 동의를 얻은 후 시행한다.
    ㉤ 조선 정부는 통감이 천거하는 일본인을 한국 관리로 임명한다.
  ④ **비밀 각서(이토와 이완용)** : 사법부 감옥의 일본 위탁, 군대 해산, 일본인 차관 임용, 주요 경찰 관리의 일본인 임용 등
  ⑤ **병합**
    ㉠ 1909년 7월에는 사법·감옥·사무가, 1910년 6월에는 경찰업무가 일본에 위임되어 병합의 최후 작업이 마무리 됨
    ㉡ 8월 29일에는 병합에 관한 조약이 발효됨

INTERNATIONAL POLITICS

INTERNATIONAL
POLITICS